NAPOLÉON À SAINTE-HÉLÈNE

DU MÊME AUTEUR

La Saga des Bonaparte, Paris, Perrin, 2018.
Joséphine. Le paradoxe du cygne, Paris, Perrin, 2016.
La Guerre secrète de Napoléon. Île d'Elbe 1814-1815, Paris, Perrin, 2014.
Les Secrets de Napoléon, Paris, Vuibert, 2014.
Napoléon et ses hommes. La Maison de l'empereur 1804-1815, Paris, Fayard, 2011.
Quand Napoléon inventait la France. Dictionnaire des institutions politiques, administratives et de cour du Consulat et de l'Empire, Paris, Tallandier, 2008 (avec Thierry Lentz, Pierre-François Pinaud et Clémence Zacharie).
Le Prix de la gloire. Napoléon et l'argent, Paris, Fayard, 2007.
Napoléon, l'esclavage et les colonies, Paris, Fayard, 2006 (avec Thierry Lentz).

DIRECTION D'OUVRAGES

L'Art au service du pouvoir (avec Xavier Mauduit), Paris, Perrin, 2018.
L'Économie selon Napoléon, Paris, Vendémiaire, 2016.
1814. La campagne de France (avec Patrice Gueniffey), Paris, Perrin, 2016.

Pierre Branda

NAPOLÉON
À SAINTE-HÉLÈNE

PERRIN

92, avenue de France
75013 Paris
Tél. : 01 44 16 08 00

ISBN : 978-2-262-06995-7
Dépôt légal : janvier 2021

Mise en pages : PCA

PROLOGUE

L'espérance et la gloire

« J'ai parfois l'envie de vous quitter, cela n'est pas bien difficile ; je n'ai qu'à me monter un peu la tête, et je vous aurai bientôt échappé, tout sera fini, et vous irez rejoindre tranquillement vos familles[1]. » Ces quelques mots furent prononcés par Napoléon au soir du 2 août 1815 dans l'intimité d'une cabine de vaisseau anglais, deux jours après qu'il eut appris sa déportation à Sainte-Hélène. En lui, cette envie de mettre fin à ses jours sommeillait donc toujours. Un an plus tôt, à Fontainebleau, il avait avalé une fiole de poison au cours d'une nuit de désespoir. Périmée, la substance n'était plus mortelle. Plus loin encore dans le temps, alors qu'il n'était qu'officier, il avait également songé au suicide. Mais chaque fois il s'était repris, se hissant toujours plus haut. Au crépuscule de cette journée d'été, il abandonna son funeste projet. Pour quelle raison ? Voici sa réponse, elle est digne de lui : « Il est pénible et difficile de quitter l'espérance et la gloire. » L'espérance et la gloire : à eux seuls, ces deux mots ne sont-ils pas la meilleure définition que l'on peut donner de lui ? Espérer toujours mais à la condition expresse de ne jamais transiger avec la grandeur. Son épopée ne peut être comprise sans ce principe de vie.

Cette phrase sublime de Napoléon fut cependant censurée par celui qui l'entendit. Quand il publia en 1823 son fameux *Mémorial de Sainte-Hélène,* Las Cases la supprima pour prêter à l'empereur un vague discours religieux[2]. Presque une hérésie quand on connaît son peu de foi. Pourquoi cette substitution ? L'exilé avait disparu depuis deux ans quand le *Mémorial* fut mis sous presse. Le drame s'était donc noué. En lien direct avec cette fin tragique que personne ne pouvait vraiment anticiper au moins jusqu'en 1820, l'ancien secrétaire de Napoléon préféra offrir à son lecteur l'image d'un empereur arrivé au terme de sa vie et jetant ses dernières forces dans l'écriture de ses Mémoires plutôt que celle d'un homme encore combatif et déterminé. Fort habilement, au moyen de subtiles astuces littéraires, il présenta son journal écrit entre 1815 et 1816, donc plusieurs années avant la disparition de celui qu'il observait, comme l'ultime confession d'un géant de l'Histoire. Pour un auteur en quête de succès, cette carte devait être jouée. Et pour sa renommée, comme en partie pour ses finances, il eut bien raison. Mais il y eut une victime, l'histoire de la captivité. Immanquablement, elle fut faussée par la manière dont elle fut ainsi racontée. N'accablons cependant pas Las Cases. Il ne fut pas le seul, loin de là, à peindre les dernières années de la vie du prisonnier aux couleurs sinistres d'une tragédie prévisible et inéluctable, mais seulement le plus connu.

Appuyée sur des sources inédites ou ignorées, l'histoire de Napoléon à Sainte-Hélène se devait d'être réécrite sans être influencée par son dénouement, une erreur trop souvent commise. Loin d'être un drame annoncé, notre récit revient sur le rude et solitaire combat mené par l'exilé contre la fatalité. Sa captivité fut à la fois inédite et extraordinaire. Contre lui, de puissantes forces se liguèrent pour mieux l'enchaîner. Si l'Histoire ne manque pas de prisonniers célèbres, de Vercingétorix à Louis XVI, jamais autant de moyens ne furent dévolus pour retenir un seul individu. C'est dire la crainte qu'il inspirait. Cette terreur altéra la raison de ses geôliers et rendit cette captivité absurde à bien des égards. Ou quand la démesure devint folie. Autour de Napoléon, il y eut certes du dévouement, mais aussi et surtout une immense résignation. À la tristesse de ses compagnons s'ajoutèrent tant de sentiments désespérants : jalousie, envie, peur ou cupidité. Le tableau est sombre et ne connut hélas aucune véritable éclaircie. Pour Napoléon, les aléas furent plus nombreux qu'on ne l'aurait cru. De multiples complicités, la plupart inattendues, apparurent ainsi spontanément. Mais quelle carte jouaient vraiment ces alliés de circonstance, celle du captif ou seulement la leur ?

Afin de mieux dénouer les fils d'une histoire compliquée, nous avons opté pour un récit thématique, traitant successivement des différents aspects du sort de l'empereur prisonnier. S'il est prégnant, tout ne se résume point, par exemple, au seul affrontement entre Napoléon et son principal geôlier, Hudson Lowe. De même, nous n'arrêterons pas notre regard au seul Longwood ou à ses environs proches. À Londres, les événements furent tout aussi importants, voire davantage que ceux se déroulant dans les pièces humides de la maison de Napoléon. Dans les pages qui suivent, nous ne reviendrons pas sur ce que le captif a pu raconter de son passé. Si nous préciserons les objectifs qu'il poursuivait en se confessant si volontiers, nous ne suivrons donc pas les traces d'auteurs précédents, d'Octave Aubry à Gilbert Martineau, en passant par Paul Ganière, qui voulurent résumer les propos du prisonnier. Cette histoire possède sa cohérence, son rythme, ses rebondissements, car elle reste avant tout celle d'un homme aussi déterminé qu'imprévisible. Il n'est donc point nécessaire d'y ajouter, sauf à raconter une autre histoire.

Malgré tant de jeux contraires ou confus, la captivité aurait pu connaître un sort différent. Il s'en est souvent fallu de peu. Et ce, à nouveau par la volonté du vainqueur d'Austerlitz. S'il parut quelquefois céder au découragement sur son rocher perdu, jamais Napoléon ne s'éloigna vraiment des rivages de l'espérance ni ne renonça à ses rêves de gloire. Il était ainsi fait. Au fond, il n'aimait pas les histoires écrites d'avance. C'est sans doute pour cela qu'il continue de fasciner.

PREMIÈRE PARTIE
DÉPARTS

1

Une folle journée

Au matin du 19 juin 1815, la « morne plaine » de Waterloo n'était plus qu'un mouroir. Nus et dépouillés, les géants qui s'étaient affrontés la veille allaient bientôt être enterrés ensemble. Sans honte ni bruit, tant de misérables, pareils aux Thénardier d'Hugo, hantaient encore le champ de bataille à la recherche d'une rapine. De pareille défaite il semblait impossible de se relever. Et pourtant le vaincu, Napoléon, après avoir douté et même voulu mourir, se remit à espérer. Le lendemain de la défaite, il se voyait encore en sauveur de la patrie. Réfugié à Philippeville, il donnait ordre sur ordre pour tenter de se rétablir. Certes, le doute s'était installé, mais l'heure n'était pas au renoncement. Pour la suite de cette histoire, il ne faut pas perdre de vue que le désastre de Waterloo n'était pas forcément synonyme d'abandon pour l'empereur des Français. S'il ne put ensuite se maintenir, ce fut en raison de la force des événements et de la résignation ou plutôt de l'ambition des autres. Même après la défaite, l'homme restait donc pugnace, atteint mais encore debout. Partant, tout ce qui allait suivre lui serait au total imposé, de son abdication à sa déportation. À compter du 18 juin et jusqu'à sa disparition, tout irait ou presque contre sa volonté sans pour autant lui ôter toute velléité de résistance. Longtemps, il chercherait à échapper au sort qui lui était promis, moins contempteur de son passé qu'acteur de sa destinée, contrairement à ce que l'on a pu affirmer ici ou là.

Remarquons aussi qu'à ce moment de notre histoire, il n'avait pas encore quarante-six ans et que malgré son embonpoint ou sa gêne pour uriner, sa santé était encore bonne. Ce 19 juin, peut-être parviendrait-il à rassembler la longue cohorte des fuyards pour en refaire une armée. Pour empêcher l'effondrement, il lui fallait rentrer en toute hâte à Paris. Ce n'était pas la première fois qu'il quittait ainsi son armée. Deux fois déjà, en 1799 en Égypte puis en 1812 en Russie, il s'était éclipsé, laissant derrière lui une troupe stupéfaite et inquiète, pour reprendre pied politiquement ou reconstituer une armée. Cette fois encore, il espérait bien surprendre pour mieux garder la main. Si elles s'en approchaient, les armées ennemies n'avaient pas encore franchi les frontières d'une France revenue à ses limites de 1789. Au total, des Anglais aux Prussiens, elles ne comptaient pas plus de 100000 hommes dans leurs rangs pour le moment. Sur une modeste table, l'empereur fit ses calculs : il pensait être à même de rassembler 300000 soldats[1]. La partie ne lui paraissait donc pas terminée, même si ses calculs étaient exagérément optimistes. Mais s'il croyait toujours à ses chances militaires, fallait-il encore qu'à Paris ministres et députés le soutiennent. Or si politiquement Napoléon ne paraissait pas inquiet ou du moins feignait de ne pas l'être, il était cependant plus exposé que sur n'importe quel champ de bataille.

Un homme de l'ombre rêvait de prendre la lumière. Il s'appelait Joseph Fouché. La nouvelle de la défaite de Waterloo lui était probablement parvenue dans la nuit du 18 au 19 juin. L'habile ministre de la Police attendait depuis si longtemps une occasion favorable pour éliminer son maître et s'installer dans son fauteuil. Dans les journées qui suivirent la défaite militaire, le ministre manœuvra : « Il mène la lutte dans la coulisse et il la mène à sa façon, avec l'ironie froide des grands cyniques », souligne son biographe Emmanuel de Waresquiel[2]. Après une étape à Laon, la berline de l'empereur arriva au palais de l'Élysée vers huit heures du matin le 21 juin. Prévenu de son arrivée prochaine, son grand écuyer Caulaincourt l'attendait au bas des marches du palais. Il accueillit un homme à bout de souffle et exténué : « Il me faut deux heures de repos pour être à mes affaires. [...] J'étouffe là », lui confia-t-il[3]. L'empereur demanda à ce qu'on lui prépare un bain. Aussitôt les valets de service s'exécutèrent et remplirent sa baignoire. Au contact de l'eau chaude, il parut reprendre ses esprits : « Mon intention est de réunir les deux chambres en séance impériale. Je leur peindrai les malheurs de l'armée ; je leur demanderai les moyens de sauver la patrie : après cela, je repartirai[4]. »

En entendant cette déclaration, Caulaincourt fronça les sourcils. Contrairement à la plupart des autres courtisans, cet héritier d'une des plus vieilles familles de France préférait la franchise au mensonge intéressé. Sans détour, il lui reprocha son retour à Paris et l'informa de l'hostilité des Chambres. La situation lui paraissait irrémédiablement compromise et elle l'était sans doute. Devant ses frères comme devant ses ministres, Napoléon affichait cependant toujours la même détermination : il réclamait une sorte d'union sacrée et disait avoir besoin d'une « dictature temporaire » « pour sauver la patrie ». Cette déclaration était imprudente, effrayante même pour tout parlementaire qui se respecte. Allait-on vers une dictature de salut public ? Napoléon allait-il imiter Robespierre ? Ses adversaires, Fouché en tête, le firent habilement croire. L'empereur était désormais un homme dangereux, disaient-ils, prêt à plonger la France dans un bain de sang. Le ministre et ses acolytes s'employèrent ainsi à effrayer des députés déboussolés par la défaite, inquiets pour le pays comme pour leurs prébendes. Dans cette situation, Fouché jouait sur du velours. La crainte est en politique une alliée redoutable.

Une question se pose : Napoléon était-il entièrement convaincu par son propre discours ? On peut en douter. Il ne pouvait oublier qu'un an plus tôt, alors même qu'il n'avait pas subi une défaite aussi douloureuse que celle de Waterloo, le Sénat pourtant réputé acquis à sa cause l'avait renversé sans hésiter. En 1815, sa situation était tout aussi compromise, voire davantage, et il le savait. Selon d'autres sources, il aurait pronostiqué à Caulaincourt en rentrant à l'Élysée : « Le coup que j'ai reçu est mortel. » Au soir du 21 juin, tandis qu'il prenait son bain, il convoqua le trésorier de la Couronne, Peyrusse. En charge de sa cassette personnelle, ce dernier reçut l'ordre de mettre à sa disposition douze millions de francs dont trois en or. Puis, après avoir acquis la certitude que les fonds étaient en lieu sûr, il accusa réception de cette somme, mettant ainsi hors de cause son argentier s'il venait ensuite à être inquiété pour cet important mouvement de fonds[5]. Manifestement, l'empereur se tenait disposé à toutes les éventualités. Parmi celles qui s'offraient à lui, était-il vraiment prêt à se faire le chantre d'une nouvelle Terreur si d'aventure on s'opposait à lui ? À son premier officier d'ordonnance Gourgaud, il dira plus tard : « Pouvait-on ameuter le peuple, dresser la guillotine ? Et puis, il faut dire le mot, je n'en ai pas eu le courage. [...] D'ailleurs je n'aurais pas réussi : j'avais trop d'ennemis ; je me serais mis dans un horrible péril. Beaucoup de sang et peu de succès[6]. » En vérité, il bluffait pour mieux garder la main dans la partie délicate qu'il était en train de jouer.

L'histoire de France aime les revenants. Parmi ceux-ci, une mention spéciale doit être décernée au marquis de La Fayette. Pendant plus d'un demi-siècle, de 1774 à 1830, le « héros » de la guerre d'Indépendance américaine hanta la politique française. En 1815, il se rangea du côté de Fouché pour écarter Napoléon. Qui mieux que lui pour parler au nom de la liberté, pensa l'habile ministre de la Police. En coulisse, ce dernier manipulait le vieux et claudiquant marquis, imbu de lui-même comme facilement influençable. À la Chambre des représentants, il rejoua la partition de 1789, s'élevant contre l'arbitraire et le despotisme. Sa voix fut entendue au-delà des espérances. Après son discours, la Chambre décida de siéger en permanence, la sentence de « haute trahison » étant promise à tous ceux qui s'aviseraient de vouloir la dissoudre. Même si son nom ne fut pas cité, tout le monde comprit que l'avertissement ne valait que pour l'empereur. La Fayette obtint aussi le vote d'une disposition obligeant quasiment les ministres à venir s'expliquer devant les députés assemblés, procédure inédite sous l'Empire. Coup de force ou coup d'État parlementaire, le Palais-Bourbon défiait ouvertement l'Élysée et le gouvernement impérial. Dans la foulée, la garde nationale fut appelée en renfort : 400 hommes sous le commandement du député Delessert défendaient désormais les accès au pont de la Concorde, le fusil pointé vers la rive droite. Le cours de la partie venait donc de s'accélérer, Fouché abattant ainsi ses premières cartes. Napoléon allait-il suivre ?

L'empereur discutait avec ses ministres quand un messager du Palais-Bourbon se présenta rue du Faubourg-Saint-Honoré. Il était porteur de la résolution que venait de voter la Chambre. À sa lecture, l'empereur parut dépité : « [Il] en mesura aussitôt toutes les conséquences », nous dit son aide de camp Fleury de Chaboulon[7]. Parmi les ministres, celui qui était à l'origine de ce coup de poignard, Fouché, assistait impassible et silencieux à la scène. Puis, la partie tourna nettement à son avantage quand l'empereur accepta de discuter avec les députés. Dans un esprit de conciliation, il envoya au-devant des parlementaires les ministres Carnot et Caulaincourt ainsi que son frère Lucien. « L'histoire bégaie : au 19 brumaire, Bonaparte n'a pas su s'exprimer devant une Assemblée déchaînée, Lucien a fait front. [...] Ce 21 juin, Napoléon, invoquant sa dignité, refuse de paraître devant les Chambres et c'est à nouveau Lucien qui le remplace », remarque fort justement Jean-Paul Bertaud[8]. Mais était-ce habile justement de dépêcher ce jour-là l'homme qui avait autrefois permis la réussite d'un coup d'État, celui de brumaire an VIII, dirigé précisément contre les Chambres qui siégeaient alors ? La présence du prince Lucien n'était en effet pas de nature à rassurer tous ceux qui tremblaient sous leurs habits. Allait-on vers un nouveau coup de force ?

Devant la Chambre des représentants, les envoyés de Napoléon étaient censés seulement lire un texte rédigé par le souverain sans engager de débat comme le souhaitaient les députés. L'exécutif entendait ainsi ne rendre aucun compte et ne point se soumettre au législatif. Mais, après leur exposé sur la défaite de Waterloo, les ministres furent interpellés de toutes parts. Une tempête parlementaire se leva. Dans la confusion, Lucien reprit un moment l'avantage, plaidant avec talent pour l'union nationale. Les plus modérés paraissaient désormais hésitants. La Chambre allait-elle basculer en faveur de l'empereur ? Sentant le danger, La Fayette reprit la parole. Comment pouvait-on mettre en doute le patriotisme des députés ?, protesta-t-il. Pour gagner du temps, il proposa la création d'une commission mixte composée de représentants du peuple et de ministres chargés de veiller sur les « intérêts de la patrie ». La proposition fut aussitôt acceptée par une Chambre échauffée et à bout de nerfs. Le partage du pouvoir était ainsi acté. Partant, l'autorité de Napoléon se délitait encore davantage.

Aux Tuileries, il était onze heures du soir quand siégea ladite commission. Au cours de la séance, l'abdication de l'empereur fut réclamée par plusieurs voix. En regard, l'opposition parut bien faible. Tout vote fut cependant empêché par son président

Cambacérès, qui leva la séance. « Il faut en finir aujourd'hui », murmura Fouché[9]. La séance fut levée le 22 juin à trois heures du matin. Le départ de Napoléon n'était plus qu'une question d'heures. À l'Élysée, il passa une mauvaise nuit. Au petit matin, il retrouva cependant une certaine confiance. Militairement, il refaisait ses calculs, la plupart chimériques. Pour lui, un sursaut restait possible. Ensuite, il reçut le fidèle Lavalette. Comme Caulaincourt la veille, le directeur général des Postes lui tint un discours de vérité : « Je sais que Votre Majesté peut encore tirer l'épée ; mais avec qui et contre qui ? L'abattement a écrasé tous les courages, l'armée est dans le plus grand désordre ; il n'y a rien à attendre de Paris, et le coup d'État du 18 Brumaire ne peut plus se renouveler[10]. » À ce stade, si leurs motivations étaient différentes, des plus dévoués aux plus farouches adversaires, tous souhaitaient ardemment un départ de Napoléon. Que ce soit par ambition, crainte ou amour de la patrie, on se ligua contre le vaincu de Waterloo.

Le 22 juin, à neuf heures et demie du matin, la Chambre des représentants se reforma. En son sein, le mot « abdication » était sur toutes les lèvres. Pour les députés pressés d'en finir, le seul obstacle au salut de la patrie, c'était l'empereur. Après son départ, il serait plus facile, pensait-on, de s'entendre avec les Alliés. Au terme d'un débat passionné, ils laissèrent une heure à Napoléon pour signer son abdication : « Dites à votre frère de nous envoyer son abdication ; sinon nous lui enverrons sa déchéance », lança La Fayette à Lucien[11]. En réponse, le prince menaça d'envoyer un bataillon de la Garde. De part et d'autre, le ton montait, mais sans réelle volonté d'en découdre. Craignant une réaction violente des partisans du régime impérial, Fouché espérait surtout forcer Napoléon à renoncer de lui-même. Pour délivrer l'ultimatum, une délégation de cinq députés fut désignée. À leur tête le général Solignac, dont l'expérience en matière de coup d'État n'était plus à prouver : il avait participé au 13 Vendémiaire, au 18 Fructidor et au 18 Brumaire. Sa carrière était en outre parsemée de malversations et de rapines, ce qui lui avait valu de perdre temporairement son grade. Sa réputation ne pouvant être guère plus atteinte, il fut donc désigné pour porter l'estocade à l'empereur. Personne d'autre ne souhaita se salir les mains pour achever un homme déjà à terre.

Peu avant midi, Solignac sollicita une audience au palais de l'Élysée. Il fut reçu avec les autres députés par un Napoléon étonnamment calme et maître de lui-même. Il leur promit de leur répondre sous peu avant de les inviter à se retirer. Puis, après leur départ, retournant auprès de ses ministres, il laissa éclater sa colère : « Puisque l'on veut me violenter, je n'abdiquerai point[12] ! » Mais après ce dernier sursaut d'orgueil, la plupart de ses ministres et aussi son frère Joseph le pressèrent de renoncer au trône. Seuls Lucien et Carnot le soutenaient encore. Comprenant que la partie était perdue, l'empereur capitula. À Fouché, il déclara : « Écrivez à ces messieurs de se tenir tranquilles, ils vont être satisfaits[13]. » L'habile ministre ne répondit point. Avec Lucien, Napoléon se retira dans une petite pièce du palais appelé le « boudoir d'argent ». Il s'installa près d'une « petite table à écrire à 4 pieds à colonne » dont l'élégant plateau en micromosaïque de Florence représente quatre colombes s'abreuvant à une coupe. À son frère il dicta une *Déclaration au peuple français* dans laquelle il disait s'offrir « en sacrifice à la haine des ennemis de la France », annonçait la fin de sa vie politique et proclamait son fils Napoléon II empereur des Français. Une fois la rédaction du document terminée, il le signa d'une plume vive. Après avoir éliminé le père, Fouché et les siens écartèrent ensuite facilement cette solution dynastique par nature compromise, l'Aiglon étant captif à Vienne. Il obtint aussi de présider la commission de gouvernement désormais en charge du pouvoir exécutif. Après avoir brisé la couronne impériale, l'ex-jacobin devint donc le nouveau maître de la France sans toutefois disposer du pouvoir absolu, loin de là.

2

« Qu'il parte ! »

Au soir du 22 juin, si l'empereur avait abdiqué, la situation restait néanmoins confuse. Son abdication était conditionnée à l'avènement de son fils. Ensuite, il n'avait pas l'intention de disparaître sans les honneurs dus à son rang. Il entendait en effet rester digne et être traité comme un souverain en exil. À défaut, il pouvait très bien réendosser l'habit militaire et refaire parler la poudre. Mais de l'autre côté de l'échiquier, les Alliés l'estimaient toujours aussi illégitime que dangereux, prêts à des mesures extrêmes s'il leur résistait. Quant à mettre son fils sur le trône, il n'en était pas question. Pour Fouché, la donne était donc plutôt compliquée, sa tête se trouvant placée entre un marteau allié et une enclume en forme de bicorne. Dans le même temps, pour espérer se maintenir, il devait sourire aux royalistes, une seconde Restauration apparaissant déjà comme inéluctable. L'équation paraissait donc presque impossible à résoudre même pour le rusé ministre. Dès lors, il ne pouvait qu'avancer très prudemment tout en masquant son jeu, presque une seconde nature chez ce manœuvrier de talent, s'il voulait que l'imprévisible Napoléon s'éloigne sans que le sang soit versé.

Une régence d'un frère de l'empereur restant possible, Fouché fit intervenir l'un de ses soutiens devant les Chambres, le député Manuel, pour empêcher pareille solution. Avec malice, celui-ci prétendit que le gouvernement provisoire soutenait sans réserve l'avènement du fils de l'Aigle. Son discours fut aussitôt salué par des « Vive Napoléon II ! » retentissants. Grâce à cette hypocrite déclaration, Fouché se débarrassa à bon compte des autres Bonaparte, le roi de Rome, en exil à Vienne, ne pouvant guère venir troubler son jeu. Comme le souligne Fleury de Chaboulon, « c'était pour la seconde fois, que la chambre se trouvait dupe de son entraînement[1] ». Dans ses *Mémoires*, Fouché jubile : « C'était le point décisif, c'était m'abandonner le champ de bataille[2]. » Après cette nouvelle réussite, il continua cependant d'avancer à pas de loup tant Napoléon paraissait conserver de nombreux soutiens. Devant l'Élysée, une foule de plusieurs centaines de personnes l'acclamait à tout rompre. Pour que ses partisans rentrent chez eux, Fouché tenta, dit-on, de les stipendier. Plus sûrement, il fit circuler par sa police toutes sortes de rumeurs inquiétantes, mais rien ne parut calmer les ardeurs de la foule.

À chaque heure qui passait, les cris de « Vive l'empereur ! » devenaient plus retentissants. Son ombre continuait donc de planer sur Paris au plus grand dam du nouveau gouvernement. Mais comment l'obliger à quitter l'Élysée ? Le 24 juin, le ministre de la Guerre, le maréchal Davout, se présenta aux grilles du palais. Convaincu que Napoléon empêchait toute paix avec les Alliés, il était fermement décidé à demander à son ancien maître de s'éloigner définitivement de la capitale. Tandis qu'au-dehors on scandait son nom, Napoléon ruminait sa chute. Devant Davout, il s'emporta contre ceux qui l'avaient obligé à abdiquer, se faisant même menaçant : « Si je voulais me mettre à la tête de ce bon et brave peuple qui a l'instinct des vraies nécessités de la Patrie, j'en aurais bientôt fini avec tous ces gens qui n'ont eu de courage contre moi que lorsqu'ils m'ont vu sans défense[3]. » Mais ensuite, il confessa ne pas vouloir en arriver à pareille extrémité. Quand Davout l'exhorta à quitter la capitale, il parut résigné : « On veut que je m'en aille. Cela ne me coûtera pas plus que le reste[4]. » Glacial de bout en bout, l'entretien se termina sur cette promesse de départ.

Partir, mais pour aller où ? Dans un premier temps, l'empereur souhaita s'établir à Malmaison, le château qu'il avait autrefois acheté avec Joséphine. Dans la soirée, il s'approcha d'Hortense et lui confia : « La Malmaison vous appartient ; je serais bien aise d'y aller et vous me ferez plaisir si vous voulez y rester avec moi. Je partirai demain[5]. » Sourire aux lèvres, sa belle-fille accepta aussitôt, soulagée elle aussi de le voir s'éloigner d'une capitale qui pouvait vite devenir dangereuse à cause de l'arrivée prochaine des Alliés et du retour des Bourbons. Le 25 juin à midi, l'empereur fit son retour dans la demeure qui avait autrefois abrité ses amours avec l'impératrice et vu les plus beaux jours du Consulat. De rares courtisans firent le voyage jusqu'au château pour le voir une dernière fois. Le gouvernement provisoire ne le laissa cependant pas partir seul. Nommé par Davout, un officier de liaison se rendit aussi au château, officiellement pour commander les troupes assurant la sécurité de Napoléon mais aussi pour surveiller ses faits et gestes. Il allait également servir d'intermédiaire entre Napoléon et le gouvernement provisoire. Il s'appelait Beker. L'homme était réputé pour son sérieux malgré une mise au ban de l'armée quelques années plus tôt. À cause de cette disgrâce, Fouché savait qu'il n'était pas un chaud partisan de l'empereur, ce qui garantissait en principe son indépendance vis-à-vis de celui qu'il devait avoir à l'œil. Après un premier moment de surprise, Napoléon accepta sa présence et ses offres de service.

Pour Fouché et les siens, si le départ de Napoléon de l'Élysée avait été un premier soulagement, son installation à quelques lieues de la capitale ne les rassura pas vraiment. De sa nouvelle résidence, Napoléon pouvait en effet encore tenter « quelque chose ». Dès son arrivée à Malmaison, l'ancien maître des lieux rédigea d'ailleurs une proclamation appelant l'armée à résister à l'envahisseur étranger. Quand il la reçut, le gouvernement provisoire la rangea soigneusement dans un tiroir pour vite l'oublier, son seul désir étant de voir Napoléon s'en aller au plus tôt, sans créer de troubles. Il ignorait cependant encore que l'empereur avait finalement choisi sa destination future. À son aide de camp Fleury de Chaboulon, il avait en effet déclaré : « J'irai aux États-Unis. L'on me donnera des terres, ou j'en achèterai, et nous les cultiverons. Je finirai par où l'homme a commencé ; je vivrai du produit de mes champs et de mes troupeaux[6]. » Et si les Anglais ne le laissaient point s'y établir ?, s'inquiéta Fleury. « Hé bien ! J'irai au Mexique. J'y trouverai des patriotes et je me mettrai à leur tête », répondit l'empereur[7]. Puis, fataliste, il ajouta : « Les destins feront le reste. »

S'il était prêt à tenter une nouvelle aventure outre-Atlantique, il était en revanche fermement décidé à voyager à visage découvert et accompagné par une suite nombreuse, tel un souverain en exil. En aucun cas il ne souhaitait endosser la pelisse d'un misérable fugitif. À Beker, il dicta ses conditions : « J'ai demandé deux frégates avec des passeports pour me rendre aux États-Unis. Encore faut-il que je puisse y arriver sans tomber au pouvoir de mes ennemis. Si on accède à ma demande, je renonce aux affaires publiques, et je pars immédiatement pour cette destination[8]. » Quand le gouvernement provisoire reçut cette demande, il s'empressa de la satisfaire. Le 26 juin, un décret fut signé garantissant à Napoléon une protection militaire jusqu'à son port d'embarquement, la mise à disposition de deux frégates ainsi que l'obtention de passeports pour se rendre aux États-Unis. Sur ce dernier point, les assurances du gouvernement ne valaient cependant pas grand-chose. Depuis son retour de l'île d'Elbe, Napoléon avait été mis hors la loi par les puissances européennes. Le traité dit de la Quadruple-Alliance formée par l'Angleterre, l'Autriche, la Russie et la Prusse le 25 mars 1815 obligeait en effet ses signataires à ne pas déposer les armes « tant que Buonaparte ne sera pas mis absolument hors de possibilité d'exciter des troubles et de renouveler ses tentatives pour s'emparer du pouvoir suprême en France ». Dans le préambule du traité, il était aussi précisé : « En rompant ainsi la convention qui l'avait établi à l'île d'Elbe, Bonaparte a détruit le seul titre légal auquel son existence se trouvait rattachée. En reparaissant avec des projets de trouble et de bouleversements, il s'est privé lui-même de la protection des lois, et a manifesté à la face de l'Univers qu'il ne saurait y avoir ni paix ni trêve avec lui. » Napoléon devant être impérativement neutralisé, comment pouvait-on sérieusement espérer obtenir pour lui des sauf-conduits pour le Nouveau Monde ?

Malgré la fermeté affichée des Alliés, le président du gouvernement provisoire tenta de négocier. Il dépêcha à leur quartier général cinq plénipotentiaires, dont La Fayette, afin de discuter des conditions d'un armistice, d'une éventuelle régence au nom de Napoléon II et d'un exil convenable pour l'empereur déchu aux États-Unis ou en Angleterre. Sans surprise, sur ces trois points, la délégation essuya un refus catégorique. Et quand Fouché s'adressa officiellement au ministre anglais des Affaires étrangères Lord Castlereagh pour obtenir des sauf-conduits pour Napoléon, il n'obtint aucune réponse. Au diplomate français Otto, le ministre confia : « Le gouvernement anglais ne pense pas pouvoir se permettre d'accorder les sauf-conduits demandés par Napoléon : expression qui semblerait indiquer un engagement pris envers les princes coalisés touchant [sa] personne[9]. » Le 27 juin, les Alliés précisèrent ce qu'ils attendaient du nouveau gouvernement français : « Les puissances exigeront des garanties et des précautions

à cet ordre, il se rendrait coupable de haute trahison et risquerait le peloton d'exécution. Dans le même temps, le 7 juillet, le commandant de la flotte anglaise de la Manche, le contre-amiral Hotham, expédia à Maitland la dépêche suivante : « Si vous avez assez de bâtiments pour garder la rade des Basques, ainsi que le chenal entre l'île d'Oléron et le grand banc (où une frégate peut passer), vous serez sûr de les maintenir à leur poste en les faisant mouiller ; mais cela vous donnerait peu de chances de prendre Bonaparte, ce qui est la chose que l'on désire. [...] C'est à vous d'employer les meilleurs moyens pour intercepter le fugitif de la captivité duquel paraît dépendre le repos de l'Europe. S'il vient à être pris, il doit m'être amené dans cette baie [celle de Quiberon où se trouvait le contre-amiral], parce que j'ai des ordres pour disposer de sa personne[3]. » Tandis que les Anglais guettaient leur proie, Fouché et ses ministres l'avaient déclaré *persona non grata* sur le sol de France. Bref, l'étau se resserrait.

Sans attendre l'exécution de l'ordre du gouvernement provisoire, l'empereur s'invita de lui-même à bord des frégates dans l'espoir de pouvoir partir à la première brise. Vers cinq heures du soir, le 8 juillet, un canot le conduisit péniblement vers la *Saale*, les rameurs s'épuisant à cause de puissants courants ramenant la frêle embarcation vers la terre. À croire que les éléments se coalisaient pour qu'il ne quitte pas la France. Tandis qu'il s'éloignait des côtes, une petite foule salua son départ en agitant chapeaux et mouchoirs. Sa suite de soixante-six personnes ainsi que l'ensemble de ses malles furent ensuite réparties sur les deux frégates qui se trouvaient alors au mouillage entre l'île d'Aix et la pointe de Fouras. Son espoir d'un envol rapide disparut peu après son embarquement, les voiles des frégates restant désespérément attachées aux vergues. Le lendemain, Napoléon trompa son ennui en visitant les fortifications de l'île d'Aix avant de remonter à bord de la *Saale* pour le dîner. Au même moment, dans la capitale, Louis XVIII retrouvait son trône grâce à l'alliance du « vice appuyé sur le bras du crime » – de Talleyrand et de Fouché – selon le mot fameux de Chateaubriand. Dès lors, il n'y avait plus rien à attendre de Paris. Les sauf-conduits ne viendraient jamais, au contraire on pouvait même craindre un ordre d'arrestation imminent.

En mer, tenter une sortie sans subir le feu britannique paraissait de plus en plus improbable. Aussi le capitaine Philibert comme le préfet Bonnefous étaient-ils sans solution, dans l'impasse, tout comme leur hôte, devenu du coup de plus en plus encombrant. À moins de ne plus respecter les ordres venus de Paris. Fervent partisan de l'empereur, le capitaine Ponée de la *Méduse* se disait prêt à en découdre, quitte à sacrifier sa carrière comme son navire. Le 10 juillet, il se porta volontaire pour aller affronter seul le *Bellerophon*, ouvrant ainsi la voie à la deuxième frégate. Grâce à son sacrifice, en moins de deux heures la *Saale* disparaîtrait dans la nuit. Ce plan avait en effet toutes les chances de réussir, comme le confirma Maitland dans une dépêche à Lord Keith : « Il était possible sinon probable que la tentative [de s'enfuir] de Napoléon Bonaparte fût couronnée de succès, [...] mon expérience du golfe de Gascogne me faisait penser qu'il était impossible d'empêcher de petits bâtiments de tromper la croisière[4]. » Tandis que le capitaine insistait pour larguer les amarres, le vent s'était enfin levé et l'obscurité gagnait le golfe. Il fallait se décider vite. Mais Napoléon ne donna aucune suite à cette héroïque proposition, ce qui mit en rage Ponée : « Le pauvre capitaine jurait comme un marin et piétinait de colère », témoigna la comtesse de Montholon[5].

Entre le 4 et le 15 juillet, pas moins de cinq projets d'évasion furent proposés à l'empereur déchu. Chacun offrait une chance sérieuse de réussite. Le premier, partir à bord des frégates, fut définitivement abandonné au soir du 10 juillet. Trois jours plus tard, un second plan fut écarté. Il émanait du capitaine Baudin, commandant d'une corvette de 32 canons, la *Bayadère*, plutôt hostile aux Bourbons. Depuis plusieurs jours, la flotte marchande de la Gironde, plusieurs dizaines de bâtiments marchands, était retenue à quai. Si toute cette flotte prenait la mer en même temps, la marine britannique ne pourrait arrêter tous les navires. Ancrée en rade du Verdon, la *Bayadère* en profiterait alors pour emmener l'empereur au loin tandis que deux corsaires américains accueilleraient à leur bord sa suite et ses bagages. Tel était le stratagème du capitaine manchot (il avait perdu son bras lors d'un combat en 1808). Mais ce plan obligeait Napoléon à revenir à terre pour parcourir une certaine distance, ce qui pouvait être périlleux. Partout, des paysans aux sentiments royalistes affirmés et armés de fourches couraient les campagnes. Par ailleurs, l'empereur n'avait semble-t-il aucune envie d'être capturé sans honneur par la flotte anglaise ou de faire naufrage. Ce fut d'autant plus dommage que, comme Baudin l'avait prévu, sa corvette put ensuite appareiller sans être inquiétée par les navires britanniques, ceux-ci étant trop occupés à courir sus à toutes les voiles marchandes qui descendaient la Gironde. Comme le souligne l'historien Jacques Jourquin, « non seulement le plan était astucieux, mais il était réalisable[6] ».

Autre projet, le troisième, celui dit des « chasse-marée ». Il consistait à armer deux grosses chaloupes, appelées aussi « chasse-marée », servies par une demi-douzaine de marins et emportant des provisions suffisantes pour plusieurs semaines. Capables de naviguer en eaux peu profondes, là où le *Bellerophon* ne pourrait les atteindre, elles pourraient permettre à Napoléon de gagner la haute mer en toute sécurité. Une fois au large, il serait ensuite facile de monter à l'abordage du premier navire marchand pouvant traverser l'Atlantique que l'on croiserait. Après l'avoir investi, on mettrait le cap sur l'Amérique. Et le tour serait joué. Ce projet connut un début d'exécution puisque le 12 juillet, deux chasse-marée attendirent l'empereur au mouillage. Le lendemain, on commença même à embarquer à leur bord quelques effets lui appartenant. Mais, à l'instar du projet Baudin, il sombra lui aussi.

C'est alors qu'une quatrième solution se précisa. Son auteur s'appelait Besson. Enseigne de vaisseau, il appartenait à l'état-major du port de Rochefort. Il imagina de tromper la vigilance anglaise en dissimulant Napoléon sur un navire marchand, un brick assez robuste, la *Margaretha*. Si d'aventure le navire était visité, l'empereur se réfugierait dans un tonneau spécialement aménagé tandis que les membres de sa suite se cacheraient dans quatre autres. Chaque tonneau était matelassé, pour éviter de sonner creux, muni de discrets systèmes d'aération et accessible à partir de la chambre du bateau grâce à une trappe secrète. Du grand art. Le 4 juillet, Napoléon accepta l'offre de Besson et Bertrand rédigea un contrat d'affrètement, avec à la clef 25 000 francs pour l'audacieux capitaine. Aussitôt, ce dernier commença les préparatifs de départ, qui furent achevés six jours plus tard. Le 12 juillet, il était prêt à partir. À minuit, on emmena furtivement à bord de la *Margaretha* quelques effets personnels de l'empereur. Dans son journal, Beker note : « Les ordres relatifs à l'embarquement étaient exécutés ; ce projet qui paraissait être le dernier semblait près de s'accomplir[7]. » Ne restait plus qu'à embarquer le futur occupant de l'ingénieux tonneau. Beker vint alors trouver l'empereur : « Sire, tout est prêt, le capitaine vous attend. » Mais point de réponse. Après quelques instants, il se retira avant de comprendre qu'il ne viendrait jamais. Un sous-commissaire de la Marine présent sur l'île d'Aix témoigne : « Au moment d'exécuter ce projet qui paraissait certain, Napoléon changea de résolution disant qu'il ne voulait pas se noyer[8]. » Déçu, Besson prit tout de même la mer et fila au vent sans être stoppé. À aucun moment il ne fut donc inspecté. Ce plan de fuite était donc lui aussi assuré de réussir. Et s'il avait fait le choix de partir avec lui, l'empereur n'aurait même pas été obligé de rester confiné dans un tonneau pendant plusieurs heures pour échapper à la croisière anglaise[9].

Enfin, le 13 juillet, ce fut au tour du prince Joseph de proposer un dernier plan. Après avoir affrété un brick américain, le *Commerce*, pour le Nouveau Monde où il comptait également se rendre, il offrit à Napoléon de prendre sa place. De loin et même de près, il était véritablement difficile de reconnaître les deux frères tant ils se ressemblaient. Pas plus Maitland que ses marins ne connaissaient la véritable tête de Napoléon, cette remarque étant d'ailleurs vraie pour tous ceux, fort nombreux, qui ne l'avaient jamais croisé. Partant, il existait de réelles chances pour que l'on confonde les deux Corses. En se faisant passer pour l'empereur, Joseph irait se rendre aux Anglais tandis que le véritable Napoléon gagnerait le large à bord du brick. Le temps que le subterfuge soit éventé, le *Commerce* aurait ainsi pris une belle avance. Mais, après avoir embrassé son aîné, Napoléon refusa son offre généreuse. Dépité, Joseph insista cependant. Le lendemain, il renvoya son valet et homme de confiance Maillard pour tenter de le convaincre. En vain : « Dites au roi Joseph que j'ai bien réfléchi sur sa proposition. Je ne puis l'accepter, ce serait une fuite. [...] Dites-lui de partir sur-le-champ. Il arrivera à bon port[10]. » Napoléon avait vu juste : son frère arriva plus tard à destination pour s'installer à Point Breeze près de Philadelphie où il connaîtra un exil confortable, royal même. Comme les précédents, ce plan était donc judicieux, si seulement il avait été mis à exécution. Trois sorties – sans l'empereur – furent en définitive tentées, celles du capitaine Baudin, de l'enseigne Besson et du prince Joseph, toutes réussirent, aucune voile britannique n'ayant inquiété ni de près ni de loin la course tranquille de leurs navires. On peut donc en déduire que Napoléon avait de grandes chances de passer. S'il ne connut jamais l'Amérique, ce ne fut donc point en raison de la supériorité britannique, mais bien parce qu'il refusa toute entreprise hasardeuse. Toute audace l'avait-elle quitté ? En réalité, il s'apprêtait à jouer une autre partie plus risquée peut-être que la précédente.

5

Les ruses d'un capitaine

Du gaillard avant ou arrière du *Bellerophon*, les officiers de Maitland observaient avec une extrême attention la rade de Rochefort ainsi que l'île d'Aix voisine. Dès qu'une voile apparaissait, leurs lunettes pointaient immédiatement dans sa direction. Aux premières lueurs de la journée du 10 juillet, on aperçut du mouvement chez les Français. Après avoir quitté la côte, un navire se dirigeait visiblement vers le large. L'officier de quart courut alors avertir Maitland, qui sans hésiter ordonna de s'opposer à sa course. Mais après quelques minutes, on comprit qu'il ne serait pas nécessaire de l'arraisonner puisqu'il faisait route vers le quatre-ponts anglais. Très rapidement, le capitaine reconnut la goélette française *La Mouche*. Ses intentions étaient pacifiques car flottait à son mât un pavillon de parlementaire. À son bord, deux envoyés de Napoléon, le duc de Rovigo ainsi que le comte de Las Cases, ayant reçu pour mission de sonder les intentions anglaises. Après être montés sur le *Bellerophon* par l'échelle de coupée, les deux hommes remirent à Maitland une lettre signée du général Bertrand : « L'empereur Napoléon, écrivait-il, ayant abdiqué le pouvoir et choisi les États-Unis d'Amérique pour s'y réfugier s'est embarqué sur les deux frégates qui sont dans cette rade pour se rendre à sa destination. Il attend le sauf-conduit anglais, qu'on lui a annoncé, ce qui me porte à expédier le présent parlementaire pour vous demander si vous avez connaissance dudit sauf-conduit, ou si vous pensez qu'il soit dans l'intention du gouvernement anglais de mettre de l'empêchement à notre voyage aux États-Unis[1]. »

En découvrant la missive du grand maréchal, Maitland eut donc la confirmation de ce qu'espéraient les Anglais : Napoléon se trouvait bien à Rochefort. Mais cette position était également inquiétante, car en l'état il était loin d'être certain de pouvoir neutraliser les deux frégates. Il savait en effet qu'il pourrait peut-être en stopper une mais pas les deux. En outre, comme il l'avoua plus tard, un départ à bord d'un aviso restait possible : « Les forces que j'avais à ma disposition, déclara-t-il, étaient insuffisantes pour garder les différents ports et passages d'où l'on pouvait s'échapper, surtout si l'on adoptait le plan de mettre en mer sur un petit bâtiment[2]. » Dès lors, compte tenu de sa position délicate, une première idée lui vint en tête : gagner du temps en jouant les ignorants. En réponse à la lettre de Bertrand, il prétendit ne pas connaître les intentions de son gouvernement. Sur ce point, il mentait effrontément, puisque le cœur de sa mission était précisément d'intercepter le vaincu de Waterloo. Depuis le 1er juillet, ses consignes n'avaient en effet pas varié : Napoléon devait être capturé puis emmené en Angleterre, sans plus de précisions toutefois. Au moment même d'ailleurs où il conversait avec les Français, Maitland reçut une nouvelle dépêche du contre-amiral Hotham confirmant ce qu'il savait déjà : « Si vous êtes assez heureux pour l'intercepter, expliquait l'amiral, vous devrez le transférer avec sa famille sur le vaisseau que vous commandez, l'y tenir sous bonne et sûre garde, et revenir avec toute la diligence possible au port d'Angleterre le plus voisin[3]. » Mais Maitland se garda bien de communiquer cette lettre aux Français, ne désirant pas, comme il l'expliqua à son supérieur, que « Bonaparte soupçonne que des ordres sévères existent à son sujet[4] ». En ne révélant pas ses ordres, il espérait ainsi « engager Napoléon à attendre la réponse de l'amiral, ce qui donnerait le temps à des renforts de m'arriver[5] ».

Reçu avec Savary dans la cabine du capitaine, Las Cases fut vraiment proche de tout découvrir : « Le capitaine anglais reçut devant nous de l'Amirauté des paquets qu'il ouvrit et qui avaient en tête, en grosses lettres "Secret". Tous ces papiers étaient sur la table. Il s'empressa de nous conduire. Mon sentiment de marin, de marin français, me fit refuser. J'étais d'ailleurs arrivé avec le mal de mer. Je demeurai donc dans la chambre au milieu de ses papiers. Ils pouvaient contenir notre destinée[6]. » Le parlementaire ne se trompait pas. À portée de sa main, il avait là les ordres de l'amiral Hotham. En les ouvrant, il aurait compris que Maitland bluffait. Mais malgré la tentation, Las Cases n'osa pas s'en approcher : « Je n'hésitai pourtant pas, je passai immédiatement dans l'avant-chambre. Le capitaine parut bientôt. Il sembla revenir précipitamment ; je ne sais pas si je me trompe mais son regard sembla me savoir gré de me trouver en ces lieux plutôt que dans sa chambre. » Sans doute soulagé, Maitland put continuer son trouble jeu.

En dépêchant ainsi deux parlementaires, Napoléon dévoila un peu imprudemment ses batteries. Une fois n'est pas coutume, il était sur le point de donner du temps à son adversaire pour qu'il se renforce. Mais s'il avait accepté de parlementer, il était cependant encore loin d'être capturé. Au cours de la discussion, Savary et Las Cases laissèrent d'ailleurs entendre qu'il pouvait fort bien reprendre les armes : « Les deux personnes qui ont apporté, dit-il aussi à Hotham, ont fait mille efforts pour me convaincre que la paix en Europe dépend du départ discret de Bonaparte, qu'il serait en mesure de rejoindre l'armée du Sud et du centre de la France et d'organiser la résistance ; elles ont même usé de la menace, si je refusais de laisser sortir les frégates, d'une tentative par la force[7]. » Fort adroitement, les envoyés de l'empereur jouaient les dernières cartes de leur maître. Commença alors une véritable partie de poker menteur entre les trois hommes. Comprenant que sa proie était à portée de main mais pouvait encore à tout moment lui échapper, le capitaine anglais réalisa sans doute que gagner du temps ne suffirait pas. Pour masquer ses craintes, il présenta soudainement un visage plus accommodant, se faisant même enjôleur.

Après que les deux Français eurent à nouveau affirmé que l'empereur n'aspirait qu'à la retraite, Maitland leur lança à brûle-pourpoint : « S'il en est ainsi, pourquoi ne pas demander un asile en Angleterre[8] ? » Las Cases témoigne l'avoir entendu ensuite affirmer qu'en cas d'exil dans son pays « on ne pouvait y craindre aucun mauvais traitement[9] ». De son côté, Savary rapporte que le capitaine aurait vanté la douceur du climat britannique ainsi que les « agréments de la vie sociale » du comté de Kent[10]. Toujours selon l'ancien ministre, il poussa encore plus loin la confidence en se montrant persuadé que dans son pays, « placé sous la protection de ses lois, [l'empereur] sera à l'abri de tout[11] ». Enfin, très finement, Maitland aurait également rappelé l'exil plutôt agréable que connurent entre 1810 et 1814 Lucien Bonaparte et sa famille à Londres après avoir été capturés en Méditerranée[12]. De là à considérer les propos du capitaine comme une douce invitation à se rendre en Angleterre, il n'y avait qu'un pas que les envoyés de Napoléon nous disent avoir franchi. Avant qu'ils ne quittent le navire anglais, l'astucieux Maitland leur indiqua qu'il allait se rapprocher des frégates pour faciliter les futures communications. En vérité, sous couvert d'une démarche anodine, il resserrait davantage son étreinte. Lisons Gourgaud : « Retour de Las Cases. Le *Bellerophon* les suit à pleines voiles. On croit qu'il vient attaquer. Mais non ; il mouille seulement au plus près. Il est sûr que l'empereur est là[13]. » Le chasseur venait ainsi renifler une proie qu'il savait désormais toute proche.

La duplicité du capitaine du *Bellerophon* ne fait aucun doute. À trois reprises au moins, il mystifia ses interlocuteurs en prétendant d'abord ignorer les ordres de l'amirauté, en disant ensuite que s'il se rendait, Napoléon serait probablement bien accueilli en Angleterre, ce qui n'était que pure spéculation de sa part, et enfin en prétendant qu'il venait mouiller plus près dans le seul but de mieux communiquer. Se sachant en position de faiblesse, il fit donc le choix de mentir de bout en bout. Mais, au total, sa ruse fut-elle aussi déterminante qu'on l'a cru ? En réalité, cette idée d'une reddition aux Anglais, Napoléon y songeait depuis plusieurs semaines. S'il n'envisagea jamais de se rendre aux Prussiens, aux Autrichiens ou aux Russes, en revanche, il n'excluait pas de le faire avec son vieil ennemi anglais : « Pour l'Angleterre, au moins, ce serait se donner à une nation », confia-t-il par exemple à sa belle-fille Hortense le 23 juin[14]. Puis devant Maret, Lavalette ou encore Carnot, il répéta peu ou prou la même chose. En arrivant à Niort, il s'interrogea pour la première fois sur la faisabilité concrète d'une reddition. À Rochefort, tandis qu'il était question de sa fuite, Marchand l'entendit prononcer ces quelques mots au grand maréchal : « Bertrand, il n'est pas sans quelques dangers de se mettre entre les mains de ses ennemis, mais mieux vaut risquer de se confier à leur honneur, que d'être entre leurs mains, prisonnier de droit[15]. » On le reconnaît bien là. Plutôt que de subir une solution, il préférait toujours prendre l'initiative afin de se trouver au bout du compte en meilleure position. Si elle ne s'était pas encore imposée, la solution anglaise prit une importance croissante au fil des jours avant que l'accélération de l'Histoire ne la rende quasi inéluctable.

Après deux jours passés en mer sur les frégates françaises, le 12 juillet, Napoléon reçut d'affligeantes nouvelles de Paris : la capitale s'était rendue. Beker note : « Ces nouvelles produisirent une sensation profonde sur l'esprit de l'empereur et de ceux qui l'entouraient[16]. » Le même témoigne encore : « Ce fut la seule fois que l'empereur, qui subissait sa destinée avec un calme imposant, sans manifester ni émotion ni abattement, ne put réprimer une impression de douleur. Il jeta violemment le journal et rentra dans sa cabine. » Résigné, Napoléon fit appeler Bertrand pour lui annoncer sa ferme intention de se rendre aux Anglais. Prévenu dans la foulée, Beker donna ses instructions au capitaine Philibert en vue de cette prochaine reddition : « L'empereur voyant l'impossibilité de sortir sur un bâtiment de l'État pour passer aux États-Unis s'est décidé à se rendre à bord de l'escadre ennemie pour demander refuge en Angleterre. En conséquence de cette détermination, après la demande qui m'en a été faite par [...] le comte Bertrand au nom de l'empereur, je vous autorise à mettre à la disposition de Sa Majesté le brick *L'Épervier* et la goélette *La Sophie* pour se rendre à bord de l'escadre anglaise avec les personnes qui l'accompagnent[17]. » Dans le secret de sa cabine, Napoléon rédigea même un premier brouillon de lettre destinée au prince régent d'Angleterre dans lequel il confirmait vouloir se rendre.

Pour se donner cependant le temps de la réflexion, il quitta la *Saale* et décida de s'installer à l'île d'Aix. Accompagné par sa petite cour formée tout de même de soixante-six personnes, il prit ses quartiers dans le « pavillon 28 », un charmant hôtel de style néoclassique qui servait auparavant de logement de fonction au commandant de la place. Dès son arrivée, la demeure prit des allures de palais impérial : « Au milieu de l'hésitation et de tout l'embarras d'une telle position avec une suite assez nombreuse, c'était merveille que l'on s'y reconnût ; mais tout marchait encore d'après les habitudes de subordination et de précision du palais impérial, organisation modèle sous toute espèce de rapports et surtout celui de l'économie unie à toute la grandeur désirable. Dix fois par jour, ordre et contrordre résultaient des circonstances et s'exécutaient sans murmure et de manière que tout fût prêt à la minute », se souvint amusée la comtesse de Montholon[18]. Pour autant, cette villégiature *a priori* confortable ne pouvait durer. Bientôt, l'île d'Aix comme les frégates passeraient sous autorité royale. À La Rochelle comme à l'île d'Oléron, le drapeau blanc des Bourbons claquait déjà au vent.

6

L'aveugle reddition

Depuis deux cents ans, une question se pose : les Anglais ont-ils piégé Napoléon ? À maints égards, cela semble évident. Pour l'amener à se livrer, ils se montrèrent plutôt rassurants sur ce qui l'attendait. Puis, après avoir accepté sa reddition, ils le conduisirent près des côtes britanniques avant de lui dévoiler sa véritable destination. Décrit ainsi, le scénario paraît machiavélique, la « perfide » Albion ne faisant en quelque sorte que conforter sa noire réputation. Dans l'historiographie, y compris récente, Maitland fut souvent considéré comme l'âme principale de cet infâme traquenard. À y regarder de plus près, s'il rusa avec adresse, il ne fut que l'un des maillons d'une longue chaîne s'enroulant toujours davantage autour du cou de Napoléon. Ses propos conciliants ne firent en effet que renforcer l'opinion d'un homme qui ne demandait qu'à se laisser amadouer. Si l'empereur se jeta assez volontairement dans la gueule du loup, il y fut également poussé de toutes parts, y compris par ses plus proches compagnons. Ajoutons que le « piégé » se berça d'illusions, exagérément confiant en sa destinée. Audacieux, il le restait, mais était-il encore lucide ?

Après avoir définitivement tourné le dos aux solutions aventureuses, Napoléon fit venir auprès de lui Gourgaud afin de mettre au net sa fameuse lettre au prince régent d'Angleterre : « En butte aux factions qui divisent mon pays et à l'inimitié des plus grandes puissances de l'Europe, j'ai terminé ma carrière politique, et je vais, comme Thémistocle, m'asseoir sur le foyer du peuple britannique. Je me mets sous la protection de ses lois, que je réclame de Votre Altesse Royale, comme le plus puissant, le plus constant et le plus généreux de mes ennemis. » De prime abord, la référence à Thémistocle paraît évidente, ce valeureux général grec s'étant lui aussi réfugié chez ses anciens ennemis, les Perses, au Ve siècle avant J.-C. Mais à y regarder de plus près, comme le souligne Paul Ganière, « cette comparaison pouvait frapper les esprits mais elle était mal choisie[1] ». Outre le fait qu'il ne s'était pas livré suite à une défaite militaire mais après avoir été banni de son pays, le général avait ensuite fidèlement servi le roi des Perses, administrant même pour lui des provinces entières de son empire et l'aidant à combattre les Grecs. Féru d'histoire antique comme la plupart de ses contemporains, Napoléon ne pouvait l'ignorer. Avec sa lettre au prince régent, fit-il une subtile offre de service aux Anglais ? Ce n'est pas impossible tant l'homme aimait surprendre. Mais, en osant cette comparaison, il pouvait aussi apparaître comme un homme prêt à tout, ce que les Anglais redoutaient précisément. Plus que jamais, son caractère imprévisible comme audacieux transpirait dans cette lettre, ce qui en la circonstance n'était pas très habile. En outre, autre erreur, il paraissait ignorer le fonctionnement exact des institutions britanniques dans lesquelles le pouvoir était détenu non point par le prince régent mais par le Premier ministre. Or, au sommet du pouvoir anglais, personne n'avait envie de le voir s'établir dans les vertes prairies de leur pays.

Mais si la solution anglaise avait sa préférence, il ne l'avait pas encore pleinement confirmé. Subsistait donc un mince espoir de rebondissement. Une fois la courte dictée à Gourgaud achevée, le dîner du soir fut lugubre au sein de l'éphémère palais impérial de l'île d'Aix. Inquiets par cette probable reddition, les capitaines Ponée et Philibert mirent en garde l'entourage de l'empereur : « Ah ! vous ne savez pas où vous allez ! Vous ne connaissez pas les Anglais. Dissuadez l'empereur d'un tel projet[2] ! » Pour le moment, les deux capitaines demeuraient fidèles à l'empereur. Pendant ce temps en mer, le dispositif anglais s'était renforcé. Arrivé le 12 juillet, le rapide *Cyrus* lancé en 1813 et fort de ses vingt canons mouillait près de la tour de la Baleine tandis que le *Bellerophon* était comme prévu entré dans la rade des Basques accompagné par le *sloop of war* appelé *Slanley*, lui aussi doté de vingt bouches à feu. Mais, même s'il avait désormais bien ferré sa proie, Maitland restait inquiet : « Nous vîmes clairement, écrit-il dans sa *Relation*, que les frégates, dont nous n'étions éloignés que d'environ trois miles, étaient parfaitement prêtes à prendre la mer si l'occasion s'en présentait ; elles avaient leur poupe couverte de légumes verts et d'herbes potagères, leurs vergues de perroquet en croix, leurs drisses de bonnettes passées, et quantité de canots furent en mouvement toute la journée entre l'île et les frégates[3]. » Aussi se tenait-il prêt à toute éventualité avec sur ses navires les huniers et perroquets hissés à tête de mât, les voiles sur le fil de caret et les câbles prêts à être filés prestement par le bout. Dans la minute, il pouvait ainsi appareiller sans être certain toutefois, malgré les renforts du *Cyrus* et du *Slanley*, de pouvoir arrêter la course des deux frégates obéissant encore à Napoléon.

Ce 14 juillet 1815, la prise de la Bastille n'était plus qu'un lointain souvenir. Partout le blanc redevenait la couleur du pays en lieu et place du tricolore. À Rochefort, le préfet maritime Bonnefous s'inquiétait vivement pour l'empereur : « Je suis dans les angoisses, écrivit-il au capitaine Philibert, j'ignore si l'empereur est parti, et je reçois l'ordre de le faire arrêter s'il est à terre. Veuillez s'il est encore à l'île d'Aix lui faire connaître de suite et à lui seul cette nouvelle disposition afin qu'il se détermine sur-le-champ à partir[4]. » Il ajoutait : « Je répète ici dans la conviction de mon âme que le meilleur et unique parti qui lui reste à prendre est de se rendre à bord de l'escadre anglaise. J'insiste d'autant plus sur cet avis qu'un de mes amis, parti de Paris mardi au soir, me rapporte que Lord Wellington a répondu aux commissaires chargés de traiter de l'armistice que si Napoléon se rendait en Angleterre, il y serait traité avec tous les égards qu'il est en droit d'attendre d'une nation grande et généreuse. » Pour conclure, Bonnefous prévenait son correspondant que sous trois heures, il allait devoir hisser à son tour le drapeau blanc des Bourbons. L'angoisse du préfet se comprend d'autant mieux qu'il avait également reçu l'ordre de mettre l'île d'Aix en état de blocus, au besoin de l'attaquer, si Napoléon ne voulait pas en sortir, puis de le remettre aux Anglais. Pour éviter d'en arriver à cette extrémité, il valait mieux en effet que l'empereur se livre de son plein gré. Au fil des heures, la solution anglaise sembla de plus en plus évidente, d'où qu'on la considère.

Tandis que Bonnefous paraissait de plus en plus fébrile, au point du jour, la goélette *La Mouche* sortit de la rade d'Aix pour aller à nouveau au-devant du *Bellerophon*. Comme quatre jours plus tôt, Las Cases était à bord mais accompagné cette fois du général Lallemand. Dès que les navires furent bord à bord, Maitland s'empressa de recevoir les Français. Après l'avoir salué, Las Cases lui demanda d'emblée s'il avait reçu les sauf-conduits ou s'il connaissait enfin les intentions de son gouvernement. Le capitaine anglais répondit par la négative, répétant peu ou prou ce qu'il avait déjà dit le 10 juillet. S'il ne pouvait laisser passer Napoléon, il ajouta cependant : « Je pense que je puis me hasarder à le recevoir à bord de ce vaisseau et à le conduire en Angleterre[5]. » Dans le *Mémorial,* Las Cases rapporte que selon l'« opinion privée » du capitaine, l'empereur serait certainement bien traité en Angleterre car protégé par les lois de son pays. Quand Lallemand lui demanda s'il en irait de même pour ceux qui accompagnaient Napoléon, il promit avec assurance exactement la même protection. Cette réponse eut son importance, car elle incita très certainement tous ceux qui dans l'entourage de Napoléon redoutaient le peloton d'exécution à soutenir ensuite la solution anglaise. Comme il l'avait déjà fait quelques jours plus tôt, Maitland continuait donc de vouloir endormir toute crainte afin d'éviter tout combat hasardeux.

Au retour de Las Cases et de Lallemand, Napoléon tint conseil. D'après Beker, la solution anglaise tenait la corde : « Les sympathies de ses compagnons d'infortune pour la terre d'Angleterre, l'espoir d'une honorable réception qu'ils se flattaient d'y obtenir, enfin la crainte d'être fait prisonniers dans une traversée de long cours, leur avaient toujours fait préférer l'hospitalité anglaise à un passage en Amérique[6]. » Le général affirme même que l'un des participants à ce conseil (il ne dit point son nom) supplia l'empereur de ne pas tenter une sortie hasardeuse. De son côté, le premier officier d'ordonnance Gourgaud se prononça également en faveur d'une reddition : « À mon avis il est préférable, dit-il, de se rendre à la nation anglaise où [Sa Majesté] trouvera des admirateurs, plutôt que de partir sur le chasse-marée. Il est probable que ce bateau serait pris et, alors, la position serait bien différente, car alors, on jetterait l'empereur à la Tour de Londres[7]. »

Encouragé par ce qu'il venait d'entendre et à nouveau rassuré par les derniers propos de Maitland, Napoléon révéla son choix à ses compagnons : « S'il était question de marcher à la conquête d'un empire ou d'en sauver un, je pourrais tenter un retour de l'île d'Elbe ; mais je ne cherche que du repos, et si je suis encore la cause d'un seul coup de canon, la méchanceté profitera de la circonstance pour me déchirer. L'on m'offre du repos en Angleterre ; je ne connais pas le Prince Régent mais d'après tout ce que j'en ai entendu dire, je ne puis manquer de confiance dans la loyauté de son caractère. Mon parti est pris, je vais lui écrire, et demain, à la pointe du jour, nous irons à bord de la croisière anglaise[8]. » Une note du capitaine Philibert témoigne de la « satisfaction en apparence de quelques personnes de sa suite » à cette annonce[9].

S'il était imprudent, le geste de Napoléon ne manquait point de panache. Après maintes réflexions, il comprit aussi que sa fabuleuse épopée ne pouvait se conclure misérablement. Tenter une pitoyable fuite en se dissimulant à fond de cale au risque de périr noyé ou d'être piteusement découvert ne pouvait que nuire à sa postérité. De l'impasse dans laquelle il se trouvait à l'île d'Aix, Napoléon voulait désormais en sortir tête haute en se livrant lui-même à son plus farouche ennemi. Par cette reddition, il comptait certainement l'obliger à se montrer clément et digne en retour. En dépit de son audace, le pari était loin d'être grotesque. À peine un an plus tôt, les Britanniques l'avaient après tout fort bien traité lorsqu'ils l'avaient emmené jusqu'à l'île d'Elbe. Après avoir réquisitionné d'importants moyens notamment maritimes, ils avaient même assuré sa sécurité durant ses premières semaines à la tête de son petit royaume[10]. De même, il se souvenait très certainement de l'exil assez confortable que son frère Lucien avait connu à Londres et que Maitland n'avait d'ailleurs pas manqué de rappeler devant Las Cases et Savary.

Autre avantage de cette solution, il pouvait, pensait-il, emmener avec lui sa nombreuse suite, ce qui n'aurait sans doute pas été possible s'il avait essayé de passer discrètement. Ainsi croyait-il pouvoir conserver une partie importante de son ancienne majesté s'il s'installait en terre britannique. Dans sa réflexion, cela compta assurément, tant il tenait à son rang d'empereur. En dernier lieu, il disait préférer dorénavant la civilisation anglaise aux grandes étendues de la lointaine Amérique comme le rapporte Savary : « Il avait d'abord le projet d'aller en Amérique, parce qu'il y aurait formé un vaste établissement qui l'aurait occupé, et qu'il aurait pu y voyager à son aise ; mais, d'un autre côté, il trouvait que c'était bien loin, et il craignait de ne pas y rencontrer des hommes de conversation avec lesquels il aurait pu échanger ses pensées, ce qui pour lui est un grand besoin. C'est ce qui le ramenait à l'idée d'aller en Angleterre, dont il ne redoutait que le climat, mais où il trouverait, disait-il, des hommes d'État, des savants de tous les genres, et en un mot un commerce de conversation et de société, des facilités pour se procurer toute la production littéraire possible[11]. »

De cette dernière conversation, on retire l'impression qu'il multipliait les arguments en faveur de la solution anglaise comme pour se persuader lui-même qu'il venait de prendre la meilleure décision. Désormais intimement convaincu qu'il devait se rendre, il ne lui restait plus qu'à jouer ce morceau de bravoure. Au soir du 14 juillet, Napoléon ordonna à Gourgaud de se rendre à bord du *Bellerophon* pour ensuite porter à Londres la lettre qu'il avait écrite au prince régent. Les instructions données à son premier officier d'ordonnance témoignent à nouveau de son absolue et presque naïve confiance en l'hospitalité britannique : « Si je dois aller en Angleterre, je désirerais être logé dans une maison de campagne à dix ou douze lieues de Londres, où je souhaiterais arriver le plus incognito possible. Il faudrait une habitation assez grande pour loger tout mon monde. Je suis désireux, et cela doit entrer dans les vues du gouvernement, d'éviter Londres. Si le ministère avait envie de mettre un commissaire près de moi, Gourgaud veillerait à ce que cela n'ait aucun air de servitude[12]. » Prenant une nouvelle fois ses désirs pour des réalités, il s'illusionnait encore.

Le jour commençait à faiblir quand Las Cases et Gourgaud demandèrent à monter à bord du *Bellerophon*. Sitôt le chambellan de l'empereur avait-il mis le pied sur le pont que le capitaine Maitland se précipita vers lui. Pourquoi un retour aussi rapide ? L'air préoccupé, l'Anglais avait fait ses calculs, Las Cases n'avait pu aller et revenir de Rochefort aussi vite. Rapidement, ce dernier rassura Maitland. Il ne venait pas de Rochefort mais de l'île d'Aix où se trouvait aussi l'empereur. Dans la foulée, il lui remit une lettre annonçant la mission du général Gourgaud ainsi que la venue prochaine de Napoléon à son bord. Y était jointe une liste complète de ceux qui souhaitaient l'accompagner en Angleterre, environ une cinquantaine de personnes. Comment les loger convenablement, pensa Maitland. Son navire était armé pour la guerre et donc peu accueillant. Aussitôt, il donna des ordres pour réaménager les ponts supérieurs. Las Cases suggéra de réserver à l'empereur la chambre du conseil, plus grande que les autres. Napoléon pourrait ainsi se promener à son aise et même y faire de l'exercice.

En réponse, Maitland s'empressa de satisfaire son hôte : « Comme mon désir est de le traiter avec toute la considération possible, pendant qu'il sera à bord du vaisseau que je commande, je ferai toutes les dispositions que vous croirez pouvoir lui être le plus agréables[13]. » Autrement dit, il serait aux petits soins pour l'empereur. « Las Cases est dans l'enchantement », commente Gourgaud[14]. Pour que la lettre au prince régent soit remise le plus tôt possible, Maitland fit embarquer le premier officier d'ordonnance à bord de la corvette le *Slanley* avec ordre de mettre à la voile pour l'Angleterre. Dans la chambre du capitaine, Las Cases devisait tranquillement avec son fils quand soudain Maitland revint furieux : « Comte de Las Cases, je suis trompé ! Quand je traite avec vous, que je me démunis d'un bâtiment, on m'annonce que Napoléon vient de m'échapper ; cela me mettrait dans une situation affreuse vis-à-vis de mon gouvernement », s'écria-t-il[15]. Une mouche – comprendre un espion – venait de l'avertir que l'empereur avait filé par une passe étroite sur un chasse-marée vers le large. Un moment, Las Cases crut l'empereur hors d'atteinte de ses ennemis. Mais quand il demanda à quelle heure il était censé avoir pris la mer, il comprit, pour l'avoir vu plusieurs heures après, que cette nouvelle n'était qu'une rumeur infondée. Il jura alors à Maitland que tout cela n'était que pure affabulation. Apaisé, le capitaine retourna à son commandement tandis que Las Cases et Lallemand quittèrent son bord à l'approche de la nuit.

Le 15 juillet, aux premières lueurs du jour, Napoléon enfila son habit de colonel des chasseurs de la Garde, puis coiffa son célèbre bicorne. La journée s'annonçait historique, l'empereur devait être reconnaissable entre tous. Pour beaucoup, ce jour était triste : « Rien ne peut rendre la stupeur, le profond découragement qui se lisait sur les visages : l'empereur se livrait aux Anglais[16] ! » À quelques encablures de l'île d'Aix, le brick *L'Épervier*, venu au mouillage quelques heures plus tôt sur ordre du général Beker, attendait Napoléon et sa suite pour les transborder sur le *Bellerophon*. Après l'avoir accompagné jusqu'à son canot, Beker aurait fondu en larmes en le voyant s'éloigner. Décidément, ce général avait la larme facile ! De Malmaison à l'île d'Aix, son récit est parsemé de sanglots. Mais comment ne pas être ému par pareille situation ? Sur le pont de la *Saale*, les marins s'étaient rassemblés pour l'apercevoir une dernière fois. On dit qu'eux aussi pleuraient à chaudes larmes : « Le désespoir était tel chez les uns, renchérit avec une pointe d'exagération Marchand, qu'ils s'arrachaient les cheveux, tandis que d'autres, avec rage, foulaient leur chapeau aux pieds[17]. » Si l'empereur semblait serein, il gardait un œil sur la croisière anglaise comme sur la côte. Au loin, avec sa lunette, il aperçut des pavillons blancs hissés sur les toits de l'île d'Oléron ou de La Rochelle. Louis XVIII avait gagné. La France changeant à nouveau de souverain, il était temps pour lui d'aller vers de nouveaux horizons.

Du gaillard arrière du *Bellerophon*, Maitland ne perdait pas une miette des mouvements de *L'Épervier*. Il ne serait tranquille qu'une fois Napoléon à son bord et placé sous bonne garde. Il était cinq heures et demie du matin quand le vent se mit à souffler vers la terre. *L'Épervier* n'avançait plus, totalement en panne à seulement un mile du trois-ponts britannique. Comme si Éole n'acceptait pas ce dénouement. Maitland était si près du but. Nerveux, il trouva aussitôt une solution : « Dans cette position, ayant fort à cœur de terminer l'affaire que j'avais amenée si près de sa fin, [...] j'expédiai dans mon canot le premier lieutenant, M. Mott, qui revint peu de minutes après six heures, amenant Napoléon avec lui », écrira-t-il plus tard[18]. Sur le devant de la dunette du *Bellerophon*, une haie de marins britanniques attendait l'empereur. À son passage, elle ne lui présenta point les armes, mais personne ne s'en offusqua. Cet usage était certes réservé aux personnages de haut rang, mais il ne se faisait qu'après huit heures du matin. Comme l'avouera Maitland ensuite, l'heure lui servit d'excuse pour ne pas avoir à se justifier. D'un pas résolu, Napoléon s'avança vers lui, ôta son chapeau et prononça ces quelques mots d'une voix ferme : « Je viens me mettre sous la protection de vos lois et de votre prince[19]. » Le capitaine le salua avec la plus grande déférence sans pour autant lui répondre. Maitland prenait garde de ne pas l'inquiéter.

Après quelques minutes, Napoléon descendit dans la cabine que lui avait réservée le capitaine anglais. Après l'avoir inspectée d'un œil rapide, il la trouva à son goût, puis interrogea Maitland sur l'identité de la jeune personne qui figurait sur un portrait accroché à la cloison. Quand il sut qu'il s'agissait de son épouse, il le félicita. De part et d'autre, on se répandait en politesses. Si ce n'est le peu d'honneurs qui lui fut rendu, Napoléon revivait à peu de choses près son embarquement en 1814 à bord de l'*Undaunted* en rade de Fréjus[20]. On était aimable avec lui, la meilleure cabine lui avait été attribuée et il pouvait aller comme bon lui semblait sur le pont du navire. Fort satisfait de l'accueil de Maitland, il insista d'ailleurs pour visiter le *Bellerophon* en sa compagnie. Tandis qu'ils passaient entre les voiles, les deux hommes discutèrent des avantages comparatifs des marines britannique et française. Au cours de la conversation, Napoléon osa même lui demander si avec deux frégates il aurait pu forcer son blocus. Pour qu'il ne regrettât pas son choix de se rendre, Maitland fut faussement affirmatif : en aucun cas il n'aurait survécu au feu dévastateur de ses 74 canons. À nouveau, il préféra mentir plutôt que de tourmenter son hôte. À neuf heures, un déjeuner à l'anglaise fut servi avec du thé, du café et de la viande froide. Habitué à manger chaud, l'empereur ne voulut presque rien prendre. Troublé par son manque d'appétit, Maitland donna des ordres pour que dorénavant un déjeuner à la française soit toujours apporté sur les tables du bord. Le *Bellerophon* se mit ainsi un peu à l'heure de Paris. Pendant le déjeuner, Napoléon voulut tout connaître des coutumes anglaises : « Il faut que maintenant j'apprenne à m'y conformer, puisque je passerai probablement le reste de ma vie en Angleterre », disait-il[21]. Gênés ou tout simplement prudents, aucun officier britannique n'osa le contredire. En vérité, avant même que Napoléon ne remette son épée, on avait décidé de son sort au plus haut sommet du pouvoir anglais aussi méthodiquement que froidement.

7

Liverpool à la manœuvre

Premier ministre britannique en 1815, Lord Liverpool n'a jamais vraiment eu la faveur des livres d'histoire, du moins en France. Or son rôle fut essentiel, prépondérant même, dans le processus qui conduisit Napoléon à Sainte-Hélène. Jugée parfois inhumaine, souvent déshonorante, cette rude décision, largement partagée par son gouvernement et sa majorité politique, a pour le moins terni sa réputation comme celle de ceux qui l'entouraient. Elle fut en effet considérée comme une lente mise à mort de l'empereur, ce qui renforça la croyance en un piège sournois. Il est vrai qu'opposée à la spectaculaire et digne reddition de l'empereur, elle est difficilement défendable. Cet exil contesté et contestable donna cependant moins le mauvais rôle à la nation britannique qu'à ses élites. Mais quels principes guidèrent vraiment le choix de Liverpool ? Grâce à sa correspondance, nous connaissons en détail ses motivations, certaines étant d'ailleurs moins attendues que d'autres. Avec méthode, le Premier ministre trouva les meilleures solutions possibles pour mettre « hors d'état de nuire » Napoléon compte tenu des circonstances. Sa logique fut implacable, mais respecta un principe essentiel : éloigner le futur prisonnier de ses alliés potentiels, du peuple anglais par exemple.

L'honorable Robert Banks Jenkinson, deuxième comte de Liverpool, avait appartenu à tous les cabinets ministériels depuis 1801. Il était considéré comme capable et intelligent. Sa nomination en 1812 au poste de Premier ministre de Sa Gracieuse Majesté intervint toutefois dans des circonstances tout à fait particulières. Son prédécesseur, Spencer Perceval, fut tué à bout portant par John Bellingham qui le croyait responsable de son internement en Russie. En tombant à terre, Perceval s'exclama « *Oh my god !* », puis succomba. Au lendemain de cet assassinat perpétré le 11 mai, Liverpool lui succéda au poste de *Prime Minister*, devenant l'un des plus jeunes politiciens à accéder à ce fauteuil si convoité. Il resta ensuite au 10 Downing Street quinze années, l'une des plus longues durées à ce poste, après William Pitt (dix-sept ans) mais loin devant Winston Churchill par exemple (huit ans).

Quand il entra en fonctions, ce conservateur appartenant à la majorité parlementaire tory, très hostile à l'empereur des Français, hérita d'une situation pour le moins compromise. Depuis plusieurs années, Napoléon régnait presque sans partage en Europe de l'Ouest et s'acharnait à prohiber toute marchandise anglaise du continent européen. Mais, six mois plus tard, son armée disparut corps et biens dans les neiges de la Sainte Russie. Puis ce fut la chute. En 1814, quand Napoléon abdiqua une première fois, le cabinet anglais ne signa pas le traité de Fontainebleau, œuvre du tsar Alexandre, qui accordait la souveraineté de l'île d'Elbe à l'empereur déchu. Plus prudents que l'autocrate russe, Liverpool et son gouvernement préférèrent ne pas s'engager tout en ne contrariant pas l'application du traité. Sur le terrain, ils jouèrent cependant un rôle de premier plan. Après avoir convoyé Napoléon jusqu'à l'île d'Elbe, ils furent les seuls parmi les grandes puissances à maintenir des relations officielles avec lui, en dépêchant à Livourne le colonel Neil Campbell. En vérité, sous prétexte d'être aimable, ils gardaient un œil sur lui. Mais en s'échappant de son île, Napoléon déjoua leur surveillance.

Après cet incroyable retour, il apparut plus dangereux encore que Liverpool et les siens ne le soupçonnaient jusqu'alors : « Je suis fermement convaincu, écrit par exemple le Premier ministre, qu'aucun autre homme ne peut agir comme il l'a fait[1]. » Dès lors, les dirigeants britanniques ne le voyaient plus que comme un opportuniste, capable de réussir ses paris osés : « Il est à tout moment, dit aussi Liverpool, susceptible de recommencer si l'occasion se présente. » D'où un sentiment de crainte vis-à-vis de lui qui augmenta et persista au sein du cabinet britannique. Tant qu'il demeurait en vie et libre de ses mouvements, il représentait pour les ministres du cabinet de Saint-James un danger permanent qu'il convenait de réduire. Dans une dépêche secrète datée du 30 juin 1815 adressée à son ministre des Affaires étrangères Lord Castlereagh, Liverpool résuma ainsi la crainte qu'inspirait Napoléon : « Nous devons tous être sensibles au fait que si Bonaparte est en vie et loin, nous n'avons aucune garantie qu'il ne reviendra pas en France dans quelques mois, et nous serons ainsi obligés à une autre guerre[2]. » Le 7 juin, il jugea sa capture par sa marine très probable : « Nous avons de grandes chances de nous emparer de lui[3]. » Mais que faire de sa personne ensuite ? Dans un premier temps, après l'avoir fait prisonnier, il se disait prêt à le remettre au gouvernement de Louis XVIII, mais à la seule condition qu'il soit traité comme un « rebelle », autrement dit qu'il soit passé par les armes : « Si le roi de France voulait pendre ou fusiller Bonaparte, ce serait, à nos yeux, la meilleure solution pour cette affaire », écrivit-il par exemple plus tard[4].

On peut légitimement se demander ce qu'aurait fait Louis XVIII si Napoléon était tombé entre ses mains. La réponse se trouve notamment dans une lettre du 13 juillet adressée par le comte de Jaucourt, fraîchement nommé ministre de la Marine en remplacement de Decrès, au capitaine Philibert. Au nom du roi, il lui ordonna de « remettre son prisonnier au commandant anglais ». Une autre lettre rédigée par le ministre de la Guerre à l'intention du commandant militaire de l'île d'Aix exigeait d'empêcher toute opposition à l'exécution de cet ordre, précisant aussi que ceux qui refuseraient de s'y soumettre seraient jugés « responsables du sang qui coulerait et s'établiraient en rébellion ouverte contre le roi leur légitime souverain et qu'ils compromettraient eux-mêmes l'existence du prisonnier[5] ». Pour Jaucourt, la décision de livrer Napoléon aux Anglais était la suite logique de tous les engagements internationaux pris contre sa personne : « Napoléon Buonaparte n'est pas même prisonnier du seul roi de France, affirme-t-il, il est celui de tous les souverains garants des traités de Paris et tous les princes envers lesquels il a violé ses propres engagements en portant la guerre et la révolte en France, ont un droit égal sur sa personne. » Cette interprétation du droit international arrangeait bien les affaires du roi. Ainsi pourrait-il se défausser à bon compte sur les Anglais, évitant un procès à hauts risques politiques. Dans sa correspondance, le ministre Jaucourt ajoute avec un brin d'hypocrisie : « Ce serait en vain que le roi de France tenterait de faire prévaloir la générosité si naturelle à son cœur ; il ne s'agit plus aujourd'hui de sa cause personnelle seulement, il s'agit de celle de toute l'Europe que Napoléon a contrainte à s'armer. » L'affaire était donc entendue, la France refusait de traiter le cas du « perturbateur du repos de l'Europe ».

Partant, il apparut très clairement et assez rapidement qu'il reviendrait aux Anglais de trancher le sort du vieil ennemi. Comme il l'expliqua le 15 juillet à son ministre des Affaires étrangères, Castlereagh, Liverpool accepta sans détour cette responsabilité : « Si vous réussissez à vous emparer de sa personne, lui dit-il, et que le roi de France ne se sent pas suffisamment fort pour le faire juger comme un rebelle, nous sommes prêts à assumer sa détention au nom des puissances alliées, et en effet, nous pensons qu'il est mieux qu'il nous soit remis plutôt qu'à tout autre membre de la confédération[6]. » Le Premier ministre n'avait aucune envie de laisser ses alliés régler le sort de Napoléon, ne leur accordant aucune confiance sur ce sujet, sans doute échaudé par ce qui s'était passé l'année précédente quand le tsar avait été laissé libre d'imposer la solution de l'île d'Elbe. Mais que faire de Napoléon s'il venait à être capturé ? Dans le même courrier à Castlereagh, Liverpool dévoila sa solution : « Dans cette hypothèse, nous préférons qu'aucun commissaire ne soit désigné par les autres puissances afin que nous restions entièrement maîtres de tout le processus ; et ainsi, nous devrions être libres de fixer son lieu d'internement, soit en Grande-Bretagne, soit à Gibraltar, Malte, Sainte-Hélène, soit au cap de Bonne-Espérance ou n'importe quelle colonie que nous estimerions très sûre. Nous sommes vivement enclins à penser que le meilleur lieu de détention serait un endroit à une grande distance de l'Europe et que Le Cap ou Sainte-Hélène seraient les meilleures places dans ce but. Si nous sommes en charge d'une telle responsabilité, il est juste que nous puissions choisir le lieu de détention comme les moyens nécessaires pour rendre cet enfermement effectif[7]. »

Dans l'histoire de la captivité, cette lettre datée du 15 juillet est essentielle car elle fonde les raisons qui poussèrent le cabinet de Londres à faire de la détention de Napoléon une affaire presque exclusivement britannique. La décision de déporter Napoléon dans l'Atlantique Sud avait donc été prise bien avant qu'il ne mette un pied sur le *Bellerophon*. Tout avait été arrêté, prévu par Londres dans le cas où il serait intercepté par la marine britannique. Le cadre général de sa détention avait déjà été fort bien défini, la suite de notre histoire n'étant à bien des égards que la conséquence directe de la pensée exprimée par le Premier ministre dans la missive précitée. Dans ce contexte, la responsabilité de Maitland dans le piège tendu est moins écrasante que celle de Liverpool. Le marin ignorait en effet tout de ce qui se tramait à Londres contre l'empereur. Dans cette histoire, il n'est que le maillon final d'une vaste chaîne que commandait d'une main ferme Liverpool. À aucun moment il ne consulta Castlereagh, pourtant l'un des poids lourds de sa majorité comme de son gouvernement. Dès lors, nous pouvons penser que Liverpool décida seul. Au total, pour en arriver à son choix définitif, il procéda par élimination. Après avoir compris que jamais Louis XVIII ne fusillerait Napoléon, il écarta la possibilité d'une remise aux Alliés par manque de confiance envers ces derniers. Puis, il balaya d'un revers de main un possible exil en Grande-Bretagne. Une fois les autres options rapidement mises à l'index, l'envoi de Napoléon dans l'hémisphère Sud s'imposa. Restait cependant un dernier choix : Le Cap ou Sainte-Hélène ?

Quand il sut que Napoléon était aux mains de Maitland, Liverpool consulta derechef le premier lord de l'Amirauté, le second vicomte Melville, ainsi que son numéro deux, John Barrow, le 20 juillet. Ce dernier, qui avait vécu en Afrique du Sud, déconseilla d'établir Napoléon au Cap et recommanda l'île de Sainte-Hélène comme lieu de détention. Cette discussion souvent présentée comme déterminante ne servit en réalité qu'à mettre en musique les choix déjà arrêtés du Premier ministre. Lors de cet entretien, Barrow ne fit que confirmer combien l'île de Sainte-Hélène répondait mieux aux critères définis. À 8000 kilomètres de l'Europe, 3000 kilomètres de la côte brésilienne et 2000 kilomètres de la côte africaine, Sainte-Hélène était une île-prison idéale. Il n'était possible de s'y rendre ou d'en partir qu'en vaisseau de ligne, soit à bord de bâtiments facilement repérables par la marine britannique. De par sa taille modeste

(122 km^2, soit une superficie presque neuf cents fois inférieure à celle de la Corse), Sainte-Hélène pouvait être facilement défendue, ses imposantes falaises rendant extrêmement difficile toute tentative de débarquement. Exposée aux nombreux canons anglais installés sur les plages et les hauteurs, toute attaque venue de la mer était sinon impossible, du moins très compliquée. L'île ne comptant qu'un seul port, celui de Jamestown, d'importants moyens de défense pouvaient y être concentrés sans risque de dispersion. En outre, avec l'installation récente du sémaphore, l'alarme pouvait rapidement être donnée. Les avantages militaires de Sainte-Hélène ne faisaient donc aucun doute, tous les rapports déposés sur le bureau du Premier ministre allant dans le même sens. L'un d'entre eux, signé par un ancien gouverneur de l'île nommé Beatson, estimait par exemple qu'avec la présence d'au moins deux vaisseaux de guerre, « il est évident que toute tentative d'évasion de Sainte-Hélène serait absolument sans espoir[8] ».

Après le critère purement sécuritaire, un autre fut examiné, celui de la salubrité. À son ministre des Affaires étrangères, le Premier ministre disait aussi vouloir retenir un endroit « sain ». Il n'était pas question en effet que le prisonnier coure le moindre risque médical. Sur ce plan, Sainte-Hélène ne semblait présenter aucun danger. Dans sa *Notice topographique historique, statistique et militaire sur l'île de Sainte-Hélène* opportunément publiée en 1815, l'ingénieur géographe Guillot souligne au contraire que les « malades que l'on débarque de l'Inde recouvrent bientôt la santé » et que pour ceux qui viennent d'Europe, non seulement leur santé s'améliore, mais de surcroît, ils retrouvent également l'« usage de leurs facultés éteintes »[9]. Outre cet avantage climatique supposé, la configuration de l'île permettait aussi de ne pas trop confiner le prisonnier : « Il faut aussi remarquer que l'autre grand avantage de l'île de Sainte-Hélène est qu'on peut donner à un prisonnier d'État une certaine forme de liberté qu'on ne pourrait pas donner dans un autre endroit », fait ainsi valoir un rapport anglais daté du 28 juillet[10]. En faisant preuve d'une certaine mansuétude, Liverpool espérait sans doute ne pas paraître exagérément sévère à son peuple. Comme tout dirigeant anglais moderne, s'il ne se déterminait pas toujours en fonction de son opinion publique, il prenait néanmoins garde à ne pas s'exposer inutilement.

Dans le cas de Napoléon, le chef du cabinet de Saint-James se préoccupa très tôt des possibles réactions d'une opinion publique dont on se méfiait plus que tout, comme il l'explique à Castlereagh : « Vous connaissez suffisamment les sentiments de notre peuple pour ne pas douter qu'il deviendrait rapidement un objet de curiosité et possiblement de compassion d'ici quelques mois ; et le fait qu'il soit ici, ou d'ailleurs n'importe où en Europe, contribuerait à maintenir une certaine agitation en France[11]. » Le couper du peuple apparut donc comme essentiel, cette seule exigence rendant impossible par exemple son installation dans les faubourgs de Londres. Dès lors, en l'éloignant, on pensa limiter, voire empêcher sa liberté d'expression. Dans un pays où la presse comme l'édition étaient libres, il fallait absolument que ce communicant de génie soit neutralisé. En s'adressant de nouveau à son ministre des Affaires étrangères, le 24 juillet, Liverpool dévoila très clairement ses intentions : « Il y aurait fort à parier que dans un endroit où tous les bateaux des pays neutres seraient exclus et où les communications sont minimales, l'existence de Bonaparte serait vite oubliée[12]. » Ce point était absolument essentiel pour le gouvernement britannique. À lui seul, il justifiait le choix d'une terre éloignée ainsi que le statut de prisonnier de guerre imposé à Napoléon qui le condamnait au silence. Si l'on ne trouve point trace d'une quelconque volonté de vouloir le faire disparaître physiquement, en revanche le tuer médiatiquement entrait très clairement dans les plans anglais.

Autre point important pour Liverpool, éviter tout « embarras » juridique. Pour déterminer le futur statut qu'il convenait d'appliquer à Napoléon, il consulta Lord Eldon, lord chancelier d'Angleterre, l'équivalent du ministre de la Justice, et son frère, Sir William Scott. Aidés par plusieurs juristes, ils en arrivèrent à la conclusion qu'il devait être considéré comme un prisonnier de guerre : « Bonaparte n'était pas, affirmait l'un des mémorandums remis au Premier ministre, un sujet français, du fait de son abdication et de son accession au trône de l'île d'Elbe. Il était possible de le considérer comme un objet d'hostilités dirigées contre lui seul, et de le déclarer prisonnier de guerre[13]. » Mais eux-mêmes peu convaincus par leur argumentaire et conscients que ce statut pouvait être contraire aux lois du pays, les juristes conseillèrent aussi au Premier ministre le vote d'un *Act of Indemnity*, c'est-à-dire une sorte de loi d'amnistie empêchant par avance tout recours pénal ou civil contre le gouvernement de la Couronne. Autre « précaution » juridique qui s'imposa sans même que Liverpool ne consulte, en aucun cas Napoléon ne devait bénéficier de l'*Habeas corpus*, ce qui excluait une détention en terre purement britannique. Sur ce chapitre aussi, Sainte-Hélène apparut comme idéale, car étant propriété de la Compagnie des Indes, elle échappait en partie à la loi britannique. L'*Habeas corpus* ne s'y appliquait pas, empêchant ainsi toute défense du futur captif par un avocat. Pour Liverpool, cet avantage était essentiel. Aucun homme de loi ne devait ainsi pouvoir troubler une détention qu'il entendait maîtriser de bout en bout. D'une main volontaire, il opta pour un isolement quasi complet de son ennemi, définissant pour sa seule personne une captivité véritablement hors norme. Dans son introduction à la publication des rapports du commissaire autrichien envoyé à Sainte-Hélène, l'historien Hans Schlitter écrivit que le choix du Premier ministre « était une façon de reconnaître la toute-puissance de Bonaparte[14] ». Avec justesse, il dit aussi : « Il fallait bannir cet homme extraordinaire dans une petite île de l'Océan pour qu'il ne puisse plus bouleverser la terre. » On se doit d'ajouter que Liverpool redoutait autant les réactions des Anglais que celles de Napoléon. Très largement, le choix de Sainte-Hélène fut également motivé par la crainte chez les élites britanniques de voir surgir d'une manière ou d'une autre une alliance entre leur peuple et leur plus vieil ennemi les menaçant très directement.

8

L'annonce

Dès qu'il fut mis au courant de la probable reddition de Napoléon, le contre-amiral Hotham, commandant de la flotte de la Manche, fit route avec son navire le *Superb* en direction de la baie de Rochefort. Vers dix heures et demie, il jeta l'ancre à peu de distance du *Bellerophon*. Aussitôt, Maitland s'empressa de rejoindre son supérieur pour pouvoir échanger avec lui en toute liberté hors de la présence de Napoléon. Quand il s'inquiéta de savoir s'il avait bien agi, Hotham le rassura d'emblée. Pour la suite, il leur fallait cependant trancher. Quel bateau conduirait l'empereur jusqu'à un port anglais ? « Seriez-vous bien aise de vous en débarrasser ? », lui demanda son commandant[1]. À ces mots, Maitland protesta, bien décidé à mener sa mission jusqu'à son terme. En réponse, Hotham ne souleva pas la moindre objection mais demanda à rencontrer l'empereur. Vers le milieu de l'après-midi, le grand maréchal l'introduisit dans la grande chambre de la dunette. Dès qu'il l'aperçut, Napoléon fut enchanté de sa visite. Tel un voyageur serein, il lui montra sa bibliothèque de campagne, ses malles de voyage. Après une conversation agréable, il insista pour qu'il reste à dîner, ce qui parut plaire à Hotham. À cinq heures, le repas était prêt. Le maître d'hôtel de l'empereur, Charles Totain, avait finement dressé la table, disposant la vaisselle impériale comme il était d'usage aux Tuileries. Quand les convives furent appelés, Napoléon entra le premier, puis invita l'amiral à prendre place à sa droite et Mme Bertrand à sa gauche. L'étiquette était donc respectée comme dans un palais impérial. Le gaillard arrière avait d'ailleurs été aménagé de manière à ressembler à ce que l'empereur pouvait connaître quand il était en campagne, à savoir une pièce de vie pour son usage privé et un salon attenant pour recevoir ou travailler. Dans cette dernière pièce dormait Marchand, tandis qu'Ali s'allongeait en travers de la porte. Maitland accepta d'ailleurs sans ciller de voir l'empereur retrouver à son bord une certaine majesté : « Dans les circonstances où nous nous trouvions, j'aurais regardé comme désobligeant et déplacé de ma part de lui contester », commentera-t-il plus tard[2]. Singulière comédie qui se jouait à bord du *Bellerophon* et qui allait se poursuivre quelques jours encore.

Le lendemain, l'empereur se rendit sur le navire d'Hotham : « [Il] accepta un déjeuner à bord du *Superb* ; nous y fûmes tous invités, le vaisseau était pavoisé, les matelots habillés de blanc, avec leurs longues ceintures couvraient toutes les vergues. C'est un beau spectacle surtout en pleine mer », s'enthousiasme la comtesse de Montholon[3]. On entendit de la musique provenant de la dunette. Les officiers étaient tous sur le pont en grande tenue. « [Ils] nous dirent que cette cérémonie n'avait lieu en Angleterre que lorsque le roi montait à bord des vaisseaux », relate Savary[4]. En vérité, tous les honneurs dus à un souverain ne furent pas rendus ce jour-là, mais ce détail – qui avait pourtant son importance – ne gâcha en rien la belle entente qui régnait entre Anglais et Français. Les marins anglais invités à la table de l'empereur n'en revenaient pas. Se retrouver ainsi si près de cet ennemi extraordinaire pouvait apparaître comme un songe : « Cela est-il possible ? », s'interrogea le capitaine du *Slanley*, un dénommé Senhouse[5]. En sa présence, même les plus hostiles à sa personne lui reconnurent une vivacité d'esprit hors du commun : « L'expression de sa physionomie est mobile et reflète au plus haut point les vives et diverses passions de son esprit. Par moments, sa figure porte l'empreinte d'une très grande bonne humeur, puis brusquement s'assombrit, et un regard pensif et pénétrant dénote le caractère de la passion qui l'anime. Il parle vite et passe d'un sujet à l'autre avec une grande rapidité », note un Senhouse par ailleurs vraiment déçu par son apparence physique[6]. « Il a le corps très mal fait », remarque-t-il acerbe. Sur ce point, les témoignages des ennemis d'hier sont fort variables, passant d'une admiration louangeuse (« Quelle ineffable beauté dans son sourire ! », s'exclame par exemple l'aspirant Home) au dénigrement presque caricatural[7].

Après être revenu sur le *Bellerophon*, on appareilla : « Nous mettons sous voile pour l'Angleterre, douze jours après notre départ de Paris. Il faisait presque calme », rapporte sobrement Las Cases[8]. Toutes voiles dehors, le vaisseau britannique ne parvenait cependant pas à quitter les côtes de France. Les vents étaient à nouveau contraires. Il fallut deux longs jours au navire de Maitland pour s'éloigner de quelques kilomètres. Le 19 juillet, les haubans se tendirent enfin et on avança un peu. Durant les trois jours qui suivirent, les conditions furent encore plus favorables. Dans sa cabine, Napoléon s'adonnait au jeu, au vingt-et-un surtout, pariant même un peu d'argent. Il était épargné par le mal de mer, cependant quelques migraines le dérangeaient, mais son humeur était plutôt bonne, parfois joyeuse. Très rapidement, il prit l'habitude de se promener sur le pont, conversant volontiers avec ceux qu'il croisait. Le plus grand respect entourait sa personne : « Le capitaine ne l'appelait que Sire et Votre Majesté. S'il paraissait sur le pont, chacun avait le chapeau bas, et demeurait ainsi tant qu'il était présent[9]. » Bientôt, il en irait tout autrement.

Après être passé au large d'Ouessant, le navire fut en vue des côtes britanniques vers huit heures du soir le 23 juillet. Tandis que le jour faiblissait, Maitland descendit vers les cabines pour en avertir son « invité ». Alors qu'il s'apprêtait à passer sa robe de chambre, l'empereur se rhabilla aussitôt pour l'accompagner sur le pont. Il n'avait jamais été aussi près de la perfide Albion, l'irréductible ennemi. Le lendemain, au point du jour, à peine le *Bellerophon* jeta-t-il l'ancre dans la rade de Torbay qu'un canot s'approcha. À son bord, le général Gourgaud. Avait-il pu porter à Londres la lettre destinée au prince régent ? Il en avait été empêché. En rade de Plymouth, on lui avait en effet interdit de débarquer : « Je n'augure rien de bon. On se berce des espérances les plus chimériques », observa Planat de la Faye[10]. De son côté, Napoléon ne parut point troublé par ce qu'il prit pour un fait anodin. Autour de lui, on continuait d'ailleurs d'espérer un traitement honorable une fois parvenu près des côtes anglaises.

On se prit même à rêver d'une arrivée triomphale à Piccadilly : « Billevesées », commenta à nouveau avec lucidité Planat.

Le même jour, plusieurs journaux anglais furent distribués aux Français. Ils annonçaient une très mauvaise nouvelle. Dans une édition datée de plusieurs jours déjà, le *London Courier* rapportait un bruit persistant : « Nous avons été informés que [Napoléon] sera envoyé à Sainte-Hélène où le surveillera un régiment anglais. » Une livraison plus récente confirmait l'information : « Il n'ira pas en Angleterre, [...] sa future résidence est un rocher d'environ 20 miles de circonférence perdu en pleine mer. » Quand on sait que le journal était considéré comme la voix du gouvernement, on pouvait légitimement s'inquiéter. Mais l'empereur ne s'en émut point, du moins en apparence : « Bonaparte affecta toujours de considérer la chose comme un bruit de journal, bien que je croie que cela lui donna un peu de malaise », se souvint Maitland[11]. Il est vrai que ce n'était pas la première fois qu'il lisait pareille affirmation. En 1814 déjà, le nom de Sainte-Hélène était apparu comme lieu de détention possible s'il venait à quitter l'île d'Elbe. Par ailleurs, il n'ignorait point le rôle parfois perfide de la rumeur propagée par voie de presse. Elle servait en effet à intimider ou tout simplement à vendre du papier. Dès lors, il convenait de s'en méfier, la malveillance étant un trait commun à de nombreux journalistes.

Dans la nuit du 25 au 26 juillet, Maitland reçut l'ordre de faire mouvement vers la rade de Plymouth. Sans réveiller ses hôtes, il leva l'ancre à trois heures du matin et gagna rapidement le large. Intriguée par les mouvements du navire, Mme Bertrand protesta « avec quelque chaleur ». Pourquoi personne n'avait-il prévenu l'empereur ? Quelques instants plus tard, Las Cases monta aussi sur le tillac pour tranquilliser Maitland, lui affirmant que l'empereur n'avait nullement protesté. Il mentait. Son maître commençait à s'interroger. Qu'attendait-on pour le recevoir ? Pourquoi s'éloignait-on de Londres ? Dans sa chambre, Napoléon dicta à Savary une lettre de protestation avant de se raviser. Le *Bellerophon* continua paisiblement sa course jusqu'à atteindre la rade de Plymouth en fin d'après-midi. Comme à Torbay, esquifs et canots vinrent en nombre pour tenter d'apercevoir Napoléon : « Beaucoup de canots de curieux entourent le vaisseau ; un d'entre eux est chargé de musiciens », note Gourgaud[12]. « On y remarquait beaucoup de femmes parfaitement mises », rapporte Maitland[13]. Dès l'arrivée du *Bellerophon*, deux frégates mouillèrent près de lui quasiment bord à bord. Elles étaient manifestement là pour empêcher tout accès au navire. Avec rudesse, leurs marins tentèrent d'éloigner tous ceux qui venaient saluer l'empereur déchu. Des coups de feu furent même tirés en leur direction, ce qui exaspéra Napoléon : « Cela me trouble et me peine, dit-il au capitaine ; je vous serai obligé de l'empêcher, si c'est en votre pouvoir[14]. » Devant ses protestations, le capitaine ordonna moins de sévérité. Le jour suivant, on dénombra près de mille embarcations dans la baie. Elles étaient désormais plus proches, leur rumeur enthousiaste troublant même la quiétude des farouches navires de guerre. Dans un canot, Mme Maitland vint également tout près du navire de son mari, mais fut toutefois empêchée de monter à bord. « C'est dur, ça », grinça l'empereur[15].

Si cet accueil populaire faisait plaisir à voir, les Français commençaient à trouver le temps long. Quand seraient-ils enfin fixés sur leur sort ? Le 28, Lord Keith, commandant en chef de la marine anglaise, rendit visite à Napoléon. Avant qu'il ne rencontre l'empereur, Mme Bertrand, inquiète, l'interrogea sur l'éventualité d'un exil à Sainte-Hélène, mais le marin resta évasif. Une fois seul avec Maitland, il lui révéla que la petite île était bien la future destination de son hôte, lui ordonnant cependant de ne point ébruiter cette nouvelle. À bord, la même comédie continua donc de se jouer. Pour le moment, Napoléon n'était pas encore le prisonnier mais l'« hôte » de l'Angleterre. Du reste, il demeurait parfaitement calme, alternant longs repos et lectures paisibles. Entre ses mains, un ouvrage sur la vie de George Washington. Peut-être rêvait-il encore d'Amérique ? Le matin du 30, Maitland lui annonça l'arrivée prochaine du sous-secrétaire d'État Lord Bunbury. Aussitôt, Napoléon lui demanda les raisons de sa venue. Comme à son habitude, le capitaine esquiva. Depuis le début, ce loup de mer louvoyait avec adresse. Il n'avait plus que quelques heures à tenir.

Le 31 à onze heures, Bunbury et Keith se présentèrent devant l'empereur. Seul dans sa cabine, ce dernier attendait leur visite. D'une main ferme, Lord Keith lui présenta la lettre de Lord

Melville ordonnant de le déporter à Sainte-Hélène au nom du gouvernement britannique. Mais ne comprenant pas l'anglais, il demanda à ce que l'on la lui traduise. Bunbury s'exécuta alors sans broncher. Ses propos confirmèrent les pires craintes que l'on pouvait nourrir : « Il serait peu consistant, avec nos devoirs envers notre pays et envers les alliés de Sa Majesté, si le général Bonaparte conservait le moyen ou l'occasion de troubler de nouveau la paix de l'Europe ; c'est pourquoi il devient absolument nécessaire qu'il soit restreint dans sa liberté personnelle autant que peut l'exiger ce premier et important objet. L'île de Sainte-Hélène a été choisie pour qu'il y réside à l'avenir ; son climat est sain, sa situation permettra qu'on l'y traite avec plus d'indulgence qu'on ne pourrait le faire ailleurs, vu les précautions indispensables qu'on serait obligé d'employer pour s'assurer de sa personne[16]. » Autrement dit, le futur prisonnier pouvait s'estimer heureux, il n'endurerait pas les fers des prisons anglaises !

Pendant de longues minutes, Napoléon les écouta en silence, impassible. Une fois la lecture achevée, toujours muet, il prit le papier avant de le poser sans trembler sur la table. Puis il s'écria : « C'est donc un piège que l'on m'a tendu[17] ! » Protestant avec vigueur, il rappela qu'il était venu volontairement et que s'il avait su qu'il serait considéré comme un prisonnier de guerre, il ne serait pas monté sur le *Bellerophon*. Il en appela également au « droit des gens », estimant que sa déportation était contraire aux lois de la guerre. L'Angleterre se déshonorait : « Jamais il n'y a eu de pareil exemple dans l'histoire du monde », affirma-t-il[18]. Cette déportation ne pouvait s'envisager. Tout en fixant les deux hommes, il s'emporta plus vivement encore : « Non, non, pour Sainte-Hélène je n'irai pas, vous ne voudriez pas y aller, Monsieur, ni vous Mylord. [...] Je ne suis pas d'ici, je n'irai pas à Sainte-Hélène. [...] Vous ne m'y mènerez pas, je préfère la mort ici. Vous m'avez trouvé libre, renvoyez-moi. [...] Laissez-moi aller aux États-Unis[19]. »

À trois reprises au moins, il persista dans son ferme refus, s'interrompant souvent car manifestement atteint. Son monologue ne fit cependant guère réagir ses froids interlocuteurs. Aucun dialogue ne se noua. À quoi bon ? La partie était de toute façon jouée. L'entretien fut d'ailleurs bref, à peine trente minutes. Une fois l'empereur à court d'arguments, les deux hommes prirent calmement congé. Pour eux, cette entrevue n'avait pas été plus éprouvante qu'une banale partie de thé : « Nous fîmes notre compliment et nous partîmes », rapporta ensuite Bunbury[20]. Dans les heures qui suivirent, la colère de Napoléon ne retomba point, en revanche. En retrouvant Maitland, il se fâcha à nouveau : « C'est pis que la cage de fer de Tamerlan. Je préférerais qu'on me livrât aux Bourbons. Entre autres insultes [...], ils m'appellent général ! Ils n'ont pas le droit de m'appeler général. [...] Si l'on m'eût renfermé à la tour de Londres, ou dans une des forteresses de l'Angleterre, [...] j'aurais eu beaucoup moins de raisons de me plaindre ; mais m'exiler dans une île entre les Tropiques ! Autant aurait valu signer tout de suite mon arrêt de mort, car il est impossible qu'un homme de mon tempérament et de mes habitudes puisse vivre longtemps dans un pareil climat[21]. » Son pari était perdu. Par sa noble reddition, il avait cru que son vieil ennemi n'aurait d'autres choix que de l'accueillir avec dignité. Or ce dernier joua plus finement que lui, faisant mine d'abord de le rassurer avant de disposer librement de sa personne.

9

Frayeurs

À l'annonce de la déportation de Napoléon, ce fut la consternation parmi sa suite. Quelques jours plus tôt, alors que courait déjà la rumeur d'un exil à Sainte-Hélène, Las Cases avait écrit : « Non, jamais je ne rendrai l'effet de ces terribles paroles ! Une sueur froide parcourut tout mon corps : c'était un arrêt de mort inattendu ! Des bourreaux impitoyables me saisissaient pour le supplice ; on m'arrachait violemment à tout ce qui m'attachait à la vie ; je tendais douloureusement les bras vers ce qui m'était si cher ; c'était en vain, il fallait périr[1] ! » Une grande résignation suivit plutôt l'annonce de la déportation, même si une certaine hystérie s'empara, il est vrai, un moment du bord : « Mme Bertrand court comme une folle, chez l'empereur, sans être annoncée, fait grand tapage, rentre chez elle et y recommence une scène épouvantable ; elle veut se jeter à la mer », note Gourgaud[2]. Et Napoléon ? Au soir de cette journée historique, il se fit apporter par Marchand quelques caisses contenant de l'or et des bijoux, puis enfila sa robe de chambre avant de s'allonger. En compagnie de son valet de chambre, il continua sa lecture de la *Vie des hommes illustres* de Plutarque. Il paraissait si calme : « Chez lui, écrit Marchand, une grande détermination était prise, celle de vivre et de montrer à l'Europe civilisée ce que peut une grande âme face à l'adversité[3]. »

Le 31 juillet au soir, le calme régnait à bord du *Bellerophon*. Dans la « grand'chambre », la pièce commune aux officiers de bord, Français et Anglais devisaient autour de quelques verres d'alcool quand soudain un cri perçant troubla leur nuit : « La comtesse est tombée à la mer ! », s'époumonait un marin. Accouru sur le pont, Maitland ordonna de relâcher une embarcation pour sauver Fanny Bertrand. Mais, fausse alerte, l'épouse du grand maréchal avait été retenue en dernière extrémité par les pieds par le comte de Montholon avant qu'elle n'ait pu se jeter à l'eau. Peu de temps auparavant, elle avait forcé la porte de la cabine de l'empereur pour faire « grand tapage », nous dit Gourgaud. Le drame fut donc évité de peu. Certains, tel Savary, n'auraient cependant pas été fâchés de voir l'exaspérante comtesse prendre un bain de minuit : « Lâche-la ! Lâche-la ! », aurait-il crié à Montholon[4].

Quelques instants plus tard, Maitland visita notre désespérée dans sa cabine. Agitée, elle injuria sans retenue la nation anglaise avant de tomber inconsciente. Aussitôt après, le navire renoua avec sa torpeur nocturne. Maitland pensait enfin retrouver un peu de calme quand Gourgaud, Montholon et Lallemand se présentèrent à lui. En chœur, ils se lamentèrent sur leur sort cruel. Puis, ils se firent soudain menaçants : « Vous pouvez y compter, l'empereur n'ira jamais à Sainte-Hélène ; il se tuera plutôt. C'est un homme d'un caractère déterminé, et ce qu'il dit, il le fera », affirmèrent-ils d'une seule voix au capitaine[5]. Dans une lettre de protestation écrite quelques heures plus tôt, Napoléon avait en effet dicté ces mots terribles : « Je préfère la mort à aller à Sainte-Hélène, ou à être enfermé dans une citadelle quelconque. » Malgré son trouble, Maitland retrouva le sommeil.

Le lendemain 1er août, aux premières heures du jour, il reçut une visite de la comtesse Bertrand manifestement remise de ses émotions. Avec insistance, elle le pria de faire en sorte qu'elle et son mari ne puissent aller à Sainte-Hélène, avant de juger très sévèrement l'empereur : « Il ne mérite rien de nous, et, dans le fait, il n'y a pas un de ses officiers qui ne voulût de très bon cœur le quitter[6]. » Ayant entendu à la dérobée les mots de la comtesse, Montholon vint à son tour trouver le capitaine pour réfuter ce qu'elle venait de dire. Entre Français, l'atmosphère s'alourdissait. Le 2 août, Gourgaud note dans son *Journal* que Mme Bertrand lui fait « sur le pont, une scène de femme de la halle et veut que son mari se batte avec moi[7] ». Avant même que la déportation n'ait vraiment commencé, la suite française de Napoléon se délitait. D'une plume sévère, l'honorable W. H. Lyttelton, de passage à bord du navire, membre du Parlement, écrit à propos des compagnons de l'empereur : « Le premier qui attira mon attention fut Bertrand. [...] Je fus assez déçu, car je ne trouvai en lui rien de grand ou d'extraordinaire ; si je n'avais pas su l'histoire singulière de cet homme, je ne l'aurais jamais remarqué. Quant à Montholon, Las Cases et Gourgaud, il ne vaut pas la peine de les décrire. Il est impossible, me semble-t-il, de mettre en scène personnages plus ternes et plus insignifiants[8]. » Tous formeraient bientôt le dernier cercle autour de Napoléon. Triste perspective s'il en était.

Les 2 et 3 août, l'empereur ne parut pas sur le pont et on ne le vit pas davantage au déjeuner comme au dîner. Que faisait-il ? Était-il seulement encore dans sa cabine ? Maitland s'inquiéta vivement de son absence, se rappelant sans doute l'avertissement des officiers français. Avait-il mis fin à ses jours ? Depuis qu'il avait appris sa déportation, il disait vouloir en terminer avec la vie, préférant que son sang rougisse le *Bellerophon* plutôt que d'accepter la décision anglaise. Mais après une discussion avec Las Cases que nous avons citée en introduction, il reprit espoir[9]. Il ne fuirait pas, ni en se donnant la mort ni en tentant l'aventure. Au contraire, il allait lutter pour essayer de revenir avec dignité. S'il ne savait pas encore comment, il se persuada sans doute que nécessairement viendrait un temps où il pourrait reprendre l'avantage et à nouveau décider de son destin. Aussi, en attendant d'autres lendemains, accepta-t-il de partir pour Sainte-Hélène. Oubliant ainsi ses idées noires malgré le nouveau coup qu'il venait de recevoir, il releva donc une fois encore la tête, bien décidé à ne pas céder devant l'adversité. Serait-il encore Napoléon s'il prenait une autre voie ? Assurément non.

Mais en ces premiers jours d'août 1815, Maitland ignorait encore tout de ses résolutions. Il s'interrogeait sur la meilleure manière de s'assurer de sa présence sans pour autant froisser sa légendaire susceptibilité. Comme il n'était pas question de forcer la porte de sa cabine, il demanda à l'un de ses jeunes aspirants de jouer les équilibristes sur l'extrémité de l'une des vergues arrière de son navire dans l'espoir qu'il puisse au moins apercevoir le captif. Mais le jeune marin eut beau scruter les fenêtres de la dunette en position suspendue, point d'empereur. Dès lors, Maitland tenta de ruser différemment en dépêchant l'un de ses domestiques auprès de lui sous prétexte de récupérer un papier. Et le stratagème fonctionna. En entrant dans la cabine de Napoléon, le valet l'aperçut immédiatement étendu sur son lit tout habillé, ce qui lui permit ensuite de rassurer son maître. Néanmoins toujours fébrile, celui-ci décida par précaution de placer un canot en poupe afin de prévenir toute tentative d'évasion ou de suicide. Depuis son retour proprement inouï de l'île d'Elbe, Napoléon inspirait une crainte aussi certaine que justifiée. Le sachant, il prenait un malin plaisir à inquiéter ses gardiens en ne paraissant pas à leur vue, estimant par ailleurs qu'il n'avait aucun compte à leur rendre, n'étant pas de son point de vue leur prisonnier. Éprouver les nerfs de ses geôliers allait d'ailleurs devenir ensuite l'un de ses passe-temps favoris.

À l'aube du 4 août, très inquiet, Maitland demanda à son équipage de préparer le *Bellerophon* pour un appareillage imminent. Que signifiait cette soudaine précipitation ? Le navire allait-il être attaqué ? Un danger approchait en effet, mais ce n'était point une flotte de guerre. La marine britannique fuyait en réalité une simple notification judiciaire : « Entre sept et huit heures, raconte Maitland, j'allai voir Lord Keith, qui me dit qu'on l'avait informé qu'un *Habeas corpus* avait été obtenu à l'effet d'amener Bonaparte à terre, et qu'un homme de loi était en route pour venir signifier cet acte. Il me pria, en conséquence, d'être prêt à mettre en mer à quelque instant qu'on m'en fît le signal[10]. » L'éléphantesque *Bellerophon* s'apprêtait donc à fuir une souris judiciaire. À neuf heures, Maitland reçut le signal attendu. Aussitôt, il fit hisser les voiles, mais son navire resta en panne par manque de vent. En outre, la marée l'empêchait de s'éloigner du rivage. Dans l'œilleton de sa lunette de marine, le capitaine aperçut très nettement une barque en train de souquer ferme vers lui. À son bord, un homme à la « mine suspecte ». C'était sûrement l'homme de loi ! L'individu en question, un ancien magistrat, s'appelait Mackenrot. Accusé de diffamation par l'amiral anglais Cochrane suite à une ténébreuse affaire de concussion présumée, il avait obtenu une citation à comparaître d'un tribunal anglais. Quelques jours auparavant, le président de la Cour du banc du Roi, Lord Ellenborough, avait en effet rendu une ordonnance invitant « Napoléon Buonaparte » à témoigner devant lui pour le 10 novembre 1815 à neuf heures précises[11].

Fervent partisan de l'empereur, Mackenrot entendait bien la remettre à Maitland pour exiger le débarquement de son prisonnier[12]. S'il parvenait à ses fins, la fine stratégie de Liverpool consistant à empêcher tout *Habeas corpus* en faveur de Napoléon pouvait s'écrouler. Une fois le prisonnier en terre britannique, nul doute qu'une nuée d'avocats s'empresserait alors de le défendre, retardant, voire empêchant son départ pour Sainte-Hélène. Bref, il valait mieux s'enfuir toutes voiles dehors. Mais l'ordonnance tant redoutée pouvait-elle vraiment contraindre Maitland à remettre l'empereur ? En vérité, il n'y était pas obligé, car celle-ci ne constituait en fait qu'une première mise en demeure. Après le refus du capitaine, il aurait en effet fallu que Mackenrot saisisse à nouveau le tribunal et obtienne une seconde ordonnance, celle-ci étant en revanche exécutoire. Cependant, pour éviter tout risque procédural, Maitland disposa ses propres canots de garde de manière à ce que personne ne puisse monter à bord. Sa tactique improvisée paya : Mackenrot fut ainsi tenu à distance de l'échelle de coupée du *Bellerophon*. Mais, nullement découragé, il fit manœuvrer son canot vers le navire de Lord Keith, le *Tonnant*. Cette fois, il parvint à monter à bord, obligeant « sa seigneurie » à descendre précipitamment dans un canot qui l'emmena sur le *Prometheus*, un troisième vaisseau anglais mouillant au large. Remonté dans son canot, il décida de lui courir sus, mais le duel de rameurs tourna à l'avantage du lord.

Cette incroyable et ridicule course-poursuite en rade de Plymouth montre à quel point les Anglais redoutaient l'application de leurs propres lois en faveur de Napoléon. Loin d'être certains de leur bon droit, ils préférèrent donc la fuite à la confrontation. Avant de retourner à Londres, Mackenrot laissa cette lettre pour l'amiral : « Monseigneur, je suis arrivé ce matin porteur d'une assignation émanant de la Cour du banc du Roi pour citer Napoléon Buonaparte comme témoin dans un procès en suspens devant cette cour. J'étais très soucieux de me présenter chez Votre Seigneurie pour solliciter le plus humblement votre permission de procéder de la sorte envers votre dit prisonnier, mais malheureusement je n'ai pu être admis en votre présence. [...] Je supplie humblement Votre Seigneurie de considérer qu'un subterfuge empêchant la juste exécution de mon action pourrait constituer une grave offense à l'égard de l'honorable Cour dont elle émane[13]. » Comme on pouvait s'y attendre, il ne reçut aucune réponse... Mais comme l'impudent gêneur ne quitta pas tout de suite les docks de Plymouth, l'amiral conseilla à Maitland de rester en alerte : « Il a débarqué à Cawsand mais peut revenir à la charge, pendant la nuit, en utilisant une barque à voile. Éloignez toutes les embarcations, comme je le ferai moi-même sur tous les bâtiments où je serai de ma personne[14]. » L'effrayante affaire fut connue des Français, comme en témoigne ce passage du *Mémorial* : « Les précautions, pour qu'on ne nous abordât pas, continuèrent toujours. Le mystère de notre appareillage et de toutes nos manœuvres perça. L'amiral Keith avait été averti, nous dit-on, par le télégraphe qu'un officier public venait de partir de Londres, avec un ordre d'*Habeas corpus*, pour réclamer la personne de l'empereur, au nom des lois[15]. »

Encore isolées, quelques voix anglaises protestaient déjà contre le sort réservé à Napoléon. Dans son édition du 2 août, le libéral *Morning Chronicle* publia par exemple la lettre d'un personnage singulier, un dénommé Capel Loft, avocat, poète et surtout admirateur du grand homme. Déterminé à empêcher le départ de son héros pour Sainte-Hélène, il plaidait l'illégalité de sa détention, estimant lui aussi qu'en vertu de l'*Habeas corpus* il avait droit à un procès équitable. Le passage de Napoléon près des côtes britanniques ne laissa donc pas indifférent. Si pour le moment – mais cela ne durerait pas – les campagnes d'opinion en sa faveur étaient bien timides, on se déplaça en masse pour l'apercevoir. En rade de Torbay quelques jours plus tôt, plusieurs embarcations s'étaient peu à peu approchées du *Bellerophon*. Au fil des jours, on ne les comptait plus : « La foule augmente, toujours tenue à quelque distance. Les gens arrivent à pied, à cheval, en voiture et en bateau, de tous les bourgs voisins et même bientôt de Londres. Il n'y a plus une seule place à louer dans les auberges de ce petit village de pêcheurs. Il semble que tout le pays soit là », s'enthousiasme le badaud John Smart[16]. Le 25 juillet, Planat écrit : « La petite ville de Brixham est encombrée de monde. Cherté des barques ; on paye jusqu'à 50 guinées[17]. » Huit, dix mille personnes peut-être étaient là pour tenter d'apercevoir le grand Napoléon. Loin d'être conspué, l'empereur était au contraire acclamé à chaque fois qu'il paraissait sur le pont ou se montrait aux fenêtres de poupe.

Le *Morning Post* rapporte : « Une grande partie des spectateurs non seulement retirèrent leurs chapeaux mais aussi le saluèrent, apparemment avec l'intention de le réconforter dans son malheur, le traitant avec respect et considération. » À bord des canots, les hommes mettaient en effet chapeau bas et les dames agitaient leurs mouchoirs. En réponse, Napoléon les saluait bicorne en main, ce qui le rendait plus populaire encore. Un courant de sympathie, voire d'admiration, était incontestablement en train de poindre en faveur de Napoléon. Dans son *Journal*, Gourgaud note à la date du 1er août : « Grande affluence de curieux. Nous en remarquons plusieurs ayant des œillets rouges à la boutonnière. Las Cases espère beaucoup de ces porteurs d'œillets[18]. » Deux jours plus tard, il écrit aussi : « Canots avec des hommes et des femmes portant des œillets rouges. » Or, après la violette pendant les Cent-Jours, l'œillet rouge était devenu un symbole bonapartiste en cet été 1815. En le portant ostensiblement, nombre de Britanniques vinrent ainsi manifester leur soutien à l'empereur déchu. Chaque jour, à Torbay ou à Plymouth, la mer se couvrit de canots remplis d'admirateurs et de partisans du prisonnier de l'Europe. Dans sa missive du 20 juillet, Liverpool avait exprimé sa crainte de voir Napoléon devenir sous quelques mois un « objet de curiosité et possiblement de compassion », ce qui l'avait décidé à l'éloigner le plus loin possible d'Europe. Cette crainte se vérifia donc bien plus tôt que prévu. Au lieu de quelques mois, il avait suffi de quelques jours seulement pour que l'empereur déchu attire les foules. Aussi sa décision de déporter Napoléon à Sainte-Hélène s'en trouva-t-elle plus que jamais confortée. Gêné par les « sentiments » du peuple britannique comme par les propres lois de son pays, le cabinet de Londres ordonna à la flotte de tout faire pour éviter que l'on approche Napoléon de trop près. Au total, il redoutait plus une éventuelle action de ses « ennemis » de l'intérieur que toute attaque extérieure.

De son côté, Napoléon rédigea une dernière protestation. Elle se concluait ainsi : « J'en appelle à l'histoire ; elle dira qu'un ennemi qui fit vingt ans la guerre au peuple anglais, vint librement, dans son infortune, chercher un asile sous ses lois. Quelle plus éclatante preuve pouvait-il donner de son estime et de sa confiance ? Mais comment répondit-on en Angleterre à une telle magnanimité ? On feignit de tendre une main hospitalière à cet ennemi, et quand il se fut livré de bonne foi, on l'immola. » Sa missive indignée resta cependant lettre morte. Le 6 août, une voile attendue se profila à l'horizon, c'était le *Northumberland* : « Ce nom sinistre nous fait éprouver un sentiment d'effroi », note Planat[19]. Toujours combatif mais désormais résigné, Napoléon fit savoir qu'il se rendrait sans difficulté à bord du navire qui devait l'emmener vers son île-prison. Mais restait encore à fixer la liste de ceux qui allaient l'y accompagner. Concernant sa suite, les Anglais avaient exigé qu'elle ne comprenne que trois officiers, un secrétaire, un médecin et une douzaine de serviteurs. Avec l'aide de Bertrand, Napoléon rédigea une première liste de noms sur laquelle on pouvait lire parmi les officiers les noms de Bertrand, Las Cases, Montholon et Planat de la Faye, celui-ci étant désigné comme secrétaire de l'empereur, mais pas celui de Gourgaud.

En apprenant son éviction, ce dernier protesta, s'emporta et en larmes finit par convaincre Napoléon de l'emmener avec lui. Planat fut alors rayé de la liste, Las Cases le remplaçant au poste de secrétaire et Gourgaud conservant son rang de premier officier d'ordonnance. Plus tard, le captif regrettera amèrement son choix, tant Gourgaud se rendra insupportable. Pour la domesticité furent choisis Marchand, le premier valet de chambre, Saint-Denis dit le mamelouk Ali, le second chasseur Noverraz, le maître tranchant Cipriani, plus espion que doué pour le service, l'huissier Santini, les cuisiniers Pierron et Lepage, les valets de pied Archambault l'aîné et le jeune, Gentilini et Rousseau. De leur côté, Bertrand et Montholon furent autorisés à emmener avec eux leurs domestiques : le couple Bernard pour le grand maréchal et Joséphine Brulé pour le second. Seraient aussi du voyage les trois enfants Bertrand prénommés Napoléon, Hortense et Henri ainsi que l'aîné des Montholon, Tristan ; le plus jeune, Charles, âgé seulement de neuf mois, fut confié aux bons soins d'amis de la famille. De son côté, Las Cases n'emmena que son fils aîné, Emmanuel Pons, laissant à terre son épouse et deux autres enfants plus jeunes. Au total, vingt-sept personnes formèrent la suite du captif.

Il manquait cependant un nom à la liste, celui d'un médecin. Le jeune Louis Maingault, qui avait fait le voyage jusqu'à Rochefort se défila au dernier moment. Tout indique qu'il n'avait accepté de servir que dans le seul but de profiter d'un voyage gratis vers l'Amérique et retrouver ainsi à moindres frais l'un de ses oncles. Refusant de se rendre à Sainte-Hélène, il renonça derechef à ses fonctions, prétextant, un comble, sa trop mauvaise santé. Il est vrai qu'atteint par le mal de mer, il n'avait pu soigner grand monde depuis que l'empereur et sa suite avaient posé le pied sur le *Bellerophon*. Malgré l'insistance de Napoléon qui lui promit un traitement confortable, il déclina son offre, s'éclipsant aussi discrètement qu'il était venu. Un abandon remarqué et qui tombait au plus mauvais moment. Il était en effet impensable que l'empereur soit privé de médecin au moment même où il allait s'éloigner durablement de l'Europe. Pour remplacer Maingault, un nom s'imposa assez rapidement toutefois, celui de Barry E. O'Meara, le médecin de bord du *Bellerophon*. Il s'était montré réellement bien disposé envers les Français, soignant sans rechigner les maux divers des uns et des autres. Sa qualité d'Irlandais plaida aussi en sa faveur. Tant qu'à choisir un médecin dans le camp adverse, il valait mieux qu'il ne fût pas anglais. Convaincu par son entourage, Napoléon se rangea à cet avis. Quand il fut consulté, l'intéressé ne se fit pas prier et accepta fort volontiers. Puis, Lord Keith donna son accord et c'est ainsi qu'un médecin de la marine britannique devint le médecin personnel de l'empereur déchu. Il servira loyalement, devenant même l'allié objectif de son patient. Il est parfois des fidélités inattendues.

Deux proches de l'empereur furent cependant exclus : les généraux Lallemand et Savary. Les Anglais s'opposèrent en effet formellement à leur départ. Le premier était accusé d'avoir trahi Louis XVIII et le second était trop impliqué dans l'assassinat du duc d'Enghien. Mais que faire d'eux ? Figurant sur l'ordonnance royale du 24 juillet désignant ceux qui devaient être jugés sans délai, les deux hommes encouraient la peine capitale. Allaient-ils être livrés au gouvernement royaliste ? Homme d'honneur, Maitland ne pouvait l'envisager : « J'ai agi dans la pleine confiance que leur vie serait sacrée ; autrement ils n'auraient jamais posé le pied sur le vaisseau que je commande, avant d'avoir été informés qu'on les y recevait pour les livrer à la vengeance des lois de leur pays », protesta-t-il ainsi auprès du premier lord de l'Amirauté Lord Melville[20]. Son gouvernement lui donna raison[21], sauvant ainsi très probablement les deux compagnons de l'empereur des excès d'une réaction royaliste qui faisait couler le sang[22] – en Avignon, le maréchal Brune venait d'être assassiné par une foule haineuse. Au cours de ce même mois d'août 1815 disparut aussi le général La Bédoyère fusillé après être passé en conseil de guerre. Le maréchal Ney allait être passé par les armes quelques mois plus tard.

10

L'adieu

Daté du 30 juillet, un mémorandum britannique émanant du département de la Guerre fixa le premier cadre de la détention de Napoléon. Première évidence à la lecture de ce document, il serait un prisonnier de guerre comme un autre. À la seule condition d'être escorté par un ou plusieurs officiers, aucune partie de l'île ne lui serait interdite. Le document indiquait toutefois qu'en cas d'appareillage d'un navire, il ne pourrait sortir de son périmètre de « liberté ». Autre précision : toute sa correspondance devait être ouverte et lue avant remise ou envoi. En cas de maladie, un second médecin pouvait suppléer O'Meara. Enfin, dernière disposition – qui sera modifiée par la suite –, si le prisonnier venait à mourir, son corps devait être ramené en Angleterre. Quand le document fut rédigé, l'Angleterre n'avait jusqu'ici agi que de son propre chef, les Alliés n'ayant pas été consultés. Mais cette situation ne pouvait durer, car même si Liverpool se méfiait d'eux, il convenait au moins pour la forme de les associer au processus en cours. Aux mains des puissances étrangères et fréquentée par de nombreux diplomates, la capitale française fut choisie pour que l'on y discute du cas Napoléon.

Le 2 août 1815, une convention fut signée par Castlereagh et Wellington pour l'Angleterre, le prince de Metternich pour l'Autriche, le prince von Hardenberg pour la Prusse et le comte Nesselrode pour la Russie. Au nom du prince régent, les représentants de la Couronne britannique revendiquèrent la garde du prisonnier, demandant à leurs alliés qu'une « entière confiance » leur soit accordée. Il semble que cette déclaration n'ait pas soulevé la moindre opposition, les envoyés des autres puissances étant sans doute soulagés que l'Angleterre ait voulu se charger de cette affaire pour le moins délicate. Aussi tous les plénipotentiaires ne firent-ils aucune difficulté pour reconnaître le statut de prisonnier de « Napoléon Buonaparte » (article 1er) et pour confier sa détention aux Britanniques (article 2). Ces derniers étaient également libres de l'emprisonner où ils le voulaient et de définir seuls les conditions de la future détention. Mais si le sort réservé à Napoléon satisfaisait les principales cours européennes, celles-ci n'étaient cependant pas prêtes à abandonner toute surveillance. Au contraire même, Metternich exigea l'envoi à Sainte-Hélène de commissaires désignés par les principales puissances, l'Autriche mais aussi la Prusse, la Russie et éventuellement la France. Sur ce point, Liverpool avait personnellement mis en garde Castlereagh dès le 20 juillet, redoutant que leur établissement sur l'île ne soit source de conflits ou ne vienne compromettre la sécurité de la future prison[1]. Malgré les craintes du Premier ministre, il fallut céder. Le futur geôlier allait donc être lui-même surveillé, cependant très mollement, le pouvoir des commissaires étant très limité. L'article 3 de la convention les autorisait seulement à s'assurer de la présence du captif sans toutefois préciser de quelle manière. Plus observateurs que vraiment commissaires, les futurs représentants des puissances seront toujours considérés comme des gêneurs par la Couronne britannique, Albion détestant que l'on se mêle de ses affaires.

Le premier geôlier de Napoléon fut le contre-amiral George Cockburn. Né en 1772, cet aristocrate était marin depuis l'âge de quatorze ans. Après seulement sept ans de service, il était devenu capitaine. Puis, il enchaîna les commandements pendant le conflit contre la France jusqu'à commander une escadre navale pendant la guerre de 1812 contre les États-Unis. Aux côtés du général Ross, il participa activement sur ordre de ses supérieurs à l'incendie de Washington le 24 août 1814. Et tandis que la Maison-Blanche et le Capitole étaient livrés aux flammes, il fit aussi incendier par pure vengeance une presse à journaux qui avait osé le critiquer. Un an après avoir réduit en cendres la capitale fédérale américaine, il fut donc choisi pour d'abord emmener le prisonnier de l'Europe à Sainte-Hélène avant de gouverner provisoirement l'île. Dans sa monumentale *Histoire du Consulat et de l'Empire*, Thiers fit de lui ce juste portrait : « Vieux marin, grand, sec, absolu, susceptible, jaloux à l'excès de son autorité, mais sous des dehors déplaisants, cachant une véritable bonté de cœur, et incapable d'ajouter à la rigueur des ordres de son gouvernement[2]. » Cordial sans excès, il saurait s'entendre avec Napoléon sans toutefois être aussi proche que le furent le colonel Campbell – le commissaire britannique détaché auprès de l'empereur lors de son séjour à l'île d'Elbe – ou même Maitland. La tâche qui lui incombait n'était pas sans danger. Au terme d'un long voyage, il devait commander l'installation du célèbre prisonnier et organiser une détention qui s'annonçait exceptionnelle à plus d'un titre. Marin, il devint également commandant en chef de la flotte royale à Sainte-Hélène et au cap de Bonne-Espérance, celle-ci étant désormais basée pour l'essentiel sur l'île.

Pour convoyer Napoléon jusqu'à Sainte-Hélène, le *Northumberland* fut donc préféré au *Bellerophon*, jugé trop vieux et trop lent. Au passage, la preuve est donc faite que le navire de Maitland n'était guère en mesure de s'opposer à un éventuel passage en force de Napoléon en Amérique. Lancé en 1798 et pourvu de 74 canons, le HMS *Northumberland* – le troisième du nom – semblait mieux armé pour franchir les océans. Mais, en vérité, sa coque était bien fatiguée elle aussi. Avant d'être choisi le 26 juillet pour voguer vers Sainte-Hélène, il devait être mis en cale sèche pour un carénage en règle. À croire que la Royal Navy, réputée pourtant pour être la première flotte du monde, n'avait plus guère de navires en état… Quand la nouvelle de la réquisition du *Northumberland* tomba, ses marins firent aussitôt grise mine, comprenant que leur permission à terre était reportée *sine die*. Point de repos donc mais, au contraire, une tâche ardue à effectuer, celle de radouber leur vaisseau en seulement quelques jours. En colère, six hommes du bord se regimbèrent et en furent quittes pour plusieurs coups de fouet à neuf queues. Profitant d'une permission à terre, vingt-trois autres désertèrent au grand dam de Cockburn. Ils furent ensuite traqués puis pendus haut et court, victimes collatérales de la déportation de Napoléon. La marine britannique, qui offrait par ailleurs des conditions de vie exécrables à ses hommes, entendait mater la moindre velléité de révolte. Une mutinerie à bord du *Northumberland* eût été du plus mauvais effet…

Équipé et radoubé à la hâte, le navire sentait encore la peinture fraîche quand, le 6 août, il se présenta à quelques encablures du *Bellerophon*. Mais quand on descendait à fond de cale, c'était plutôt une odeur de moisi qui envahissait les narines : « On ne prit même pas le temps de changer l'eau et le biscuit ; aussi, toute la traversée, n'eûmes-nous à boire que de l'eau pourrie, et, sur la fin, le biscuit était rempli de vers », se souvient la comtesse de Montholon[3]. Avant le transbordement sur le *Northumberland*, les Anglais exigèrent aussi une fouille des bagages des Français. Tout ce qui pouvait faciliter une évasion, les armes comme l'argent, devait être saisi. Irait-on jusqu'à s'emparer, en raison de leur valeur marchande, de l'épée de l'empereur ou de son splendide service en porcelaine de Sèvres rehaussé d'or ? Passant outre les ordres qu'il avait reçus, Lord Keith laissa cependant à Napoléon son arme et sa précieuse vaisselle. Si quelques glorieux vestiges purent être sauvés, en revanche 4000 pièces d'or furent enlevées au prisonnier pour financer ses futurs besoins domestiques sur l'île, l'administration britannique n'ayant aucune envie de tout prendre à sa charge. En contrebande, les Français purent toutefois préserver un petit pécule. Avant l'embarquement sur le *Northumberland*, chaque homme de la suite de l'empereur portait une discrète ceinture dissimulant des centaines de pièces. Heureusement, personne ne s'avisa de fouiller l'entourage de Napoléon.

Quant à la fouille des effets, elle fut plus symbolique que réelle. Le préposé anglais, un officier des douanes du nom de Byng, n'osa pas mettre une main dans les malles impériales, les effleurant seulement d'un doigt rapide. Dès les premiers temps de la captivité, une sorte de gêne se manifesta chez plusieurs Anglais. S'ils n'entendaient pas discuter les ordres reçus, ils n'avaient aucune envie de faire preuve d'une sévérité déplacée. Même s'il avait été leur pire ennemi, Napoléon leur inspirait un certain respect et parfois même les fascinait. Avec eux, l'empereur se montrait la plupart du temps agréable, faisant même preuve d'une constante générosité, comme lorsqu'il salua Maitland pour la dernière fois : « Il sortit de la chambre d'un pas ferme et assuré, raconte le marin, vint à moi, et ôtant son chapeau, dit : Capitaine Maitland, je saisis cette dernière occasion de vous adresser encore une fois mes remerciements pour la manière dont vous m'avez traité pendant que j'ai séjourné à bord du *Bellerophon*, et je vous prie de les transmettre aux officiers et à l'équipage que vous commandez[4]. » Avant son départ et en son nom, Montholon insista pour lui remettre une tabatière à son effigie, que Maitland refusa cependant. Il lui fit également savoir que s'il pouvait, son maître le recommanderait au prince régent pour qu'il accédât au grade de contre-amiral. On ne pouvait être plus aimable avec celui qui fut pourtant le principal artisan de sa capture. Mais cette relation jugée trop proche fâcha le cabinet de Londres. Au lieu d'être remercié, Maitland fut au contraire sanctionné pour s'être montré trop prévenant. Du coup, le capitaine du *Bellerophon* allait par la suite se rapprocher très étroitement, un comble, des plus fervents partisans de l'empereur déchu.

Le gouvernement britannique redoutait le charisme de Napoléon comme sa capacité à susciter l'empathie. On le pensait toujours capable de séduire pour mieux endormir toute méfiance et ainsi créer le danger. Si les Anglais lui témoignèrent par moments quelque indulgence, ils avaient cependant la très ferme intention de le surveiller très étroitement. À quelques encablures du *Northumberland* étaient d'ailleurs bien visibles deux frégates peuplées en nombre de tuniques rouges appartenant au 53e régiment d'infanterie, futurs gardiens du « prisonnier de l'Europe ». Si le geôlier se montrait parfois aimable, il restait bien armé. En dépit des circonstances, Napoléon paraissait cependant serein : « Et voilà ! Cet homme qui naguère terrorisait les nations, à qui des milliers d'hommes obéissaient sur un signe, est redescendu du rang d'empereur à celui de général avec une souplesse de caractère plus facile à concevoir qu'à décrire », s'étonna par exemple Glover, le secrétaire de l'amiral Cockburn[5]. Pourtant, être appelé général l'exaspérait au plus haut point. Sur la question du titre, il ne céderait d'ailleurs jamais, mais réservait sans doute ses attaques à ceux qui avaient ordonné cette humiliante déchéance, à savoir le gouvernement britannique. Depuis l'annonce de sa déportation, il entendait rester digne, ne laissant rien paraître de ses tourments. C'eût été accorder une facile victoire à l'adversaire.

Le lundi 7 août en début d'après-midi, l'empereur fut conduit à bord du *Northumberland*. Dans les heures qui précédèrent son transbordement, il salua une dernière fois Lallemand et

Savary. En larmes, ce dernier se précipita vers son maître pour lui baiser les mains. Sans un mot, Napoléon s'éloigna vers sa destinée tragique. En ce jour historique, il ne devait rien laisser paraître. À Lord Keith, Las Cases glissa ces quelques mots : « Vous observerez, monsieur l'amiral, qu'ici ceux qui pleurent sont ceux qui restent[6]. » C'était faire peu de cas des tourments de Mme Bertrand et de la mine renfrognée de son mari. Digne mais triste, le petit cortège de Français se dirigea vers la nouvelle voile qui allait les accueillir. À leur suite, leurs bagages, tristes reliques d'un passé glorieux : « À part une caisse en acajou, ornée des armes impériales, le reste n'avait pas meilleure figure que les hardes d'une troupe de comédiens ambulants », écrivit le chirurgien anglais Warden[7]. Sur le pont du *Northumberland*, tous les regards étaient tournés vers le canot de l'empereur. On guettait impatiemment son arrivée. Parmi la foule de marins, Warden découvrit un homme à la mine maussade : « Son visage était pâle. Sa barbe n'avait pas été rasée depuis plusieurs jours. Son aspect annonçait que la nuit précédente avait été mauvaise[8]. » Le député Lyttelton, quant à lui, remarqua son teint « plus que blafard, maladif[9] ». En dépit de sa méforme, « il garda tout le temps un air enjoué », nous dit-il aussi, saluant avec grâce et la plus grande amabilité tous ceux qui lui furent présentés. Pendant qu'il se répandait en politesses, son nom fut inscrit sur le registre des passagers : « General Buonaparte !!! » Une triple exclamation trahissant sans doute l'étonnement du marin chargé de cette besogne. Quand il monta à bord, une compagnie de matelots lui présenta les armes et les tambours résonnèrent trois fois. Il fut donc accueilli avec les honneurs réservés à un officier général. On était désormais loin de ce qui s'était passé quelques jours plus tôt quand sa visite à bord du *Superb* s'était faite au son d'un orchestre jouant parmi un équipage anglais en grande tenue. Sur le *Northumberland*, marins et officiers étaient tenus de l'appeler Excellence et en aucun cas Votre Majesté. Dès qu'ils le croisaient, ils avaient pour consigne de ne pas se découvrir. « Ici les ordres du gouvernement étaient exécutés en tous points », souligne Marchand[10]. Du moins en public, car plus à l'écart, il n'était pas rare que l'on se montrât plus déférent avec lui.

Au soir du 7 septembre, le *Northumberland* était prêt à appareiller pour un voyage qui devait durer plusieurs semaines. Dans la rade, la foule de curieux n'avait pas diminué, bien au contraire. Des dizaines de canots s'approchaient toujours plus près du vaisseau prison. Avec rudesse, les marins britanniques tentaient de les maintenir à distance quand un drame survint. Une embarcation se renversa, précipitant à la mer quelques malheureux. On dénombra ensuite plusieurs noyés. Triste spectacle offert par une marine britannique inquiète et ayant perdu toute mesure : « Cet événement était de triste augure ; chacun eut cette triste pensée », note affligée la comtesse de Montholon dans son journal[11]. Ce drame précéda de peu le départ de Napoléon, car quelques instants après, le *Northumberland* leva l'ancre et gagna le large. Lors de l'appel effectué pendant que l'on remontait l'ancre, on compta 1 080 passagers avec dans les ponts inférieurs deux compagnies de soldats du 53e : « Le vaisseau était dans la plus grande confusion ; il était encombré d'hommes et d'objets. Il était parti dans une si grande hâte que presque rien n'était à sa place, et qu'on travaillait sans relâche à son armement », note avec une pointe de dépit Las Cases[12]. La partie arrière du navire, la dunette, fut réservée pour l'essentiel à l'usage de l'empereur. Il disposait ainsi d'un salon, d'une salle à manger et d'une chambre confortable eu égard à la configuration des vaisseaux d'alors. Dans le même périmètre logeait aussi l'amiral Cockburn, qui partagerait ainsi la vie du captif, dînant par exemple à sa table chaque soir. Cette « promiscuité » chagrina Las Cases : « Il avait été strictement recommandé surtout que le salon demeurât en commun, qu'il ne fût pas abandonné à l'empereur en propre. Les ministres avaient poussé la sollicitude jusqu'à s'alarmer d'une si triviale déférence[13]. » Moins étonné que son secrétaire, Napoléon ne s'en offusqua point, affichant même toujours une belle humeur.

Aussitôt le service du soir achevé, il se promena sur le pont puis se piqua de jouer au vingt-et-un avec le contre-amiral : « Si quelqu'un, ignorant les événements qui venaient de se produire, avait vu le groupe des joueurs, jamais il n'aurait pu deviner qu'il avait sous les yeux un empereur déchu, deux généraux déchus, un ex-comte, deux ex-comtesses, un amiral anglais – chargé de la garde des personnes déchues –, un colonel anglais, un capitaine de vaisseau anglais, un secrétaire anglais, en fonction ; il aurait été également incapable de discerner la plus légère différence entre les gens déchus et ceux qui jouissaient de la plénitude de leurs pouvoirs », se souvient Glover[14]. À onze heures passées, Napoléon regagna sa cabine pour s'allonger sur son célèbre lit de camp modèle Desouches à l'armature en fer et pliable. Il y passerait désormais toutes ses nuits. Le *Northumberland* n'allait pas effectuer cette traversée seul. L'escortaient trois frégates armées de 36 canons, les HMS *Havannah, Bucephalus, Ceylon,* ainsi que cinq croiseurs escorteurs armés de 18 canons, les HMS *Zenobia, Zephir, Icarus, Redpole* et *Ferret*. Afin de faciliter le ravitaillement des navires, le croiseur HMS *Peruvian* prendrait une route différente. Au total, dix vaisseaux de guerre furent donc mobilisés pour emmener Napoléon, sa suite ainsi que les officiers et soldats chargés de sa garde. Une fois toute la petite flotte réunie, on mit cap au sud : « Le signal fut donné pour mettre à la voile et faire route pour Sainte-Hélène : signal d'exil ! Le bruit du cabestan nous fit en ce moment une triste impression », relate l'épouse du général Montholon[15]. Soixante-sept jours de mer attendaient les captifs. Au lointain, on aperçut une dernière fois la terre de France. L'horizon s'était heureusement dégagé. Sur le pont, Marchand vit alors son maître se découvrir puis, comme figé, prononcer ces quelques paroles : « Adieu terre de braves ! Adieu France ! Adieu[16] ! » Sa voix tremblait. Une vive émotion l'étreignait.

DEUXIÈME PARTIE

DÉTENTIONS

1

Genèse du *Mémorial*

Au cours de la traversée, Emmanuel de Las Cases commença son œuvre littéraire majeure, le *Mémorial de Sainte-Hélène*, publié pour la première fois en 1823. Depuis sa parution, le *Mémorial* connaît le succès en France comme à l'étranger. Après une première édition vite épuisée, d'autres suivirent en grand nombre, l'ouvrage figurant très tôt dans les meilleures ventes entre 1826 et 1840. S'il ne fut pas, loin s'en faut, le livre le plus acheté au XIXe siècle (en 1840, ses ventes dépassèrent tout de même les 40 000 exemplaires), il est indissociable de l'histoire de la captivité. Lu comme la dernière parole de l'empereur, il est devenu la référence presque absolue en matière d'histoire napoléonienne, devançant de loin tous les Mémoires, journaux, souvenirs ou relations des autres témoins. Le *Mémorial* de Las Cases a durablement influencé notre perception de la captivité. En quelque sorte, il a donné le ton, configurant durablement la mémoire populaire comme scientifique. À l'aube du romantisme, Las Cases fit du crépuscule de Napoléon une sorte d'apothéose, donnant à son épopée la conclusion littéraire qui lui manquait. L'Histoire fut ainsi réécrite avec talent par le vaincu de Waterloo et son secrétaire. Depuis deux cents ans, les rééditions complètes, fragmentaires ou commentées se comptent par dizaines, des plus prestigieuses, celle appartenant à la « Bibliothèque de la Pléiade », comme aux plus populaires, à l'exemple des douze éditions d'extraits du livre figurant dans la collection de la « Bibliothèque des chemins de fer » aux éditions Hachette, édités entre 1854 et 1913.

Le *Mémorial* que nous connaissons doit cependant ici être oublié au profit d'un autre, écrit à chaud et moins orienté. En

2005, l'historien Peter Hicks fit une découverte pour le moins surprenante. Alors qu'on le croyait perdu, il retrouva enfoui dans les archives de la British Library à Londres une copie du premier manuscrit de Las Cases, lequel avait été saisi par les Anglais en 1816 au moment du départ de son auteur de Sainte-Hélène. Il ne lui fut rendu que cinq ans plus tard, après la mort de l'empereur. Cette version – publié en 2017 par la Fondation Napoléon sous le titre *Le Mémorial de Sainte-Hélène. Le manuscrit retrouvé* – nous révèle donc la première mouture de cette œuvre emblématique, intéressante à plus d'un titre. Pour l'historien, elle témoigne plus sincèrement du point de vue de Las Cases, ce qui nous incite dans les pages qui suivent à la préférer à celle de 1823. Parmi les nombreuses différences entre le manuscrit de 1816 et l'édition publiée, on remarque d'emblée que le premier *Mémorial* – appelons-le ainsi – apparaît moins crépusculaire que le second, et ce, pour une raison toute simple. Au moment où son auteur le rédigea, il ne connaissait évidemment pas la fin de cette histoire, alors qu'en 1823 Napoléon reposait sous terre. Ce qui n'était que journal devint alors testament. La nature du *Mémorial* changea donc profondément de nature, l'ouvrage étant habilement remanié par pur intérêt éditorial. Partant, notre vision de la captivité en fut affectée, faussée même, donnant l'impression que Napoléon avait déjà un pied dans la tombe alors qu'il n'était qu'au tout début d'un exil dont il espérait sortir d'une manière ou d'une autre.

Mais avant de nous intéresser plus en détail à l'œuvre, il nous faut présenter son auteur. On doit à l'obscur peintre écossais William Quiller Orchardson l'une des meilleures toiles représentant Napoléon à bord du *Bellerophon*. Le regard lointain et les mains croisées dans le dos, l'empereur scrute l'horizon. À quelques pas de lui, ses fidèles émus et comme attentifs au moindre de ses gestes. Parmi ce groupe, un seul ne porte pas l'habit militaire : Emmanuel de Las Cases. Son attitude détonne. Il semble voûté comme s'il était né pour recueillir les confidences d'autrui. On le devine habile, fin, presque sournois. « Le comte de Las Cases n'a que cinq pieds un pouce de hauteur (1,50 mètre environ). Il paraît âgé de cinquante ans. Il est maigre, le front ridé. [...] Sa petite stature ne manqua pas de donner lieu aux remarques des spectateurs curieux », souligna l'Anglais Warden[1]. Auprès de l'empereur, il s'imposa avec une rapidité déconcertante. Alors que les deux hommes ne se connaissaient pas quelques semaines plus tôt, il entra de plain-pied dans son intimité au point de devenir son premier interlocuteur.

Marie Joseph Emmanuel Auguste Dieudonné de Las Cases vit le jour en 1766 à Revel au pied de la Montagne noire. Après de solides études et une carrière dans la marine militaire, il rejoignit l'armée contre-révolutionnaire de Condé sous la Révolution. Rentré d'émigration en 1802, il entreprit de publier un *Atlas historique* qu'il signa du nom de Lesage. Son ouvrage connut un joli succès, au point de lui procurer jusqu'à 20000 livres de rente annuelles (vingt fois le salaire moyen de l'époque). Grâce à Joséphine, il s'approcha de la cour impériale, dont il devint l'un des chambellans en 1809. Dans son habit écarlate à broderies d'argent, il servit peu mais fut nommé en 1815 auditeur au Conseil d'État et remarqué pour son excellent travail. Dès le retour de Napoléon, il se remit aussitôt à son service en usant pour lui ses souliers vernis au palais de l'Élysée. Son premier rapprochement avec son maître est très sobrement raconté dans le *Mémorial* : « J'accompagne l'empereur qui se rend à la Malmaison, et lui demande à ne pas le quitter dans ses destinées nouvelles. Ma proposition semble l'étonner. Je ne lui étais connu que par mes emplois. Je n'avais jamais précisément conversé avec lui[2]. » Las Cases entra ainsi presque sur la pointe des pieds dans l'histoire de la captivité. Puis il y eut les discussions avec Maitland où il tint un rôle central, faisant de ce témoin d'abord très secondaire un acteur de premier plan.

Ensuite, une fois Napoléon aux mains des Anglais, sa présence auprès de lui ne fit qu'augmenter, une présence que Las Cases explique par ses nombreuses connaissances : « Il commença alors à me distinguer et dès ce moment à s'entretenir fort souvent avec moi. Il est vrai que les occasions et les circonstances m'étaient des plus favorables. Je savais assez d'anglais et, bien que je me fusse condamné à n'en pas faire usage, il me servait néanmoins à lui donner des éclaircissements. J'avais été marin et je donnais à l'empereur toutes les explications qu'il désirait sur les manœuvres du vaisseau, l'état des vents et de la mer. J'avais été dix ans en Angleterre ; j'y avais pris des idées arrêtées sur les lois, les mœurs, les usages ; je pouvais répondre pertinemment à toutes les questions que l'empereur daignait m'adresser sur ces objets[3]. » Sa bonne connaissance de l'anglais lui permit en la circonstance de se rapprocher de Napoléon, ce dernier ayant besoin à l'évidence d'un homme maîtrisant la langue de ses geôliers. Mais outre ses qualités linguistiques, devenir son secrétaire aida évidemment beaucoup à ce que naisse une intimité entre les deux hommes. La déférence, le dévouement comme la conversation de Las Cases plurent d'emblée à Napoléon, alors que d'ordinaire il se méfiait plutôt des nouvelles têtes. Dès lors, ses qualités lui valurent « insensiblement l'inestimable faveur d'une conversation habituelle et de confiance[4] ».

Quand on sut que l'empereur allait être déporté à Sainte-Hélène, Las Cases n'envisagea pas un seul instant de se dérober : « Après le dîner, écrivit-il à la date du 1er août, je fus chez l'empereur qui me faisait demander assez habituellement dans la soirée. Dans le cours de diverses conversations, il me demanda si je le suivrais à Sainte-Hélène. Je répondis avec la dernière franchise ; mes sentiments me le rendaient facile. Je lui ai dit qu'en quittant Paris pour le suivre, j'avais sauté à pieds joints sur toutes les chances. Celle de Sainte-Hélène n'avait rien qui dût la faire excepter[5]. » Il ne faut pas se méprendre sur le terme « chance » employé ici par Las Cases. Dans la langue d'alors, « chance » étant plutôt un synonyme de « hasard », celle-ci pouvait donc être aussi malheureuse qu'heureuse. Néanmoins, s'il se disait prêt à toutes les éventualités, quelles raisons véritables le poussèrent à accompagner Napoléon dans son exil lointain ? Il affirme avoir déjà éprouvé des sentiments pour lui, ce qui semble toutefois rapide, même si l'on ne peut excepter un coup de foudre. Plus vraisemblablement, Las Cases étant écrivain, l'envie de témoigner à vif fut sans doute déterminante, irrésistible même chez lui. Dans les premières lignes de son journal, il l'avoue d'ailleurs à demi-mot : « Ainsi dévorant avec avidité tout ce que je pouvais entendre et ne craignant rien que d'en perdre quelque chose, je passai à écrire tout le temps que je n'avais pas à écouter[6]. » Pour sa plume, la personne de l'empereur était un incomparable sujet de choix, unique même.

De tous les compagnons de Napoléon, il fut le premier à comprendre l'importance de sa position comme de son rôle devant l'Histoire. À bord du *Northumberland*, le chambellan secrétaire fut ainsi le plus assidu auprès de l'empereur. On peut même dire qu'il ne le lâcha plus d'une semelle : « Dès le second jour, écrit-il, je l'avais suivi et depuis je n'y manquai jamais. Ce devint une chose de tous les jours et consacrée[7]. » Il le suivait en effet comme son ombre, ce que confirmaient tous les témoins, à commencer par le valet Marchand. Accompagner l'empereur en toutes circonstances n'était pas toujours agréable. Le 6 septembre, tandis qu'une pluie d'orage s'abattait violemment sur le navire, l'officier Glover remarqua amusé son sacrifice : « Bonaparte est sorti, suivi de Bertrand et de Las Cases qui, tenus de l'escorter, ne paraissaient pas se réjouir de la douche qui les attendait. Il fallait bien peu de temps pour être trempé ; c'est ce qui arriva au trio[8]. » Tandis que Las Cases devenait chaque jour plus intime avec son maître, Bertrand et Montholon apparurent en revanche plus distants : « Je l'avoue, nous évitions le travail le plus que nous pouvions. Nous étions dominés par des intérêts de famille : des femmes et des enfants ont à bord besoin de tant de soins ! », confie par exemple Montholon[9]. S'il restait impeccable dans son service, le grand maréchal s'éclipsait dès qu'il le pouvait pour retrouver lui aussi ses enfants et son épouse, laquelle connut par ailleurs une éprouvante traversée après s'être embarquée dans les conditions que l'on connaît.

La proximité comme le dévouement toujours empressé du secrétaire firent d'emblée naître le soupçon, notamment chez Gourgaud. Ce dernier le détesta toujours. Jaloux comme un époux qui verrait s'approcher de trop près un rival, le premier officier d'ordonnance s'irrita en effet très tôt contre lui. En pleine mer, le 3 octobre, une première explication intervint entre les deux hommes. Sans détour, le général interrogea vivement le secrétaire : « Mais vous, Monsieur, qui ne connaissiez pas S.M., qui n'étiez pas connu d'Elle, même de vue, pourquoi donc ce grand dévouement ? Blagues… Je vois autour de moi bien des intrigues et des faussetés. Pauvre Gourgaud, qu'allais-tu faire dans cette galère[10] ! » Le frêle Las Cases du haut de son mètre cinquante fit en sorte de toujours éviter l'affrontement avec l'irascible et fringant officier. Mais même s'il fuyait son sabre, la dispute ne fit que prospérer entre les deux hommes. Et Gourgaud se fâcha d'autant plus que le premier à seconder Napoléon dans son entreprise littéraire fut justement le détesté Las Cases. Après quelques jours passés à bord du *Northumberland*, l'empereur décida de commencer l'écriture de ses Mémoires. Dans son *Mémorial*, le secrétaire nous révèle être à l'origine de cette décision lors d'un échange entre les deux hommes qui se déroula début août : « Mais que pourrons-nous faire dans ce lieu perdu ? me disait l'empereur. – Sire, nous vivrons du passé ; il a de quoi nous satisfaire. Ne jouissons-nous pas de la vie de César, de celle d'Alexandre ? Nous posséderons mieux, vous vous relirez Sire ! – Eh bien, dit-il, nous écrirons nos Mémoires. Oui il faudra travailler ; le travail est la faux du temps[11]. »

Doit-on vraiment à Las Cases l'entreprise mémorielle que le vainqueur d'Austerlitz entreprit dès les débuts de sa captivité ? On peut en douter. Avant cette conversation avec lui, Napoléon avait voulu en quittant Paris rassembler suffisamment de documentation pour être à même d'écrire sur son règne. Un an auparavant, en partant pour l'île d'Elbe, il avait déjà caressé l'idée de travailler sur son épopée. À Fontainebleau le 20 avril 1814, ses grognards l'avaient entendu dire : « Si j'ai consenti à me survivre, c'est pour servir encore à notre gloire ; je veux écrire les grandes choses que nous avons faites ensemble ! » Dans ce but, il se constitua une volumineuse bibliothèque d'exil, emportant avec lui des milliers de livres. Mais une fois installé dans son « carré de choux », il renonça vite à ce projet titanesque car il pensait en repartir. En 1815, la situation était évidemment différente. Son exil allait durer et il le savait. Ajoutons qu'il n'avait pas attendu d'être captif à bord d'un vaisseau britannique pour s'épancher librement. De retour d'Égypte en 1799, il s'était par exemple librement confié au savant Monge. En 1812, traversant l'Europe enneigée après la désastreuse campagne de Russie, il eut également de longues conversations avec son grand écuyer Caulaincourt dont nous possédons une abondante trace dans les *Mémoires* de ce dernier.

Au fond, du moment qu'il en avait le loisir et qu'il se savait écouté, il aimait cet exercice depuis toujours. Au cours du second exil, s'il y eut pléthore de confidences, ce fut avant tout parce que Napoléon avait du temps et qu'il s'exprimait devant un cercle d'auditeurs plus large que par le passé dont l'assiduité était d'autant plus grande qu'eux-mêmes n'étaient guère occupés. Outre Las Cases, Bertrand, Gourgaud, Marchand, Ali, O'Meara ou Montholon s'employèrent aussi à recueillir l'impériale parole, noircissant ainsi une masse considérable de papiers, matériaux précieux pour l'historien. Le travail avec son secrétaire débuta le 16 août 1815. Commençant fort logiquement par le début de son histoire, il lui dicta l'*Origine, détails, anecdotes de la maison Bonaparte*. D'autres dictées suivront, constituant une part importante de ses véritables *Mémoires*, publiés en huit volumes en 1828 puis réédités seulement en 2010. Grâce à sa proximité avec Napoléon, Las Cases fut le premier dépositaire de sa parole officielle, mais devint aussi son confident privilégié. Après sa promenade rituelle sur le pont, s'appuyant sur l'avant-dernier canon installé à bâbord, baptisé ensuite « canon de l'Empereur », le vainqueur d'Austerlitz aimait volontiers revenir sur son épopée au cours de longs soliloques. Si l'exercice paraît aujourd'hui banal, voire lassant car trop pratiqué par nos hommes politiques, en 1815, il était bien plus rare, les souverains se confiant peu en règle générale. À l'exception des *Mémoires* de Sully rapportant la parole d'Henri IV, les textes comparables au *Mémorial* n'étaient alors pas très nombreux. Ce qui distingue cette œuvre des autres écrits ou journaux, c'est aussi et surtout sa construction.

Outre son style enlevé, flamboyant par moments, le discours napoléonien prend davantage de relief que chez les autres mémorialistes. Dans le texte, à vrai dire, on ne sait plus vraiment qui s'exprime, Napoléon ou Las Cases. Savamment entretenue, cette confusion fait de l'empereur déchu le premier auteur du *Mémorial*, ce qui évidemment en renforce l'intérêt. Autre qualité de l'ouvrage, le récit est soigné, vivant, donnant ainsi du rythme à l'ensemble. Au total, le *Mémorial* séduit par son mélange de confessions impromptues, de textes historiques ou de récits de la captivité : « Chez Las Cases, souligne l'écrivain Jean-Paul Kauffmann, s'enchevêtrent (comme dans les *Mémoires d'outre-tombe*) le présent et le passé. Ce sens du raccourci, du moment qui donne le signal de la chasse au trésor, est fascinant. C'est bien un rébus que le vaincu essaie de résoudre par le jeu de la mémoire. Une suite d'images, de mots, de dates évoquant par leur résonance un contenu caché qu'il s'agit de deviner[12]. » Le procédé de Las Cases ressemble d'ailleurs aux nombreux films ponctués de flash-back qui réjouissent nos salles obscures. Comme dans un *biopic* de moderne facture, Las Cases se présente en effet comme un ultime témoin venu nous raconter un émouvant crépuscule, prétexte à l'apparition de scènes venues du passé. Si le procédé était connu avant même que le septième art ne s'en empare – il s'appelle « analepse » ou « rétrospection » en littérature –, il était à notre connaissance peu usité jusqu'alors dans le genre historique. Dans le *Mémorial*, la narration de l'épopée napoléonienne suit ou précède en effet le récit d'un quotidien essentiellement rythmé par les avanies subies par le captif, qu'elles soient réelles ou exagérées. Ainsi la gloire passée contraste-t-elle singulièrement avec un présent rendu misérable par la faute d'indignes geôliers. Ligne après ligne, un sentiment d'injustice prospère et gagne irrésistiblement le lecteur. Avec ce jeu de clair-obscur, Napoléon prend toujours plus de hauteur tandis que les Anglais sombrent. Cet effet est assurément l'une des plus grandes réussites de Las Cases.

2

Soixante-sept jours en mer

Commencée le 7 août 1815, la traversée vers Sainte-Hélène ne s'acheva que le 15 octobre. Elle dura donc soixante-sept jours, plus de deux mois. Malgré ce long voyage, sur une mer parfois agitée, l'humeur du captif parut s'améliorer au fil des jours si l'on en croit l'Anglais Glover : « Il paraît en bonne santé ; il a certainement meilleure mine qu'à son arrivée à bord du *Northumberland* ; il est d'humeur égale et semble complètement indifférent à son sort[1]. » Le chirurgien Warden paraît du même avis : « Il a raison de se vanter de sa santé. Quand on considère à combien de climats variés il s'est exposé, et quelles fatigues il a endurées pendant ces vingt-cinq dernières années, la bonne santé dont il jouit encore est tout à fait étonnante[2]. » Malgré un mal de mer persistant, il était effectivement en meilleure forme que quelques semaines plus tôt. Aucune fièvre ne vint tourmenter ses nuits comme lors de la campagne de Belgique. Les crises d'angoisse disparurent également. La dysurie dont il souffrait habituellement diminua nettement. Désormais au repos forcé, l'empereur reprit manifestement des forces, retrouvant même un meilleur appétit de vie.

Dès son premier soir à bord, il fut pris d'une certaine boulimie nous apprend le chirurgien du bord : « Le premier jour de son arrivée à bord, notre illustre passager montra un appétit extraordinaire. J'ai observé qu'il avait fort bien dîné et bu beaucoup de vin de Bordeaux[3]. » Même type de remarque quelques jours plus tard chez le secrétaire de l'amiral : « À dîner, il a mangé de tout de bon cœur ; sa fourchette demeure inutilisée tandis que ses doigts se démènent[4]. » Comme le ferait tout bien portant, il s'inquiétait surtout des maladies des autres, questionnant sans relâche les médecins du bord à propos des affections qui pouvaient atteindre les marins ou ses compagnons de traversée. Il valait mieux ne pas avoir affaire à ces praticiens bien peu éclairés, dont le seul remède consistait à saigner sans relâche leurs malheureux patients. Parmi la suite française, la seule à avoir été « soignée » fut la comtesse Bertrand. Dépressive, elle multiplia les accès de fièvre, ce qui lui valut d'être saignée à tout-va. Dans sa relation, le chirurgien Warden nous précise fièrement que deux litres de sang au moins lui furent ôtés, ce qui l'aurait, nous dit-il, soulagée. Loin de l'aider à combattre son mal, les saignées ne firent que l'éprouver davantage. L'épouse du grand maréchal fut cependant assez solide pour se remettre à la fois de ses affections mais aussi des traitements ravageurs qu'elle subissait.

À bord du *Northumberland*, les journées de l'empereur furent cependant d'une monotonie presque désespérante. Levé à neuf heures, après une rapide collation il restait dans sa chambre jusqu'au milieu de l'après-midi. Son refuge n'était pas toujours des plus agréables d'après Las Cases : « Le vaisseau avait été poussé tellement vite hors du port, que tout y avait été resté à faire [*sic*] à la mer. On l'avait peint quelque temps auparavant. Cette odeur affectait spécialement l'empereur ; il en avait été malade et gardait la chambre depuis un ou deux jours. Dans ce moment, on calfata la dunette et l'on passait à coups redoublés sur sa tête sans avoir aucun égard pour les heures où on pouvait l'incommoder. Il en était malade, le représentait vainement mais ne s'en plaignait point[5]. » Malgré l'odeur et le bruit, Napoléon travaillait très régulièrement dans sa cabine, s'attachant à ciseler sa postérité. En compagnie de Las Cases, il voulut aussi apprendre l'anglais. Mais d'après les témoins britanniques, il ne fit cependant guère de progrès dans l'apprentissage de la langue de Shakespeare, incapable de prononcer correctement les noms des officiers britanniques qu'il croisait pourtant régulièrement. Après de longs moments passés en tête à tête avec son secrétaire, il lui arrivait de tromper son ennui en jouant aux échecs. Invariablement, l'obséquieux et prévenant Montholon faisait semblant de perdre ses parties : « [Les Français] sont trop bons courtisans pour oser gagner une partie contre lui », persifle le général Bingham[6]. Il n'y avait que l'irascible Gourgaud pour jouer avec sérieux.

Quand il apparaissait sur le pont, ses officiers le suivaient comme son ombre, observant « tous ses mouvements avec une obséquieuse attention », souligne Glover, le secrétaire de Cockburn[7]. Leur déférence fut également remarquée par le chirurgien Warden : « On pourrait se croire au Palais de Saint-Cloud[8]. » Le 15 août, les officiers se mirent en grande tenue et les dames revêtirent leurs plus beaux atours pour venir lui souhaiter un joyeux anniversaire. N'ayant pas prêté attention au calendrier, Napoléon parut surpris. Touché, il les remercia avec chaleur, adressant une parole aimable à chacun d'entre eux. La concorde régnait encore entre Français et tout se passait au mieux avec l'empereur. Si Fanny, malade et déprimée, était la seule à rester un peu à l'écart, les autres répondaient dans l'ensemble présents. Ceux qui le connaissaient moins bien, les Montholon ou Las Cases, tombèrent même sous son charme : « Depuis que je le voyais d'aussi près, je l'admirais sincèrement. Je n'étais pas la seule à subir son ascendant : même ceux des Anglais qui étaient arrivés avec le plus de préventions contre lui n'avaient pas échappé à sa séduction », écrit par exemple la comtesse Montholon, manifestement subjuguée par le grand homme[9].

Avec les Anglais, Napoléon échangeait surtout lors du dîner. Seul moment un peu protocolaire de la journée, il voulut le démocratiser en invitant à sa table des sous-officiers. La requête impériale choqua cependant l'amiral, car selon l'usage il ne pouvait partager son repas qu'avec des officiers. Au sein de la société britannique de manière générale, on prohibait ce genre de mélanges, l'inégalité sociale étant la règle. Pour satisfaire son hôte, Cockburn accepta néanmoins de déroger aux sacro-saintes règles de la Royal Navy. C'est ainsi que des marins de rang subalterne purent côtoyer le temps d'un repas leur ancien ennemi. Son geste ne pouvait évidemment qu'être apprécié par des hommes peu habitués à pareille ouverture d'esprit. Il se rendit également populaire en animant sa table de la meilleure des manières. En présence de onze convives, il paraissait souvent enjoué, parlant même « avec abondance » de politique, de ses campagnes, de l'Égypte ou encore de son projet de débarquement en Angleterre.

Dès que son esprit s'arrêtait sur un sujet, il multipliait les questions à destination de son entourage jusqu'à épuisement du thème retenu. Et s'il aimait évoquer sa propre histoire, répondant de bonne grâce à son tour à toutes les questions posées, tout l'intéressait, de l'armement d'un navire de guerre aux plus infimes détails regardant sa traversée.

En septembre, la capture d'un requin de plus de trois mètres lui donna par exemple l'envie de tout connaître sur cette espèce peuplant les eaux de l'Atlantique. Alternant longs monologues et longues séries de questions, il concentrait évidemment toute l'attention, les Anglais du bord étant de surcroît très honorés de leur conversation avec le grand Napoléon. Séduite comme flattée, la noria d'officiers britanniques gravitant autour de lui attendait ainsi avec impatience le moment du dîner pour entendre ses confidences. Et parfois cette proximité se prolongeait une fois la table levée. Le secrétaire de l'amiral raconte : « Alors que nous étions réunis autour de la table à jeu, il a pris un petit livre de contes persans qu'il s'est amusé à lire à haute voix, avec des commentaires sur ces récits dont maints passages le faisaient rire de bon cœur[10]. » S'il lisait avec une diction impeccable, sa conversation n'était cependant pas toujours aisée à comprendre, même pour des Anglais maîtrisant assez bien la langue de Molière : « Il arrive qu'on le suive difficilement à cause de la rapidité de son débit et de sa prononciation particulière », témoigne Glover. L'appréciant chaque jour davantage, les marins portèrent même un toast en son honneur le jour de son anniversaire : « [Cette] politesse parut lui faire plaisir », nous dit aussi le secrétaire de l'amiral[11].

Mais cette sympathie naissante et réciproque s'arrêtait aux portes de la cabine du commandant du *Northumberland*, un homme jugé « sévère, positif, sa haute taille ajou[tant] encore à son air dur et si orgueilleux », d'après le portrait qu'en fit la comtesse de Montholon. Même si tout au long de la traversée, il fut très attentif à son prisonnier, faisant par exemple en sorte que sa table ne manque de rien, ce marin fit tout son possible pour maintenir une certaine distance et empêcher que le captif ne prenne l'ascendant à son bord. Comment ? Avant tout en lui rappelant son rang de général en toutes occasions. Lorsque l'empereur parcourait le pont, chapeau à la main, on ne lui rendait jamais son salut. Comme l'ordonna précisément l'amiral, aucun officier ou matelot anglais ne devait en effet se découvrir s'il venait à croiser le captif. Et quand Napoléon se comportait au dîner comme s'il était aux Tuileries, l'amiral l'ignorait superbement : « Au dîner, le général eut l'impolitesse de se lever de table et de monter sur le pont aussitôt après avoir bu son café, sans attendre que les autres convives fussent servis. Ceci m'amena à demander aux autres de rester assis, de sorte qu'il sortit, suivi seulement de son maréchal, sans qu'on lui prêtât la moindre attention[12]. » L'affrontement à fleuret moucheté sur les questions d'étiquette persista tout au long de la traversée. À cause de cela, les relations entre Napoléon et lui restèrent aussi fraîches que les brises marines mouillant le navire : « Il m'a eu l'air de vouloir prendre à nouveau des airs arrogants ; j'ai donc fait exprès de prendre envers lui une contenance plus distante que d'habitude. Nous nous contentâmes d'échanger de banals saluts et des regards hautains », écrit Cockburn à la date du 13 août[13].

Au fur et à mesure que le prisonnier gagnait l'estime des plus modestes, voire suscitait une certaine admiration, la hiérarchie anglaise se raidissait. Cette méfiance éclata au grand jour lors de la traditionnelle cérémonie du passage de la Ligne. Le 23 septembre, la proue passa l'équateur peu avant midi. Comme il était d'usage, une fête burlesque égaya le bord. Sous les traits de Neptune, le plus vieux marin du navire prit la tête d'un carnaval improbable. S'arrêtant devant les officiers du bord, il demanda les noms de tous ceux qui entraient pour la première fois dans son empire. « Où est le général Bonaparte ? », cria-t-il. Sourire aux lèvres, Cockburn répondit d'une voix ferme : « Il a déjà passé la ligne ! » Neptune n'insista pas. Tandis que tous ceux qui franchissaient l'équateur étaient aspergés d'eau ou maculés de goudron juchés sur un siège improvisé, les Français furent à peine éclaboussés. Le dieu de la mer estima qu'ils avaient suffisamment prouvé leur courage sur les champs de bataille. Quand l'innocente fête s'acheva, Napoléon voulut gratifier les matelots du navire en leur distribuant plusieurs poignées de pièces d'or. En l'apprenant, Cockburn s'inquiéta d'emblée et fit saisir ce que le prisonnier s'apprêtait à distribuer par crainte d'un désordre à bord. Il promit cependant de tout restituer une fois l'équipage arrivé à destination.

On ne peut en vouloir à l'amiral d'avoir voulu contenir les élans généreux du captif comme d'avoir persisté à le traiter en général. Il en avait reçu l'ordre et faisait donc son devoir sans sévérité excessive. Cette traversée était avant tout celle d'un prisonnier de guerre envers qui l'on conservait quelques égards. Tout le jeu des geôliers de Napoléon, y compris du premier, consista donc à éviter à tout prix les contacts trop rapprochés, possiblement complices, entre Britanniques et Français. La séduction du prisonnier, qu'elle fût financière ou plus personnelle, inquiéta en haut lieu dès les premiers jours de la captivité. Par ailleurs, sans surprise, la discipline fut maintenue avec dureté sur le *Northumberland*. Le fouet resta plus que jamais de rigueur pour tous ceux qui s'écartaient même légèrement du règlement. Les punitions pouvaient aller jusqu'à trente-neuf coups de fouet – jamais plus, car selon la Bible à partir de quarante, la mort était certaine : « Je n'avais aucune idée de cette flagellation qui me parut une véritable barbarie ; je ne comprenais pas comment des hommes ne se révoltaient pas devant un pareil châtiment », raconte Marchand[14]. Lors de la traversée, un mulâtre préféra se jeter à l'eau plutôt que de sentir le fouet sur ses épaules. Alors que le matin même il avait déjà enduré plusieurs coups de corde, il s'enivra à nouveau. Fatale rasade. Le cri d'un homme à la mer épouvanta tout le vaisseau. Tout fut tenté pour le repêcher, mais en vain car il disparut dans les eaux de l'Atlantique.

Près de Madère, un puissant sirocco éprouva le *Northumberland*. Depuis dix ans au moins, ce vent chaud n'avait pas soufflé avec pareille violence. Quelques superstitieux à terre crurent que la présence de Napoléon n'était pas étrangère au déchaînement des éléments. Une forte houle fit rentrer tout le monde dans sa cabine. Bon gré, mal gré, le navire filait vers sa destination, mais la traversée paraissait interminable. Peu avant le passage de la Ligne, l'empereur s'en inquiéta : « Quelle distance avons-nous parcourue depuis hier[15] ? » L'impatience le gagnait : quand verrait-il enfin Sainte-Hélène ? Le *Northumberland* filait plein sud depuis maintenant près d'un mois et le rocher était encore si loin. Au lieu de s'éloigner des côtes africaines pour s'approcher du Brésil puis mettre le cap au sud-est comme c'était l'usage, Cockburn fit le choix de longer le continent africain, s'en remettant au hasard des vents. Du coup, après le passage de la Ligne, le vaisseau ne progressa que très lentement. De l'avis général, l'amiral ajouta plusieurs jours de mer tout à fait inutilement. Craignait-il de croiser quelque navire hostile comme le pensait le couple Montholon ? Aucunement. La route la plus longue fut préférée pour permettre le meilleur ravitaillement possible en naviguant près des côtes. Ainsi, alors qu'elles étaient plutôt courantes d'ordinaire, il n'y eut aucune privation à bord, si ce n'est un manque de légumes verts durant seulement quelques jours. Cockburn avait ainsi cru satisfaire ses passagers sans réaliser que ceux-ci n'avaient pas le pied aussi marin que lui. Avec ce long voyage, son prisonnier connut néanmoins un temps de répit vraiment bienvenu après les épreuves qu'il venait de traverser. Ce saut dans l'inconnu sembla même exciter son insatiable curiosité tant sa destination était pour le moins exotique.

3

Artifices

Laissons un moment Napoléon voguer vers Sainte-Hélène pour faire la connaissance d'un autre personnage clef de notre histoire qui ne mettra cependant jamais un pied à Sainte-Hélène, le ministre anglais de la Guerre et des Colonies, Henry, troisième comte Bathurst. Aussi instruit que poli, cet aristocrate bon teint, âgé en 1815 d'une cinquantaine d'années, cachait bien son jeu tant sa discrétion n'avait d'égale que sa froide détermination. Son humour comme son autodérision en étonnaient plus d'un, mais il ne fallait pas s'y fier, il valait mieux ne pas devenir son adversaire. Dans le monde politique anglais, son étoile montait à mesure que celle de Napoléon pâlissait. En tant que ministre de la Guerre, il fut considéré comme l'un des principaux artisans de la victoire. Après avoir terrassé *Boney* et détenant le maroquin de ministre des Colonies, il devint son gardien en chef, celui qui de son bureau de Londres décidait de quasiment tout. Le premier responsable de la captivité de Napoléon, ce fut lui. Le gouverneur de l'île était placé sous ses ordres directs et rien d'important ne pouvait se faire sans son aval. Si Liverpool fut à l'origine de la décision qui conduisit l'empereur déchu sur son rocher, Bathurst fut le véritable metteur au point de cette captivité hors norme. Si celle-ci fut tendue, âpre et disputée, on le doit en partie à ce ministre qui n'était point, loin s'en faut, un admirateur de Napoléon.

Proche de Wellington et de Castlereagh, l'homme était considéré au sein du parti tory – conservateur – comme un ultra. Pour lui, l'ordre ancien devait prévaloir et Napoléon être relégué dans les oubliettes de l'Histoire. En cela comme pour le reste, il était en parfait accord avec ses amis comme avec le Premier ministre

Liverpool. Hostile à la Révolution française, il n'était guère plus séduit par les Français, quelles que fussent leur condition ou leurs idées. En outre, il perdit l'un de ses neveux prénommé Benjamin en 1809 dans des conditions plus que suspectes. Au service de son gouvernement, il disparut entre Berlin et Hambourg pour ne jamais reparaître. Très rapidement, la France fut soupçonnée de l'avoir liquidé. Mais de manière très exceptionnelle, Napoléon en personne autorisa sa veuve à mener l'enquête pour tenter de le retrouver. Pendant son périple, elle fut même reçue par deux ministres français. Après quatre mois de vaines recherches, il lui fallut renoncer. Aujourd'hui, il semble que son probable décès ait été causé par sa santé mentale plus que chancelante, ce qu'ignora toujours son parent, persuadé, malgré le geste de l'empereur, qu'il avait été victime d'agents français[1]. Trois ans après cet épisode, Bathurst devint ministre de la Guerre et des Colonies dans le cabinet Liverpool après la mort tragique de Perceval. Placé en première ligne dans la guerre contre l'Empire français, il détestait tout ce qui venait d'outre-Manche, et cela fut renforcé par cette période. Compte tenu de ce qui précède, les *a priori* de Bathurst vis-à-vis de son prisonnier ne pouvaient être que défavorables.

L'une des premières actions du ministre des Colonies consista à faire évoluer en profondeur l'organisation de Sainte-Hélène tout en conservant certaines apparences. En substance, il fallait en prendre entièrement le contrôle sans toutefois exclure complètement ses autorités de toujours, ne serait-ce que pour des raisons juridiques. Premier point, l'île devait devenir presque dans sa totalité une prison à ciel ouvert. La Couronne devait pouvoir y déployer tous les moyens militaires qu'elle souhaitait et y exercer également toute autorité. Sauf que... ce territoire n'était pas à proprement parler anglais, mais une concession privée appartenant à la Compagnie des Indes depuis 1673. Or si on dépossédait cette dernière, la loi britannique s'appliquerait sur le rocher, l'*Habeas corpus* notamment, ce que l'on voulait éviter à tout prix. Partant, le gouvernement britannique n'avait aucunement l'intention de chasser la Compagnie, mais entendait lui conserver un rôle mineur pour qu'elle restât toujours propriétaire au moins nominalement de ce rocher perdu. D'autres aspects, financiers, humains et surtout commerciaux, interdisaient aussi que l'on mît complètement à l'écart la Compagnie. Dès lors, il convenait de s'entendre avec elle pour fixer le cadre précis de cette nouvelle organisation. Si cette vieille dame qu'était la Compagnie des Indes n'allait guère avoir son mot à dire dans cette affaire, il convenait cependant de ne pas trop la brutaliser. Depuis plusieurs décennies, les conflits latents entre la Compagnie et le gouvernement britannique n'avaient fait que prospérer au détriment de la première. S'immisçant toujours davantage dans ses affaires pour des raisons essentiellement stratégiques conflit après conflit, le gouvernement britannique la dominait désormais nettement. La captivité de Napoléon fut à la fois révélatrice mais aussi accélératrice de ce lent processus de sujétion qui conduirait *in fine* à la disparition de la Compagnie, qui venait d'ailleurs de perdre en 1813 son monopole commercial en Inde. Avec la Chine, Sainte-Hélène restait cependant l'une de ses chasses gardées, aucune autre agence ne pouvant s'y établir – cette situation perdurerait jusqu'en 1833.

Le 26 juillet 1815, après trois jours de discussions de part et d'autre, un accord fut trouvé entre le gouvernement et la séculaire Compagnie. Même si cette dernière fit mine d'accepter sans broncher toutes les exigences de Bathurst, ses directeurs peinaient à dissimuler leur déception d'avoir été spoliés de leur autorité dans une lettre destinée au Conseil de Sainte-Hélène datée du 1er août : « Sachant que la Compagnie des Indes a pour principe d'apporter les moyens et les facilités pour mener à bien des affaires dans l'intérêt national, nous n'avions pas la liberté de pouvoir refuser cette proposition, si remarquable soit-elle, bien que celle-ci entraîne des conséquences que nous ne pouvons que regretter[2]. » Avec le cabinet de Saint-James, il fut décidé que le gouverneur de l'île serait désormais nommé par le ministère des Colonies et placé sous son autorité directe. D'autre part, il allait être investi des plus grands pouvoirs : « Il bénéficiera de tous les pouvoirs dont sont investis les gouverneurs des Provinces Indiennes, y compris celui d'agir en cas d'urgence sous sa seule responsabilité, sans l'avis d'un Conseil », précise notamment l'accord accepté par la Compagnie[3]. Malgré son rattachement au ministère des Colonies, comme tous ses prédécesseurs il resterait sur le papier un employé de la Compagnie, son traitement continuant même d'être payé par celle-ci. Outre les économies que cela représentait pour les finances britanniques, cette disposition pour le moins artificielle visait à maintenir un semblant d'autorité à la Compagnie pour les raisons juridiques que l'on connaît. La prison qui attendait Napoléon continuait donc d'appartenir formellement à cette dernière. Sans vergogne, le cabinet Liverpool, pourtant garant des libertés constitutionnelles de son pays, mit au point ce subterfuge, créant ainsi pour son prisonnier une sorte de zone de non-droit.

Auprès du gouverneur, le Conseil de gouvernement composé des principaux notables de l'île subsisterait cependant, continuant de dépendre de la Compagnie. Dépouillé de toute autorité, ce dernier ne ferait qu'assister et conseiller le gouverneur. Même la direction de l'administration civile lui fut ôtée en grande partie, l'approvisionnement de l'île par exemple, jugé stratégique. Ne restèrent au Conseil comme compétences que les affaires courantes et religieuses. Pour l'organisation à venir de l'île, tout fut pensé pour que la captivité de Napoléon ait l'absolue priorité. Même l'activité portuaire et commerciale fut réduite pour des raisons de sécurité. À compter de l'arrivée du captif, seuls les navires battant pavillon anglais pourraient faire escale à Jamestown. Pour l'économie de Sainte-Hélène, c'était évidemment préjudiciable, même si, au contraire de beaucoup d'autres, l'île n'exportait rien, son seul commerce étant d'importation. Sur le plan financier, il fut convenu cependant que toutes les dépenses liées directement ou indirectement à l'exil de Napoléon seraient intégralement prises en charge par le Trésor britannique. Si sur le papier tout parut réglé en vertu de l'accord du 26 juillet, en pratique, les choses furent plus compliquées que prévu. Entre les inévitables chevauchements de responsabilités ou les confusions entre anciens et nouveaux règlements, de nombreux problèmes allaient surgir dans les domaines du ravitaillement, de la santé ou même pour l'exercice du culte.

Pour l'île, l'arrivée de Napoléon représenta surtout un bouleversement économique et humain majeur. Avec l'installation des troupes dévolues à sa garde, la population allait en effet augmenter de près de 50 %, passant d'environ 3 300 personnes à plus de 5 000. En septembre 1815, elle se répartissait comme suit :

738 habitants blancs, 1 353 esclaves, 888 affranchis, 280 Chinois et 15 matelots indiens. Au même moment, les navires commandés par Cockburn qui faisaient route vers le rocher emmenaient avec eux plus de 1 850 militaires accompagnés par leurs familles. À ce nombre s'ajoutaient évidemment Napoléon et sa suite, près d'une quarantaine de personnes, dont les besoins en toutes choses s'annonçaient peu ordinaires. Or Sainte-Hélène était et reste d'ailleurs presque entièrement dépendante de l'extérieur pour la nourriture, le bois de chauffage ou les objets du quotidien. Peu de cultures, d'élevage et encore moins d'artisanat existaient. Tout ou presque allait donc être importé par voie maritime, en provenance du Cap généralement. Compte tenu de l'augmentation de la population, les besoins allaient suivre, d'où une crainte persistante de pénurie pendant toute la captivité.

Que savait-on alors de Sainte-Hélène ? En 1815, un Français aurait bien été en peine de trouver une carte de l'île car la seule qui existait, établie par le botaniste Bory de Saint-Vincent en 1802, avait été jalousement conservée depuis plusieurs années par... Napoléon. Lors de son passage sur le rocher, le botaniste avait dû ruser pour le cartographier, car il lui avait été formellement interdit de prendre le moindre relevé, la position des fortifications britanniques devant rester secrète. Mais un jour, Bory de Saint-Vincent remarqua la carte qui se trouvait sur l'un des murs de la salle de billard du palais du gouverneur. Pour mieux l'observer, il prétendit être un expert du jeu de billard à la française et se mit à jouer. Ensuite, grâce à sa prodigieuse mémoire, il la reconstitua fidèlement, réussissant même à la compléter avec les observations qu'il avait pu faire. Quand il revint à Paris, le Premier consul Bonaparte s'intéressa d'emblée aux cartes qu'il avait pu établir lors de son voyage. Après les avoir parcourues, il lui ordonna de les confier au dépôt de la Guerre, à l'exception d'une seule, celle de Sainte-Hélène. Étrange coïncidence. Une douzaine d'années plus tard, il se souvint de son existence et la fit d'ailleurs demander avant de partir de Malmaison[4].

Même si l'on ne possédait pas de cartes d'elle, l'île n'était cependant pas une totale inconnue. Découverte par les Portugais en 1502, elle était depuis 1651 une concession britannique dévolue à la Compagnie des Indes orientales. En revenant de

Chine ou d'Inde, les navires anglais pouvaient y faire relâche et remplir leur bord de provisions fraîches. L'île n'avait donc d'autre utilité que d'offrir aux équipages et à leurs passagers de quoi continuer plus sereinement leur voyage de retour vers l'Europe. Dans un ouvrage paru opportunément en 1815 chez le libraire Paschoud, *Description de l'île de Sainte-Hélène à trois différentes époques,* il était possible de se faire une idée du prochain lieu d'exil de Napoléon. La première relation citée dans cet opuscule, celle de l'ambassadeur Lord Macartney rédigée en 1794 lors de son célèbre voyage en Chine, lui donnait des airs d'île mystérieuse : « Elle peut être considérée comme le sommet d'une grande montagne, dont la base et les flancs sont ensevelis dans la mer. Les parties les plus élevées de l'île sont souvent cachées dans les nuages[5]. »

Autre témoignage plus ancien et plus célèbre encore, celui de James Cook qui écrivit lors de son premier voyage : « De loin cette île qui a douze milles de long sur six de large, ne présente qu'un amas confus de rochers bornés par des précipices, composés d'une pierre à moitié friable et sans indices de végétations[6]. » Cette relation était d'ailleurs connue de Napoléon, grand amateur de livres de voyage et de découvertes. Parmi plusieurs dizaines de livres de voyage, il emporta avec lui la série rassemblée par Bancarel en 1809 chez le libraire Dufart père intitulée *Collection abrégée des voyages anciens et modernes autour du monde* en 12 volumes dans laquelle figurent les célèbres voyages du navigateur anglais[7]. À propos de Sainte-Hélène, ce dernier avait aussi remarqué qu'à l'exception d'une culture réussie de pêchers, « tous les autres arbres fruitiers y croissent mal, et l'on dit qu'ils n'y portent jamais de fruits : la vigne n'a pu y réussir ; les chenilles y dévorent les légumes, une multitude de rats y ravagent les moissons[8] ». À propos de la ville principale, Jamestown, il ne se montra guère plus enthousiaste : « La ville est sur le bord de la mer ; son église, ses halles tombent en ruine, ses maisons sont la plupart mal bâties[9]. » En 1794, Macartney évoqua une sécheresse ayant fait périr l'année précédente près de 3000 bêtes à cornes. Tableaux peu engageants s'il en est...

D'autres impressions de voyage furent toutefois moins sombres. Dans la *Description,* on pouvait notamment lire : « Le climat de Sainte-Hélène est pur et salubre, la chaleur y est douce et modérée, quoique cette île soit située sous la zone torride[10]. » Soufflant du sud-est, un constant alizé conserve en effet aux vallées une certaine fraîcheur fort agréable aux saisons chaudes. En revanche, sur les hauteurs, les températures peuvent varier sensiblement et rendre le séjour assez incommode. Mais pour ceux qui résidaient à l'abri de ses collines, Sainte-Hélène était considérée comme parfaitement salubre, voire comme un lieu idéal pour se refaire une santé : « Car quoique les pluies y soient rares, et qu'on en sente péniblement la privation, l'air n'y est point desséché par le souffle des vents brûlants. On conçoit aisément qu'une telle situation doit être favorable à la santé et à la vie. Aussi, observe-t-on, en général, que les habitants nés dans l'île parviennent à un âge fort avancé et (ce qui a encore plus de prix) échappent à la plupart des maladies qui attaquent les habitants des climats moins tempérés et plus variables. Les équipages malades des vaisseaux qui y touchent, recouvrent bientôt la santé : et parmi les invalides des différents régiments de l'Inde qui sont renvoyés en Angleterre comme incurables et incapables de servir, on en voit plusieurs qui pendant leur séjour à Sainte-Hélène, se rétablissent assez vite pour s'enrôler de nouveau, et jouir ensuite d'une bonne santé », disait aussi l'ouvrage précité[11]. Une réputation qui, rappelons-le, ne fut pas sans incidence dans le choix de Liverpool.

L'auteur de ces lignes, un Anglais, soulignait aussi que l'eau n'y manquait jamais et que sa situation géographique préservait les vaisseaux qui y relâchaient des ouragans et des cyclones, d'où sa recommandation de ne pas se fier à son impression première quand on la découvrait : « Peu d'endroits sans doute réunissent autant d'avantages qu'en offre ce rocher volcanique, dont l'aspect sombre et dépouillé semblait promettre si peu[12]. » Et pourtant, malgré une existence apparemment enviable, on disait ses habitants, surtout ceux venus d'ailleurs, pressés d'en repartir car voyant « leur situation comme un état d'exil[13] ». Avant même que la population n'augmente considérablement, le prix des denrées y était proprement excessif. Dès 1813, un Anglais en témoignait : « Si, d'aventure, un homme désirait s'y accorder le luxe d'un repas de produits frais, il devrait réfléchir à l'extravagance de son projet ; car sauf s'il est couvert de pièces d'or ou si ses malles croulent sous le poids des roupies, il ne doit pas aborder ici. N'espérez pas goûter à une côtelette de mouton – et, qui plus est, si vous parvenez à en trouver une, si toutefois la chose est possible – pour moins d'une guinée ni rafraîchir votre palais asséché par la soif avec une bonne bière anglaise pour moins de la même somme ou presque. Sur l'île, tuer un mouton est un événement presque aussi important que l'anéantissement par Bonaparte d'une armée autrichienne ou prussienne, et l'abattage d'un bœuf équivaut à la capitulation d'un royaume[14]. » Autrement dit, pour acheter une malheureuse côtelette de mouton ou une pinte de bière, une solde de marin suffisait à peine. En désignant Sainte-Hélène comme lieu de détention de Napoléon, le gouvernement britannique fit tout sauf un choix économique. Suivant les années, le surcoût engendré par la présence de Napoléon évolua en effet entre 100 000 et 200 000 livres sterling[15].

4

Terre !

Il était dix-sept heures. Le dîner venait à peine d'être servi quand un cri mit un terme précipité à toutes les conversations : « *Land ! Land !* » En un éclair, tous se ruèrent vers le pont. Dans l'œilleton des lunettes de marine, on ne distinguait encore que le pic de Diane, le point le plus haut de l'île : « Le dernier rayon de soleil du 14 octobre 1815 illumina, avant de disparaître, les sommets du rocher de Sainte-Hélène. Bientôt parut le mémorable matin du jour qui devait être le premier de l'exil de Napoléon », se souvint le chirurgien Warden[1]. Le lendemain à l'aube, le *Northumberland* jeta l'ancre à quelques encablures de l'impressionnant rocher. Désormais, sa masse noire s'imposait à tous les regards. Ce matin-là, l'empereur se leva plus tôt qu'à l'ordinaire pour découvrir son île-prison. Après sa toilette, il monta sur le pont et avec sa lorgnette en découvrit tous les sombres contours. En observant l'île, le fidèle Marchand dit avoir eu un noir pressentiment : « Quel que fût mon désir de voir la terre, je ne pus saluer celle-ci que comme un tombeau[2]. » Parmi les autres Français, un seul sentiment dominait, la consternation : « Les dames ont paru péniblement impressionnées à la vue de leur cage[3]. » À peine remise de ses nombreuses saignées, la comtesse Bertrand s'emporta contre cette « île chiée par le diable ! ». Tandis que sa suite faisait grise mine, l'empereur ne laissait au contraire rien paraître : « Après un examen de quelques instants, [il] rentra chez lui ne faisant aucune observation et ne laissant rien deviner de ce qui se passait dans son âme[4]. » Dans sa relation, le chirurgien du bord dit à peu près la même chose : « J'examinai son visage avec la plus grande attention : ses traits ne trahissaient aucune émotion particulière. Il regardait ce spectacle comme tout autre homme aurait regardé un lieu qu'il eût vu pour la première fois[5]. »

Le calme de l'empereur contrastait avec l'agitation régnant à terre : « Il est plus facile de concevoir que de décrire la sensation excitée par l'arrivée de Napoléon sur l'intéressante petite colonie de Sainte-Hélène. La curiosité, l'étonnement, l'intérêt s'unissaient pour arracher les habitants à leur tranquillité habituelle[6]. » C'est peu de dire que les nouvelles mettaient du temps à atteindre Sainte-Hélène. La victoire de Waterloo ne fut ainsi connue que le 15 septembre, c'est-à-dire près de trois mois après le dernier coup de canon tiré sur le champ de bataille. L'arrivée prochaine de Napoléon fut apprise seulement le 10 octobre grâce au brick l'*Icarus*. Puis, l'information fut confirmée vingt-quatre heures plus tard par le capitaine James Sterling, commandant du brick *Le Ferret*. Parmi les Britanniques, le plus stupéfait fut sans doute le gouverneur en titre de Sainte-Hélène, le distingué colonel Mark Wilks. En poste depuis 1813, l'homme coulait des jours plutôt paisibles jusqu'à ce qu'il reçoive l'incroyable dépêche : « Il était étonné, comme on peut le croire, commenta la comtesse de Montholon, de voir Napoléon dans ces parages. C'était tout à fait un événement des *Mille et Une Nuits*. On se figure l'effet que devait produire une telle apparition sur un homme qui vivait dans son île depuis de longues années, n'y recevant que rarement des nouvelles d'Europe, nouvelles qui ordinairement dataient d'un an, ayant passé par l'Inde ou la Chine[7]. » En apprenant l'incroyable nouvelle, Wilks ne fut sans doute pas le seul à écarquiller les yeux. Partout l'étonnement dominait, tant on ne pouvait y croire : « À Sainte-Hélène comme en Angleterre, le vaincu inspirait la curiosité, l'inquiétude, la crainte, la pitié et l'admiration », souligne Michel Dancoisne-Martineau[8].

Après un moment de surprise, il fallut se mettre prestement au travail. On disposait en effet de très peu de temps pour transformer l'île en cachot du prisonnier de l'Europe. Le 16 octobre, une passation de pouvoirs intervint entre Wilks et Cockburn. Après avoir pris connaissance des courriers émanant de l'*East Indian Company*, le gouverneur ne fit aucune difficulté pour se mettre au service de l'amiral. Pour qu'il ne soit pas trop affecté par sa soudaine relève, les directeurs de cette vieille institution lui promirent le paiement des années de service lui restant à effectuer en tant que gouverneur. Ainsi gratifié de plusieurs milliers de livres sterling, Wilks eut d'autant moins de mal à abandonner ses pouvoirs. Dans la foulée, Cockburn mobilisa toutes les ressources de l'île avec la complicité du Conseil du gouvernement dans lequel siégeaient, outre Wilks, le lieutenant-gouverneur John Skelton, son adjoint et grand propriétaire William Webber Doveton. Au Castle, le siège du gouvernement, secrétaires, officiers et gratte-papier en tout genre firent ce jour-là une jolie consommation d'encre pour mettre au propre rapports, lettres et proclamations définissant les nouveaux règlements qui allaient sous peu changer la vie quotidienne de Sainte-Hélène.

Avant la chute du jour, Wilks fit afficher dans toute l'île une proclamation qui commençait par ces mots : « La détention à Sainte-Hélène du général Napoléon Bonaparte et des Français qui l'accompagnent, rendant essentiellement nécessaire l'adoption de quelques précautions additionnelles dans l'île, principalement pour la nuit, la présente proclamation a pour objet d'avertir tous les habitants et autres personnes à quelque classe qu'elles appartiennent, que, dorénavant, nul ne pourra circuler dans aucune partie de l'île (le territoire immédiat de la ville seul excepté) depuis neuf heures du soir jusqu'au jour, s'il n'a le mot d'ordre. » Autrement dit, le couvre-feu était décrété et pour une fois la société insulaire traitée sur un pied d'égalité. Une certaine souplesse fut néanmoins promise : « Il faut que les habitants comprennent bien, disait aussi la proclamation, que cette ordonnance n'est pas destinée à interférer avec les règles coutumières de l'hospitalité. Toute facilité sera donnée aux habitants respectables qui souhaiteraient regagner leur domicile après neuf heures du soir. » N'étant pas considérés comme « respectables », les esclaves ou les Chinois étaient donc priés de rester dans leurs misérables logis.

Désormais le noctambule était averti : s'il se promenait sans mot de passe, il risquait la prison et peut-être même une expulsion de l'île. Arrêtés sans ménagement, les contrevenants à la règle du couvre-feu devaient être traduits devant le gouverneur qui déciderait souverainement de leur sort. De lourds châtiments furent également promis à ceux qui s'aviseraient d'aider le prisonnier à s'évader. Dans un premier règlement, une disposition, ensuite rapportée, prévoyait même des sanctions pour ceux qui entreraient en contact sans autorisation avec Napoléon ou ses compagnons. Pour mieux recenser les possibilités de fuite, tous les possesseurs de bateaux, de la simple barque à la voile de commerce, furent tenus de les déclarer. Dans le même temps, l'île ne devait plus abriter d'étrangers, qu'ils fussent français ou non. Seuls demeureraient les esclaves et les travailleurs chinois dont on ne pouvait évidemment se passer. Par conséquent, le Conseil décida, le 19 octobre, l'expulsion de tous les non-Britanniques. Treize individus au total dont trois Français furent donc chassés sans possibilité de recours. Après avoir perçu un très modique dédommagement, sept d'entre eux furent « invités » le 22 à monter à bord du premier bateau repartant pour l'Angleterre, le *Redpole*. Les autres partirent deux jours plus tard pour l'Afrique du Sud avec le transporteur de troupes *Bucephalus*. Avec ce départ se termina la mise sous « séquestre » de l'île, selon l'expression de Michel Dancoisne-Martineau.

À propos du prisonnier, on décida sans surprise de le traiter en général, faisant donc fi de son titre de souverain, comme Londres l'avait ordonné. Restait cependant une question importante : où allait-il résider ? Sur ce sujet, les instructions de Cockburn étaient plutôt vagues : « Dans la mesure du possible, un état de maison analogue à celui des officiers ayant le rang de général en chef, soit, par exemple, une table de huit couverts et tout le reste dans cette proportion[9]. » Dès le 16, après quelques rapides discussions, notamment avec Wilks, l'amiral se décida sans consulter son gouvernement pour une maison appelée Longwood House située sur un plateau et près d'un bois. D'après son prédécesseur, celle-ci offrait de réels avantages : « Longwood, explique-t-il dans une lettre à son gouvernement, est isolément situé à une certaine distance des parties de l'île qui sont habitées ; conséquemment, aucun des habitants n'a et n'aura vraisemblablement besoin de venir ou même de passer dans son voisinage, excepté ceux qui auront affaire avec le Général ou dans la propriété. C'est l'habitation la plus éloignée des points de la côte qui sont toujours accessibles aux bateaux et dont quelques-uns, ne se trouvant pas actuellement en état de défense, doivent, suivant l'opinion du gouverneur, ne pas être à la portée de vue du général Bonaparte et des officiers de sa suite. À l'entour, s'étend un terrain plat que des sentinelles peuvent facilement garder, et qui est parfaitement convenable pour prendre l'exercice du cheval et pour faire d'agréables promenades à pied ou en voiture, ce qu'on ne trouve pas dans toutes les parties de l'île[10]. »

Un seul point fut cependant négligé : le climat. Contrairement à d'autres résidences situées à l'ouest de l'île et mieux abritées (Rosemary Hall, Oaklands, Farm Lodge ou Plantation House, la résidence du gouverneur), Longwood n'est pas préservée des vents et de l'humidité. En 1716, un rapport anglais signalait déjà les possibles inconvénients de l'endroit : « En ce qui concerne la salubrité, nous ne pensons pas qu'elle sera maintenue si le bois qui tient le terrain chaud était détruit, car alors les pluies qui sont là, violentes, emporteraient le sol et comme le sous-sol est fait de marne, l'endroit ne produirait presque plus rien[11]. » Or, cent ans plus tard, Longwood – que l'on peut traduire littéralement par « long bois » – ne méritait plus son nom. Hormis quelques courts gommiers, il n'y avait plus d'arbres sur le plateau. Dès lors, l'eau de pluie ne pouvait qu'imprégner la terre, la rendant exceptionnellement humide. Mais cet aspect fut sans doute jugé très secondaire, voire ignoré. Était-ce à dessein, comme on l'a parfois prétendu ?

En vérité, il n'y eut aucune malignité dans cette décision. Celle-ci fut avant tout prise en regard de la facilité avec laquelle Napoléon pouvait être surveillé tout en jouissant de certaines libertés, de promenade notamment. Sur le plateau voisin de Deadwood, les régiments anglais pouvaient en outre être aisément cantonnés sans que le captif soit gêné par le mouvement d'une vie de garnison. En l'état, la maison nécessitait cependant quelques travaux pour être digne d'un « général en chef ». Deux autres éléments démontrent que la maison de Longwood ne fut pas retenue pour maltraiter celui qui devait l'occuper mais par pur pragmatisme. Au moment de l'arrivée de Napoléon, elle était occupée par le colonel Skelton, gouverneur adjoint, qui en avait fait sa résidence d'été. Autrement dit, on installa Napoléon là où demeurait un officier de haut rang, ce qui ne pouvait être une punition en soi. Ensuite, cette installation ne devait être que provisoire, le temps d'étudier d'autres lieux pour le prisonnier. Dans cette optique, le domaine de Longwood ne fut pas acheté mais loué. Personne ne pouvait se douter alors que le captif y demeurerait plus de cinq années. Quant à préférer la riante résidence du gouverneur, Plantation House, il ne pouvait en être question compte tenu du statut de prisonnier de Napoléon et ce, même si certains égards devaient lui être témoignés. Il est en effet rare de voir un captif loger dans la maison de son gardien.

Le jour ou plutôt la nuit choisie pour le débarquement de Napoléon fut celle du 17 au 18 octobre 1815. Pourquoi cette arrivée nocturne ? Peu à l'aise avec les foules, le captif préféra mettre discrètement pied à terre dans l'espoir de ne pas être vu. Son souhait arrangea fort bien l'amiral, qui s'inquiétait d'éventuels débordements, qu'ils soient enthousiastes ou réprobateurs. Mais à l'heure prévue, tandis que le jour avait disparu, une petite foule se rassembla près de la poterne et de la place centrale. Le couvre-feu n'intervenant qu'à neuf heures, quelques curieux, peut-être étaient-ils quatre cents, voulurent apercevoir l'ennemi vaincu. Pour les éviter, Napoléon débarqua vers les sept heures du soir très à l'est de la baie de Jamestown. Puis, protégé par une haie de soldats anglais, il fut hâtivement dirigé vers les fortifications avant d'entrer par une porte dérobée d'ordinaire réservée au gouverneur dans les jardins de la compagnie qui jouxtait le Castle, le siège du gouvernement. Après une marche rapide, il fut conduit vers le cœur de la petite ville de Jamestown, décrite par Las Cases comme une « très courte rue d'une de nos petites villes, au fond d'une vallée très étroite, repoussée entre deux montagnes à pic d'un roc tout à fait nu et stérile[12] ». Aujourd'hui, l'étroite cité mérite toujours les mêmes mots.

Dans l'obscurité, l'empereur gagna l'une des chambres de la pension Porteous, une maison aussi exiguë que peu discrète : « Elle ne permettait à l'empereur ni de remuer dans son intérieur sans être aperçu des passants, ni de sortir sans se trouver tout à coup en contact avec les habitants des quelques maisons voisines », raconte Marchand[13]. Avant que ses officiers ne le rejoignent, Napoléon resta près d'une heure avec Cockburn, discutant avec lui de son emploi du temps du lendemain. Les deux hommes tombèrent d'accord pour partir dès l'aube visiter la maison qui sous peu l'hébergerait. Après en avoir terminé avec l'amiral, l'empereur et son valet se couchèrent presque aussitôt. Mais sa nuit fut courte. Il dormit mal, appelant sans cesse Marchand auprès de lui. Son retour sur terre fut donc triste et peu engageant.

5

Le « piège » de l'amiral

Au matin du 18 octobre, Napoléon était d'humeur maussade. Dès six heures, l'amiral frappa à sa porte sans s'annoncer. Occupé à sa toilette, il ne voulut pas lui répondre. Attendant sur le perron de la pension Porteous, Cockburn s'impatientait tandis que son prisonnier maugréait contre lui : « Monsieur l'amiral est un grossier personnage », murmura-t-il à Gourgaud[1]. Au-dehors, trois chevaux attendaient Napoléon et sa suite. Qui serait du voyage ? Toujours prêt à coller aux basques de son maître, Gourgaud fit mine de s'avancer pour être choisi, mais fut aussitôt refoulé. À sa place, Bertrand et Ali furent désignés pour accompagner le captif. Afin que cette première sortie ait un peu d'allure, ils se présentèrent en grande tenue tandis que l'empereur avait enfilé son traditionnel uniforme de colonel des chasseurs à cheval de la Garde impériale. À la vue du cheval arabe de robe noire qui lui était destiné, Napoléon parut méfiant. Pour prévenir toute chute fâcheuse, il ordonna à Ali d'effectuer quelques tours avec lui. Comme le cheval ne montra aucun signe rebelle, rassuré, il se décida à le monter avant de partir soudainement au galop sans attendre l'amiral. Comme il en avait l'habitude, il s'élança donc le premier quitte à semer ses compagnons de route. L'amiral et ses officiers peinaient à le rejoindre quand, heureusement pour eux, il s'arrêta net, ne sachant quelle route il devait emprunter. Après quelques instants, il fut enfin rejoint.

Pour se rendre sur le plateau de Longwood, il n'existe qu'un seul chemin en partant de Jamestown. Il est escarpé et étroit – aujourd'hui, même élargi, deux voitures peinent à s'y croiser. Au fur et à mesure de cette raide ascension, le cœur de l'île s'offre presque tout entier à la vue du promeneur. Après quelques lacets, le chemin de crête qui domine l'ancien cratère d'un volcan surnommé le « Bol de punch du diable » est rapidement atteint. En l'observant, Ali, songeur, dira : « Ce nom peint parfaitement l'abîme que nous avions sous les yeux et dont les profondeurs sont tourmentées de manière extraordinaire[2]. » Napoléon ne fut guère plus enthousiaste : « Ce n'est vraiment pas un lieu plaisant de séjour », confia-t-il. En forme de demi-cercle, la route épouse les sommets du bol avec çà et là posés quelques hameaux servant d'étapes, comme celui de Hutt's Gate qu'habiteront un temps les Bertrand. Une fois le « Bol de punch » contourné, le plateau de Longwood n'est plus très loin. Quelques centaines de mètres encore et il apparaît dans toute sa nudité. Alors de tous côtés, la vue se dégage, l'est de l'île et ses reliefs paraissent. À cheval, le voyage demande environ une petite heure.

SAINTE-HÉLÈNE

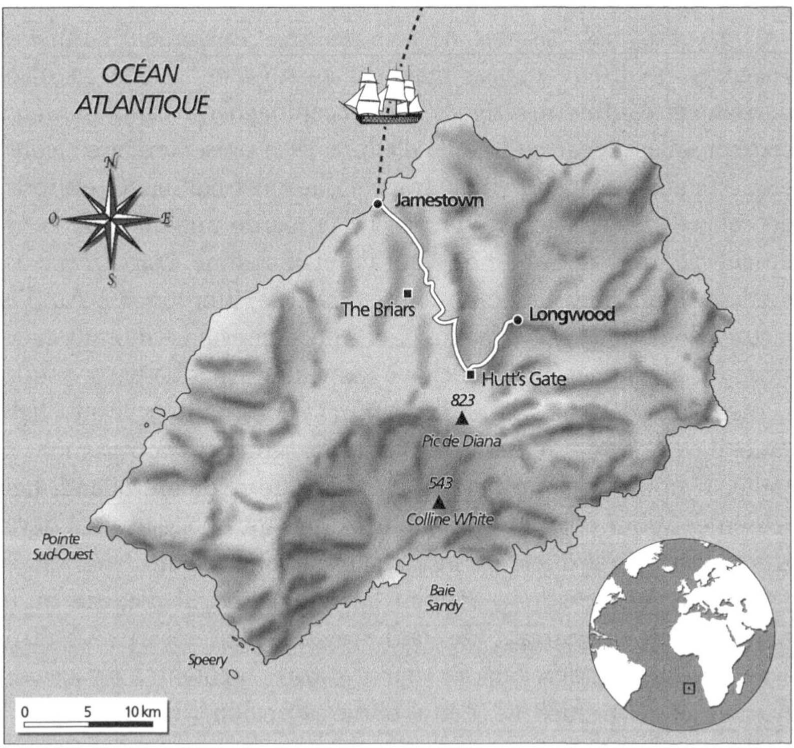

Pour ceux qui la découvrent, Sainte-Hélène est une île singulière, indéfinissable presque. Par endroits, ses plaines, ses reliefs sont si verdoyants que l'on se croirait perdu dans un jardin anglais ou écossais. Pour un peu, on s'attendrait à voir surgir au milieu des moutons qui parsèment le paysage une Jane Austen au sourire gracieux. Puis au détour des chemins, des espèces foisonnantes apparaissent et règnent sans partage. L'hémisphère Sud se rappelle ainsi à notre bon souvenir. Dans son combat pour la survie, la flore en devient exubérante, mais disparaît soudain pour laisser une roche à nue et comme jalouse. De son passé volcanique, l'île a conservé une rudesse minérale qui impressionne. Les ravins nus succèdent aux pentes verdoyantes. Aussi le contraste est-il omniprésent à Sainte-Hélène. En matière de climat, il en est de même. À Jamestown, le soleil n'est pas aussi discret qu'on pourrait le penser de prime abord et le fond de l'air plutôt sec. Cette tempérance séduit, rassure même. Mais à peine prend-on de la hauteur que soudain le ciel s'alourdit et qu'une fraîcheur paraît s'installer. Au loin, la ligne d'horizon se brouille, l'océan se confondant avec le ciel. Au bout de quelques kilomètres seulement, on se prend à douter : se trouve-t-on encore sur la même île ?

Considérée comme tropicale, Sainte-Hélène aime brouiller les pistes et échapper à sa définition. Dans sa course, le courant froid de Benguela heurte le rocher de plein fouet, accompagné par d'importuns alizés soufflant du sud-est. Au contact de la moindre terre haute, l'humidité se fixe, le brouillard s'épaissit et les pluies surviennent. Au niveau de l'océan et dans les parties peu exposées aux alizés, le phénomène disparaît presque. En revanche, dès que l'altitude s'élève, le mercure descend, la pression atmosphérique diminue et l'aiguille du baromètre oscille entre les repères « Pluie » et « Tempête ». D'un endroit à l'autre de l'île, la température peut varier de cinq, de six, voire de dix degrés, et ce, sur une faible distance. En hiver, le plateau de Longwood est soumis à des pluies diluviennes, un brouillard persistant, et les vents s'y déchaînent. Tandis que Jamestown ne reçoit que 110 millimètres de pluie, les crêtes peuvent en voir tomber plus de 1 000. L'ensoleillement est donc très faible, à peine de trente à quarante jours estime-t-on généralement. En revanche, le brouillard est moins rare. Il est même plutôt généreux, souvent aussi épais qu'à Londres, au point d'empêcher de nos jours les avions de se poser. Le plateau de Longwood est dominant, mais sa hauteur le dessert. D'est en ouest, aucun pic ne vient arrêter l'alizé qui souffle quasiment sans discontinuer. Comme pour mieux le respecter, les arbres s'inclinent sans cesse, ce que les compagnons de Napoléon remarquèrent d'emblée. Le tableau ne doit cependant pas être exagérément noirci. Le plateau reste tout à fait habitable ; en Bretagne, en Irlande ou en Écosse, le climat peut être plus difficile à supporter. Aujourd'hui, si le plateau est assez peuplé alors que deux cents ans plus tôt il était désert, il l'est toutefois par les plus défavorisés de l'île, Longwood étant comme une sorte de « banlieue » pauvre de Jamestown.

Quand Napoléon parvint à Longwood, le plateau était presque nu. Aucune habitation ne s'offrait à sa vue, sauf celle qui lui était promise ; peu d'arbres à l'entour, si ce n'est une espèce presque locale, le gommier. À peine plus haut qu'un arbuste, cette espèce d'aster, appelée ainsi car elle secrète de la gomme, est à taille d'homme, les plus grands dépassant rarement les trois mètres. Couché dans le sens du vent, le gommier de Longwood, cet arbre nain, fut regardé avec dédain par Las Cases comme un « arbre bâtard et difforme ne donnant ni ombrage ni feuillage ». S'il ne manque pourtant pas de charme, cet arbrisseau protège fort peu, d'autant que, comme toute la flore qui l'environne, il ne cesse de se répandre en révérences devant maître Alizé. Les Skelton guettaient depuis le matin l'arrivée de celui qui allait désormais les remplacer dans leur logis. Mme Skelton servit un alléchant dîner à l'anglaise que Napoléon mangea avec appétit tout en s'entretenant avec « grand plaisir » avec elle, nous dit Ali. Le repas achevé, quelques politesses furent échangées avant de reprendre la route en sens inverse. Napoléon conserva longtemps un souvenir plutôt agréable de sa première visite à Longwood, aucune pluie n'ayant mouillé son bicorne et l'alizé étant au repos. Pour l'héberger avec sa suite, la maison devait être agrandie et adaptée à la captivité. Plusieurs semaines étaient donc prévues avant que le prisonnier ne puisse y passer sa première nuit. Dès lors, où l'installer en attendant ?

Rester à Jamestown ne séduisait pas plus Napoléon que Cockburn. Le premier n'avait aucune envie de vivre sous le regard des curieux, tandis que le second estimait la pension Porteous pas assez sûre. En vérité, depuis le 16, l'amiral avait fait son choix, il logerait Napoléon dans un domaine situé près de la capitale de l'île, aux Briars[3]. Cette propriété appartenait à un personnage qui jouera un rôle important : l'honorable William Tomset Balcombe, né un jour de Noël 1777 à Brighton dans le Sussex, au sud de l'Angleterre. Son père, pêcheur modeste, se noya après qu'un yacht royal eut coulé par le fond sa barque. Stephen Balcombe laissait deux enfants en bas âge, dont le petit William. Devant ce malheur familial causé par un navire de sa flotte, le prince de Galles prit en pitié les Balcombe, chargeant son secrétaire particulier Thomas Tyrwhitt de veiller sur leur éducation. Après une courte carrière dans la Royal Navy, William fit route vers Sainte-Hélène en 1804 avec sa femme et sa première fille. Qu'allait-il pouvoir y faire ?

Pour cet homme entreprenant et à l'entregent développé, faire du commerce s'imposa naturellement. Malgré un capital de départ modeste, 312 livres nous révèle Michel Dancoisne-Martineau, son négoce prospéra joliment[4]. Avec habileté, il sut jouer aussi de son statut de protégé du prince de Galles, allant jusqu'à prétendre que dans ses veines coulait du sang royal, ce que beaucoup sur l'île se mirent à croire. En 1813, il devint le fournisseur attitré et exclusif de la Royal Navy, puis ouvrit des comptoirs et acheta même une brasserie sur l'île. Fortune faite à la tête de la *William Balcombe, Joseph Cole and William Fowler, merchants and co-partners,* notre négociant acheta pour la coquette somme de 3 000 livres (soit l'équivalent environ de soixante-dix salaires annuels moyens de l'époque) l'enviable propriété des Briars et Purslain Beds, nichée au fond d'une vallée riante à peu de distance de Jamestown.

Avant que Cockburn ne parte pour Sainte-Hélène, un ancien gouverneur du rocher, un dénommé Beatson, lui avait chaudement recommandé Balcombe. Suivant son conseil, l'amiral se rendit dès sa première visite de l'île aux Briars pour le rencontrer. En sa compagnie, il décida de lui confier « tous les achats, des comptes et des détails de l'installation à Longwood[5] ». En se promenant dans son jardin, il remarqua sur une petite hauteur un pavillon fort coquet que le négociant venait de faire construire. Pourquoi ne pas y installer Napoléon en attendant la fin des travaux de Longwood ? À brûle-pourpoint, il lui proposa de le louer pour y installer le captif. Avec empressement, Balcombe accepta et un contrat de location fut signé le 16 octobre. Pour Cockburn, les Briars offraient une situation parfaite : éloignée de la mer, la propriété pouvait être facilement gardée. Mais restait maintenant à convaincre le principal intéressé. Afin de prévenir tout refus, l'amiral mit au point un astucieux stratagème : « [Il] devait faire en sorte, explique Michel Dancoisne-Martineau, que Napoléon puisse apercevoir cette charmante propriété et William s'assurer que le logement fût accueillant[6]. » S'il était séduit, il existait de réelles chances pour qu'il demande de lui-même à y être hébergé. Le domaine des Briars étant le plus remarquable sur la route reliant Jamestown à Longwood, le subtil « piège » avait toutes les chances de réussir. Ainsi Napoléon aurait-il l'impression d'avoir choisi de son propre chef, ce qui compte tenu de son caractère autoritaire ne pouvait que le satisfaire. Il ne fallait pas être fin psychologue pour le comprendre. Pour que la future comédie soit plus crédible encore, William devait feindre d'être malade.

Après sa visite de la demeure des Skelton, Napoléon reprit la route de Jamestown vers trois heures de l'après-midi. Tandis que le plateau de Longwood s'éloignait, l'étroit chemin n'était plus bordé que par des cactus et des géraniums sauvages. À peu de distance de la ville, Napoléon aperçut une vallée joliment verdoyante qui contrastait avec le minéral froid des pentes environnantes. Sur une petite hauteur trônait la coquette propriété des Balcombe entourée par de grands arbres. Irrésistiblement attiré, le captif voulut s'y arrêter. Pendant qu'il dévalait la pente le menant au domaine, il remarqua aussi au loin la cascade en forme de cœur située derrière le domaine, vision enchanteresse s'il en est. Sur le perron de l'habitation principale, la femme et les deux filles du négociant l'attendaient respectueusement tandis que William, prétendument fébrile, se dissimulait sous ses draps. Après avoir échangé quelques propos aimables, Napoléon fut séduit par le pavillon d'été qui avait déjà été loué pour lui. Sans hésiter, il demanda à l'habiter comme l'avait espéré l'amiral. Dissimulant sa joie, ce dernier lui donna, ô surprise, entière satisfaction. Sa ruse de renard venait de réussir. Comme prévu, William resta alité et ne parut point. Au prix de quelques palinodies, Cockburn dupa si bien son prisonnier que ce dernier ne sut jamais à quel point on s'était joué de lui. Ce « requin » (l'expression est de Napoléon) était donc plus malin qu'il n'y paraissait. Toutefois, s'il donna l'illusion à son prisonnier d'avoir librement choisi sa première cellule, il ne lui joua pas en la circonstance un trop vilain tour.

Au mois d'octobre, le climat aux Briars est très agréable, comme du reste une grande partie de l'année. L'humidité n'y règne point et le thermomètre marque toujours plusieurs degrés de plus qu'à Longwood. Quand le regard se perd vers le nord, le bleu de l'océan se détache, agréable échappée vers le lointain. En découvrant le domaine quelques heures après son maître, Las Cases écrivit : « Ce jardin est plein d'arbres fruitiers. [...] Il offre du reste une solitude parfaite. C'est une petite oasis au milieu du reste[7]. » En y installant son prisonnier, l'amiral lui offrit un cadre de vie pouvant séduire, propice à améliorer son moral. Napoléon fut à ce point séduit par la propriété de Balcombe qu'il voulut s'y établir sans attendre. À la pension Porteous, Marchand guettait en vain le retour de son maître quand Ali revint précipitamment avec pour ordre d'emporter séance tenante aux Briars tous ses effets. Les zélés serviteurs s'empressèrent alors de ranger linge, argenterie et porcelaine dans les malles prévues à cet effet, puis transportèrent le tout vers l'étroit pavillon.

Sans que l'on y portât vraiment attention commença alors la véritable détention de Napoléon. Si les sentinelles anglaises ne se déplacèrent pas en nombre aux Briars, le poste de garde le plus proche de Napoléon n'étant constitué que de deux soldats et d'un officier, leur seule présence revenait à « constater notre emprisonnement », maugréa Las Cases[8]. Apprécié de l'empereur, le commandant des sentinelles, le capitaine d'artillerie Thomas Greatly, s'installa dans une maison voisine pour diriger la surveillance. S'il fit tout son possible pour que lui et ses hommes restent le plus discrets possible, le sentiment d'enfermement ne pouvait que croître chez le captif. À l'ouest, sur l'un des sommets dominant la vallée, se dresse l'imposant fort de High Knoll. Possédant une vue imprenable sur la propriété des Briars, ses épaisses murailles forment comme un prolongement inquiétant de l'éminence rocheuse qui les accueille. Sa garnison fut évidemment renforcée dès les premiers temps de la captivité,

Sainte-Hélène se transformant ainsi peu à peu en île-prison. Dès son débarquement, le capitaine avait d'ailleurs reçu l'ordre de peupler Sainte-Hélène de batteries d'artillerie de manière pour le moins exagérée. Comme s'il fallait résister à l'attaque d'une flotte puissante et surarmée. « C'est Gulliver aux mains des Lilliputiens ! », s'étrangle l'historien Gilbert Martineau[9]. Notre histoire n'est en effet pas sans analogie avec le roman satirique de Jonathan Swift, une folle démesure faisant de cette captivité une réclusion extraordinaire.

6

Les cercles de la démesure

La captivité de Napoléon fut concentrique. Loin de concerner la seule île de Sainte-Hélène, sa détention intéressa une large partie du globe terrestre, l'Atlantique Sud. En son sein, cinq cercles défensifs, aux circonférences toujours plus restreintes au fur et à mesure que l'on s'approchait du point central, le prisonnier, furent organisés par les Anglais.

LES CERCLES DE LA DÉMESURE

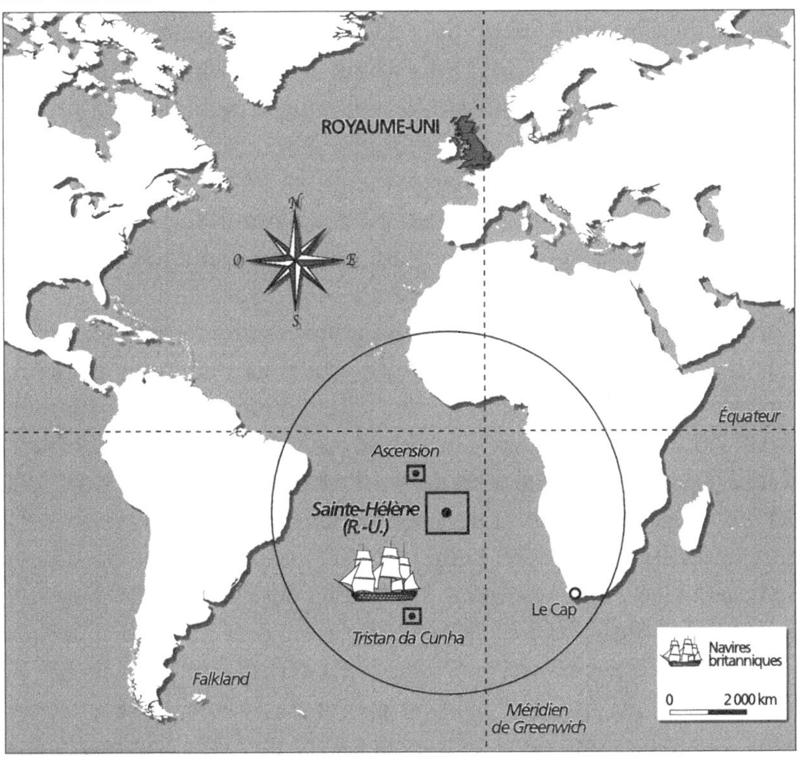

Par ordre de grandeur, nous citerons l'Océan, la Royal Navy, l'île elle-même, les défenses terrestres et enfin le plateau de Longwood. Pour emprisonner son plus vieil ennemi, le gouvernement britannique fit le choix de la démesure. C'est dire sa crainte du personnage Napoléon.

Commençons par le premier cercle, l'océan Atlantique. Aujourd'hui encore, toucher Sainte-Hélène n'est pas chose aisée. Jugez plutôt des distances : la première côte, celle d'Afrique en Namibie, se trouve à 1 856 kilomètres et, quant à celle du Brésil, près de Recife, il faut compter 3 286 kilomètres pour l'atteindre. Pour l'Europe, le chiffre à retenir est celui de 6 895 kilomètres, distance exacte entre Rochefort et le port de Jamestown. Au début du XIXe siècle, il fallait plusieurs semaines de mer pour se rendre sur l'île, première difficulté pour tous ceux qui voudraient délivrer le prisonnier. À bord des navires de l'époque, les avaries étaient si nombreuses que plus le voyage durait, plus il était difficile de parvenir à bon port. Avant l'inauguration de l'aéroport en 2017, il fallait encore à un navire moderne près de cinq jours de navigation à partir du Cap en Afrique du Sud. Aujourd'hui, en avion, il faut patienter entre cinq et six heures pour apercevoir la piste d'atterrissage[1]. À cause du brouillard, le vol peut cependant être retardé un, deux, trois ou même quatre jours. Et en raison de vents aussi violents que soudains, il arrive que le pilote s'y reprenne à deux ou trois fois avant de se poser. Se rendre à Sainte-Hélène peut donc être vu comme un périple incertain, que l'on conjugue « voyager » au passé comme au présent.

Pour revenir à 1815, les Britanniques renforcèrent également leur maîtrise maritime en contrôlant tous les points les plus rapprochés de l'île. Il s'agissait en effet d'empêcher l'armement proche d'un navire ayant l'intention de tenter un coup de force contre les défenses anglaises de Sainte-Hélène. À partir du continent africain, le risque était cependant minime. Le port ayant le plus de liaisons avec l'île, celui du Cap, ne pouvait en effet servir de base arrière, puisqu'il était aux mains des Anglais. Et dans tout l'Ouest africain, il était quasiment impossible de s'y établir, les rois autochtones interdisant l'accès de leurs terres aux Européens. En se penchant sur une carte, les stratèges de la Royal Navy s'aperçurent toutefois que deux petites îles « voisines » de Sainte-Hélène,

Ascension et Tristan da Cunha, pouvaient éventuellement servir de refuge à des partisans déclarés de Napoléon. Malgré leur éloignement (la première est distante de 1 125 kilomètres et la seconde de 2 429), les deux cailloux volcaniques furent considérés comme des dangers potentiels. Désertés, ils pouvaient aisément être utilisés par quelque aventurier rêvant de libérer Napoléon. Aussi, dès le 22 octobre, Cockburn décida-t-il d'installer de manière permanente une garnison à Ascension, revendiquant même au nom de la Couronne leur possession « pour, disait-il, empêcher les États-Unis ou une autre nation de s'y installer avec le dessein de favoriser tôt ou tard l'évasion du général Buonaparte ou de toute autre personne retenue à Sainte-Hélène contre son gré ». Un an plus tard, Tristan da Cunha fut elle aussi investie par la marine britannique. Comme à Ascension, une petite garnison d'une trentaine d'hommes y fut déployée. Depuis, ces deux îles sont restées anglaises, conséquence très directe de la captivité de Napoléon. Du côté du Brésil, aucune action particulière ne fut entreprise, mais l'activité maritime y fut constamment surveillée. Tout fut donc entrepris pour que l'Atlantique Sud, notre premier cercle, constitue un sérieux obstacle pour tous ceux qui projetteraient de délivrer Napoléon.

Passons maintenant au deuxième cercle constitué par la flotte britannique de l'Atlantique Sud. La répartir différemment était évidemment nécessaire si l'on voulait que Sainte-Hélène demeure inaccessible. Cette flotte, composée d'un vaisseau amiral, de trois frégates et de quatre bricks, n'aurait qu'une mission principale désormais : contrôler le trafic maritime depuis et à destination de Sainte-Hélène. Répartie autour de l'île-prison, l'armada était commandée par un amiral établi désormais principalement aux Briars alors qu'auparavant son commandement se trouvait près du Cap. Ce déplacement, faisant de l'île une base militaire maritime de première importance, était une preuve supplémentaire de la priorité donnée à la surveillance de Napoléon dans cette partie reculée du monde. Tout navire s'approchant de Sainte-Hélène, placée au centre d'une large zone d'exclusion maritime, était tenu de se signaler aux navires militaires croisant à proximité. Deux frégates tournaient en rond en permanence autour de l'île. L'une filait au vent tandis que l'autre marchait sous les alizés pour qu'aucun vaisseau ne puisse passer au travers de l'étroit maillage de la flotte britannique.

Après avoir réservé un océan puis une flotte à Napoléon, le gouvernement Liverpool lui consacra donc une île tout entière. Sainte-Hélène, ses reliefs et ses fortifications sont notre troisième cercle. Ce rocher possède des défenses naturelles de premier ordre. Ses côtes sont la plupart du temps faites seulement de falaises à pic, parois anciennes d'un volcan éteint. Quand on la découvre de la proue d'un navire, sa masse rocheuse haute et noire impressionne. Ces atours lui donnent une majesté sinistre qui peut, si l'on était amené à l'affronter, refroidir bien des ardeurs. Quelques baies viennent toutefois fendre le monstre minéral, tantôt verdoyantes, tantôt lunaires : Sandy Bay, Thompson's, Swanley, Old Woman's, James ou Prosperous. Sur la plus importante et la plus accessible, celle de James, fut construite la ville fortifiée de Jamestown, solidement défendue par des soldats répartis dans deux casernes et une multitude de canons : « Cette côte est hérissée de batteries, dont la plupart sont presque inutiles, vu leur élévation. On a bien profité de toutes les excavations que la nature fournit pour en établir de plus pesantes, et il y en a quatre de cette espèce qui défendent l'entrée du port ; de plus, une soixantaine de pièces sont établies à fleur d'eau, tout le long du seul chemin qui conduit du débarquement à l'entrée de la ville », écrivit en 1816 le commissaire français Montchenu[2]. L'accès au port se faisait en outre sous la vigilante surveillance d'une frégate de guerre.

Dans les autres baies, les fortifications existantes, dont certaines dataient de l'ère portugaise, furent restaurées, rehaussées et mises en état de défense en 1815. Et quand aucune défense n'avait été construite, on s'empressa d'en édifier. Ainsi la moindre ouverture vers la mer fut-elle interdite par de courtes murailles crénelées et hérissées de canons : « Il y a vingt-trois endroits, écrit Montchenu dans son rapport au roi, par où les eaux s'écoulent dans la mer ; mais il n'y en a cependant que quatre où l'on pourrait débarquer, à la rigueur, quelques hommes en chaloupe et encore bien rarement, parce que les brisants sont trop forts. Ces points n'en sont pas moins tous gardés et défendus par des batteries ; quand on parviendrait à mettre quelques hommes à terre dans une de ces gorges, il faudrait en sortir, ce qui est physiquement impossible, le rocher partout à pic et sans végétation[3]. » Son homologue russe, le comte Balmain, ne dit pas autre chose dans son premier rapport à ses supérieurs : « Toute entreprise du dehors contre cette île serait de pure perte, je crois pouvoir l'assurer dès à présent. La nature y a mis les premiers et les plus grands obstacles, et le gouvernement anglais ne cesse d'y ajouter des moyens de défense, dont la plupart même paraissent inutiles. [...] Une île détachée du reste de la terre, où l'on n'entre que d'un seul côté, où les rochers sont entassés les uns sur les autres et forment des précipices à chaque pas, pourrait, ce me semble, être gardée par un mode plus simple et à beaucoup moins de frais[4]. »

Aujourd'hui encore, il est possible à Sandy Bay de se promener sur ces constructions d'un autre temps où rouillent d'anciens canons aux gueules atrophiées. Près de ces murailles, plusieurs panneaux rappellent l'interdiction de toute baignade à cause des courants marins, ce qui laisse penser qu'un débarquement n'est pas chose aisée même aujourd'hui. Malgré des flots capricieux et des rochers tranchants, on jugea bon d'ériger une muraille alors même que le défilé conduisant à Sandy Bay est étroit et d'accès tortueux. Cet autre mur de l'Atlantique laisse songeur. Que craignait-on ? Une attaque d'envergure ? À l'évidence, on se prépara pour cette éventualité, comme l'explique clairement le colonel Wilks : « La première vue de l'île développera dans l'esprit d'un étranger l'idée de grandes forces naturelles, d'une côte inaccessible, sauf sur quelques endroits qui sont bien défendus. Mais nous devons concevoir de telles impressions avec une immense réserve, au cas où nous aurions à envisager la possibilité d'un assaillant bien guidé et parfaitement informé[5]. » D'autres bouches à feu furent même placées sur les abrupts rochers s'avançant vers l'océan. À l'ouest de Jamestown, un petit caillou de 70 mètres de hauteur et de 150 mètres de circonférence, souvenir figé d'une coulée de lave, dénommé Egg's Island, reçut ainsi trois batteries sur ordre de Cockburn. Depuis, l'endroit est appelé d'ailleurs Cockburn's Battery. Pour interdire un éventuel assaut, la pente du rocher fut travaillée de façon à ce qu'aucune échelle ne puisse s'y appuyer. La construction d'une tour fut même envisagée puis abandonnée. On l'aura compris, aux rares failles de la nature l'homme ajouta sa patte, faisant de Sainte-Hélène une prison aux murs hauts et solides.

Derrière les murs de cette noire citadelle, il fallut aussi déployer une armée de gardiens disposant d'une artillerie en surnombre. Le tout forme notre quatrième cercle. De nos jours encore, faire une excursion dans la nature foisonnante de l'île est des plus agréables. Les chemins menant à la plus grande hauteur, le pic de Diane et ses 823 mètres, valent le déplacement tant la vue y est superbe. Mais nichés dans les fougères géantes, d'autres canons rouillés toujours pointés vers la côte ou le plateau de Longwood viennent rappeler une captivité exceptionnelle. On peut même en découvrir chez plusieurs habitants, ce qui donne d'ailleurs des allures d'école militaire à leur accueillant cottage. Aux espèces endémiques de l'île s'ajouta donc une autre variété, le bronze tubulaire, autrement dit le canon. Près de 500 pièces d'artillerie – chiffre incroyable quand on sait qu'à Waterloo, l'armée française en possédait presque trois fois moins – furent ainsi disséminées sur toute l'île. Après les canons, les hommes. Avant que Sainte-Hélène ne soit choisie comme lieu de détention de l'empereur, un peu plus de 700 soldats formés et commandés par la Compagnie des Indes débarquèrent en avril 1815 sur l'île.

À cette première force s'ajoutèrent plus de 800 autres militaires de l'armée de terre venus d'Angleterre et appartenant au 2e bataillon du 53e régiment d'infanterie. Seuls ces derniers furent affectés précisément à la garde du captif, les anciennes troupes coloniales s'occupant de sécuriser le reste de l'île. Au total donc, près de 1 500 tuniques rouges furent installées. Autant dire que dans une île aussi petite, on ne voyait qu'eux : « Il y a des sentinelles aux arbres, aux parterres, aux fenêtres, M. de Montholon m'a dit qu'il en voyait au moins trente de sa chambre. De Longwood à Jamestown, il n'y a que six miles et j'y ai compté neuf postes d'officier, trois de sous-officiers, quinze factionnaires. Plus d'un tiers de la garnison fait sentinelle. On en fourre dans tous les trous et depuis mon arrivée, le vent en a culbuté quatre ou cinq au fond des précipices », écrivit le commissaire russe Balmain en 1816[6]. Selon un état anglais daté de novembre 1816, 282 hommes montaient la garde en permanence entre Longwood et Plantation House et ils étaient plus de 80 autour de la maison du captif[7].

La troupe britannique obéissait aux ordres de Sir George Ridout Bingham, valeureux vétéran de la guerre d'Espagne. Sa remarquable élévation en grade témoigne de sa bravoure : en l'espace de douze années, il passa ainsi du rang très subalterne de porte-étendard à celui de lieutenant-colonel. Quand il fut désigné pour commander les forces terrestres à Sainte-Hélène, il prit encore du galon, devenant général de brigade. Malgré cette promotion, il fit plutôt grise mine à l'annonce de sa prochaine affectation. Pour cet homme qui aimait la poudre, traîner ses guêtres à Deadwood n'était pas une enviable perspective. En son for intérieur, il espérait qu'après avoir installé ses troupes, il repartirait vite en Angleterre. Mais il attendit plus de quatre ans avant de recevoir son ordre de retour. Son commandement fut en outre entravé par d'inextricables conflits de compétences qui l'opposèrent aux représentants de la Compagnie comme au gouverneur. Dépendant de ces derniers pour la plupart de ses besoins, de l'approvisionnement de ses hommes aux logements de ses officiers, il passa le plus clair de son temps à résoudre mille et un tracas logistiques.

Puisque l'île-prison possédait désormais des murs, de solides défenses, et abritait beaucoup de gardiens, il ne lui manquait plus que des portes, le cinquième et ultime cercle de notre démonstration. À compter de 1815, les Anglais multiplièrent sur l'île les postes de garde, *gate* en anglais. Pour se rendre d'un point à l'autre de l'île, il était nécessaire d'en franchir plusieurs : près de la résidence du gouverneur, Plantation House, *the White Gate*, sur la route menant vers Longwood, *the Hutt's Gate*, et avant d'entrer sur le plateau *the Longwood Gate*. Si de nos jours on peut circuler librement sans qu'une sentinelle demande d'un ton sec le mot de passe du jour, les portes de l'île n'ont pas toutes disparu. À l'entrée du plateau de Longwood, deux imposants piliers couplés avec des baraquements en dur rappellent cette stricte vigilance. On dirait des postes de douane sans barrière, mais conçus pour vérifier identités et nature des marchandises transportées. Tels les guichets successifs d'une prison, l'accès au captif fut donc particulièrement verrouillé.

Ceux qui désiraient le rencontrer devaient avoir obtenu un laissez-passer signé par le gouverneur ou de la main du grand maréchal, avantage qui serait ensuite supprimé. Le précieux sésame était ainsi libellé : « L'officier commandant la garde permettra au porteur... de se rendre à la résidence du *général Bonaparte*[8]. » Après s'être enregistré à Plantation House, l'heureux détenteur de ce billet le présentait donc aux sentinelles de garde autour de Longwood. En plus des visiteurs autorisés, celles-ci ne laissaient passer que les militaires anglais, les employés de la Compagnie, quelques domestiques de Napoléon, des ouvriers ou des porteurs d'eau. Toute marchandise devait être en principe également inspectée. Au fil des années, la surveillance fut renforcée : les barriques d'eau étaient par exemple sondées, le linge, qu'il fût propre ou sale, fouillé en règle, « scène fort indécente et déshonorante », soupira le grand maréchal[9]. Quant aux communications, le moindre message même anodin – de la commande de sucre aux billets de convenance – devait transiter par les services du gouverneur. Si l'on s'avisait de passer outre, la sanction pouvait aller du renvoi en Europe jusqu'à la peine de mort pour trahison en cas de complicité avérée d'évasion.

Il n'est pas de bonne prison sans système d'alerte fiable. Dès son arrivée, le capitaine Pritchard, commandant de l'artillerie de la garnison, mit au point le système de communication le plus réactif possible. La propagation d'un éventuel signal se faisait au moyen de drapeaux hissés en différents points de l'île comme en mer. La chaîne de transmission comprenait ainsi trente-cinq postes de garde ainsi que les quatre navires de surveillance. Il suffisait que l'un d'entre eux fasse flotter au vent un pavillon d'alerte pour que tous les autres l'imitent presque instantanément. En quelques minutes, l'alerte pouvait donc être facilement donnée. Sur sa planche, Pritchard dessina ainsi une première variété des drapeaux d'alerte. Parmi ceux-ci, un simple pavillon bleu avertissait d'une fuite du prisonnier – *« Bonaparte escape »*. À la nuit tombée, un grand phare remplaçait le système de jour et brillerait en cas d'évasion. Quand Napoléon quitta les Briars pour Longwood, le système d'alerte fut perfectionné pour qu'au moins deux fois par jour, dans la matinée et dans le courant de l'après-midi, le gouverneur puisse connaître la position du captif. Ainsi, une multitude de pavillons furent retenus pour indiquer le moindre changement d'état du captif : « Tout va bien à l'égard du général Bonaparte et de sa maison » ; « Le général Bonaparte est indisposé » ; « Le général Bonaparte est sorti, convenablement escorté ; il a dépassé le cordon de sentinelles » ; « Le général Bonaparte est sorti ; mais il est resté en deçà du cordon de sentinelles » ; « Le général Bonaparte a été absent plus longtemps qu'à l'ordinaire ; on suppose qu'il aura dépassé les sentinelles, quoiqu'il ne fût pas suffisamment escorté » ; « Le général Bonaparte est rentré », etc.

La captivité de Napoléon fut donc remarquablement conçue. En l'organisant de la sorte, le gouvernement britannique réserva un traitement d'exception à son prisonnier le plus célèbre. Il fut même d'une ampleur inédite. Jamais dans l'histoire mondiale autant de moyens et d'espace ne furent en effet mobilisés pour enchaîner un seul homme, comme s'il s'était agi d'enfermer un demi-dieu ou un surhomme. Pour prendre un seul exemple, même l'impitoyable captivité de la famille royale à la prison du Temple entre 1792 et 1795 fut loin de nécessiter autant de ressources. Dans ses *Souvenirs*, Ali s'insurgea d'ailleurs avec brio contre la démesure britannique : « Le jour, les sentiers frayés, s'il en existait, étaient déjà fort peu praticables pour un homme jeune et leste. Qu'auraient-ils été, la nuit, pour celui qui n'avait pas la moindre connaissance de ces lieux où les pentes sont sillonnées de nombreux ravins plus profonds les uns que les autres ? L'empereur aurait-il pu, lui qui était assez lourd et peu habitué à parcourir les montagnes, s'engager dans une entreprise aussi périlleuse, dont le succès ne pouvait être qu'imaginaire ? Le gouverneur oubliait-il que toutes les côtes de l'île, excepté quelques rares endroits, étaient très escarpées ou taillées à pic ? Oubliait-il encore que, pendant le jour et la nuit, des bricks étaient constamment en croisière, et que des signaux l'instruisaient de ce qui se passait sur la mer ? Quel était donc le moyen qui restait à Napoléon pour se sauver de l'île ? Pouvait-il sur une planche gagner un continent éloigné de quatre cents lieues ? Le gouverneur n'avait à craindre qu'une flotte ; et encore cette flotte aurait-elle eu de la peine à se rendre maîtresse de l'île, qui partout est inexpugnable[10]. » Mais par définition, quand la raison s'égare, la folie, la démesure ne peuvent être contenues.

7

Premiers échos de la captivité

Le séjour aux Briars d'octobre à décembre 1815 ne fut pas toujours aussi agréable qu'espéré par Napoléon. À l'évidence, son pavillon était bien trop exigu. D'une surface très modeste, il ne possédait qu'une seule pièce qu'éclairaient de grandes fenêtres. Dans cette cage vitrée, son intimité était toute relative quand elle n'était pas tout simplement impossible. Outre son lit de camp, Marchand ne put y installer qu'une athénienne et un nécessaire de campagne. Sur le seul mur existant, un portrait du roi de Rome fut accroché, décor sommaire s'il en est. Las Cases et son fils étaient installés au-dessus de l'empereur, dans des combles qui n'excédaient pas cinq mètres carrés. Et comme s'ils étaient au bivouac, Ali et Marchand dormaient à même le sol, enveloppés dans des hamacs de fortune. Même le général Bingham s'étonna du peu de place dont disposait le captif. Dans son journal, O'Meara note : « Les aménagements étaient tellement insuffisants que Napoléon sortait fréquemment après dîner de façon à permettre à ses domestiques de prendre leur repas dans la pièce qu'il venait juste de quitter[1]. » Sur ordre du commandant anglais, une tente fut ensuite dressée près du pavillon pour permettre au prisonnier de travailler ou de déjeuner avec ses officiers.

Les premiers jours, l'empereur mangea froid. Cuisinés à Jamestown, les repas ne pouvaient être servis que fort tièdes lorsqu'ils parvenaient aux Briars. Outre ce désagrément, la table n'était guère fastueuse : « Je déjeunai avec l'empereur : il n'avait ni nappe ni serviettes, pas plus à dîner qu'à déjeuner. Son déjeuner était le reste du dîner de la veille », note tristement Las Cases[2]. Il fallut attendre une semaine avant qu'un réduit qui servait aux esclaves ne soit transformé en cuisine pour le prisonnier. Habitués à évoluer dans un certain faste, ses serviteurs se navrèrent de sa déchéance : « En face d'une si grande infortune, nous comprîmes que le temps de l'abnégation était arrivé », écrivit Marchand d'une plume résignée[3]. Les domestiques de la Maison firent néanmoins tout leur possible pour n'en rien laisser paraître, continuant de le servir comme s'ils étaient encore aux Tuileries. Aucun relâchement dans leurs gestes, ni de laisser-aller. Leur dignité contrastait singulièrement avec la misérable condition de leur maître. Comme la plupart des domestiques, les Montholon, les Bertrand et Gourgaud restèrent pour le moment logés à la pension Porteous. Cet éloignement chagrina Montholon : « Ce fut un désappointement pour nous, écrivit-il, que cette séparation forcée et comme la sensation d'un sacrifice inutile[4]. » Dans la journée, ils pouvaient néanmoins se rendre près de l'empereur et rester avec lui, mais ils devaient le quitter avant que le jour ne faiblisse.

En leur compagnie, il poursuivait avec ardeur l'écriture de ses Mémoires. Après une rapide collation, Napoléon se mettait au travail dès dix heures du matin pour ne s'interrompre qu'à la chute du jour. En dépit d'un certain ennui, le plus heureux durant cette période fut incontestablement Las Cases. Logé aux Briars contrairement aux autres, jamais il ne fut si proche de l'empereur, une véritable aubaine pour cet homme de plume : « Je me trouvais, écrit-il, donc en tête à tête avec celui qui avait gouverné le monde. Il m'entretenait familièrement de lui, de ses actions privées, comme si j'avais été là des années[5]. » Après le dîner en compagnie des Balcombe, Napoléon et son secrétaire aimaient à se promener dans les allées de la propriété : « Nous marchions alors des heures entières, dit aussi Las Cases, surtout quand la lune était belle. Jamais l'empereur n'était plus causant, ni se trouvait de distractions plus complètes. C'est dans la longueur de sa conversation qu'il racontait son enfance, les premières années de sa jeunesse, les détails de sa vie privée[6]. » Leur balade se poursuivait parfois jusqu'à minuit, les nuits australes étant plutôt clémentes. Au plus près de l'empereur, il en oublia même ses nuits difficiles dans les combles de l'étroit pavillon : « Nous ne nous en plaignions pas, ajoute-t-il, nous veillions auprès de l'empereur. » En outre, son maître ne sortit qu'une seule fois pour visiter un major anglais et sa famille dont la maison était toute proche du domaine. S'il ne lui était pas interdit de visiter l'île, il ne pouvait le faire qu'accompagné par un officier anglais, ce qu'il refusa toujours. Avec humeur, il renvoya un matin les chevaux pourtant sellés pour lui à cause de cette obligation. Isolé, il l'était donc plus que jamais.

Mais, malgré son exil lointain et son confinement aux Briars, le monde ne resta pas sans nouvelles de lui, loin s'en faut. Dès sa reddition, les journaux d'outre-Manche ajoutèrent dans leurs colonnes une nouvelle rubrique intitulée sobrement « Buonaparte ». La vie quotidienne du captif y était ainsi racontée, commentée, et la moindre anecdote était citée. Et quand une feuille publiait une exclusivité, les autres la reprenaient sans hésiter. Se propageait alors l'écho de la captivité, pénible ou réjouissant c'était selon. Le 20 février 1816, le *Canterbury Journal* livre ainsi à ses lecteurs des détails fort précis sur son séjour chez les Balcombe : « Pendant son séjour aux Briars, il n'apparaissait souvent qu'après deux ou trois heures de l'après-midi, comme il passait généralement son temps le matin à lire ou à écrire l'histoire de sa vie mouvementée, une partie de celle-ci étant dictée aux officiers qui l'accompagnent dans son exil, de la manière suivante – au grand maréchal Bertrand, la partie qui relate l'expédition d'Égypte et de Syrie ; général Montholon, la campagne d'Italie, et les événements politiques s'y rapportant ; le général Gourgaud s'occupe surtout des parties traitant des opérations militaires, sièges, etc. et, je crois, de la campagne de Russie ; comte de Las Cases est employé à d'autres événements remarquables de sa vie, plus politiques, moins passionnants cependant, et à l'arrangement final de l'ensemble. Tout est considérablement avancé, mais je crois qu'il n'est pas dans son intention de le révéler au public avant sa mort ; je devine qu'il s'agit de la plus intéressante histoire jamais publiée. »

Le reportage *in vivo* du mystérieux correspondant du journal étonne par sa précision. À propos de ses après-dîners, le journal ajoute : « Le soir, il se divertit en bavardant ou en jouant aux cartes avec les deux plaisantes filles de M. Balcombe ; et ces jeunes filles sont capables de tenir une conversation avec lui en français, contribuant beaucoup, par leur naïveté et leur vivacité, à dissiper pour le moment toute mélancolie pouvant naître de son état passé et présent ; en effet, en leur compagnie, sa conversation a été généralement joyeuse et vive. » Là encore, l'information est exacte, l'empereur passant en effet d'agréables moments avec les filles de William, notamment avec la plus jeune prénommée Betsy. Comme le poète, Lucia Elizabeth Balcombe vint au monde quand le siècle avait deux ans. Née à Londres, elle ne rejoignit son père à Sainte-Hélène qu'en 1814. Après avoir reçu une éducation classique incluant le français, la jeune Élisabeth ne débarqua donc sur le rocher qu'à peine un an avant Napoléon. De l'empereur, elle ne savait presque rien, hormis sa caricature d'« ogre corse » dont usaient et abusaient les satiristes anglais. Jamais cette adolescente n'aurait imaginé un jour se retrouver face à celui que l'on peignait volontiers sous les traits d'un croquemitaine. Dans ses *Souvenirs*, elle fit de lui ce premier portrait lorsqu'il apparut dans la propriété de son père : « Il était d'une pâleur de mort. Cependant ses traits, malgré leur froideur, leur impassibilité et quelque chose de dur, me parurent d'une grande beauté. Dès qu'il eut pris la parole, son sourire enchanteur et la douceur de ses manières firent s'évanouir jusqu'au moindre vestige de la crainte que j'avais jusqu'alors éprouvée[7]. »

D'emblée, l'empereur s'intéressa à elle en lui posant quelques questions. Déjà conquise, Betsy lui répondit avec entrain. Une fois installé aux Briars, Napoléon prit l'habitude de partager ses soirées avec la famille Balcombe. Las Cases n'étant pas un compagnon de jeu des plus entraînants, il se mit à jouer au whist avec les « petites demoiselles ». Jaloux, le secrétaire regarda d'un œil mauvais leur intrusion : « Nous fûmes joints dans cette retraite par les deux filles du maître de la maison, de treize et quinze ans, l'une vive, étourdie et ne respectant rien, l'autre plus posée, mais d'une naïveté excessive[8]. » Dans sa relation, la comtesse de Montholon fut tout aussi partagée : « La [seconde] fille n'avait que quatorze ans mais en paraissait dix-huit. Petite, assez jolie, blonde, espiègle aux yeux de chat. Élevée comme une petite sauvage, elle ne se doutait de rien de ce qui est usage du monde et se trouvait aussi à l'aise avec l'empereur qu'avec le plus simple officier de l'île, parlant à tort et à travers sans la moindre timidité[9]. » Espiègle depuis l'enfance, Napoléon appréciait les jeux badins comme folâtres. Taquiner les jeunes femmes était également une seconde nature chez lui, comme en témoignent ses rapports avec sa belle-fille Hortense ou sa sœur Pauline. Et plus elles s'agaçaient de ses aimables persécutions, plus il s'acharnait. Avec la fille Balcombe, il se livra aux mêmes jeux innocents : « En peu de jours, dit aussi le secrétaire de Cockburn, ces jeunes personnes [les sœurs Balcombe] se sont complètement familiarisées et le général semblait ravi de leur naïveté ; la plus jeune des deux surtout, jolie, est un vrai diable en l'absence de son père. Parfois, même, Bonaparte mettait si bien de côté sa dignité impériale qu'il gaminait avec ces jeunes filles ; elles l'appelaient sans façon *Boney* quand elles jouaient avec lui à colin-maillard et autres jeux[10]. »

Un soir à dîner, Napoléon obligea le jeune Las Cases à donner à Betsy un baiser, répétant, sourire aux lèvres, qu'un jour elle se marierait très certainement avec lui. Après que la jeune Anglaise eut giflé l'impudent jeune homme, une dispute s'ensuivit pour la plus grande joie de l'empereur. Les *Souvenirs* de Betsy sont ainsi truffés de plaisantes anecdotes dont celle de l'épée, sans doute la plus connue : « On en vint à parler de sabres et d'épées. [...] Napoléon sortit alors d'un magnifique écrin doré la plus belle épée que j'ai jamais vue. Le fourreau était en écaille d'un seul morceau, d'un travail admirable et semé d'abeilles d'or ; la coquille en or massif formait comme une fleur de lis. Je demandai à Napoléon de me permettre de regarder de plus près cette arme merveilleuse. Il me souvint alors d'une taquinerie qu'il m'avait faite le matin, je voulus avoir mon tour. Après avoir tranquillement tiré l'épée du fourreau, je me mis à agiter la pointe devant la figure de l'empereur, comme pour le menacer ; il battit en retraite, et je l'acculai dans un angle de la chambre où je le tins en respect, lui répétant d'avoir à faire ses prières, parce que j'allais le tuer[11]. » L'innocent duel fut interrompu par l'irruption d'un père courroucé par tant d'audace. Pour mieux se venger, Napoléon se livra ensuite à une longue partie de « Bisque ! Bisque ! Rage ! », subtilisant sa plus belle robe alors qu'elle s'apprêtait à partir pour le bal du gouverneur.

« On peine à imaginer que le dieu des batailles, le Jupiter tonnant, terreur de l'Europe, fasse le clown pour égayer Betsy Balcombe et s'amuser à lui faire peur. Il ne craint pas de s'ébouriffer les cheveux, de grimacer horriblement, de pousser des rugissements », s'étonne l'écrivain Jean-Paul Kauffmann[12]. Sur cette relation futile, il convient d'adopter toutefois un profil prudent. Si Napoléon oublia par moments son âge comme sa condition avec Betsy, cette relation aussi fugace que courte resta très anecdotique. Si elle prit de l'importance, ce fut d'abord à cause des exagérations d'une adolescente, ravie de susciter l'intérêt parmi la bonne société de l'île : « Étourdie par tant d'intérêt et afin de ne pas décevoir son auditoire, elle se mit à raconter le moindre incident en l'enjolivant, allant même jusqu'à en improviser de plus ou moins fantaisistes », souligne Michel Dancoisne-Martineau[13]. Sa parole paraissant crédible, elle fut répétée au-delà de ses espérances. Dans l'un de ses rapports au roi, le commissaire français, le crédule Montchenu, crut bon de rapporter sans filtre ses dires. Puis, comprenant le parti médisant qu'elle pouvait en tirer, la presse royaliste fit son miel de cette histoire. Le 1er novembre 1816, le *Courrier de Mannheim* distilla ainsi un parfum de scandale : « L'anecdote suivante [concernant l'épée] a beaucoup fait rire : Bonaparte depuis qu'il est à Sainte-Hélène a une liaison avec la fille d'un notaire. La jeune personne est tellement vive qu'on la croit un peu toquée. » Ensuite, très rapidement, la presse anglaise s'empara de cette histoire : elle fut ainsi publiée dans l'*Evening Mail* (18 novembre) et dans les *London Courier* et *Public Ledger* (19 novembre), deux gazettes parmi les plus lues d'Angleterre. À la lecture de l'une de ces feuilles, William Balcombe manqua tomber à la renverse, exigeant du marquis de Montchenu qu'il signe un démenti avant de se raviser lorsqu'il apprit que les exagérations de sa fille étaient à l'origine de cette campagne déshonorante. D'ingénue, la relation entre Napoléon et Betsy devint donc suspecte à cause d'une mise en lumière aussi mensongère qu'intéressée.

Dans les mois qui suivirent le départ de Napoléon des Briars, Betsy fit naturellement moins parler d'elle, même si en s'amourachant tour à tour de deux jeunes officiers anglais, les dénommés Heatchote et George Castairs, elle fit encore jaser les commères. Quand sa famille fut contrainte de quitter l'île en 1818, elle fut évidemment du voyage. Plus tard, elle épousa un certain M. Abell, eut une fille avec lui avant que son mariage ne tourne court suite au départ de son mari. Quelques années plus tard, Betsy rentra seule en Angleterre avec sa fille. À Londres, en

1840, elle rencontra Joseph, le frère aîné de Napoléon, et discuta longuement avec lui de la captivité de son frère disparu. Parmi les nombreux visiteurs désireux de pousser sa porte, il y eut aussi Louis-Napoléon Bonaparte, le futur Napoléon III, qui se prit d'amitié pour elle. Très longtemps, il la soutint financièrement, organisant même à son profit une vente d'autographes. Sous le Second Empire, elle fut plusieurs fois invitée à la Cour mais déclina toujours, terminant son existence en toute discrétion dans la capitale britannique en 1871.

Grâce à la publication de ses *Souvenirs*, son histoire se répandit à travers le monde, inspirant même romanciers et cinéastes. En 2003, le réalisateur Antoine de Caunes imagina ainsi dans son film *Monsieur N* une autre fin pour elle et Napoléon. Dans cette fiction, l'empereur parvient finalement à s'évader pour se marier avec elle en Amérique et lui donner deux enfants sous le faux nom d'Abell qui, par sa consonance, rappelle l'abeille impériale. Depuis son commencement et jusqu'à très récemment, une forte publicité fut donc donnée à ce qui n'était qu'une relation à l'importance mineure. Et même si celle-ci peut paraître plaisante, l'écho qui la fit connaître fut vraiment disproportionné. Cette histoire fut loin d'être une exception. À Sainte-Hélène, à cause de loupes médiatiques déformantes, tout prit une autre dimension, l'anecdotique devenant essentiel et la moindre querelle, une dispute homérique.

8

Un libérateur ?

À la date du 7 avril 1816, la traditionnelle rubrique « Buonaparte » du *Windsor and Eton Express* s'inquiéta d'une probable ruse du captif : « Selon nos informations, il a distribué de l'or aux esclaves malais dans l'île dans le but de les gagner à sa cause. » Comme pour tout ce qui touchait à Napoléon, la nouvelle fut reprise ensuite par plusieurs gazettes. Pour ses gardiens, sa générosité ne pouvait en effet être que calculée. On redoutait apparemment qu'il veuille grâce à son or provoquer un soulèvement ou préparer une évasion. Cette crainte était-elle réelle ou exagérée ? On peut penser que sur ce sujet comme sur beaucoup d'autres les Britanniques forcèrent le trait pour que l'on continue toujours à se méfier de lui. Effrayer pour que personne ne s'avise de baisser la garde fut comme une seconde nature chez ceux qui détestaient le personnage. Et en laissant ainsi entendre qu'il restait toujours dangereux, on justifiait au passage également sa déportation lointaine. Grâce aux écritures de nos suspicieux Anglais, nous savons qu'il gratifia effectivement au moins huit esclaves, dont une certaine Betty qui lui avait apporté de l'eau[1]. Pendant sa captivité, il manifesta donc véritablement certains égards vis-à-vis de la population servile. Dans son *Mémorial,* Las Cases témoigne par exemple de sa réaction lorsque l'épouse du propriétaire des Briars, accompagnée par l'une de ses amies, Mme Stuart, se fâcha injustement devant lui : « Mme Balcombe ayant fortement grondé des esclaves chargés d'une lourde caisse qui passaient trop près de lui, et l'empereur ayant répondu qu'il fallait toujours avoir compassion de l'homme chargé d'un fardeau, Mme Stuart, qui n'avait cessé de chercher avidement à la dérobée les traits et la physionomie de l'empereur, laissa échapper tout bas à sa voisine : Mon

Dieu que voilà une figure et un caractère bien différents de ce qu'on m'avait dit[2]. »

Son attitude étonna d'autant plus que le même homme avait rétabli en 1802 l'esclavage dans les colonies françaises qui avaient connu l'abolition. Contre le cours de l'Histoire et en homme du XVIIIe siècle, il ne fut en effet point précurseur dans ce domaine, croyant à tort qu'il pourrait rebâtir un empire colonial fondé sur la main-d'œuvre servile. Un an après l'avoir conçu, son projet ambitieux – faire du golfe du Mexique un lac français – s'écroula avec la reprise de la guerre contre l'Angleterre. Avec ce désastre, il perdit une armée et la vaste colonie de Saint-Domingue, qui devint indépendante sous le nom d'Haïti. À Sainte-Hélène, ce cuisant échec lui inspira cette réflexion devant l'Irlandais O'Meara : « L'une des plus grandes folies que j'ai faites, et que je me reproche, [...] a été d'envoyer une armée à Saint-Domingue. J'aurais dû prévoir qu'il était impossible de réussir dans le projet que j'avais conçu. J'ai commis une faute, et je suis coupable d'imprévoyance, de ne pas avoir reconnu l'indépendance de Saint-Domingue et le gouvernement des hommes de couleur, de n'avoir pas envoyé des officiers français pour les secourir avant la paix d'Amiens. Si je m'y fusse pris de cette manière, je vous aurais fait un tort incalculable. Je vous enlevais la Jamaïque, et toutes vos autres colonies se trouvaient compromises. L'indépendance de Saint-Domingue reconnue, je n'aurais pas eu à envoyer une armée pour combattre les noirs. Mais, lorsque la paix fut signée, les anciens colons, les marchands et les spéculateurs m'accablèrent de demandes de toute espèce. La nation elle-même désirait vivement recouvrer cette riche colonie, et je crus devoir céder à des vœux aussi ardemment exprimés[3]. » Au fond, il regretta donc moins le drame humain que son erreur stratégique.

En 1815, le même pragmatisme qui l'avait poussé à rétablir l'esclavage l'incita dans un sens opposé à abolir la traite par décret pour la France, pensant alors que cela faciliterait sa politique d'apaisement avec l'Angleterre. Ses actes officiels comme son attitude personnelle apparaissent donc comme assez ambivalents. Aussi, il n'est pas étonnant que le débat soit passionné sur un tel sujet. Les uns peuvent y voir un « raciste » des plus féroces ou les autres un « homme des Lumières » obligé de céder à la raison d'État. Dans les années 2000, cette histoire tragique alimenta un virulent plaidoyer contre lui. Anachronismes et mauvaise foi se conjuguèrent alors pour déformer les faits et en exagérer les conséquences[4]. Si, le temps faisant son œuvre, certaines outrances se sont dissipées, le sujet continue de faire polémique, l'historiquement correct dictant toujours sa loi. Partant, la postérité de Napoléon Ier s'est altérée alors que celles de George Washington ou de Benjamin Franklin, pourtant propriétaires d'esclaves, sont en revanche moins atteintes. Contrairement à eux, Napoléon Bonaparte ne posséda jamais d'esclaves. Si son mamelouk attitré, Roustam Raza, « offert » en Égypte par le scheik El Becri, avait connu les chaînes et fut un serviteur particulièrement dévoué, il était parfaitement libre, plutôt bien rétribué, ayant empoché plusieurs milliers de francs. Preuve de sa totale liberté, en 1814 il quitta sans gloire celui qu'il servait depuis tant d'années. Avant son second exil, Napoléon n'avait donc guère croisé d'esclaves, si ce n'est quelques mamelouks ramenés d'Égypte.

À Sainte-Hélène, esclaves et affranchis formaient la communauté la plus nombreuse. Selon un recensement datant de septembre 1815, la Compagnie possédait 98 esclaves et les colons 1 255[5]. Si leurs maîtres n'avaient plus droit de vie ou de mort sur eux, les sanctions qu'ils encouraient en cas de vol ou de fuite restaient particulièrement sévères. À la moindre incartade, ils recevaient le fouet. Et s'ils osaient déserter leur habitation ou frapper leur maître, ils pouvaient même être castrés. Pour un esclave, fuir de Sainte-Hélène était de toute façon quasiment impossible, ce qui dissuada sûrement beaucoup d'entre eux. À aucun moment ils ne furent d'ailleurs tentés de se révolter comme le firent les esclaves des Antilles françaises sous la Révolution. Dans une condition plutôt misérable végétaient aussi 888 esclaves libérés, appelés *free blacks*. Depuis 1807 la traite avait été abolie en Angleterre. Aussi n'était-il plus possible d'importer à Sainte-Hélène de nouveaux esclaves. Les remplacèrent des travailleurs chinois faiblement payés et à peine moins contraints. En 1815, on en comptait déjà plus de 300. Si l'Angleterre tournait le dos à l'esclavage, le rocher prison ne suivait guère : « Sainte-Hélène avait traîné les pieds pour s'aligner sur les réformes de l'esclavage engagées dans toutes les colonies britanniques », remarque Michel Dancoisne-Martineau[6]. Il fallut par exemple attendre l'année 1818 et l'intervention de Sir George Bingham pour que les enfants d'esclaves soient déclarés libres à leur naissance, l'île étant l'une des dernières terres britanniques à reconnaître ce droit. Autrement dit, en octobre 1815, Napoléon fut exilé sur une terre aux traditions esclavagistes bien ancrées et farouchement hostile à toute abolition.

Aux Briars, William Balcombe était maître de vingt et un esclaves, dont sept hommes adultes, une main-d'œuvre qu'il avait rachetée en même temps que le domaine en 1811. Fermiers, jardiniers ou domestiques, ceux-ci vécurent très près de l'homme au bicorne. Au hasard de l'une de ses promenades, Napoléon rencontra un esclave malais du nom de Tobby. Appréciant les petits services qu'il lui rendait et ému par son sort, il le gratifia plus que les autres esclaves. Dans leurs relations, O'Meara puis Las Cases évoquèrent cette jolie histoire, passée ainsi à la postérité. Longtemps, on se demanda néanmoins si Tobby avait réellement existé. Grâce aux recherches patientes de Michel Dancoisne-Martineau qui retrouva sa trace aux archives de Jamestown, nous savons désormais que l'homme n'était pas une invention de plume et qu'en effet il connut très bien le captif. L'esclave des Balcombe vit le jour au Mozambique en 1755. Jeune adolescent, il fut capturé par des marins portugais, marchands d'esclaves, puis emmené de force pour être vendu avec d'autres Malais à Bombay. En 1769, l'année de la naissance de Napoléon, il fut acheté par un capitaine anglais du nom de Tibbet avant d'être conduit à Sainte-Hélène l'année suivante. Il était donc déjà sur l'île depuis près de quarante-cinq ans quand au détour d'une allée il croisa le prisonnier de l'Europe. De cet empereur venu de loin, il ignorait presque tout. Lors de leur première rencontre, le premier à engager la conversation fut naturellement Napoléon : « Le petit jardin de M. Balcombe, où nous nous promenions souvent, se trouvait cultivé par un vieux nègre. La première fois que nous le rencontrâmes, l'empereur, suivant sa coutume, me le fit questionner, et son récit nous intéressa fort. [...] Sa narration portait tout le caractère de la sincérité ; sa figure était franche et bonne, ses yeux spirituels encore vifs ; tout son maintien nullement avili, mais tout à fait attachant », nous dit le *Mémorial*[7].

Sur la relation du secrétaire, ouvrons cependant une parenthèse. Dans le journal qu'il rédigea à chaud, Tobby y est absent et n'apparaît que dans la version publiée en 1823. Très probablement, ce qu'en disait O'Meara dans son *Napoléon en exil* paru un an avant le *Mémorial* lui donna l'idée de consacrer quelques paragraphes à cette touchante relation. En profita-t-il à nouveau pour prêter à l'empereur des propos qu'il n'a jamais tenus ? On ne saurait l'exclure. Après une nouvelle rencontre avec Tobby, réfléchissant sur lui-même, Napoléon se serait exclamé : « Mes souffrances ne sont point ici ! [...] Si je ne considérais que moi, peut-être aurais-je à me réjouir ! [...] Les malheurs ont aussi leur héroïsme et leur gloire ! [...] L'adversité manquait à ma carrière ! [...] Si je fusse mort sur le trône, dans les nuages de ma toute-puissance, je serais demeuré un problème pour bien des gens ; aujourd'hui, grâce au malheur, on pourra me juger à nu. » Jolie tirade appelée à connaître une belle postérité, mais on peut légitimement se demander si elle a seulement existé. Comme bien d'autres ajouts de cette nature, toujours fort habilement placés, Las Cases dramatisa très vraisemblablement son œuvre pour s'assurer un succès à bon compte.

Mais revenons à Tobby. À chaque fois qu'il entendait son histoire, Napoléon fronçait les sourcils. Révolté par sa situation, il s'insurgea : « L'on a commis un horrible forfait en venant le faire mourir ici sous le poids de l'esclavage. » Touché par sa condition, il lui fit remettre à plusieurs reprises des napoléons en or à la valeur faciale de quarante francs. Pour un homme de sa condition ou même pour tout homme de peine, cette somme était considérable, puisqu'elle correspondait à quinze jours de salaire moyen. Aussi le vieux Tobby attendait-il avec la plus grande impatience les sorties dans le jardin de celui qu'il appelait le *good gentleman*. La jeune Betsy raconta que le « vieillard » sautait de joie quand on lui demandait de cueillir les plus beaux fruits ou les plus jolies fleurs pour le « brave Bony ». Outre l'attrait de la récompense, le vieil homme était sans doute fier de l'intérêt qu'il provoquait chez son éminent voisin.

Après l'avoir gratifié, Napoléon voulut aussi l'affranchir en le rachetant à son maître. Quand sa requête fut transmise à Plantation House, l'amiral se montra pour le moins circonspect. Par prudence, il refusa mais diligenta tout de même une enquête pour vérifier si Tobby n'avait pas été illégalement emmené à Sainte-Hélène. L'importation d'esclaves étant interdite depuis 1792, il convenait de s'assurer qu'il était bien arrivé sur l'île avant cette date. Dans le cas contraire, il faudrait le libérer. À la demande de l'amiral, une commission rassembla Mark Wilks, John Skelton, William Webber Doveton et Robert Leech pour investiguer sur son cas comme sur celui d'autres esclaves. Mais après deux mois de travail, les résultats de la commission furent sans appel : Tobby avait bien débarqué bien avant 1792. Dès lors, comme presque tous ses compagnons d'infortune, le vieux cultivateur termina sa vie une bêche servile à la main. Par ailleurs, William Balcombe demeura tout à fait insensible à son sort, n'entreprenant absolument rien de son côté pour qu'il recouvre la liberté. Il fut même l'un des derniers habitants à acheter de nouveaux esclaves, neuf au total, parmi ceux qui étaient vendus par les autres propriétaires de l'île. Aux Briars, le seul abolitionniste se prénommait donc Napoléon.

Mais s'il ne fut point libéré, Tobby devint un esclave riche. Quand l'empereur quitta les Briars, Betsy affirme qu'il reçut au moins vingt napoléons, soit l'équivalent d'un an de traitement d'un ouvrier parisien. D'autres sources évoquent même une somme trois fois plus importante. Après avoir changé son or en livres sterling, Tobby mit à l'abri son précieux pécule, ne le dépensant qu'avec la plus extrême parcimonie : « En 1822, explique Michel Dancoisne-Martineau, il disposait encore de cent livres sterling placés dans quatre sacs disposés dans un coffre fermé avec un cadenas[8]. » Bien connue de toute l'île, son histoire fit hélas de nombreux envieux. Et sans surprise, on se mit à rôder autour de son joli magot. S'introduisant chez lui, un esclave du nom de Sam mit la main sur les sacs bien lestés de Tobby. Entiché d'une certaine Charlotte, ce voleur sans scrupule dépensa l'entier produit de son forfait, achetant linges et confitures pour sa dulcinée dans les magasins de Jamestown. Mais sa soudaine fortune attira vite les soupçons sur lui. Rapidement arrêté et convaincu de vol, il fut pendu haut et court le 1er août 1823, mais sa victime ne récupéra hélas pas un centime. Moins de quatre ans plus tard, le 31 mars 1827, après cinquante-sept années passées à Sainte-Hélène, Tobby rendit son dernier soupir à l'âge respectable de soixante-douze ans, sans le sou et toujours esclave. Comme le révèle également Michel Dancoisne-Martineau, s'il avait seulement survécu deux petits jours, il eût pu mourir libre, puisque le 2 avril les derniers esclaves furent rachetés par le Comité de l'île pour être libérés. Aux archives de Jamestown, la mention de son décès figure dans le même registre à quelques pages d'intervalle de celle de son bienfaiteur. Et aujourd'hui encore, on peut s'asseoir sous l'arbre sous lequel les deux hommes discutèrent.

9

Le grand opiniâtre

Contre toute attente, le voyage à bord du *Northumberland* avait rasséréné Napoléon, lui redonnant même un certain enthousiasme. Mais dès les premiers jours passés dans son île-prison, son humeur devint plus sombre. Sans le dire tout à fait, l'amiral comprit que le dénuement de sa condition était à l'origine de ce changement : « J'attribue principalement cet abattement à la première impression produite par l'aspect généralement stérile de cette île, aux entours de son habitation actuelle, et au peu d'apparence qu'il y ait pour lui et pour ceux de sa suite de pouvoir jouir des amusements et des distractions auxquels ils sont habitués[1]. » De l'exiguïté de son logis à la trop grande simplicité de sa table, Napoléon supportait mal en effet ce qu'il considérait comme une atteinte à son prestige. Devant son secrétaire, il s'emporta : « Ah quel infâme traitement ils nous ont réservé ! Ce sont les angoisses de la mort ; à l'injustice, à la violence, ils joignent l'outrage, les supplices prolongés. Si je leur étais si nuisible, que ne se défaisaient-ils de moi ? Quelques balles dans le cœur ou dans la tête eussent suffi ; il y eût au moins quelque énergie dans ce crime[2]. » S'il n'en possédait plus l'apparence, pouvait-il encore se considérer comme un empereur ? Vis-à-vis des autres comme de lui-même, il ne pouvait pas se permettre le moindre relâchement. En outre, il n'était point aveugle. La mise en état de défense proprement exagérée de l'île ne pouvait que lui faire plus durement ressentir encore une condition de prisonnier qu'il refusait énergiquement : « C'est une île épouvantable ; en outre on y est en prison, il faut que tous, vous vous plaigniez hautement », maugréa-t-il devant Gourgaud[3]. Dès lors, se plaindre sans délai lui sembla une évidence.

Mais compte tenu de son rang, il ne pouvait s'abaisser à écrire directement à l'amiral ou même aux ministres du cabinet de Londres. Dans sa logique de souverain, toute correspondance ne pouvant se faire que de souverain à souverain, il devait s'adresser au seul prince régent s'il venait à prendre la plume. Aussi, dans un premier temps, ses plaintes à destination de l'amiral devaient-elles être portées par ses officiers, notamment par le premier d'entre eux, le grand maréchal du palais. Mais après avoir maintes fois insisté pour qu'il signe une première protestation, Bertrand n'en fit rien, restant même étrangement silencieux. En vérité, il désapprouvait sans doute son maître, estimant qu'il était trop tôt pour s'en prendre aux Anglais. Chez l'empereur, l'impatience devint bientôt colère. L'orage éclata dans la soirée du 5 novembre. Après sa rituelle partie d'échecs avec l'inexpérimenté Las Cases, il couvrit de reproches le grand maréchal, allant jusqu'à le traiter de niais. La scène fut vive d'après tous les témoins. Sous le feu des critiques, Bertrand, au lieu d'esquiver, fit front et répliqua même à haute voix : « Votre Majesté a bien tort de ne pas croire à mes avis... Votre Majesté aurait bien fait d'y croire », protesta-t-il[4]. Surpris, Napoléon accusa le coup avant de s'échauffer à nouveau : « Aux Tuileries vous ne m'auriez pas dit cela ! Tout ce que je faisais alors était bien[5]. » Puis la dispute s'interrompit, faute de contradicteurs. Après cette algarade, chacun de ses protagonistes regretta son emportement : « Je crains de m'être exprimé inconvenablement, et j'en suis bien fâché », confia ensuite Bertrand à Las Cases[6]. De son côté, dans son intérieur minuscule, l'empereur repensait à la dispute, le cœur lourd.

Cette première opposition en appela bien d'autres. Déterminé à ne pas laisser souffler son adversaire ou si peu, l'empereur n'entendait pas faire de concessions, jusqu'à se rendre insupportable. L'excès au fond ne le dérangeait pas, du moment qu'il gênait son ennemi, D'une manière générale, ses officiers tentèrent à peu près toujours de modérer leur maître. Moins emportés, plus prudents comme parfois plus lucides, ils préféraient le compromis à l'affrontement. En première ligne, Bertrand marqua donc d'emblée son opposition, sans prendre vraiment de gants, fidèle à son caractère. Le cheveu rare, la bouche pincée et les sourcils épais, le général paraissait austère. Raide dans son maintien, il n'était guère plus souple dans son rapport à autrui. Il n'était donc pas homme à courber l'échine, y compris face à Napoléon. Sa résistance déplut toujours. Le vainqueur d'Austerlitz aimait l'obéissance absolue, supportant très mal toute opposition, même s'il lui arrivait de donner ensuite raison à son contradicteur. Être empereur, c'était aussi pour lui apparaître tout-puissant. Entre lui et son grand maréchal, il existait également une complète opposition de style. Dominé par ses sentiments, du moins dans un premier temps, l'empereur réagissait volontiers de manière épidermique avant de se raviser, tandis que son grand maréchal conservait toujours son calme mais ne cédait rien. Aussi, en raison de leurs différences, les deux hommes ne furent-ils jamais vraiment proches.

Dans son parcours, Bertrand fut pourtant toujours favorisé par son maître jusqu'à être nommé à la suite du général Duroc, atteint mortellement par un boulet en 1813, grand maréchal du palais[7]. Loin d'être une sinécure, cette fonction était la plus importante comme la plus exposée au sein du palais. Le grand maréchal devait en effet veiller à ce que son maître l'empereur soit constamment protégé, entouré et dignement logé. La table de l'empereur faisait en outre partie de ses attributions. « Protéger et servir » eût donc pu être sa devise. Avant d'en arriver à cette sorte de consécration, Bertrand connut une belle ascension. Né le 28 mars 1773 à Châteauroux, le général commença sa carrière dans le génie militaire. Disciple du savant Monge, l'homme était d'abord un scientifique, ce qui le rapprocha de Napoléon, lui-même féru de sciences exactes. Militairement, il s'illustra à de nombreuses reprises, comme aide de camp de l'empereur notamment. Tout en suivant de près sa carrière, Napoléon s'intéressa aussi à sa vie sentimentale, comme du reste il le faisait pour la plupart de ses grands dignitaires. Grâce à l'empereur et à l'impératrice Joséphine, il passa le 16 septembre 1808 la bague au doigt de la belle Fanny Dillon au château de Saint-Leu, la résidence de la reine Hortense et du roi Louis. Son épouse n'était pas une inconnue du couple impérial. Sa mère, Laure de Girardin, avait été autrefois la maîtresse du premier mari de l'impératrice Joséphine, Alexandre de Beauharnais. Il semble même que sa relation avec le vicomte soit à l'origine de la séparation des deux époux en 1784[8]. Veuve, elle épousa en 1785 Arthur comte de Dillon et ils eurent donc une fille prénommée Fanny. Deux décennies plus tard, peu rancunière, l'impératrice offrit à celle-ci une place au palais et se mit en tête avec l'empereur de lui trouver un parti intéressant.

Sans être mal assorti, le couple Bertrand détonnait franchement. Fanny était aussi impulsive que Bertrand était réservé, voire taciturne. Avant qu'il ne soit appelé à la Cour, le général fut aussi, après Marmont et avant Junot, un excellent gouverneur des Provinces illyriennes. Avec son épouse, il connut le premier exil de Napoléon à l'île d'Elbe. Parmi les officiers de l'empereur, il fut le seul dans ce cas. En avril 1814, son sens du devoir transparaît nettement dans la lettre qu'il écrivit à son père peu de temps avant de quitter la France : « Il paraît décidé que nous allons à l'île d'Elbe. Comblé de bienfaits de l'empereur pendant quinze ans de sa prospérité, *j'ai dû* le suivre quand la fortune l'a abandonné[9]. » Un an plus tard, à Rochefort, au moment d'embarquer à nouveau avec l'empereur, il parut aussi hésitant que décontenancé : « Je n'ai jamais vu d'homme plus embarrassé ni plus empêtré qu'il ne le fut dans cette occasion ; il allait et venait sans but, il passait d'un objet à l'autre sans rien terminer, ses distractions étaient continuelles, enfin, il paraissait avoir tout à fait perdu la tête », témoigne Planat de la Faye[10]. À deux reprises en seulement une année, celui qui fut appelé le « grand maréchal de l'exil » fit le choix de ne pas abandonner celui qu'il servait. Son abnégation mérite d'être soulignée tant il y eut de défections autour de l'empereur en 1814 comme en 1815. Elle est d'autant plus remarquable qu'il fut toujours en butte à l'opposition de Fanny. Constamment, celle-ci demanda, exigea, réclama à cor et à cri de s'éloigner. Par moments, le comte parut céder, mais en fin de compte il résista toujours malgré les bruyantes démonstrations de son épouse.

Pour la convaincre, il lui fallut à l'évidence déployer des trésors de patience comme de diplomatie. Mais cette lutte permanente lui coûta sans doute beaucoup, le rembrunissant davantage encore. Outre sa fidélité exemplaire, le général Bertrand était incontestablement le mieux connu des officiers français. En regard de la sienne, la carrière des autres paraissait en effet bien pâle. D'où sa position particulière à Sainte-Hélène, celle d'une autorité tutélaire. Et même pour les Anglais, son opinion comptait plus que celle des autres. Conscient de sa position, il ne voulut sans doute pas la compromettre, quitte à se fâcher avec Napoléon. Dans le même temps, il estimait peut-être son sacrifice assez grand pour ne pas être traité comme un vulgaire inférieur. Il n'est pas étonnant dès lors qu'il ait voulu s'affirmer un peu, surtout que, reclus dans la petite pension Porteous avec une épouse plaintive et des enfants qui ne devaient pas l'être moins, l'ancien gouverneur des Provinces illyriennes devait trouver le temps particulièrement long. Et quand il prenait son service auprès de l'empereur, c'était pour endurer ses reproches ! Une sorte de prison dans la prison pour l'infortuné grand maréchal. Pour lui, la coupe n'était déjà pas loin d'être pleine.

Installé dans son refus, il ne rédigea point la proclamation exigée par son maître. Mais celui-ci restait bien décidé à s'en prendre à ses geôliers. Tandis que la nuit étendait son ombre, il fit appeler le fils Las Cases pour qu'il recueille sa dictée, son père étant incapable de prendre la plume à cause d'un persistant mal aux yeux. Le cœur battant, le jeune homme sortit sa plume : « Il commença à dicter rapidement, d'une voix animée et accentuée (j'ai rarement entendu la même depuis) ; il marchait dans cette petite chambre, non précipitamment, mais d'un pas extrêmement ferme. On entendait nettement son pied se poser sur le plancher ; le mouvement de son bras droit, qui de temps en temps balançait avec force, faisait voler sa robe de chambre », témoignera-t-il plus tard[11]. Après relecture, la note fut achevée avant que le calme ne revienne enfin dans le pavillon. Après avoir lâché tous ses arguments, l'empereur semblait soulagé. Pêle-mêle, il reprochait à l'amiral de l'avoir privé de bains comme de ses armes. Il se plaignait aussi des Briars : « Il y est mal, dit-il, parce que le pavillon ne contient qu'une seule chambre, où il est obligé de coucher, de manger, de travailler et de se tenir toute la journée. » Ne pas pouvoir circuler librement l'indisposait aussi fortement. Pourquoi ne pas renforcer la garde des côtes et le laisser en revanche circuler à son aise dans l'intérieur de l'île ? « On ne peut craindre qu'on puisse s'échapper de ce rocher presque partout inabordable », estima-t-il aussi. Retrouvant une certaine verve, il conclut ainsi :

« Il est bien à désirer que l'on se conduise vis-à-vis de l'empereur de manière à éloigner de sa pensée le souvenir de l'horrible position où il se trouve. Elle est telle, on ose le dire, que les peuples barbares en seraient touchés et y auraient égard. »

Le lendemain de son écriture, la proclamation fut portée à Plantation House. En la parcourant, surpris, l'amiral la jugea plutôt « étrange ». Après tout, estimait-il non sans malice, s'établir aux Briars était le choix de Napoléon. Dans sa réponse, il affirma cependant vouloir faire tout son possible pour rendre l'exil « aussi peu et désagréable et pénible que les circonstances me le rendront possible ». Sur le fond, il ne céda cependant rien, assurant qu'il outrepasserait ses instructions s'il venait à relâcher un tant soit peu sa surveillance. À cette fin de non-recevoir, il ajouta une cynique banderille à propos du titre impérial : « Vous me forcez de vous déclarer officiellement que j'ignore qu'il y ait actuellement un empereur dans cette île, ou que quelque personne possédant ce rang y soit venue avec moi, sur le *Northumberland*. » Sur aucun sujet l'amiral ne se déjugea. Comment pouvait-il en être autrement ? Cockburn n'était qu'un exécutant. Il n'avait rien à gagner à s'exposer, d'autant qu'il serait bientôt remplacé. Esseulé à des milliers de kilomètres de Londres, mieux valait pour lui rester prudent tout en ménageant au mieux son prisonnier.

10

Longwood House

Il était deux heures après midi ce dimanche 10 décembre 1815 quand l'amiral Cockburn fit son retour aux Briars. Le premier geôlier en chef venait chercher l'empereur pour l'emmener à Longwood. D'après Las Cases, il parut craintif, redoutant sans doute un accès de mauvaise humeur du captif. Contre toute attente, ce dernier paraissait au mieux de sa forme. Gracieux et enjoué, il monta à cheval avec un plaisir manifeste, impatient de quitter son étroit pavillon. Pour la seconde et dernière fois, il fit le trajet vers Longwood. Sous un soleil généreux, ils furent apparemment nombreux sur son passage : « Beaucoup de monde s'était réuni sur la route pour le voir passer », nous apprend Las Cases[1]. Vêtu de son traditionnel uniforme de colonel des chasseurs à cheval de la Garde, il arriva, flanqué de l'amiral, sur le plateau à quatre heures de l'après-midi. D'un pas impatient, il descendit de cheval sans attendre, se précipitant à l'intérieur de la maison pour y découvrir les travaux qui avaient été réalisés. Constamment à ses côtés, l'amiral semblait fier du résultat, se vantant au passage d'avoir mis lui-même la main à l'ouvrage. Grâce à leur savoir-faire, les menuisiers de la marine avaient réussi à faire oublier les modestes origines du bâtiment : « Une vieille vacherie, rappelle Montholon, construite en pierre et transformée en cinq chambres pour un lieutenant-gouverneur au service de la Compagnie des Indes, une grange changée en cuisine, buanderie et poulailler pour un petit ménage ; enfin une mauvaise écurie pouvant contenir trois à quatre chevaux, composaient tout l'établissement[2]. »

Mais dans la maison régnait désormais une odeur de peinture fraîche. Tout avait été repeint ou tapissé certes à la hâte, mais le logis avait changé d'allure. Il s'était un peu agrandi aussi, même s'il restait encore des logements à construire pour la suite de Napoléon. Désormais à guillotine, les fenêtres avaient toutes été changées et des persiennes de couleur verte ajoutées. Pour le mobilier, Cockburn n'avait eu d'autres choix que d'acheter tout ce qu'il avait pu trouver aux habitants de l'île, comme il l'avoue benoîtement dans une correspondance : « J'ai eu beaucoup de difficultés pour trouver les meubles nécessaires à une maison comme celle de Longwood avec ses occupants actuels. Le général [Bonaparte] n'en a apporté de France aucun avec lui et le lieutenant-gouverneur [Skelton], bien entendu, a repris tous ceux qui étaient originellement dans la maison car ils lui appartenaient en propre. J'ai donc dû acheter tout ce qui était nécessaire à l'aménagement intérieur. Cependant, presque tous les articles que je me suis procurés sont de seconde main et les moins chers que l'on puisse trouver[3]. » On avait donc paré au plus pressé en attendant mieux. Après une première visite, Napoléon parut satisfait de ce qu'il venait de voir et accepta de s'installer. Soulagé, l'amiral le quitta vers six heures du soir pour s'en retourner à Plantation House. Avec application, les domestiques de l'empereur prirent possession de la maison, l'aménageant au mieux à leur tour pour leur maître. Épuisé, ce dernier ne fut guère sociable ce soir-là : « L'empereur dîne seul. Tout le monde se couche de bonne heure », consigne tristement Gourgaud dans son *Journal*[4]. Mais, pour sa plus grande satisfaction, après l'avoir tant attendu, il put enfin prendre un bain : « L'empereur [y] était entré avec une joie d'enfant », rapporte Marchand[5]. Puis, pour sa première nuit à Longwood – on en compterait en tout 1 971 –, il dormit du sommeil du juste.

Avant d'effectuer un petit tour du propriétaire, intéressons-nous aux alentours du domaine du captif. Par temps clair ou à peine voilé, le plateau de Longwood offre un point de vue dominant sur de larges parties de l'île. Sur celui-ci, la maison de Napoléon est parfaitement orientée au nord. De son perron, on aperçoit d'abord dans cette direction le plateau voisin, celui de Deadwood où campaient les régiments britanniques, puis viennent ensuite les éminences de Flagstaff et du Barn, imposants gardiens de pierre. Plus au loin, vers Jamestown, l'océan se devine, petite nuance de bleu après le vert des prairies et les couleurs d'ébène de la roche. Si l'on se tourne vers l'est, en direction de l'Afrique, le minéral domine aux confins du plateau. Avant que rochers et falaises n'affrontent les vagues, des terres nues s'offrent aux regards. De là provient le souffle puissant de l'alizé. Enfin, du sud à l'ouest, les hauteurs de l'île condamnent tout horizon. Les dominant toutes, le pic de Diane avec ses 823 mètres culmine avec fierté. Sur ces reliefs, les brumes se répandent, persistantes et donnant une touche anglaise au paysage. D'une éminence à l'autre, on remarque toutefois une végétation dense plus caractéristique de l'hémisphère Sud. Plus au nord-ouest, le regard s'arrête ensuite sur une petite colline au sommet de laquelle se trouve Alarm House, le poste de garde chargé de tirer au canon en cas d'alerte.

Avant ce point s'étale le plateau presque nu de Longwood, verdoyant et parfois fleuri. En l'absence de brouillard, le panorama séduit, c'est une évidence, mais lisons cet avertissement de Las Cases : « L'aspect ne saurait être agréable qu'au voyageur fatigué d'une longue navigation, pour qui toute terre a ses charmes. S'il s'y trouve transporté par un beau jour, frappé des objets bizarres qui s'offrent soudainement à sa vue, il peut s'écrier même : Que c'est beau ! Mais cet homme n'y est que pour un instant ! » Considérons à présent de l'extérieur la maison du prisonnier tout aussi singulière que le paysage qui l'entoure. Du nord au sud se succèdent des bâtiments de formes comme de hauteurs différentes. Rectangle ou carré, de plain-pied ou à un étage, le bâti paraît fâché avec la logique, tant il semble confus et disparate. D'ajout en ajout, la maison connut plusieurs transformations au fil de son histoire, d'où son aspect. Pour le colonel Skelton, la ferme originelle fut agrandie une première fois avant que les menuisiers de Cockburn ne l'étendent une seconde fois.

Malgré son caractère hétéroclite, la maison fut distribuée selon la stricte étiquette napoléonienne. Chaque pièce avait ainsi une fonction de cour rappelant les anciens usages des Tuileries. Comment pouvait-il en être autrement ? Attaché à sauver les apparences, Napoléon voulut à nouveau rappeler sa grandeur en organisant Longwood de la sorte. Dans un palais impérial, les pièces se répartissaient entre appartement public et appartement privé du souverain. Dans le premier ensemble, l'appartement d'apparat, l'empereur recevait, se distrayait et travaillait avec ses officiers ou ses ministres, tandis que le second était réservé à sa vie intime ou à son travail de cabinet. Cette répartition, plutôt classique pour un monarque, fut pensée avant tout pour permettre à Napoléon de pouvoir s'isoler et de travailler ainsi à son aise tout en menant une vie de cour digne de son rang. L'étiquette précisait également les entrées possibles pour chaque individu. Selon son rang ou sa fonction, elles différaient très sensiblement. Après les appartements du ou des souverains, de vastes portions du palais étaient réservées aux officiers de cour, ce qui formait un troisième ensemble. Enfin, quatrième ensemble, venaient les communs comprenant notamment les cuisines et les logements des serviteurs. À Longwood, on s'appliqua donc à reprendre ces grands principes, la majesté en moins.

Pour notre visite de la maison de Napoléon, commençons par son modeste appartement public. Il se constituait de deux antichambres (un parloir et un salon) et de la salle à manger. Napoléon réunissait là sa petite cour, mais y recevait aussi les personnes venues de l'extérieur. C'était donc l'espace exclusif du Napoléon « public » qui, comme autrefois dans les palais impériaux, apparaissait à heures choisies à ses courtisans. À Longwood, la scène impériale était plutôt ténue, mais existait bel et bien. À l'entrée nord de la maison, la porte du modeste perron s'ouvre sur la pièce appelée parloir, la plus vaste de la maison avec ses 43 mètres carrés. Faite de bois sur un soubassement en maçonnerie, celle-ci avait été ajoutée suite aux instructions de l'amiral Cockburn. Dessinée en rectangle, elle donne au corps principal sa forme en T. À son sujet, le *Règlement du service à Sainte-Hélène* précisait : « Le parloir sera commun à toute la maison, ce sera le salon où tout le monde recevra ceux qui les viendront voir. » Aux heures de réception, elle servait donc d'antichambre pour ceux qui s'apprêtaient à être reçus, mais aussi de lieu de réunion pour le personnel de la maison. À cet endroit précis, Bertrand, Montholon ou Gourgaud accueillaient les visiteurs importants. Quand la maison ne recevait plus, le parloir servait d'abord de salle à manger avant de devenir salle de jeu avec l'installation d'un grand billard anglais à six blouses. Sur celui-ci,

PLAN DE LONGWOOD SELON L'ÉTIQUETTE

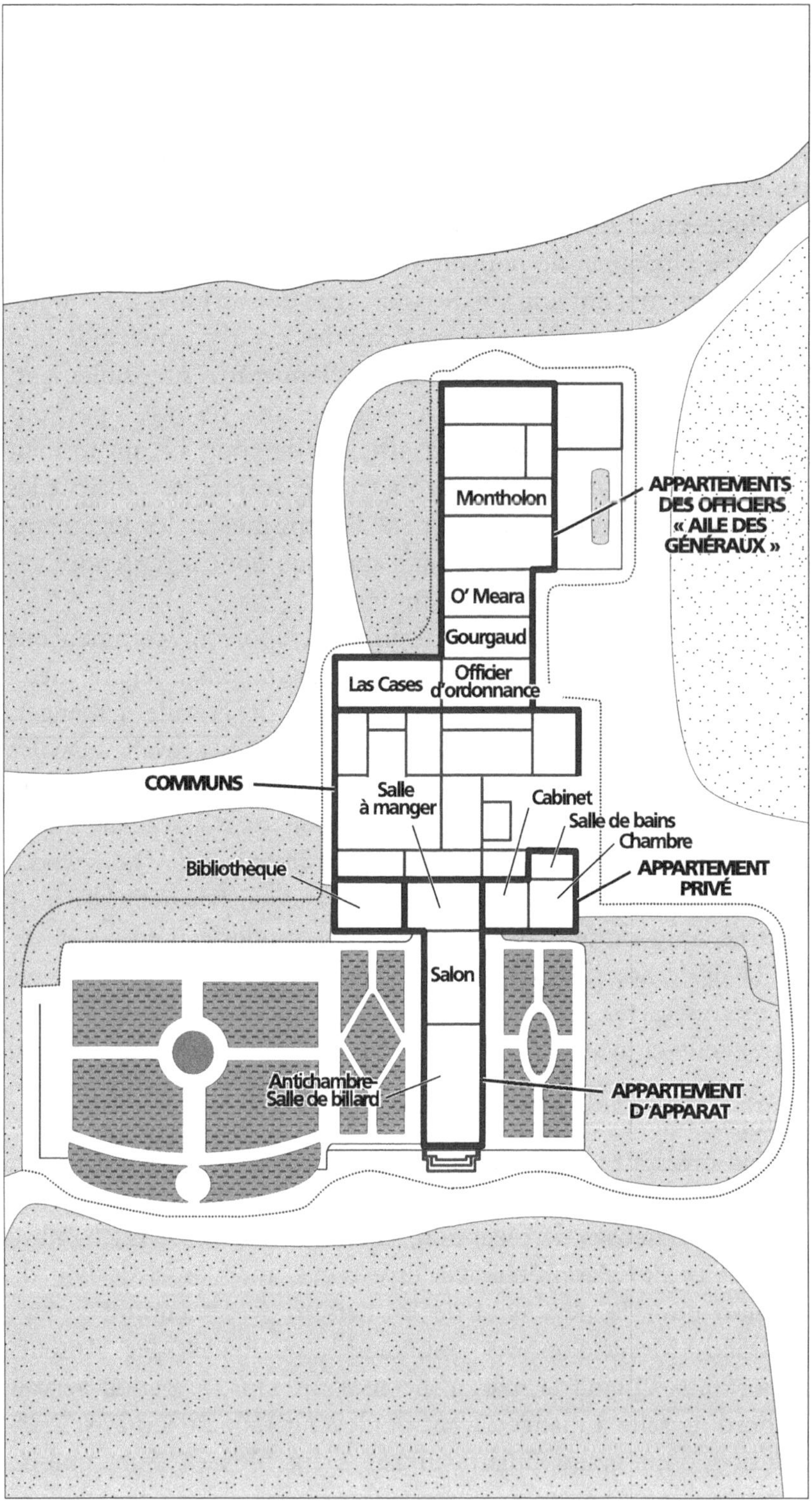

Napoléon déployait ses cartes quand il travaillait à l'écriture de ses Mémoires. Quand le billard et ses boules furent remisés dans une sous-pente, ce jeu ayant perdu de son attrait pour son propriétaire, la pièce se mua en salle des pas perdus pour empereur confiné et refusant de sortir.

Poursuivons notre visite par la deuxième pièce publique : le salon de l'empereur, tel que le dénommait l'étiquette de Longwood. Quand on la découvre, elle donne l'impression de n'être qu'un lieu de passage, une sorte de couloir à peine élargi. Plus sombre que la précédente comme plus petite (34 mètres carrés), son mobilier était cependant le plus remarquable de la maison car y étaient disposés les meubles les plus luxueux venus de France. Pour donner un peu de lustre à la pièce, on y ajouta un grand miroir, une cheminée en marbre noir, un lustre en verre, des draperies en velours, deux canapés en acajou et un tapis sobre mais élégant. Napoléon y donnait ce que l'on appelait en langage de cour ses « audiences publiques ». Tous les visiteurs de passage qui étaient autorisés à voir l'empereur y furent solennellement reçus. Jusqu'en 1817, tous les officiers arrivant sur l'île ou en repartant étaient tenus de venir présenter leurs respects au captif. Soldats et marins défilèrent ainsi en nombre dans cette pièce. Quand le crépuscule sonnait l'heure de la fin des visites, la pièce reprenait sa fonction de cour. Entre ses murs résonna la voix de Napoléon lisant des poèmes ou des œuvres classiques. On y joua aussi aux échecs au son du piano-forte sur lequel les mains habiles de Mme de Montholon s'exerçaient avec talent. L'appartement public ou de cour de la maison se termine avec la salle à manger. Avec ses quatre portes, elle donne accès aussi bien aux pièces qui la précèdent qu'à la bibliothèque, la cuisine ou l'appartement privé de l'empereur. La journée, elle lui servait aux audiences privées, celles réservées aux personnages importants, gouverneurs et amiraux notamment. Y être admis devait donc être vu comme une faveur particulière accordée par le maître des lieux. Comme pour les précédentes, après sa fonction publique, elle possédait une fonction de cour. Jusqu'à ce que l'on construise les appartements réservés aux généraux, elle accueillit sept mois durant le cabinet des livres. Puis elle fut donc utilisée pour les dîners de cour.

Le second ensemble, l'appartement privé, se composait de deux chambres et d'une salle de bains. On y pénétrait sans façon par la petite porte située à droite de la salle à manger. Dans cette première chambre, parfois appelée « cabinet de travail », d'environ vingt mètres carrés, point de cheminée, ce qui la rendait par moments insalubre et glacée. En compagnie de Las Cases, du fils de celui-ci ou de ses officiers, Napoléon y travailla très longuement, dictant ses Mémoires. Installée entre les deux fenêtres, une armoire servait de bibliothèque de travail. On y trouvait aussi un lit de campagne et une table de travail. Si nous ne sommes pas encore tout à fait dans le domaine de l'intime, être admis dans le cabinet de travail restait un privilège rare. Il était encore plus exceptionnel d'entrer dans la pièce suivante, la véritable chambre à coucher. Comme le prescrivait l'étiquette, seuls ses domestiques proches s'y rendaient très régulièrement pour effectuer le service dit de la chambre. Très rarement, quelques médecins y furent introduits. Un second lit de campagne y fut installé dans lequel Napoléon passa la plupart de ses nuits comme une bonne partie de ses journées. Un temps, un lit à baldaquin dont les colonnes trop hautes pour le plafond de la pièce avaient été sciées fut essayé. Mais peu robuste et sentant mauvais, il fut vite remisé au profit de ce « vieil ami qu'il préférait à tout autre », son lit pliant.

Après cette pièce consacrée au repos venait une salle de bains, la dernière pièce de l'appartement privé. Dans un ancien couloir ramenant vers le corps central du bâtiment, elle fut aménagée spécialement pour que l'empereur puisse y prendre ses bains. Sa première baignoire constituée d'un grand coffre de chêne doublé de plomb était d'une taille « démesurée » d'après son premier valet de chambre. Pour la remplir avec une multitude de seaux, ses domestiques étaient contraints à de longs et pénibles trajets entre la maison et un immense tonneau situé à près d'un kilomètre de distance. Par la suite, une baignoire aux dimensions plus modestes fut heureusement envoyée de Londres, ce qui diminua d'autant leur peine. Enfin une troisième fut installée, faite de cuivre et garnie d'un entourage de chêne. Elle s'y trouve toujours.

Au sein de la maison, les communs occupaient la plus grande place. Cuisine, lingerie, argenterie, bibliothèque et logements pour les domestiques se situaient au milieu de la bâtisse, en arrière comme au-dessus des appartements de Napoléon. Quant aux officiers, ils furent logés dans une aile spécialement construite pour eux, appelée l'« aile des généraux ». Dans cette suite de modestes chambres alignées les unes à la suite des autres prirent place les derniers courtisans de l'empereur, tristes serviteurs d'un souverain déchu.

11

Les fantômes des Tuileries

Sans une cour auprès de lui, point de monarque, qu'il soit sur le trône ou non. Celle du captif à Longwood fut réduite à quelques personnes, quatre à six selon les époques, si l'on compte seulement les officiers et les « dames du palais », mais près d'une cinquantaine si l'on ajoute les domestiques. Dans les appartements de Longwood, ils allaient donc entourer et servir leur maître. En retour, comme il était d'usage, ce dernier les rétribuait, souvent assez généreusement d'ailleurs. Comme aux Tuileries, les gages ou traitements reçus à Sainte-Hélène étaient plutôt enviables : 24 000 francs annuels pour Bertrand et Montholon, 12 000 pour Gourgaud, 8 000 pour Marchand, 4 800 pour Cipriani, 4 000 pour Ali ou encore 3 600 pour le cuisinier Lepage. Pour les apprécier, il faut garder à l'esprit qu'un traitement moyen en France avoisinait les 1 000 francs. En outre, si Napoléon diminua les sommes versées à ses officiers (24 000 francs pour le grand maréchal au lieu de 40 000), il maintint celles octroyées à ses domestiques, voire les augmenta. Le premier valet de chambre Marchand recevait par exemple autant que s'il servait à Paris, tandis qu'au titre de maître d'hôtel Cipriani recevait 1 800 francs supplémentaires. On ne doit donc point perdre de vue que tous ceux qui entouraient Napoléon étaient à son service. S'ils étaient libres de le quitter, ils étaient en revanche tenus de lui obéir dans le cadre de leurs fonctions. Et même si parfois quelques liens particuliers les unissaient à leur maître, ils restaient avant tout ses serviteurs. Ils appartenaient tous d'ailleurs à la Maison de l'empereur, l'institution créée en 1804 sur le modèle des Maisons royales pour justement répondre au moindre de ses besoins.

Aux Tuileries, Napoléon employait douze domestiques au sein de son appartement privé. Mais plus d'une centaine (121 exactement en 1813) étaient en charge des appartements publics. Outre le service purement domestique, des centaines de personnes avaient été recrutées des cuisines aux écuries. Dès ses débuts, la Maison de l'empereur fut organisée autour de plusieurs services importants : la chambre, la bouche, les écuries, la chasse, les cérémonies, etc. Dans chacun d'entre eux, plusieurs métiers se côtoyaient. Dépendant du service de la bouche, la table employait par exemple six maîtres d'hôtel, un chef tranchant, quatre aides tranchants et quatre couvreurs de table. Aimant s'entourer d'un certain faste pour mieux affirmer la puissance de son règne, Napoléon souhaita donc disposer d'une Maison nombreuse, plus importante numériquement que dans la plupart des autres cours européennes. En voyage ou en campagne, il emmenait généralement avec lui près d'une cinquantaine de personnes appartenant aux différents services. Lors de son premier exil à l'île d'Elbe, sa Maison comptait encore près d'une soixantaine de serviteurs, officiers compris.

Aujourd'hui, Longwood House semble désertée. Si grâce au patient et intelligent travail du directeur Michel Dancoisne-Martineau la maison a retrouvé son aspect des années 1815-1821, le décor reste néanmoins orphelin de ses principaux acteurs. Quand on la parcourt des appartements de Napoléon à l'aile des généraux, on peut penser qu'elle suffisait amplement au captif et à sa suite venue de France. Mais si l'on consulte un état britannique daté d'août 1816, on remarque que l'entourage proche de Napoléon comptait 54 individus, soit un effectif comparable à celui du premier exil ou observé lors des voyages du souverain durant son règne. Dans ce nombre, 34 domestiques étaient dédiés au service du prisonnier et de sa maison. On a connu des exils moins entourés. En réalité, surtout au début, le principal problème à Longwood fut la promiscuité. Si l'on excepte les Bertrand avec leurs domestiques, installés dans un premier temps à Hutt's Gate, plus d'une quarantaine de personnes logeaient à Longwood dans des conditions plutôt sommaires, officiers compris. De l'aube au crépuscule, l'activité y était soutenue et on s'y sentait donc plutôt à l'étroit. Et même s'il était infiniment plus dépouillé que celui des Tuileries, l'organigramme de Longwood possédait encore quelque allure.

La Maison de Longwood en août 1816

Catégories – métiers	Titulaires ou nombre	Traitements annuels en francs
Officiers généraux		
Grand maréchal	Général Bertrand	24 000
Intendant chambellan	Général de Montholon	24 000
Écuyer – officier d'ordonnance	Général Gourgaud	12 000
À leur service	Trois domestiques français Cinq domestiques anglais	
Chambre – service intérieur		
Secrétaire du cabinet	Las Cases	12 000
Aide du cabinet	Las Cases fils	
Premier valet	Marchand	8 000
Premier chasseur	Mamelouk Ali	4 000
Livrée – service extérieur		
Second chasseur	Noverraz	4 000
Huissier	Santini	2 400
Valet de pied	Gentilini	1 500
Valet de pied	Rousseau	1 500
Bouche		
Maître d'hôtel	Cipriani	4 800
Chef cuisinier	Lepage	3 600
Chef d'office	Pierron	3 600

Écuries		
Officier	Piontkowski	
Premier cocher – piqueur	Archambault aîné	1 800
Second cocher – palefrenier	Archambault jeune	1 200
Dames du palais	Mme Bertrand Mme de Montholon	
Anglais		
Officier d'ordonnance	Poppleton	
Médecin	O'Meara	
À leur service	Trois domestiques anglais	
Supplétifs pour les jardins et cuisines	Douze marins anglais Un jardinier anglais Trois *black servants* Un garçon anglais	
Total	**49 personnes**	

Servir un souverain est toujours une charge particulière. Outre la déférence, le dévouement comme une certaine abnégation caractérisent généralement ce genre d'emploi. Placée dans une situation pour le moins compliquée, la dernière cour de Napoléon ne devait pas faire exception, bien au contraire. Isolée et elle-même un peu prisonnière, sa proximité avec le souverain allait être très marquée, trop sans doute. Concernant les officiers du captif, leurs fonctions furent distribuées comme du temps de la splendeur du premier des Bonaparte. Au sommet de la hiérarchie de la Maison se trouvait naturellement le seul grand officier ayant fait le voyage : le grand maréchal. Sérieux mais distant, il perdit cependant en influence même si de nombreuses tâches lui incombaient encore. Il supervisa la tenue des comptes, tous les états de paiement devant par exemple être revêtus de sa signature. Outre sa responsabilité financière, l'accès au captif était aussi de son ressort. Seul un laissez-passer signé de sa main permettait de visiter l'empereur déchu. Dans ses rapports avec les autorités de l'île, il représentait également son maître. Assez rapidement, l'éloignement de Bertrand le relégua ainsi au rang d'« ambassadeur-chambellan » du proscrit de Sainte-Hélène.

S'il n'y avait plus de véritable grand maréchal, existait-il au moins une sorte de « préfet du palais » ? Pour tenir cet emploi, Montholon fut désigné par l'empereur, redevenant ainsi chambellan. À Longwood, le « maire du palais », comme l'appelaient les Français ou le « lord chambellan » comme le surnommaient ironiquement les Anglais, supervisait la bonne marche de la Maison, dirigeant le personnel, s'occupant des approvisionnements et de l'organisation générale. Les maigres écuries impériales furent confiées au général Gourgaud. Ancien premier officier d'ordonnance aux Tuileries, il fut nommé « grand écuyer » et « aide de camp » de la petite colonie française. Des titres en vérité bien ronflants pour un si petit service. À l'arrivée des Français, le gouverneur prêta à peine quelques chevaux et comme voiture il donna son ancienne calèche. La suite de l'empereur comprenait aussi un « secrétaire d'État » en la personne du comte de Las Cases. Là encore, ce titre n'était qu'apparence. Pour l'essentiel, son rôle fut celui d'un banal secrétaire. Par ailleurs, entièrement occupé à son travail d'écrivain, l'ancien chambellan se tint complètement à l'écart des « détails domestiques », ne participant en rien au fonctionnement de la Maison.

Comme pour les officiers, la distribution des rôles pour les domestiques reprit les grands principes de la Maison de l'empereur. À Longwood, quatre services principaux continuèrent d'exister : la bouche, la chambre, la livrée et les écuries. Commençons donc par le premier, la bouche, le service des repas et de la table. Le premier cuisinier s'appelait Michel Lepage. Autrefois au service du frère aîné de Napoléon, Joseph, il était le seul parmi les Français à ne pas avoir appartenu auparavant à la Maison de l'empereur. On le connaît donc moins, même si son art culinaire fut fort apprécié. Cependant, il ne resterait à Longwood qu'une petite année. L'office était dirigé par Jean-Baptiste-Alexandre Pierron. Entré en 1807 au service de l'empereur comme aide à l'office, cet homme d'expérience était réputé également pour être un excellent confiseur. Resté près de son maître pendant ses deux exils, il lui vouait un véritable culte. En lien avec Balcombe, il était en charge des approvisionnements de la maison. Pour cette tâche, il était aidé par le maître d'hôtel Cipriani, qui réglait par ailleurs le service de la table, sa fonction principale. La cuisine comme l'office se situaient au centre de Longwood, dans ce qu'il est convenu d'appeler les communs.

Autre service de la Maison, les écuries se situaient plus à l'écart. Sous la direction de Gourgaud et plus tard du Polonais Piontkowski, deux frères veillaient sur les montures du captif et servaient aussi de cochers. Servir aux écuries impériales était souvent une affaire de famille. Les frères Archambault ne firent pas exception à cette vieille tradition. L'aîné, prénommé Achille Thomas L'Union, était entré en 1805 à l'âge de treize ans au service de l'empereur pour panser ses chevaux. Il n'avait pas vingt ans quand il devint l'un des cochers préférés de son maître. En 1814, lors de la première abdication, il préféra renoncer à son statut plutôt enviable au sein des écuries pour n'être plus que valet de pied à l'île d'Elbe. Ce fidèle n'hésita pas un instant à suivre son maître quand il partit pour Rochefort. Son frère cadet, prénommé Olivier Agricola, le secondait en tout. Plus effacé, il suivait son aîné comme son ombre.

Passons maintenant au service de la livrée ou des valets de pied. Dans les palais impériaux, deux types de valets officiaient : ceux appartenant au service intérieur, en charge des appartements publics, et ceux travaillant au sein des appartements privés. Aux Tuileries comme à Longwood, la livrée constituait le premier ensemble. Pour son second exil, Napoléon put compter sur le dévouement de quatre valets du service intérieur : le Corse Santini, le Suisse Noverraz, l'Elbois Gentilini et le dénommé Rousseau. Quand ils n'aidaient pas lors des repas, ils entretenaient les feux, allumaient les bougies, dressaient les tables de jeu ou répondaient à toutes les demandes faites par les invités de l'empereur ou ses officiers. Ils étaient en quelque sorte responsables de l'entretien du « palais » de Longwood et veillaient à ce qu'il ne manque rien à ceux qui pouvaient le fréquenter. Pour la bonne tenue du « palais », on désignait chaque jour un officier de service pour commander la livrée. Ce dernier effectuait sa revue tous les matins et veillait à ce que tout soit en règle et propre, les appartements devant être nettoyés et les bougies installées avant huit heures du matin. Il devait notamment s'assurer qu'il y ait des « tables de jeu dans le parloir et dans le salon, de manière qu'on ne soit jamais obligé d'en prendre de l'un à l'autre ». Enfin, il prenait soin que la nuit tout soit fermé et bien éteint. Dans la journée, à tour de rôle, Santini ou Noverraz se tenaient debout à l'entrée du salon de l'empereur, faisant ainsi office d'huissier ou de suisse. Quand un visiteur était admis à voir Napoléon, le valet présent ouvrait à deux battants la porte du salon en annonçant d'une voix de stentor : « Sa Majesté l'empereur. »

Le service du salon de l'empereur était assuré en principe par le second « chasseur » Noverraz mais aussi parfois par le mamelouk Ali. Les deux hommes devaient ainsi « y tenir tout en état, soit le salon, soit le cabinet des livres ; l'autre [chasseur], quand il [n'était] pas de service, s'y [tenait] aussi ». Avec Marchand, le mamelouk Ali formait le service de la chambre.

De son véritable nom Saint-Denis, il était né à Versailles en 1788 d'un père piqueur aux écuries royales. Comme souvent dans les familles possédant pareille charge, le fils succéda au père et entra dans les écuries devenues cette fois impériales en 1806 comme élève piqueur. Après s'être occupé des chevaux, il fut retenu pour endosser le costume de mamelouk. Roustam était encore en fonction, mais le second mamelouk, Ali, lui aussi ramené d'Égypte, fut renvoyé car, personnage peu sympathique, il possédait la fâcheuse habitude de jouer un peu trop souvent du poignard. Recommandé par le grand écuyer Caulaincourt en 1811, Saint-Denis devint ainsi « Ali », même s'il n'avait jamais mis un pied sur la terre des Pharaons. Mais pour les contemporains, l'illusion était presque parfaite et ainsi pouvait-on continuer de croire que la mystérieuse garde rapprochée de Napoléon était toujours aussi active. Tandis que le premier mamelouk s'éloigna en 1814 sur la pointe des pieds, Ali resta fidèle à son maître, l'accompagnant à l'île d'Elbe. Il seconda Marchand dans le service de la chambre, pénétrant ainsi mieux encore l'intimité de Napoléon. Peu à peu, il devint l'un de ses hommes de confiance, appartenant sinon à son premier cercle, du moins à son entourage rapproché.

Si ce dernier pouvait évoluer entre service extérieur et service intérieur, Marchand en revanche était strictement attaché au service intérieur. Premier valet de chambre de Napoléon depuis 1814, ce natif de Paris jouissait d'un rang supérieur aux autres en raison de son titre comme de sa proximité avec son maître. D'origine bourgeoise, sa famille était plutôt proche de la Maison de l'empereur. Protégée de Mme de Montesquiou, la gouvernante du roi de Rome, sa mère fut nommée au poste enviable de berceuse du petit héritier, fonction qu'elle conserva même après le départ de l'enfant pour Vienne. Né en 1791, Louis Marchand fut employé dans la Maison de l'empereur pour ses vingt printemps comme garçon d'appartement. Remarqué aussi bien pour sa discrétion que pour son zèle, il fut appelé à l'île d'Elbe quand le poste de premier valet de chambre devint vacant suite au départ peu glorieux du fameux Constant. À partir de ce moment-là, l'étiquette imposa qu'« aucun individu, sous quelque prétexte que ce soit, ne [pouvait] passer dans l'intérieur de l'empereur sans que Marchand y soit présent ». Véritable maître de l'intérieur de Napoléon, il s'occupait de sa toilette, de ses vêtements ou de tout ce qui relevait de son quotidien de simple mortel. À l'île d'Elbe ou ensuite aux Tuileries, plusieurs valets servaient sous ses ordres, ce qui n'était pas le cas à Longwood. Pour des raisons que l'on peut comprendre, Napoléon ne voulut aucun supplétif anglais dans son intérieur. Partant, le service de Marchand ne s'interrompait presque jamais, de jour comme de nuit, au moins cinq jours sur sept. Deux fois par semaine, il était cependant relevé alternativement par Ali ou Noverraz. Quand il était en service, Marchand se tenait dans une pièce adjacente à la salle de bains, une sorte de pièce couloir menant à la bibliothèque et à la cave. Quelle que soit l'heure, il était prêt ainsi à rejoindre l'empereur dans sa chambre et à satisfaire le moindre de ses désirs au premier coup de sonnette.

Malgré un travail parfois pénible, marqué également du sceau de l'ennui, il ne demanda jamais à quitter l'île. Plus tard, il commenta ainsi son attitude irréprochable : « Si je parle de la petite part, disait-il, que j'ai eue pour me rendre utile à l'empereur soit dans son travail, soit par des lectures destinées à chasser ses ennuis, c'est que je suis heureux, moi aussi, d'avoir pu, dans ma sphère modeste, contribuer à l'allègement de ses souffrances sur cet affreux rocher, et mériter le titre si honorable d'ami, qu'il m'a donné en l'inscrivant dans son immortel testament[1]. » Comme la plupart de ses compagnons de peine, le premier valet demeura fidèle à son maître, toujours dévoué et jamais plaintif. Le profil type du serviteur de Napoléon à Sainte-Hélène peut d'ailleurs se définir ainsi : homme jeune, compétent, laborieux, entré sur le tard au service de son maître mais remarquablement attaché à lui. Sous l'Empire, ils n'avaient donc jamais figuré parmi ceux qui avaient été honorés ou bien rétribués. Quand ils partirent pour Sainte-Hélène, ils ne devaient donc rien à Napoléon, si ce n'est un devoir de fidélité qu'ils s'imposèrent seuls et qui perdura ensuite bien au-delà de la captivité. Pour les officiers, les mêmes remarques ne peuvent hélas toujours s'appliquer, mais n'anticipons pas sur la suite des événements.

12

Apparences

Dès son installation à Longwood, Napoléon imposa à nouveau une stricte étiquette à son entourage. Sous son règne, ses règlements de cour avaient d'ailleurs été parmi les plus figés et sévères d'Europe. Cette volonté jamais démentie d'imposer le respect se poursuivit très naturellement lors de son second exil. Et ce, d'autant plus qu'il fut confronté à des geôliers se permettant quelques libertés avec lui. Comme l'explique particulièrement bien le commissaire russe Balmain, il n'avait pas le choix : « Envoyé au bout du monde comme prisonnier de l'Europe, traité par Cockburn en camarade, exposé sans cesse aux façons peu délicates des Anglais qui, depuis la journée de Waterloo, ont perdu toute retenue, [il] devait nécessairement penser à sa gloire et soutenir la dignité de son rang. Il y réussit par un moyen très simple. Il s'enferma dans son enceinte, où personne n'avait le droit de contrôler ses actions, et devint inaccessible. Les gardiens, qui le prenaient déjà sur un ton de familiarité, furent ébahis de cette résolution ; chacun d'eux, en venant ici, s'était fait des idées, un plan dont le captif était l'objet. Quand ils virent à quelle distance on allait les tenir, le respect, les égards, la modestie ne leur coûtèrent plus rien. Ils en passèrent par où on voulut et l'ex-empereur reparut en majesté[1]. » Ce témoin vit parfaitement clair dans son jeu. Sa tactique consista en effet à ne jamais se rendre chez les Anglais pour ne pas paraître inférieur. Dès lors, il ne répondit jamais à leurs invitations à dîner ou autre. Et s'il sortait, il ne voulait aucun chaperon anglais avec lui. En refusant d'évoluer sur le terrain de ses gardiens, il les obligea à venir sur le sien. Une fois ceux-ci dans son « enceinte », il forcerait leur respect grâce à une étiquette mise en musique par ses officiers et serviteurs.

Et comme il l'espérait, les Anglais le considérèrent moins comme un général que comme un souverain en exil. Sur le plan protocolaire, ils acceptèrent de se plier à l'étiquette impériale. Pour solliciter une audience, ils s'adressaient toujours au grand maréchal. Une fois les portes de Longwood franchies, ils attendaient respectueusement dans le parloir d'être appelés. Lors des entretiens, ils restaient debout en sa présence. Personne ne s'avisait de lui adresser la parole avant d'avoir été présenté s'il s'agissait d'une première visite. Et même une fois présenté, personne n'osait dire un mot avant d'y être invité. Quand ils s'adressaient à ses officiers, les Britanniques n'oubliaient jamais de mentionner leurs titres nobiliaires. Le grand maréchal était par exemple appelé « comte Bertrand ». Or, à quelle cour pouvait-il bien appartenir si ce n'est à celle de l'empereur Napoléon ? En outre, loin de vouloir réduire la suite de leur prisonnier, ils l'augmentèrent. C'est ainsi que des supplétifs anglais secondèrent son personnel : douze marins, un jardinier, trois esclaves noirs et un garçon de cuisine. Dix-sept individus vinrent ainsi prêter main-forte à la domesticité de Longwood. Tout au long de la captivité, d'une manière ou d'une autre, cette assistance se prolongea. Autre exemple, la présence continue d'un médecin britannique près du captif était une preuve supplémentaire de l'importance de celui-ci. Aurait-on agi ainsi si le captif n'avait pas été un souverain ? Cela paraît peu probable.

En rappelant même sommairement les Tuileries, Napoléon voulut aussi préserver ses habitudes tout en conservant un peu de majesté. Véritable « monstre » d'habitudes, il aimait évoluer dans un environnement familier et astucieusement recréé par ses serviteurs. Très maniaque, il exigeait que tout soit rangé à la même place et selon les mêmes principes. Pour régler ainsi son existence, il pouvait compter sur ses valets, tous formés à son école. Aux premières heures du jour, vers les sept heures, le premier valet de chambre entrouvrait délicatement les persiennes de la chambre de son maître pour baigner la pièce d'une lumière douce. Puis la journée commençait, notamment avec le rituel du bain : « L'empereur ayant pris l'habitude de déjeuner très fréquemment dans son bain, j'avais fait faire une petite table d'acajou qui, retenue par des crochets aux extrémités, entrait dans la baignoire à la hauteur qu'il voulait. Sur cette table, on lui servait son déjeuner, puis après, son livre ou ses papiers ; il ne restait jamais moins d'une heure et demie dans son bain, dont il entretenait la chaleur en laissant couler un petit filet d'eau ; l'un de ces messieurs était appelé, causait ou travaillait avec lui ; souvent après avoir causé avec l'un, il en faisait demander un autre. Ces bains lui faisaient du bien et diminuaient, disait-il, une douleur sourde dans le côté, dont il commençait à se plaindre[2]. »

S'il consacra beaucoup de temps au travail, l'ennui fut aussi l'exaspérant compagnon de Napoléon. Tandis qu'un feu de cheminée réchauffait sa chambre, il allait de son lit à son fauteuil, de son fauteuil à son canapé, de son canapé à son lit, incessant et désespérant manège d'un homme reclus dans vingt mètres carrés. Quelques souvenirs trônaient sur sa cheminée : le réveil du Grand Frédéric pris à Berlin, une montre de la campagne d'Italie, un buste du roi de Rome, restes épars d'une vie d'exception. Des miniatures de Joséphine ou de Madame Mère servaient de portraits de famille pour un homme exilé si loin des siens. Pour adoucir l'humeur de son prisonnier et en guise d'étrennes, Cockburn lui rendit ses fusils de chasse le 1er janvier 1816. Mais le gibier était si rare sur le plateau : « Il ne se trouvait parmi nos arbres à gomme que des tourterelles, que quelques coups de fusil de la part du général Gourgaud et de mon fils eurent bientôt détruites ou forcées à l'émigration », commente avec dépit Las Cases[3]. Si quelques oiseaux tombèrent sous les balles de ses officiers, le tableau de chasse resta en définitive bien maigre tout au long de la captivité. Et l'empereur se lassa d'ailleurs très vite de ses pseudo-parties de chasse. En outre piètre chasseur, la patience n'était pas sa qualité première dans cette pratique comme dans bien d'autres : « Le 7 [janvier], dimanche. À six heures, l'empereur me fait appeler pour aller à la chasse, et se fatigue au bout d'une demi-heure ; il croit que les perdrix vont l'attendre ! », sourit Gourgaud[4]. Il faut dire que, myope, il avait l'habitude que ses servants alignent pratiquement au bout de son fusil des proies devenues pour le moins faciles.

Après avoir été séché, rasé et habillé par son valet, Napoléon pouvait apparaître en public et notamment recevoir. Outre leurs fonctions domestiques, les officiers de Napoléon assuraient ce que l'on appelait des fonctions d'honneur auprès de lui. Lors des réceptions publiques, ils apparaissaient en grand uniforme pour entourer plus dignement leur maître. Par leur prestance, ils étaient censés rappeler son importance. Pendant l'entretien, ils ne disaient rien, sauf s'ils étaient interrogés, restant droits et impassibles tels de vigilants gardiens. Leur présence figée donnait de la solennité à l'audience – c'était le but. Comme le prescrivait l'étiquette impériale, on ne pouvait ni s'asseoir ni prononcer un seul mot sans y avoir été invité par l'empereur. Une seule fois, Cockburn osa poser son séant avant que le captif ne lui ait désigné un fauteuil. Cette entorse à l'étiquette déplut tellement qu'ensuite, le maître de Longwood ne reçut plus que debout, obligeant ainsi ceux qu'ils recevaient à faire de même. Ses officiers ne quittaient leur position de sentinelle que pour répondre à la moindre de ses demandes. Leur service d'honneur se prolongeait également en dehors des audiences. Un officier de cour doit dignement tenir compagnie à son souverain, répondre à ses questions, animer la discussion ou tout simplement le divertir. Bref, lui faire passer son temps le plus agréablement possible. À Sainte-Hélène, Bertrand, Montholon, Gourgaud et Las Cases, ensemble ou séparément, se relayèrent ainsi continuellement auprès de Napoléon. Chaque jour ou presque, ils furent sollicités dans ce rôle.

Comme le confirme Las Cases, leurs relations avec le captif furent toujours strictement régies par l'étiquette : « Aucun de nous n'arrivait dans sa chambre sans avoir été appelé, et si l'on avait quelque chose d'important à lui communiquer, on faisait demander à être reçu. S'il se promenait avec nous en tête à tête, nul autre ne venait le joindre sans être appelé. [...] Nul, excepté les deux dames, ne s'asseyait devant lui qu'il ne l'eût ordonné. Jamais la parole ne lui était adressée sans son interpellation, à moins que la discussion ne fût engagée ; et toujours et dans tous les cas, il gouvernait la conversation. Telle était l'étiquette de Longwood, purement, comme on voit celle de nos souvenirs et nos sentiments[5]. » Chaque officier pouvait d'autant plus facilement être demandé par son maître qu'il logeait à proximité. Dans l'aile dite des généraux, bien qu'alignées et communiquant entre elles, les chambres disposaient toutes d'une porte d'accès donnant sur l'extérieur. Ainsi leurs occupants pouvaient-ils être appelés individuellement et ce, à n'importe quelle heure du jour ou de la nuit. Cette servitude permanente conduisit par exemple le couple Montholon à faire lit séparé, la comtesse ne supportant plus d'être réveillée en pleine nuit par l'appel du valet de service. Autre conséquence de cette disposition, il était facile à chaque courtisan de connaître celui ou celle qui était le plus appelé auprès de Napoléon, donc le mieux en cour. De quoi susciter bien des jalousies. Le couple Bertrand n'habita jamais l'aile des généraux. Avec leurs enfants, ils se tinrent en effet à distance respectable de Longwood. Dans un premier temps, ils logèrent à environ un kilomètre du captif, à Hutt's Gate. Attachés à leur indépendance, ils préservèrent ainsi leur intimité tout en évitant une sujétion permanente, mais s'éloignèrent progressivement du prisonnier.

La petite cour se réunissait traditionnellement autour de l'empereur en soirée, pour le dîner et l'après-dîner. Pour préparer les repas de la maison, l'office recevait par mois en moyenne 270 poulets, 1 400 kilos de bœuf, 40 flacons d'huile d'olive, 12 pièces de jambon, 30 rôtis, 25 kilos de beurre ou de lard ou encore 30 bouteilles de vinaigre. On consommait aussi mensuellement près d'une tonne de pain. Cela peut paraître impressionnant, mais il ne faut pas oublier que ces quantités étaient pour une cinquantaine de personnes. En plus de ces livraisons, Cipriani se rendait quotidiennement à Jamestown pour y faire son marché afin d'acheter ce qui manquait en beurre, œufs, fromage, porc, huile, etc. Une fois leurs magasins remplis, Lepage et Pierron se mettaient à l'ouvrage. Trois matelots anglais dépêchés par Cockburn servaient de garçons de fourneaux ou d'aides. Pour le déjeuner de l'empereur, le travail des cuisines n'était guère difficile, Napoléon étant plutôt simple dans ses goûts. Lisons Ali : « Il préférait un bon potage, un bon morceau de bouilli, à tous les mets composés et succulents que ses cuisiniers pouvaient lui faire. Des œufs à la coque ou sur le plat, une omelette, un petit gigot, une côtelette, un filet de bœuf, de la poitrine de veau sur le gril, ou une aile de poulet, des lentilles, des haricots en salade étaient les mets qu'on lui servait habituellement à ses déjeuners. Sur sa table, pour ce repas, il n'y avait jamais que deux plats, dont un de légumes, précédés d'un potage[6]. »

Instant de cour privilégié, le dîner était en revanche mieux servi comme bien plus protocolaire. Sans qu'elles aient jamais eu ce titre auparavant, deux « dames du palais » appartenaient également au cénacle de Longwood : Mmes Bertrand et de Montholon. En principe, elles devaient apparaître devant l'empereur revêtues de leurs meilleurs atours et lui faire la grande révérence avant de se rendre au dîner. À l'appel du maître d'hôtel, Napoléon et sa suite passaient à table. Sur son fauteuil, Napoléon s'asseyait en premier, imité ensuite par tous ses convives, installés eux sur des chaises, étiquette oblige. Il était placé de dos à la cheminée, à sa droite se tenait Mme Bertrand quand elle était là et à sa gauche la place revenait à Mme de Montholon. Le grand maréchal, le comte de Montholon et Las Cases faisaient face à leur maître. Sur les côtés, Gourgaud et le fils Las Cases complétaient le plan de table. Sur d'élégants candélabres, les bougies étaient si nombreuses qu'il faisait « aussi chaud que dans un four[7] ». Au cours du dîner, tandis que le ballet des serviteurs se voulait impeccable, la vaisselle en argent lustrée avec soin par le valet Rousseau faisait un peu illusion avant que n'apparaissent, au hasard des plats, d'ordinaires assiettes en porcelaine anglaise. Avant de quitter Paris, on avait pourtant emporté le plus prestigieux service en porcelaine de Sèvres réalisé pour l'empereur, le service dit « des quartiers généraux », dont le marli vert Empire orné d'un décor rayonnant de glaives et d'étoiles met si bien en valeur les superbes vues représentées dans le fond des assiettes. Mais comme le confirmèrent Ali et Marchand, il ne fut jamais sorti, l'empereur craignant qu'on ne l'abîmât.

À la table de Longwood, le service se faisait à la française. Plusieurs plats circulaient et chacun se servait suivant son goût et son appétit (aujourd'hui nous pratiquons plutôt le service à la russe avec une entrée, un plat et un dessert). Au menu chaque soir étaient proposés un potage, un relevé, deux entrées, un rôti et deux entremets. Sous l'autorité du maître d'hôtel Cipriani, les chasseurs Ali ou Noverraz présentaient les plats à l'empereur tandis que les autres convives, étiquette oblige, étaient servis par les valets de pied Rousseau et Gentilini. Parfois aidés par des matelots britanniques, les domestiques répétaient chaque soir leur ballet plutôt bien réglé. Eux aussi apparaissaient dans leurs plus belles tenues. Le maître d'hôtel enfilait ainsi tous les soirs son habit brodé d'argent, culotte de soie noire, bas blancs et souliers à boucle. Pour les servants de l'empereur, l'habit était le même, à l'exception des broderies du collet et des parements qui étaient d'or et non point d'argent. Quant aux autres domestiques, anglais compris, ils arboraient la traditionnelle livrée verte de la Maison de l'empereur. Tout au long du dîner, l'huissier Santini conservait un maintien figé près de la porte de la salle à manger. Quand arrivait l'instant du dessert, le pâtissier Pierron apportait lui-même ses « chefs-d'œuvre » de sucrerie, des bonbons dont raffolait l'empereur ou, plus exotique, des bananes aromatisées au rhum. De la cave étaient apportées des bouteilles de vin de Madère, du Cap, de Constance, de claret, de Graves, de Ténériffe mais aussi du vin de Champagne, du whisky ou plus rarement de la bière, du cidre ou du porto.

Le captif n'étant pas gastronome, le temps consacré au dîner était en général fort court. Au bout d'une demi-heure seulement, on servait le café. Puis venait le temps des soirées de cour dans le salon de l'empereur. Avant qu'elles ne commencent, l'empereur faisait quelques pas dans les jardins accompagné par sa suite chamarrée. Vers les huit ou neuf heures, il rentrait dans son logis pour se distraire avec sa petite cour. Devant elle, il lisait à haute voix ses œuvres favorites, mais son débit était saccadé, sa prononciation hasardeuse et quelques mots disparaissaient au hasard de ses courses littéraires. Souvent la discussion s'engageait, parfois vivement, sur ce qui venait d'être lu. De la poésie, du théâtre ou des romans furent donc presque toujours au menu des après-dîners. Obligés de rester debout, les officiers de la Maison écoutaient respectueusement leur maître, mais ployaient souvent sous le poids de leur fatigue. Si les vers de Corneille, de Racine ou de Voltaire n'étaient pas toujours attendus avec gourmandise, on tendait en revanche un peu mieux l'oreille quand le captif revenait sur son épopée. Ses jugements, souvenirs ou anecdotes redonnaient alors de l'intérêt à ces veillées parfois un peu tristes. Une fois rentrés dans leurs intérieurs, Las Cases, Gourgaud, Bertrand et Montholon s'empressaient de noter ce qu'ils venaient d'entendre. Ainsi rapportée, la parole impériale constitua le cœur des écrits appelés à devenir célèbres de nos quatre « évangélistes », selon l'expression consacrée du Pr Tulard.

Après que Napoléon se fut retiré dans ses appartements, Marchand restait auprès de lui. Selon un rituel bien établi, il éteignait les bougies de sa chambre et allumait celles de son cabinet de travail. Tant que Napoléon n'avait pas congédié son premier valet, celui-ci devait rester debout et lui tenir compagnie. Il arrivait parfois qu'il trouve le sommeil sans l'avoir renvoyé : « Un soir j'étais resté dans sa chambre, écrit le premier valet de chambre dans ses *Mémoires*, et il s'endormit sans m'avoir dit de me retirer ; la crainte de le réveiller me fit rester, et je m'assis dans un des coins de sa chambre en attendant son réveil[8]. » Alors qu'il remplaçait Marchand, Ali connut exactement la même servitude : « Combien de fois m'est-il arrivé, raconte-t-il, la nuit, de passer de longues heures auprès du lit de l'empereur, et dans l'obscurité la plus complète, à attendre qu'il me dît d'aller me coucher ! Pour ne pas avoir à rester trop longtemps sur mes pieds, j'avais la précaution d'apporter un oreiller et de me coucher sur le tapis au pied de son lit afin de me reposer. J'avais le soin d'avoir l'oreille au guet, afin d'être sur mes pieds et près de lui au premier mouvement et à la moindre parole que j'entendais[9]. » Mais, souvent, tandis que les heures défilaient, le captif restait éveillé. Religieusement, le domestique présent l'écoutait alors soliloquer longuement à propos de sa gloire passée. Souvent, il demandait à Marchand de lui apporter l'une des cinquante-sept bonbonnières ou tabatières richement ornées et finement décorées qui avaient été apportées de France pour revoir toujours avec émotion les portraits de l'impératrice Marie-Louise ou du roi de Rome qui y figuraient. Et quand enfin il fermait les yeux, ses nuits n'étaient pas toujours tranquilles. Marchand raconte également dans ses *Mémoires* les quelques cauchemars de l'empereur qui le faisaient marmonner et s'agiter. Le premier valet de chambre fut donc un témoin « privilégié » des nuits blanches comme des mornes journées de son maître. À plus d'un titre, ses *Mémoires* sont précieux pour l'historien. Plus sincères que ceux de son prédécesseur Constant, écrits en grande partie par d'autres que lui, ils nous montrent un homme resté empereur jusque dans son intimité. S'il se montrait souvent bienveillant avec ses subalternes, Napoléon demeura toutefois impérieux, ne tolérant pas la moindre atteinte à son rang.

13

L'envers du décor

La caricature n'a jamais épargné Napoléon. En la matière, les satiristes anglais furent les plus féroces comme les plus inspirés. Dans leurs dessins, il apparaissait sous les traits d'un général lilliputien appelé « Boney ». À cause d'une confusion entre les mesures anglaises et françaises[1], les sujets du roi George étaient persuadés qu'il ne mesurait qu'un mètre cinquante, d'où les railleries autour de sa prétendue petite taille. Sous l'Empire, il devint l'« ogre corse », un personnage plus sombre et repoussant. Puis, dans le fracas de sa chute, le plus sympathique « Boney » fit sa réapparition, mais ce fut pour mieux tourner en ridicule ses prétentions de souverain en exil que l'on présenta comme suprêmement orgueilleuses. Pour mieux faire rire, le contraste entre sa situation misérable et ses manières d'empereur fut ainsi accentué. En 1816 parut chez les « marchands de nouveautés » une caricature intitulée « Proposition de Constitution aux habitants de l'île Sainte-Hélène par l'ex-empereur et roi ». Affublé d'un nez digne de Cyrano, en petit costume de sacre et coiffé d'un chapeau à plumes, l'empereur recevait les serments de fidélité d'une armée tricolore d'un genre particulier : une grouillante cohorte de rats. Si la caricature déforme, exagère, elle s'inspire toujours néanmoins d'une certaine réalité.

En la circonstance, le dessinateur anglais rappelait une cruelle vérité : à Sainte-Hélène, les rongeurs pullulaient, aussi audacieux qu'agressifs. Sur ce sujet, lisons Montholon : « Au nombre des indigènes de l'île on a oublié les rats, car Sainte-Hélène en est couverte, et leur nombre était si grand à Longwood, lorsque nous y avons été logés, qu'ils venaient rôder autour de notre table à manger pendant que nous étions à dîner, et se promenaient dans nos logements sans paraître s'occuper de notre présence. Nous ne sommes jamais parvenus à les détruire entièrement, malgré la guerre à mort et incessante que nous leur avons faite pendant plus de cinq ans. Il y a plus, leur présence n'était pas toujours inoffensive. Le général Bertrand fut mordu assez grièvement à la main pendant qu'il dormait ; une servante le fut également[2]. » Pour empêcher qu'ils ne mordent ses enfants la nuit, Albine de Montholon faisait même tremper les pieds de ses chérubins dans des bassines remplies d'eau. Mieux valait un rhume qu'une vilaine morsure. Téméraire, le rat de Sainte-Hélène était friand du feutre des chapeaux des officiers de Longwood. Après avoir été blessé une première fois, le grand maréchal fut à nouveau victime d'un rongeur qui s'en était pris à son bicorne sans qu'il s'en aperçoive. Quand il se couvrit, l'impudent animal planta férocement ses incisives dans son crâne dégarni.

Affamés et particulièrement nombreux, les rats avaient même réussi à percer plusieurs trous dans les murs de la cuisine qui furent rebouchés avec des plaques en fer blanc, seul moyen de les arrêter. À plusieurs reprises, les domestiques tentèrent de les exterminer. À la nuit tombée, ils ôtaient l'une des plaques en fer cloué sur le mur, laissaient pénétrer une vingtaine de leurs ennemis puis les frappaient à coups de gourdin jusqu'à ce que mort s'ensuive. À l'aube, les Chinois de service découvraient un monticule de rats crevés qu'ils s'empressaient d'emporter. Le massacre était aussi sanglant qu'inutile. Pour chaque rat tombé, un autre surgissait de la cale d'un navire, puis se reproduisait. Néanmoins, leur chair étant appréciée des Chinois, beaucoup de ceux qui terminèrent leur existence de rongeur à Longwood furent mangés, sans doute parfois faute de mieux. Les rats ne pullulaient pas qu'autour de Longwood. Toute l'île en était infestée, mille faits en attestent : « Un autre plus tragique, c'est qu'un petit garçon de treize ans, esclave, s'étant endormi dans un corridor, eut un morceau de la jambe mangé par un rat. Une nuée de sauterelles fut jadis regardée, en Égypte, comme une punition du ciel. Qu'était-ce pourtant auprès du fléau qui désole cette île ? Elle est couverte de rats qui y font, journellement, les plus grands dégâts contre lesquels les habitants, mêmes, ne peuvent assez se précautionner[3] », rapporte l'Autrichien Stürmer.

La présence obsédante des rats sur l'île fut connue en Europe grâce à la caricature, mais aussi à cause de plusieurs articles de presse. Cette nouvelle donna même l'idée d'un cruel canular à un plaisantin de la ville de Chester située dans le nord-ouest de l'Angleterre[4]. Un matin, les murs de la tranquille petite cité furent recouverts d'un prétendu appel du gouvernement britannique invitant la population à apporter son concours dans la lutte menée contre les rats de Sainte-Hélène. Il y était dit qu'à jour fixe, un officier du roi viendrait acheter des chats à un prix oscillant entre 10 et 16 shillings par animal. Alléchés par cette offre intéressante, les habitants se mirent à capturer tous les félins qu'ils purent trouver. Au jour promis, une foule impatiente guettait l'arrivée du représentant du roi. Mais à la fébrilité ambiante succéda rapidement une vive déception. Comprenant qu'ils venaient d'être joués, les habitants furieux attaquèrent l'hôtel de ville et se livrèrent à un pillage en règle. Près de 4000 chats furent alors relâchés dans les rues de la ville. L'auteur de cette supercherie ne fut jamais découvert, mais dans les jours qui suivirent tous les chats furent exterminés pour éviter qu'ils ne deviennent eux aussi trop envahissants. Une fois n'est pas coutume, le prédateur fut ainsi en quelque sorte victime de sa proie, les rongeurs de Longwood ayant indirectement entraîné l'élimination de milliers de chats en Angleterre.

Le rongeur ne fut pas le seul désagrément que connurent les habitants de Longwood. Dans l'histoire de la captivité, le climat eut aussi son importance. Mal orientée, la maison de Longwood cumule tous les handicaps : elle est en hauteur, située dans la partie sud-est et donc très exposée à l'alizé froid. En 2018, l'auteur de ces lignes fut l'heureux participant d'un voyage à Sainte-Hélène. Chaque matin, après avoir quitté les Briars, son soleil timide et son atmosphère sèche, nous prenions la route de Longwood. Arrivés à la maison, alors qu'il n'est pas encore neuf heures, les feux crépitent dans les cheminées. On est alors obligé de se couvrir avec une petite laine car sans frissonner vraiment, on a l'impression de pénétrer dans une vieille maison de bord de mer et mal isolée. Ceux qui séjournent à Longwood peinent à sécher leur linge, les serviettes de bain conservant une empreinte humide toute la journée. Dans tous les livres, on remarque tout de suite la rousseur du papier jauni. Pourtant, depuis des travaux récents, la maison est correctement isolée. Or c'était loin d'être le cas en 1815, quand son sol n'était fait que de planches ou, pis encore, de simple terre battue.

Au temps de la captivité, la bâtisse reposait sur de la petite brique de lave fort perméable couverte par des planches en sapin posées à même le sol. Dans l'aile des généraux, il n'y avait point de plancher, mais de la simple terre battue que l'on recouvrait avec des tapis. Dès lors, en chaque endroit de la maison, l'eau infiltrait facilement le sol. Au surplus, les toits n'étant pas étanches, elle suintait sur les murs et gâtait rapidement les tapisseries. Des tentures murales en percale et mousseline furent installées, mais, dérisoires cache-misère, elles tombaient souvent en morceaux après les premières pluies. Même l'évacuation des eaux du bain posait problème : « La baignoire n'ayant pas de conduit pour être vidée, rapporte Ali, on jetait les eaux par la fenêtre, et avec le temps, ces eaux s'infiltrant dans le mur finirent par s'introduire et séjourner sous la partie voisine de la fenêtre. Au bout d'un certain temps les madriers se trouvèrent pourris et le plancher fléchit, n'ayant plus de support[5]. » En voulant se réchauffer, Napoléon aggravait ainsi l'humidité de sa maison, cercle vicieux et désespérant s'il en est. Bref, l'humidité régnait en maître, abîmait tout, éprouvait les bois, les papiers et fragilisait les êtres.

Si Napoléon était encore traité en empereur dans son intérieur humide, il lui suffisait de jeter un œil par la fenêtre pour se remémorer à quel point il était un prisonnier surveillé et considéré comme dangereux. Sur le plateau voisin, celui de Deadwood, il pouvait en effet apercevoir le camp militaire abritant le régiment assurant la garde de sa personne. Plus près encore, neuf postes de garde au total entouraient sa maison. Situé à l'entrée du plateau de Longwood, le plus important comprenait neuf sentinelles le jour et quinze la nuit. Dans celui de Barrack Guard, quatre soldats le jour et sept la nuit se tenaient en faction. Ensuite, répartis en cercle autour de la maison, existaient aussi sept autres piquets de garde d'une sentinelle chacun. Au total, entre vingt et vingt-neuf soldats montaient en permanence la garde au plus près du prisonnier. D'après un état militaire daté de novembre 1816, un effectif de quatre-vingts hommes était mobilisé chaque jour pour assurer les relèves[6]. Si la journée les sentinelles se tenaient à une distance respectable de la maison, elles se rapprochaient en revanche ostensiblement dès que le jour faiblissait. Après chaque coucher de soleil salué par un vigoureux coup de canon, les gardes étaient également renforcées. À neuf heures précises, les soldats britanniques entraient dans les jardins de la maison de Longwood et deux d'entre eux prenaient même position devant le perron. Jusqu'à l'aube, les patrouilles sur le plateau étaient incessantes. Pour accéder à la maison, un mot de passe changeant tous les soirs était nécessaire. Et s'il désirait sortir au-delà de ses jardins, Napoléon devait être accompagné par un officier et plusieurs soldats.

Les conditions d'existence des soldats britanniques furent souvent moins enviables que celles de leur prisonnier. À Deadwood, l'alizé souffle par exemple avec encore plus de vigueur qu'à Longwood. Quand on s'y rend, on se croirait transporté sur une lande bretonne durement exposée à tous les vents. Pendant la captivité, la troupe y étendait son linge pour qu'il sèche plus vite. De loin, les tuniques rouges ainsi étalées faisaient ressembler le plateau à un champ de coquelicots géants. Compte tenu des difficultés d'approvisionnement de l'île, les rations quotidiennes furent réduites à une livre et demie de pain (680 grammes), une livre de viande salée (presque un demi-kilo), deux onces de riz (57 grammes) et trois livres de bois. Malgré l'arrivée fréquente de navires en provenance du Bengale, le riz restait apparemment une denrée rare car distribuée avec parcimonie. Au mois de novembre 1815, un mois seulement après l'arrivée du 53ᵉ de ligne, les magasins de Jamestown étaient déjà presque vides. Inquiet, le Conseil de l'île alerta Cockburn, mais la pénurie fut heureusement évitée de justesse grâce à l'arrivée non prévue d'un navire venant des Indes, aux cales abondamment pourvues en riz. Si pour chaque fantassin le prix de sa nourriture venait en déduction de la solde, le vin ou la bière étaient en revanche gratuits à concurrence d'une pinte par jour, soit à peu près un demi-litre. Mais dans un temps où le vin tenait lieu de boisson essentielle, une malheureuse pinte ne suffisait pas à étancher la soif de soldats habitués à lever le coude.

Au sein de la troupe britannique, un officier partageait presque exactement la vie des Français, l'officier d'ordonnance. Quand le captif commença à habiter Longwood, celui-ci s'installa à demeure près de lui. Une fois les travaux de la maison achevés, il résida dans l'aile des généraux, sa chambre étant voisine de celle de Gourgaud. Même s'il était officiellement chargé des liaisons entre les Français et le gouverneur, sa mission véritable consistait à surveiller Napoléon. En cas de mouvement suspect, il devait immédiatement donner l'alerte. Si par exemple on se mettait à faire autour du prisonnier « des emballages ou des paquets quelconques », Plantation House devait en être prévenue. Pour ne pas relâcher sa surveillance, il ne devait pas quitter Longwood plus de deux heures sans ordre. Et afin d'être en mesure de communiquer rapidement avec le gouverneur, il devait aussi veiller à ce qu'un cavalier soit toujours prêt à porter un message de jour comme de nuit. Son commandement s'étendait également à tous les soldats de garde sur le plateau comme près de la maison. Comme dans n'importe quelle prison du monde, ce gardien en chef avait également pour mission de s'assurer au moins deux fois par jour de la présence du captif, comme l'avait suggéré le colonel Wilks : « Les moyens d'empêcher une évasion, dit-il, sont liés, à un moindre degré, aux précautions de défense militaire : ils doivent surtout reposer sur une bonne police militaire, [...] sur l'opportunité pour un officier de constater sa présence physique de façon régulière, et dans des intervalles de temps aussi courts que la courtoisie et l'humanité puissent le permettre[7]. » Enfin, si le prisonnier désirait sortir de son périmètre de liberté, il devait impérativement l'accompagner. Cette dernière contrainte fut toujours insupportable au captif.

14

L'enclos

Dès le premier jour de son installation à Longwood, le 6 décembre, le prisonnier de l'Europe fut informé des consignes de garde qui devaient s'appliquer le soir même. Sans être suivi par un officier anglais, il pouvait désormais aller et venir seulement dans un rayon d'à peu près trois kilomètres autour de sa résidence. À cheval ou en calèche, il pouvait ainsi se promener jusqu'à Hutt's Gate où séjournaient les Bertrand. Son périmètre de liberté incluait aussi le camp de Deadwood dans lequel campait le 53e d'infanterie (voir carte), mais où il n'avait cependant aucune envie d'aller. De fait, il fut plutôt obligé de se cantonner aux parties sud du plateau, ce qui le restreignait davantage encore. Tel était son « enclos » (le mot est de Las Cases). Le reste de l'île ne lui était absolument pas interdit à condition qu'il accepte d'être accompagné par l'officier d'ordonnance. Cette disposition le heurta d'emblée. Fâché, il confia à Gourgaud : « Soyez sûr qu'ils ont pour instruction de me tuer, on prétextera une erreur pour me donner un coup de baïonnette, oh ! Je connais les Anglais[1]. » Ensuite, il fera toujours de cette histoire des limites un *casus belli*. Ne comprenant pas la raison d'une telle disposition, il la tiendra toujours en erreur, estimant qu'elle n'avait été édictée que pour le rabaisser. Il est vrai qu'au vu du dispositif militaire déployé par les Anglais, on peut s'interroger sur le bien-fondé de cette mesure. Était-elle vraiment nécessaire ?

Sur le plan strictement militaire, elle ne s'imposait probablement pas. Sur une île, la seule possibilité de fuir ne peut être que maritime, truisme qui fut semble-t-il oublié. Il suffisait donc de s'assurer que toute la côte était bien gardée – et elle l'était –

LE PREMIER ENCLOS : L'ESPACE « LIBRE » DE NAPOLÉON

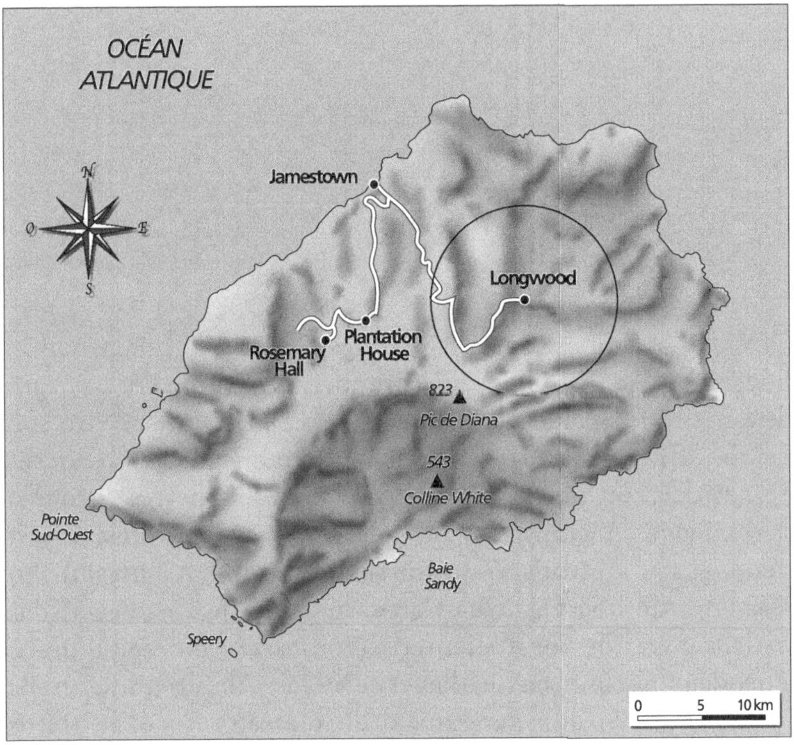

et d'inspecter les navires – et c'était le cas – sur le départ pour éliminer tout risque d'évasion. Ajoutons que lorsqu'un navire mettait à la voile, il était de toute façon interdit à Napoléon, accompagné ou non, de se rapprocher du port. Preuve s'il en était de l'excès de prudence que représentaient ces limites, elles seront considérablement agrandies cinq ans plus tard. Dans les archives britanniques, on ne trouve pas trace d'une quelconque volonté de nuire au prisonnier. Alors pourquoi cette décision qui fut maintenue malgré les incessantes plaintes du captif ? En premier lieu, il est possible que le cabinet britannique ait estimé qu'un périmètre de trois kilomètres suffisait pour lui assurer une « certaine forme de liberté » comme l'avait demandé Liverpool. Probablement aussi, second point, s'il convenait de ménager le prisonnier, il ne fallait en revanche pas donner l'impression qu'il jouissait de libertés trop étendues. Vis-à-vis des Alliés comme de la majorité conservatrice du Parlement, il importait de ne pas apparaître exagérément accommodant, du moins dans un premier temps. Enfin, le prisonnier inspirait une crainte déraisonnée à ses gardiens. Considéré comme un aventurier capable de tout, surtout du pire, mieux valait ne pas tenter le diable en se montrant trop généreux avec lui.

Considérons à présent la position de Napoléon. Choisir de se confiner dans son « enclos » à cause de la présence d'une seule tunique rouge, était-ce vraiment raisonnable ? Las Cases affirme dans le *Mémorial* qu'il répugnait d'être « à la vue de celui qui le garde ». Cette excuse nous paraît fallacieuse, la seule vision de l'officier d'ordonnance lors de ses sorties ne pouvant être plus pénible que celle de la multitude de sentinelles entourant sa maison. En outre, il avait bien accepté auprès de lui la présence de plusieurs officiers anglais depuis sa reddition en juillet. À Longwood, il en recevrait même beaucoup, qu'ils soient de passage ou non. Ajoutons que son médecin appartenait à la Royal Navy. Pourquoi dès lors ce raidissement, ce changement de ton ? Des accès de plus en plus fréquents de mauvaise humeur peuvent l'expliquer, mais seulement en partie. Si cette affaire de limites devint un point d'achoppement quasi permanent entre lui et les Anglais, ce fut aussi en raison de sa volonté assez systématique de s'opposer. Une sorte de position de principe témoignant du refus global de sa captivité et donc de ses conditions. En outre, dénoncer ce qui pouvait paraître comme une décision inique de la part de ses geôliers était une manière habile de les mettre en difficulté à bon compte. Faire feu de tout bois, polémiquer sur à peu près tout pour gêner son adversaire allait devenir non point l'exception mais la règle. En tout cas, obstination ou tactique, il entendait bien ne laisser aucun répit sur le moindre sujet à ses gardiens.

Après avoir pris possession de sa nouvelle maison, le captif voulut prestement découvrir son « enclos ». Mais si ses écuries étaient bien pourvues en selles, elles manquaient encore de montures. Il fallut attendre le 23 décembre 1815 pour qu'avec la frégate *Doris* arrivent enfin les chevaux achetés pour Longwood.

Parmi ceux qui furent débarqués ce jour-là se distinguait un superbe cheval de course, un entier, réservé à l'empereur. Si les Anglais n'avaient pas lésiné sur la dépense, en revanche son nom posait problème car il s'appelait... Bonaparte. On ne peut croire à un hasard. Sans surprise, il fut promptement rebaptisé Numide par les frères Archambault. Dans le *Journal* de Gourgaud notamment, il est fait mention d'une monture appelée Vizir. Était-ce le cheval préféré de l'empereur ? Il semble que non. Le premier Vizir, un cheval arabe de robe grise offert en 1804 par le sultan de Turquie, était l'un des plus soignés des écuries impériales. Depuis l'Égypte, Napoléon aimait monter des chevaux arabes, plus petits mais surtout plus vifs que ceux nés en Europe. Après le retour de l'île d'Elbe, il semble que Vizir ait été confié à un certain M. de Chaulaire chez qui il mourut en 1826[2]. Aucun cheval n'ayant été emmené de France à Sainte-Hélène, Vizir ne put donc accompagner son maître dans son dernier exil. Plus vraisemblablement, on donna son nom à l'une des montures débarquées en décembre 1815, par nostalgie ou à moins que ce ne fût pour donner un caractère plus impérial aux maigres écuries de Longwood. On fit d'ailleurs de même pour le Cheik, qui portait le nom d'un cheval arabe entré aux écuries du Premier consul en 1802. Au total, les écuries abritèrent dix chevaux, quatre de voiture et six de selle répartis en deux équipages. Avec la *Doris*, une voiture décapotable et légère fut également emportée, une calèche dite à la Daumont, faite pour la promenade. Début 1816, tout était donc prêt pour que l'empereur puisse à son aise parcourir son espace de liberté.

En compagnie de Las Cases, il ne mit pas longtemps avant de découvrir le plateau de Longwood. Sur son passage, soldats et fermiers l'observaient toujours respectueusement. Un matin, apercevant un paysan en train de labourer son champ, il descendit de son cheval, échangea quelques mots avec lui avant de prendre en main sa charrue. Stupéfait, le propriétaire du champ le vit ensuite tracer un long sillon dans la terre grasse. Le temps d'un court labour, Napoléon s'était donc fait paysan. Après avoir tourné en rond sur le plateau, il voulut s'aventurer un peu plus loin, au sud, en direction d'une vallée assez difficile d'accès. Encore accompagné de son secrétaire, il l'explora obstinément, quitte à salir ses bottes comme son uniforme : « Je lui donnais le bras, raconte Las Cases ; nous descendions et regrimpions tous les ravins. Il regrettait la légèreté de sa jeunesse, me reprochait d'être plus leste que lui. [...] Nous arrivâmes enfin haletants au bas de la vallée. Ce que nous avions pris au loin pour un chemin tracé n'était qu'un petit ruisseau d'un pied et demi de large. Nous voulûmes le traverser en attendant nos chevaux ; mais les bords de ce ruisseau étaient perfides. Ils semblaient être d'une terre sèche qui nous supporta d'abord, mais bientôt nous enfonçâmes subitement comme si nous avions brisé la glace. Nous étions menacés de disparaître[3]. » Heureusement, il put s'extraire de ce bourbier tout en donnant le bras à son maître pour le tirer de ce mauvais pas. Boueux jusqu'à la taille mais fier d'avoir sauvé l'empereur, il s'écria : « Marais d'Arcole ! » On sourit de la comparaison, même si du haut de son petit mètre cinquante, le secrétaire passa sans doute un mauvais moment.

Après cette première excursion, d'autres suivirent, faites néanmoins d'instants plus agréables. Perdue parmi les ronces et les broussailles, vivait au cœur de cette vallée une « fort jolie figure », Mary Ann Robinson, dans une modeste masure. Métayer de son état, son père exploitait là chichement une terre appartenant à la Compagnie des Indes. Suite à l'installation du 53ᵉ à proximité de ses enclos, le pauvre Robinson vit son gagne-pain compromis par cet envahissant voisinage, les soldats respectant assez peu la propriété d'autrui. Quand Napoléon passa devant son « humble toit », il surprit Mary Ann dans son « costume naturel », c'est-à-dire en tenue de fermière. Malgré son apparence négligée, elle séduisit d'emblée Napoléon et sa suite, en particulier le fringant Gourgaud. « Charmante », lâcha l'empereur à son propos[4]. Dès le lendemain, elle soigna sa toilette si d'aventure les Français réapparaissaient. Peut-être pourrait-elle convoler avec l'un d'entre eux et ainsi s'extraire de sa condition misérable. Durant les premiers mois de l'année 1816, l'empereur chemina presque tous les jours jusqu'à sa maison, emmenant avec lui un général Gourgaud qui manifestement en pinçait pour elle. Ces innocents rendez-vous avec les exilés la firent connaître de toute l'île. On lui donna même un surnom, plutôt joli, celui de « Nymphe de la vallée ». Quant à Napoléon, il préférait voir en elle la « Nymphe de Las Cases », bien que son secrétaire n'ait eu semble-t-il aucune véritable attirance pour elle. Même s'il lui fit quelques avances, Gourgaud soupira en vain, la « Nymphe » lui préférant un capitaine de la Royal Navy qu'elle épousera d'ailleurs. Discrète, Mary Ann ne laissa hélas aucun souvenir. Comme le veut la mythologie antique, cette « Nymphe » resta donc plus enchanteresse que commère.

Sur sa route, Napoléon ne croisa pas toujours des sourires enjôleurs. Le 12 janvier 1816, il remontait paisiblement de la vallée quand il entendit une brusque sommation : « Halte-là ! », cria une tunique rouge. Fusil en main, un soldat du 53e courut vers lui tout en chargeant son arme. À la vue de cet énergumène menaçant, l'empereur parut troublé, plus indigné par pareil comportement que réellement inquiet. Sans hésiter, Gourgaud lui ordonna de partir sur-le-champ tandis qu'il s'occuperait de ce soldat. Mais à peine avait-il éperonné son cheval que la sentinelle le mit en joue. Le courageux Gourgaud se précipita alors sur lui et le maîtrisa avant qu'il n'ait pu appuyer sur la gâchette. Le drame fut donc évité mais de peu et on en fut quitte pour une belle frayeur : « Le pauvre Las Cases croyait déjà avoir une balle dans le dos ! », ricana ensuite Napoléon[5]. Après avoir relevé la sentinelle, le général français le ramena jusqu'au poste de garde de Hutt's Gate. Devant ses supérieurs, l'homme confessa son erreur. Il avait cru que les limites avaient été franchies. Et Las Cases de commenter : « Cette circonstance, qui pouvait se répéter si facilement, nous fit frémir pour les jours de l'empereur. Lui n'y vit qu'un affront moral, un nouvel obstacle à son exercice du cheval[6]. »

Il oubliait cependant un peu vite l'incident qui s'était déroulé quelques jours plus tôt. Le 6 janvier, il demanda à sortir de son « enclos » pour aller vers Sandy Bay. Comme le voulait la procédure, l'officier d'ordonnance, le capitaine Thomas William Poppleton, en poste à Longwood depuis le 10 décembre, fit seller son cheval pour l'accompagner au-delà de ses limites. Pour que l'empereur ne soit pas trop incommodé par sa présence, il avait été convenu qu'il se tiendrait toujours à une distance respectueuse de cent pas. Mais en dévalant une pente raide, il ne put retenir son cheval, se rapprochant toujours plus du prisonnier. « Qu'il ne soit pas si près ! », ordonna Napoléon à Bertrand. Aussitôt le grand maréchal l'obligea à stopper net sa course. Le voyant ainsi à l'arrêt, Napoléon comprit en un éclair qu'il pouvait lui fausser compagnie. « Allons Gourgaud, au galop ! », cria-t-il à son officier. À bride abattue, les deux hommes disparurent rapidement dans les méandres de la vallée. Lancé à leur poursuite, Poppleton ne put les rattraper. Excellent cavalier, le captif s'était facilement joué de lui. Puis, pendant plusieurs heures, il disparut loin de Longwood : « Nous arrivons hors d'haleine, rapporte Gourgaud, à Rock Rose Hill où il n'y a que la maîtresse de la maison. [...] Elle est effrayée. Nous nous promenons dans le jardin, tournons le mamelon et voyons les deux vallées qui débouchent à la mer[7]. » Pendant ce temps, l'alerte fut donnée. Vers les sept heures du soir seulement, l'empereur rentra à Longwood sourire aux lèvres, content du bon tour qu'il venait de jouer à ses geôliers. Néanmoins soulagé, Poppleton put faire son rapport à destination de Plantation House. Nullement inquiet par ce qui venait de se passer contrairement à Bingham, l'amiral eut ce mot : « Ce n'est rien, il n'y a pas de danger, c'est une leçon seulement[8]. »

Mais cette « leçon » eut pour conséquence de resserrer la surveillance autour de Napoléon. Si ce dernier désirait à nouveau franchir ses limites, l'officier d'ordonnance ne le quitterait désormais plus d'une semelle, la distance de cent pas observée auparavant ayant été supprimée par Cockburn. Trois jours après sa fugue, quand l'empereur voulut déjeuner à la campagne près de Sandy Bay, Poppleton en informa Las Cases. Le secrétaire eut beau parlementer, rien n'y fit. Furieux et vexé, Napoléon ordonna de faire desseller les chevaux sur le départ. Comment pouvait-il penser que son escapade des jours précédents resterait sans conséquences ? Jugé imprévisible et peu digne de confiance, il ne fit que conforter sa réputation en prenant la poudre d'escampette avec Gourgaud. Oubliant ainsi un peu facilement sa propre responsabilité, il prit ensuite prétexte de cette affaire de limites pour accuser ses gardiens de vouloir le tourmenter inutilement. Outre une dispute toujours plus vive avec eux, il ne quitterait plus son « enclos » avant longtemps, rétrécissant ainsi de lui-même son univers.

15

D'un favori à l'autre

Le 11 février 1816, la nuit de Charles Tristan de Montholon fut passablement courte à cause d'étranges bruits qui l'empêchèrent de fermer l'œil. D'où venaient-ils ? Un parfum de mystère enveloppa soudain Longwood. Le lendemain matin, la petite colonie française s'interrogea : et s'il s'agissait d'un revenant ? La discussion se prolongea un moment avant que l'on ne comprenne que ce dérangement nocturne avait été causé par deux domestiques bien vivants et intéressés par les servantes du couple Montholon. Dans leur élan amoureux, les deux soupirants avaient tout simplement oublié d'être discrets. Même rassuré et sans en avertir son maître, Montholon demanda à l'amiral de rapprocher davantage les sentinelles à la nuit tombée afin que personne ne puisse désormais troubler son repos. Sans surprise, Cockburn s'empressa de le satisfaire. À la fin du jour suivant, les soldats anglais prirent position jusque sous les fenêtres de la maison de Longwood. En les voyant ainsi s'avancer, Napoléon se sentit agressé. À Gourgaud, il dicta aussitôt une protestation, ignorant encore qu'il devait à Montholon cette soudaine intrusion. Quand il la reçut, l'amiral écarquilla les yeux et protesta à son tour. Rapidement, on sut ensuite à Longwood qui était à l'origine de ce changement de consigne des sentinelles. Le premier à le prendre à partie fut Gourgaud : « Le matin je dis à Montholon que c'est du dernier ridicule, que s'il a peur des revenants qui passent par sa fenêtre, il n'a qu'à la fermer[1]. »

Ainsi démasqué, le général fut ensuite vivement interpellé par l'empereur, qui le traita de *coglioni* avant d'entrer dans une colère noire : « Il faut que vous ayez l'âme bien basse pour vous faire notre geôlier ! Un clou suffit. Bientôt si cela continue, il y aura des factionnaires jusque dans ma chambre », s'emporta-t-il[2]. Sous l'œil amusé de Gourgaud, il estima que cet « imbécile » n'était bon qu'« aux cuisines et à surveiller les marmites »[3]. Même rudement mis en cause, Montholon préféra baisser la tête et n'osa répliquer. Au ridicule consommé, il n'ajouta donc point l'offense. Pendant plusieurs jours, le captif ne lui adressa plus la parole avant d'oublier cet incident. Rester fâché avec ceux qu'il avait admonestés n'était pas dans sa nature. S'il fut pardonné par son maître, Montholon fut ensuite considéré par tous comme le « menteur » de la maison. Une réputation peu enviable qui allait lui coller à la peau. Peu à peu l'entourage de Napoléon apprenait à se connaître et à... se détester. Qu'ils soient domestiques ou officiers, les uns et les autres n'avaient guère travaillé ensemble auparavant. Et même s'ils se connaissaient, leurs rapports, à quelques exceptions près, n'avaient jamais été aussi rapprochés. Leur réclusion créa naturellement une sorte d'intimité entre eux et avec leur maître, rassurante ou pesante. L'empereur aussi découvrit mieux ceux qui le servaient, à commencer par son ancien chambellan.

Charles Tristan de Montholon-Sémonville naquit en 1783. Six ans après sa naissance, son père, de noblesse très récente, fut emporté par la maladie. Après ce drame familial, le jeune Montholon fut recueilli puis adopté par son beau-père, le marquis de Sémonville, diplomate émérite et intrigant hors pair. Créature de Talleyrand, il représenta avec succès la France, notamment au poste d'ambassadeur de France à La Haye. Grâce à son influence, Charles Tristan devint aide de camp de l'empereur. Mais plutôt discret sur les champs de bataille, il fut rapidement admis parmi les chambellans de la Maison de l'empereur. Dans son uniforme de cour, il ne se fit pas remarquer non plus jusqu'au jour où il croisa le regard énamouré d'une jeune femme deux fois divorcée, Albine Hélène de Vassal. Avec elle, il fila le parfait amour, l'épousa mais perdit au passage sa place à la Cour, l'empereur détestant ce genre d'union. Heureux en couple mais relégué loin des Tuileries, Charles Tristan tenta de renouer une première fois avec Napoléon en 1814 au moment de sa première abdication mais sans succès. Un an plus tard, il tenta à nouveau sa chance et cette fois réussit à se faire admettre dans le cercle rapproché entourant l'empereur.

À l'Élysée, le 21 juin 1815, il était de service comme chambellan, accueillant dans son uniforme de cour brodé ceux qui rendirent visite à l'empereur en ce jour historique. Les jours suivants, il continua d'ainsi se montrer, ne quittant plus les salons du palais : « Mais je ne vois donc que vous ici ? », s'étonna son maître[4]. Séduit par son dévouement, il envisagea très rapidement de l'inclure parmi ceux qui allaient l'accompagner en exil : « Bertrand hésite à m'accompagner ; Drouot me refuse. Vous me suivrez-vous n'est-ce pas ? », lui demanda-t-il[5]. Avec émotion, confia-t-il plus tard, Montholon accepta : « Une émotion instantanée produite tant par sa voix que par son regard dominait tout mon être[6]. » En quelques secondes, il lia son destin à celui qui deviendrait bientôt le captif de Sainte-Hélène. Son existence venait de basculer. Mais restait encore à annoncer son choix à sa jeune épouse. Gêné et hésitant, il lui demanda donc son avis. Du bout des lèvres, elle approuva sa décision. Autour du chambellan, elle fut cependant la seule dans ce cas, amis et parents redoutant que le comte soit atteint par une « insigne folie ». Dans la foulée, il convainquit Albine de partir elle aussi : « Je ne puis me décider de vous laisser derrière moi dans un moment pareil », lui avoua-t-il[7]. Dans l'urgence, la comtesse prépara quelques malles légères et laissa son plus jeune fils, âgé de huit mois, à une nourrice, le départ pour l'Atlantique étant imminent. Comme le soleil était encore haut en cette fin juin, elle ne prit que des vêtements d'été, ce qu'elle regretta une fois à bord du *Northumberland*.

On peut s'interroger sur les réelles intentions de ce couple considéré très tôt comme intrigant et matois. Pourquoi laisser derrière soi une situation enviable et même son premier enfant pour ainsi partir à l'aventure ? Montholon était-il de ceux qui viennent avec la chute pour recueillir les restes avantageux de celui qui vient de tomber ? S'il pouvait espérer quelques prébendes, en aucun cas il ne pouvait déjà anticiper un quelconque héritage. Rappelons qu'il accompagnait un homme à la quarantaine plutôt énergique malgré quelques atteintes. À Paris ou ailleurs, compte tenu de la position de sa famille, il aurait sans doute perçu le même revenu qu'à Sainte-Hélène (24 000 francs annuels), voire davantage. Comme d'autres, il fut peut-être séduit par la perspective d'un voyage en Amérique, une destination privilégiée par beaucoup à l'époque. Mais quand la nouvelle de la déportation à Sainte-Hélène fut connue, le couple ne parut pas faiblir dans sa détermination, au contraire des fragiles Bertrand. Ce saut vers l'inconnu ne les effraya donc point. Sans ciller, ils ignorèrent les risques d'un tel périple, qu'ils fussent de santé ou même ensuite de proscription dans une France redevenue furieusement royaliste. Il semble que la perspective d'approcher au quotidien le grand homme l'ait emporté sur tout le reste.

À son contact, ils espéraient sans doute s'élever, s'accomplir, changer une destinée plutôt morne jusque-là, sans forcément nourrir de basses arrière-pensées. Dans un premier temps, leur ambition fut sans doute plus noble que ne l'étaient cependant leurs modestes personnes, car, ensuite, dans l'atmosphère recluse de Longwood, leur enthousiasme, leur fièvre s'étioleraient naturellement, laissant apparaître quelques penchants moins glorieux. Dans son service, Montholon conserva toutefois un maintien impeccable, n'hésitant pas à donner de sa personne. À aucun moment ou presque, à l'opposé de Gourgaud, il ne sortit de son rôle, sachant rester à sa place. En présence de l'empereur, il ravala toujours son orgueil, faisant en permanence profil bas. Jamais il n'élevait la voix, ni ne s'opposait, ce que l'impérieux caractère du captif ne pouvait qu'apprécier. Agréable et dévoué, il avait les manières d'un aristocrate poli sans verser toutefois dans une obséquiosité déplacée. Au contact de l'habile Sémonville, il avait sûrement appris quelques finesses, d'où probablement son sens de la diplomatie. Au fond, le comte restait un homme d'Ancien Régime, à la mise soignée et à la politesse naturelle, sachant dissimuler ses émotions comme ses envies derrière un sourire de cour. Entre éducation et hypocrisie, on ne saurait vraiment trancher à propos de son attitude. En tout cas, sincères ou non, ses attentions plurent à un captif aimant pareille déférence et même la compagnie d'hommes de sa condition. Tout au long de son règne, il n'avait d'ailleurs cessé d'appeler à lui toujours plus de personnages issus de l'ancienne noblesse. Pour cet homme né vingt ans avant la Révolution française, l'aristocratie restait un modèle dont toute élite devait nécessairement s'inspirer sur bien des points.

En dépit de cette absurde histoire de fantômes, Montholon se rapprocha toujours plus de son maître dès les premiers mois de l'année 1816. Sa constance lui donna au fil des jours un avantage certain par rapport à l'exaspérant Gourgaud ou à l'austère Bertrand. Tandis que ce dernier ne cessait de s'éloigner, Montholon le remplaça peu à peu. Quand le grand maréchal refusa d'habiter Longwood, son modeste appartement – encore situé dans l'habitation principale le temps des travaux – fut aussitôt attribué au chambellan : « Je pourrais donc dire avec vérité que, deux fois en peu de mois, le grand maréchal me poussa dans la confiance et l'intimité de l'empereur », commenta ce dernier[8]. Pour sa seconde protestation écrite, le captif fit le choix de la travailler avec le seul Montholon, écartant d'emblée Bertrand, qui, on s'en souvient, avait refusé de rédiger la première : « Le 20 décembre, explique le comte, l'amiral est venu à Longwood. L'empereur ne l'a pas reçu. Il lui en veut toujours de ce qu'il n'a pas l'île entière pour prison, et il se refuse à croire que les restrictions à sa liberté soient des ordres ministériels. Il m'ordonne de remettre par écrit à l'amiral une série de plaintes à ce sujet[9]. »

Comme on pouvait s'y attendre, par l'intermédiaire de son officier, l'empereur reprocha à l'amiral de lui imposer des limites trop restreintes alors que « la ligne d'enceinte ne comprend enfin que des rochers arides et des ravins, que l'œil ne peut contempler qu'avec horreur[10] ». En plus des restrictions sur ses déplacements, il protesta aussi contre celles liées aux visites qui pouvaient lui être faites, déplorant par exemple qu'il fallût une permission de l'amiral pour venir le voir. Dans sa complainte, il exigea sans délai la levée de ces interdictions. Enfin, il se plaignit de ses conditions de vie à Longwood : « On y vit au milieu des nuages, et dans une atmosphère très humide. L'empereur éprouve de l'altération dans sa santé, et nous souffrons tous. Nous manquons de tout, et le peu de mobilier mis à Longwood semble avoir été composé des meubles vieillis dans les antichambres. » Il demandait à Cockburn de le déplacer le plus tôt possible dans une « partie de l'île où il y a de la verdure ». Bref, il faisait feu de tout bois pour faire réagir son geôlier. À Plantation House, la lettre signée par Montholon mais inspirée très largement par le prisonnier fut accueillie avec la plus grande froideur. Se disant « mortifié » par ce qu'il venait de lire, l'amiral rejeta en bloc les termes de cette lettre. Néanmoins courroucé par sa fin de non-recevoir, l'empereur passa sa colère sur Montholon : « Je vous avais chargé de parler à l'amiral avec vigueur... je suis sûr que vous aurez parlé au crayon », lui lança-t-il[11]. Sans faiblir, le comte encaissa le reproche. Servir un maître aussi exigeant que Napoléon était parfois ingrat.

Malgré une position toujours plus proche, Montholon n'était cependant pas encore devenu le favori de Longwood, loin s'en faut, l'empereur continuant d'apprécier notamment Las Cases. Insigne faveur napoléonienne s'il en était, celui-ci fut d'ailleurs le premier à être admis auprès de lui tandis qu'il prenait son bain. Comblé par tant d'honneur, son secrétaire travailla ainsi à de nombreuses reprises en toute intimité avec lui. Leur proximité était telle qu'un jour, l'empereur lui proposa même de se baigner à sa suite : « Mon cher, en prison, il faut savoir s'entraider... », lui aurait-il dit. Aussi gêné qu'interloqué par cette invitation, Las Cases la déclina, n'osant point s'immerger dans l'eau usée de son maître ni se dévêtir très près de son auguste personne. Dans la salle de bains comme dans le cabinet de travail, Napoléon poursuivait avec lui son travail de mémoire comme son apprentissage de l'anglais. Le 17 janvier 1816, il prit ainsi sa première leçon à Longwood dans la langue de Shakespeare. Son secrétaire lui fit lire une gazette pour « en connaître les formes et le plan », puis l'exerça à la traduction grâce à une table de syntaxe qu'il avait lui-même établie. Jour après jour, l'élève Napoléon donnait toute satisfaction à son professeur, s'impliquant vraiment et progressant réellement en dépit d'une prononciation toujours aussi hasardeuse. Satisfait de lui-même, Las Cases se flatta dans le *Mémorial* d'être à l'origine de cette « véritable et sérieuse conquête ».

On lui pardonnera d'autant mieux cette légère vanité que son maître l'appréciait de plus en plus, quitte à le taquiner, autre preuve de la faveur dont il jouissait. Quand il aimait quelqu'un, Napoléon s'amusait en effet à ses dépens, manière comme une autre de montrer son attachement. On connaît le proverbe : « Qui aime bien, châtie bien ! » Comme d'autres avant lui, Las Cases fut donc victime de l'une de ses innocentes facéties. Le 6 mars 1816, le dîner à Longwood était sur le point d'être servi quand le secrétaire reçut une lettre en anglais portant la mention

« très pressé ». Aussi discrètement que respectueusement, il se mit aussitôt à l'écart pour lire l'intrigante correspondance. Dans celle-ci, son auteur critiquait sans ménagement l'un de ses anciens ouvrages à succès et dont il était particulièrement fier, l'*Atlas de Lesage*. Atteint dans son orgueil, le secrétaire accusa le coup : « Le rouge m'en était monté au visage », avoua-t-il ensuite[12]. Mais, en relisant mieux la curieuse missive, il reconnut une écriture familière. Et pour cause, car la lettre était de Napoléon. Après avoir berné son secrétaire, il se mit à rire aux éclats. On suppose que, toujours jalouse, sa cour ria jaune, probablement agacée par cette nouvelle marque d'estime.

Mais à Longwood, l'heure des conflits ouverts n'avait pas encore sonné. Si quelques rancœurs apparaissaient déjà, l'atmosphère n'était pas encore délétère. Dans le même temps, s'il protestait déjà avec vigueur, Napoléon n'était pas encore irrémédiablement fâché avec Plantation House. Engoncé dans son étiquette, l'ancien empereur faisait mine de régner sur son étroit univers pour mieux oublier sa triste réclusion. Attendant une relève qui devait intervenir sous peu, Cockburn s'appliquait à ne point le contrarier outre mesure. De part et d'autre, on jouait une comédie encore tranquille. Tant bien que mal, un équilibre précaire s'était donc installé. Mais un autre personnage emblématique de cette histoire allait bientôt entrer en scène : Sir Hudson Lowe. Avec lui s'ouvrit une nouvelle ère, celle de la dispute.

TROISIÈME PARTIE
DISPUTES

1

L'homme idoine

Dès la reddition de Napoléon, l'ombre de Sir Hudson Lowe plane sur cette histoire. S'il ne prit ses fonctions de gouverneur qu'en avril 1816, il fut désigné à ce poste dès le 24 juillet 1815 alors même que le vaincu de Waterloo ne connaissait pas encore son prochain lieu d'exil. Autrement dit, son geôlier fut choisi pratiquement en même temps que sa prison. Si cette décision était éminemment importante, pourquoi néanmoins l'avoir prise si vite ? Par peur sans doute de ne point dénicher l'oiseau rare, on se mit à le chercher précocement. Pour le gouvernement, le candidat idéal devait en effet satisfaire un tel nombre d'exigences qu'il valait mieux agir ainsi. En premier lieu, il était indispensable qu'il fût de la même couleur politique que le gouvernement qui s'apprêtait à le nommer, c'est-à-dire ultra-conservateur. Pas question d'installer à Sainte-Hélène un libéral capable de tiédir, voire de contrarier la politique de Liverpool. Ensuite, le futur gouverneur devait posséder un certain rang et avoir démontré intelligence, compétence et expérience, ce qui limitait singulièrement le spectre des possibles nominations[1]. Dans le même temps, il valait mieux qu'il n'appartienne pas à la haute aristocratie afin qu'il compromette le moins de personnes possible s'il venait à commettre une faute. Sans le dire, on recherchait aussi une sorte de « fusible idéal ». Dès lors, le choix ne pouvait que se rétrécir encore dans une société où la naissance comptait plus qu'ailleurs. Outre les risques inhérents à ce poste, un long éloignement pour celui qui l'acceptait était inévitable, d'où la nécessité également de nommer quelqu'un n'ayant pas une situation trop enviable en Angleterre. Enfin, il fallait aussi pouvoir être certain que cette espèce de mouton à cinq pattes ne se laisserait jamais séduire comme tant d'autres avant lui par l'ancien empereur des rois. Son commandement s'exerçant à plusieurs semaines de mer de Londres, il devait donc inspirer une totale confiance.

En regard de ces différents critères, le nom d'Hudson Lowe s'imposa presque naturellement tant sa carrière plaidait pour lui. Comme si toute sa vie n'avait été qu'une longue préparation à la fonction qui le rendrait célèbre. Le 28 juillet 1769, il vint au monde à Galway sur la côte ouest de l'Irlande, la ville de sa mère, un important port de commerce essentiellement tourné vers la France et l'Espagne. Le père d'Hudson était anglais, natif du comté de Lincoln, et servait dans l'armée britannique comme chirurgien au 50e régiment. À peine un an après la naissance de son seul fils, il entreprit avec sa famille un voyage aux Indes pour suivre son unité. En chemin, à l'île de Saint-Vincent, un drame épouvantable survint quand la mère et la sœur d'Hudson passèrent de vie à trépas : « Le plus douloureux de mes souvenirs », confia ensuite le futur gouverneur. Malgré son jeune âge au moment de leur disparition, ce cruel épisode fut assurément traumatisant pour lui, influençant sa formation psychologique. Privé d'amour maternel dès son plus jeune âge, il fut élevé en garnison près d'un père peut-être aimant mais obligé de le confier à d'autres familles. Après quelques années passées aux Indes et à la Jamaïque, le jeune Britannique rentra en Angleterre à Salisbury où il fréquenta la Salisbury Grammar School.

Lors de son retour au pays, il épousa la carrière militaire, en endossant d'abord l'habit de la milice du Devon avant de rejoindre le régiment de son père en 1787 à Gibraltar. Quatre ans plus tard, il reçut les épaulettes de lieutenant. En 1794, après s'être fâché avec la Convention, Pascal Paoli proclama l'indépendance de la Corse avec l'appui des Anglais. Pour soutenir son vieil ami, le gouvernement britannique lui envoya plusieurs régiments dont le 50e où servait Lowe. Ce dernier resta ainsi près de deux années sous le soleil d'Ajaccio sans croiser cependant aucun Bonaparte, la famille du futur empereur ayant été chassée de l'île un an plus tôt. Son séjour corse prit fin en octobre 1796 lorsque les troupes du général Bonaparte firent tomber l'éphémère royaume anglo-corse. Contraint de se réfugier dans une île voisine appelée elle aussi à jouer un grand rôle dans l'histoire napoléonienne, l'île d'Elbe, il y resta quelque temps avant d'être emmené sur l'île de Minorque récemment conquise par la flotte britannique. S'il s'éloigna durablement de la terre des Bonaparte, il resta cependant très proche des Corses. Avant de quitter Ajaccio, son supérieur, le général Stuart, recruta près de deux cents d'entre eux, particulièrement hostiles à la France, pour former avec eux une nouvelle unité combattante. Cette troupe séditieuse reçut le nom de *Corsican Rangers*. Dès sa constitution, Hudson Lowe fut désigné pour la commander, étant élevé de surcroît au grade de major. Grâce aux insulaires rebelles, sa carrière prit enfin un léger relief. Pendant près de douze ans, il allait ainsi passer l'essentiel de sa carrière militaire aux côtés d'adversaires résolus de la France mais aussi du clan Bonaparte et, on s'en doute, de son principal représentant, Napoléon.

À la tête de ses *Corsican Rangers*, Lowe manqua de peu de croiser en Égypte le général Bonaparte, qui rentra en France quelques semaines avant que Lowe ne débarque. Après une campagne victorieuse sur la terre des Pharaons, il fut envoyé avec ses hommes à Malte avant d'être affecté en 1806 dans l'île de Capri. Désormais, il commandait cinq compagnies de Corses, soit environ huit cents hommes ainsi qu'un petit détachement d'artillerie. Avec sa petite armée, il prépara l'île à résister à un assaut venu du continent. Impatient d'en découdre, il patienta toutefois deux années avant que le roi de Naples, Murat, n'ordonne une attaque en octobre 1808. La bataille fut âpre et tourna à l'affrontement fratricide entre Corses. Parmi les troupes napolitaines, les hommes du régiment Royal-Corse furent ainsi déployés en première ligne contre leurs compatriotes. Après treize jours de combats, Lowe fut contraint de capituler, mais obtint de pouvoir partir avec armes et bagages. S'il s'en sortit avec les honneurs, cette défaite fut amère pour cet ambitieux. Et Alexandre Dumas de commenter : « Douze ans plus tard, Hudson Lowe commandait dans une autre île, non point cette fois à titre de gouverneur, mais de geôlier, et son prisonnier, comme une insulte qui devait compenser toutes les tortures qu'il lui avait fait souffrir, lui jetait à la face cette honteuse reddition de [Capri]. » Dans les îles grecques, il connut un meilleur sort, ce qui lui permit d'être promu au grade de lieutenant-colonel le 1er janvier 1812. Dans la foulée, il obtint son premier congé après vingt-quatre longues années de service.

Absorbé par sa besogne militaire, l'homme n'avait pas encore convolé. Depuis sa tendre jeunesse, il avait évolué de caserne en caserne, d'île en île, loin de son pays et, semble-t-il, dans un total désert affectif. En 1813, il fut envoyé en mission en Suède pour inspecter une légion de volontaires allemands ayant déserté la conscription napoléonienne. À nouveau, il se mêla à ceux qui détestaient le plus l'Empire français parmi les troupes coalisées. À Stockholm, il insista pour rencontrer une opposante célèbre à Napoléon, Germaine de Staël. À deux reprises au moins, il l'entendit critiquer sévèrement l'empereur, ce qui d'après l'un de ses biographes le « combla d'aise[2] ». En 1813 et 1814, Lowe fut détaché auprès de l'armée prussienne comme officier de liaison. Durant cette période, il côtoya le vieux Blücher, connu pour sa haine féroce de Napoléon. Sans surprise, portés par la même exécration, les deux hommes s'entendirent à merveille. Ensemble, ils vécurent l'écroulement de leur ennemi avant que Lowe ne soit choisi, insigne honneur, pour porter à Londres l'heureuse nouvelle de son abdication, ce qui lui valut d'être fait chevalier par le prince régent. En 1815, il devint quartier-maître de l'armée de Belgique, mais sa nomination n'enthousiasma guère le duc de Wellington, qui le pensait « dépourvu d'éducation et de jugement[3] ». Par ailleurs, sa constante raideur comme son pointillisme l'indisposaient. À peine installé dans son fauteuil de général en chef, ce dernier obtint facilement sa mutation auprès du secrétaire d'État à la Guerre Bathurst. Malgré ce renvoi, Lowe reçut le commandement du contingent anglais stationné à Gênes, ce qui pouvait être vu comme une promotion. En chemin vers l'ancienne cité, il revit son ami Blücher, puis fut reçu par le tsar Alexandre et le commandant en chef des troupes autrichiennes, le prince de Schwartzenberg, c'est dire sa nouvelle importance. Si l'on excepte Wellington, il avait donc su se faire apprécier et ce, au plus haut niveau.

Au moment de la reddition de Napoléon, Sir Hudson possédait donc toutes les qualités requises pour devenir son principal gardien. Issu du peuple, il faisait figure d'exécutant parfait, de ceux dont on se débarrasse sans ménagement au moindre problème sérieux, d'où qu'il vienne d'ailleurs. Sans véritables appuis, il ne gênerait donc personne s'il venait à chuter. En outre, malgré son rang désormais appréciable, ce célibataire sans enfants ne possédait ni propriété ni fortune. Dès lors, rien ne l'empêchait *a priori* de partir pour une terre vraiment lointaine. Ultra-conservateur, il ne pouvait être suspecté en outre d'avoir un jour admiré le captif tant il n'avait fait que côtoyer ses pires ennemis. Enfin, et ce point fut sans doute déterminant, il connaissait parfaitement le caractère corse compte tenu de son long commandement des *Corsican Rangers*. On pouvait le croire « immunisé » contre les ruses et la séduction du plus célèbre natif de l'île de Beauté. Compte tenu de son profil particulier, il était véritablement l'homme idoine : « Au duc d'York, et aux autres conservateurs alors au pouvoir comme Liverpool, Harrowby, Westmorland, Vansittart, Mulgrave, Sidmouth, Casterlreagh, Cathcart, Melville ou Stuart, son nom s'imposa comme une évidence », souligne Michel Dancoisne-Martineau[4]. Même Wellington le jugea parfait pour un « poste impliquant tant d'embarras, tant de responsabilités et une véritable exclusion de la société[5] ». Était-ce là un cadeau empoisonné à celui qu'il qualifiait par ailleurs de « sacré crétin » ? On ne peut l'exclure.

Après Waterloo, il se rendit à Marseille où le drapeau blanc venait d'être hissé. Ce fut dans la cité phocéenne qu'il apprit le 1er août sa nomination au poste de gouverneur de Sainte-Hélène. Nous ne connaissons hélas point son premier sentiment quand il découvrit la lettre de Bathurst. Nul doute cependant qu'il en tira fierté comme l'espéraient d'ailleurs ceux qui venaient de le désigner. Son ambition était en effet connue. En tout cas, il accepta sans trembler sa future mission. Pour ne pas lui faire regretter son choix, le gouvernement Liverpool se montra généreux avec lui, l'élevant au grade de lieutenant général et portant ses émoluments à 12 000 livres sterling à l'année, soit 300 000 francs, à peu près dix fois ce que recevait un général français. Afin d'éviter également qu'il ne s'inquiète à l'idée d'être longtemps éloigné, on lui promit aussi que « son avancement ne s'arrêterait pas là[6] ». Lors de chaque audience avec un souverain ou un ministre, il était remercié, rassuré, encouragé et presque porté aux nues. Pensant être enfin entré dans la cour des grands, il crut son heure arrivée alors qu'en vérité il ne fit qu'accepter un poste dont personne ne voulait vraiment. Pour ajouter à son bonheur, il trouva enfin femme à épouser. Ce vieux célibataire de quarante-six ans convola avec Suzanne, veuve du colonel William Johnson, quelques semaines seulement après son retour à Londres. Ainsi promu, gratifié et marié, Lowe respirait la réussite à l'été 1815.

En septembre, afin de préparer sa prochaine affectation, il reçut ses premières consignes : « Vous remarquerez que le désir du gouvernement de Sa Majesté est qu'on accorde au général Bonaparte toutes les libertés compatibles avec la garde de sa personne. Vous devez veiller sans relâche à ce qu'il ne puisse avoir aucune communication avec qui ce soit (excepté par votre entremise) ; ceci étant strictement observé, toutes les ressources et toutes les distractions qui peuvent adoucir la captivité de Bonaparte pourront lui être permises », lui écrivit Bathurst[7]. Mais pour le rigide et tatillon Hudson, la prose du ministre n'était pas aussi précise qu'espérée. Après quelques semaines d'attente, il s'adressa directement en janvier 1816 à son ami le secrétaire d'État Bunbury afin d'éclaircir un certain nombre de points. Dans sa missive, les interrogations étaient nombreuses : quel était le statut exact de Napoléon ? Serait-il considéré comme un prisonnier de guerre, un prisonnier d'État ou comme un étranger soumis aux lois britanniques ? Quel châtiment réserver à ceux qui l'aideraient à s'évader ? Encourraient-ils la peine de mort pour haute trahison ?

En même temps qu'il interrogeait son ministre, Sir Hudson donna également son avis. Sans ambages, il était partisan de la plus grande fermeté : « Lorsqu'il s'agit d'une personne telle que Napoléon Bonaparte, affirma-t-il à Lord Bunbury, la faiblesse même, l'ignorance ou la compassion des personnes qui l'entourent, exigent les plus fortes barrières que les lois prohibitives puissent élever[8]. » Poursuivant sa démonstration, il recommandait de placer l'île de Sainte-Hélène sous loi martiale afin de pouvoir réprimer à sa guise : « Les intentions du gouvernement seraient mon guide, affirme-t-il, en cela comme en toutes les autres choses ; mais s'il devait y avoir quelque nouvelle manifestation de cet esprit, qui, pour satisfaire sa vengeance personnelle ou gratifier son ambition, met le repos du monde à néant, je désire posséder tous les pouvoirs légaux et toute l'autorité qui peuvent m'être donnés pour sa répression[9]. » Ainsi désirait-il les pouvoirs les plus étendus pour empêcher le « perturbateur du repos du monde » de récidiver. Prenant la plume à la place de son secrétaire d'État, Lord Bathurst lui fit cette courte et sèche réponse : « Ayant relu les instructions qui vous ont déjà été adressées relativement à la garde de Napoléon Buonaparte, il me paraît seulement nécessaire d'ajouter que vous devez continuer de traiter Napoléon Buonaparte comme prisonnier de guerre[10]. » Ainsi recadré par des supérieurs sans doute un peu agacés, Lowe n'insista point. En tout cas, le cabinet de Saint-James pouvait être rassuré : leur geôlier entendait bien enfermer à double tour un prisonnier qu'il n'admirait guère. Mais heureusement pour ce dernier, si les accusateurs contre sa personne étaient nombreux en terre britannique, il comptait tout de même quelques ardents défenseurs prêts à lui venir généreusement en aide.

2

Les irréductibles

Au début du XIXe siècle, deux partis traditionnels se disputaient le pouvoir dans le royaume de George III : les tories et les whigs. Pour schématiser, les premiers étaient très conservateurs, défendant en politique intérieure les intérêts des classes dirigeantes, la haute noblesse, tandis que les seconds, les « libéraux », militaient pour plus de droits en faveur de la bourgeoisie comme de l'aristocratie moyenne. Vis-à-vis de la France révolutionnaire, leurs positions furent tout aussi tranchées. Sans surprise, les tories détestèrent les idées nouvelles nées outre-Manche quand les whigs en reprirent une partie à leur compte. Tout au long du XVIIIe siècle, les whigs avaient régné en maîtres avant d'être rejetés dans l'opposition peu avant 1789. Leur champion, Charles James Fox, partisan d'une paix avec la France, devint toutefois secrétaire d'État aux Affaires étrangères en 1806. À la tête du « ministère de tous les talents » siégeait alors Lord Grenville, pur produit de l'oligarchie britannique mais devenu proche des whigs. Avec Fox, il entreprit de négocier avec Napoléon dans l'espoir d'une paix durable, mais la mort soudaine de son ministre mit un terme aux discussions.

Dirigée par des cabinets ultra-conservateurs, la guerre continua ensuite jusqu'à la victoire finale. Pour le parti d'opposition, l'année 1815 ne fut guère favorable. Le 6 juillet disparut tragiquement leur principal leader, Samuel Whitbread. Après avoir appris la seconde abdication de Napoléon, il se trancha la gorge, déprimé par la chute de celui qu'il admirait. À la Chambre des lords, le talentueux Lord Grenville se retira du jeu, laissant sa place à l'effacé Lord Grey aux velléités d'opposition plutôt timides. Chez les libéraux, sans leaders ni perspectives, le découragement l'emportait. Face aux ultra-tories, ils n'existaient quasiment plus, le cabinet Liverpool jouissant ainsi d'une relative paix parlementaire. Un dernier whig, irréductible, donnait cependant encore de la voix au Parlement. Il s'appelait Lord Holland. La politique est, on le sait, peuplée de girouettes. Avec le vent tant de fidélités viennent à changer, mais il existe heureusement des exceptions. Parmi les « immobiles » de la politique anglaise, Henry Richard Fox, Lord Holland, fut l'un des plus constants.

Né en 1773, ce neveu du célèbre Fox se prit très tôt de passion pour la France et sa révolution. Il avait à peine dix-huit ans quand il traversa la Manche pour rencontrer Talleyrand et La Fayette. Malgré la guerre, il ne rompit jamais vraiment avec le pays que tant de ses compatriotes avaient en horreur. À la paix d'Amiens, il rencontra Bonaparte et l'admira aussitôt : « Sa voix était douce, pleine de vie et persuasive au plus haut degré », témoigna-t-il ensuite[1]. Parlementaire whig dès 1798, il combattit toujours sans relâche la politique antifrançaise des tories. À la Chambre des lords, sa voix portait, ses interventions dirigées contre les gouvernements successifs se comptant par centaines. Connu pour être un irréductible opposant, il dénonça avec talent, par exemple, le blocus maritime contre la France ou la coûteuse alliance de son pays avec la Suède en 1813. Une seule fois, en 1806, en même temps que son oncle, il put intégrer le cabinet de Saint-James comme lord du Sceau privé, mais ne resta en poste que quelques mois. En 1815, pouvait-il devenir le leader des whigs ? Impossible, tant il était loin de faire l'unanimité. Au sein de son propre parti, la seule évocation de son nom était toujours synonyme de rejet. Outre le fait qu'il était considéré comme trop extrême, on le disait sous l'emprise d'une épouse aussi célèbre que scandaleuse, Elizabeth Vassall Fox.

Dans cette histoire, Lady Holland est un personnage incontournable tant elle intervint en faveur de Napoléon. Fille de planteur, la future Lady Elizabeth avait vu le jour en 1771. À l'âge de quinze ans, elle fut obligée d'épouser Sir Godfrey Webster, de vingt ans son aîné. Malgré la naissance de cinq enfants viables, ce mariage fut un désastre. Après avoir convaincu son époux de l'emmener en Europe, elle s'éloigna de lui avant de tomber amoureuse d'un autre homme, le jeune Lord Holland. En 1794, à Naples, les deux amants furent emportés par une passion aussi soudaine qu'irrésistible. Après avoir déserté le lit conjugal, Elizabeth refusa fermement de rentrer en Angleterre pour rester dans les bras d'Henry. Pour ne pas se séparer de sa plus jeune fille prénommée Frances, elle imagina une ruse aussi surprenante que compliquée. Après avoir organisé un faux enterrement de l'enfant, elle prétendit avoir adopté une petite fille qui, par le plus grands des hasards, ressemblait comme deux gouttes d'eau à celle qu'elle venait soi-disant de porter en terre. Culottée, cette lady ne manquait pas d'imagination. Mais son mari Webster ne fut pas dupe de son tour de passe-passe et Frances lui fut rendue. Deux ans seulement après le début de son idylle avec Henry, Elizabeth donna naissance à un enfant illégitime. Dès lors, un divorce parut inévitable. Après une procédure qui choqua la bonne société britannique et la fit connaître, elle épousa en secondes noces Lord Holland en 1797. Pas moins de sept enfants naquirent ensuite de cette union bien plus heureuse que la précédente. Mais, divorcée, Lady Holland ne pouvait plus paraître à la cour de Saint-James. N'entendant pas s'isoler, le couple forma une sorte de cour parallèle en menant grand train dans leur magnifique demeure située dans le quartier de Kensington à Londres, Holland House. Tous ceux qui avaient l'honneur d'y être invités ne pouvaient que remarquer le caractère dominateur de la maîtresse de maison. Aussi impérieuse avec ses invités qu'avec son époux, elle s'exprimait avec rudesse si on venait à lui déplaire. Quant à son mari, on disait qu'elle commandait l'heure de son coucher, choisissait sa garde-robe et abrégeait ses repas si d'aventure il osait traîner à table.

Tandis qu'elle tyrannisait son entourage, cette maîtresse femme vouait un véritable culte à Napoléon. Elle ne le rencontra pourtant qu'une seule fois, en compagnie de son mari, en septembre 1802 à Paris, sans être apparemment tombée tout de suite sous son charme : « Sa tête est disproportionnée, écrivit-elle, trop large pour son visage. Il est cependant bien fait, ses oreilles sont petites et de jolie forme, ses dents aussi. Son sourire gracieux n'est pas à l'unisson avec le haut de son visage qui est pénétrant, sévère et inflexible[2]. » De Joséphine, qui était également présente, elle conserva un souvenir plus contrasté encore : « Son allure est parfaite, son goût pour la mode est exquis mais son visage ! Horrible, ridé de chaque côté de la bouche, les joues pendantes, choquant, répugnant, usé, prématurément vieilli alors qu'elle n'a pas encore quarante ans. » Jalousie naissante ? Peut-être. En tout cas, au fil des années, sa passion pour Napoléon ne fit que se renforcer pour se transformer en adulation. Lors de son premier exil à l'île d'Elbe, elle lui fit parvenir une lettre exaltée ainsi que plusieurs journaux. Après avoir appris son départ de Portoferraio, elle se mit à prier pour le succès de son entreprise : « La nouvelle du départ de mon héros m'est parvenue. Je suis si paniquée que je ne peux ajouter une ligne oh ! que le temps lui soit favorable comme en 99 [lors de son retour d'Égypte] mais hélas ! Nous ne savons rien de certain[3]... » Comme le remarque sa biographe Sonia Keppel, « l'héroïque Napoléon était devenu sa propriété exclusive[4] ». Même chez les whigs, cette adoration rendait perplexe : « Je suis très étonné, lui fit savoir le duc de Bedford, de voir avec quelle chaleur vous êtes devenue napoléonienne et je peux à peine le croire... bien que je ne sois pas partisan des Bourbons, je ne suis pas d'accord avec vous pour voir en lui un grand homme – même s'il est certainement extraordinaire[5]. »

On ne peut exclure que cet amour pour le premier ennemi de son pays n'ait été au fond qu'une simple manifestation de son goût pour la provocation. Devenir sa plus fervente admiratrice, c'était aussi faire un joli pied de nez à tous ceux qu'elle méprisait au sein de l'oligarchie britannique. Comme si elle s'évertuait à tout faire pour mériter sa réputation de scandaleuse. Pendant les Cent-Jours, elle voyagea avec son mari en Europe, obtenant grâce à l'empereur un passeport lui permettant à partir de Calais d'embarquer pour l'Angleterre. Après son retour, elle plaignait sans cesse « ce pauvre et cher homme », son héros devenu martyr en raison de sa déportation à Sainte-Hélène. Dans le jardin situé à l'entrée de sa demeure, elle fit même installer son buste. Près d'une délicate roseraie, on ne pouvait ainsi manquer un splendide Napoléon en marbre, œuvre du célèbre Canova. Sur le piédestal du buste fut gravée cette traduction d'un poème d'Homère figurant dans l'*Odyssée* :

Le héros n'est pas mort, mais respire l'air
Des terres au-delà des profondeurs,
Une île entourée de mers,
Où des hommes cruels gardent le prisonnier.

À propos de poésie, il n'était pas rare de croiser Lord Byron dans les allées de Holland House. Le célèbre poète, whig de conviction, progressiste aussi exalté que provocateur, ne pouvait que rejoindre la cour d'opposition du couple Holland. Dès sa prime jeunesse, il avait été séduit par le personnage de Napoléon. Dans son école à Harrow, il plaça l'un de ses bustes sur son bureau, au grand dam de ses camarades et professeurs. Puis, au fil de ses écrits, son admiration pour l'empereur ne fit qu'éclater davantage. Devenu parlementaire, il fustigea avec force la politique des tories. Dans le même temps, il devint un auteur à succès, réussissant par exemple à vendre en un seul jour 10000 exemplaires de son poème *The Corsair*. En politique, ses plaidoiries à la Chambre ne provoquèrent en revanche aucun enthousiasme. Sous leurs perruques poudrées, ses pairs restèrent en effet totalement insensibles à son lyrisme. Lassé par ce qu'il appelait des « pantalonnades parlementaires », il retourna vite à ses œuvres, préférant désormais s'exprimer au sein du cercle progressiste de Holland House. En 1813, quand la défaite foudroya son idole, il déclara : « Il a perdu tous ses alliés, sauf moi[6]. » Mais un an plus tard, en apprenant son exil à l'île d'Elbe, il jugea cette fin indigne de son « héros de roman ». Dans son *Ode à Napoléon*, il le critiqua sévèrement avant d'à nouveau le célébrer pendant les Cent-Jours.

Après Waterloo et la chute finale de son idole, son moral fut atteint, comme celui de nombreux whigs : « Tout espoir de République, écrit-il, est fini, et il nous faut revenir au vieux système. Je suis dégoûté de la politique et des tueries[7]. » Cultivant une certaine nostalgie, il reprit la plume pour glorifier le captif, publiant ainsi ses *Adieux d'un Polonais à Napoléon*, *Adieux de Napoléon à la France*, une ode dédiée à la bataille de Waterloo, et enfin une *Ode à l'île de Sainte-Hélène*. Dans cette dernière, Byron s'enflamme :

> Quels bras l'ont enchaîné ? Des bras qui lui avaient faiblement résisté ? [...] Des peuples qui l'avaient maintes fois bravé, mais jamais dompté jusqu'à ce jour ! Des monarques qui fléchirent souvent devant sa clémence, et reçurent de sa main les couronnes que la guerre leur avait ravies. Le vainqueur est vaincu, l'aigle languit et

se meurt ; un nuage obscurcit le rayon de l'étoile des braves ! Mais déjà sa gloire reparaît revêtue d'une splendeur nouvelle... L'astre des siècles règne de nouveau sur tous les astres qui formaient naguère son humble cortège.

Dans un dernier élan, il prophétisait : « Sa vie sera consacrée par l'Histoire ! » Comme ses amis whigs, la manière dont fut traité le « héros des siècles » par Liverpool le révulsait. Dès lors, il se mit à détester davantage encore la faction tory qui monopolisait le pouvoir. À force de fréquenter les salons du couple Holland, il rencontra d'ailleurs sa future épouse, la belle Caroline Lamb, ajoutant ainsi un nouveau chapitre à une vie sentimentale par ailleurs fort tumultueuse.

À compter de la déportation de Napoléon, la maison du couple Holland devint plus encore que par le passé le repaire des partisans de l'empereur déchu. Si certains whigs se montrèrent moins exaltés que Lord Byron ou Lady Holland dans leur défense du captif, à l'image de John Whishaw, l'avocat du couple Holland surnommé le « pape de Holland House », ils tombèrent en revanche tous d'accord pour critiquer sévèrement les conditions jugées excessivement rigoureuses de sa captivité. Qu'il soit considéré comme un prisonnier de guerre, par exemple, révoltait ces opposants au gouvernement. Les mêmes ne comprenaient pas pourquoi certains de ses proches (Savary et Lallemand) n'avaient pu le suivre ou les raisons pour lesquelles son argent avait été saisi. Pour soulager le triste destin de son héros, Lady Holland convia deux fois, en septembre puis en octobre, Sir Hudson Lowe. Peut-être parviendrait-elle à intercéder en sa faveur auprès du futur gouverneur ? Sous les lambris de sa résidence, le dîner fut cordial, mais Lowe ne fit aucune promesse, se retranchant derrière l'intérêt supérieur de sa mission. S'il resta distant, en revanche il fit plutôt bonne impression, comme en témoigne cette lettre de John Whishaw : « Nous avons reçu, écrit-il, il y a quelque temps Sir Hudson Lowe, le nouveau gouverneur de Sainte-Hélène, un homme intelligent et un officier militaire de haut rang. Il fera son devoir avec honneur et générosité sans sévérité excessive. Il emmène pour Bonaparte une importante collection de livres dont plusieurs ont été choisis par le captif, notamment des travaux mathématiques ainsi qu'une série complète des meilleures traductions françaises d'ouvrages classiques[8]. » Contre toute attente, il semble en effet que le geôlier ait apprécié ses rencontres avec le couple Holland. Avec Lady Holland, il conserva d'ailleurs tout au long de la captivité des relations plutôt cordiales, acceptant même sans rechigner ses envois de livres à destination du prisonnier.

À Holland House fut également reçu le capitaine Maitland. Plusieurs fois convié, il raconta sa rencontre avec l'empereur, avouant avoir été « fasciné par ses manières et attentions » et n'avoir « jamais rencontré un homme aussi agréable et engageant »[9]. On imagine sans peine à quel point il combla d'aise une assistance aussi curieuse que sensible à ce genre de louanges. Le capitaine ne fut point le seul marin à encenser Napoléon après l'avoir croisé. Ce fut également le cas du chirurgien du *Northumberland*, Warden. Le 14 août 1815, ce dernier fit d'ailleurs passer à Lord Holland un message exprimant toute la gratitude de Napoléon pour avoir été son plus ardent « avocat » à la Chambre. Ainsi le premier cercle whig était-il étroitement en rapport avec plusieurs officiers ou médecins de la Royal Navy ayant rencontré leur héros. Sans que l'on y prenne garde chez leurs adversaires tories, les whigs se rapprochaient donc de certains cercles. En donnant de la voix contre les traitements infligés au prisonnier, ils relevaient en outre doucement la tête, retrouvant du même coup une certaine unité. Notons cependant que le profil des plus fervents partisans de l'exilé, si on y ajoute Caroline de Brunswick, l'épouse du prince régent, était pour le moins particulier. Entre cette dernière que l'on disait démente, la scandaleuse Lady Holland, son furieux opposant de mari ou le fantasque Lord Byron, les premiers avocats de Napoléon étaient tous exaltés et ennemis de la modération. Dès lors, on pouvait penser que soutenir Napoléon n'était qu'une excentricité de plus pour habitués du scandale. Partant, leurs adversaires conservateurs ne s'inquiétèrent pas trop des premières manifestations favorables à leur prisonnier, les considérant comme très marginales. Mais cet excès de confiance fut sensiblement mis à mal lorsque la question de la captivité fut débattue au Parlement.

3

Une loi d'exception

Sur le papier, le gouvernement du roi George pouvait dormir tranquille. À Sainte-Hélène, aucun recours juridique ne paraissait possible contre la captivité du « prisonnier de l'Europe ». Mais, dans un pays où le Parlement était en principe souverain, il convenait toutefois de ne pas le laisser complètement à l'écart d'un processus jusque-là dirigé entièrement par le cabinet de Saint-James. En obtenant un large assentiment des députés grâce au vote d'un texte, la démonstration serait faite que toute la nation soutenait les décisions de ses dirigeants. En second lieu, au cas où un éventuel recours surgirait, il serait par avance neutralisé par cet acte du Parlement, lequel s'imposerait en effet à tous les tribunaux. Cette loi spéciale vaudrait donc condamnation perpétuelle pour Napoléon, le privant ainsi du plus élémentaire des droits britanniques, celui de se défendre. En vertu de celle-ci, avocats et hommes de loi seraient donc par avance dissuadés de créer la polémique dans les cours du royaume et, par voie de conséquence, en place publique. Ainsi, outre la totale sécurité juridique que cet acte procurerait, on éviterait du même coup toute nouvelle publicité donnée à un personnage que l'on voulait précisément faire oublier. Au surplus, le pouvoir britannique hésita d'autant moins à initier une procédure parlementaire qu'il la pensait n'être qu'une simple formalité. Sur ce point il se trompait, cette proposition suscitant plus de questions qu'elle n'apportait de réponses.

Sûr de son fait, Lord Castlereagh présenta au nom du gouvernement le 12 mars 1816 devant la Chambre des communes un projet de loi – un *bill* appelé *Bill for effectively detaining Napoleon Buonaparte* – approuvant l'ensemble des dispositions déjà ordonnées pour la détention de Napoléon. Il ne s'agissait encore que d'une simple introduction destinée à prévoir le calendrier d'un futur vote. Devant les députés, le ministre présenta l'adoption du *bill* comme une évidence : « Il n'est pas un gentleman qui puisse raisonnablement s'opposer à la détention de Napoléon Bonaparte. Il est également clair que celui-ci doit être traité comme un prisonnier de guerre », déclara-t-il péremptoire[1]. Fort de cet argument, il demanda à la Chambre d'approuver son texte. Quelques points regardant la mission du gouvernement pouvaient toutefois être discutés. Il termina son propos liminaire en assurant que tout serait entrepris pour que cette détention soit la moins pénible possible pour le principal intéressé.

Après le discours plutôt plat du ministre, quelques voix whigs d'opposition se firent entendre. Le jeune député Henry Brougham lança la première offensive. Avant d'examiner plus en détail le texte proposé, il fit d'emblée remarquer que si pour le moment considérer Napoléon comme un prisonnier lui paraissait juste, le maintenir indéfiniment sous ce statut ne l'était pas. Sans protester vraiment, un autre député s'interrogea également sur le caractère perpétuel d'une telle détention. Un troisième, Forbes, s'inquiéta lui plus prosaïquement du sort réservé aux propriétaires de l'île en cas de réquisitions de terre. Enfin, le général Matthew s'interrogea sur le statut qu'il convenait d'accorder aux compagnons de Napoléon, le général Bertrand en particulier. Seraient-ils eux aussi considérés comme des prisonniers de guerre ? Sur ce point, le ministre se voulut rassurant, seul Napoléon serait traité ainsi. Toutefois, tant qu'ils resteraient aux côtés de leur maître, officiers et domestiques seraient tenus de respecter strictement les contraintes de la captivité et se verraient ainsi privés de certaines libertés. S'ils le voulaient, ils étaient en revanche tout à fait libres de quitter l'île pour se rendre où bon leur semblerait.

En marge du débat sur le projet ministériel, Lord Castlereagh fut également interpellé aux Communes sur les dépenses induites par la captivité. Le député Charles Wynne protesta par exemple contre son coût excessif, tandis que le député Tierney demanda au ministre pourquoi les autres puissances n'étaient pas mises à contribution, notamment le gouvernement de Louis XVIII, qui souhaitait pourtant plus que tout autre l'éloignement de

Napoléon. Embarrassé, le ministre se contenta de répondre qu'il ne voyait aucune raison pouvant justifier une participation des alliés de l'Angleterre. Sa courte réponse fit sursauter le vénérable Lord Ponsonby, qui au contraire estima que rien ne s'opposait à ce qu'ils mettent aussi la main au portefeuille. Le député Hammersley donna également de la voix pour réclamer que l'on leur envoie sans tarder une demande d'aide financière. À nouveau, Lord Castlereagh répéta que c'était impossible, arguant qu'une convention, celle du 2 août, avait déjà réglé ce problème avec les Alliés. Peu convaincu, Lord Ponsonby haussa les épaules, soulignant qu'un traité pouvait toujours être modifié. Malgré la contestation, le ministre de Liverpool resta inflexible, sans toutefois avouer les vraies raisons qui avaient conduit à un financement exclusivement britannique de la captivité. Publiquement, il aurait été difficile de révéler que par manque de confiance vis-à-vis des Alliés, il avait été décidé de les tenir presque complètement à l'écart et donc de ne rien leur demander. Si le débat tourna court sur le seul sujet du coût de la captivité, il se poursuivit plus largement ensuite au cours de la discussion du *bill*.

Le 8 avril 1816, le texte fut d'abord présenté en première lecture à la Chambre des communes, la chambre basse, par Lord Bathurst. Pour préserver la « tranquillité de l'Europe » au nom de la Sainte-Alliance (article 1er), le gouvernement proposait sans surprise de traiter Napoléon comme un prisonnier de guerre (article 2), ce qui revenait à le priver de ses droits civiques. Il était également prévu que le roi ou ses représentants puissent désigner librement son gardien ou donner pouvoir « à toute personne ou toutes personnes de transférer ledit Napoléon Buonaparte [...] et de le conduire dans telle autre place qui sera désignée ». Il était dit aussi (article 3) que les sujets britanniques voulant faire évader le prisonnier seraient déclarés « coupables de félonie et subiront la mort, comme dans les cas de félonie, sans bénéfice de clergé ». Autrement dit, même les prêtres subiraient la pire des peines s'ils venaient à être complices. La même sanction (articles 4 et 5) s'appliquerait à tous ceux qui aideraient le prisonnier après son évasion, qu'elle soit terrestre ou maritime. Les articles suivants (6 et 7) traitaient des conditions de détention et des modalités de jugement des prévenus. Le dernier article, le 8e, sans doute le plus important, précisait qu'après le vote du *bill,* « aucune action, poursuite, plainte, information ou accusation » ne serait dorénavant possible contre la détention. Une fois le discours du ministre achevé, un silence approbateur se fit. Sans discussion, le *bill* fut ensuite adopté en première lecture par les Communes, première facile victoire pour le gouvernement. Restait maintenant à obtenir le même vote à la chambre haute, celle des Lords. Allait-elle être aussi muette ? C'était compter sans l'opiniâtre Lord Holland qui avait soigneusement préparé sa contre-attaque.

Dans la soirée du 8 avril, ce fut au tour de Lord Bathurst de défendre le *bill.* Pensant lui aussi que tout ce processus n'était qu'une simple formalité, il se montra passablement bref et expéditif. Après avoir donné lecture du dernier article, il fut aussitôt interpellé par Lord Holland. Acerbe, le talentueux orateur regretta le peu d'explications données par le ministre sur un sujet pourtant de la plus haute importance. Après avoir étrillé le verbe court de Bathurst, il s'étonna que le texte proposé le soit au nom de la Sainte-Alliance. L'attaque était particulièrement habile. En faisant valoir que le Royaume-Uni devenait *de facto* le simple exécutant d'une coalition internationale, il sous-entendait qu'il y avait là atteinte à sa toute-puissance. Sur le même registre, il s'interrogea sur la nécessité pour l'Angleterre d'agir seule dans ce domaine et notamment de tout financer. Après tout, d'autres pays, l'Autriche ou la France par exemple, fit-il valoir, avaient plus à craindre d'un éventuel retour de Napoléon. Par ces attaques si finement ajustées, Lord Holland fit mouche, réveillant le chauvinisme bien connu de ses pairs. Après avoir marqué un premier point, il poussa encore plus loin son avantage en s'interrogeant sur l'utilité même d'une loi. À quoi pouvait-elle bien servir si la convention internationale du 2 août engageant l'Angleterre ne pouvait être remise en cause ? La question de Lord Holland n'était pas seulement polémique, elle ouvrait aussi une véritable discussion juridique. Pouvait-on admettre que Napoléon soit le premier homme à être retenu contre son gré en vertu d'une sorte de loi internationale supplantant celle des États ? Le projet disait en effet expressément qu'avant d'être le prisonnier de la seule Angleterre, Napoléon était celui de la

Sainte-Alliance. Ce procédé était aussi inédit que dérangeant pour un pays habitué à régler ses affaires par lui-même.

En condamnant ainsi le « perturbateur de l'Europe », les Alliés entendaient donc le juger pour ses « crimes ». Toutes choses égales par ailleurs, ce fut le même genre de raisonnement qui fit naître une justice internationale à partir de 1945, la guerre pouvant désormais s'apparenter à un crime perpétré par les dirigeants d'une nation. À l'époque moderne, l'empereur fut sans doute le premier homme d'État à subir ainsi toute la rigueur d'une loi internationale. Dans son cas, il existait toutefois une différence de taille par rapport à ce qui se pratique depuis Nuremberg : il ne put se défendre et n'eut même pas droit à un semblant de procès. Pour revenir à 1816, la manœuvre parlementaire de Lord Holland consista à ôter tout caractère international au futur acte du Parlement afin qu'il soit tout entier soumis à la loi anglaise, la *common law*. Si les députés le suivaient sur ce point, le vaincu de Waterloo deviendrait alors simple prisonnier de guerre anglais. Dès lors, le gouvernement serait tenu de répondre à une question pour le moins compliquée : de quelle guerre était-il question, puisque le royaume se trouvait désormais en paix ? Le raisonnement était certes tortueux mais imparable. Sans guerre, il ne pouvait y avoir de prisonnier de guerre. Dès lors, s'il n'était pas réclamé par la France, Napoléon devait pouvoir séjourner librement en Angleterre ou tout du moins bénéficier du fameux *Habeas corpus*. On le voit, les interrogations étaient nombreuses. Pourtant, Lord Holland estima qu'il méritait un examen plus sérieux sous peine de légiférer « dans l'obscurité la plus totale ». Après cette ultime flèche, le noble lord termina sa longue et brillante démonstration.

En réponse, Lord Bathurst rappela que la dernière coalition s'était formée précisément pour mettre le captif hors d'état de nuire. Dans ces conditions, sa détention n'était que la conséquence logique de l'accord signé entre les puissances le 25 mars 1815. Au nom de son gouvernement, il revendiqua donc sans détour le caractère international des mesures prises à l'encontre de Napoléon, quitte à prendre quelques risques. Au passage, il réfuta aussi l'argument selon lequel au regard de la loi anglaise Napoléon ne pouvait être prisonnier de guerre. Si ses réponses étaient fermes, elles parurent encore un peu courtes à certains. Bondissant de sa chaise, l'honorable pair whig Lord Lauderdale dénonça avec force l'emploi des termes « Sainte-Alliance » et « perturbateur de l'Europe » dans ce texte de loi britannique. À sa suite, Lord Holland reprit la parole pour demander ce qu'il adviendrait si le fils de Napoléon, le roi de Rome, parvenait un jour au pouvoir. Maintiendrait-on son père en détention pendant que le fils régnerait ? Après cette dernière interrogation, le ministre restant muet, la séance du 8 avril s'acheva dans une certaine confusion.

Comme le voulait la procédure parlementaire, des objections ayant été soulevées, le texte fut discuté en comité dès le lendemain. Sous la présidence du lord chancelier, Lord Eldon, quinze parlementaires s'assemblèrent dans ce but. À nouveau, Bathurst comme Holland prirent tour à tour la parole. Hormis quelques minimes différences, les deux hommes reprirent leurs argumentaires de la veille. Après leurs interventions, Lauderdale s'inquiéta du précédent fâcheux que pourrait créer l'article 1er rédigé au nom de la Sainte-Alliance. Pour lui, voter cet article revenait à approuver la naissance d'une sorte d'arbitraire international pouvant un jour atteindre n'importe qui. À situation exceptionnelle, mesures exceptionnelles lui répondit le comte d'Harrowby, ce dernier jugeant le cas de Napoléon tellement unique qu'il devait être traité de manière inédite. Reprenant la parole, Holland fustigea ce traitement d'exception : « Les mêmes arguments ont souvent dans l'histoire servi à justifier la tyrannie et l'oppression », dénonça-t-il[2]. Pour éviter l'enlisement du débat sur ce point, le lord chancelier passa directement au vote des articles suivants. Sauf sur des points de forme, tous les amendements introduits par Holland ou Lauderdale furent rejetés en bloc. Néanmoins, une proposition autorisant Napoléon à pouvoir ester en justice obtint cinq voix sur un total de quinze. Avec un tiers du comité en faveur d'une véritable reconnaissance des droits du prisonnier, l'arbitraire du gouvernement sur ce point provoqua quelque opposition parmi les vénérables membres de la Chambre haute.

Après ce dernier vote, Eldon proposa dans un souci d'apaisement une modification de l'article 1er qui posait manifestement problème. La référence à la Sainte-Alliance comme l'expression

« perturbateur de l'Europe » en furent ôtées pour donner naissance à la rédaction suivante : « Attendu qu'il est nécessaire pour la préservation de la tranquillité de l'Europe et pour la sécurité générale, que Napoléon Buonaparte soit détenu et gardé, ainsi qu'il y est pourvu plus loin. » Avec cette concession, l'article 1er fut ensuite facilement voté. Grâce à sa solide argumentation, Holland était donc parvenu à faire plier sur ce point le gouvernement. Mais sur le fond sa petite victoire ne changeait absolument rien. Ainsi modifié, le *bill* fut adopté en seconde lecture aux Communes comme à la Chambre des lords sans la moindre difficulté. Avec l'adoption dans leur forme originelle des autres articles et notamment de l'article 8 privant le prisonnier de tout droit juridique, le cabinet de Saint-James avait atteint son but premier. Désormais, plus personne ne pourrait mettre en cause ses décisions devant un tribunal. Sur le point d'atteindre Sainte-Hélène au moment où le Parlement votait, Hudson Lowe pouvait être rassuré. Il n'aurait en principe de comptes à rendre qu'à son gouvernement.

4

Face à face

Le 14 avril 1816, jour de Pâques, plusieurs voiles se détachaient sur l'horizon, dont la frégate de 38 canons le *Phaéton*, du nom de ce présomptueux et orgueilleux fils du Soleil qui périt foudroyé en conduisant le char solaire de son père. À son bord, un fils d'Angleterre, pénétré de son importance et poursuivant une course qui le mènerait à sa perte. Mais en ce jour historique pour lui, Sir Hudson était encore très loin de sa chute. Au contraire, il était sur le point de prendre avec éclat ses fonctions de gouverneur. Son débarquement fut assurément celui d'un homme important. Plus de cent cinquante personnes avaient fait le voyage avec lui. Parmi eux, plusieurs de ses anciens camarades ayant servi au sein des *Corsican Rangers* : les lieutenants-colonels Sir Thomas Reade, Thomas Lyster, Edward Buckley Wynyard et le major Gideon Gorrequer. Comme leur supérieur, ils étaient d'authentiques tories, vraiment hostiles à celui qu'ils s'apprêtaient à garder. S'ils étaient appliqués et travailleurs, ils formaient un triste quatuor de geôliers en second car dénués de toute empathie. Leur rigidité faisait écho à celle de leur chef, ce qui ne pouvait que crisper une situation déjà compliquée. Mais pour Londres, ils possédaient avant tout une qualité essentielle : ils n'étaient pas réputés sensibles à la séduction d'un homme considéré comme dangereusement enjôleur. Au fond, pour des gardiens, rester distants avec leur prisonnier était assez naturel.

Par ordre d'importance, le premier des séides du gouverneur fut Thomas Reade, installé au poste de chef de la police sur l'île. Après avoir connu Lowe dès 1800, il resta constamment proche de lui tout au long de sa carrière. Pendant la captivité, il fut son bras droit comme son principal conseiller. Lowe se fiait aveuglément à lui. Par moments, son importance fut telle qu'il donna l'impression de prendre seul un grand nombre de décisions. Secret et austère, il fut regardé avec méfiance : « Sir Thomas Reade est la créature, le complaisant, l'espion du gouverneur et pour cette raison ne communique avec personne à Longwood. Il sait un peu l'italien mais n'a nulle étude et ce n'est pas un homme aimable ni d'esprit, ni de bonne compagnie », disait par exemple de lui le commissaire russe Balmain. Il fut un gardien aussi froid qu'appliqué dans sa surveillance. Dans l'entourage de Lowe, il y avait aussi Thomas Lyster, un vieux compagnon de route de près de quinze années. En charge de la surveillance des côtes et dirigeant la police locale, l'homme ne brillait guère par sa distinction. Toujours affublé du même pantalon, il promenait sans honte sa rusticité, crachant à tout-va et se curant le nez à la moindre occasion. Détestable et détesté, il fut haï par les Français. Le troisième comparse, Wynyard, fut l'homme des approvisionnements et de la logistique. Laborieux et discret, il fut un secrétaire efficace et dévoué.

Terminons cette rapide revue par le major Gideon Gorrequer. Taciturne et médisant, il fut le secrétaire particulier de Lowe. Lui revenait donc la tâche harassante de centraliser comme de rédiger tous ses courriers. Quand on connaît la manie d'écrire à propos de tout et de rien de son chef, on ne pouvait que le plaindre. Durant ses rares heures de liberté, il tint un journal édifiant et accablant pour Lowe comme pour tant d'autres, tournant en ridicule les mauvais acteurs d'une comédie qu'il jugeait pesante. Si l'apparition de Lowe fit couler beaucoup d'encre à Plantation House, elle fatigua également beaucoup de plumes à Longwood. À compter du jour de son arrivée, les Mémoires, journaux ou souvenirs des compagnons de l'empereur s'étoffent, s'animent et deviennent plus nombreux. Tandis que le général Bertrand débute l'écriture de ses *Cahiers* précisément le 14 avril 1816, le journal d'O'Meara jusque-là plutôt bref s'épaissit à compter de cette date. Autre exemple, dans les *Mémoires* de Marchand, la prise de fonctions de Lowe fait l'objet d'une nouvelle partie, comme si le valet y voyait un point de rupture dans la captivité. En vérité, plus qu'un nouveau chapitre, c'était une nouvelle époque qui survenait, celle de l'argutie, de la méfiance et de l'affrontement.

À peine le nouveau gouverneur avait-il posé ses malles qu'il voulut se présenter « au général ». Le lendemain de son installation, il interrogea Poppleton pour connaître à quelle heure il recevait d'ordinaire. Neuf heures du matin ou quatre heures de l'après-midi, répondit l'officier. Sans hésiter, Lowe opta pour une visite matinale tant il était impatient de se retrouver face au prisonnier de l'Europe. Ce 16 avril 1816, le soleil n'était pas encore très haut quand il chemina vers Longwood sous une pluie battante en compagnie de Cockburn et de son état-major. Triste jour. Dans ses uniformes impeccables, la cohorte de tuniques rouges apparut respectueusement à la porte du parloir. Les pendules de la maison sonnèrent dix heures quand Montholon les fit entrer. Puis, tandis qu'ils patientaient, Gourgaud alla prévenir son maître. S'il était en effet prêt à recevoir, le captif n'avait pas été prévenu de cette visite matinale, ce qui était contraire à son étiquette. En outre, seconde entorse, le grand maréchal n'était pas présent, ce qui ne pouvait se concevoir. Pour ces deux motifs purement protocolaires, il se prétendit malade et ferma brusquement sa porte aux Anglais.

Au-delà d'une simple question de forme, il voulut en la circonstance à nouveau réaffirmer son rang et imposer le respect. Il n'était point « général » mais empereur. À lui de fixer les convenances. Quand Gourgaud revint dans le parloir pour l'annoncer, Sir Hudson parut surpris, mortifié même d'être ainsi éconduit. Après quelques minutes d'hésitation, il tourna les talons pour prendre la route de Hutt's Gate où résidait le grand maréchal. Après les salutations d'usage, il demanda poliment quelques explications à Bertrand pour tenter de comprendre ce qui venait de se passer. Réalisant son erreur en écoutant ce dernier, il houspilla Poppleton pour ne pas l'avoir prévenu des usages à observer. S'il pouvait être maladroit, Lowe n'était pas irrespectueux de nature, c'était même plutôt le contraire. Dans les heures qui suivirent ce rendez-vous manqué, le captif chargea le grand maréchal de l'inviter pour le lendemain à quatre heures de l'après-midi. Sur le cartel, le nom de Cockburn ne figurait point. Après ce premier imbroglio, Napoléon était surtout fâché contre l'amiral, qui au contraire du nouveau gouverneur connaissait parfaitement les formes à respecter. Ce n'était pas la première fois qu'il osait ainsi braver l'étiquette. C'était une fois de trop. Las Cases accusa même le marin d'avoir sciemment provoqué l'incident : « L'amiral, au contraire [de Lowe], en était triomphant et ne pouvait cacher sa joie[1]. » Voulut-il jouer un bon tour à son successeur ? En tout cas, il allait lui en cuire.

À l'heure dite, le lendemain 17 octobre, le gouverneur et l'amiral furent à nouveau introduits dans le parloir. Affichant un maintien soigné, la petite cour de Napoléon, Las Cases, Gourgaud, Montholon et Bertrand, les attendait. Après avoir tout disposé selon l'étiquette, la livrée était elle aussi en faction. Rien ne manquait donc à la mise en scène d'un captif en (très relative) majesté. Près de la porte menant à son salon se tenait un valet de pied en habit vert galonné d'or aussi massif qu'imperturbable. Né au pays des alpages en 1790 dans le canton de Vaud, Jean-Abraham Noverraz servait dans la Maison de l'empereur depuis l'âge de dix-neuf ans. Second chasseur à Longwood, ce fidèle était une sorte d'homme à tout faire, plus garde du corps que tueur de gibier. À son sujet, Napoléon, qui l'appelait « mon ours d'Helvétie », répétait sans cesse : « Il ne faut pas jouer avec ce bon Suisse. » Ce géant aurait en effet donné sa vie pour lui. Pour l'entrevue qui s'annonçait, il avait reçu pour consigne de ne laisser entrer qu'un Anglais, le gouverneur. N'ayant pas été invité, Cockburn devait être empêché de voir l'empereur. Quand Lowe fut appelé, il se précipita vers la porte menant au salon tel un diable sorti de sa boîte. Après qu'il eut disparu, surpris, l'amiral s'avança aussi mais fut aussitôt bloqué comme prévu par Noverraz, qui lui referma presque la porte au nez. L'air sévère du bon Suisse comme sa haute stature le dissuadèrent sans doute d'insister : « L'amiral décontenancé recule d'un pas, hésite, ne sait que faire. [...] Nous nous approchons de lui ; il était tout dérouté », raconte Gourgaud[2].

Une fois l'amiral vertement écarté, le premier face-à-face entre le prisonnier et son geôlier débuta par un long silence en présence de Bertrand. Debout, chapeau à la main, Napoléon fixa Lowe sans desserrer la mâchoire. Timidement, le nouveau gouverneur osa prononcer ces quelques mots : « Je suis venu, Monsieur, vous présenter mes devoirs[3]. » Fort habilement, il évita de l'appeler général – pour une fois, l'Anglais ne tira point le premier. Tout aussi neutre, Napoléon se garda bien de lui donner le moindre titre dans la conversation : « Vous parlez français, Monsieur, lui dit-il, à ce que je vois ; mais vous parlez aussi italien. Vous avez commandé un régiment corse. » Puis, il usa de la langue de Dante comme pour mieux faciliter ce premier contact. Le grand maréchal ne comprenant pas l'italien, leur conversation prit ainsi un tour plus confidentiel. Après quelques froides minutes, il semble qu'il ait voulu créer une sorte de proximité avec son nouveau gardien. Sans doute essayait-il de le séduire. Malgré ses années de service près des *Corsican Rangers*, Napoléon n'avait d'ailleurs pas paru fâché de le voir s'installer au poste de gouverneur, comme en témoigne cet échange avec Las Cases intervenu quelques jours plus tôt : « Ne m'avez-vous pas dit, lui demanda-t-il, qu'il était à Champaubert et à Montmirail ? Nous aurions donc échangé des boulets ensemble ; c'est toujours à mes yeux une belle relation[4]. » Entre soldats, après tout, il était peut-être possible de s'entendre en dépit des circonstances.

Après quelques remarques échangées sur les Corses et leur habitude de porter le poignard, le captif discuta longuement de l'un de ses sujets de prédilection, la campagne d'Égypte. Il savait sans doute que Lowe y avait également servi, d'où probablement cette autre tentative de rapprochement. Les minutes s'égrenaient cependant, mais Lowe restait toujours interdit, comme l'élève écoutant sagement son maître. Malgré sa réserve coutumière, il laissa tout de même paraître quelques signes de nervosité, de timidité aussi. À chaque fois qu'il voulait prononcer un mot, il se dandinait de manière fort curieuse. Son regard était oblique, fuyant même. Sans lui prêter attention, Napoléon poursuivit son discours égyptien, revenant sur les mérites des généraux français et anglais, évoquant aussi son idée de construction d'un canal à Suez dont il estimait le coût à un *mezzo millione di lire sterline* (« un demi-million de livres sterling »). Au passage, il fit cette confidence à son interlocuteur : « Dans le métier de la guerre, le jeu est toujours à celui qui fait le moins de fautes. » Pour clore l'entretien, il lui demanda son nombre d'années de service : « Vingt-huit », répondit fièrement le gouverneur. « Je suis donc plus vieux soldat que vous », remarqua le captif, qui n'ignorait sans doute pas qu'il était né la même année que lui. Sans originalité, Lowe osa cette politesse à propos de leurs carrières respectives : « Dont l'Histoire fera mention d'une manière bien différente. » Puis, il tint à présenter à Napoléon le lieutenant-colonel Thomas Reade et le capitaine Gorrequer. Après quelques politesses, les trois officiers se retirèrent avec respect du salon du « général » prisonnier. Et Cockburn ?

À aucun moment, il ne fut appelé. Même après s'être rendu compte de son absence, Lowe ne s'en étonna point. Tout au long de l'entretien, l'amiral patienta dans le salon voisin aussi abattu qu'irrité. Poli, Montholon lui offrit toutefois quelques rafraîchissements, amères potions pour un homme encore tout-puissant avant que son successeur n'entre en scène. Fâché contre lui, le prisonnier lui donna ainsi une petite leçon : « Comme geôlier il a été doux, humain, généreux, commenta Las Cases ; nous lui devons de la reconnaissance ; comme notre hôte ou comme homme du monde il a été généralement impoli, souvent pire encore, et nous avons lieu d'en être mécontents et de nous plaindre[5]. » Aussi sa sortie ne méritait-elle aucun honneur particulier. L'amiral disparaît presque sans bruit de notre histoire, éclipsé par un Hudson Lowe manifestement impatient de le remplacer. Après le départ des Anglais, Napoléon parut très satisfait : « S.M. me dit que, pour un million, Elle ne donnerait pas cette journée », rapporte Gourgaud[6]. Quant à Lowe, il ne lui avait pas fait une trop mauvaise impression : « Ce nouveau gouverneur parle peu, mais il paraît poli », confia-t-il à O'Meara[7]. C'est en effet à peine s'il avait entendu le son de sa voix, oubliant un peu facilement qu'il ne lui avait guère permis de s'exprimer. De bout en bout, ce premier échange fut courtois, mais sans véritable relief. Si Napoléon fit un pas vers son geôlier, celui-ci ne sortit point de sa froide réserve. Et comme les sujets touchant à la captivité n'avaient pas été abordés, une fausse amabilité fut de mise. Que pensa Lowe de sa première entrevue avec Napoléon ? Dans son rapport à Lord Bunbury, daté du 22, il insista surtout sur l'incident qui avait touché Cockburn, prenant bien soin de prévenir toute polémique au cas où l'amiral viendrait à se plaindre de son attitude. Sur sa conversation, il se contenta de rapporter la teneur des propos échangés sans ajouter le moindre commentaire, tel un subordonné aussi scrupuleux que figé. Comme on l'espérait à Londres, il prit donc ses fonctions avec sérieux et distance.

5

Postures et impostures

La Bibliothèque nationale de France conserve vingt-trois épais volumes renfermant les archives de Sir Hudson Lowe. Si cette masse documentaire est moins importante que celle de la British Library, les Lowe Papers, elle a pour particularité d'abriter les manuscrits originaux et non des copies de seconde ou troisième main comme son homologue britannique. Quand on consulte le volume vingt-deux, on peut y lire une collection de centaines d'extraits de journaux soigneusement découpés et contrecollés sur du papier fort. L'ensemble de ces coupures rassemblées sur ordre de Lowe forme une intéressante chronique de la captivité, mais témoigne aussi de son évidente vanité. Comme un ambitieux fasciné par sa notoriété soudaine, le gouverneur se fit ainsi collectionneur des articles évoquant sa personne. D'une nature toutefois différente, le même intérêt pour la presse existait aussi à Longwood. D'où qu'elle vînt, chaque livraison de journaux était attendue avec la plus grande impatience par le prisonnier : « Lorsqu'il recevait des journaux, il ne les quittait pas sans avoir tout vu de ce qui pouvait l'intéresser. Dans ces moments, ce n'était plus le même homme qu'auparavant ; son port, sa voix, son geste, tout annonçait que le feu circulait dans ses veines ; son imagination se montait à tel point qu'il devenait un homme surnaturel », rapporte Ali[1]. Au cours des longues soirées passées avec sa petite cour, Napoléon commentait cette actualité, souvent avec ferveur, parfois résigné et jamais vraiment apaisé. Cette lecture trompait un peu le morne ennui qui déjà régnait à Longwood, donnant aussi l'occasion au captif de revenir sur son passé à la lumière du présent.

Si les journaux qui parvenaient jusqu'à Sainte-Hélène étaient essentiellement anglais, quelques feuilles françaises traversaient toutefois l'Atlantique. De la presse royaliste, le souverain déchu n'attendait pas grand-chose : dans l'ensemble, elle applaudissait à sa déportation et réclamait la plus grande fermeté à son égard. Néanmoins, grâce à elle, il obtint des nouvelles de sa famille et de ses anciens partisans – heureuses, comme l'évasion de l'ancien directeur des Postes Lavalette, la veille de son exécution, ou dramatiques, les morts de Ney ou Murat. Dans la presse anglaise, la stupide caricature occupait en revanche une large place. En découvrant un jour qu'on lui prêtait un appétit d'ogre, Napoléon s'en amusa franchement : « Vraiment, je ne sais ce que les Anglais feront de moi en définitive ; suivant eux, je mange si énormément, je bois tant de bouteilles de vin chaque jour, que j'attirerai la famine sur ce détestable rocher. Je suppose, continua-t-il en riant, qu'un de ces jours, ils me feront manger un bœuf en vie à un seul repas[2]. » Parfois, l'information était aussi synonyme d'espoir. Soutien de l'empereur, la presse libérale d'outre-Manche redonnait de l'allant aux exilés. Avec le *Phaéton* arriva à Sainte-Hélène celle de janvier 1816, qui dénonçait par exemple le misérable séjour du « puissant » Napoléon aux Briars ou la complète absurdité des moyens militaires déployés autour de sa personne. Cette « peinture tout à fait fidèle », selon Las Cases, redonna du baume au cœur à son maître comme à ses compagnons. Mais une autre nouvelle annonçant l'arrivée prochaine de commissaires étrangers contraria davantage : « Tout annonce donc pour nous un long séjour », grinça Gourgaud.

Dans sa diversité, la presse britannique continuait d'accorder une place importante à la captivité, ce que constata sans doute avec dépit le gouvernement britannique. Pour le moment, la déportation lointaine de Napoléon n'avait pas produit l'effet escompté, c'est-à-dire un oubli croissant de son personnage. Au contraire même, on rendait compte des plus banales affaires le concernant. La persistance de cet intérêt obligeait le gouvernement à faire preuve de la plus grande prudence s'il ne voulait pas créer la polémique et ainsi accroître de son propre fait le nombre d'articles consacrés au prisonnier. Or, pour Bathurst, les conditions de la captivité ne pouvaient rester en l'état. À rebours de ce qui avait été permis quelques mois plus tôt, le ministre était ainsi partisan d'une réduction drastique de la suite de Napoléon. En son for intérieur, il souhaitait ardemment ne conserver qu'une ou deux personnes autour de lui. Il considérait ainsi tous ceux qui partageaient son exil comme autant de personnages gênants, coûteux et potentiellement dangereux. Outre la crainte qu'ils puissent favoriser une évasion, leur présence incitait d'après lui le captif à se montrer revendicatif et belliqueux. Privé de leur aide matérielle comme de leur soutien, il protesterait sûrement moins, pouvait-on espérer côté anglais. Diminuer l'entourage de Napoléon devint une quasi-obsession pour cet homme intransigeant. Son net changement d'attitude marqua incontestablement un point de rupture. À partir de ce moment, déjà fragile, le relatif équilibre de la captivité allait se briser net pour laisser place à un affrontement permanent. En définitive, cette évolution fut largement moins le fait de Lowe que celui de son supérieur.

Dans un premier temps, pour ne pas attirer l'attention d'une presse aux aguets, il fut décidé d'agir aussi discrètement que sournoisement. Le 18 avril 1816, Bathurst écrivit à Lowe : « J'espère que vous avez été à même de réduire significativement le nombre de serviteurs de Bonaparte en insistant sur les dispositions que plusieurs d'entre eux doivent prendre pour retourner chez eux ou quitter Sainte-Hélène[3]. » Pour être autorisés à rester aux côtés de Napoléon, tous les Français devaient s'engager à respecter certaines restrictions de liberté en signant une déclaration formelle. S'ils n'étaient pas prisonniers, ils devaient néanmoins se soumettre à quelques privations : accepter que leur correspondance soit lue, être accompagné dans leurs déplacements en dehors de l'« enclos » et en aucun cas s'absenter de l'île. La déclaration exigée ne contenait cependant rien que les compagnons de Napoléon n'appliquaient déjà. En principe sa signature ne devait donc être qu'une formalité. Mais, poussé par Bathurst, Lowe tenta d'effrayer les domestiques et officiers de Longwood dans le but évident de leur faire plier bagage. Une première ruse allait donc être mise en musique par le zélé gouverneur.

Avant de rencontrer le captif, ce dernier avait eu une longue conversation avec le grand maréchal précisément au sujet des déclarations. Au cours de celle-ci, il voulut clairement intimider son interlocuteur : « Il a prévenu le grand maréchal que les officiers à la suite de Napoléon pourraient partir ou signer une déclaration disant que leur désir est de rester à Sainte-Hélène et de se soumettre aux restrictions imposées. *L'intention du gouvernement est qu'alors on prenne l'engagement de rester ici autant de temps que l'empereur* », relate Bertrand[4]. Cette dernière phrase fit bondir le général français. Signer la déclaration équivalait donc à une condamnation, celle de ne pas pouvoir quitter l'île tant que Napoléon y demeurerait. Pour beaucoup, à commencer par Bertrand, une telle perspective était proprement inenvisageable. Et quand il s'étonna de ne pas avoir lu pareille injonction dans les instructions écrites de Lord Bathurst qu'il avait pu consulter, Lowe resta inflexible : « Ce sont des instructions verbales que j'ai reçues. Telles sont les instructions du Gouvernement. Vous irez d'abord au Cap[5]. »

Dès qu'il rapporta ces propos à son maître, celui-ci comprit tout de suite la menace : « Eh bien, dit-il à Gourgaud, vous savez la grande nouvelle ? Il faut ou aller au Cap, ou s'engager à suivre mon sort à perpétuité[6] ! » Puis, désabusé, il ajouta : « Vous voyez qu'il faut plus de courage pour souffrir que pour mourir ! J'ai le pressentiment que je serai en France avant ceux qui iront au Cap. » Dans le même temps, le gouverneur promit un retour assez rapide en Angleterre après une courte escale au Cap pour tous ceux qui refuseraient de signer. De quoi tenter ceux qui s'ennuyaient ferme ou se désespéraient déjà sur le rocher. Le lendemain de son entrevue avec Lowe, Napoléon reçut une première version de la déclaration que devaient signer ses domestiques. Elle était alambiquée à souhait pour mieux semer la confusion parmi les esprits inquiets. Comme pour excuser le gouverneur, Montholon mit sur le compte d'une mauvaise traduction sa forme pour le moins ambiguë. Après sa lecture, l'empereur s'emporta contre son chambellan : « Vous êtes un sot[7] ! » Puis, de rage, il déchira le papier en deux. Se tournant vers O'Meara, il fit aussi ce commentaire : « [Lowe] a fait une traduction dans un galimatias qui n'est pas français... Ce qui est absurde ne peut pas être compris par des Français. » Pour à la fois rassurer et contrer la manœuvre de Lowe, il dicta à Montholon un autre texte : « Nous, soussignés, voulant continuer à rester au service de S.M. l'empereur Napoléon, consentons quelque affreux que soit le séjour de Sainte-Hélène, à y rester. Nous nous soumettons aux restrictions, quoique injustes et arbitraires, qu'on a imposées à S.M. et aux personnes de son service. » Ainsi personne ne se verrait-il contraint de servir à Sainte-Hélène tant que le prisonnier y demeurerait, tout au moins sur le papier. Malgré une dernière intimidation de Thomas Reade, tout le personnel de la Maison signa comme un seul homme le texte rédigé par son maître. Mais manquait encore à l'appel la déclaration de tous les officiers.

Pour tenter d'y voir plus clair, Bertrand et Montholon rendirent visite au gouverneur. Avant que le grand maréchal ne parte pour Plantation House, l'empereur lui glissa ces quelques mots : « Je désire que vous alliez voir le gouverneur et savoir ce qu'il veut. Les instructions parlent d'une déclaration simple. On annonce qu'on en enverra une autre. Il y a donc des instructions écrites et des instructions verbales en contradiction. Cela dérange ma maison, prolonge mon agonie. Je désire que cela finisse[8]. » Quand Bertrand évoqua devant Lowe le trouble que provoquaient ses exigences, ce dernier resta impassible. En son for intérieur, il jubilait très certainement d'avoir ainsi désorienté les Français. Le grand maréchal s'inquiéta ensuite du sort réservé à ceux qui embarqueraient vers l'Angleterre. Seraient-ils assurés d'y résider ? À nouveau, le gouverneur se montra aussi embarrassé qu'hésitant. L'entretien se termina sur de vains propos. La confusion était totale et l'angoisse des Français, en particulier celle de Bertrand, de plus en plus perceptible.

Dans les heures qui suivirent, Las Cases, Gourgaud et Montholon rédigèrent néanmoins leurs déclarations. S'ils protestèrent tous contre les conditions de détention, les privations de liberté, le manque d'égards, le climat de l'île ou encore l'indignité qui était faite à leur maître, ils acceptèrent néanmoins de se soumettre aux restrictions imposées par la Couronne britannique. Gourgaud acheva sa lettre sur cette fière conclusion : « Je fais cette soumission que me prescrivent mon attachement, mon devoir, mon honneur[9]. » Le 20 avril, le grand maréchal se présenta de nouveau à Plantation House avec en main les déclarations signées par tous ses compagnons. En les parcourant, Lowe dépité réalisa son échec. La ruse suggérée par Bathurst avait donc échoué. Immédiatement après avoir raccompagné Bertrand, il confia à son supérieur tout son ressentiment : « La déclaration des domestiques était tout à fait inattendue ; il me faudra avoir avec eux un autre entretien. Évidemment, on a essayé de les égarer et de leur faire jouer un rôle politique dans les discussions politiques de leurs maîtres... D'après les sentiments actuels des personnes attachées au général Bonaparte, je pense qu'il vaudrait mieux les éloigner toutes, à l'exception peut-être de Las Cases[10]. »

Et puisque le but recherché n'avait pu être atteint par des voies détournées, il conseilla d'user de la manière forte : « La manière, conclut-il, avec laquelle ils manifestent, en toute occasion soit verbalement, soit par écrit, leur opinion sur les mesures que le gouvernement a jugé convenable d'adopter à l'égard de Napoléon [...] pourrait fournir un prétexte suffisant pour leur éloignement. » Néanmoins, tout espoir de voir partir au moins un compagnon du « général » n'était pas complètement évanoui : il manquait en effet la déclaration signée du grand maréchal. Le taciturne Bertrand hésitait, tergiversait. Et si après avoir signé il était effectivement contraint de servir sur l'île plus longtemps qu'il ne l'avait promis à son impatiente épouse ? À sa mine plus renfrognée qu'à l'ordinaire, Napoléon comprit d'emblée que son grand maréchal vacillait : « Eh bien, mon cher Bertrand, vous me quittez donc ? », observa-t-il. Sa réponse se voulut rassurante, même si la perspective d'un départ fut bel et bien évoquée : « Non, Sire, et si jamais, forcé par les circonstances ou la nécessité d'arranger mes affaires, je venais en Angleterre, ce sera pour venir ensuite vous rejoindre. Un mot de bonté arrache des larmes à ma femme ; elle restera volontiers dix-huit mois et plus, si cela est agréable à l'empereur, mais elle ne peut entrevoir de passer ici le reste de sa vie[11]. » En s'entretenant secrètement avec Lowe, Bertrand tenta de lui arracher un compromis, lui proposant de terminer son engagement avec l'empereur en octobre 1816 contre la promesse d'un rapatriement en Angleterre. Mais le gouverneur lui opposa un refus net. Sans une déclaration signée dans les formes voulues, il le ferait embarquer avec sa famille à bord du *Phaéton* dont le départ était proche. Mais même acculé, Bertrand ne voulut pas céder, dévoilant au gouverneur le serment qu'il avait fait à son épouse : « J'ai pris l'engagement de rester ici une année. Il n'est pas en mon pouvoir de le rompre. Je ne puis donc partir avant le mois d'octobre prochain, ni rester après cette époque[12]. » De part et d'autre, les positions paraissaient figées.

Sur ces entrefaites, Napoléon l'exhorta à ne pas renoncer : « Vous devez prendre votre parti. Vous auriez grand tort de le faire [quitter Longwood] ; votre femme qui vous pousse à cela sera la première à s'en repentir. La nouvelle de votre départ arrivant au milieu des discussions du Parlement peut être pour mes affaires du plus mauvais effet[13]. » À nouveau, le choix était cornélien pour le général : abandonner son maître ou courir le risque de séjourner plus longtemps à Sainte-Hélène qu'il ne l'avait espéré. Croyant tenir sa proie, Lowe tenta une dernière intimidation, le pressant de se décider : « À la tombée de la nuit [du 23 avril], on apporte une lettre du nouveau gouverneur au grand maréchal, laquelle ne doit être remise qu'à lui seul. Bertrand, qui était gai, devient triste tout à coup. Après s'être promené, au retour de la calèche, il entre chez Sa Majesté, ensuite chez moi, tout triste, ne disant rien, il part », témoigne Gourgaud[14]. Pour Fanny comme pour son époux, la nuit du 23 au 24 avril fut courte. Au petit matin, revenu de leurs angoisses, le couple tomba d'accord pour que le général signe malgré les risques de prolongement de leur exil. Dans la matinée, Plantation House reçut la courte déclaration du grand maréchal. La manœuvre de Bathurst orchestrée par Lowe avait donc cette fois totalement échoué. En faisant siennes les intrigues de son ministre, le gouverneur venait de compromettre son entrée en scène. Placé en première ligne, il fut même considéré comme l'âme noire d'un premier complot. D'emblée, cet épisode des déclarations crispa les relations aussi bien entre le prisonnier et ses geôliers qu'entre Français. À Longwood, l'hésitation des Bertrand avait en effet semé un certain trouble. Bref, le temps virait à l'orage.

6

Vers la rupture

Outre sa parfaite obéissance, Lowe avait été notamment choisi pour son expérience des Corses acquise pendant ses années de service au sein des *Corsican Rangers*. Si l'on manque de témoignages sur cette période de sa vie, tout indique qu'il parvint à les discipliner comme à se faire accepter d'eux. Autrement dit, il se montra assez habile pour les manier malgré leur caractère réputé aussi entier que difficile. À Sainte-Hélène, outre Napoléon, il y avait deux autres Corses : Cipriani et Santini. Il était assez logique, compte tenu de son passé, que le gouverneur essayât de les recruter comme espions pour ne plus rien ignorer de ce qui se passait à Longwood. En premier, il jeta son dévolu sur Santini, l'huissier de la maison du captif. Né à Bastia en 1790, ce domestique était entré au service de Napoléon en 1814 à l'île d'Elbe au moment où ce dernier recrutait des Corses parmi son cercle de fidèles. Aux côtés du géant Noverraz, l'« ours d'Helvétie », cet homme plutôt trapu fut un serviteur aussi discret que dévoué. Avec cette paire pour le moins singulière, un grand Suisse et un petit Corse, gardant farouchement les portes de Longwood, leur maître se pensait à l'abri de toute tentative contre sa personne. Il n'avait sans doute pas tort, l'un comme l'autre auraient sans aucun doute sacrifié leur vie pour lui.

Malgré leur entière fidélité, délaissant l'homme des alpages, le gouverneur s'intéressa à son compère né au soleil de la Méditerranée pour tenter de le gagner à sa cause. Dans ses *Souvenirs*, le domestique raconte la manière dont il fut approché lors d'une chasse par un officier britannique : « Son Excellence, lui assura ce dernier, à qui vous plaisez vous surtout parce que vous êtes corse, [...] a jeté les yeux sur vous, et, en cette qualité, veut vous faire d'or massif[1]. » En échange, il devait, on s'en doute, espionner pour le compte du gouverneur jusqu'à tout révéler de la « vie intime » du célèbre captif. Imperméable à la tentation, Santini refusa sèchement, vexé même qu'on ait pu le croire corruptible. S'il nous est impossible de confirmer ses dires, son témoignage ne paraît pas invraisemblable quand on connaît la volonté maintes fois réitérée de Lowe de disposer d'informateurs. Comme l'explique Paul Ganière, il parvint par exemple à faire engager par Gourgaud l'un de ses agents, un valet de chambre anglais du nom de Dickson. Mais la manœuvre échoua : « Le nouveau venu, appelé à prendre ses repas avec les domestiques de l'empereur, parut immédiatement si suspect qu'il fut impossible de le garder[2]. »

Avec Santini, il ne fut guère plus heureux. Bien loin de séduire l'insulaire, il s'en fit au contraire détester, comme en témoigne le sévère portrait qu'il fit ensuite de lui : « Sir Hudson était un homme de quarante-cinq à cinquante ans. Haut d'environ cinq pieds trois à quatre pouces, sec comme un parchemin, et décharné comme une momie. Ajoutez à cela la face de la fouine et du chat sauvage, un front tatoué de rousseurs, des sourcils épais recouvrant des yeux louches ; et vous aurez la ressemblance frappante de cette incomparable physionomie[3]. » L'épisode Santini le prouve, Lowe n'était peut-être pas aussi habile qu'on pouvait l'espérer avec les Corses comme d'ailleurs avec ceux qui ne l'étaient pas. En outre, par cette nouvelle intrigue, il ne fit qu'aggraver sa réputation de « sbire sicilien », comme le décrirait bientôt Napoléon.

Le 30 avril 1816, le gouverneur reçut un billet inquiétant signé par l'officier d'ordonnance de Longwood, le capitaine Poppleton : « Je n'ai pas vu le général Bonaparte de toute la journée d'hier ; et il n'a pas quitté son appartement même pour dîner. Je n'ai eu la preuve qu'il y était que par le son de sa sonnette[4]. » Hudson Lowe se rassura toutefois un peu quand O'Meara lui certifia avoir entendu la voix de Napoléon à travers la porte de sa chambre. Mais toujours inquiet et perpétuellement suspicieux, il voulut s'assurer par lui-même que le captif n'avait pas quitté sa demeure. Arrivé à Longwood vers les quatre heures de l'après-midi, il demanda aussitôt audience au captif. Sans hésiter, Napoléon accepta de le rencontrer pour la seconde fois. Entrons avec le gouverneur dans les appartements de l'empereur : « Je traversai sa salle à manger, son salon, une autre pièce dans laquelle on voyait un grand nombre de cartes et de plans étendus sur une table et plusieurs feuilles détachées de papier écrit ; je fus ensuite introduit dans un appartement intérieur où il y avait un petit lit et un canapé sur lequel Bonaparte était à demi couché, vêtu seulement de sa robe de chambre, et sans souliers. Il se souleva un peu lorsque j'entrai, et me montrant une chaise près du canapé, il m'invita à m'asseoir[5]. » Apparemment, l'empereur venait de passer une très mauvaise nuit. Quand le gouverneur s'inquiéta de sa santé et lui proposa l'aide d'un médecin anglais, il se vit opposer un refus catégorique. Napoléon souffrait manifestement, sa voix s'interrompait par moments comme éteinte par une oppression diffuse mais persistante.

Au fil des minutes, il reprit cependant de la vigueur et sa conversation s'anima. Sur un ton courroucé, il s'indigna auprès du gouverneur : « Les alliés, déclara-t-il, ont fait une convention pour déclarer que je suis leur prisonnier : qu'est-ce que cela signifie ? Ils n'ont pas l'autorité pour le faire, ni en droit, ni en fait. Je désire que vous écriviez à votre gouvernement que je proteste contre cette convention. Je me suis livré à l'Angleterre et non à une autre puissance[6]. » Quand Lowe lui jura avoir reçu pour consigne de rendre son séjour le plus agréable possible, il s'entendit répondre : « Qu'on m'envoie un cercueil ! Deux balles dans la tête, voilà ce qu'il faut. » Puis, le prisonnier se plaignit des limites qu'on lui imposait et demanda à ce que l'on puisse le visiter plus librement. Sans surprise, son interlocuteur ne fit pas la moindre concession. Après son départ, Napoléon confia à O'Meara toute son horreur du personnage : « Jamais je n'ai vu une plus horrible figure. Il était assis sur une chaise vis-à-vis de mon sofa, et il y avait une tasse de café sur la petite table qui se trouvait entre nous. Sa physionomie fit sur moi une telle impression qu'il me sembla que ses regards avaient empoisonné le café, et j'ordonnai à Marchand de le jeter par la fenêtre ; je ne l'aurais avalé pour rien au monde[7]. » La roide attitude du gouverneur l'irritait franchement. Quinze jours à peine s'étaient écoulés depuis son arrivée et déjà il était détesté de son prisonnier sans, semble-t-il, qu'il en ait eu conscience. Plus grave encore, il ne paraissait pas comprendre les raisons qui sous-tendaient ses plaintes.

Une fois revenu à Plantation House, Lowe fut prévenu du débarquement prochain de Lady Moïra, l'épouse du gouverneur général des Indes, de passage sur l'île. Pour complaire à son invitée mais espérant également adoucir l'humeur de son prisonnier, il se mit en tête de les réunir lors d'un dîner dans sa résidence. Sur son ordre, son secrétaire rédigea à destination de Longwood l'invitation suivante : « Si les arrangements du *général Bonaparte* le permettent, Sir Hudson et Lady Lowe seront très honorés qu'il veuille bien venir à Plantation House dîner avec la comtesse Moïra, lundi prochain à six heures. » Les termes choisis étaient d'une extrême maladresse, voire humiliants. Quand il reçut le cartel, Napoléon n'en crut pas ses yeux. Était-ce une provocation ou de la simple bêtise ? À Bertrand, il ordonna de ne même pas répondre. Accepter cette invitation revenait à accepter son titre de général, ce qui était pour lui, on le sait, totalement inenvisageable. Quand le gouverneur apprit de Bertrand – qui ne respecta pas la consigne de rester silencieux – le refus du captif, il fut saisi d'étonnement, n'en apercevant absolument pas les raisons. C'est dire son peu de perspicacité. Après réflexion, il crut que son prisonnier ne venait pas car froissé de devoir être escorté par un officier anglais. Dès lors, il proposa de l'accompagner lui-même jusqu'à Plantation House s'il le fallait. Se perdant en conjectures, il continuait de ne rien comprendre. À Longwood, sa maladresse fut diversement commentée. On la crut volontaire, Gourgaud étant par exemple persuadé que Lowe avait rendu impossible à dessein toute rencontre avec Lady Moïra. Irrésistiblement, le poison de l'incompréhension se répandait. Bientôt, il atteindrait tous les esprits.

Le lundi 13 mai 1816, Jamestown était en fête : « Toute la flotte de l'Inde arrive, s'enthousiasma Gourgaud, il y a beaucoup de passagers[8]. » À chaque escale de navires anglais, l'île se voyait soudain envahie par une foule de curieux. Dans ce flot continu, ils étaient nombreux à vouloir être reçus par le captif. Parmi les voyageurs accompagnant Lady Moïra, une quinzaine se présenta ainsi à Longwood le lendemain de leur débarquement, dont le renommé juge William Burrough. Dans le *Mémorial*, Las Cases raconte leur enthousiasme : « Nous étions tous dans la salle d'attente. L'empereur, sortant de chez lui pressé de se rendre au jardin, a excité parmi nos visiteurs un empressement extrême. Ils se sont précipités aux fenêtres pour le voir passer. Cela nous rappelait tout à fait Plymouth. Le grand maréchal a conduit toutes ces personnes à l'empereur qui les a reçues avec une grâce parfaite et ce sourire qui exerce tant d'empire. L'avidité était dans les regards de tous, l'émotion sur la figure de plusieurs[9]. » Avec le juge, il causa législation, avec d'autres, de commerce ou d'administration, interrogea aussi les officiers et complimenta les dames. Le jour suivant, en compagnie de nouveaux visiteurs, le succès de l'empereur ne se démentit point : « Ils sont émerveillés ! Ils croyaient voir un tigre, ils trouvent un homme », témoigne Gourgaud[10]. À l'un des aides de camp de Lady Moïra, Napoléon confia qu'il aurait été content de lui faire sa cour « mais qu'étant en dehors de son enceinte, c'était pour lui comme si elle était encore au Bengale[11] ». Après avoir reçu son message, l'épouse du gouverneur des Indes se rendit néanmoins à Alarm House pour observer Longwood à la lunette. Sans doute pour ne pas gêner Lowe, elle renonça d'elle-même à aller plus loin.

Dans le même temps, le gouverneur resserra l'étreinte autour du captif. Désormais, toute correspondance entre Longwood et l'extérieur, jusqu'aux notes de blanchisserie, devait transiter par ses services pour être examinée et au besoin censurée. Les négociants de l'île ne devaient plus accorder le moindre crédit aux Français. Et de manière plus formelle, Lowe rappela l'obligation qui était faite au prisonnier de se montrer au moins deux fois par jour à l'officier d'ordonnance anglais présent à Longwood. En son temps, Cockburn avait peu ou prou donné les mêmes consignes, mais s'était bien gardé de les faire appliquer aussi scrupuleusement que Lowe, histoire de ne pas jeter de l'huile sur le feu. Sans réaliser qu'il avait déjà considérablement dégradé sa réputation, le nouveau gouverneur rajouta ces quelques mesures aussi malvenues qu'inutiles. Sans trêve, il ajoutait donc une vexation à une autre, provoquant un courroux toujours plus aigu. Après avoir échoué à faire venir le captif à sa table, il sollicita néanmoins une troisième entrevue avec l'empereur pour lui faire part de ce qu'il estimait être une bonne nouvelle. Par message, il avait été prévenu qu'arriveraient bientôt quelques meubles destinés au prisonnier ainsi que du bois de construction pour sa nouvelle demeure. Cette affaire de livraison était sans doute un prétexte pour reprendre contact. Sur le plateau, Napoléon l'attendait de pied ferme mais cette fois pour en découdre.

La maison de Longwood était désormais bien connue du gouverneur. Pour la troisième fois, ce 15 mai 1816, il s'avança plutôt confiant jusqu'au salon de l'empereur. À l'intérieur, Napoléon l'attendait seul, debout et chapeau à la main. Un épais silence régnait dans la pièce. Après un timide salut, Lowe expliqua ce qu'il croyait être « quelque chose d'agréable » pour celui qui lui faisait face. Mais ses propos laissèrent son interlocuteur de marbre. Il n'était point besoin d'être fin psychologue pour comprendre qu'une certaine tension régnait déjà dans la pièce. Cependant, ne s'étant rendu compte de rien, le gouverneur poursuivit son propos, discutant des avantages comparatifs qu'il y avait à bâtir une nouvelle maison ou à seulement agrandir l'existante, quand soudain l'orage éclata. Napoléon l'interrompit alors rudement pour le prendre à partie : « Lorsque j'ai entendu parler de votre arrivée dans cette île, j'ai cru que, comme militaire de l'armée de terre, je vous aurais trouvé d'un caractère plus honnête que celui de l'amiral, qui, comme officier de marine, aurait pu avoir des manières plus rudes ; je n'ai pas à me plaindre de son cœur. Mais de quelle manière me traitez-vous ? C'était une insulte de m'inviter à dîner et de m'appeler le général Bonaparte… Je ne suis pas le général Bonaparte… Je suis l'empereur Napoléon. Est-ce que vous êtes venu ici pour être mon bourreau… mon geôlier[12] ? » Malgré cette violente charge, Lowe ne cilla point. Avec calme, il répliqua : « Monsieur, répondit-il, je ne suis pas venu pour être insulté, mais pour traiter d'une affaire qui vous regarde plus que moi. »

À la porte du salon, intrigués par les éclats de voix de leur maître, les domestiques s'approchèrent sur la pointe des pieds pour tendre l'oreille. À ce petit groupe de curieux se mêla aussi le fluet Las Cases : « Resté dans la salle à manger, j'ai pu entendre, écrivit-il, par le son de la voix de l'empereur qu'il s'animait et que la scène était chaude[13]. » Après une trêve vite rompue, le prisonnier reprit son offensive : « Voulez-vous que je vous dise la vérité monsieur ? Oui, monsieur, vous avez les ordres de me tuer !... Oui, de me tuer[14]. » Dans son rapport à Bathurst, Lowe se flatta de n'avoir nullement été impressionné par les foucades de son captif, se félicitant même d'avoir eu le dernier mot : « Vous avez observé, monsieur, lui dit-il, dans la dernière entrevue que j'ai eue avec vous, que vous aviez mal calculé l'esprit du peuple anglais ; vous calculez aussi mal à présent l'esprit d'un militaire anglais. » Puis, le calme revint avant que les deux hommes ne se séparent comme parvenus au bout de leur combat. Sur le seuil de la porte, le gouverneur insista cependant pour présenter à l'empereur le lieutenant-colonel Wynyard, mais en vain : « Je ne peux pas le recevoir à présent ; lorsqu'on est insulté, on ne peut tenir compagnie à personne », répliqua-t-il sèchement. Le violent orage n'avait pas duré une demi-heure.

Tandis que Lowe quittait Longwood « rouge de colère », sans doute plus éprouvé qu'il ne voulut le dire ensuite, Napoléon parut également affecté par ce qui venait de se passer : « L'empereur a gagné le jardin et m'a fait appeler, témoigna Las Cases. Il n'était pas bien depuis deux jours. Ceci avait achevé de le bouleverser. Il m'a dit que la séance avait été bien vive, qu'il avait reçu le gouverneur avec la figure d'ouragan. La tête penchée et l'oreille en avant, qu'ils s'étaient considérés [comme] deux béliers qui allaient s'encorner. Que son émotion devait avoir été bien forte, car il avait senti la vibration de son mollet gauche. Ce qui n'était pas arrivé depuis longtemps[15]. » Quand il fit venir ensuite O'Meara, sa colère restait vive : « Il est venu, lui dit-il, *ce viso di boia a tormentarmi* ["ce visage de bourreau me tourmenter"]. Dites-lui que je ne désire jamais le voir ; et que je voudrais qu'il ne vînt plus m'importuner de son odieuse présence. Qu'il ne m'approche plus, à moins que ce ne soit avec l'ordre de m'expédier ; alors il trouvera mon sein prêt à recevoir le coup ; mais jusque-là qu'il m'épargne sa figure odieuse ; je ne puis m'y accoutumer[16]. » Tout cela n'augurait rien de favorable.

7

La lecture comme refuge

Le net raidissement des conditions de la captivité ainsi que l'attitude d'Hudson Lowe ne firent pas que provoquer la dispute. La fibre combative du prisonnier s'en trouva aussi très nettement renforcée. Dans l'adversité, Napoléon se ressourçait toujours. En politique comme à la guerre, loin de le décourager, la difficulté le galvanisait. À Sainte-Hélène, le nouveau combat qui s'annonçait lui redonna ainsi de l'allant. Persuadé des intentions malignes du gouvernement britannique, il ne céderait pas au désespoir mais au contraire lutterait de toutes ses forces, comme il l'expliqua à O'Meara quelques jours seulement après s'être fâché avec le gouverneur : « J'ai toujours eu pour maxime, qu'un homme montre plus de vrai courage en supportant les calamités et en résistant aux malheurs qui lui arrivent, qu'en se débarrassant de lui-même. Le suicide est l'acte d'un joueur qui a tout perdu, ou d'un prodigue ruiné, et n'est qu'un manque de courage au lieu d'être la preuve. Votre gouvernement se trompe, s'il croit qu'en cherchant tous les moyens de me vexer, comme de m'envoyer ici, de me priver de toute communication avec mes parents les plus proches et les plus chers, [...] de m'isoler du monde, de m'imposer des restrictions inutiles, vexatoires, et qui le deviennent plus encore de jour en jour, de me donner pour geôlier les *fèces* des hommes ; il se trompe, dis-je, s'il croit qu'il épuisera ma patience et me poussera au suicide. Si jamais j'eusse eu un semblable dessein, l'idée seule du plaisir que cela lui ferait m'empêcherait de l'accomplir[1]. » Dès lors, contrarier le jeu britannique deviendrait la motivation principale de ce joueur parfois obsessionnel, une raison de vivre même.

Mais à l'aube de cette nouvelle bataille, dans quelle forme physique était-il ? Jusqu'au mois de mai 1816, elle fut plus que satisfaisante. On ne remarqua en effet rien de particulier chez lui avant que son premier hiver ne l'affecte quelque peu. Rhumes et angines le fragilisèrent, mais pas davantage que ceux qui l'entouraient. Ses dents le firent souffrir également et on remarqua chez lui un début de scorbut. S'y ajouta une conjonctivite persistante ainsi qu'un peu de dysenterie, mais là encore rien de préoccupant. Quand on consulte les journaux de ses compagnons, on s'aperçoit que la plupart d'entre eux, Gourgaud ou Fanny Bertrand notamment, étaient plus malades que lui. Si ce n'était un début d'ulcère, pour le moment encore assez léger, le captif jouissait d'une santé globalement bonne pour un homme à quelques mois de ses quarante-sept ans vivant dans l'humidité australe. Avec les premiers froids, il fit cependant beaucoup moins d'exercice : « Il ne sortait presque plus ; point de cheval ; pas même la calèche. À peine respirait-il quelques instants dans le jardin. Il ne s'en portait pas mieux. Ses traits et sa santé s'altéraient visiblement », note inquiet Las Cases[2]. Sa nuit du 22 au 23 juin fut par exemple de couleur blanche et au petit matin sa mine était blafarde. Aucune souffrance n'en était cependant à l'origine. Son teint brouillé n'était dû qu'à son plaisir favori, la lecture.

Outre son besoin d'adversité, son incroyable résilience s'explique aussi par sa passion dévorante pour les livres. Au-delà du plaisir, ce lecteur compulsif en retirait inspiration et force. Ce que Valery Larbaud appelait le « vice impuni » s'était emparé de lui dès sa prime jeunesse. Dans les écoles militaires comme en garnison, il s'intéressa notamment aux classiques de l'histoire antique, de Plutarque à Tite-Live, mais aussi aux auteurs de son temps, Voltaire ou Rousseau par exemple. Fasciné par le livre, il voulut un moment lui-même devenir écrivain ou historien, mais sans connaître vraiment le succès. Ensuite, il vécut sa folle épopée livres en main. En campagne, il profitait ainsi des longs trajets parcourus dans sa berline pour lire avec frénésie. Avide de connaissances, Napoléon était particulièrement exigeant. S'il s'ennuyait ou n'apprenait rien, il jetait par la portière de sa voiture le livre qu'il jugeait médiocre. Tandis qu'il roulait vers son destin, ses écuyers voyaient ainsi voler dans les airs ses lectures méprisées avant qu'elles ne retombent dans la poussière des routes du Vieux Continent. En revanche, on l'aura compris, il n'était guère bibliophile, privilégiant toujours le contenu d'un livre à ses qualités de reliure ou d'édition.

À leur apogée, les bibliothèques impériales renfermaient pas moins de 60 000 volumes. Homme d'habitudes, Napoléon avait exigé qu'elles soient toujours composées à l'identique et rangées suivant le même ordre pour qu'il puisse retrouver sans effort l'ouvrage qu'il cherchait. Si dans chaque palais une grande bibliothèque était accessible aux courtisans, Napoléon possédait aussi une bibliothèque réservée à son seul usage et qui se trouvait en général dans son cabinet de travail. Aux Tuileries, la bibliothèque de son cabinet comprenait 1 570 ouvrages, dont 1 270 relatifs à l'histoire, sa matière de prédilection. À Sainte-Hélène aussi, cette matière constitua la partie la plus importante de sa bibliothèque. Outre sa soif de connaissances, il utilisa les livres d'histoire pour écrire sur quelques grands capitaines, Frédéric le Grand, Turenne ou le Grand Condé. Autre sujet récurrent dans ses bibliothèques, les livres de voyage. Avec eux, il se documentait aussi, mais éprouvait également un réel plaisir à parcourir le monde en compagnie de Marco Polo, de La Pérouse ou du capitaine Cook. Aimant le lointain, cet infatigable voyageur désormais prisonnier quittait avec ses lectures son rocher pour s'évader en pensée vers l'Orient, les Amériques ou les mers reculées. La littérature était aussi une distraction quotidienne. Rousseauiste dans sa jeunesse, il fut davantage voltairien au soir de sa vie, évolution classique au fond pour un individu d'âge mûr ayant oublié ses utopies primesautières. Avaient aussi ses faveurs les poètes contemporains de sa gloire, Delille et Arnaud par exemple, très populaires alors mais oubliés aujourd'hui. Le théâtre ne le laissait pas indifférent, bien au contraire. Parmi ses auteurs favoris, Corneille, Racine, toujours Voltaire mais plus rarement Molière. Même s'il ne lisait pas tout, sa curiosité était sans limites. Et surtout, grâce au roman, il parvenait à s'extraire d'une réalité parfois si écrasante.

Avec le *Newcastle* en mai 1816 voyagèrent six ou sept caisses de livres contenant pas moins de 450 volumes que Bertrand avait commandés pour son maître lors du passage à Madère à bord du

Northumberland. À peine furent-elles apportées à Longwood que le captif voulut les ouvrir comme s'il avait reçu là une nourriture dont il était privé depuis longtemps. Leur déballage fut comme une fête, toute la petite colonie française s'étant réunie autour du captif : « L'empereur y mettait la main lui-même avec une espèce de joie : les hommes se modèlent à leurs circonstances ; leurs jouissances se façonnent à leur peine », observa un brin philosophe Las Cases[3]. Sourire aux lèvres, Napoléon examina frénétiquement chaque volume, opérant ainsi un premier tri : « On lui passait, raconte Ali, les volumes les uns après les autres ; il les feuilletait en gros et mettait sur une table ceux qu'il soupçonnait contenir quelque chose. Pour les autres, il les jetait à mesure à côté de lui en tas, se réservant de les examiner plus tard. Les livres qu'il avait choisis, il les faisait porter dans son cabinet et mettre sur le guéridon qui était près de son canapé[4]. »

Après cette première revue, il s'empara des anciens recueils du *Moniteur,* le journal officiel de l'époque rendant compte des lois votées, des discours prononcés ou des événements gouvernementaux. Tout en les utilisant pour la rédaction de ses *Mémoires,* il aimait aussi et surtout les relire pour se rappeler son passé. D'un seul trait, il se mit ainsi à lire toute l'année 1791, revivant les grandes heures de la Constituante : « Il s'en était amusé comme d'un roman », remarqua Las Cases[5]. Qui d'autre que lui pouvait à ce point apprécier cette prose aussi figée que sèche ? Loin de la considérer comme rébarbative, il s'abîmait au contraire les yeux à relire les interminables discours des députés dont la plupart avaient été ensuite « raccourcis » par la guillotine sous la Terreur. S'il se divertissait, il retenait à peu près tout de ce qu'il lisait. Les mots s'imprimaient en lui : « L'empereur, témoigne son bibliothécaire Ali, avait-il dans les mains un livre qui l'intéressât, il ne le quittait pas qu'il n'en eût une connaissance entière. Il lisait avec le pouce comme a dit l'abbé de Pradt, et cependant, il ne lui échappait rien du contenu, et il le possédait si bien que, longtemps après, il pouvait en faire une analyse très détaillée, et même citer, pour ainsi dire textuellement, les passages qui l'avaient le plus frappé[6]. »

Au total, la bibliothèque de Longwood compta entre 3370 et 3583 volumes, dont 588 au moins provenant des bibliothèques de Malmaison et de Rambouillet selon les patients travaux de recherche de l'historien Jacques Jourquin[7]. Quelques dizaines furent pris aussi à Rochefort. À ce premier corpus s'ajoutèrent 1915 volumes achetés par le gouvernement anglais. Pour Napoléon, c'était trop peu, il aurait souhaité en posséder 60000 ! À la construction d'une nouvelle maison, il préférait largement l'envoi de nouvelles lectures, comme en témoigne cet extrait du journal d'O'Meara : « Ce palace (palais) a-t-il dit en riant, qu'on prétend qu'ils m'envoient, est autant d'argent jeté à la mer. J'aimerais mieux qu'ils m'eussent envoyé quatre cents volumes, que tous leurs meubles et leurs maisons[8]. » C'est dire à quel point sa soif de connaissances restait intacte. Longtemps, il souhaita disposer d'autant de livres qu'aux Tuileries sans se rendre compte que la maison de Longwood ne pouvait en contenir un tel nombre. Si Lowe n'accéda que très partiellement à ses demandes, il ne censura aucun ouvrage en raison de son sujet ou de ce qu'il contenait. Même les livres mettant en cause sa personne comme son gouvernement furent livrés à Longwood.

En revanche, il fut très attentif aux dédicaces qui pouvaient y figurer. Quand John Cam Hobbouse, ami de Lord Byron, lui envoya son *Histoire des Cent-Jours* avec la mention suivante écrite en lettres dorées : « À l'empereur Napoléon qui a supporté l'adversité d'une âme égale », le gouverneur retint le livre, ce qui irrita fortement son destinataire. Comme on s'en doute, cet épisode ajouta à leur dispute. Un an plus tard, il laissa toutefois passer un autre ouvrage dans lequel se remarquait une dédicace à l'empereur Napoléon. Ce nouvel hommage étant cette fois signé par Lady Holland, il préféra fermer les yeux pour éviter d'être mis en cause par son mari dans la presse ou à la Chambre. Puisqu'il est question de Lady Holland, Napoléon fut heureux de recevoir fort généreusement de sa part 475 volumes qu'elle offrit ainsi à son idole. Par ailleurs, 284 furent également achetés à Londres, dont beaucoup de livres de voyage, qui ne furent cependant jamais payés. Enfin, pour arriver à plus de 3000 volumes, 108 furent aussi apportés par l'abbé Buonavita en 1819.

Quand les travaux de Longwood furent achevés, la bibliothèque fut installée dans une pièce de belle dimension, près de 27 mètres carrés, et attenante à la salle à manger. La plupart des livres étaient rangés dans deux corps de bibliothèque en acajou aux portes grillagées et fermées à clef. On craignait moins les voleurs que l'extrême voracité des rats qui pullulaient. Si les repoussants rongeurs furent empêchés de nuire, l'humidité fit cependant roussir les pages et décoller les reliures. Car la bibliothèque était de ce point de vue la pièce la plus mal exposée de la maison. Orientée au sud-est, elle était éprouvée sans cesse par les vents et la pluie. La plupart des livres du captif encore visibles aujourd'hui ont d'ailleurs été restaurés. Fort heureusement, les reliures n'étaient pas aussi remarquables que celles des bibliothèques des palais impériaux. Sur les plats, les armes impériales étaient absentes et le maroquin n'habillait plus les reliures, remplacé par du veau, du carton ou même du simple papier.

À Longwood, il ne pouvait exister de bibliothèque sans bibliothécaire. Compte tenu de l'appétit de lecture de leur maître, ce poste était essentiel. Pour remplir cette fonction, Saint-Denis dit Ali fut désigné. Il fut choisi car c'était un homme particulièrement instruit. Il l'était bien davantage que Santini, Noverraz, Cipriani et même que Marchand. Après être resté quatre ans chez un notaire, Ali savait tenir une plume. Il passa d'ailleurs beaucoup de temps à mettre au net les dictées de Sainte-Hélène ou les manuscrits de la main de l'empereur, c'est dire ses aptitudes. En outre, il était amateur de livres, ce qui tombait plutôt bien. Du reste, cet homme ordonné et rigoureux n'était pas sans caractère contrairement à d'autres. Il lui arrivait de dire franchement les choses. Froissé un jour d'avoir été relégué à la seconde table des serviteurs, il s'en plaignit ouvertement à son maître : « Diable !, fit l'empereur en me regardant entre les deux yeux, rapporte l'intéressé, tu n'es pas comme Desaix [général proche de Napoléon disparu à la bataille de Marengo] ; je l'eusse fait manger à la cuisine avec le chien ou le chat, il ne m'eût fait aucune observation. Allons va ! » Et il fut admis à la première table. Quand il n'était pas de service auprès de l'empereur, il vaquait à ses occupations de bibliothécaire, sa chambre étant contiguë à la bibliothèque. Avec soin et méthode, il en organisa le rangement. Dès qu'un volume entrait dans un rayonnage, sa page de titre portait un cachet noir à l'encre humide, un sceau impérial qu'Ali avait lui-même ciselé, devenu la marque des livres de la bibliothèque de Sainte-Hélène, bien connu aujourd'hui des spécialistes comme des collectionneurs. Pour les ouvrages arrivés après 1815, une mention manuscrite « L'empereur Napoléon » fut également ajoutée par Ali. À lui de préparer les livres de son maître et de fournir la matière qui devait distraire la petite cour.

Quand celle-ci était réunie, la soirée se terminait presque invariablement par une lecture interrompant les parties d'échecs en cours. Napoléon se faisait alors critique littéraire et pouvait parfois se montrer sévère : « Lecture de Judith [de Mme de Girardin] puis de Brutus [de Voltaire]. C'est une tragédie manquée ; la conspiration n'est pas bien développée, l'amour est mal représenté, la conduite de Brutus est horrible », consigne par exemple Gourgaud dans son *Journal*[9]. Si Napoléon dînait seul, il se faisait lire de longs passages des ouvrages issus de sa bibliothèque. Sa passion fut aussi et avant tout un plaisir solitaire : « L'empereur a voulu dîner seul dans sa chambre. Il m'a fait revenir sur les dix heures ; il était mieux. Il a parcouru bien des livres dont son canapé était couvert. Il a entamé l'*Alexandre* de Racine, qu'il a en grand dégoût, il s'est remis à l'*Andromaque*, qui est une de ses passions », raconte par exemple Las Cases[10]. Quand il ne travaillait pas, il pouvait retrouver ses livres à n'importe quel moment de sa journée, comme en témoigne cet autre extrait du journal de son secrétaire : « L'empereur m'a fait venir ; il avait pris un bain de trois heures. Il me donnait à deviner ce qu'il y avait lu ; c'était la *Nouvelle Héloïse*. Il l'analysait et la sabrait cette fois tout à fait[11]. » Point donc de lecture inutile chez lui. Après avoir fermé un ouvrage, il éprouvait ainsi le besoin de donner son avis et aimait manifestement cela. Exercice intellectuel ou pur délassement, lire fut aussi pour lui le meilleur moyen de s'évader. Dans le livre, il se réfugiait, fuyant ainsi un triste environnement comme un entourage de plus en plus désespérant.

8

Huis clos

« L'enfer, c'est les autres. » Cette célèbre phrase qui conclut la pièce *Huis clos* a valu bien des polémiques à son auteur, Jean-Paul Sartre. Dans cette œuvre, il met en scène trois disparus enfermés dans un oppressant huis clos et contraints de répondre indéfiniment de leurs actes après leur mort. Chacun est ainsi jugé à tour de rôle pour l'éternité. Dans l'enfer de Sartre, point de flammes mais un bûcher psychologique où l'autre se fait bourreau. Cette pièce n'est pas sans analogie avec le drame de Sainte-Hélène. Au fil des mois, l'enclos de Longwood devint aussi un huis clos. Comme ceux de Sartre, les acteurs de la captivité étaient coupés du monde et plongés dans l'ennui, ressassant à l'envi leurs souvenirs. De leur confrontation naquirent la querelle, la rancœur, la jalousie. Entre compagnons de l'empereur, la détestation n'était pas l'exception mais souvent la règle. Dans la pièce du controversé philosophe, ses personnages n'ont pour seul miroir que le regard forcément déformant de leurs juges. Si les glaces ne manquaient pas à Longwood, la promiscuité qui y régnait exagéra également l'importance du jugement d'autrui, l'œil de l'autre renvoyant souvent un cruel reflet. Si certains n'en avaient cure, plusieurs en revanche en perdirent presque la raison. À l'évidence, le premier regard qui comptait était celui de Napoléon, ses avis suscitant l'espérance ou abîmant les individus. L'abondante prose de nos témoins rend compte de cette réalité comme de l'intimité d'une maison minée par la dispute.

Quelles que soient la taille ou la nationalité d'une cour, on s'y querelle toujours à propos des préséances. Dès qu'elle fut réintroduite à Longwood, l'étiquette attisa naturellement les tensions comme l'explique Las Cases : « Toutefois, ces dispositions, quelque sages qu'elles fussent, ne laissèrent pas de semer parmi nous des germes d'éloignement qui poussèrent de légères racines. Et reparurent parfois à la surface. L'un trouvait qu'il avait trop perdu, l'autre voulait donner trop de lustre à sa partie, un autre se trouvait lésé dans le partage[1]. » Même infime, toute préférence du maître favorisait la discorde. Lisons par exemple Gourgaud : « À dîner, Mme de Montholon, qui d'habitude était assise à la gauche de Sa Majesté, prend place à sa droite et Montholon se met près de moi, ce qui vexe Las Cases[2]. » Au royaume du ridicule, nos exilés jouaient en effet des coudes et pratiquaient le croche-pied. En lisant les Mémoires des uns et des autres, on croirait du mauvais Saint-Simon. Intense et peu discrète, la division se remarquait même de l'extérieur : « La cour de Longwood, comme l'entourage de souverains plus puissants, n'était pas exempte de jalousie, d'envie et de beaucoup de malveillance[3] », souligne ainsi le lieutenant Jackson. Même constat désolant sous la plume du commissaire russe, le perspicace Balmain : « Ce qu'il y a de sûr, c'est que tous ces Français se haïssent cordialement. Chacun veut être le favori du maître et vise la direction des grandes affaires de Longwood. De là naissent, entre eux, des scènes d'un ridicule achevé. Montholon, chargé de l'extérieur du palais, envie à Bertrand sa partie de l'intérieur. Gourgaud, las des parades en sa qualité d'aide de camp général dans une antichambre, voit avec déplaisir les occupations sensées de Las Cases. [...] C'est en s'aveuglant ainsi sur leur position que ces malheureux exilés qu'on estimerait s'ils avaient un esprit de corps, deviennent la risée de tout le monde[4]. »

Une question se pose : Napoléon profita-t-il des divisions de ses compagnons d'exil ? En donnant sa préférence à tel ou tel, il attisa les tensions pour mieux garder sous sa coupe ses officiers et domestiques. C'était une excellente manière pour lui de se les attacher sans trop en dépendre lui-même. Rester maître du jeu pour ne pas perdre leur attention et leur dévouement. Et cela marchait : « Croyez-vous que moi et ma femme ne sommes pas piqués de ce que Sa Majesté ne nous a pas demandés hier ? Il faut dissimuler et patienter », avoue Montholon à Gourgaud[5]. Homme de devoir, Bertrand en avait pris son parti : « L'empereur est comme cela mon cher Gourgaud, nous ne pouvons changer son caractère. Il faut faire son devoir et se moquer du reste. C'est ce caractère-là qui est cause qu'il n'a pas d'amis, qu'il s'est fait tant d'ennemis, et qu'enfin nous sommes à Sainte-Hélène. C'est aussi pour cela que ni Drouot, ni ceux qui étaient à l'île d'Elbe, ni d'autres que nous, n'ont voulu le suivre ici[6]. » Mais l'empereur fut également victime de ses propres jeux de cour, l'enfer des autres venant s'ajouter à sa déchéance matérielle, morale et bientôt physique. La peur de l'abandon étant très prononcée chez lui, il préféra cependant toujours une compagnie même navrante à une totale solitude.

Pour en revenir à *Huis clos*, si nous devions donner le rôle de Garcin à l'un des protagonistes de notre histoire, nous appellerions en scène le général Gaspard Gourgaud. Démonstratif et agressif comme le personnage de Sartre, il fut le plus infernal et le plus odieux de la petite cour. Il était né à Versailles en 1783. Sa famille vivait aux lisières de la Cour, son père jouait parmi les seize violons de la chapelle du roi tandis que sa mère berçait les enfants de la comtesse d'Artois. Le jeune Gourgaud ne devint jamais artiste comme son père ou son oncle, qui se tailla un joli succès, sous le pseudonyme de Dugazon, mais épousa la carrière militaire. S'il ne joua que son propre rôle, il démontra un net penchant pour l'exagération et la théâtralité, sans doute hérité de sa famille. Dès 1799, il porta l'uniforme au sein de la toute jeune École polytechnique. Brillant en mathématiques, il fut recruté dans l'artillerie, un point commun avec l'empereur. Protégé du général Lariboisière, sa carrière le mena jusqu'à l'un des cercles les plus rapprochés de Napoléon, celui des officiers d'ordonnance, sorte d'aides de camp de second rang. Au nombre de douze, leur statut était hybride puisqu'ils faisaient officiellement partie de la Maison militaire tout en étant commandés directement par le grand écuyer. En un claquement de doigts impérial, ils partaient à bride abattue aux quatre coins de l'Europe pour porter une dépêche, transmettre un ordre ou encore inspecter un arsenal ou un corps d'armée. Sans être corvéables à merci, ces hommes de confiance étaient parmi les plus dévoués à leur souverain, lui servant aussi de protection rapprochée.

Avec un certain orgueil, Gourgaud aimait à rappeler qu'il avait une première fois sauvé la vie de l'empereur pendant la campagne de Russie. Quand l'armée française entra dans Moscou, il fut chargé d'inspecter le Kremlin avant que son maître ne s'y établisse. En visitant les caves du palais, il découvrit un impressionnant stock de poudre qui devait exploser une fois l'empereur installé dans la demeure des tsars. Promu ensuite chef d'escadron, il aurait dû normalement quitter le service des officiers d'ordonnance mais supplia tellement son maître que ce dernier, ému par ses pleurs, accepta de le garder auprès de lui. Et pour que la chose soit possible, il créa spécialement pour lui la fonction de premier officier d'ordonnance. Dès cette époque, une relation très forte se noua entre les deux hommes. S'il ne fut pas du premier exil à l'île d'Elbe, il fit tout son possible pour suivre Napoléon dans son second exil. Alors que l'empereur avait choisi Planat de la Faye à sa place, à nouveau il l'implora, pleura jusqu'à le convaincre. Cet amour qui ne pouvait être seulement filial fit de lui un jaloux pathologique et pathétique. L'œil mauvais, Gourgaud détestait en effet tous ceux qui approchaient de trop près son maître bien-aimé. Il y avait là une jalousie maladive, de celles qui peuvent vous faire commettre l'irréparable. Au fil du temps, sa dévotion devint même embarrassante pour celui qui en était l'objet. Son amour fut-il homosexuel ? Une phrase crue de l'empereur sème le doute : « Tous les jours, il voulait m'en... », confia-t-il à Bertrand[7]. Son biographe Jacques Macé explique qu'il convient cependant de ne pas confondre langage de corps de garde et vérité historique. Insatiable coureur de jupons et souvent poursuivi par des maris trompés, ce Casanova en uniforme de général ne manifesta par ailleurs jamais de penchants homosexuels. Malgré ce fait, son lien avec Napoléon fut pour le moins ambigu. Et il ne manqua vraiment qu'un attachement charnel pour qu'il ne soit pas vu comme le mignon de son souverain.

Dans sa relation compliquée avec autrui à Longwood, le premier qui le rendit maladivement jaloux fut le frêle Las Cases. Tout à son aigreur, il se mit à détester ce chambellan qui avait pour défaut d'occuper une place trop importante auprès de son maître. Pour le général, sa proximité avec Napoléon devint rapidement insupportable. Ce nouveau venu dans l'univers impérial ne méritait pas selon lui pareil privilège. S'effacer derrière un homme qui n'avait jamais mis un pied sur un champ de bataille le blessait profondément : « Dans aucun cas, moi militaire, dit-il un jour à Bertrand, je ne céderai le pas à un chambellan, qui n'est réellement qu'un valet titré[8]. » Sans discontinuer, il s'acharna à le flétrir auprès de son maître, disant de lui qu'il n'était qu'un « tartufe » intéressé. Dans la nuit du 21 au 22 juillet 1816, son amertume le submergea : « J'ai du chagrin toute la nuit de la manière dont Sa Majesté agit envers moi qui ai tout sacrifié pour la suivre ; mon cœur est gros, car je n'ai aucune consolation », confie-t-il à son *Journal*[9]. Puis, n'y tenant plus, il fit part de son trouble à l'empereur. Loin de le rassurer, ce dernier lui fit au contraire la leçon : « [Il] me dit que c'est de ma faute, que je veux trop exiger des autres, que je suis un brave jeune homme, mais que, si j'ai un bon cœur, j'ai aussi une mauvaise tête, qu'il est tout naturel que Las Cases lui convienne mieux que moi vu son âge[10]. » Mais la réprimande n'eut aucun effet. Dans les semaines qui suivirent, il continua d'accabler Las Cases, parfois en sa présence, répétant à qui voulait l'entendre qu'il n'avait « aucun titre à la bonté de Sa Majesté ». Prudent, le secrétaire laissait dire, n'alimentant pas la querelle par crainte sans doute de la lame du général.

La sourde guerre entre Las Cases et Gourgaud reprit cependant de plus belle quand les derniers travaux d'aménagement de Longwood furent achevés. Dès les derniers coups de pinceau donnés, ils se disputèrent les chambres les plus proches de leur maître. L'écho de leur querelle parvint même jusqu'aux oreilles anglaises. Le 24 juillet, l'officier Poppleton note dans son rapport à Thomas Reade : « Grandes dissensions et disputes civiles entre Las Cases et Gourgaud, celui-ci soutenu par Montholon, à propos des chambres[11]. » Pour trancher le différend, Napoléon transforma les chambres convoitées en bibliothèque : « [Las Cases et Gourgaud] ont pressé l'empereur pour les obtenir mais Napoléon a sagement statué comme un pape en se les réservant pour son propre usage. Montholon ne peut contenir sa joie à l'échec de Las Cases et pour l'instant, il triomphe », rapporte également Poppleton. Mais tôt ou tard, d'après le même, le secrétaire reprendrait l'avantage : « Le jésuite, bravache, parvient en sous-main à dire du mal et à la fin réussit toujours telle la souris dans le fromage. » Dans ses écrits à Bathurst, Lowe, qui détestait Las Cases, le désigna même comme le responsable de la dispute et en profita pour accabler les officiers de Napoléon : « Comme sa réclusion ici le rend très malheureux, il augmente constamment l'irritation d'esprit de Bonaparte par toutes sortes de plaintes et de fausses interprétations, et il a eu même récemment une querelle à ce sujet avec le général Gourgaud. Ils sont d'ailleurs tous en désaccord, et je suis à peu près certain qu'ils donnent plus de tourments que de contentement à Bonaparte lui-même[12]. » Pour le gouverneur, la dispute à Longwood représentait une véritable aubaine car elle démontrait selon lui l'inutilité, pour ne pas dire la nocivité, qu'il y avait à conserver autant de domestiques ou d'officiers autour de Napoléon.

En outre, au fil des semaines, la zizanie prit une autre ampleur quand après Las Cases, Gourgaud se fâcha aussi avec les Montholon. L'horripilant général s'emporta un soir après qu'Albine eut laissé entendre qu'il avait été trop proche de Cockburn : « S.M. me dit de m'asseoir. On parle de l'amiral. La Montholon dit que je lui faisais bien la cour à bord. Je réponds que "si quelqu'un lui a fait la cour, je pense bien que c'est vous et votre mari qui allaient chez lui tous les matins en tapinois, pendant que nous habitions en ville". D'ailleurs, ajoutai-je, vous êtes mal récompensée car l'amiral vient de faire un bien grand affront en lui envoyant par le docteur [O'Meara] la lettre que le capitaine Poppleton lui a écrite et dans laquelle il établit si bien la réputation de menteur de M. de Montholon. Mme de Montholon me dit que je dis des bêtises : "Je suis fâché, Madame, de n'avoir pas votre esprit." Elle pleure. S.M. se lève et dit que je lui manque, que jamais un soldat lui a manqué ainsi. Grande colère ; ensuite tout s'apaise. S.M. me dit même : "Allons, vous êtes malade, asseyez-vous." La partie d'échecs continue avec la Montholon. Je ne dis pas un mot. La M. recommence à pleurer ; nouvelle colère de S.M. Las Cases entre, ainsi que Montholon. La Montholon sort d'un autre côté. S.M. me met aux prises avec M. de Montholon, me dit des choses très dures que je n'aurais pas avalées aux Tuileries. On dîne à huit heures trois quarts : dix minutes à table. Rentrée au salon, S.M. demande un livre, dit de s'asseoir et à moi : "Allons, Gourgaud, asseyez-vous. Vous êtes jeune !" Je ne dis rien », rapporte Gourgaud dans son *Journal*[13].

Le lendemain, un « billet de provocation » lui fut remis. Pour avoir tenu des « propos injurieux » envers sa femme, le comte de Montholon demandait réparation. Contrairement à Las Cases, il était donc prêt à en découdre avec l'acrimonieux général. Trop heureux à cette idée, Gourgaud se prépara aussitôt pour son duel : « Je m'apprête. J'attends une demi-heure. On m'apporte un billet de M. de Montholon qui me dit que demain à huit heures il m'attend à la porte du jardin (comme dans les romans) », raconte l'offenseur[14]. Le huis clos allait-il devenir sanglant ? Heureusement, Las Cases usa de diplomatie et parvint à convaincre Montholon d'ajourner le duel. Si le pire fut évité, Gourgaud haïssait et même maudissait désormais le couple Montholon. Contre Albine, il fulminait : « Je ne consentirai jamais à Sainte-Hélène à passer après M. de Montholon et encore moins après sa femme. Qu'elle soit putain si elle le veut mais je trouve vil l'homme qui se laisse convaincre par force par une femme et surtout par une femme intrigante et laide[15]. »

Avec Las Cases, Bertrand tenta à plusieurs reprises d'apaiser les choses : « Je ne vous demande pas d'estimer les Montholon, mais imitez ma conduite », conseille-t-il par exemple à Gourgaud[16]. Pour le grand maréchal, le linge sale devait être lavé en famille : « Est-ce que vous croyez que je ne souffre pas et n'ai pas souffert de leurs intrigues ? Songez que nous sommes ici en vue, que les Anglais ne manquent pas de nous surveiller. » Dans la parole du grand maréchal, on remarque une pointe d'acrimonie envers les Montholon, un sentiment plus que partagé par sa femme. Après Gourgaud, Fanny exécrait le couple, en particulier Albine. Entre les deux femmes, point de solidarité féminine, mais au contraire une jalousie de tous les instants : « Mme Bertrand [...] est comme une tigresse à laquelle on a enlevé ses petits, toutes les fois que j'ai quelque attention pour Mme de Montholon », remarque O'Meara[17]. Au moindre regard échangé entre les comtesses, l'œil devenait mauvais. Et si n'y tenant plus l'une d'elles voulait s'adresser à l'autre, le même mot revenait, tombait dru : « Catin ! » De son côté, le chirurgien anglais ne les appréciait guère non plus : « Je pense, confia-t-il à Gorrequer, que si un peu [de corde de chanvre] était appliqué au cou de son mari, afin de le pendre au soleil pour le laisser sécher ne serait-ce qu'une heure, cela ne ferait pas beaucoup couler de larmes à Longwood[18]. »

Était-ce en raison de leurs prétentions diverses et variées ? Dans l'un de ses rapports, l'officier d'ordonnance Poppleton écrit : « Le général Montholon, cet homme qui n'a jamais assez de tout, en me voyant sortir dit qu'il serait heureux d'avoir ces chambres pour ses enfants. [...] Il m'assura qu'il n'en avait besoin que pour quelques jours, tandis qu'on peignait chez lui. Je crois vraiment que s'il avait toute la maison, il demanderait en plus une partie de Plantation House[19]... »

Dans cette dispute permanente, Napoléon réclamait sans cesse un cessez-le-feu. Peine perdue, notamment avec Gourgaud : « Que tout soit fini !, lui cria-t-il un jour. Détestez-vous si vous voulez dans l'âme, mais que je n'en voie rien et que personne ne s'en aperçoive ; l'essentiel est de m'égayer[20]. » Tout à ses détestations, le général en oubliait les peines de son maître. Comme il le lui rappela aussi, ce n'était pas parce qu'il se plaignait moins qu'il ne souffrait pas autant, voire davantage : « Croyez-vous, lui dit-il encore, que lorsque je m'éveille la nuit, je n'ai pas de mauvais moments, quand je me rappelle ce que j'étais et où je suis à présent ? » Après avoir été grondé par son maître mais aussi chaque fois consolé, le général se calmait puis pleurait à chaudes larmes avant de rentrer dans son intérieur bilieux et épuisé. Après une nuit de sommeil, il reparaissait toutefois triste et rancunier, guettant le moindre faux pas de cette « catin » [*sic*] de Montholon.

9

Mœurs légères

Si l'on examine la sociologie de Longwood, une remarque s'impose : Napoléon était entouré d'hommes jeunes, même pour l'époque. Sur les quinze officiers et domestiques qui gravitaient autour de sa personne, près d'une dizaine n'avaient pas atteint la trentaine et seuls trois (Montholon, Las Cases et Bertrand) étaient mariés. Avec sa cinquantaine fragile tant il paraissait usé, Las Cases était le doyen de la petite colonie. Ensuite venaient Bertrand et Cipriani, âgés tous deux de quarante-deux ans en 1815. Dans la catégorie des trentenaires figuraient Gourgaud et Montholon, tous deux affichant trente-deux printemps en 1815. Au sein de sa Maison, Napoléon était donc presque le plus âgé avec ses quarante-cinq ans révolus. Deux générations se côtoyaient principalement, la première était née dans les années 1770, la seconde dans les années 1790. Fort classiquement, dans le haut de la hiérarchie de la Maison, on retrouvait les hommes les plus âgés tandis que les plus jeunes occupaient des postes généralement inférieurs. Compte tenu de cette jeunesse de l'entourage du captif, on ne s'étonnera pas que plusieurs témoins de la captivité aient survécu longtemps ; ce fut par exemple le cas de Marchand, disparu seulement en 1876. Longtemps après l'exil, ils purent ainsi témoigner, favorisant la propagation de la légende napoléonienne.

Pour ces hommes jeunes et presque tous célibataires, l'exil fut d'un ennui profond : « 25 juin, mardi. Ennui. Ennui ! Mercredi, 26, *idem*. Jeudi, 27, *idem*. Vendredi, 28, *idem*. Samedi, 29, *idem*. Dimanche, 30, grand ennui », écrit Gourgaud dans son *Journal*[1]. Dans son manuscrit, ce mot est répété 94 fois ! Et il ne fut pas le seul à l'utiliser : de Marchand à Montholon, il est omniprésent dans leurs écrits. Si l'entourage de Napoléon avait accepté sa réclusion, il n'avait pas pour autant fait vœu de chasteté. À Longwood, seulement deux femmes célibataires pouvaient être courtisées. Pour nos célibataires torturés par le désir, c'était bien peu. Aussi furent-elles sans cesse sollicitées et finirent-elles d'ailleurs par céder aux avances de certains d'entre eux. La première s'appelait Joséphine Brûlé et servait la comtesse de Montholon. Cette Joséphine-là épousa l'impressionnant « ours d'Helvétie », Noverraz, qu'il valait mieux ne pas transformer en mari outragé. La seconde, la métisse Esther Vesey, servait la même maîtresse et venait de Jamestown où sa famille était établie. Trois mois après son arrivée, cette jeune fille de seize ans se trouva enceinte en août 1816. Séduite par Marchand, elle en tomba amoureuse mais ne convola jamais avec lui. Aux alentours immédiats de Longwood, il y avait bien quelques paysannes plus agréables à regarder que d'autres, par exemple celles que l'on appelait joliment la Nymphe de la vallée, Miss Mary Ann Robinson, ou Bouton de Rose, Miss Knipe. Mais toutes voulaient un mari, de préférence un officier pouvant les aider à quitter Sainte-Hélène, et n'étaient guère attirées par des prétendants d'un soir. Ne restait alors que les femmes de petite vertu.

Sans pudeur, Gourgaud confie à son *Journal* le 30 juin 1816 avoir passé un peu de temps avec l'une d'elles : « Je fais venir une femme de la ville ; je couche avec elle cinq fois, je lui donne 6 pounds[2]. » Pour la somme de 150 francs, équivalant à trois mois de paie d'un ouvrier, l'irascible général s'offrit une nuit de plaisir dans sa chambre de service, distante d'à peine quelques mètres de celle de Napoléon. Comment avait-elle pu arriver jusqu'à lui ? A-t-il soudoyé quelques sentinelles ? Il semble plutôt que cette femme de petite vertu se soit fait passer pour une banale employée de maison afin d'ensuite pouvoir vendre ses charmes au vigoureux général. Parmi les gens de la Maison, les réactions furent outragées après la coucherie de Gourgaud : « Toute la valetaille de la maison se met en insurrection. [...] Sa Majesté me dit que j'ai tort. Je la fais partir pour la ville. » Si Napoléon désapprouva cette fois, se laissa-t-il tenter à d'autres moments par les « femmes de la ville » ? Même s'il était facile d'en faire venir, nous pouvons répondre très probablement par la négative. Il ne semble pas en effet que l'empereur ait été attiré par quelque prostituée. Pour autant fut-il chaste pendant tout l'exil ? Une seule femme put être sa conquête : Albine de Montholon. Si de nombreuses présomptions existent en faveur de cette liaison, elle reste encore discutée. Médisance ou vérité ? Ouvrons son dossier.

Née à Montmartre le 19 décembre 1779, Albine Hélène Vassal était la fille d'un père receveur général des finances et d'une mère issue comme son époux de la meilleure société montpelliéraine, par ailleurs parente de Cambon, le futur ministre des Finances de la Convention. La famille était aussi très liée aux Cambacérès, originaire également de Montpellier, notamment à l'archichancelier de l'Empire, Jean Jacques Régis, l'un des personnages les plus importants du régime. Pendant la Révolution, elle n'avait que dix-sept ans lorsqu'elle convola avec l'homme d'affaires passablement véreux de sa mère, un dénommé Bignon. Le mariage dura peu, car trois ans après la noce les alliances furent remisées. Divorcée depuis moins d'un an, elle s'installa en ménage avec Daniel Roger, dont le portefeuille était cette fois mieux garni, les frères Roger ayant fait une jolie fortune dans le commerce. Preuve du lien fort unissant les deux familles, Salomon Roger épousa une sœur d'Albine peu après[3]. En décembre 1803, la future comtesse de Montholon donna naissance à son premier enfant, un garçon prénommé Édouard. Sous l'Empire, le couple Roger afficha une belle réussite. Propriétaire du château du Chesnay à Gagny, Daniel se lança dans l'industrie du sucre de betterave, installant dans sa propriété l'une des premières distilleries connues, ce qui lui valut d'être fait baron d'Empire en 1809[4]. À la cour impériale, s'ils n'occupaient pas les premiers rangs, Albine et Daniel avaient assurément gagné leur place.

Peut-être lors d'une contredanse ou plus sûrement pendant une petite cérémonie de cour, la baronne Roger remarqua un fringant officier de belle taille (1,71 mètre), mince, cheveux bouclés et manières impeccables. Avec passion, elle s'abandonna dans les bras de Charles Tristan de Montholon. En secret, ils devinrent amants avant que le scandale n'éclate quand la baronne déserta le domicile conjugal. Une séparation de corps puis un divorce s'ensuivirent. Héritière fortunée, Albine ne craignait pas les conséquences d'un divorce prononcé à ses torts exclusifs. Sa relation avec Tristan ne pouvait plus rester cachée de toute manière, car bientôt elle serait mère d'un second garçon qui porterait d'ailleurs le nom de son père. Cette union fut sévèrement jugée par Napoléon, qui malgré ses propres mœurs et la dissolution de son mariage avec Joséphine réprouvait une attitude qu'il jugeait légère. Mais après qu'ils eurent été écartés des Tuileries, le couple revint en grâce à la fin des Cent-Jours puis à Sainte-Hélène, au point d'être de plus en plus réclamé par le captif. Pendant la traversée, Albine tomba à nouveau enceinte et donna le jour à une petite fille, le 18 juin 1816, jour anniversaire de la bataille de Waterloo. Présentée à la petite cour sur un plateau d'argent, elle reçut le prénom de Napoléone en présence de son parrain qui n'était autre que l'empereur. L'hommage au souverain était aussi flatteur qu'habile, les Montholon ne perdant jamais une occasion de faire leur cour au prisonnier.

L'innocente enfant débuta ainsi une existence au long cours puisqu'elle ne disparaîtra qu'au siècle suivant, en 1907, à Aix-en-Provence. Elle fut d'ailleurs la dernière survivante de la petite cour. En l'absence de prêtre catholique, elle fut baptisée par le pasteur Vernon qui se contenta de lire des prières communes aux deux Églises. Après ce baptême peu orthodoxe, une rumeur enfla. Et si l'enfant était d'un autre père ? Pouvait-elle être la fille de son parrain ? Tout au long de sa longue existence, Napoléone le fit croire en tout cas. Mais sa version n'est guère crédible. Conçue en mer à bord du *Northumberland*, la dernière-née des Montholon ne pouvait être le résultat d'un amour coupable. Au cours de la traversée, Albine se tenait encore à une distance respectueuse de Napoléon. En outre, on conçoit mal comment dans l'exiguïté et la promiscuité régnant à bord aurait pu éclore une passion amoureuse sans qu'elle ait été remarquée par tous nos témoins. Si liaison il y eut, elle ne commença qu'un an plus tard. Le premier à remarquer leur rapprochement fut le perspicace O'Meara. En juillet 1816, il écrit : « Napoléon a paru hier très mélancolique ; à peine a-t-il prononcé un mot. Il est ensuite allé dans le nouvel appartement de Montholon où il est resté depuis six heures jusqu'à huit heures un quart. Cela rendra

Mme Bertrand jalouse en diable, quoique je pense que la véritable raison de cette longue visite est qu'il n'a pas d'autre pièce pour se tenir jusqu'à ce que la cheminée soit finie ou la bibliothèque arrangée. Néanmoins, Mme Montholon est toute glorieuse de la faveur dont elle jouit, en conséquence de quoi *elle change deux fois de plus de robes par jour,* elle espère[5]... » Elle espérait quoi ? O'Meara arrêta là sa plume, mais nous laisse entrevoir une suite plus osée.

S'il est des secrets que n'ignorent point les valets, ce sont bien les secrets d'alcôves. Sur une éventuelle liaison, que nous disent les deux domestiques les plus proches de Napoléon, à savoir Marchand et Ali ? Il n'était pas dans le genre du premier de révéler quoi que ce soit de possiblement embarrassant pour son maître. Dévoué, il fut un serviteur discret et le resta, ses *Mémoires* ne disant absolument rien des éventuelles conquêtes de son maître, au contraire d'Ali. Grâce à ce dernier, nous n'ignorons par exemple presque rien de ce qui se passa entre Napoléon et Maria Walewska en septembre 1814 à l'île d'Elbe[6]. En lisant ce qui fut publié de ses souvenirs, on ne découvre cependant rien de compromettant pour Albine. Mais dans un passage inédit de ses papiers, le mamelouk témoigne avoir vu la comtesse sortir de la chambre de Napoléon en se rajustant. À croire que la chaleur était un peu trop montée dans la pièce humide... Puis, ce fut au tour de Gourgaud de nourrir de sérieux soupçons quand, tout à sa haine des Montholon, il se mit à épier la comtesse de l'aube au crépuscule. À la date du 15 décembre 1816, son *Journal* prend des allures de vaudeville, avec Montholon dans le rôle du mari trompé : « À 7 h 30 [du soir], je surprends la Montholon allant se faire annoncer chez Sa Majesté qui la reçoit en déshabillé. [...] À huit heures, je passe au salon, j'y trouve M. de Montholon. [...] Je lui dis que Mme de Montholon est chez Sa Majesté. Il balbutie en disant : "Mais je ne sais pas, je ne dis pas non." Elle débouche de la chambre à coucher de S.M. et nous dînons. Je ne dis pas un mot[7]. » Pour lui aussi, il ne faisait aucun doute que Napoléon venait de céder aux délices de la chair.

De son point de vue, le problème n'était absolument pas moral, lui-même appréciant avec gourmandise les femmes mariées. Il enrageait seulement de voir sa rivale être forcément plus en cour que lui ! Ce jaloux hystérique crut que la comtesse usait de son charme dans le seul but d'occuper la première place dans le cénacle de Longwood. En janvier 1817, il relève encore : « L'empereur nous fait demander. Il joue au billard avec la Montholon. Cette dernière fait tout ce qu'elle peut pour faire la passionnée avec Sa Majesté : yeux doux, pieds en avant, robe pincée sur la taille[8]. » Peu aimable, il conclut : « Enfin elle cherche à faire la belle et ce n'est pas facile. » Et plus il la voyait approcher de son maître, plus il l'exécrait et se désespérait de cette liaison quasi affichée. Un soir, en accueillant la comtesse, Napoléon lui pinça les fesses d'un geste sûr. Cette virile démonstration horrifia Gourgaud, qui en resta coi pour toute la soirée. Au fil des jours, l'empereur semblait de plus en plus à l'aise avec la comtesse, dissimulant à peine son penchant pour elle. Pour l'irascible général, cette intolérable situation ne pouvait durer. Tel un favori s'estimant injustement écarté, il reprocha durement à son maître sa liaison avec l'« intrigante ». Comment pouvait-il aimer une femme aussi indigne ? s'insurgea-t-il. Devant Napoléon, il l'accabla crûment : « Elle se gratte trop la gorge et crache dans son assiette, ce n'est pas d'une femme bien élevée. Je n'ai jamais cru que Votre Majesté l'aimait pour l'... Votre Majesté a des yeux et des oreilles, c'est elle qui fait tout pour le faire croire[9]. » Pour sa défense, Napoléon lui répondit tout aussi directement : « Mais est-ce que vous croyez que je ne sais pas tout ce qu'ils font ? Ils pensent plus à eux qu'à moi. Ils ont pris les jalousies de mon salon pour eux ; eh bien, je fais semblant de ne pas m'en apercevoir. Vous avez tort de vous piquer de n'avoir pas des meubles comme moi. Vous devriez bien vivre avec eux. Ne croyez pas qu'elle me plaise. J'ai été habitué à vivre avec des femmes trop gracieuses pour ne pas voir les ridicules et les mauvaises manières de Mme de Montholon ! Mais enfin ici il faudrait faire sa société d'une perruche si on n'avait pas autre chose. Il n'y a pas de choix[10] ! »

On connaît le dicton : faute de grives, on mange du merle ou plutôt de la perruche, si l'on se fie au témoignage de Gourgaud. Le captif semblait donc tenir en bien piètre estime le mari comme la femme. Homme de pouvoir, il n'était pas dupe de l'intérêt qu'il pouvait susciter parmi la gent féminine, comme masculine d'ailleurs. Pour obtenir ses faveurs, il savait parfaitement ce dont l'humain était capable. D'une certaine manière, il s'était habitué aux faiblesses humaines et en profita largement, multipliant par exemple les maîtresses tout au long de son règne. S'il comprenait qu'on lui cédât facilement, en revanche, il détestait qu'on lui résiste. À l'île d'Elbe, il ne fut pas insensible aux charmes de Mme Bertrand, se promenant longuement seul avec elle. Mais elle ne devint jamais sa favorite lors du premier exil comme du second. Au contraire même, elle le fuyait, considérant ses charges de cour comme une véritable corvée. Elle resta donc toujours distante, se faisant de plus en plus rare à Longwood. Aussi, tout naturellement, Albine s'imposa-t-elle dans le rôle de dame principale de notre petite cour. Contrairement à l'épouse du grand maréchal, elle appréciait ou faisait mine d'apprécier le caractère souvent taquin de l'empereur, ses manières de goujat. Si elle s'offusquait parfois, elle ne le boudait jamais très longtemps, ne demandant qu'à le retrouver en tête à tête.

Dans ses *Souvenirs* écrits sur le tard, elle laisse poindre une jolie complicité entre eux : « Quelquefois on allait voir Mme Bertrand qui occupait alors une petite maison à Hutt's Gate distante d'un mile de Longwood. Pour y aller, il fallait passer le corps de garde et sur ce chemin étroit bordant le précipice, c'était assez effrayant et dangereux, au train de ces six chevaux. L'empereur me sentait parfois blottie de peur contre lui. Il s'en amusait et me tenait alors la main en riant. Je me laissais faire[11]. » Ce « je me laissais faire » sonne comme un aveu. Manifestement, elle était en effet prête à tout accepter du grand homme, de ce Napoléon qu'elle admirait tant : « Depuis notre établissement à Longwood, avoue-t-elle aussi dans ses *Souvenirs*, je voyais l'empereur et l'entendais avec un intérêt qui s'accroissait chaque jour de toute l'admiration, de tout l'attachement que son caractère, son génie, tout en lui enfin inspirait. S'il est vrai, en général, que les rois comme les montagnes sont bons à voir à distance, il n'en était pas ainsi de lui. Plus on le voyait, plus on l'aimait[12]. » Avec sa prose amoureuse, voulut-elle après coup transformer une liaison intéressée en véritable passion ? Entre calcul et sentiments, elle se partagea peut-être. En tout cas, sa liaison avec Napoléon n'apaisa guère les tensions de la petite cour.

10

Deux comtes et un marquis

Sournoise, diffuse ou éclatante, la dispute prospérait partout à Longwood, mais aussi entre Anglais et Français, et bientôt à l'intérieur même du camp anglais. Dans cet univers singulier apparurent en juin 1816 deux comtes, l'un russe, l'autre autrichien, et un marquis français, venus d'Europe. Trois nouvelles figures mais aussi trois intrus, tant le cabinet de Londres n'apprécia guère leur présence. Que venaient-ils faire dans cette captivité hors norme ? Selon l'article 3 de la convention du 2 août 1815 signée entre les Anglais et leurs alliés, ils furent désignés pour représenter leurs gouvernements : « Les cours impériales d'Autriche et de Russie et la cour royale de Prusse nommeront des commissaires pour se rendre et habiter dans la place que le gouvernement britannique aura assignée pour la résidence de Napoléon Bonaparte, qui, sans être responsables de sa garde, s'assureront de sa présence. » Le même traité invitait aussi « Sa Majesté Très Chrétienne » le roi de France à désigner un commissaire, ce qui fut fait. Au total donc, quatre commissaires devaient se rendre à Sainte-Hélène. Pourtant, ils ne furent que trois à atteindre le rocher. Si le commissaire prussien ne vint jamais, il fut cependant nommé par son souverain[1].

Mais Johannes Ludwig Léopold Mund ne put embarquer en même temps que les autres, faute de place sur le navire partant pour Sainte-Hélène. Après avoir reçu des excuses du gouvernement britannique, il demanda à passer par Le Cap, ce qui lui fut accordé. Passionné de botanique, il souhaitait en effet profiter de cette escale pour compléter ses connaissances en compagnie de son adjoint, le secrétaire botaniste Louis Maire. Puis, alors qu'ils ne devaient rester qu'une semaine, les deux hommes partirent à la découverte de la flore sud-africaine cinq années durant. À plusieurs reprises, leur gouvernement s'inquiéta de leur absence à Sainte-Hélène, d'autant qu'il continuait de rémunérer Mund comme commissaire. À chaque fois, ils obtinrent un report de leur voyage vers l'île-prison, ce qui explique qu'à la mort de Napoléon, ils continuaient toujours de faire sécher des plantes rares dans leurs herbiers. Pour l'anecdote, ils donnèrent leurs noms à plusieurs fleurs, mais se dispensèrent d'envoyer la moindre communication de leurs travaux à Berlin. D'après un témoin, ils passèrent leur « temps dans la paresse et la gaieté ». Leur « mission » fut donc des plus agréables, loin de Sainte-Hélène. Pour l'Autrichien, le Russe et le Français, en revanche, leur séjour dans l'hémisphère Sud fut moins plaisant que celui de leur collègue prussien.

À Saint-Pétersbourg, le choix du ministre des Affaires étrangères Nesselrode se porta sur le comte Alexandre Antonovitch Ramsay comte de Balmain, de vieille ascendance écossaise, né en 1781. Le ministre russe l'appréciait, louant constamment son aptitude au travail comme son bel esprit. Après une rapide carrière militaire, Balmain avait enchaîné de la Sardaigne à la Suède les missions diplomatiques pour le compte du tsar. D'une éducation parfaite et d'une politesse exquise, l'homme ne manquait pas de souplesse, des qualités qui allaient lui être fort utiles dans le chaudron hélénien. Son collègue autrichien écrivit à son propos : « Le comte de Balmain s'est acquis ici l'estime générale. [...] Il est rempli de modestie et n'agit qu'avec beaucoup de circonspection, en évitant, soigneusement, tout ce qui pourrait donner ombrage au gouverneur. Il a des connaissances et écrit très bien. Obligeant par caractère, et aimable sans prétentions, il sait se faire aimer par tous ceux qui se trouvent en rapport avec lui. » Fin observateur, Balmain fut en effet excellent écrivain. Outre ses qualités de plume, il n'était pas dénué d'humour, une qualité rare dans une île où le trait d'esprit faisait plutôt défaut. Si ses rapports toujours plaisants à lire pouvaient être sévères, ils ne manquaient pas de justesse. Pour l'historien, le point de vue plus neutre que d'autres de Balmain est précieux à plus d'un titre. Sans être complètement impartial, il fut incontestablement plus lucide que la plupart des témoins qui peuvent être lus.

À bien des égards, on peut en dire autant du commissaire autrichien, le baron Bartholomée de Stürmer. Né en 1787, l'envoyé de l'empereur François n'avait donc pas encore trente ans quand il fut nommé. Obscur secrétaire de légation puis secrétaire du prince de Schwartzenberg, il était loin des premiers rangs à la cour de Vienne. Comme ceux de Balmain, ses comptes rendus sont utiles pour comprendre l'ampleur des dérives d'une captivité devenue au fil des années de plus en plus déraisonnable. L'homme était cependant moins diplomate que son homologue russe. Mis en cause plusieurs fois par Lowe, il se défendit avec vigueur, ce qui le fâcha à de nombreuses reprises avec Plantation House. Devant l'absurdité de certaines situations, il fit preuve d'une ironie salutaire mais jugée fort déplaisante par un gouverneur qui ne cessa de réclamer son renvoi. L'indépendance d'esprit de Stürmer le préserva, tout comme Balmain, de la stupidité ambiante, même s'il y eut un prix à payer, celui de la confrontation quasi permanente avec Lowe.

S'il y eut en revanche un commissaire parfaitement à l'aise sur le rocher, ce fut bien le vieux marquis de Montchenu. Au royaume de la bêtise comme de la suffisance, il était en effet comme chez lui. Né en 1757, il avait donc cinquante-huit ans quand il fut désigné par le gouvernement français. Contrairement à ses homologues, sa carrière, sans être finie, était donc largement derrière lui. Émigré dès 1791, il avait servi dans l'armée de Condé avant de rentrer en France sous le Consulat. Opposant discret, royaliste de cœur et de conviction, il ne se fit guère remarquer sous le règne de l'« usurpateur », se contentant de railler l'Empire dans l'ombre. En 1815, il suivit le roi Louis XVIII à Gand et fut donc remercié de sa fidélité en devenant commissaire royal. Convaincu qu'il était enfin investi d'une mission d'importance, le marquis se gonfla d'orgueil plus que de raison. Il en était même bouffi, ce qui était dans sa nature profonde si l'on en croit ceux qui l'ont côtoyé. Le portrait qu'en fit par exemple Stürmer se passe de commentaires : « M. de Montchenu n'a aucune des qualités propres à remplir le poste qui lui est confié. À la vérité je le crois honnête homme, et je suis loin de soupçonner sa fidélité envers le roi, mais il a peu de moyens, point d'instruction, et manque absolument de tact. N'ayant jamais été dans les affaires, il n'en a nullement l'habitude, et ne sait point donner de suite à ses idées. [...] Une vanité sans bornes est le mobile de toutes ses actions[2]. » Tandis qu'il n'était que comte, il se prétendait marquis pour mieux rehausser sa particule. Promenant sa suffisance, il paradait aussi en uniforme de général alors même qu'il n'avait toujours entendu le son du canon que de très loin. Napoléon aurait dit de lui quand il apprit sa nomination : « C'est un vieux c..., un bavard, un général de carrosse qui n'a pas senti la poudre. » Dans l'un de ses rapports, Balmain commenta ainsi l'opinion du captif : « Ce qu'il y a de fâcheux, c'est que le portrait est ressemblant[3]. »

Les trois commissaires prirent la mer le 21 avril 1816 en rade de Portsmouth. Au terme d'une traversée clémente, leur navire, le *Newcastle*, arriva sur l'île deux mois plus tard dans la soirée du 17 juin. La réception du vaisseau fut cependant tout sauf cordiale. Le capitaine ayant oublié de s'annoncer par l'envoi d'un homme à terre, un boulet de 25 fut tiré des forts protégeant la ville en guise d'avertissement. Dès lors, tous les passagers comprirent, les commissaires les premiers, à quel point l'île était devenue une prison. Heureusement, l'accueil qui suivit fut à la hauteur de ce que l'on espérait des Britanniques, comme le rapporta Balmain : « Je ne puis que me louer extrêmement, écrit-il à son gouvernement, de la réception qu'on nous a faite, tant à bord du *Newcastle* qu'à Sainte-Hélène et de l'attention continuelle des autorités anglaises à nous prévenir en tout[4]. » Mais derrière les sourires de circonstance, la présence des commissaires n'était cependant guère souhaitée. En même temps que leurs personnes, arriva sur l'île une dépêche confidentielle de Bathurst s'inquiétant de leurs possibles intrigues. Pour le ministre, leur présence était forcément une gêne, étant donné, disait-il, « [qu'ils] auront trop peu de choses à faire pour ne pas être tentés de faire un peu de mal[5] ». Pour les distraire et ainsi les éloigner, il recommanda à Lowe de les envoyer dès que possible au Cap « pour changer de scène ». En outre, difficulté supplémentaire pour les Anglais, ils n'arrivaient pas seuls, chaque commissaire étant accompagné d'au moins trois ou quatre serviteurs, autant d'individus potentiellement suspects pour le gouverneur.

Au matin du 19 juin 1816, une vingtaine de personnes venant d'Europe se présenta à la douane de Jamestown. Alors que l'île avait été précédemment « nettoyée » de ses ressortissants non anglais, voilà qu'elle accueillait à nouveau des étrangers, forcément indésirables. Plus inquiétant encore, on comptait parmi les nouveaux arrivants quatre Français. Aux côtés du prétentieux marquis travaillait par exemple son secrétaire Gorse ou de Gors, un ancien garde du corps du roi. Mais, s'il était loin d'être toujours d'accord avec son maître, il ne pouvait toutefois être soupçonné d'être favorable au captif. Célibataire, Balmain ne l'était qu'en apparence puisqu'il avait emmené avec lui sa maîtresse, une Française, une ancienne couturière qu'il avait connue seulement quelques mois plus tôt à Paris. Pour ne pas s'en séparer, il l'avait embauchée comme lingère. Compte tenu de son profil, elle ne pouvait qu'être considérée avec une certaine méfiance. La même suspicion touchait aussi la jeune épouse du commissaire autrichien, Hermance Catherine de Boutet, fille d'un employé haut placé au ministère de la Guerre à Paris, dont la noce s'était déroulée peu de temps avant que le couple n'entreprenne le long voyage. Qu'elles fussent discrètes ou maritales, les unions des deux commissaires étaient donc récentes et possiblement douteuses pour un esprit suspicieux comme celui du gouverneur. En outre, Mme Stürmer avait autrefois bien connu Las Cases, ce qui ne pouvait qu'ajouter à la défiance qu'elle suscitait déjà.

Si le gouverneur devait rester vigilant avec ces nouveaux venus, en aurait-il cependant les moyens ? De par leur statut, les commissaires n'étaient-ils pas comme des sortes de diplomates tout à fait libres de leurs actes ? S'ils se soumettaient complètement aux règlements anglais, leur correspondance devait par exemple être ouverte et soumise à la censure, ce qui n'était pas tolérable pour des représentants officiels d'un gouvernement étranger. Longtemps, on resta dans le flou avant que des instructions plus précises venues de Londres ne clarifient un peu la situation. En principe, les commissaires, leurs familles et leurs serviteurs devaient obéir aux mêmes règles que les autres, surtout ne jamais échanger avec les Français sans en rendre compte au gouverneur. Cette sujétion fâcha toutefois Montchenu, qui déclara haut et fort que jamais son roi ne consentirait à ce qu'un Français se soumette aux lois britanniques. Dès lors, on ne fut guère plus avancé qu'avant. Le statut des commissaires demeura donc imprécis, ce qui ne facilita guère leurs relations avec un gouverneur aussi pointilleux que jaloux de ses prérogatives.

Avant de partir pour Sainte-Hélène, l'inénarrable Montchenu avait reçu pour instruction de s'assurer de ses propres yeux de la présence du « criminel » Bonaparte. À peine le *Newcastle* avait-il jeté l'ancre en rade de Jamestown qu'il voulut être conduit à Longwood. Une fois à terre, « il fit beaucoup de phrases et de bruit, dit que le repos de l'Europe était attaché à sa demande », rapporte Balmain[6]. Surpris, les Britanniques lui opposèrent cependant un refus ferme, ne sachant pas trop que faire. Lors de sa réception officielle, il insista encore : « Le général de Montchenu, rapporte Balmain, ne fut pas plutôt en ville qu'il renouvela ses importunités de la veille. On lui objecta l'humeur altière et sauvage de Bonaparte, les égards avec lesquels le gouvernement britannique l'avait habitué, l'impossibilité réelle de brusquer une affaire aussi délicate[7]. » Gêné aux entournures, Lowe fit tout son possible pour gagner du temps. Mais le problème revint rapidement sur le tapis. Les instructions de Montchenu et de Stürmer étaient limpides : « Vous aurez soin, disaient leurs ministres, de vous convaincre par vos propres yeux de sa présence. » Et chaque mois, ils étaient tenus de rédiger un procès-verbal rendant compte de leur visite. Dès lors, le marquis français poursuivit son offensive, appuyé mollement par l'Autrichien.

Informé de la volonté des commissaires, le grand maréchal resta évasif, demandant seulement à prendre connaissance de la convention du 2 août que personne n'avait encore signifiée au captif. En réaction, Montchenu s'emporta avec arrogance, toujours aussi pénétré de son importance : « C'est alors, révèle Balmain, qu'il fut question pour la première fois de forcer la porte de Bonaparte[8]. » À cette idée, Lowe fronça les sourcils, mais parut hésiter. Heureusement, Balmain mit un coup d'arrêt à cette dangereuse escalade, se désolidarisant de ses homologues. Il était en effet à craindre que face à une intrusion armée, Napoléon n'ordonne d'ouvrir le feu. À la différence des gouvernements autrichien et français, celui de Saint-Pétersbourg n'exigeait point que son commissaire puisse voir Napoléon. Sa mission consistait seulement à relever tout ce qu'il pouvait apprendre sur lui. En outre, son action devait tenir le plus grand compte des « égards personnels qu'on lui doit », ce dernier passage ayant été souligné de la main même du tsar Alexandre. Parmi les souverains, l'autocrate russe fut ainsi le seul à témoigner un peu de considération à son ancien ennemi. *A contrario*, l'empereur d'Autriche ne fit pas le moindre geste pour celui qui avait épousé sa fille et restait son gendre. Quant à Louis XVIII, sa froide hostilité n'était un secret pour personne.

Tout au long de sa captivité, Napoléon refusa de recevoir les commissaires. S'il le faisait, *de facto*, il reconnaissait les termes de la convention du 2 août que par ailleurs il rejetait en bloc. À l'amiral Malcolm, il déclara : « Je ne suis, de droit, le prisonnier d'eux ni des Anglais. Si ce n'est assez pour eux de leur conduite à mon égard et qu'ils veuillent venir m'insulter jusqu'ici, ils ont la force entre les mains, mais ils ne pénétreront chez moi qu'en enfonçant à la hache trois portes et me trouveront sur ma chaise percée[9]. » Par la suite, il se montra disposé à les rencontrer en audience privée, hors de tout cadre officiel, ne serait-ce que pour demander des nouvelles de son fils au commissaire autrichien. Mais à leur tour, les trois représentants ne pouvaient y consentir sauf à désobéir à leurs gouvernements. Mettre de côté leurs habits de commissaire revenait à nier le fondement même de leur mandat à Sainte-Hélène. Bref, de part et d'autre, l'impasse fut totale.

Partant, les commissaires promèneraient leur ennui sans même apercevoir le captif alors qu'ils étaient là pour s'assurer de sa présence. Leur situation devint donc rapidement absurde et leur mission pratiquement sans objet. Leur inutilité totale ne fit que confirmer les *a priori* très négatifs des Britanniques à leur sujet. Comme son gouvernement, Lowe n'espérait qu'une chose : leur départ. D'emblée, il les considéra d'un œil mauvais, comme en témoigne cet extrait d'une lettre à Bunbury rédigé peu de temps après leur débarquement : « Le commissaire autrichien se montre le véritable *élève* du prince Metternich. Il n'est point de caméléon capable de changer plus fréquemment de nuance qu'il ne l'a fait, en reconnaissant que les désirs ou les opinions qu'il hasardait, n'avaient pas mon approbation. Il voulait d'abord avoir toute liberté de communication avec Bonaparte, afin d'apprendre de lui ou des personnes de sa maison, toutes sortes de détails dont il aurait tenu un registre pour l'envoyer à chaque occasion au prince Metternich. Maintenant, il désapprouve toute communication, et il est d'une indifférence absolue sur tout ce qu'il peut apprendre de lui. [...] Le marquis français, qui a été émigré pendant trente ans, dit que *ce sont les gens d'esprit* qui ont causé la Révolution. Évidemment, il n'y a pas pris part[10]. » Sur Balmain, il était plus positif, sans comprendre que le Russe, s'il était aimable, était surtout hypocrite.

Mais au-delà de la détestation de leurs personnages, Lowe redoutait par-dessus tout qu'ils puissent échanger librement avec les Français de Longwood. Craignant de possibles intrigues, il exigea de lire la moindre communication avant qu'elle ne soit remise. Le 1er juillet 1816, la comtesse Bertrand enfreignit la règle en remettant au propriétaire de la pension Porteous où logeait Montchenu une lettre pour ce dernier. L'ayant interceptée, le gouverneur envoya aux Bertrand un sec rappel à l'ordre : « Je profite de cette occasion pour rappeler qu'aucune lettre ne peut être écrite sans reçu et sans m'avoir été communiquée. Je garderai le secret sur son contenu, m'empresserai de procurer la réponse. Tous ceux qui se chargeraient de porter des communications verbales ou écrites s'exposeraient aux plus graves conséquences. J'espère qu'on ne se servira plus que de mon canal[11]. » Pourtant, dans cette lettre, la comtesse ne faisait que demander des nouvelles de sa mère. Mais pour le rigide Lowe, le règlement ne souffrait point d'exception. Le ton de sa lettre déplut souverainement à l'empereur comme aux Bertrand, qui lui en conservèrent rancune. Confrontés également à son intransigeance, les commissaires se mirent à sévèrement le critiquer.

En février 1817, Balmain brossa ainsi son portrait à son supérieur, Nesselrode : « En affaires, c'est un esprit étroit, un homme que la responsabilité dont il est chargé étouffe, fait trembler, qui s'alarme de la moindre chose, s'alambique la cervelle sur des riens et fait avec peine en s'agitant beaucoup ce qu'un autre eût fait presque sans remuer[12]. » Plus tard, il dira aussi : « Le gouverneur n'est pas un tyran, mais il est incommode et d'une déraison à n'y pas tenir. Il tue son monde à coups d'épingles. C'est un esprit faible, embrouillé, qui s'effraye de peu de choses[13]. » Le ressenti de Stürmer n'était pas meilleur : « Mes rapports officiels, écrivit-il à Vienne, avec le gouverneur ne sont pas satisfaisants. Il paraît s'être fait une loi de ne point nous parler d'affaires, et lorsqu'on lui fait la question la plus insignifiante, son visage se rembrunit et, après avoir longtemps hésité à proférer un mot, il se décide enfin à dire qu'il ne désire ne pas répondre. Sachant qu'il n'a pas l'intention d'offenser, je ne puis attribuer cette manière de s'énoncer qu'à un manque absolu de formes[14]. »

En société, Lowe ignorait superbement les commissaires, s'endormant même en leur présence. Mois après mois, les commissaires russe et autrichien nouèrent quelques liens avec les officiers de Napoléon, préférant même leur compagnie à celle de l'ennuyeux gouverneur. Ils les accueillirent à leur table, échangeant volontiers avec eux. Grâce à leur conversation, ils obtenaient quelques informations sur le prisonnier et en retour ils livraient eux-mêmes quelques confidences à des Français coupés de tout ou presque. Même le ridicule Montchenu eut quelques contacts avec ses compatriotes, avec Montholon notamment. Mais cette proximité déplut fortement aux Britanniques, qui l'estimaient dangereuse à tous points de vue. S'ils ne pouvaient agir, les commissaires pouvaient en revanche témoigner. Et impossible pour Lowe de censurer leur regard critique compte tenu de leur statut particulier. Pour un gouverneur aussi craintif que suspicieux, leur présence fut donc toujours un véritable tourment. Ajoutons qu'ils arrivèrent en outre à un moment particulièrement délicat pour lui, celui d'un affrontement toujours plus vif avec le prisonnier.

11

Chasse au trésor

Depuis son accession au trône, l'empereur était réputé posséder une immense fortune. Du reste, il fit tout pour qu'on le croie. Pour conforter sa puissance, il prétendit en effet détenir dans les caves de ses palais la somme impressionnante de 200 millions de francs, soit près de 30 % du budget annuel de l'État. Qu'en restait-il en 1815 ? À peine un peu plus de 5 millions. En vérité, les fameux millions des Tuileries, fruit de ses économies sur la liste civile, avaient été dépensés depuis longtemps pour la Guerre. Et même si Napoléon en restait propriétaire sur le papier, le Trésor public fut dans l'incapacité de les lui rendre quand il quitta à deux reprises le pouvoir. Après Waterloo, il ne put donc en retirer qu'une petite partie pour les confier au banquier Laffitte au moment où il espérait encore se rendre en Amérique. Cette somme représentait tout de même l'équivalent de cinq mille ans de salaire moyen de l'époque, de quoi voir venir même pour un exil lointain.

Quand il se livra, les Anglais, encore influencés par sa propagande, étaient persuadés que sa cassette contenait infiniment plus, d'où leur furieuse envie de mettre la main dessus. S'ils étaient bien décidés à assumer tous les coûts de la captivité, ils espéraient néanmoins se rembourser en partie avec les millions détenus par Napoléon, ne serait-ce que pour répondre aux nombreuses critiques de leur Parlement à ce sujet. En juin 1816, une information fit par exemple naître de jolis espoirs au cabinet de Saint-James : « D'après une lettre adressée à Bonaparte, qui a été interceptée et que Sir George Cockburn nous a envoyée, il est clair que l'ex-empereur a de fortes sommes d'argent en différents endroits, et que ses agents ont placé des fonds pour son compte dans les principales villes de l'Amérique aussi bien qu'en Angleterre, dans l'espoir qu'il parviendra à retirer quelqu'un de ces dépôts », écrivit Lord Bunbury à Hudson Lowe[1]. Enthousiaste, le ministre l'exhorta à continuer d'investiguer : « Nous n'avons pu jusqu'à présent, ajoute le ministre, rien savoir de positif sur cette affaire ; il est fort à souhaiter qu'on découvre le trésor et les agents. »

Mais l'or de Napoléon était bien à l'abri dans les coffres du banquier Laffitte et donc hors d'atteinte de leurs griffes intéressées. Dès lors, ils pouvaient continuer encore longtemps d'enquêter sans trouver la moindre once d'or fin. Après réflexion, il était peut-être possible d'atteindre le trésor autrement. Comment ? En forçant par exemple son propriétaire à subvenir par lui-même à ses dépenses. Outre les économies réalisées, on parviendrait aussi sans doute à retracer plus facilement l'origine des fonds si d'aventure le captif acceptait de compenser ce qui manquait. Dans ce but, Bathurst ordonna une réduction des dépenses du captif, les passant de 20000 à seulement 8000 livres : « Je crois nécessaire, écrivit-il à Lowe dès le 15 avril 1816, de vous prier de ne pas perdre de temps pour [...] diminuer les dépenses de la table et de la maison de Bonaparte, de sorte qu'elles ne dépassent pas 8000 livres par an, en y comprenant les vins et l'extraordinaire de quelque genre qu'il soit. Dans le cas où il se plaindrait des retranchements que pourra occasionner cette modification, il vous sera loisible de lui permettre tout le superflu qu'il désirera (à l'égard de la table et du reste), pourvu qu'il fournisse les fonds nécessaires pour couvrir les dépenses au-delà de 8000 livres. *D'après ce que j'ai appris, les moyens pécuniaires ne lui manquent pas*[2]. »

Et si jamais cette stratégie échouait, Bathurst espérait au moins contraindre Napoléon à réduire sa suite : « Il devra payer, dit-il aussi au gouverneur, les appointements et les gages des personnes de sa suite et des domestiques qui persisteront à rester avec lui ; mais j'espère que vous persuaderez à la plupart d'entre eux d'accepter le congé que vous leur avez offert. » Tout en paraissant vertueux vis-à-vis d'un Parlement regardant toujours à la dépense, le ministre poursuivait deux buts concurrents mais finalement liés : mettre la main sur les millions de Napoléon ou l'obliger à renvoyer ses domestiques. Dans les deux cas, il obtiendrait donc quelque chose. Sur le plan purement financier, les dépenses personnelles de Napoléon étaient loin d'être les plus importantes, comme le démontrent les chiffres qui suivent :

Le coût de la captivité[3]

En francs	Montant
Longwood House	
Dépenses de la table et de la maison	292 500
Dépenses pour le vin	86 125
Dépenses pour les autres tables	50 625
Salaires des ouvriers pour l'entretien	23 475
Dépenses pour l'écurie	31 250
Frais des domestiques anglais	16 875
Total	**500 850**
Surcoûts militaires	
Armée de terre	419 280
Marine	1 309 488
Total	**1 728 768**
Total général	**2 229 618**

En y consacrant plus de deux millions de francs par an, la cour de Saint-James paya donc au prix fort sa décision d'exiler Napoléon dans cette partie du monde. Néanmoins, il ne faudrait pas surestimer ce coût. Au total, sur un budget britannique d'environ 65 millions de livres en 1816, les 92 000 livres consacrées à la captivité représentaient à peine 0,14 %, une goutte d'eau dans un océan de dépenses. La déportation de Napoléon à Sainte-Hélène n'a donc en rien compromis les finances britanniques. D'après les estimations ainsi obtenues, le seul entretien de Longwood exigeait donc 500 000 francs de budget, soit environ 20 000 livres sterling par an. Mais dans le coût de la captivité, le principal de la dépense résultait de l'impressionnant déploiement de forces que les Anglais avaient jugé bon de mettre en place pour empêcher toute tentative d'évasion. Le maintien sur place d'un régiment complet d'infanterie et de plusieurs vaisseaux de guerre qui croisaient en permanence devant l'île engendrait ainsi un surcoût de 72 000 livres sterling à l'année, soit 1,728 million de francs[4]. Le seul traitement de Lowe, 12 000 livres, coûtait à lui seul 50 % de plus que les 8 000 livres que Bathurst entendait désormais dépenser pour Longwood. Si l'on avait vraiment voulu réduire le coût de la captivité, il suffisait d'en diminuer la force militaire – 80 % des dépenses – pour arriver à un résultat.

Autre argument avancé par Bathurst pour exiger une baisse, il estima ouvertement qu'il existait un franc gaspillage autour du prisonnier. Prétexte ou vérité ? D'après l'historien Gilbert Martineau, à l'exception de Montholon qui tenta d'être économe dans sa gestion, Longwood semblait vivre dans la gabegie, voire la débauche la plus totale et ce, malgré plusieurs avertissements reçus : « C'était, hélas, explique-t-il, prêcher aux vents alizés et ne pas compter avec la ferme résolution des gens de la Livrée de se consoler des rigueurs de l'exil en passant de joyeuses soirées, voire en faisant des bénéfices inavouables. La rumeur publique parlait volontiers des denrées vendues à la porte de service de Longwood et des Anglais, soldats ou indigènes, qui les achetaient ; le soir, tard, fort tard même, on rit, on boit, on chante et on danse même dans les logements des domestiques avec ces mêmes soldats[5]. » Dans la même veine, Jacques Macé écrit : « Des trafics entre les domestiques français et les soldats de garde contribuent au coulage : une bouteille de vin ou un morceau de viande judicieusement offert pouvaient inciter un chef de poste à Longwood Gate à fermer les yeux sur l'arrivée nocturne d'une "fille" de Jamestown[6]. » Sur un autre registre, O'Meara dénonça également les excès des Français : « Le fait, écrit-il, est qu'il y a ici deux dîners par jour ; l'un, à onze heures ou midi, auquel on sert des plats de viande rôtie ou bouillie, avec leurs divers ragoûts, fricassées, etc., et aussi du vin et des liqueurs ; l'autre, à huit heures du soir, qui diffère seulement du premier en ce qu'il se compose d'un plus grand nombre de mets. Outre ces deux repas, ils font tous (à l'exception de Bonaparte qui ne mange que deux fois par jour, de bon appétit certainement) une espèce de déjeuner anglais dans leur lit, entre huit et neuf heures du matin et une collation (*luncheon*) avec du vin, à quatre ou cinq heures de l'après-midi. L'idée communément adoptée que les Anglais mangent plus de viande que les Français est très fausse. Je suis persuadé que dans leurs deux dîners et leur collation, les Français consomment trois ou quatre fois autant qu'une famille anglaise composée du même nombre de personnes. Donc, ces deux dîners dont ils prennent le premier séparément dans leurs chambres respectives, occasionnent une forte consommation de vin et de viande ce qui, joint à leur manière d'accommoder les mets, exige une grande quantité d'huile, soit de beurre. [...] Leurs potages de consommés (car ils sont, excepté un ou deux, les plus grands gloutons et épicuriens que j'aie jamais vus) causent un grand dégât de viande dans un lieu où les nécessités de la vie sont si chères[7]. »

Qu'il y ait eu des abus à Longwood, c'était chose inévitable, mais à y regarder de plus près dépensait-on vraiment plus qu'ailleurs ? Pour justifier sa politique de réduction des dépenses devant le Parlement, Bathurst jugea par exemple comme très excessive la consommation d'alcool des Français. Or, selon ses propres chiffres, avec 47 bouteilles débouchées chaque jour d'une contenance d'un demi-litre chacune pour une cinquantaine de buveurs, la consommation moyenne n'était que de 38 centilitres par individu, ce qui pour l'époque et même aujourd'hui nous paraît plutôt raisonnable. Comparons à présent le coût de la maison de Longwood avec d'autres. Avec le traitement des serviteurs de Napoléon et les dépenses de la maison Bertrand, nous arrivons au chiffre de 600 000 francs pour rémunérer, loger, blanchir et nourrir une soixantaine de personnes (50 Français, 12 marins anglais aux cuisines, un officier d'ordonnance britannique et le docteur O'Meara). À l'île d'Elbe, la Maison de l'empereur, qui employait un nombre comparable de personnes – 67 officiers et domestiques –, coûtait pour les mêmes postes près de 500000 francs, un montant donc très comparable. Ajoutons qu'à Sainte-Hélène, la moindre denrée affichait un prix sans commune mesure avec les tarifs pratiqués en Europe. Sur les marchés parisiens, une douzaine d'œufs demandait l'équivalent d'un franc de monnaie, à Jamestown c'était six fois plus ! Pour un poulet acheté sur l'île, sept francs sortaient de votre bourse contre seulement trois à Paris. Autre exemple, Balcombe facturait un flacon d'huile d'olive huit francs alors que le même valait moins de deux francs chez les négociants de la capitale française. On pourrait ainsi multiplier les exemples. Manger à Sainte-Hélène coûtait ainsi trois à cinq fois plus cher que sur le continent européen. Les cultures comme l'élevage étant rares, l'administration britannique devait presque tout importer, ce qui occasionnait notamment d'importants frais de transport. Pour terminer sur une dernière comparaison, la maison du commissaire russe Balmain composée seulement de trois domestiques nécessitait 2200 livres de dépenses à l'année. En regard, 20000 livres pour Longwood et sa soixantaine d'habitants, ce n'était absolument pas exagéré. En fin de compte, ni l'importance des sommes engagées ni le niveau des consommations des Français ne justifiaient d'amoindrir sévèrement ce que le gouvernement britannique réglait pour Longwood. Mais au fond peu importaient les chiffres. La démonstration est faite que dans cette affaire de réduction, la question financière n'était que très secondaire, voire complètement absente, les véritables buts étant ailleurs.

Le 2 juillet 1816, le gouverneur vint trouver à Hutt's Gate le grand maréchal pour l'entretenir de la prétendue nécessaire baisse des dépenses : « J'ai examiné, annonça le gouverneur, les comptes de M. Balcombe. Il est impossible que les dépenses continuent sur le même pied. Le gouvernement ayant compté sur une diminution de personnel a diminué les fonds. Je charge M. Balcombe de venir en parler au général Montholon et à vous, afin de régler cela... Je vous écrirai à ce sujet, quoique j'eusse préféré traiter cela avec Napoléon, mais je crains qu'on ne s'entende pas, je crains même une scène[8]. » Sur ce dernier point, il avait sans doute raison. Sa mise en demeure resta toutefois pratiquement sans effet, le grand maréchal délaissant ce dossier brûlant. Mais, dans le même temps, Montholon se montra beaucoup plus coopératif et surtout très imprudent. Lors d'une discussion avec Balcombe, il lui révéla que l'empereur pouvait financer sans aucune difficulté les dépenses de sa Maison : « À mon avis, Bonaparte et les personnes de sa suite sont en état de fournir les fonds nécessaires à leurs dépenses. M. Balcombe m'a dit que le comte Montholon avait offert de lui donner un billet au nom de Bonaparte pour 30 000 livres sterling sur la maison Hope d'Amsterdam », écrivit le 16 juillet le gouverneur à Bathurst[9]. Les imprudents propos de Montholon vinrent confirmer ce que les Anglais soupçonnaient déjà : le captif détenait bien quelque part une immense fortune. Pour que l'un de ses officiers propose facilement au nom de son maître une somme aussi conséquente que celle de 30 000 livres, il ne pouvait en être autrement.

Sur ces entrefaites, le gouverneur demanda à être reçu par le captif le 16 juillet dans l'après-midi. Depuis leur entretien particulièrement houleux du 15 mai, il ne l'avait revu qu'une seule fois, le 20 juin. Ce jour-là, tout s'était déroulé fort paisiblement. Lors de cette visite, Lowe présenta celui qui, après Cockburn, allait désormais commander la flotte de l'Atlantique Sud : Sir Puttney Malcolm. Le nouvel amiral fut d'emblée apprécié par le captif et aucun sujet difficile ne fut abordé. Gracieux, Napoléon fut même aimable avec Lowe, demandant des nouvelles de son épouse à la plus grande surprise de ce dernier. Pour leur cinquième entrevue, l'atmosphère n'allait pas être aussi cordiale qu'un mois plus tôt. « On m'introduisit immédiatement en sa présence, raconta le gouverneur, et la porte de sa chambre fut aussitôt fermée. Il était debout, selon son habitude, son chapeau sous le bras. Après l'avoir salué, je lui dis que j'avais ordonné quelques améliorations à Longwood[10]. » Mais Napoléon l'empêcha de poursuivre. Et pendant près de deux heures, il l'accabla de critiques sur à peu près tous les sujets, lui reprochant notamment ses exigences aussi tatillonnes que ridicules : « Tous les jours des vexations inutiles. M. de Las Cases envoie un soulier à M. Balcombe pour qu'on lui fasse en Angleterre une paire de bottes. Vous avez fait renvoyer le soulier en disant qu'il fallait vous l'envoyer directement. Je ne comprends pas qu'il faille vous envoyer de vieilles savates, comme s'il ne suffit pas qu'on vous en informe[11]. »

Deux heures durant, les reproches fusèrent. Il s'emporta à nouveau contre les restrictions imposées aussi inutilement qu'exagérément : « Il me dit, rapporta ensuite Lowe, [...] qu'il était à peu près impossible de s'échapper d'ici. L'histoire se compose de possibilités. Des prisonniers se sont échappés de la Bastille et de la forteresse de Magdebourg ; mais ici les chances de fuite sont comme 199 à 1. Ce serait impossible, excepté avec la connivence du gouverneur ou de l'amiral[12]. » Particulièrement incisif, le captif parvint néanmoins à se contenir, concluant ses attaques ainsi : « Nous ne vous changerons pas, je le vois, mais aussi nous ne changerons pas notre opinion sur votre compte. » Tout en prenant respectueusement congé, Lowe se contenta de répondre : « Au moins j'ai appris quelque chose[13]. » Malgré l'âpreté de leur échange, la question de la réduction des dépenses ne fut pas une pomme de discorde. Avec la plus grande facilité, le prisonnier se disait prêt à payer lui-même son « état de maison actuel » : « Il avait assez d'argent, confia-t-il à Lowe, pour subvenir à toutes choses, en France, en Italie et en Hollande ; il était sûr que le prince Eugène lui donne tout l'argent dont il aurait besoin ; mais il lui déplairait d'envoyer des lettres cachetées[14]. » Toujours aussi bien disposé vis-à-vis des Anglais, le diplomate Montholon confirma ses propos trois jours plus tard lors d'une conversation avec Gorrequer. Selon lui, l'empereur l'avait chargé de demander « si le gouvernement paierait tous les domestiques français et anglais, ou si lui (l'empereur), devait continuer à payer seulement les domestiques français, ou bien s'il devait les payer tous. Il désirait être basé sur ce point afin de prendre quelques dispositions pour se procurer les fonds nécessaires[15] ». Côté anglais, on paraissait enfin toucher au but. Mais, comme dans toute chasse au trésor, le dénouement espéré ne survient que très rarement...

12

La dernière algarade

Entre le grand maréchal et le gouverneur, l'atmosphère restait aussi fraîche que l'hiver austral régnant sur le rocher. Depuis l'affaire du billet de Mme Bertrand destiné à Montchenu et que Lowe avait intercepté, le général le battait froid. Sur la question de la baisse des dépenses, il continuait de s'en désintéresser comme pour mieux le contrarier. Le 16 août, Lowe lui rendit une visite inopinée. Tandis qu'il déjeunait paisiblement, son domestique lui annonça la présence du gouverneur dans son salon. Rangeant sa serviette, il se leva de table pour le rejoindre et ferma les portes derrière lui. L'air très sombre, il l'invita à prendre place sur le canapé à côté de lui. Aussi raide que le pli de son uniforme, le gouverneur lui dévoila l'objet de sa visite : « Je suis venu l'autre jour vous parler d'une affaire dont je vous ai déjà entretenu : les dépenses de Longwood sont de 18000 livres, d'après l'état que voici… Le gouvernement m'a fixé des fonds fort inférieurs[1]. » Après qu'il lui eut indiqué qu'il ne disposait que de 8000 livres, le général lui répondit sèchement : « Sitôt que les amis que l'empereur a en France, en Italie ou en Europe seront informés de ses besoins, je suis persuadé qu'ils s'empresseront d'y pourvoir, mais je dois vous observer qu'il n'a aucune nouvelle de ses gens d'affaires ; qu'il n'en a reçu comme vous le savez aucune lettre, et ne peut leur en écrire, puisque ne pouvoir écrire que des lettres ouvertes équivaut pour lui à une prohibition[2]. » Bref, tout semblait au point mort.

Mais une observation maladroite du gouverneur fit réagir le fier officier : « Je ne suis pas venu ici pour traiter cette question. Cette affaire-ci est arrangée avec le général Montholon et… » Lowe n'eut pas le temps de finir sa phrase que, vexé, le grand maréchal se leva, plia le papier qu'il venait de lui remettre et le lui rendit. Puis, il sortit précipitamment du salon avec la plus grande aigreur : « Puisque vous avez arrangé cette affaire avec Montholon, lui lança-t-il, vous pourrez la terminer avec lui. Quant à moi, je désire avec vous le moins de rapports possible. » Piqué à son tour, le gouverneur partit avec le rouge au front : « Je puis vous assurer que c'est bien réciproque de ma part », lui lança-t-il[3]. Après avoir porté la main à leur chapeau en guise de salut, ils se séparèrent plus courroucés que jamais. Entre deux hommes aussi susceptibles que rigides, une mésentente était proprement inévitable. Décontenancé et inquiet, Lowe se précipita ensuite à Longwood. Il demanda à être reçu par le captif, mais Montholon lui fit savoir qu'il était dans son bain. En vérité, il ne s'y prélassait point, mais n'avait aucune envie de le recevoir. Avec le comte, Lowe reparla argent, répétant qu'il ne disposait plus que de 8 000 livres pour Longwood.

Quand cette dernière conversation lui fut rapportée, le captif éructa à nouveau contre le gouverneur. En apprenant l'ampleur de la réduction voulue par Bathurst, il comprit que cette décision n'avait été prise que pour lui nuire, le rabaisser même. Réduire le budget de sa maison de 20 000 à 8 000 livres était en effet une attaque délibérée contre son prestige. Mais au-delà de ce seul aspect, il comprit aussi qu'il y avait là une manœuvre pour le forcer à révéler l'état comme la localisation de sa fortune. On cherchait donc à l'assécher financièrement pour l'empêcher d'agir comme pour le priver de ses officiers et domestiques. Après avoir entendu son officier, sur le point de rédiger une vigoureuse protestation, il lui demanda de traduire le mot « insulte » en anglais[4]. En outre, il était furieux de l'attitude de Lowe vis-à-vis du grand maréchal. Comment avait-il pu être aussi irrespectueux avec un homme qui avait commandé des armées, dirigé une province de son Empire et figurait dans les premiers rangs aux Tuileries ? D'outrage en manipulation, le gouverneur avait manifestement aggravé son cas. Il était temps de lui régler son compte une fois pour toutes si d'aventure son bicorne reparaissait à Longwood.

Après une nuit de tempête, la matinée du dimanche 18 août fut maussade. Son rapide déjeuner avalé et profitant d'une éclaircie, Napoléon sortit en compagnie de Las Cases et Bertrand vers les trois heures. Après être passé près de l'aile des généraux, il invita Mme de Montholon à se joindre à lui avant d'apercevoir son geôlier : « Nous promenions causant le plus gaiement du monde quand nous avons vu le gouverneur et plusieurs autres personnes », raconta Las Cases[5]. En compagnie de l'amiral Malcolm, Lowe espérait être reçu. Parvenu près de l'écurie, l'empereur refusa. « Il est sorti », répondit benoîtement un valet au gouverneur pour excuser son maître. « Eh ! nous venons de le voir aller par là », protesta-t-il. Le captif ne pouvait fuir. Il rejoignit alors ses geôliers dans l'allée centrale. Flanqué de Lowe et de Malcolm, il fit un premier tour du jardin. Suivaient à distance respectueuse Reade, Gorrequer, Albine, Las Cases et Bertrand. Autour des massifs de fleurs, on marchait sans mot dire. Puis, Napoléon engagea la conversation avec l'amiral, ignorant superbement le gouverneur. Spectateur résigné mais impatient, Lowe attendit longtemps la première respiration du prisonnier avant de pouvoir dire un mot. Quand il put enfin parler, il se plaignit du grand maréchal, qui selon lui avait manqué de « hauteur ». Le regard noir, Napoléon se contint et commença un nouveau tour d'allée sans répondre. Ce manège silencieux ne durerait pas.

En se tournant à nouveau vers Malcolm, Napoléon s'emporta soudain, blâmant le comportement du gouverneur : « Il nous traite comme si nous étions des déserteurs du Royal-Corse ou de quelque régiment italien. Il a insulté le maréchal Bertrand et il méritait ce que le maréchal lui a dit[6]. » Malgré les dénégations de Lowe, Napoléon continua cependant de l'accabler sans même lui jeter un regard : « Il y a deux sortes de gens, poursuivit-il, que les gouvernements emploient... Ceux qu'ils estiment et ceux qu'ils méprisent ; il est de ces derniers. La place qu'on lui a donnée est celle d'un bourreau. » Quand il lui reprocha de ne pouvoir écrire le moindre billet de courtoisie sans qu'il le voie, de ne pouvoir recevoir sans sa permission, Lowe osa alors l'interrompre pour protester. Redoublant de fureur, le prisonnier se fit encore plus sévère : « Personne au reste ne veut vous voir. Chacun vous fuit. Il n'y a pas un de ces messieurs qui, s'il avait le choix de passer quatre jours au pain et à l'eau sans sortir de sa chambre, ne préférerait cela à avoir un entretien avec vous[7]. » Puis, il lui reprocha son intransigeance et le traita de « sentinelle ». L'assaut était rude, sans concessions. À nouveau, il l'attaqua personnellement, le rejetant vivement, fermant par avance la porte à toute négociation.

Et quand la question des économies vint sur le tapis, il se retourna vers son geôlier, le fixa avant de lui lancer : « Tous ces détails me sont trop pénibles. Ils sont ignobles. Vous me mettriez sur les charbons ardents de Montezuma ou de Guatimozin, que vous ne tireriez pas de moi l'or que je n'ai pas. D'ailleurs, qui vous demande quelque chose ? Qui vous prie de me nourrir ? Quand vous discontinueriez vos provisions, si j'ai faim, ces braves soldats que voilà (en montrant de la main le camp du 53e) prendront pitié de moi ; j'irai m'asseoir à la gamelle de leurs grenadiers ; et ils ne repousseront pas le premier soldat de l'Europe[8]. » La réplique de l'empereur fit mouche, laissant sans voix le gouverneur. La litanie de reproches ne semblait jamais faiblir. Excédé et à bout d'arguments, Lowe se fit sarcastique : « Vous me faites sourire, monsieur[9]. » Sa réponse fit bondir l'empereur : « Comment ! Je vous fais sourire, monsieur ? » Le duel devenait de plus en plus aigre. L'air ambiant n'était plus que colère : « Vous me forcez de sourire, répliqua le gouverneur ; la fausse opinion que vous avez conçue de mon caractère, et la rudesse de vos manières excitent ma pitié. Je vous souhaite le bonjour. » Sur ces derniers mots, il mit fin à la houleuse entrevue. Sans saluer son prisonnier, il tourna brusquement les talons. Gêné, l'amiral Malcolm prit lui aussi congé mais avec le plus grand respect, remuant au moins quatre fois son couvre-chef en guise de salut.

En cet après-midi d'hiver austral, les deux hommes avaient manifestement perdu leurs nerfs. Le soir de leur dernière dispute, Napoléon regretta ses emportements : « Après coup, témoigna Las Cases, [il] se reprochait cette scène. Il ne se la fût jamais permise, disait-il, au temps de sa puissance. Il ne se trouvait justifié que par l'état d'oppression où il se trouvait et parce qu'il s'adressait à quelqu'un qui avait autorité sur lui[10]. » Il l'envoya d'ailleurs tellement promener qu'il ne sut jamais vraiment pourquoi le gouverneur était venu le voir. « Était-ce pour une réconciliation ? Était-ce pour demander que vous lui fissiez des excuses ? Pour obtenir de moi un aveu qui condamnât votre conduite ? », s'interrogea-t-il devant Bertrand[11]. Mais ensuite, il se félicita plutôt d'avoir été aussi tranchant, soulagé de ne plus jamais être obligé de recevoir le gouverneur. Après que O'Meara lui eut confirmé que très probablement Lowe ne solliciterait plus d'autre entrevue, il lui déclara : « *Tanto meglio* ("tant mieux"), je serai alors débarrassé *del suo brutto viso*, etc. ("de sa vilaine figure")[12]. »

Quatre jours après s'être querellé avec Napoléon, le gouverneur convoqua O'Meara à Plantation House. Manifestement, il était inquiet lui aussi des conséquences que pouvait entraîner son âcre dispute avec le captif : « Alors Sir Hudson Lowe s'est mis à faire quelques pas, écrit le chirurgien, et m'a demandé si Mme Bertrand avait répété à des étrangers quelque chose de la conversation qu'il avait eue avec le général Bonaparte[13]. » Que dirait-on de lui ? Sa réputation serait-elle atteinte ? Se sentant acculé, l'homme se fit soudain menaçant : « Il ferait mieux de réfléchir à sa situation, car j'ai le pouvoir de la mettre bien plus mal à son aise qu'il ne l'est. S'il continue ses injures, je lui ferai sentir sa situation. Il est prisonnier de guerre, et j'ai le droit de le traiter selon sa conduite. » Puis, il ajouta : « Je le murerai. » À l'évidence, cet avertissement était fait pour être répété. Mais il connaissait mal son prisonnier, avec de tels propos il ne pouvait que le rendre plus combatif encore. Entre Napoléon et son geôlier, la rupture était donc cette fois définitivement consommée, le premier exécrant désormais la personnalité du second. Ils ne se reverraient plus.

Particulièrement lucide, le commissaire russe Balmain résuma ainsi leur relation pour le moins difficile : « Il y a trop d'incompatibilités entre ces deux personnages. L'un a un esprit encore inquiet. C'est un génie remuant, qui, dans l'état où le sort l'a réduit, veut prendre son essor et cherche peut-être à se faire des prosélytes. L'autre n'oppose à cette forte tête qu'un fonds inépuisable d'idées communes, un caractère froid, soupçonneux, des formes rebutantes avec l'intention d'être aimable, une exactitude tyrannique à ses devoirs, et, pour tout dire en un mot, celui qui ne sait que commander est à la discrétion de celui qui ne sait qu'obéir[14]. » Outre sa froideur, Napoléon détestait en effet ne pas avoir la moindre prise sur lui : « J'aurais aimé, avoua-t-il à Las Cases, pour son honneur, à lui voir, par exemple, témoigner de la colère, repousser la porte avec violence en sortant, ou toute autre chose pareille. J'eusse été certain du moins qu'il y avait en lui du ressort et de l'élasticité ; mais je n'y ai rien trouvé. » Son impuissance à le séduire, voire à le faire réagir l'exaspérait au plus haut point. On peut même se demander si ce sentiment ne fut pas la cause véritable de sa rupture avec Lowe au-delà des seules considérations liées à ses conditions de captivité. De surcroît, il le soupçonna toujours d'être animé par les plus noirs desseins, ce qui ajouta à sa détestation.

De son côté, le gouverneur avait fini par réaliser à quel point son attitude fâchait son prisonnier. Mais au lieu de se corriger, il persista, persuadé de sa duplicité : « Évidemment, écrivit-il à Bathurst, son but est d'obtenir plus de liberté et plus d'occasions d'avoir des relations personnelles avec une certaine classe d'individus qu'il pourrait, selon toute apparence, plus facilement gagner que d'autres[15]. » Pour lui, il ne se montrait aimable que pour le corrompre et ensuite parvenir à s'évader. De son point de vue, sa colère n'était que la conséquence de l'échec de sa stratégie d'évasion : « Il éprouve en même temps de l'irritation de ce qu'on a pénétré ses desseins », fit-il observer à Bathurst d'une plume presque jubilatoire. Outre leur incompatibilité de caractère, les deux hommes croyaient ainsi avoir deviné le trouble jeu de l'autre. Pour Napoléon, Lowe n'avait été nommé que pour le tourmenter et le pousser au suicide. Pour le gouverneur, son prisonnier n'avait qu'une idée en tête, le duper pour mieux lui fausser compagnie. Dès lors, ils se méfièrent à l'excès l'un de l'autre, incapables de la moindre réconciliation car enfermés dans leurs certitudes. Sur l'île, l'incompréhension était désormais souveraine.

13

Aigles brisées

Quatre mois s'étaient donc écoulés depuis l'apparition de Lowe sur l'île. Cette courte période avait suffi pour que la captivité change de visage. Celle-ci s'était durcie et la discorde s'insinuait partout. Si quelques crispations avaient émaillé la période Cockburn, avec Lowe, on passa à la guerre ouverte. S'il n'avait fait qu'obéir aux ordres sournois de Bathurst, le gouverneur avait cependant ajouté sa fâcheuse touche personnelle. Son excessive méfiance compliqua tout jusqu'à l'absurde. Il fit ainsi saisir le moindre billet, le moindre objet, par crainte qu'ils ne contiennent une correspondance secrète. Un jour, ce furent les chaussures de Las Cases, un autre un banal message de Mme Bertrand à Montchenu, puis encore un livre envoyé au captif en raison de sa dédicace. Le 8 juillet 1816, Bertrand écrivit avec dépit : « On ne veut pas même laisser pénétrer à Hutt's Gate les hommes portant des provisions. Les domestiques de Longwood sont arrêtés à la porte et un sergent déclare que l'on ne laissera pas entrer les officiers. On discute et l'officier de garde fait comprendre que ce n'est pas là l'ordre[1]. » Tout au long de la captivité, il multiplierait ainsi les interdits de ce genre. Son raidissement, son excès de zèle ne pouvaient qu'aviver les tensions, sa façon d'agir ressemblant de trop près à celle d'un vulgaire garde-chiourme. Tandis que Napoléon refusait l'idée même d'être prisonnier, en se comportant de la sorte, Lowe lui rappelait sans cesse sa difficile condition. Partant, il ne fit que conforter sa réputation d'esprit étroit et d'homme avec lequel il était impossible de traiter, ce qui était en partie inexact.

À Londres, son entrée en matière inquiéta très tôt. Si l'on appréciait son intransigeance, ses emportements furent en revanche jugés excessifs. Orgueilleux et s'estimant tout-puissant sur son île, il ne supportait pas la moindre opposition : « Il a le défaut de s'emporter, témoigna Balmain. Pour peu qu'on lui résiste, il se met en furie, ne sait plus ce qu'il dit, où il en est, perd la tête, de sorte qu'il n'y a pas moyen de le ramener à la raison[2]. » Cette attitude lui valut un premier rappel à l'ordre de Bathurst : « Il y aurait un manque de générosité, lui écrivit-il le 17 juillet, à ne pas souffrir avec indulgence l'intempérance de langage à laquelle [le général Bonaparte] peut quelquefois se laisser entraîner[3]. » Pour le lord ministre, « la hauteur de la position d'où il a été précipité, les circonstances qui ont accompagné sa chute, suffiraient pour exaspérer un esprit beaucoup moins irritable que le sien. » En conclusion, il lui conseilla de mettre de l'eau dans son vin : « Aussi, longtemps donc tant que sa violence se bornera à ses paroles, il faut la supporter. » Pour autant, Bathurst n'entendait pas desserrer l'étreinte autour du captif. Dans une seconde lettre dite particulière, à caractère privé donc, il lui demanda cependant de rester ferme sur les mesures à appliquer. Autrement dit, le ministre était persuadé qu'avec davantage de rondeur, de diplomatie, d'hypocrisie aussi, il serait possible de faire accepter à Napoléon bien des choses. C'était mal connaître le caractère de son subordonné, incapable de la moindre finesse et surtout très rancunier. De toute manière, la recommandation de Bathurst arriva trop tard car reçue par son destinataire le 17 septembre, un mois après sa dernière dispute avec Napoléon.

De son côté, l'empereur décida de passer à l'offensive. Le 23 août, il commença par dicter une longue protestation qu'il fit signer par Montholon. Elle commençait par une longue réfutation de la convention signée par les Alliés le 2 août de l'année précédente : « L'empereur Napoléon proteste contre le contenu de ce traité. Il n'est point prisonnier de l'Angleterre. [...] La violation de toutes les lois ne peut constituer un droit. De fait la personne de l'empereur Napoléon se trouve au pouvoir de l'Angleterre ; mais ni de fait ni de droit il n'a été ni n'est au pouvoir de l'Autriche, de la Russie et de la Prusse. » À nouveau, il se plaignait d'être appelé général, rappelant notamment que l'Angleterre avait reconnu son titre de Premier consul lors de la signature de la paix d'Amiens et sa position de gendre de l'empereur d'Autriche.

Il dénonça aussi le caractère vexatoire des mesures prises à son encontre ou l'exagération des mesures de surveillance. Puis, en conclusion, il mit en cause plus directement Hudson Lowe : « Vous avez interdit toute correspondance entre nous et les habitants de l'île ; vous avez mis de fait la maison de Longwood au secret, vous avez même entravé les communications avec les officiers de la garnison. [...] Depuis quatre mois que vous êtes à Sainte-Hélène, vous avez, Monsieur, empiré la position de l'empereur. » L'attaque était sans nuances, longue mais précise. Elle contenait tous les « éléments de langage » dirait-on aujourd'hui pour attaquer la position britannique.

Avant une éventuelle riposte sur ce sujet, le captif examina toutefois avec le plus grand sérieux la question de la réduction de ses dépenses. En septembre, il consulta longuement Cipriani et Montholon pour faire « quelques arrangements d'économie ». L'homme étant économe par nature, il n'eut aucun mal à s'atteler à ce travail, aimant même l'exercice. Après avoir calculé et recalculé les besoins de sa maison, il recommanda un peu d'abstinence : « Nous devons, dit-il à Montholon, nous contenter de moins ; douze bouteilles de vin, y compris le bordeaux et les vins blancs de toute espèce, doivent suffire (pour son propre usage et celui des officiers et de leurs familles). Qu'on y mette la plus grande économie, ajouta-t-il, et qu'on ne débouche pas une bouteille de plus que ce qui est nécessaire[4]. » Mais même en retranchant tout ce qu'il put, il en arriva à la conclusion que la somme de 8000 livres ne pouvait suffire à ses besoins. Dès lors, il eut la confirmation de ce qu'il soupçonnait déjà : la véritable intention anglaise consistait à mettre la main sur sa fortune et donc à le priver à terme de moyens. Pour contrer cette manœuvre, il imagina une réponse osée mais qui avait de grandes chances de réussir. On le sait, il ne manquait pas d'audace, c'était même l'une de ses qualités premières.

Dans sa contre-attaque, il fut aidé par son maître espion Cipriani, un homme trouble qu'il est temps de présenter. Sa vie commença en Corse comme celle de son maître. Né en 1773, l'homme reste par bien des aspects un mystère. Le portrait le plus complet qu'on connaît de lui fut écrit par Marchand dans ses *Mémoires* : « J'avais beaucoup connu Cipriani à l'île d'Elbe, nous dit le valet de chambre, il avait alors une jeune femme charmante et deux enfants qu'il avait emmenés avec lui ; j'ai connu ses joies et ses douleurs, et notre amitié de l'île d'Elbe n'avait fait que s'accroître à Sainte-Hélène. Cipriani était corse, il avait presque été élevé dans la maison de l'empereur. Il attachait du mystérieux à la mort de sa mère qui, disait-il, avait été retrouvée étranglée dans son lit. Devenu jeune homme, il trouva un protecteur dans M. Salicetti, alors en Italie ; il devint intendant de sa maison, et vu sa rare intelligence reçut des missions délicates dont il s'acquitta avec succès. Il fut bientôt mêlé aux affaires secrètes de la police et serait arrivé à une place éminente sans la mort de son protecteur. Ayant assez d'argent devant lui, il se fit armateur et courut la mer. 1815 le surprit dans cette condition lorsqu'il entra au service de l'empereur à l'île d'Elbe comme maître d'hôtel. Cipriani professait pour l'empereur le plus grand attachement, son caractère était fortement trempé, son cœur bon et son âme sensible[5]. » Réputé pour être un homme d'intrigue, qui était-il vraiment ?

Partout où il était passé, il avait mêlé son nom aux actions secrètes. À l'île d'Elbe, il mena déjà quelques missions discrètes pour son maître. Mais son plus beau coup d'éclat fut sans doute son rôle dans la prise de Capri quand les troupes franco-napolitaines chassèrent les Corses d'Hudson Lowe. Il se trouvait à Naples quand il croisa l'un de ses anciens camarades d'école, un dénommé Suzanelli, qui lui avoua assez rapidement qu'il espionnait pour le compte du futur gouverneur de Sainte-Hélène. Sans difficulté, il le soudoya, obtenant ainsi de lui de précieux renseignements sur les défenses de l'île de Capri. Pour que son compatriote reste crédible, il lui confia de temps à autre de véritables renseignements, sans réelle portée mais facilement vérifiables, mêlant ainsi le vrai et le faux avec une suprême habileté. Après s'être assuré qu'il avait toute la confiance du chef des *Corsican Rangers*, il intoxiqua ce dernier de manière magistrale, semant ainsi la confusion et facilitant à l'évidence le débarquement des soldats du général Lamarque. Son action secrète ne fut heureusement jamais connue de Lowe : « C'est à lui qu'on devait la prise de Capri, raconte Montholon, et toujours nous avions envie de rire en voyant en présence l'un de l'autre, à Sainte-Hélène, Sir

Hudson Lowe et Cipriani, qui tous deux avaient joué dans cette circonstance un rôle si différent sans que jamais le premier se doutât que le second l'eût cruellement mystifié[6]. »

À Sainte-Hélène, il était employé par le captif comme maître d'hôtel. S'il réglait en effet le service de la table, le reste de la journée, il s'occupait aussi des approvisionnements. Mais ces deux occupations n'étaient qu'une couverture. En effectuant des achats pour son maître, il allait et venait dans l'île à sa guise. Et même s'il était suivi d'une sentinelle anglaise, l'homme savait profiter des instants de relâchement de sa vigie pour à nouveau intriguer : « [Il] se rend chaque jour dans la vallée, raconte Lady Malcolm, femme de l'amiral, pour des achats de ménage, accompagné d'un homme de troupe qui ne parle pas sa langue. C'est un Corse, intelligent, communicatif, qui aime son maître, mais ne peut souffrir ceux qui l'entourent. Il divertit qui veut l'entendre de ses anecdotes sur Longwood où, en retour, il rapporte tout ce qu'il a pu recueillir. Il est impossible qu'il en soit autrement ; il est donc juste de supposer que rien n'est caché[7]. » De par sa position, il recueillait donc toutes sortes d'informations et surtout était à même d'en répandre comme il l'entendait. Mais, pourquoi Lowe, d'ordinaire si suspicieux, ne se méfiait-il pas davantage de lui ?

À l'évidence, il sut gagner sa confiance pour à nouveau le tromper de la plus habile des manières. *Bis repetita,* en somme. Tout porte à croire qu'il l'informait, lui délivrant quelques renseignements tout à fait authentiques mais sans réelle importance. Et comme quelques années plus tôt, sa méthode paya puisqu'il devint parmi tous ceux qui entouraient Napoléon le préféré des Anglais ! En août 1816, Lowe se félicita par exemple de son attitude : « Cipriani ne dissimule pas son mépris pour ses compagnons français parmi lesquels il est le seul qui a ouvertement exprimé sa désapprobation du système de fonctionnement imposé à Longwood par son maître[8]. » Sa « probante » réputation atteignit aussi Londres puisque Bathurst recommanda à Lowe de lui accorder toute confiance pour les approvisionnements de Longwood, le désignant comme le meilleur des intendants possible. Au passage, il accepta même qu'il soit rémunéré à la commission sur tous les achats, une étonnante faveur accordée sans doute moins pour son habileté de marchand que pour son rôle d'espion. Et ce, malgré son rôle dans l'affaire qui va suivre.

Au matin du 19 septembre 1816, le capitaine qui commandait les sentinelles anglaises fut intrigué par des bruits sourds de métal rompu. On aurait dit le travail d'un forgeron. S'approchant de la petite cour extérieure de la maison, il découvrit Cipriani enlevant à coups de marteau les écussons et les aigles ornant la vaisselle impériale. Mais dans quel but ? Comme le faisait alors toute famille dans le besoin, Napoléon avait pris la décision de vendre son argenterie. Dans un premier temps, trente kilos allaient être ainsi proposés à qui voudrait s'en saisir. Et pour éviter que cette vaisselle ne serve de trophée, il demanda à son maître d'hôtel d'ôter tout ce qui pouvait rappeler sa prestigieuse provenance. Après plusieurs heures passées à frapper le précieux métal, des dizaines d'aigles en argent jonchaient le sol, triste fin pour ces emblèmes autrefois ciselés en majesté. Puis une fois sa tâche accomplie, Cipriani partit au marché de la ville pour céder au poids l'argenterie durement martelée. Si l'on trouvait preneur, le produit de cette vente devait compenser au moins en partie ce que les Britanniques ne voulaient plus donner pour les dépenses de Longwood. Mais en vérité, le but recherché était ailleurs. Avec cette spectaculaire et misérable mise à l'encan, Napoléon espérait surtout susciter la compassion, créer le scandale et mettre à son tour dans l'embarras son geôlier : « Il espère inspirer de la haine pour le gouverneur, en disant qu'il a été obligé de vendre sa vaisselle plate pour ne pas mourir de faim ; il m'a dit lui-même que tel était son but », écrivit O'Meara à l'une de ses relations[9].

Si l'on en croit Marchand, l'effet recherché fut atteint : « Lorsque Cipriani revint de la ville, il dit à l'empereur tout l'effet produit sur les habitants et les officiers de la garnison en voyant cette argenterie brisée pour assurer les besoins de Longwood, le gouvernement anglais ne pouvant plus y satisfaire. L'indignation et la honte, dit Cipriani, se peignaient donc sur leur figure, ils se disaient humiliés d'être les sujets d'un pareil gouvernement[10]. » Après ce premier succès, le captif ordonna que l'on brisât encore sa vaisselle. Dès lors, le maître d'hôtel fit à nouveau résonner le son de son marteau dans la petite cour, cognant avec encore plus de vigueur sur les assiettes et plats en argent. Lors de la seconde vente à Jamestown, des officiers britanniques de passage sur l'île demandèrent à Cipriani : « Comment se porte l'empereur ? » Avec aplomb, le maître d'hôtel eut beau jeu de répliquer : « Assez bien comme quelqu'un qui vend son argenterie pour vivre[11]. » Comme on l'espérait, ce mot parvint jusqu'aux oreilles du gouverneur. Effrayé par le retentissement possible de ces ventes, il ordonna d'acheter en urgence tout ce qui pouvait encore l'être pour que ce misérable spectacle cesse au plus vite. Mais il était trop tard. La nouvelle avait en effet déjà fait le tour de l'île, créant une certaine gêne.

Au total, 170 kilos furent dispersés, ce qui rapporta plusieurs milliers de livres. La somme ainsi récoltée servit ensuite à compléter ce qui manquait à l'approvisionnement de la maison pendant plusieurs mois. Mais pareils comptes n'étaient qu'anecdotiques. Dès la mi-novembre 1816, comme l'avait espéré Napoléon, la vente de l'argenterie fut connue en Angleterre. Le 19, le *Morning Post* rapporta l'affaire dans ses colonnes : « Il est établi que dès qu'il a été informé par Sir Hudson Lowe de la réduction de son budget de 20000 à 8000 livres, pour lui-même et sa maison, il a aussitôt demandé qu'un armurier appartenant au régiment lui soit envoyé pour enlever les aigles et les autres emblèmes impériaux de ses assiettes, déterminé à les vendre comme sa propriété, et afin de pallier l'insuffisance des versements britanniques. » Pour étayer l'information, le journal citait une lettre particulière témoignant également de ce « fait curieux » : « De rage, Bonaparte a fait briser son argenterie, effacer les aigles qui y avaient été gravées, et vendre le reste comme de l'argenterie usagée. » Puis, la nouvelle fut reprise par une dizaine de feuilles britanniques, lui donnant ainsi un large écho.

À n'en pas douter, cette affaire constitue un tournant dans l'histoire de la captivité. Pour la première fois depuis sa déportation, Napoléon pensa une action pour son seul retentissement « médiatique ». Après avoir compris qu'il suscitait toujours un réel intérêt, notamment dans la presse britannique, il entendait désormais en profiter, passant du rôle de spectateur de sa propre histoire à celui d'acteur. En quelque sorte, il alimenterait lui-même sa propre rubrique dans les journaux, redevenant ainsi le génial communicant qu'il avait toujours été. Ce serait là sa riposte aux petites manœuvres de Bathurst comme à l'attitude de Lowe. Avec la vente de son argenterie, il retourna leur médiocrité contre eux de la plus magistrale des manières. Alors même qu'il n'existait aucun danger de fuite, ils se fourvoyèrent en voulant réduire sa suite comme ses moyens financiers. Au lieu de l'affaiblir, ils le rendirent au contraire plus combatif que jamais, s'attirant fort inutilement ses foudres. Mais, loin de réaliser leur erreur, ils continuèrent au contraire à le provoquer.

14

Premiers départs

Le 1er octobre 1816, aux premières heures de la matinée, un nuage de poussière se leva de la route menant au plateau de Longwood. Arrivait au galop une troupe de cavaliers avec Hudson Lowe à leur tête. Il était suivi par deux officiers dont Thomas Reade, deux membres de la Compagnie des Indes, deux dragons et un domestique. Cette arrivée en grand équipage n'augurait rien de bon. Parvenu à l'entrée du parloir, le gouverneur demanda à être reçu par le captif. Mais se prétendant indisposé, ce dernier ne lui ouvrit pas sa porte. À n'en pas douter, une nouvelle fois sa maladie était diplomatique. Après que Montholon lui eut signifié le refus de son maître, le geôlier rebroussa chemin. Pourtant, on devait absolument pouvoir l'entretenir d'un sujet jugé important. Après deux jours de palabres, Napoléon accepta d'entendre l'adjoint du gouverneur, Thomas Reade. Inquiet, ce dernier confia à O'Meara qu'il avait là une bien pénible mission à mener, espérant que « Bonaparte ne se fâcherait pas avec lui pour cela[1] ». Compte tenu de ce qui s'était passé auparavant entre le captif et son supérieur, son appréhension était parfaitement compréhensible.

À l'heure prévue, le 4 octobre, le roide officier fut introduit auprès de Napoléon. Avec le plus grand calme, il porta à la connaissance du prisonnier les nouvelles exigences de Lord Bathurst. En premier lieu, Napoléon devait renvoyer quatre personnes de sa suite. Cette demande était la suite logique de ce qu'avait souhaité le ministre quelques mois plus tôt : « La conduite du général Bonaparte, avait-il écrit au gouverneur le 26 juin, et des personnes de sa suite, les informations que, de temps en temps, j'ai ordonné qu'on vous fît parvenir, et un concours de circonstances diverses ne peuvent manquer de vous faire pressentir quelque tentative ayant pour objet d'effectuer son évasion. Le nombre et le caractère des personnes qu'il a autour de lui, donnent sujet de craindre qu'il puisse être assisté dans une telle entreprise. Vous éloignerez donc du général Bonaparte, au moins quatre des personnes qui sont venues avec lui[2]. » Toujours cette crainte déraisonnable de voir leur prisonnier leur fausser compagnie malgré l'imposant dispositif militaire déployé sur l'île. Mais ce n'était pas tout.

Pour le ministre, les déclarations signées quelques mois plus tôt ne pouvaient être acceptées en l'état. Elles étaient considérées comme nulles et non avenues à cause de leur caractère jugé doublement provocateur par Londres. Outre le fait que tous les signataires avaient rappelé le titre d'empereur de leur maître, ils avaient également dénoncé de manière très directe les restrictions qu'ils acceptaient de subir. Désormais, Bathurst exigeait la même formule pour tous : « Je soussigné déclare par la présente que mon désir est de rester dans l'île de Sainte-Hélène et de me soumettre sans aucune réserve aux restrictions que le gouverneur jugera devoir imposer au général Bonaparte[3]. » Tous ceux qui ne la souscriraient pas devaient être expulsés sans ménagement. Or, cette nouvelle rédaction ne pouvait que heurter, à commencer par la mention « général Bonaparte ». Et que signifiait exactement « rester dans l'île de Sainte-Hélène » ? Cet engagement était-il irrévocable ? Avec cette nouvelle rédaction aussi troublante qu'offensante, le ministre espérait à nouveau de nombreux refus de la part des compagnons du captif et ainsi pouvoir atteindre le but recherché depuis des mois, à savoir faire partir quasiment toute la suite du prisonnier.

En entendant Thomas Reade, le captif ne dit mot et parut même se réjouir de la situation. Après l'avoir salué, il confia à O'Meara : « Plus on me persécutera, mieux cela ira et fera voir au monde quelle rage de persécutions[4]... » Mais en attendant, les nouvelles exigences venues de Londres provoquèrent un certain trouble. Le 9 octobre, accompagné de tout son état-major, Lowe revint à Longwood avec en main la nouvelle déclaration que tous devaient signer sous peine d'être expulsés. Toute la journée, d'inutiles palabres ne menèrent à rien. Le lendemain, une nouvelle mouture du texte parut satisfaire tout le monde, le terme « illustre captif » venant remplacer celui de « général Bonaparte ». Mais cette solution ne dura point et chaque camp revint sur ses positions d'origine. Dans la journée du 14 octobre, l'expression « empereur Napoléon » fut ajoutée au texte. Sans surprise, en recevant les nouvelles déclarations, Lowe les rejeta sèchement. Dans la soirée, il prévint : « Ceux qui ne signeront pas "Le général Bonaparte" ou "Napoléon Bonaparte" seront embarqués pour Le Cap[5]. » L'épreuve de force gagnait en intensité. La tension monta encore d'un cran le lendemain. Convoqué par le gouverneur, Gourgaud résuma ainsi l'opinion générale : « Les titres ne signifient rien mais S.M. considère que ce serait lui manquer que de signer les déclarations ! Puis-je après cela le faire ? Dans l'horrible situation où se trouve S.M., on ne doit faire que ce qu'il lui plaît, sans observations[6]. » Mais sa démonstration n'empêcha point son interlocuteur d'envoyer un ultimatum dans la soirée.

Il était neuf heures et demie du soir quand sa lettre parvint à Longwood. Aussitôt le grand maréchal la prit en main pour la lire devant la petite cour. Avant minuit, avertissait le gouverneur, si les déclarations n'étaient pas signées, tout le monde devait plier bagage, à l'exception des Bertrand en raison de la grossesse de Fanny. Et dès le lendemain, le commandant de la marine les embarquerait sur le premier navire en partance pour Le Cap. À cette annonce, l'empereur interrompit sa lecture de *Don Quichotte* : « On ne peut lire de pareilles fadaises en pareille circonstance », confia-t-il dépité en rangeant son livre. Debout près de la cheminée, Gourgaud regarda sa montre : « Il n'y a plus que deux heures et demie pour délibérer », s'écria-t-il[7]. Tandis que la stupeur se lisait sur tous les visages, Mme de Montholon fondit en larmes. Calme mais résigné, l'empereur exhorta ses compagnons à partir, préférant la solitude au déshonneur : « Je ne veux qu'aucun de vous signe cette déclaration telle qu'on vous la demande. À ces conditions mon valet de chambre même me quittera. Il ne sera pas dit qu'on se soit servi des mains qui me servent pour me dégrader[8]. » Lucide, il ajouta : « Si l'on vous renvoie pour le refus d'une pure formalité, c'est qu'on vous renverrait demain pour un motif aussi léger, c'est qu'on est résolu de vous éloigner en détail. Je préfère vous voir vous éloigner en masse. » Sur ces entrefaites, Lowe arriva à Longwood pour s'entretenir une dernière fois avec les officiers du captif. Menaçant, il leur répéta : « Signez ou partez pour Le Cap[9] ! »

La tension était à son comble quand soudain Gourgaud se décida à signer, entraînant tous les autres. À regret, les déclarations mentionnant « Napoléon Bonaparte » furent ensuite remises à Poppleton. Las Cases dira : « Le cœur seul nous avait conduits et si l'empereur devait s'en fâcher, notre cœur seul nous consolerait[10]. » Les intimidations de Lowe avaient donc eu raison des résolutions pourtant fermes des compagnons du captif, un changement d'attitude que moqua O'Meara : « Malgré toutes les rodomontades de la journée et les assertions de *l'honneur avant la vie*, accompagnés de mouvements, tels que celui de se découvrir la poitrine, en protestant qu'un poignard percerait des cœurs fidèles jusqu'à la mort, et qui même dans les tourments de l'agonie battraient seulement pour l'empereur avant qu'ils ne consentissent à signer sa dégradation, [ils] allèrent trouver le capitaine Poppleton dans sa chambre au milieu de la nuit, la contenance abattue, les yeux ruisselant de larmes, et leurs déclarations toutes signées en main, le conjurant de les envoyer à cette heure indue de la nuit au gouverneur », écrivit-il à son ami Finlaison[11]. Mais le capitaine britannique fit durer le suspense. Plutôt que de se précipiter à Plantation House, il préféra terminer paisiblement sa nuit. Dans une chambre proche, Montholon ne parvenait pas à trouver le sommeil. L'ultimatum de Lowe étant expiré, il craignait d'être expulsé au petit matin par les soldats britanniques. N'y tenant plus, il fit irruption dans la chambre de Poppleton à cinq heures du matin pour le supplier à nouveau de se rendre auprès du gouverneur. De mauvaise grâce, l'officier enfila son uniforme et monta à cheval. Au petit jour du 16 octobre, Lowe pouvait savourer sa victoire. Sur son bureau s'étalaient toutes les déclarations des Français. Vraiment toutes ? À nouveau, comme quelques mois plus tôt, il manquait celle du grand maréchal. Pour lui aussi, la nuit avait été courte et les débats avec son épouse plutôt vifs. Mais compte tenu de l'état de Fanny, le couple décida de signer également le document demandé, lequel fut porté dans les heures qui suivirent au gouverneur. Sur Bertrand et les autres, Napoléon ne paraissait cependant nourrir aucune illusion :

« Je crois que si on leur avait permis de retourner directement en Europe, au lieu d'aller au Cap, ils n'auraient pas été, suivant toutes les probabilités, si disposés à rester », dit-il avec amertume à O'Meara[12].

Si le pire avait été évité, les consignes de Bathurst exigeaient toutefois le départ de quatre domestiques du captif que Lowe devait choisir en fonction de l'« opinion défavorable » qu'il pouvait avoir sur eux. L'ordre du ministre mentionnait toutefois un nom, celui de Charles Piontkowski, cet officier polonais arrivé sur le tard à Sainte-Hélène fin décembre 1815. Après avoir servi Napoléon à l'île d'Elbe, il avait tenté d'embarquer avec lui à Rochefort, mais il avait été empêché de le suivre. Puis, sans que l'on se l'explique vraiment, il fut autorisé par Cockburn à venir à Sainte-Hélène. Quand on le questionnait, il se présentait volontiers comme l'« officier polonais favori de Bonaparte ». Si c'était inexact, l'homme semblait cependant dépourvu de toute ruse tant il paraissait niais. Muni d'un laissez-passer, il fut autorisé à rejoindre Longwood aussitôt débarqué. Mais quand il arriva dans le cercle étroit et jaloux de Longwood, il fut considéré avec la plus grande méfiance : « À l'exception de Bertrand, personne ne le connaît », note par exemple Gourgaud dans son *Journal*[13]. Après l'avoir reconnu, Marchand l'introduisit cependant auprès de son maître. Le considérant de pied en cap, Napoléon s'écria avec humeur : « Que veut dire cet uniforme ? Il n'a jamais été mon officier d'ordonnance, dites à l'amiral que je ne le reverrai pas[14]. » Après ce premier mouvement d'humeur, il changea cependant d'avis, l'accueillant même ensuite « avec bonté ». Gratifié de 500 francs et affecté aux écuries, il seconda Gourgaud et se fit plutôt apprécier des frères Archambault. Sans appartenir au premier cercle, il sut trouver sa place au sein des maigres écuries de l'empereur.

Mais à peine huit mois après son arrivée, Londres exigeait désormais son départ. Regrettait-on la facilité avec laquelle il avait pu s'introduire à Longwood ? Avait-il déçu comme espion comme certains le soupçonnèrent ? Il semble plutôt que Bathurst ait voulu ôter du cénacle de Longwood un exalté jugé sans doute dangereux car sachant manier le pistolet. Sa décision arrangeait en outre les affaires de tout le monde, sa présence n'étant pas essentielle à Longwood. Restait encore à désigner trois autres personnes. Deux noms furent avancés : ceux d'un valet des Bertrand, un ivrogne jugé inutile dénommé Bernard, et le valet de pied Gentilini. Mais leur départ ne fut pas accepté par Lowe en raison de leur nationalité, le premier étant suisse et le second elbois donc italien. Dans ses consignes, Bathurst avait pris bien soin de préciser qu'il fallait renvoyer en Europe avec Piontkowski trois Français. À regret, il fallut se séparer d'Archambault jeune et de Rousseau, comme le suggérait d'ailleurs le gouverneur. Pour le premier, le séparer de son frère fut douloureux. En outre, Napoléon perdait avec lui un habile cocher, mais on n'eut pas le choix.

Comme quatrième personne, le nom de Santini fut proposé. En l'apprenant, le gouverneur s'interrogea. Ce Corse pouvait-il être considéré comme un Français ? Ces doutes de Lowe froissèrent d'ailleurs Napoléon quand O'Meara les lui rapporta : « Santini n'est pas français !, a-t-il dit. Docteur, vous n'êtes pas sans doute assez imbécile pour ne pas voir que c'est un prétexte destiné à m'insulter. Tous les Corses sont français[15]. » Si Lowe avait su à quel point Santini le détestait, il n'aurait cependant point tergiversé. Le Corse ne rêvait que d'une chose : trouer de balles son uniforme. À chaque fois qu'il caressait cette pensée, cela lui valait une réprimande de son maître : « Comment, coquin, tu veux tuer le gouverneur ? Tu ne réfléchis donc pas que je serai accusé de t'en avoir donné l'ordre ! Fi donc ! Commettre un assassinat[16] ! » Pour l'empereur comme pour la victime désignée, l'irréparable ne fut heureusement pas commis. Outre la crainte de le voir occire le gouverneur, le service de Longwood n'allait être que peu affecté s'il partait, tant le nombre de serviteurs restait important.

Mais en vérité, aucune de ces deux raisons ne fut décisive. Napoléon jugea surtout qu'il lui serait plus utile en Europe en témoignant et en faisant connaître à la presse ses récriminations contre le gouvernement anglais. Ainsi fut-il chargé d'emporter avec lui le texte de la protestation du 23 août : « Si tu peux arriver jusqu'à Londres, lui confia Napoléon, tu la feras imprimer. En Angleterre, tu trouveras des braves, et il y en a beaucoup qui ne partagent point, à mon égard, les préventions de leur gouvernement. Va les trouver, ils t'aideront à remplir la mission dont tu te charges, et quand cela sera fini, va voir les divers membres de ma famille, dis-leur tout ce que tu sais de moi, et ils t'accueilleront avec plaisir[17]. » En moins de vingt-quatre heures, il apprit la déclaration à la virgule près, puis insista pour qu'une copie soit cousue dans la doublure de son habit. Par le truchement de sa personne, Napoléon entendait désormais porter la contestation jusqu'au cœur de l'Empire britannique. Efficace, fidèle et discret, Santini était l'homme idéal pour ce genre de mission. Par son intransigeance, Bathurst donna une nouvelle opportunité à Napoléon d'agir contre lui. Profitant du renvoi de quatre de ses hommes, le prisonnier en ferait autant d'ambassadeurs dévoués à sa cause, retournant ainsi la décision du ministre contre lui.

Le 19 octobre 1816 en fin de matinée, en rade de Jamestown, une gabarre de transport de la marine britannique, le *David*, était sur le point de mettre à la voile. Sous peu, elle devait recevoir à son bord Piontkowski, Rousseau, Archambault et Santini. À Longwood, tandis que les quatre hommes achevaient leurs préparatifs de départ, Napoléon leur fit donner du vin du Cap et 50 livres. Le Polonais insista pour emporter un des couverts de l'empereur, mais en vain. Peiné, il voulut aussi revoir une dernière fois l'empereur, qui ne se montra point : « J'étais indisposé, et puis cela m'aurait fait trop de peine ! », confia-t-il ensuite[18]. Pour le consoler, Bertrand lui remit une lettre élogieuse soulignant son attachement à l'empereur. Il était treize heures passées quand le grand maréchal et Gourgaud l'accompagnèrent jusqu'au premier cordon de sentinelles. Les deux hommes lui donnèrent l'accolade avant de le saluer une dernière fois. Quand il arriva au port, une fouille au corps l'attendait. Sur l'ordre du capitaine Mansell, il fut même obligé d'enlever ses habits, mais les tuniques rouges eurent beau palper ses effets, ils ne trouvèrent rien. Heureusement pour les trois autres, Santini surtout, seuls leurs bagages furent inspectés. Le texte cousu dans les habits du Corse ne fut donc pas découvert. Une fois la fouille achevée, les quatre hommes prirent place dans un canot pour gagner le large. En son for intérieur, Santini devait jubiler du bon tour qu'il était en train de jouer au gouverneur. Dès qu'il mit un pied avec ses compagnons sur le navire, un vent fort se leva. Joseph Chautard, qui rédigea les souvenirs de Santini, écrit : « Sur le pont de ce navire, quatre hommes, les joues inondées de larmes, les yeux fixés sur l'île, saluaient du geste et de la voix, ces roches volcaniques qui fuyaient derrière la gabarre, et allaient se perdre dans la brume du soir. » Joli texte évidemment de circonstance, même si nos quatre comparses partirent certainement le cœur serré.

15

Une ténébreuse affaire

Tout commença le 25 novembre 1816. La journée s'annonçait aussi morne que les autres quand après quatre heures de l'après-midi, le général Gourgaud aperçut de sa fenêtre un groupe d'hommes pressés. Leurs pas vifs n'annonçaient rien de bon. D'un œil inquiet, il reconnut le gouverneur, son adjoint Thomas Reade et l'officier d'ordonnance Poppleton. Avec eux, il y avait aussi un inconnu en habit bourgeois et deux ordonnances : « Leur visite m'effraye », note-t-il dans son *Journal*[1]. Au loin, il remarqua aussi que les sentinelles avaient été mises en état d'alerte. L'homme en habit bourgeois était un inspecteur de police. Il s'appelait Rainsford et avait reçu l'ordre d'arrêter Las Cases et son fils. Mais le secrétaire n'était pas chez lui car parti pour une promenade au jardin avec Napoléon. Sur l'ordre de Reade, Poppleton courut aussitôt le chercher. Quand il fut trouvé, Las Cases suivit l'officier sans mot dire. Immédiatement après, son arrestation lui fut notifiée pour « correspondance non autorisée ». Le secrétaire ne parut pas surpris à cette annonce. Avec calme, il n'adressa qu'une seule requête à ceux qui venaient l'arrêter : pouvoir s'entretenir avec l'empereur avant de partir. D'un ton sec, Reade refusa et Las Cases n'insista point. Dans le même temps, sa chambre fut fouillée et tous ses papiers saisis, y compris son précieux journal. Ainsi débuta le mystère Las Cases qui fit ensuite couler beaucoup d'encre. Dans cette affaire, toutes les hypothèses furent envisagées, de la simple imprudence aux plus habiles coups montés.

Pour tenter de la comprendre, il nous faut revenir sur sa situation à Longwood quelques semaines avant son arrestation. Au sein de la petite cour, l'irascible Gourgaud continuait de l'accabler, voire de le menacer. Le 14 octobre, il écrivit dans son

Journal : « L'empereur cherche à me réconcilier avec Las Cases : je lui donne les raisons de ma haine. S.M. me dit que je fais des chimères et qu'il n'y a rien eu. Je réponds que c'est Las Cases qui est cause que S.M. est froide avec moi, qu'il a intrigué[2]. » La jalousie du général à son endroit ne paraissait plus connaître de limites, devenant dangereuse. Détesté de Gourgaud, il l'était aussi des Anglais mais pour une raison très différente. Tandis que la dispute au sujet des déclarations battait son plein, Thomas Reade se plaignit longuement de sa mauvaise conduite : « C'est lui qui, dans ces derniers jours, s'est le plus écarté des règlements ; il écrit et trouve toujours le moyen de récriminer, il veut faire passer une lettre à un étranger, il envoie son domestique à Mme Stürmer, sous prétexte d'avoir des nouvelles de sa famille[3]. » En vérité, au-delà de ces quelques motifs, l'aide qu'il pouvait apporter au captif fut jugée aussi désagréable que dangereuse par le gouverneur : « Si je jugeais d'après mon opinion, indiqua-t-il à Bathurst, des personnes qui s'étaient montrées les plus disposées à blâmer les procédés du gouvernement anglais, et qui entretenaient le plus activement l'irritation d'esprit du général Bonaparte, je pourrais nommer sans hésitation le comte Las Cases[4]. » Autrement dit, si cela ne tenait qu'à lui, il le renverrait bien volontiers en Europe.

Attaqué de toutes parts, le frêle et craintif secrétaire tremblait chaque jour davantage, ce qui ne pouvait que réjouir son plus farouche ennemi : « Las Cases, remarqua Gourgaud, commence à avoir peur d'être pendu ; à dîner je me déclare content de cela, qu'après tout, les hâbleurs ne feront plus tant les téméraires et qu'on connaîtra les gens de cœur[5]. » Épuisé par autant de tensions, dépressif sans doute, il ne trouvait plus le sommeil : « Depuis quelque temps il m'est impossible de dormir, écrit-il dans son journal à la date du 15 octobre, c'est devenu une espèce de maladie. J'ai passé la nuit entière sans clore l'œil[6]. » Deux semaines plus tard, le 29 octobre, son état n'était point meilleur tandis que celui de son fils se dégradait : « Le docteur est venu chez moi. Mon fils continuait d'être souffrant : moi je n'étais pas bien. Mes insomnies duraient toujours[7]. » Puis, il resta faible, comme abattu, recevant sans cesse chez lui O'Meara, celui-ci jugeant par ailleurs les symptômes de son fils « alarmants[8] ». Ce fut dans ce contexte qu'éclata une première affaire impliquant son domestique, un mulâtre du nom de Scott, fils du modeste fermier Charles Scott et d'une femme libre de couleur.

Après avoir longtemps insisté, le jeune îlien était entré au service de Las Cases en décembre 1815, sa sœur devenant par ailleurs l'une des femmes de chambre de la comtesse de Montholon quelques semaines plus tard. Dès sa prise de fonctions, Lowe le considéra « d'un œil soupçonneux », s'étonnant qu'un garçon d'apparence aussi fruste ait pu être admis à Longwood[9]. En son for intérieur, il craignait que ce jeune pêcheur qui connaissait l'île comme sa poche soit un allié précieux si d'aventure le prisonnier cherchait à s'évader. Après l'avoir servi pendant un an, le domestique gagna la confiance de son maître au point de se voir confier à la mi-novembre 1816 un premier message secret à remettre à l'épouse du commissaire autrichien Stürmer, la Française Hermance de Boutet, dont la famille connaissait bien Las Cases. Malgré le caractère anodin de la lettre, son mari mit Lowe au parfum. Conforté dans ses soupçons, ce dernier exigea son renvoi auprès de Las Cases sous peine de faire fouetter jusqu'au sang son messager. Scott en fut donc quitte pour un simple avertissement, mais s'il venait à recommencer, il le ferait cette fois punir. Cette première affaire en resta là avant qu'une seconde, celle qui conduirait à l'arrestation de Las Cases, n'éclate.

Dans la nuit du 20 au 21 novembre 1816, Scott brava l'interdit du gouverneur, parvenant jusqu'à Longwood au nez et à la barbe des sentinelles, ce qui au passage démontre que les mailles du filet anglais n'étaient pas aussi resserrées qu'on aurait pu le penser. Après s'être faufilé dans l'obscurité, il retrouva donc son ancien maître au cœur de la nuit. Pourquoi revenait-il ? Dans la version publiée du *Mémorial*, Las Cases donna cette explication : « S'étant mis au service de quelqu'un qui partait sous très peu de jours pour Londres, il venait m'offrir de prendre mes commissions en toutes choses[10]. » Autrement dit, il se porta volontaire pour remettre à quelqu'un pouvant les acheminer en Angleterre une ou plusieurs correspondances secrètes. Après avoir accepté son offre, Las Cases aurait fait part de son projet à l'empereur qui d'après lui « s'en montra très satisfait et parut y attacher du prix ». Puis vint le moment de la remise des lettres clandestines : « La nuit venue, dit-il aussi, mon jeune mulâtre fut fidèle à sa parole. Il était un peu tailleur. Je lui fis coudre devant moi, dans ses vêtements, ce que je lui confiais, et il prit congé, moi lui promettant encore de nouvelles choses s'il revenait, ou lui souhaitant un bon voyage si je ne devais pas le revoir ; et je me couchai le cœur allégé, l'esprit satisfait comme d'une journée bien et heureusement remplie. Que j'étais loin en ce moment d'imaginer que je venais de trancher de mes propres mains le fil de mes destinées à Longwood[11] !!! »

Au soir du 24 novembre, l'auteur du *Mémorial* confia deux lettres au jeune Scott. La première était destinée à Lady Clavering, d'origine française, qui résidait à Londres et que Las Cases avait connue dans les années 1790 avec son époux Thomas, un richissime homme d'affaires britannique, au moment de son émigration en Angleterre. Dès ce moment, des liens étroits persistèrent entre eux. Sans trop s'avancer, on peut penser qu'ils furent à un moment ou à un autre amants. À Sainte-Hélène, il lui écrivit d'ailleurs davantage de lettres qu'à sa propre épouse, mais sachant qu'il était lu par les Anglais, il ne s'exprima pas aussi librement qu'il l'aurait voulu. Impatient d'échapper à leur censure, il se décida donc à lui écrire sous le sceau du secret : « Depuis que j'habite un autre univers, lui confie-t-il, voici la première fois que je vous aurai écrit à l'insu de mes surveillants. Dieu veuille que cela vous parvienne ! S'ils l'arrêtent, ils y trouveront une preuve de leur vexation et barbarie, celle de me réduire à tant de mystère pour des communications qui ne leur sont d'aucun intérêt. Que sont devenus les moments où je ne soupçonnais pas que d'épancher librement son cœur pût être un bonheur[12] ? » Mais outre cette tendre déclaration, il demandait à sa bien-aimée de l'aider à trouver la meilleure manière d'échanger en toute discrétion avec elle : « Que n'auriez-vous quelqu'un, l'interroge-t-il, pour m'écrire sous votre dictée ? Mais il devrait être bien secret, ou toute correspondance se réduirait à une seule lettre. Il pourrait faire insérer des articles dans le *Times* ou le *Morning Chronicle*, dont la lecture nous apprendrait que ma lettre vous est parvenue[13]. » Même si pour le moment le stratagème de Las Cases n'était apparemment destiné qu'à faciliter une libre correspondance amoureuse, il désobéissait gravement aux consignes britanniques, lesquelles prohibaient tout échange clandestin.

À cette tendre missive s'ajouta une seconde lettre destinée celle-ci à Lucien Bonaparte, le frère cadet de Napoléon. Elle commençait ainsi : « Par la lettre dont Votre Altesse m'a honoré, en date du 6 mars, de Rome, elle désire que je lui donne des nouvelles de la santé de l'empereur, et que je lui fasse connaître de quelle manière il se trouve établi dans ce pays. Je me ferai un vrai plaisir, Monseigneur, de vous écrire régulièrement à ce sujet de temps en temps[14]. » Après Lady Clavering, Las Cases paraissait donc décidé à poursuivre une seconde correspondance clandestine, à la tonalité cette fois éminemment plus politique, avec l'un des frères de l'empereur. Dans sa première lettre à Lucien, il fustigea avec force la politique anglaise et son application par le gouverneur : « Quand un jour l'histoire dira à quel point on a poussé les manques d'égards, les formes inquisitives, les vexations de toute espèce, les piqûres journalières envers une personne comme l'empereur, la partie généreuse de la nation britannique s'indignera que le gouvernement anglais ait pu ordonner de pareilles choses, et qu'il se soit trouvé des Bretons capables de les exécuter, si même ils n'en ont accru la rigueur. On a défendu d'écrire toute lettre ou billet dans l'île sans les soumettre au visa du gouverneur. Toute communication verbale a été frappée de la menace d'un châtiment rigoureux pour l'intermédiaire qui s'en chargerait. Que penser du raffinement avec lequel on choisit pour nous le papier de nouvelles le plus désagréablement écrit, tandis qu'on interdit ceux dans lesquels nous pourrions lire la question sous des expressions et des couleurs moins malveillantes ? Les ministres anglais peuvent-ils descendre à des détails aussi minutieusement odieux, aussi cruellement personnels ? Nous ne saurions le croire, surtout quand dans les débats du parlement à notre sujet nous voyons un concours unanime et souvent répété pour que la douceur, la nature des formes adoucisse, autant que possible, la rigueur de la mesure. Aussi l'empereur répète-t-il parfois qu'il n'y a rien d'anglais dans tout cela, que cela ressemble bien plus à la police des sbires en Sicile[15]. »

Les deux lettres étant fort longues, le fils Las Cases passa beaucoup de temps à les rédiger : « [Elles] étaient écrites en caractères extraordinairement fins sur du taffetas ; elles avaient été cousues par le comte Las Cases dans la doublure d'une veste qu'il ordonna à son domestique de lui laisser, lorsqu'il fut congédié, et de revenir chercher ensuite ; le domestique avait reçu la recommandation de ne pas découdre la doublure jusqu'à ce qu'il fût arrivé en Angleterre », témoigne l'enquête anglaise[16]. Après avoir une nouvelle fois trompé la vigilance des sentinelles, Scott retourna dans la ferme de ses parents avec sur le dos la veste en question. Mais une fois en présence de son père, il se confia plus qu'il n'aurait dû : « [Il] se serait vanté de l'immense fortune qui l'attendait en Angleterre grâce à un précieux gilet qu'il emportait avec lui. Alarmé, son père l'aurait invité à se rendre aussitôt auprès de Sir Hudson Lowe pour lui révéler sa vérité. James ayant refusé de le suivre, Scott l'aurait saisi au collet, le gilet se serait déchiré et le foulard de soie qui y était dissimulé serait apparu[17]. » Si l'on ne peut garantir l'authenticité de cette scène, il est certain en revanche que le père fut pris de panique au retour de son fils, sachant pertinemment que celui-ci risquait gros s'il venait à être pris. La peur au ventre, il décida de se confier à un fermier voisin, un dénommé Baxter, qui lui conseilla de tout dire au gouverneur. Dans la foulée, il prit le chemin de Plantation House, espérant qu'en disant tout il sauverait son fils. Après ses aveux, l'arrestation de Las Cases n'était plus qu'une question de temps.

Pour revenir à la journée du 25 novembre, autour du captif, on ne comprenait absolument rien à ce qui était en train de se passer, jusqu'à ce que Montholon révèle les motifs de l'arrestation de leur compagnon. Tandis qu'il écoutait son chambellan, Napoléon sembla plus incrédule que réellement touché. Puis, haussant les épaules, il s'exclama : « Comment un homme qui avait autant d'esprit que Las Cases a-t-il pu choisir pour agent secret un mulâtre qui ne sait ni lire ni écrire, et songer à l'envoyer passer six mois en Angleterre, où il n'a jamais été, où il ne connaît personne ? Comment d'ailleurs a-t-il pu espérer que cet homme obtiendrait la permission de s'embarquer en sortant de Longwood ? Véritablement tout cela est digne de l'imagination d'un enfant de sixième[18]. » L'empereur avait raison : s'il l'avait fait dans le seul espoir de correspondre secrètement, la méthode était risquée, presque stupide. Et même s'il s'agissait d'un piège, comment avait-il pu tomber dedans ? À moins que le comte n'ait tenté un coup de billard à trois bandes ? O'Meara l'en accusa ensuite ouvertement : « [Il] avait fait, écrivit-il à son ami Finlaison, le plan des lettres et il les avait données à l'esclave exprès pour qu'elles fussent découvertes, afin d'être expulsé de l'île, la bienséance ne lui permettant pas, après toutes ses protestations de fidélité éternelle et inaltérable à *l'empereur*, auquel il déclarait si souvent que sa vie était dévouée et qui, disait-il, était son dieu, de demander la permission de s'en aller ; au lieu que, en faisant quelque chose qui le ferait expulser de l'île, il aurait l'occasion de se servir du prétexte qu'il était *forcé* de la quitter[19]. »

Il est vrai que les nombreuses imprudences de Las Cases paraissent suspectes. On s'étonne en effet qu'un homme malade et aussi peureux ait pris de tels risques alors même que les Anglais se méfiaient de lui comme de son domestique, celui-ci étant sous le coup d'une redoutable punition s'il recommençait à jouer les messagers clandestins. En outre, comme le montra l'enquête anglaise, Scott ne connaissait personne pouvant emporter jusqu'à Londres des lettres de son maître. Sans même s'assurer qu'il disait vrai, le secrétaire lui fit donc aveuglément confiance alors même qu'il lui remettait des lettres hautement compromettantes pour sa personne. En se montrant aussi léger, aurait-il voulu se faire renvoyer qu'il n'aurait pas pu mieux faire. Mais justement, il semble qu'il en fit beaucoup trop s'il préméditait quelque chose. En premier lieu, pourquoi passer autant de temps et mettre autant de soin à écrire d'aussi longues complaintes si elles n'avaient été conçues que dans le seul but d'être découvertes ? En second lieu, pourquoi prendre le risque de compromettre sa bien-aimée lady si Las Cases était certain que le courrier qu'il lui destinait ne devait jamais lui parvenir ? Cela ne tient guère. Ensuite, comment pouvait-il être sûr que si Scott révélait tout à son père, celui-ci irait trouver son voisin pour prendre conseil ? C'est évidemment impossible. Enfin, examinons le mobile qui aurait pu pousser Las Cases à se faire arrêter. Le seul qui tienne est lié à l'achèvement de son journal. Son travail étant pratiquement terminé, qu'il ait voulu partir afin de le publier au plus vite ensuite relève certes du domaine du possible. Mais dans cette hypothèse, n'aurait-il pas pris la précaution d'au moins cacher le manuscrit ? Or, il n'en dissimula pas même une feuille et n'en conserva surtout aucune copie. Partant, il perdit tout son travail quand les Anglais s'en saisirent. Pour un soi-disant expert en coups tordus, c'est tout de même suspect.

Si beaucoup de zones d'ombre subsistent dans cette ténébreuse affaire, tout semble indiquer que nous sommes en présence de l'initiative désordonnée et confuse d'un homme au bout du rouleau, épuisé et malade. S'il avait décidé de partir, il s'y serait pris autrement. Il lui suffisait par exemple un mois plus tôt de ne pas signer la déclaration réclamée par les Anglais pour s'embarquer facilement vers l'Europe. Au lieu de cela, il aurait exécuté un plan aussi compliqué que hasardeux, courant le risque de perdre tous ses papiers et donc son important travail avec l'empereur. On ne peut donc croire à un acte prémédité. En revanche, cette arrestation involontaire sonna comme une libération pour lui. Expulsé de Longwood, il respira un autre air que celui de la captivité, moins jaloux et surtout moins anxiogène. Ensuite, fort logiquement, cet homme souffreteux, de surcroît inquiet pour la santé de son fils, ne voulut jamais revenir à Longwood, une attitude qui ne pouvait que renforcer les soupçons autour de sa personne. Dans cette affaire, il faut donc bien se garder de confondre la cause, à savoir la découverte d'une réelle correspondance clandestine, et ses effets, le départ *in fine* volontaire de Las Cases, ô combien souhaité par l'intéressé.

16

Déliquescence

Comme on pouvait s'y attendre, l'affaire Las Cases ne fut pas traitée à la légère par Hudson Lowe. Son premier mouvement fut très ferme. À propos de la lettre écrite par Las Cases à sa probable maîtresse, il écrivit à Lord Bathurst : « La lettre à Lady Clavering, *une pure communication d'amitié* ! Lisez-en le contenu et jugez de la manière dont Las Cases expose les choses[1]. » De son point de vue, le secrétaire était coupable et sa correspondance secrète fort compromettante. Aussi, quand le 26 novembre Bertrand tenta de plaider le cas du secrétaire auprès de lui, il resta sourd à ses explications. Pour le grand maréchal, le geste fou de Las Cases était celui d'un homme « atteint de mélancolie », inquiet aussi pour la santé de son fils, celui-ci ayant manqué d'expirer la semaine précédente. De son point de vue, il ne fallait donc pas le sanctionner, son renvoi chagrinant en outre son maître. Mais pour le moment, Lowe paraissait inflexible. Devant sa fermeté, Bertrand n'insista point et prit congé. Depuis son arrestation, Las Cases était retenu dans ce que l'on appelait la « maison Harrison », une cabane vraiment sommaire. Mis au secret, il ne pouvait plus recevoir de visites et restait ainsi enfermé avec son fils. Dans cette intimité recluse, il prit la décision de quitter Sainte-Hélène à tout jamais.

Le 30 novembre, se disant « souillé » et « flétri », estimant ne plus pouvoir servir l'empereur, il déclara à Lowe : « Je me bannis de Longwood [...]. Je me remets sous la protection des lois, et vous demande ma liberté[2]. » Quatre jours plus tard, il renouvela auprès de lui son souhait : « Je vous demande authentiquement et formellement de vouloir bien m'éloigner de Sainte-Hélène et me rendre à la liberté[3]. » D'un ton ferme, il lui affirma aussi : « Aujourd'hui rien ne saurait plus m'y faire revenir[4]. » Pour motiver sa décision, il invoqua notamment la santé de son fils : « Vous connaissez, explique-t-il à Hudson Lowe le 6 décembre, l'état affreux de la santé de mon fils (les symptômes alarmants dont il est environné et qui me déchirent), les personnes de l'art doivent vous en avoir instruit ; depuis qu'il a vu se briser le lien cher et sacré qui nous attachait à Longwood, toutes ses idées, ses vœux, ses espérances se sont tournées vers l'Europe[5]. » Puis il s'attacha à dépeindre sous un jour très sombre son séjour à Longwood : « Aucune expression ne saurait la rendre dignement. L'existence y était devenue intolérable ; privés de toute communication, véritablement au secret, nos heures étaient devenues de plomb. Tout, jusqu'à l'air que nous respirions, ne nous semblait plus qu'un fade poison. Le dégoût de la vie y était au dernier terme[6]. » Pourquoi tant insister ? Las Cases redoutait plus que tout d'être rappelé à Longwood, Lowe n'étant plus aussi fixé qu'auparavant sur son sort. Inquiet de l'effet désastreux que produirait son départ sur le captif, celui-ci n'était en effet plus aussi certain de vouloir le renvoyer en Europe.

À la date du 3 décembre, Bertrand nota : « L'empereur est très jaune. Il n'a pas dormi de la nuit et avait, le matin, un peu de fièvre ; il s'est levé à deux heures. Sa barbe n'a pas été faite depuis longtemps[7]. » Laconique, le grand maréchal ajouta cette expression : « Barbe de sapeur. » La perte annoncée de Las Cases fut un rude coup pour le captif. Sa sensibilité était telle qu'il ne put la contenir. La contrariété le minait, l'enfermait dans de noires perspectives. Son corps trahissait alors son état anxieux. Il dînait seul, reclus et mélancolique. S'il était heureux de l'éloignement de son rival, Gourgaud enrageait de voir son maître si atteint : « L'empereur ne nous voit plus depuis qu'on lui a ôté son Las Cases qu'il aime ; les derniers venus sont les plus aimés ! », confie-t-il rageusement à son *Journal*[8]. Le 14 décembre, apercevant O'Meara, le mamelouk Ali vint aussitôt le prévenir que l'empereur sortait d'une nuit très difficile. Jamais encore, lui révéla-t-il, il ne l'avait vu en pareil état. D'un pas vif, le médecin irlandais se précipita au chevet du captif. En entrant, il découvrit un homme alité et plongé dans le noir. À peine si l'on pouvait respirer dans la pièce, la moindre entrée d'air ayant été soigneusement obstruée par les domestiques. D'une voix faible, Napoléon lui expliqua avoir enduré la nuit précédente un épouvantable mal de tête avant de perdre connaissance. Au cœur de la crise, il se vit aux portes de la mort : « Je croyais, disait-il, que j'allais avoir une attaque d'apoplexie, car j'éprouvais de la pesanteur, un étourdissement dans la tête, et une sensation comme si elle était surchargée de sang. Je désirais me tenir droit[9]. » Pour ne pas défaillir, il était resté debout pratiquement toute la nuit, faisant les cent pas dans sa modeste chambre « battant des mains et paraissant un peu égaré », respirant aussi à pleins poumons son eau de Cologne comme un peu de « vinaigre des quatre voleurs ». Mais rien ne put l'apaiser : « Comme je me sentais aussi, raconte-t-il, une grande chaleur dans la tête, j'appelai ces imbéciles de domestiques pour leur dire de me verser de l'eau froide sur le crâne, ce qu'ils ne comprirent pas et n'osèrent pas faire durant quelques instants[10]. » Une fois leur surprise passée, Ali et Marchand s'exécutèrent néanmoins.

En guise d'adieu à son ancien secrétaire, il dicta le 16 décembre une lettre à son intention. Dans celle-ci, s'il le remerciait pour ses services, il l'encourageait aussi à quitter Sainte-Hélène : « Une grande consolation [de] vous savoir en chemin pour de plus fortunés pays », lui confia-t-il. Quand il la reçut, Las Cases se crut définitivement délivré, mais c'était sans compter sur le revirement complet de Lowe. Conforté dans sa décision de partir, l'auteur du *Mémorial* s'apprêtait à passer des jours plus sereins quand son fils éprouva une nouvelle crise : « J'ai cru craindre pendant une demi-heure de le voir expirer dans mes bras sans aucun secours », confia son père[11]. Appelé au Balcombe cottage où résidaient désormais Las Cases et son fils, paraissant désolé de cette situation, le gouverneur fit une proposition pour le moins étonnante. Au vu de l'état de santé de son fils, il indiqua qu'il était d'accord pour que Las Cases et sa progéniture reviennent à Longwood pour y être soignés par O'Meara.

À cette annonce, le secrétaire se mit à tressaillir. Après un refus poli, il concéda toutefois du bout des lèvres être prêt à retourner à Longwood si son ancien maître le souhaitait. En son for intérieur, il priait cependant pour ne pas être rappelé. Prévenu par Bertrand, Napoléon lui laissa « toute liberté de décision », ne voulant pas l'obliger. Après cette suite de fausses politesses, Lowe offrit à nouveau la possibilité à Las Cases de rester à Longwood à condition qu'il en fasse la demande par écrit. Nouveau refus de l'intéressé : quitter cette île est tout ce qu'il demandait, ne cessait de répéter Las Cases. Bientôt, il allait être comblé, sous deux jours un sloop de guerre, le *Griffon*, devait mettre à la voile pour Le Cap. Malgré l'imminence de ce départ, il demanda à avancer celui-ci et ce, malgré l'absence de médecins à bord du navire qui devait l'emmener lui et son fils malade. Sur sa demande, il fut transféré à Jamestown, s'éloignant ainsi davantage de Longwood, qu'il fuyait manifestement. Pour lui, la délivrance semblait enfin proche.

À son affaire déjà compliquée s'en ajouta une autre au cours de la même période avec cette fois, comme protagoniste principal, le botaniste autrichien Philippe Welle, arrivé en même temps que le commissaire Stürmer. Ce dernier avait été chargé par son souverain de rapporter à Vienne quelques jolis spécimens poussant sur l'île. Mais au palais d'été des Habsbourg-Lorraine, Schönbrunn, il avait bien connu la mère de Marchand qui y travaillait comme berceuse du roi de Rome, le fils de Napoléon. Avant qu'il ne parte pour le rocher, celle-ci lui confia un mystérieux pli cacheté qu'il devait remettre à son fils. Dès son arrivée, Welle entra en contact avec Marchand dans ce but. Une fois la remise effectuée, Marchand regagna Longwood en toute hâte pour l'ouvrir dans le secret de sa chambre. Il découvrit alors une lettre de sa mère mais aussi un papier plié avec le plus grand soin sur lequel était écrit « Cheveux du roi de Rome ». Sans attendre, il les donna avec le plus grand respect à son maître. Quand le papier fut défait, Napoléon reconnut sans peine une mèche blonde appartenant à son fils. Ému, il la contempla longtemps avant de l'enfermer dans un petit reliquaire contenant déjà les bruns cheveux de Joséphine[12]. Cette jolie histoire aurait pu se terminer là si, dans l'univers étriqué de Longwood, tout ne finissait pas par se savoir. L'histoire des cheveux du chérubin ne fit pas exception. Après quelques jours, les domestiques finirent par en parler entre eux, ce qui attira l'attention d'O'Meara, qui questionna aussitôt Cipriani. Un rapport de Lowe à Bathurst donne la réponse fournie par le maître d'hôtel : « Il révéla que la lettre avec la mèche de cheveux du roi de Rome avait été remise à Marchand par le botaniste Welle et que les commissaires (il parlait en général) avaient vu la lettre avant qu'elle ne soit donnée[13]. » Ainsi, avec la complicité du trouble Cipriani, le médecin avait-il vendu la mèche. À la suite de cette révélation, Welle fut convoqué puis expulsé par le gouverneur, Stürmer étant impuissant à le défendre.

Si l'on peut penser que Cipriani continuait de livrer quelques secrets sans trop de portée dans le but de gagner la confiance des Anglais, l'apparent double jeu d'O'Meara était en revanche plus préoccupant. À son sujet, Lowe écrivit d'ailleurs à Bathurst : « Comme le docteur O'Meara s'entretient très librement avec Bonaparte, j'obtiens de temps en temps de lui de curieuses révélations sur les ruses et les subterfuges employés par le général et dont l'usage est permis à ses inférieurs[14]. » En la personne du médecin, Hudson Lowe trouva semble-t-il un espion intéressant ayant accès à l'intimité du captif et surtout recueillant ses confidences. Cette connivence ne durerait pas, mais avant qu'elle ne cesse, elle causa quelques dommages sans doute irréparables. Dans les Lowe Papers, ses rapports des années 1815 et 1816 se révèlent fournis, détaillés, circonstanciés, et particulièrement féroces pour la suite française de Napoléon, ce qui ne pouvait que ravir un gouverneur qui méprisait la plupart d'entre eux. Mais au-delà du côté réjouissant de sa plume, O'Meara conforta surtout chez le gouverneur comme à Londres l'opinion selon laquelle chez le prisonnier tout n'était que duplicité. S'il ne confia au total rien de très important à ses supérieurs, il ne fit que compliquer une situation déjà plus que délicate. En outre, loin d'être naïf, Napoléon n'était pas dupe de son attitude hypocrite à bien des égards. De nombreuses fois, il s'interrogea sur sa fidélité, se demandant même s'il n'était pas à la solde du « sbire sicilien ». Le soupçon étant aussi chez lui comme une seconde nature, son attitude le rendit plus méfiant encore. À sa désespérance s'ajouta donc une forme de paranoïa semblable par bien des côtés à celle de son geôlier.

Par ailleurs, loin de ramener un peu de sérénité à Longwood, le départ du « jésuite », ainsi que Las Cases était appelé, suscita au contraire un regain de tension, Gourgaud concentrant désormais toute sa haine sur les Montholon. Le soir du 19 décembre, il crut à une sourde manœuvre du couple honni quand il ne fut pas invité au dîner avec l'empereur. Après avoir mis une nouvelle fois rudement en cause Albine, il provoqua ensuite son mari en duel : « Demain, si vous voulez, avec vos pistolets, au coin du champ labouré ; je prendrai Bertrand pour témoin », lui asséna-t-il[15]. À nouveau, la confrontation n'eut pas lieu, Bertrand ayant réussi *in extremis* à calmer cette tête chaude de Gourgaud. Lassé de ces querelles intestines, Napoléon passa un triste Noël avant de s'emporter lors du dîner du 25 décembre : « La seule personne malheureuse, c'est moi, d'abord d'être tombé de si haut, ensuite de ne pouvoir comme vous me promener sans être escorté. Mais on espionne mes démarches ; si une femme entre chez moi, on en est jaloux. Toujours des duels sous jeu ! [...] Ce sont des fanfaronnades, on n'a aucun égard pour moi. Quel droit a-t-on sur moi pour m'empêcher de voir telle ou telle personne ? », poursuivit-il[16]. Et se retournant vers Gourgaud, il gronda plus fort encore : « Vous m'avez causé tous mes soucis depuis que nous sommes ici ; si j'avais su, je n'aurais amené que des domestiques ; je puis fort bien vivre tout seul et puis, quand on est par trop las de la vie, un coup de poignard est vite donné. Si vous êtes mal, plutôt que de chercher querelle à M. de Montholon, vous pouvez nous quitter[17]. » Au gros grain succéda ensuite une relative accalmie. La crise était passée. Puis, la conversation reprit enfin de la hauteur, la soirée se terminant à une heure du matin sur les mérites du révolutionnaire Marat.

Tandis que la dispute reprenait de plus belle à Longwood, Las Cases préparait activement ses bagages. Il fut un temps question d'une dernière entrevue entre lui et Napoléon avant qu'il ne parte pour toujours. Mais une exigence de Lowe empêcha cette ultime rencontre. Redoutant que le prisonnier ne profite de ce moment pour confier à son ancien secrétaire quelque mission secrète, il exigea qu'un de ses officiers puisse y assister. Dans ces conditions, Napoléon refusa, ce qui évita du coup à Las Cases une confrontation sans doute embarrassante. En revanche, le grand maréchal put le visiter, n'étant pas gêné par une surveillance britannique. En le voyant, il s'exclama : « Eh bien ! Las Cases, vous allez donc partir ? » Gêné, son ancien compagnon répéta que trop d'inconvénients empêchaient son retour près de Napoléon.

« Il paraît extrêmement changé, remarqua Bertrand, pâle, barbe longue et surtout l'œil égaré, parlant avec emphase[18]. » Au cours de leur conversation, le grand maréchal lui confia à quel point l'empereur avait été peiné par le fait qu'il s'en aille, mais « Las Cases, nota encore Bertrand, paraît dans une situation d'esprit à ne rien entendre ni rien discuter ; son fils paraît moins affecté ».

Le jour était sur le point de disparaître quand Bertrand lui suggéra de ne pas embarquer tout de suite pour passer une dernière nuit sur l'île, le temps qu'il rapporte à l'empereur ses propos. Mais en réponse, Las Cases fit la moue, expliquant que ses effets étaient déjà à bord et qu'il patientait déjà depuis trop longtemps : « Ces heures lui paraissaient un siècle d'angoisse », commenta Bertrand. À croire qu'il fuyait la peste. À contrecœur, il accepta tout de même de rester à terre. Le lendemain, 30 décembre 1816, il revit Bertrand et lui remit en toute discrétion treize lettres de change payables sur son compte à Londres de 300 louis chacune, le prix du remords sans doute. Situation paradoxale, car d'ordinaire c'est plutôt le maître qui gratifie son serviteur lorsque celui-ci quitte son service. Avec ce geste, Las Cases se disait heureux de pouvoir améliorer la situation matérielle de l'empereur. Avant qu'il ne quitte le port, Gourgaud put aussi faire ses adieux à son ancien compagnon et au fils de celui-ci : « Je les embrasse tous les deux, les larmes aux yeux », écrit-il dans son *Journal*. Était-ce des larmes de joie quand on connaît sa jalousie ? Il semble que non. Hors de Longwood, le général retrouva sans doute un peu de lucidité, même si cela ne dura point. Quant à Las Cases, il ne fut point saisi par l'émotion : « Je me jetai avec empressement dans le canot préparé pour me recevoir », écrivit-il ensuite[19].

Au crépuscule de cette journée, Napoléon fit cette sombre confidence à Bertrand : « Je suis dans un tombeau. » Atteint par le départ de Las Cases, exaspéré par Gourgaud, déçu par Bertrand, peu rassuré par les Montholon ou méfiant vis-à-vis d'O'Meara, son médiocre huis clos ne pouvait que l'écœurer. Tandis qu'une certaine déliquescence se propageait à Longwood, il se sentait plus attaqué que jamais par le gouvernement britannique et son premier représentant sur l'île, Sir Hudson Lowe : « Je ne doute pas, confia-t-il à O'Meara, que ses ordres ne soient très mauvais, peut-être même pires que lui. Je crois que Bathurst lui a donné des ordres pervers, infâmes, déshonorants. Je ne doute pas que s'il ne lui a pas donné l'ordre écrit de m'assassiner, il le lui a donné verbalement (*a voce*). Tout semble le confirmer, tout, ce mystère, ce secret. Quand on veut se débarrasser d'un homme secrètement (*quando si vuol trucidar un uomo secretamente*), les premières opérations consistent toujours à couper toute communication entre lui et le monde, à l'envelopper de mystère et de secret, afin de dépêcher à loisir, après avoir accoutumé les gens à ne plus le voir et à ne plus en entendre parler ; je ne doute pas qu'il n'en vienne là. Il éloignera par degrés de moi tous mes serviteurs français. Vous voyez qu'il a déjà commencé par enlever Las Cases et plusieurs des domestiques ; demain ou après-demain, Montholon s'en ira ; peu à peu tout le reste, et alors, quand une occasion opportune se présentera, quand je serai entouré de ses espions et d'instruments à sa dévotion, il me dépêchera, selon les instructions de Lord Bathurst. Peut-être est-il moins mauvais que Lord Bathurst ou ses instructions, mais il ne les exécutera pas moins pour lui faire sa cour. Lord Bathurst est un méchant homme ; je l'avais entendu dire avant d'arriver ici, et que je n'avais rien de bon à attendre de lui[20]. »

Contre cet ennemi qu'il jugeait implacable, il entendait toujours lutter. Et ce, malgré son piètre entourage. Dans l'adversité, il trouva ainsi de nouvelles ressources jusqu'à espérer un retournement complet de situation. Sa rage devint alors discours. Peut-être son verbe lui permettrait-il de s'en sortir. Au fond, croire à l'impossible n'était-il pas sa qualité première ?

QUATRIÈME PARTIE
DISCOURS

1

Sur le qui-vive

La crainte d'une évasion de Napoléon hantait les Anglais comme leurs alliés. Son retour de l'île d'Elbe avait à ce point impressionné qu'on le croyait capable de tout et surtout du pire. Le 18 octobre 1816, à son adresse du n° 391, The Strand, à Londres, le publiciste et homme de presse Lewis Goldsmith reçut un étonnant billet sans date ni signature : « Monsieur le rédacteur, écrivait son mystérieux auteur, nous vous prions de vouloir bien insérer dans votre plus prochain numéro l'avis ci-joint ; ces caractères vous sont inconnus mais ceux que l'avis intéresse sauront bien le déchiffrer. » Trois billets d'une livre sterling étaient joints à cette demande. Pour ce prix, Goldsmith ne se posa plus de questions et inséra l'annonce chiffrée dans son journal *The Anti-Gallican Monitor* à la date du 24 novembre 1816. Après un long article consacré aux opinions fluctuantes du polémiste anglais William Cobbett attaquant Bonaparte comme Louis XVIII et un autre raillant les mauvaises finances françaises du moment, ses lecteurs découvrirent en page cinq une suite incompréhensible de chiffres qui commençait ainsi : D. 19. 854. 224. 108. 472. 548. 524, etc. Le message occupait vingt-deux lignes et comptait plus de 250 nombres. Pour Goldsmith, l'intrigue étant comme sa seconde nature, publier un message codé n'avait au fond rien d'étonnant.

Sa réputation n'était en effet plus à faire. Ancien agent au service de la France, il avait tourné casaque après son retour à Londres en 1810. La plume du publiciste se déchaîna alors férocement contre l'empereur des Français. On lui doit notamment une *Histoire secrète du cabinet de Bonaparte* truffé d'erreurs mais qui fit grand bruit. Puis, toujours aussi combatif, il fonda le journal *The Anti-Gallican* ou *The Anti-Corsican*, devenu *The Anti-Gallican Monitor* peu après la chute de l'Empire français. Si l'aversion de Goldsmith pour tout ce qui était napoléonien était bien connue, son annonce chiffrée fut d'emblée regardée avec inquiétude : « Ceci est une affaire de Police assez importante qui doit intriguer et le cabinet anglais et le cabinet de Paris, peut-être même tous les cabinets de l'Europe », écrivit dès sa parution un informateur français au ministre des Affaires étrangères à Paris, le duc de Richelieu[1]. En effet, en quelques semaines, l'incompréhensible suite de chiffres sema le trouble dans la plupart des ambassades et des chancelleries. Sans cesse recopiée, elle était dans tous les esprits. Plume en main, les déchiffreurs de tout poil se creusèrent la tête pour en casser le code mais sans succès : « J'ai perdu mon latin à le décomposer », avoue ainsi notre informateur. L'inquiétude gagna l'Europe. Et s'il y avait un lien avec Sainte-Hélène ? Peut-être était-ce là le seul moyen qu'avaient trouvé les bonapartistes pour communiquer avec le captif ?

Cette hypothèse paraissait la plus vraisemblable, d'autant qu'une feuille d'obédience jacobine s'était empressée de reprendre le message dans ses colonnes. Partant, le déchiffrer devint une priorité d'autant qu'une deuxième annonce fut envoyée à Goldsmith. Enveloppée dans une poignée de livres sterling, la nouvelle suite chiffrée était accompagnée d'une lettre de réclamation au ton sévère : « Monsieur le rédacteur, comme j'ai d'autres articles à communiquer à ceux qui m'entendent, je vous prierai à l'avenir de vouloir bien donner l'ordre à votre imprimeur de les placer convenablement, d'une façon apparente, et non pas à la dernière colonne de la dernière page de votre journal, là où personne ne soupçonne un objet intéressant. Je vous prie de faire rectifier cette négligence dans votre prochain n° et en même temps de recommander à votre compositeur la plus stricte attention dans le placement des chiffres tel qu'on l'envoie[2]. » On exigeait désormais les premières pages ! La signature du message, un triangle traversé d'une ligne avec deux points au-dessus et en dessous, ajoutait à l'énigme. L'agent du duc de Richelieu crut Goldsmith complice de toute cette affaire. Pour le faire parler, il l'invita chez lui, le fit boire plus que de raison, mais son invité ne révéla rien d'important.

Dans la capitale autrichienne, un chiffreur du chancelier Metternich fut cependant plus perspicace que les autres, parvenant enfin à percer le secret du code. Grâce à lui, on sut que la deuxième suite de chiffres signifiait : « Le bruit de la vente de votre argenterie a fait sensation ici. C'est une grande maladresse de votre part. À coup sûr, vous ne pouvez pas être pressé pour de l'argent car Joseph nous a promis de pourvoir à vos besoins... Nous avons reçu des lettres satisfaisantes de Vienne ; B... y est toujours ; dans deux mois, on tentera encore. » On l'aura compris, le destinataire n'était autre que Napoléon lui-même. Manifestement, l'auteur du billet semblait être en relations avec le frère aîné de Napoléon et recevait de fréquentes nouvelles de la capitale autrichienne. Mais avec si peu, découvrir son identité restait difficile. Une troisième annonce fut publiée en janvier 1817, mais elle ne permit point de progresser dans la résolution de cette énigme. Tous les messages étaient d'une main différente et jamais postés du même endroit d'Europe. Un vaste réseau paraissait à l'œuvre. Mais a-t-il seulement existé ? Goldsmith aurait très bien pu vouloir ainsi relancer les ventes de sa feuille polémique qui depuis la fin du conflit avec la France perdait vraisemblablement du lectorat. Par ailleurs, ce trouble personnage correspondait directement avec Napoléon. En août 1817, Montholon raconte que Cipriani remit à l'empereur l'une de ses lettres[3]. Par quel canal ? Nous l'ignorons. Dans cette correspondance au ton déférent, le publiciste donnait son avis sur la situation diplomatique de l'Europe. Dès lors, on se perd en conjectures à son propos, même s'il était devenu évident que désormais fâché avec son gouvernement, il s'était rangé du côté de celui qu'il combattait quelque temps auparavant.

L'auteur des lettres pouvait-il être Joseph Bonaparte ? Après Rochefort, l'aîné du clan avait réussi sa traversée outre-Atlantique. Après avoir pris un nom d'emprunt, celui de comte de Survilliers, il s'était établi près de Philadelphie à Point Breeze dans une vaste demeure dominant un affluent du fleuve Delaware. Ce Bonaparte était richissime, sa fortune dépassant même celle de Napoléon de plusieurs millions. Ainsi pouvait-il aisément financer des actions clandestines. En juillet 1817, les anciens domestiques, Archambault et Rousseau, expulsés par

Lowe en octobre de l'année précédente entrèrent à son service. On prétend qu'ils lui remirent une carte de Sainte-Hélène portant la signature de son frère captif et sur laquelle figuraient les principaux points de défense de l'île[4]. Dans quel but ? La même rumeur dit aussi que sous la férule de Joseph, une expédition aurait alors été montée avec le concours de plusieurs bonapartistes présents en Amérique. La distribution des rôles est même connue : Jacques Roul, premier officier d'ordonnance de Napoléon à l'île d'Elbe, devait la commander, le général Lefebvre-Desnouëttes était chargé d'armer deux goélettes, les frères Lallemand de recruter les hommes tandis que le colonel Latapie était censé préparer une base opérationnelle à Pernambouc, un des États du Brésil. Sept cents Américains, d'autres exilés venus du Brésil ainsi qu'un navire anglais de 74 canons devaient aussi se joindre à eux. Le point de départ de l'expédition était semble-t-il fixé aux îles de Fernando de Noronha, toujours au Brésil. Une fois les conspirateurs parvenus près de Sainte-Hélène, ils devaient, dit-on, couler d'abord les navires de l'amiral Malcolm avant d'attaquer simultanément Jamestown, Sandy Bay et Prosperous Bay. Puis, un débarquement était envisagé dans l'espoir d'atteindre Napoléon.

Mais à part quelques mouvements suspects vraisemblablement sans rapport avec cette vaste conspiration, aucune voile ne prit la mer pour l'Atlantique Sud. La route du Brésil à Sainte-Hélène resta ainsi vierge de toute expédition libératrice. Si les aventuriers français pullulaient en Amérique, de leurs fantasques projets il resta finalement peu de chose, si ce n'est quelques utopiques espoirs nés dans les vapeurs d'alcool. Au même moment, ceux-ci rêvaient de jouer un rôle majeur dans les révolutions agitant les colonies portugaises comme espagnoles de l'Amérique du Sud qui aspiraient à l'indépendance. Dans ce contexte, plusieurs têtes chaudes s'enflammèrent, les généraux Brayer et Lallemand notamment, imaginant de s'emparer de terres vierges qui pourraient servir de base de départ pour ensuite délivrer l'empereur. Mais sans beaucoup de ressources ni véritables appuis, leurs projets et expéditions tournèrent court, l'histoire du Champ d'asile en étant le meilleur exemple. Après avoir suscité les plus grands espoirs, la fondation de cette petite colonie française au Texas sombra dans le pathétique. Quatre forts furent cependant construits, 100 000 acres de terrain achetés et une monnaie fut même frappée avec côté pile un coq et côté face un laboureur. Mais cette garnison bonapartiste s'étiola peu à peu jusqu'à ce que l'Espagne récupère ses terres. Évidemment, si elle avait prospéré, elle serait devenue une menace sérieuse pour la sécurité de Sainte-Hélène, d'autant qu'à quelques centaines de lieues, le roi Joseph pouvait les encourager, voire les soutenir.

Le 28 juillet 1817, le consul de Grande-Bretagne à Philadelphie, Gilbert Robertson, accepta de recevoir l'un de ses meilleurs informateurs, Joshua Wilder. Parvenu jusqu'à sa résidence, l'homme tenait un volumineux paquet de correspondances sous son bras. Le contenu de ces documents paraissait explosif. Dans ces lettres, un dénommé Hawkins, capitaine de marine, prétendait avoir été chargé de construire un voilier long de 40 pieds, fait de cèdre et de bouleau, capable d'atteindre une vitesse de croisière double de celle des plus fringants navires de la Royal Navy et destiné à enlever Napoléon de Sainte-Hélène. Et cette fois Joseph paraissait directement impliqué, Hawkins assurant dans ses écrits qu'il était disposé à ouvrir son portefeuille pour financer le projet. Mais Wilder, en bon agent, voulut vérifier ces informations en approchant le secrétaire de Joseph, James Caret. Or celui-ci infirma totalement les affirmations du capitaine. Dubitatif, Robertson expliqua cette affaire à ses supérieurs, qui ne la prirent pas au sérieux. Puis, le murmure de ce nouveau complot cessa lorsque, démasqué par l'un de ses correspondants, l'espion Wilder fut obligé de quitter assez précipitamment la région de Philadelphie.

Aspirant à une retraite paisible, Joseph ne manifesta semble-t-il aucune envie de tremper dans quelque conspiration que ce fût : « Il savait que sa tranquillité aux États-Unis dépendait de sa neutralité », relève son biographe Thierry Lentz[5]. De toute manière, l'homme n'était guère aventureux, plus diplomate que joueur de poker. En ne s'exposant pas ou si peu, il mourut âgé dans son lit avec auprès de lui une cassette fort bien pourvue. S'il ne se désintéressa point du sort de son frère, loin de là, ce dernier n'était apparemment pas au centre de ses priorités. Sa première lettre connue à Napoléon date du 13 juillet 1816 : « Mon frère, je profite d'une occasion sûre pour vous donner de mes nouvelles et de celles de toute notre famille, et vous demander des vôtres. Je suis ici depuis onze mois et j'y suis très bien, j'attends tous les jours ma femme et mes enfants[6]. » Ainsi ne lui avait-il pas écrit depuis son installation outre-Atlantique, expliquant ce retard par la difficulté à communiquer avec lui de manière « sûre », c'est-à-dire en toute clandestinité. Le contenu de cette lettre étant plutôt banal, on se demande pourquoi tant de précautions, à moins qu'il n'ait voulu tester une voie de communication discrète.

Si c'était là son intention, il échoua complètement, car nous connaissons sa prose grâce aux archives… d'Hudson Lowe. En mars 1817, Gourgaud et Montholon évoquèrent également une lettre de Joseph datée de juillet 1816 mais « sans adresse ». Dans celle-ci, il demandait à son frère « conseil sur la conduite qu'il doit tenir en présence des offres qui lui sont faites par les divers États de l'Amérique espagnole, et aussi vis-à-vis des hommes qui renaissent en France à l'espérance[7] ». Elle faisait partie d'un paquet de lettres remis aux Français tout à fait officiellement. S'agissait-il de la même lettre ? Il semble que non. D'autres essais de correspondances clandestines entre les deux frères furent plus réussis. Dans son *Journal*, Gourgaud mentionna à la date du 11 novembre 1817 une lettre provenant de l'exilé américain : « Elle est de juillet. Il lui demande de ses nouvelles. Espérances. Écrit en… » Il faisait sans doute allusion à un chiffre qui pouvait ou non être le même que celui des annonces publiées dans *The Anti-Gallican*. Le texte de Gourgaud est d'ailleurs truffé de signes indéchiffrables, preuve s'il en est qu'à Longwood, on entretenait tout de même un certain mystère.

Dans le même temps, quand la troisième annonce chiffrée fut publiée par Goldsmith, Bathurst se mit à douter de leur sérieux ainsi qu'il le confia à Lowe dans une lettre du 5 mars 1817[8]. Mais s'il convenait de ne pas trop accorder de crédit à ces publications, il recommanda toutefois au gouverneur de ne jamais remettre l'*Anti-Gallican* à Napoléon et de ne pas ébruiter cette affaire. Dans le même courrier, il le mit aussi en garde contre d'autres journaux, tels le *Morning Chronicle* ou le *Times*, suspectés de contenir dans leurs colonnes des messages clandestins. Les annonces de Goldsmith inquiétèrent donc Londres au point que le gouvernement crut qu'une bonne partie de la presse servait

Napoléon. Dès lors, la distribution de journaux à Longwood se raréfia ou fut exagérément retardée. Cette méfiance fut, on s'en doute, source de nouvelles discordes et donna lieu à maintes protestations, Napoléon ne comprenant pas pourquoi il ne recevait désormais plus les journaux qu'au compte-gouttes. Autre conséquence, tout changement d'attitude du prisonnier devait, selon Bathurst, être considéré comme un possible début de complot. Aussi demanda-t-il à Lowe de prendre « certaines mesures pour s'assurer qu'il ne change pas ses habitudes en vue de s'évader[9] ». La consigne était pour le moins étrange, voire peu lisible, mais témoignait bien de l'anxiété régnant à Londres, la moindre initiative de Napoléon devenant *de facto* suspecte. Loin de lui venir en aide, tous ces messages et projets d'attaque ne firent donc qu'accroître la surveillance autour de sa personne.

2

Deux mille lieues sous les mers

Les rumeurs de complots n'ont pas concerné seulement d'anciens partisans de Napoléon. Quelques Anglais n'ayant aucun lien avec les Bonaparte ou leurs affidés furent également soupçonnés d'avoir projeté une évasion. Le 12 mai 1817, Lord Bathurst alerta par exemple Lowe sur l'activité suspecte d'un ancien marin de la Royal Navy, Lord Cochrane. Il avait appris que, sous couvert de monter une expédition pour soutenir les insurgés des colonies espagnoles, l'homme s'apprêtait en réalité à se rendre à Sainte-Hélène avec son vaisseau de 74 canons[1]. Toutefois, il accordait peu de crédit à cette information, avec raison d'ailleurs puisque le lord ne tenta jamais rien. Un autre projet plus rocambolesque encore fut évoqué par le célèbre poète et romancier Walter Scott. Précurseur du roman historique et admiré de Balzac, on lui doit *Quentin Durward* ou l'immortel *Ivanhoé*. Contemporain de Napoléon (il était né en 1771) et voulant faire œuvre d'historien, cet Écossais s'essaya en 1827 à la publication en neuf volumes d'une *Vie de Napoléon Buonaparte*. Dans le dernier tome, consacré à Sainte-Hélène, par ailleurs fort bien documenté, il révèle le projet fou d'un hardi contrebandier répondant au nom de Tom Johnston. Faisant preuve d'une belle imagination, digne de celle de Jules Verne à la fin du siècle, cet aventurier mit en chantier près de la Tamise un « bâtiment sous-marin ». Il projetait de s'approcher sans être vu de Sainte-Hélène, puis d'attendre la nuit pour que l'empereur descende une falaise à pic à l'aide d'une sorte de chaise mécanique et rejoigne son submersible au nez et à la barbe des sentinelles.

Depuis les essais malheureux sur la Seine du savant Fulton, on connaissait le procédé du sous-marin. L'un des premiers à avoir été construit fut d'ailleurs baptisé le *Nautilus*, un nom que reprendra avec succès l'auteur prolifique de *Vingt Mille Lieues sous les mers*. Si cette invention était encore loin d'être au point, elle séduisait néanmoins hommes de science et aventuriers. Dans le cas de Johnston, il ne put même pas mettre à l'eau son engin, car il fut saisi par la police anglaise, laquelle, écrit Scott, avait été intriguée par la « singularité de la construction » en cours. Aucun capitaine Nemo ne traversa donc les mers pour venir au secours de l'empereur. Longtemps, on douta de la véracité de cette histoire, mais d'après une étude récente, il semble bien que ce projet ait eu tout au moins un commencement d'exécution[2]. D'après ce que Johnson confia lui-même à un écrivain du nom de Bailey qui publia ensuite son histoire, il y eut même deux sous-marins mis en construction, *The Etna* et *The Eagle*. L'audacieux marin était certain du succès de son entreprise grâce aux moyens financiers dont il disposait (40000 livres). Sa technique sous-marine était parfaitement au point, prétendait-il aussi, ce qui nous paraît totalement improbable. Les derniers essais des « bateaux sous-marins » avaient en effet montré qu'outre leur lenteur, ils restaient incapables de traverser la Manche. Aussi, comment aurait-il pu entreprendre un périple de 2000 lieues ? Impossible à l'évidence. Ce projet de sous-marin ne fut donc qu'une rêverie de plus, aussi séduisante qu'invraisemblable.

À Sainte-Hélène, on ignora probablement tout de cette tentative fantaisiste. Mais entre juillet et décembre 1816, d'autres alertes semèrent le trouble à Plantation House. Dans une lettre datée du 4 mai mais reçue pendant l'été, le secrétaire Bunbury inquiéta Lowe en l'informant d'un possible complot né au Brésil. Un certain Sontag fut soupçonné d'armer à Bahia un corsaire, le *Freed Blood Yankee*, pour lui aussi venir délivrer Napoléon. La menace fut prise au sérieux par le gouverneur, qui en profita pour demander à Bathurst un renforcement des moyens maritimes : « Ce serait surtout par un nombre additionnel de petits bâtiments croiseurs, plutôt que par tout autre moyen, que l'on pourrait renverser le plus certainement les projets des personnes que vous me citez », lui écrivit-il[3]. Même s'il estimait ses défenses terrestres suffisantes, il aurait aimé disposer d'au moins une corvette supplémentaire. Deux navires croisant déjà en permanence autour de l'île, en fallait-il un troisième, un quatrième, voire un cinquième ? À ce compte-là, Sainte-Hélène deviendrait sous peu la plus grosse concentration de voiles de guerre anglaises. Apparemment, sa demande fut ignorée par la marine. Puis, nouvelle inquiétude, deux messages secrets prétendument écrits par des négociants londoniens à Milan lui furent également transmis. Le premier disait : « L'on trompe votre gouvernement. Napoléon a déjà gagné une personne à Sainte-Hélène. Si vous êtes un bon Anglais, profitez de cet avis qui vous vient d'un patriote sincère, et avertissez le gouvernement qu'il se tienne sur ses gardes[4]. » Le billet se concluait ainsi : « Brûlez ceci », une consigne semble-t-il oubliée par le destinataire ou empêchée à temps par la police anglaise. Au total, aucune des informations obtenues par cette dernière, toutes assez vagues il faut le dire, ne fut vraiment considérée comme fiable par le cabinet de Londres. Néanmoins, malgré cette relative tranquillité, Lowe fut mis au courant de tout avant même la moindre vérification. Le faisait-on par simple routine ou par excès de prudence ? À moins que l'on ait voulu par l'envoi de ces messages alarmistes l'empêcher de baisser la garde ? C'est possible. En tout cas, si c'était là le but, il fut atteint au-delà des espérances, le gouverneur s'étant comporté tout au long de la captivité comme un geôlier perpétuellement et exagérément en éveil.

À sa décharge, il faut dire qu'il n'y avait pas que Londres pour l'avertir de périls possibles. De Paris, il reçut aussi plusieurs communications troublantes émanant de l'ambassadeur de France aux États-Unis, Hyde de Neuville. Pour cet espion patenté, ancien agent au service du comte d'Artois, auteur de conspirations connues contre Napoléon, chaque bonapartiste vivant en terre américaine ne pouvait être qu'un homme dangereux susceptible de porter secours à l'empereur. À ses mises en garde régulières s'ajoutèrent celles de la police française, qui s'évertuait elle aussi à traquer le moindre conspirateur. Ses mouches, c'est-à-dire ses espions, furent ainsi envoyées d'Orient en Amérique pour surveiller les plus dangereux des bonapartistes ou considérés comme tels. À Rio de Janeiro, Pauline Fourès, une ancienne maîtresse de Napoléon en Égypte, qui tenait un salon dans lequel ses invités discutaient ouvertement de l'évasion de Napoléon, fut ainsi régulièrement épiée par la police de Louis XVIII. À force de chercher, on crut trouver. À maintes reprises, de banals armements de corsaires furent à tort confondus avec des expéditions suspectes. D'autres informations parvenues jusqu'aux bureaux de la police française furent toutefois plus précises. L'une d'entre elles s'intéressa par exemple au banquier Girod dont on disait qu'il faisait construire une splendide maison à La Nouvelle-Orléans pour y accueillir sous peu Napoléon. Une autre décrivait la construction par un autre émigré français, Dominique Youx, d'une frégate ultra-rapide, *La Séraphine*, conçue dans le but de briser les chaînes de l'empereur. Mais quand elle largua ses amarres pour la première fois, Napoléon venait de succomber. Impossible de savoir par conséquent s'il s'agissait là encore d'un « espoir de délivrance » sérieux pour reprendre les termes de l'historien américain Ulane Bonnel, auteur de la meilleure étude sur le sujet[5]. Quelle que fût leur nature, sensationnels, fantaisistes, sérieux ou possibles, il manqua à tous les projets nés de l'imagination des amoureux de l'empereur de l'argent, des soutiens, de la rigueur et surtout de la discrétion pour avoir une chance de réussir.

Mais, en admettant même que l'un d'entre eux fût parvenu jusqu'à Sainte-Hélène, comment aurait réagi le principal intéressé ? Aurait-il voulu s'embarquer avec une bande de corsaires ? Rien n'est moins sûr. On se souvient qu'à Rochefort en 1815, il refusa le concours de marins pourtant expérimentés pour gagner l'Amérique contre la croisière anglaise. Néanmoins, à ce moment-là, il était encore loin de se douter du sort qui l'attendait, croyant dur comme fer être accueilli dans les meilleures conditions possibles en Angleterre. Écœuré par sa déportation et les conditions de sa captivité, fut-il tenté de fausser compagnie au « sbire sicilien » ? Un grand nombre d'historiens ont d'emblée répondu par la négative à cette question, arguant d'ailleurs de son attitude passée à Rochefort. C'est oublier un peu vite qu'en février 1815, pour effectuer son retour surprise en France, il avait pris la mer dans des conditions extrêmement périlleuses. Au cours de sa traversée, il manqua ainsi de très peu d'être coulé tel un vulgaire pirate. Si les circonstances étaient désormais différentes sur le rocher, son goût pour l'aventure n'avait peut-être pas complétement disparu. Trois témoignages au moins, ceux de Gourgaud, Montholon et Las Cases, laissent penser que le prisonnier songea par moments à scier ses barreaux.

Commençons par les indices laissés par Gourgaud dans ses écrits. Quand Las Cases fut arrêté et surtout ses papiers saisis, le général s'inquiéta du contenu du journal du « jésuite » dont on ignorait à peu près tout : « On doit y parler, tremble-t-il, de la conspiration pour le retour : trois ou quatre personnes sont nommées et compromises », s'inquiète-t-il[6]. Le terme de « conspiration » ne laisse aucune place au doute, quelque chose se tramait bien entre les murs de Longwood. S'il dit vrai, on comprend mieux pourquoi Napoléon insista longuement pour récupérer les papiers de son premier confident. Comme il l'explique lui-même, Las Cases se refusa heureusement à noter tout ce qui pouvait être embarrassant. Aussi les Anglais ne trouvèrent-ils aucune indiscrétion dans ses écrits. Quand il le revit pour la dernière fois le 30 décembre 1816, Gourgaud nota d'ailleurs avec un certain soulagement : « Son journal ne compromet personne et chacun de nous n'y est cité que comme un accessoire tendant au même but[7]. »

À la date du 18 mai 1816, un mois après l'arrivée de Lowe, Montholon révèle que Las Cases présenta à l'empereur un plan d'évasion regardé avec intérêt par Gourgaud mais écarté d'emblée par le prisonnier[8]. En août, le même Montholon reçut de la part de l'un de ses visiteurs – resté anonyme pour ne pas le compromettre – une proposition ferme : contre un million de francs, il ferait évader l'empereur et l'emmènerait en Amérique. Pour plus de crédibilité, ce mystérieux visiteur demandait à n'être payé qu'une fois l'empereur arrivé à bon port. Aussitôt cette proposition entendue, Montholon s'empressa de la communiquer à son maître. Avant de répondre, Napoléon prit son temps, ce qui peut nous laisser penser qu'il n'était pas totalement hostile à l'idée de fausser compagnie à Lowe : « L'empereur m'écouta avec l'apparence d'une profonde méditation, fit en silence quelques pas dans sa chambre ; puis, se tournant vers Gourgaud et moi, il nous demanda notre opinion », raconte Montholon[9]. Mais après un long silence, il ordonna d'un ton ferme : « Refusez ! » Toujours selon le comte, d'autres propositions de fuite émanèrent l'une d'un capitaine de navire de passage à Sainte-Hélène, l'autre d'un officier appartenant à la garnison. Véritablement séduisant, ce dernier plan consistait à mettre à disposition de Napoléon, loin de Jamestown et près d'un poste d'infanterie opportunément déserté, des chaloupes censées l'emmener à bord d'une voile anglaise acquise à sa cause. Mais, comme les précédentes, le prisonnier rejeta ces offres, ne croyant pas à leurs chances de succès.

Au chapitre évasion, Montholon apparaît cependant comme le seul témoin à être à la fois aussi disert que précis sur le sujet, ce qui peut s'expliquer par la rédaction tardive de ses Mémoires, dans les années 1840. À cette date, il fut plus libre d'écrire ce qu'il voulait sans risquer de se mettre en difficulté ou de compromettre qui que ce soit, contrairement à Bertrand, Gourgaud ou Las Cases qui rédigèrent leurs journaux à Longwood. Néanmoins, nous savons aussi qu'il fut aidé par des teinturiers, c'est-à-dire d'autres plumes que la sienne, pour composer ses *Récits de la captivité*. A-t-il voulu rendre sa prose plus vivante et attrayante ? On ne saurait l'exclure. Toutefois, une fois au moins, Gourgaud confirma son témoignage. Le 14 juillet 1816, les deux hommes nous disent avoir été appelés par leur maître pour un projet d'évasion. Sur la table du salon, une carte de l'île avait été déployée. Autour d'elle, Napoléon dévoila un plan audacieux : « On m'offre un projet d'évasion, rapporte Montholon, en m'indiquant sur la carte la route et les moyens proposés pour sortir de Longwood, gagner la côte et s'embarquer secrètement ; je pourrais être censé garder la chambre, le gouverneur est accoutumé à ce que je sois plusieurs jours sans sortir. Nous enverrions une de nos dames, ou même toutes les deux, faire visite ce jour-là à Plantation House, O'Meara irait en ville, et pendant que, dans son salon de Plantation, Lady Lowe ferait la belle conversation sur moi, nous quitterions ce maudit pays[10]. »

D'après Gourgaud, il aurait même évoqué un passage en force : « Par la ville et en plein jour, ce serait le mieux. Sur la côte avec nos fusils de chasse, nous renverserions bien un poste de dix hommes[11]. » « De vingt hommes ! », plastronna le général. La mine heureuse, nos trois comploteurs riaient sous cape, se gaussant d'Hudson Lowe : « Ah ! s'il savait de quoi nous parlons ! » Mais leur joie fut de courte durée. Soudain, comme s'il s'éveillait d'un songe agréable, Napoléon s'exclama : « J'ai encore quinze ans de vie ; tout cela est bien séduisant ; mais c'est une folie[12]. » Quitter Sainte-Hélène, il l'espéra jusqu'à son dernier souffle. Mais son retour n'était possible qu'entouré de la plus grande dignité. Ce n'était que justice, estimait-il. À ce sujet, l'acrimonieux Gourgaud confiera d'ailleurs aux Anglais : « [Il] est trop profondément imbu de l'idée qu'on lui permettra de quitter Sainte-Hélène, soit à la suite d'un changement de ministère, soit parce que les Anglais ne se soucient pas de supporter les frais de sa détention, pour courir à présent les hasards auxquels l'exposerait une tentative d'évasion[13]. » Depuis Rochefort, il avait en effet décidé de ne plus jouer les aventuriers et ce, malgré sa situation de prisonnier. Mais comment revenir la tête haute ? Peut-être en usant de l'une de ses meilleures armes, le verbe.

3

Les dangers du verbe

L'éloignement de Napoléon avait été acté par le gouvernement britannique pour trois raisons essentielles : sécuritaire, juridique et médiatique. Si l'évasion du prisonnier avait été rendue impossible par les moyens militaires déployés, s'il ne pouvait introduire la moindre action en justice en raison du statut de l'île et du vote du Parlement, le priver de tout moyen d'expression allait devenir de plus en plus compliqué. Avec le concours de nombreuses complicités appartenant surtout, ce qui ne manque pas de sel, au camp britannique, le verbe napoléonien allait non seulement faire florès, mais se révéler plus gênant que jamais. L'empereur était d'autant plus dangereux qu'il avait le sens de la formule. De proclamation en bulletin, il s'en était même fait une spécialité et avait remporté, sur ce terrain-là aussi, tant de batailles décisives. Ses phrases résonnent encore dans la mémoire collective : « L'aigle vole comme l'éclair et frappe comme la foudre », « Soldats d'Austerlitz, je suis content de vous [...]. Il vous suffira de dire j'étais à Austerlitz, on dira, voilà un brave », « Du haut de ces pyramides, quarante siècles vous contemplent », etc. On pourrait en citer tant d'autres. De l'Italie aux Tuileries, il fut le commentateur de sa gloire, se faisant même patron de presse en créant des titres qu'il contrôla, fidèle à ses méthodes, de bout en bout. Il aurait eu bien tort de s'en priver tant il fut attaqué, raillé, moqué même par les camps adverses, à commencer par ses ennemis d'outre-Manche.

À Sainte-Hélène, en renvoyant Las Cases, les Anglais crurent l'avoir privé de son principal allié d'écriture. Comme en témoigne cette correspondance de Thomas Reade au Premier ministre Liverpool, il était l'homme vénéneux qu'il fallait extirper au plus vite de Longwood : « Je crains, lui explique-t-il, que tous les différends qui sont apparus entre le général Buonaparte et Sir Hudson Lowe ne proviennent dans une large mesure de la conduite insidieuse et habile du comte Las Cases, qui est à mon avis l'un des personnages les plus dangereux qui soient ; ses capacités sont d'une classe très supérieure, et ses intentions malveillantes et destructrices leur donnent beaucoup d'effet. Je suis cependant convaincu que son départ de cette île [...] aura un effet positif[1]. » Le lendemain de son arrestation, le gouverneur fouilla ses papiers en sa présence. Puisqu'il avait violé les règlements en tentant de correspondre secrètement, il voulut vérifier par lui-même s'il ne s'était pas compromis davantage. L'opération dura un long moment tant Las Cases avait été prolixe avec sa plume, sa prose et celle de son fils débordant largement du grand coffre installé dans sa chambre. Parmi les feuilles examinées par le gouverneur, il y avait les brouillons de la campagne d'Italie écrits sous la dictée de l'empereur, des correspondances officielles mais aussi et surtout un épais recueil – 925 pages d'écriture à demi-marge –, le premier jet de ce qui deviendra le fameux *Mémorial de Sainte-Hélène*. Ce dernier intrigua d'emblée le suspicieux Lowe.

En le parcourant, il découvrit stupéfait que son nom apparaissait presque à chaque page et que son action y était vertement critiquée. Sur le même ton, la politique de son gouvernement était dénoncée avec force. Après avoir tout parcouru avec soin, il en fit le compte rendu suivant à Bathurst : « C'est un journal très volumineux tenu par le comte Las Cases qui y a inséré tout ce qui est arrivé au général Bonaparte depuis l'époque où il a quitté Paris jusqu'au jour où l'arrestation du comte a eu lieu. Ses actes, ses conversations, ses remarques, des copies de toutes ses remontrances, y compris les lettres de Montholon, ses gestes même y sont notés ; le tout est écrit avec la minutie de la *Vie de Johnson* par Boswell, la force de langage du général Bonaparte et l'embellissement du style du comte de Las Cases. [...] Tout y est sacrifié au grand objet de présenter à la postérité le général Bonaparte comme un modèle d'excellence et de vertu. Les faits y sont altérés, les conversations rapportées seulement par moitié, ses propres expressions répétées, les réponses omises[2]. »

S'étant aperçu de l'effet produit par son journal, Las Cases tenta d'en minorer l'importance, expliquant qu'il ne s'agissait là que de « pensées » sans conséquence et destinées à rester privées. Mais son mensonge ne convainquit guère. Sur ordre de Lowe, le journal fut placé sous scellés et enlevé à son auteur. Dans une lettre adressée au gouverneur datée du 30 novembre, celui-ci protesta à nouveau contre cette saisie et multiplia les arguments pour le récupérer, soulignant par exemple que son texte, qu'il qualifiait de « brouillon informe », ne compromettait en rien la sécurité de la captivité, ne contenant rien non plus de nature à favoriser une évasion. Quant aux passages sur le gouverneur, il se disait prêt à les modifier dans un sens plus favorable à celui-ci. De son côté, au nom de son maître, le grand maréchal tenta lui aussi de récupérer les écrits de Las Cases, arguant que « cet ouvrage n'était pas destiné à être communiqué » et qu'il n'était qu'une sorte de « mémorandum ». Mais le gouverneur resta inflexible, acceptant seulement de restituer les dictées de la campagne d'Italie et les correspondances officielles qu'il jugeait moins gênantes. Mais pouvait-il vraiment saisir son journal ? Après tout, ce texte ne contrevenait en rien, comme l'avait fait remarquer à juste titre son auteur, aux règlements de la captivité puisqu'il ne renfermait rien de compromettant. Pour se justifier, Lowe répéta qu'il ne pouvait avec cet écrit accepter pareille attaque contre son honneur, affirmant que « bien qu'il n'aspirât pas à la célébrité, il tenait cependant à conserver la réputation d'un honnête homme ». Mais en réalité, le véritable problème était ailleurs, il était politique. Vibrant plaidoyer en faveur de Napoléon, ce journal représentait un réel danger pour les Anglais s'il venait à être publié, ce que le gouverneur comprit tout de suite. Dans une conversation qu'il eut avec Las Cases, il lui expliqua « qu'il ne pouvait considérer le journal comme contenant seulement ses pensées et opinions ; qu'il y avait trouvé des choses très sérieuses[3] ».

Le péril fut jugé d'autant plus grand que loin d'être un « brouillon informe » comme le prétendit Las Cases, le manuscrit présentait, comme le montre la copie retrouvée en 2017 à la British Library par la Fondation Napoléon, toutes les caractéristiques d'un texte achevé : peu de ratures, corps du texte découpé en paragraphes, présence d'un sommaire détaillé, d'une page de titre, d'une préface ou de titres. Son auteur espérait donc le remettre à un éditeur dès que possible. Cette volonté d'apparaître aussi prestement en librairie témoigne à l'évidence du caractère politique de l'ouvrage. Avec ce premier jet, Las Cases n'entendait pas faire œuvre d'historien mais plutôt de polémiste. En dénonçant avec force les conditions de la captivité devant l'opinion publique, son auteur entendait gêner le gouvernement britannique. Quel était son objectif final ? Il l'énonça lui-même dans les toutes premières pages de son œuvre : « Je demande donc que Napoléon soit ramené ; qu'il soit débarqué [en Angleterre], qu'il s'était choisi pour asile[4]. » Après avoir compris son danger potentiel, les Britanniques le censurèrent pour des motifs uniquement politiques et alors même qu'aucun règlement de la captivité ne leur permettait d'agir ainsi. Sans surprise, Bathurst ordonna à Lowe de « ne laisser sous aucun prétexte [le] journal sortir de [ses] mains jusqu'à nouvelles instructions[5] ». Il n'y eut jamais de nouvelles instructions, le journal restant propriété anglaise. Et comme pour tout ce qui touchait à la captivité, aucun recours ne fut possible. Dès lors, Las Cases dut attendre la mort de l'empereur pour le récupérer.

Mais, en fin de compte et un peu paradoxalement, cette saisie lui fut hautement profitable. En 1823, quand son manuscrit largement augmenté et surtout remanié fut publié, Napoléon avait disparu depuis deux ans. Partant, ses confidences ou présentées comme telles prirent alors une tout autre dimension. Ce qui n'était de prime abord qu'un journal engagé devint un émouvant et poignant testament politique, militaire et humain. Le premier titre envisagé pour la publication, « Mémoires de Napoléon », fut d'ailleurs changé en *Mémorial de Sainte-Hélène*, ce qui lui donna un caractère à la fois plus fort et définitif. Si en 1816 les confessions historiques recueillies par Las Cases venaient appuyer la dénonciation des conditions de la captivité pour peut-être permettre un jour le retour de Napoléon sous une forme ou une autre, sept ans plus tard, cette présentation s'inversa en quelque sorte, le récit du quotidien à Longwood ou aux Briars ne servant plus que de triste toile de fond à une magistrale évocation de l'épopée napoléonienne. Tandis que le manuscrit original, œuvre de circonstance, s'inscrivait encore dans l'actualité de son temps, la version publiée n'aspirait donc plus qu'à réécrire l'Histoire et faire œuvre de mémoire même transfigurée. Par de nombreux ajouts, son auteur modifia ainsi le premier jet du *Mémorial* pour lui donner toutes les apparences d'une vaste confession crépusculaire. Entre les deux versions, le volume de texte publié est ainsi trois fois plus important. En outre, de nombreuses maximes telles que « Quel roman que ma vie ! », « J'ai voulu être le régénérateur de l'Europe », « Je suis le messie de la Révolution ! », etc., furent ajoutées[6]. Ont-elles été seulement prononcées ? Aujourd'hui, le doute est permis. En tout cas, les inclure fut particulièrement bien pensé tant elles sont restées célèbres depuis.

Pour Las Cases, ce fut donc une chance de ne paraître que sept ans après son départ de Sainte-Hélène. Il put ainsi améliorer son style et enrichir son propos tout en lui donnant plus de hauteur. S'il avait été édité plusieurs années auparavant, le *Mémorial* n'aurait probablement pas connu la même postérité. Comme toutes les publications apparues pendant la captivité, il aurait été considéré comme un écrit purement de circonstance et à vocation polémique, ce qui ne pouvait qu'en diminuer la portée. En outre, s'il était paru dans les années 1817 ou 1818, ce qui est probable, il se serait frotté à une sérieuse concurrence tant les ouvrages sur le sujet de la captivité ou renfermant des confidences, véritables ou non, de l'empereur exilé étaient nombreux. Ajoutons que la presse britannique, avec ses rubriques « Buonaparte », informait régulièrement sur ce qui se passait à Sainte-Hélène. Dans ce contexte, le journal ne pouvait être aussi remarqué que quelques années plus tard, au moment où la légende napoléonienne prenait son envol. En retenant le manuscrit du secrétaire, Lowe obtint que cette bombe éditoriale fasse long feu. Mais il le paya très cher ensuite quand le *Mémorial* rencontra un vif succès, abîmant sa réputation au point de faire de lui l'un des plus infâmes geôliers de l'Histoire. Pour une bataille gagnée avec cette censure, il perdit, et sa nation avec lui, toute une guerre, celle de la mémoire.

Avec des succès contrastés, Lowe tenta d'étouffer les voix venues de Sainte-Hélène. S'il put empêcher la diffusion de la prose de Las Cases, il fut moins heureux avec celle d'O'Meara.

En plus de l'écriture de son journal, le médecin irlandais correspondait régulièrement avec son ami Finlaison qui occupait un poste très important, celui de secrétaire de l'Amirauté. Et si le gouverneur appréciait son commérage quand il lui rapportait ce qui se passait à Longwood, il n'aimait guère sa liberté de ton avec ce personnage haut placé à Londres, craignant par-dessus tout qu'un jour ou l'autre il ne vienne à le critiquer. De son point de vue, le danger était d'autant plus grand que les lettres en question étaient particulièrement appréciées à Londres, son correspondant prenant un malin plaisir à les diffuser : « Vos lettres du 16 mars et du 22 avril nous sont arrivées exactement, lui écrivit Finlaison, et ont été lues ici avec curiosité par de très grands personnages. J'ai aussi reçu une lettre écrite par vous dans les premiers moments de votre arrivée et qu'on a trouvée fort intéressante. Rien de ce que vous m'avez écrit depuis votre arrivée n'a été rendu public. Aussitôt arrivées vos lettres étaient données à M. Croker [de l'Amirauté] qui les regardait comme extrêmement intéressantes et qui en distribuait des copies aux ministres du cabinet. [...] Je présume que vos lettres ont même amusé Son Altesse Royale, le Prince Régent ; elles se font remarquer par une originalité, un bon sens, une naïveté, qui ne peuvent manquer de les rendre agréables[7]. »

Étant donné sa proximité avec le captif comme son accès quasi direct aux ministres par le truchement de Finlaison, O'Meara représentait pour Lowe un intermédiaire dangereux car incontrôlable. Rien ne lui interdisait en effet de commenter sévèrement ou, pis encore, cyniquement son action. Par crainte de son influence, le gouverneur demanda une première fois le renvoi du médecin fin 1816 avant de renouveler sa demande les mois suivants. Mais, le chirurgien étant réellement apprécié au sein de la marine, le premier lord de l'Amirauté Lord Melville s'y opposa fermement : « Nous pensions, écrit Finlaison, que vous seriez de retour à présent, car nous avons entendu dire que le Gouverneur était déterminé à vous renvoyer en Angleterre. Lord Melville s'est cependant immédiatement mêlé de cette affaire et en a discuté avec Lord Liverpool afin d'empêcher votre renvoi[8]. » Plus inquiétant pour Lowe, son supérieur Bathurst semblait aussi apprécier les échanges épistolaires entre O'Meara et Finlaison. Dès lors, comme le confirme cet extrait d'une lettre du sous-secrétaire d'État Lord Goulburn adressée à Lowe, il n'entendait pas en être privé : « Les lettres du docteur O'Meara lui étant régulièrement communiquées, il n'a pas jugé devoir rien faire qui, en forçant celui-ci à chercher un autre canal de correspondance, pourrait le priver lui-même de la connaissance de son contenu et des vues dans lesquelles il est évident que ces communications sont faites[9]. » Autrement dit, sous couvert de surveiller le chirurgien, Londres confessait ouvertement et sans doute un peu malicieusement son envie d'entendre un autre son de cloche que celui de son représentant officiel sur l'île. Pour ne pas froisser le gouverneur, le sous-secrétaire d'État ajouta néanmoins : « Vous connaissez assez Lord Bathurst, j'en suis certain, pour être persuadé qu'il ne se laissera pas influencer d'une manière impropre dans ses opinions par les assertions que peut contenir une correspondance de cette nature[10]. » Mais même policée, la fin de non-recevoir était cinglante pour Lowe. Contre O'Meara, le gouverneur n'osa pour l'instant aller plus loin. S'il se méfiait de lui, il ne le détestait pas encore. Cela viendrait bientôt. Mais, avant qu'un sévère conflit n'éclate entre les deux hommes, un autre chirurgien de la marine poserait de sérieux problèmes par ses écrits. Il s'appelait William Warden. Et ni Lowe ni Bathurst ne purent le censurer à temps.

4

Une mauvaise surprise

Le 5 septembre 1816, le *Perthshire Courier*, un journal écossais, publia cette séduisante annonce : « Un travail intéressant est sur le point d'être publié par M. Warden, chirurgien du *Northumberland*, à propos de Napoléon Bonaparte. Il semble que pendant que l'ex-empereur était à bord de ce navire, en route vers Sainte-Hélène, il ait noué avec lui une relation proche et se soit employé à recueillir des confidences sur les sujets les plus importants. » Cette feuille disait vrai. Pendant son voyage puis une fois sur l'île, le chirurgien avait couché sur le papier ce qu'il avait pu observer ou entendre. Placé sous les ordres directs de Cockburn dont il était proche, le chirurgien du *Northumberland* fut souvent invité à la table accueillant Napoléon durant la traversée. Dans la salle à manger ou sur le pont, il fut donc à son contact direct. De par sa position privilégiée, il était à l'évidence un témoin important. Aussi, lors de son retour en Angleterre en mai 1816, l'un des éditeurs les plus fameux de Londres, Rodolphe Ackerman, s'intéressa-t-il naturellement très tôt à ses écrits. Mais plutôt que de publier un journal ou des notes éparses, il lui demanda de retravailler son manuscrit afin de lui donner une forme épistolaire. C'est ainsi que furent rédigées par Warden un ensemble de fausses lettres prétendument adressées à sa fiancée, Élisabeth, la fille aînée du capitaine Richard Hutt d'Apply.

Dans l'histoire de la captivité, la publication de ces lettres inaugura mais aussi encouragea une puissante vague éditoriale autour des vrais ou faux propos de Napoléon. Peu importait d'ailleurs. On se souvient de la méfiance de Lord Liverpool vis-à-vis de son opinion publique comme de sa volonté d'empêcher à tout prix le captif de s'exprimer. En livrant au public son témoignage,

Warden fut le premier à contrarier cette stratégie. Comme le veut la tradition, c'est donc un Anglais qui tira le premier, mais pour une fois contre son drapeau. C'était certes paradoxal, mais pas si étonnant que cela quand on connaît les multiples divisions britanniques, aussi bien politiques que sociétales. Très clairement, il y eut un avant et un après Warden. Grâce à ce premier écho, suivi par beaucoup d'autres, celui que l'on voulait réduire au silence devint incroyablement prolixe. Pour le gouvernement britannique, la déconvenue fut aussi brutale que rapide tant son nom devint récurrent dans l'édition britannique.

Le 25 novembre 1816 à Londres, au 101 Strand Street, Ackerman mit en vente les premiers exemplaires du livre de Warden intitulé *Letters written on board in His Majesty's Ship The Northumberland and at St. Helena*. Sans attendre, la presse fit une considérable publicité à l'ouvrage. L'annonce de sa sortie fut un véritable événement. Dès le premier mois, vingt-sept articles de presse en rendirent compte, parfois très longuement. Des extraits – nous dirions aujourd'hui des « bonnes feuilles » – furent même insérés dans l'édition du 24 décembre du *Canterbury Journal*. Hostile à Napoléon, la réputée *Quarterly Review* recommanda le livre à ses lecteurs « en toute sûreté », estimant qu'il appartenait à la catégorie des publications qui « ne sont entachées ni d'une basse adulation, ni d'aucune plaisanterie inconvenante ». En janvier 1817, toutefois, la revue changea d'avis, dénonçant les nombreuses erreurs de cet « écrivassier brouillon ». Mais du coup, la polémique fit encore reparler de l'ouvrage, ce qui augmenta d'autant sa notoriété.

Avec cette forte campagne de presse, le succès fut immédiat et même retentissant au pays du roi George. Le premier tirage fut épuisé en quelques jours, d'autres furent réalisés dans l'urgence. Bref, on se l'arrachait et Ackerman peinait à satisfaire la demande. Dès 1817, une édition américaine vit le jour, puis l'ouvrage fut traduit en français avant d'être publié à Bruxelles la même année. Il se murmura même que le prince régent fut enchanté par sa lecture et certains journalistes le présentèrent par ailleurs comme un « livre amusant ». Pour le gouvernement britannique, le camouflet était d'envergure quand on sait qu'il avait espéré en envoyant Napoléon à Sainte-Hélène le réduire au silence. Or, près d'un an à peine après son débarquement sur l'île, il était au centre d'un joli succès éditorial. Cet intérêt pour un ouvrage dans l'ensemble favorable au captif ne pouvait que troubler la sérénité des lords anglais, d'autant qu'il y avait toutes les chances pour qu'il soit le tout premier d'une longue série.

Dans sa première lettre « rédigée en mer », Warden commence son propos par la reddition de « l'empereur de France » avant de décrire l'accueil que reçut « cet homme extraordinaire » en rade de Plymouth : « L'attention excitée par ce grand homme a été telle que des curieux sont accourus en foule des parties les plus éloignées du pays et même de Londres, afin d'essayer de l'apercevoir, malgré la distance qui les séparait du *Bellerophon*, sur le pont duquel il se promenait de temps à autre. Toutes ces circonstances sont de telle nature que je me trouve suffisamment autorisé à croire que les moindres détails concernant Napoléon et sa suite, seront bien accueillis de vous et de ceux de nos amis communs auxquels vous jugeriez à propos de communiquer ces lettres. [...] J'ai rapporté tout ce qui est arrivé à notre illustre passager absolument dans l'ordre des faits[1]. » D'emblée, la plume de Warden installe donc en majesté son personnage principal en l'appelant l'empereur ou plus simplement par son nom de souverain, Napoléon. Pour le chirurgien, il n'est donc point le général mais plutôt un « homme extraordinaire » ou un « grand homme », même si à plusieurs reprises il le nomme également Bonaparte.

Si le chirurgien l'admirait sans doute sincèrement, il n'avait évidemment aucun intérêt à le rabaisser, les confessions d'un « personnage remarquable » étant à l'évidence toujours plus recherchées que celles d'un « homme misérable ». Dans ces lettres, sans être brocardés, les compagnons de l'empereur étaient cependant gentiment moqués, Gourgaud surtout. Mais au-delà du caractère enlevé de sa prose, les sujets de ses conversations avec Napoléon intéressaient depuis fort longtemps le public britannique, ce qui n'était sûrement pas un hasard. Grâce au chirurgien, on peut ainsi lire ce que le captif pensait de Talleyrand, de Waterloo, de l'exécution du duc d'Enghien, de la disparition de Pichegru[2], de celle du capitaine Wright[3] ou du massacre des pestiférés de Jaffa[4]. Sur ce dernier point, Warden témoigne par exemple l'avoir entendu affirmer : « Votre pays m'a accusé d'avoir assassiné les malades et les blessés d'armée à Jaffa. Soyez persuadé que si j'avais commis un tel forfait, mon armée se serait aussitôt révoltée contre moi. Il n'y a, dans ma vie, aucun fait que je me sois efforcé d'éclaircir autant que celui-là[5]. » Sur une foule de sujets particulièrement sensibles et politiques, Warden offrit une véritable tribune à Napoléon, tant il lui apporta peu, voire pas du tout, la contradiction, lui laissant ainsi presque à chaque fois l'avantage. Autrement dit, il apparut complaisant, comme si tout son ouvrage n'était que prétexte à la diffusion de son discours. L'expression populaire « lui servir la soupe » ne paraît pas exagérée dans son cas.

Page après page, Warden dépeint un Napoléon plutôt sympathique, enjoué même, toujours courtois et attentif. À aucun moment il n'apparaît heurté par la faible opposition du médecin. Les journées en sa compagnie étaient donc fort agréables, comme ce jour passé à Longwood : « Nous avions causé au moins pendant vingt minutes, toute la suite demeurant dans son attitude respectueuse quand je crus devoir me retirer. Mais il fit mine de ne pas s'en apercevoir. Au bout d'un moment cependant, il me salua légèrement et conduisit Mme Bertrand à la voiture. Il monta auprès d'elle. Je restai près de la voiture, lorsque, remarquant qu'il y avait une place inoccupée, il me demanda si je voulais aller me promener avec lui. J'acceptai de suite et je déclare que chez des villageois irlandais se rendant sur une charrette à la foire, il n'aurait pas régné plus de gaieté, d'aisance, d'affabilité[6]. » La plupart du temps, son récit est ainsi enthousiaste, démontrant l'excellence de ses relations avec le captif. Lors de son départ pour l'Angleterre, il reçut d'ailleurs en cadeau un jeu d'échecs en ivoire, des boucles de souliers appartenant à Napoléon, une médaille commémorative et même quelques napoléons. Pour autant fut-il vraiment aussi proche qu'il le prétend ?

Dans les journaux de Las Cases, O'Meara et Gourgaud, Warden n'apparaît guère. On sait seulement qu'il soigna Gourgaud de la dysenterie en mars 1816, restant plusieurs jours à Longwood. Puis, le dimanche 19 mai 1816, il partagea le repas des Français mais en l'absence de Napoléon[7]. Apparemment, il ne fut reçu qu'une seule fois à Longwood en audience particulière en juin 1816, d'après le témoignage d'O'Meara : « Ah ! Warden, ce brave homme, comment se porte-t-il ?, demande Napoléon à son médecin. Je serai bien aise de le voir. [...] Vous pourrez me le présenter au jardin quand vous voudrez[8]. » S'il est exact qu'il ne lui fut pas présenté avant cette date, il était par conséquent impossible qu'il ait pu avoir les conversations à bord du *Northumberland* qu'il rapporte dans ses *Lettres*. Qu'il ait exagéré son rôle ne fait presque aucun doute. Au mieux, il fut un témoin très secondaire qui gonfla son importance pour mieux assurer le succès de son livre. Néanmoins, il eut des contacts très réguliers avec Gourgaud et surtout Las Cases. Après les avoir questionnés sur ce que pensait l'empereur, il obtint sûrement une matière somme toute assez fiable pour composer son livre. L'historien Philippe Gonnard, auteur d'une remarquable étude sur les origines de la légende napoléonienne, ne pense pas qu'il ait affabulé[9]. En comparant finement son texte avec d'autres sources, notamment les *Mémoires* dictés à Longwood, il démontre qu'il existe des similitudes évidentes entre ce que l'empereur écrivit et ce que Warden publia. En dépit de quelques invraisemblances, Gonnard souligne ainsi combien une « assez grande quantité d'autres passages, examinés en eux-mêmes, portent des caractères de vérité très frappants » caractéristiques des « conversations-interrogations familières à Napoléon ». Mais au fond, en 1816, que ce livre soit authentique importait peu à la fois pour les finances de son auteur mais aussi et surtout pour le cabinet de Saint-James, qui s'inquiéta surtout de son succès.

Parues en novembre 1816, les *Lettres* de Warden parvinrent à Sainte-Hélène seulement en mars 1817 apportées par un navire dénommé la *Tortue*, cela ne s'invente pas. En les parcourant, le premier réflexe de Lowe fut bien entendu d'y chercher s'il était cité. À la page 128, il trouva enfin son nom mais associé à un regret, Warden déplorant que depuis son arrivée, le prisonnier soit devenu moins accessible. Puis, quelques pages plus loin, il trouva aussi ce passage : « Avez-vous observé la physionomie de Sir Hudson Lowe ?, demanda Napoléon. – Oui, répondit Warden. – Et que vous dit-elle ? – À parler franc, j'aime mieux celle de sa femme. Il se mit à rire et je cherchai à détourner la conversation, que je prévoyais devoir mal tourner pour notre gouverneur. Il ne m'en donna pas le temps et se mit à comparer le gardien actuel à celui qui l'avait précédé. Il paraissait être en veine de plaisanterie. Ses saillies se succédaient avec tant de rapidité que j'avais infiniment de peine à le comprendre et à le suivre[10]. » À l'évidence, l'anecdote n'était pas des plus flatteuses pour l'intéressé, ce qui ne pouvait que l'irriter davantage contre le chirurgien.

À plusieurs titres, Lowe jugea cette publication proprement intolérable. Comme on pouvait s'y attendre, il dénonça l'initiative du chirurgien qu'il comparait à un complot auprès de Bathurst : « Il peut être de quelque importance pour Votre Seigneurie d'être informée que son intention de publier quelque chose, était connue avant qu'il ne quittât Sainte-Hélène, et il a dit positivement à quelqu'un que la raison pour laquelle il supposait que le général Bonaparte s'entretenait avec lui si particulièrement de certaines circonstances de sa vie, c'était qu'il le considérait comme une voie par laquelle de *favorables* rapports pourraient parvenir au public anglais. Pour atteindre ce but, avoué par l'individu qui prêtait son concours, toute espèce de blâme pouvant discréditer l'officier sous la garde spéciale duquel la personne à favoriser ainsi était placée, se présentait comme un moyen naturel dont on devait profiter, et le général Bonaparte paraît avoir trouvé dans M. Warden un instrument qui a même outrepassé ses vues immédiates. Cette personne était à cette époque au service du Gouvernement, et n'avait obtenu l'accès de Longwood que sur le prétexte ostensible des devoirs de sa profession[11]. » Pour le gouverneur, ce véritable agent de propagande méritait une sanction. Après lecture de son rapport, l'Amirauté suivit ses conclusions et raya l'auteur des *Lettres* de la liste des chirurgiens de la Royal Navy, le privant ainsi de traitement. Du côté du gouvernement, on voulut sans doute faire un exemple pour dissuader quiconque servant sous le drapeau britannique de l'imiter à l'avenir. Mais sa punition fut jugée excessive par l'amiral Cockburn, entre-temps rentré en Angleterre et qui, rappelons-le, était son ami. Après avoir fait le siège du premier lord de l'Amirauté, il obtint sa réintégration au poste de chirurgien sur le navire hôpital *The Argonaut*, alors installé à quai à Chatham. Si Warden ne reprit point la mer, il retrouva néanmoins ses confortables émoluments de médecin. Au total, il s'en tira donc plutôt bien, l'esprit de corps ayant incontestablement joué en sa faveur. Puni à cause de Lowe, il fut sauvé, un comble, par Cockburn. Comme un duel à distance entre l'ancien et le nouveau geôlier. Au fur et à mesure que Napoléon gagnait en popularité, le camp britannique semblait se fissurer toujours davantage.

5

Lignes de fracture

La division n'est pas seulement gauloise. Elle peut aussi être britannique. Moins criantes, plus feutrées mais très profondes, les divisions sont à la fois diverses et récurrentes dans la société anglaise. Tout historien de la captivité ne doit jamais l'oublier. En 1817, la société britannique était traversée par quatre grandes lignes de fracture : sociale, ethnique, politique et corporatiste. La première opposait depuis toujours la noblesse, qui s'était accaparé pouvoirs et privilèges, au reste de la population qui, malgré quelques droits et une représentation politique à la Chambre des communes, était tenue à l'écart. On se souvient de la surprise et de la gêne de l'amiral Cockburn quand Napoléon souhaita à bord du *Northumberland* inviter de simples sous-officiers à sa table. La deuxième divisait et divise toujours Irlandais, Gallois, Anglais et Écossais, tous rassemblés dans un royaume pas aussi uni qu'espéré. Une troisième, déjà évoquée, séparait libéraux et conservateurs, les whigs contre les tories. Enfin une quatrième, plus subtile, pouvait exister entre marins et soldats de l'armée de terre. Pour rendre la situation plus complexe encore, il arrivait souvent que ces divisions s'ajoutent ou au contraire s'effacent, suscitant ainsi d'improbables alliances. Une constante demeurait cependant : derrière les sourires, la haine prospérait entre adversaires aussi résolus qu'irréconciliables.

L'appartenance à une classe, un parti ou une nationalité influençait, voire déterminait la conduite à tenir vis-à-vis de Napoléon. Généralement, ses admirateurs étaient plus nombreux parmi les classes populaires ou bourgeoises qu'au sein de l'aristocratie, Lord et Lady Holland étant un peu l'exception confirmant la règle. Ensuite, en raison notamment des liens unissant leurs pays respectifs avec la France, Irlandais et Écossais l'aimaient davantage que les seuls Anglais. En politique, les libéraux, favorables aux idées de la Révolution française, réprouvaient la guerre contre l'empereur des Français menée par leurs ennemis conservateurs, ces derniers étant très hostiles à la plupart des idées de 1789. Ainsi existait-il *a priori* de grandes chances pour qu'un libéral écossais ou irlandais appartenant à la classe moyenne soit plus proche du captif qu'un baronnet conservateur ayant vu le jour à Oxford. Avec la fin du conflit contre la France napoléonienne en 1815, cette tendance ne pouvait que s'accentuer. Auparavant, même s'ils n'étaient pas tous d'accord, les Britanniques se devaient d'être le plus unis possible dans la guerre. Une fois le grand ennemi terrassé, leurs divisions ne pouvaient que reprendre le dessus et s'aviver, chacun retrouvant en quelque sorte sa couleur d'origine.

À partir de la fin de la guerre, les tensions ne firent en effet que grandir en terre britannique. Après avoir été écrasés de taxes et avoir souffert de la guerre, les sujets de George III espéraient un mieux-être rapide avec l'arrêt des combats. Or leur situation n'évolua guère, et même se dégrada pour beaucoup d'entre eux. Vingt-six mille soldats furent renvoyés par exemple dans leurs foyers et le budget de la Royal Navy fut amputé de plus de 40 %, ce qui entraîna évidemment une hausse du chômage. Dans le même temps, à cause de l'énorme dette – le Royaume-Uni avait emprunté pour financer ses guerres contre la France l'équivalent de cinq fois la masse monétaire mondiale –, les impôts ne baissèrent pas vraiment. L'heure était donc venue de payer ses dettes, circonstance rarement agréable. Et plus globalement, le passage brutal d'une économie de guerre à une économie de paix fit éclater une sévère crise économique. À cause de cette déplorable conjoncture, le gouvernement Liverpool était montré du doigt. Désormais, les caricaturistes brocardaient sa politique au lieu de moquer l'« ogre corse ».

Au fil des années, la contestation devint de plus en plus forte jusqu'à atteindre un niveau inquiétant. Certains auteurs estiment aujourd'hui que l'Angleterre était même tout proche de connaître une révolution. En 1819, à St. Peter's Field, une manifestation réclamant le suffrage universel et des droits nouveaux pour le Parlement rassemblant entre 20000 et 60000 personnes fut durement réprimée. Pour disperser les ouvriers, la cavalerie chargea sabre au clair. Bilan de la journée : 11 morts et une centaine de blessés. Par dérision macabre, un journaliste appela cette journée *the Peterloo massacre*, en cynique hommage à la bataille de Waterloo gagnée quatre ans plus tôt. Dans ce contexte, le thème de la captivité devint un excellent moyen pour les partis de s'opposer toujours davantage, comme un prétexte pour faire avancer leur propre cause. Fort naturellement, les libéraux, par ailleurs en train de relever la tête grâce à l'impopularité croissante du cabinet Liverpool, crurent bon de le soutenir pour mieux gêner le gouvernement conservateur. Autrement dit, utiliser Napoléon devint une tentation permanente et bien souvent une réalité.

De manière moins apparente, la captivité de Napoléon exacerba aussi les tensions déjà existantes entre marine et armée de terre. En juillet 1815, Napoléon remit son épée à un capitaine de la Royal Navy, Maitland en l'occurrence. Or, faisant fi des traditions maritimes accueillant toujours avec honneur un ennemi venu se rendre, le quatuor Liverpool, Wellington, Bathurst et Castlereagh décida de le déporter brutalement à Sainte-Hélène, cette attitude ressemblant fort à un piège aussi inique que sournois. Après cette décision peu glorieuse pour le royaume mais aussi pour la marine, au lieu de remercier Maitland, ce dernier fut au contraire sanctionné pour s'être montré trop conciliant avec Napoléon. Probablement à cause de cela, il devint ostensiblement l'un des habitués des salons de Holland House. Ensuite, après Cockburn, le commandement de l'île ne fut pas confié à un marin mais à Sir Hudson Lowe. Et quand on se penche sur l'organisation militaire de la captivité, on s'aperçoit que la Royal Navy ne joua qu'un rôle secondaire alors même que l'Atlantique Sud était son terrain de manœuvre. Puis, il y eut l'affaire Warden, renvoyé de la marine à cause de Lowe avant d'être réintégré grâce à Cockburn, ce qui ne manquait pas de sel, maritime en l'occurrence. Tout cela ne pouvait que froisser, voire exaspérer une Amirauté très jalouse de ses prérogatives.

Et les dissensions n'en étaient qu'à leurs débuts. Sur un plan plus personnel, Lowe détestait les échanges épistolaires entre

O'Meara et son ami le secrétaire de l'Amirauté Finlaison, cette relation l'éloignant de plus en plus du médecin de Napoléon. Plus inquiétant encore, car se situant au plus haut niveau de la hiérarchie anglaise sur l'île, un sourd conflit opposa longtemps l'amiral Malcolm au gouverneur. Si, hiérarchiquement, le premier ne dépendait pas du second, il était néanmoins tenu de lui rendre des comptes, voire de faire suivre ses ordres. Mais il suffisait d'observer les poitrines des deux officiers pour s'apercevoir que la carrière du marin avait été bien plus glorieuse que celle de l'ancien chef des rebelles corses. En effet, Malcolm arborait fièrement les grands-croix de l'ordre du Bain et de l'ordre de Saint-Michel et de Saint-George, les plus hautes distinctions britanniques, preuve de l'excellence de ses états de service. De surcroît, son grade de contre-amiral était supérieur à celui de Lowe, simple colonel qui avait en outre été promu peu de temps avant son embarquement pour Sainte-Hélène. Parent de Lord Keith, la position sociale de l'amiral était également plus élevée que celle de Lowe. Enfin, leurs caractères ne pouvaient être plus opposés, l'un étant la conciliation même, l'autre l'intransigeance personnifiée. En raison de leurs positions comme de leurs personnalités, la division était là encore inéluctable.

Face au captif, le bloc britannique était donc loin d'être aussi monolithique qu'il y paraissait. De larges fissures s'y faisaient jour, laissant espérer à l'empereur un éclatement qui ne pourrait que servir sa cause. En fin observateur, il n'ignorait rien des tensions britanniques et tenta naturellement de les exploiter. Avec les marins, il se montrait généralement très aimable. Avec les Irlandais et les Écossais, il était particulièrement attentionné. Et quant aux libéraux, il aimait les caresser dans le sens du poil. Il ne faut jamais oublier que Napoléon fut avant tout un homme politique flairant et exploitant fort habilement les divisions pour mieux régner. En 1816, comme l'explique fort bien le commissaire russe Balmain, il sut à nouveau profiter de l'incroyable ascendant qu'il exerçait sur les hommes : « Ceux mêmes qui le gardent briguent un regard, un entretien, un mot, souligna-t-il. Personne n'ose le traiter en égal. Son génie, qui dans cet abaissement de fortune ne peut se fixer à rien de grand, s'amuse à tirer parti de ces dispositions pour tracasser le monde. Il excite l'envie des uns en caressant les autres. Il est gracieux avec les subalternes et veut humilier les chefs. Il fait mine de s'attacher à l'amiral et de communiquer par Bertrand avec le gouverneur. On s'aperçoit enfin qu'il travaille à brouiller, à mettre la zizanie partout. Cette conduite n'est à mes yeux qu'une méchanceté gratuite. Peut-être dérive-t-elle aussi d'un plan dont lui seul à la clef[1]. » S'il y avait certainement un peu de malice dans sa volonté de se rapprocher de Malcolm, son attitude faisait en effet partie d'un plan d'ensemble visant à se mêler à la dispute britannique afin de tirer son épingle du jeu.

Lors de sa dernière entrevue avec Lowe, l'affable Malcolm se garda bien d'intervenir dans la querelle, se retirant sur la pointe des pieds dès la fin de l'orage. Par solidarité avec le gouverneur, il s'abstint un moment de visiter le captif, mais son attitude plutôt distante ne dura point. Le 21 septembre 1816, cet Écossais pur jus, ce qui explique sans doute en partie aussi son attitude, demanda à être reçu par Napoléon. Sa demande déplut fortement à Lowe, qui tenta aussitôt de le faire renoncer : « Votre visite à Longwood, lui suggéra-t-il, peut dissiper l'impression produite par votre décision de ne plus rencontrer Bonaparte après la scène violente et révoltante de l'autre jour, et pour laquelle on ne m'a offert aucune explication. Je vous laisse libre de décider si ce risque est suffisant pour vous faire renoncer à votre visite[2]. » Mais, en réponse, Malcolm maintint immobile son gouvernail : « J'ai relu votre lettre avec attention, je regrette que vous ne considériez pas la visite de courtoisie que je m'apprête à rendre à Bonaparte de la même manière que moi. Je reste confiant sur le fait que celle-ci ne se passera pas comme vous le pensez[3]. » Sa fin de non-recevoir était aussi sèche que le bois de ses huniers par grand soleil. Après avoir rencontré Napoléon en tête à tête en dépit de la mauvaise humeur de Lowe, lors d'une inspection au Cap il critiqua le gouverneur certes à mots choisis, mais avec suffisamment de force pour qu'à Plantation House on s'en inquiète. Pour ajouter à la discorde, il fit porter au prisonnier dès le lendemain de son retour du continent une brassée de journaux et une caisse d'oranges, attentions amères au goût de Lowe mais délicieusement sucrées pour leur destinataire.

Le 25 novembre 1816, quelques heures avant que Las Cases ne soit arrêté, l'entrevue entre le captif et l'amiral se déroula au mieux. Le premier se montra aussi aimable que le second fut gentleman. Leur entente fut plus que cordiale, courtoise, les deux hommes évoquèrent Trafalgar, l'amiral Nelson ou le projet de débarquement en Angleterre. Après avoir regagné les Briars où il logeait, Malcolm envoya un compte rendu enthousiaste à Lowe, qualifiant son entretien de « très gracieux », de quoi exaspérer davantage le susceptible gouverneur. Peu de temps après sa visite, Reade vint mettre aux arrêts Las Cases et son fils. À Longwood, on passa ainsi sans transition de la chaude amabilité de Malcolm à la froide rigueur de l'adjoint de Lowe, contraste évidemment saisissant s'il en est. Cette évidente dissension entre Britanniques ne pouvait que rendre le sourire à l'empereur. Comprenant d'emblée qu'il y avait là une faille qu'il convenait d'exploiter, il trouva de plus en plus agréable la compagnie du contre-amiral, au point d'accepter avec enthousiasme toutes ses demandes de visite. Quand Malcolm approchait son couvre-chef de Longwood, ses indispositions, rhumes ou autres, disparaissaient comme par enchantement. Subitement, il n'était plus obligé de garder la chambre comme il le faisait dès que Lowe était aperçu venant de Plantation House.

Le 11 janvier 1817, le contre-amiral resta ainsi deux heures et demie en tête à tête avec lui avant de le visiter à nouveau dix jours plus tard en compagnie de Lady Malcolm. Après ses entretiens à Longwood, il découvrait sur son bureau une missive de Lowe le questionnant : « S'est-il produit quoi que ce soit dont le gouvernement de Sa Majesté doive être informé ? », demandait-il inlassablement. Mais comme s'il rendait compte dans son journal de bord d'une journée sans vent, un austère « rien » fut à chaque fois sa seule réponse. Entre les deux hommes, une véritable guerre des nerfs persistait. Le 7 mars 1817, nouvel entretien avec Napoléon. Cette fois, il fut question de l'attitude du gouverneur et des conditions de la captivité. Fort de son influence et sans en avertir Lowe, l'amiral tenta alors une médiation, demandant à Napoléon quelles étaient ses conditions pour un retour du dialogue avec Plantation House. Tout s'arrangerait, répondit l'empereur, si les choses étaient rétablies comme elles l'étaient du temps de Cockburn. Après l'avoir quitté, Malcolm se fendit d'un rapport encourageant au gouverneur, lui prodiguant au passage un premier conseil : « Je n'ai jamais vu Napoléon si modéré, lui affirma-t-il, et, à en juger d'après sa manière, je pense que toute indulgence que vous pourrez lui témoigner sera bien reçue[4]. » Puis, il expliqua à Lowe, sur un ton quelque peu condescendant, de quelle manière il avait défendu son attitude : « Peut-être aviez-vous été d'abord un peu vif ; mais d'après tout ce que j'avais entendu dire et tout ce que je savais de vous, vous avez un bon cœur. Vous me pardonnerez d'avoir ainsi appuyé sur ce point. »

Courroucé par son initiative qu'il jugea hautement déplacée, le gouverneur ne lui pardonna pas cette remarque. Moins filandreux qu'à l'ordinaire, il réfuta bien sûr tout comportement déplacé : « En m'attribuant, cependant, une certaine vivacité de caractère, je me plais, lui répondit-il, à supposer que vous ne faisiez pas allusion à quelque circonstance de mes entretiens personnels avec lui. Montrer de la vivacité eût été, à mon avis, manquer grandement à une personne dans sa situation. J'ose demander à votre propre souvenir de la seule conversation entre nous, dont vous avez été témoin, si, au début, dans le cours ou à la fin, j'ai laissé percer quelque chose de cette vivacité, si je me suis permis d'exprimer mon indignation du langage extraordinaire et des accusations par lesquelles il m'attaquait, ce n'a pas été, autant que je puis en bien juger, sans être fortement ni vivement provoqué[5]. » Sans surprise, il rejeta les offres de service de Malcolm, lui objectant que s'il existait quelque chose à négocier, il s'adresserait directement au grand maréchal. Ainsi, tout en restant faussement aimable, il mit un terme définitif aux négociations qui s'amorçaient. En son for intérieur, il détestait Malcolm, qui le lui rendait bien. Commentant plus tard sa relation avec lui à son secrétaire Gorrequer, il déclara : « [Il] fut la cause de toutes les difficultés et de tous les ennuis que j'ai éprouvés avec [Napoléon]. Il les fortifiait dans leurs espérances, leur faisait croire que le Parlement s'occupait de leur cause et qu'il les soutiendrait en Angleterre. En fait, il n'est venu ici que pour m'espionner[6]. »

Il semble par ailleurs que l'amiral ait nourri quelques ambitions sur l'île. Lors d'une conversation à Plantation House avec l'Autrichien Stürmer, Malcolm évoqua sans détour sa possible nomination au poste de gouverneur, persuadé d'être mieux à même de rétablir de bons rapports avec Napoléon[7]. En juillet 1817, le commissaire russe Balmain nota : « Depuis environ trois mois Sir Pulteney Malcolm et le gouverneur sont en mésintelligence. Ils ont cessé de se voir, de s'inviter à dîner, de conférer ensemble. On dit, mais je ne garantis pas le fait, que le premier a intrigué, cabalé à Londres pour supplanter l'autre[8]. » Dans le même temps, le départ de Lowe et de Reade paraissait acquis : « Les deux idiots seront bientôt renvoyés », confia Balcombe à O'Meara. La rumeur parvint jusqu'aux oreilles du gouverneur, ce qui le mit en rage si l'on en croit Gorrequer : « Qu'ils ne s'avisent pas de me renvoyer, car je ferai un tel bruit à leur sujet qu'ils ne s'en remettront pas[9] ! » Sans verser dans l'uchronie, son remplacement par Malcolm n'était peut-être pas impossible, comme le remarque fort justement l'historien Gilbert Martineau : « Il est permis de se demander ce qu'aurait été l'existence de Napoléon, et la vie quotidienne des habitants, si, cédant aux pressions des libéraux, le gouvernement britannique eût accepté de remplacer Lowe par Malcolm[10]. »

À cause de la situation troublée que connaissait l'Angleterre, les libéraux avaient incontestablement le vent en poupe dans l'opinion. À tout moment, il n'était pas impossible de les voir s'emparer du pouvoir, ce qui n'aurait d'ailleurs peut-être pas autant déplu que cela au palais de Buckingham. Le prince régent, le futur George IV, n'était en effet pas insensible aux sirènes venues de la gauche de l'échiquier politique anglais. Avant que ne lui soit confiée en 1811 la régence à cause de la démence de son père, le roi George III, il était réputé proche du parti whig. Mais une fois aux affaires, il préféra jouer l'unité de son royaume et s'entendre avec le gouvernement tory. Constitutionnellement, il ne pouvait de toute façon pas peser sur le débat public. Néanmoins, à travers quelques indices, il était possible de déduire qu'il n'était pas aussi hostile que ses ministres envers Napoléon. On sait par exemple qu'il prononça quelques mots aimables en lisant la fameuse lettre que l'empereur vaincu lui avait envoyée. Par ailleurs, il lisait semble-t-il avec plaisir la correspondance d'O'Meara à son ami Finlaison. Et on disait aussi qu'il avait apprécié l'ouvrage de Warden.

Mais au sein de la famille royale, si le régent resta toujours sur la réserve, son épouse, qu'il détestait par ailleurs franchement, affichait bruyamment son soutien à Napoléon. La princesse de Brunswick ne tarissait en effet pas d'éloges sur sa personne et avait même voulu lui rendre visite lors de son premier exil à l'île d'Elbe. Mais, considérée comme excentrique et surtout irrémédiablement fâchée avec son époux, son influence était quasi nulle. En revanche, sa fille, la princesse Charlotte, jouissait d'une belle popularité. Personne n'ignorait sa proximité avec les whigs, ce qui faisait d'elle une opposante quasi déclarée au gouvernement Liverpool. Quand son père devint régent et gouverna avec les tories, elle adressa un baiser de la main au chef de ce parti, Charles Grey, un soir d'opéra, marquant ainsi ostensiblement sa différence. La princesse avait du caractère et s'affirmait chaque jour davantage. Avec le soutien de sa mère, elle refusa par exemple d'être uni au prince d'Orange qu'elle n'aimait pas et obtint gain de cause. Mieux encore, elle obligea son père à accepter son union avec le prince Léopold de Saxe-Cobourg dont elle s'était entichée. Elle était résistante et opiniâtre ; le peuple la vénérait, voyant en elle un personnage capable en ces temps troublés de bousculer l'ordre établi. En elle, Napoléon fondait d'ailleurs de grands espoirs comme sur tous ceux qui étaient hostiles à leur gouvernement. Sur les plaies ouvertes de ses ennemis, il n'avait d'ailleurs qu'une envie, y jeter toujours plus de sel.

6

L'appel de Londres

Comme tout entrepreneur à succès, Sir William Bullock flairait mieux que personne les bonnes affaires. Collectionneur et explorateur, il s'était fait un nom en exposant depuis 1809 son importante collection d'objets, d'antiquités ou d'animaux naturalisés au Hall égyptien de Piccadilly, mieux connu sous le nom de London Museum. Parmi les pièces emblématiques proposées, certaines provenaient des lointaines expéditions du capitaine Cook, fascinant un public toujours plus nombreux. En 1816, il tenta un pari osé. Cette année-là, le prince régent, peu amateur de reliques napoléoniennes, mit en vente la berline de l'empereur que les Prussiens avaient saisie à Waterloo puis offerte à la Couronne britannique. Aussitôt, William s'en porta acquéreur pour l'importante somme de 2500 livres avant de l'exposer dans l'une des salles de son musée. Autour de la voiture, il présenta également d'autres objets pris à Napoléon après la célèbre bataille : vaisselle, livres ou nécessaires de toilette. À cette série de trophées, il ajouta des gravures à la gloire des armées impériales ou des bustes des principaux personnages de l'épopée, de Murat au mamelouk Roustam. À bien des égards, son exposition ressemblait à celles que l'on peut visiter aujourd'hui sur le même sujet. Incontestablement, Bullock fut un précurseur tant il est imité depuis partout dans le monde.

Au-delà de son côté innovant, cette exposition surprend surtout par sa manière de raconter Napoléon. Au pays de ses vainqueurs, on pouvait craindre le pire. Allait-elle être exagérément critique, voire méprisante ? Ce fut tout le contraire. Sir William présenta Napoléon sous un jour favorable au lieu d'exploiter un éventuel ressentiment contre lui. Au lieu de l'appeler « général

Buonaparte » comme son gouvernement, il respecta à peu près son titre, évoquant le « dernier empereur de France[1] ». Pour mieux attirer les visiteurs, on insista même sur son « extraordinaire carrière ». Si dans les journaux, la berline fut mise en avant, les autres pièces exposées ne furent pas oubliées, les annonces du temps vantant par exemple la finesse d'exécution et la qualité supérieure, notamment par rapport à ce qui existait alors en Angleterre, de ce qui était présenté. Le prix du billet d'entrée fut fixé à un shilling. Pour cette modeste somme, il était possible de s'approcher très près de la berline mais aussi de s'y asseoir. Pour le même prix, un catalogue était proposé à la vente. Le succès allait-il être au rendez-vous ?

Dès ses premiers jours d'ouverture, l'exposition triompha au-delà des espérances. L'affluence fut considérable. À Piccadilly, de longues files de visiteurs s'étiraient toujours davantage aux heures d'ouverture du London Museum. En une saison, le chiffre incroyable de 222 000 visiteurs fut atteint. Le succès fut tel qu'une caricature de l'époque moqua l'empressement de la foule autour de la berline : les visiteurs sont comme en proie à un délire collectif, s'agitant aussi drôlement que furieusement autour et à l'intérieur. Les femmes semblent hystériques tandis que les hommes ne songent qu'à la gaudriole. La scène est grotesque, exagérée, mais témoigne à sa manière de l'engouement en train de gagner le pays autour de la personne de l'empereur défait. Si les visiteurs ne furent pas tous admiratifs, certains promenant dans cette exposition assurément leur morgue de vainqueurs, il semble qu'au-delà de la simple curiosité, un véritable respect ait animé la plupart de ceux qui se déplacèrent. Dans le cas contraire, Bullock aurait été moins flatteur dans sa communication. D'ailleurs, il ne fut pas le seul à vouloir profiter de la popularité croissante du captif. Au sein du « Waterloo Museum » situé à quelques pas de l'Egyptian Hall, son portrait peint par David, fraîchement accroché, devint l'une des pièces majeures du lieu. Dans le même quartier, une « Waterloo Exhibition » exposait des vêtements attribués à l'impératrice Marie-Louise[2]. Après son triomphe londonien, l'exposition de Bullock devint itinérante, s'arrêtant dans la plupart des villes anglaises pour une tournée qui dura deux années. Au cours de nos recherches, nous avons ainsi trouvé un journal de la ville de Leeds annonçant le passage de l'exposition pour le mois de décembre 1817.

Le plus étonnant dans cette passion des Britanniques pour Napoléon est qu'elle toucha aussi ses plus irréductibles ennemis. Parmi ceux-ci se distingue le dénommé Robert Wilson. Jugeant que le vainqueur d'Austerlitz n'était qu'un « usurpateur » ou un « demi-barbare », ce courageux militaire ne cessa de le combattre, que ce fût en Égypte, au Portugal ou en Russie. Également homme de plume, en 1802, dans son *History of the British expedition to Egypt*, il l'accabla, faisant de lui l'ignoble massacreur des pestiférés français de Jaffa. Malgré ses exagérations manifestes, son ouvrage connut un succès retentissant. Après avoir été conseiller militaire du tsar en 1812 puis avoir soutenu ouvertement les Bourbons en 1813, il fut écarté par Castlereagh, ce qui le fâcha définitivement avec son gouvernement. Dès lors, il n'eut de cesse de critiquer la politique de Liverpool, y compris sa volonté de continuer la guerre. Après la défaite de Waterloo, il prit fait et cause pour les soutiens de l'empereur déchu, militant contre la condamnation à mort du maréchal Ney ou participant à l'évasion en France de l'ancien directeur des Postes Lavalette. Pour sa complicité dans cette affaire, il fut condamné à trois mois de prison par les tribunaux de Louis XVIII, ce qui lui valut ensuite l'hostilité du prince régent. En 1816, il retraversa la Manche pour devenir député whig avant d'épouser le courant radical, le plus à gauche sur l'échiquier politique anglais. Avec d'autres, il devint ainsi un soutien de premier plan des luttes ouvrières, apparaissant désormais comme un opposant de première envergure.

On connaît l'adage populaire : « Les ennemis de mes ennemis sont mes amis. » Sans aucun doute Wilson le fit sien, en prenant fait et cause pour celui qu'il avait autrefois combattu avec autant de hargne. Opportuniste mais également exalté, il paraissait prêt à tout, même à le faire évader disait-on. Dès lors, il n'est pas étonnant de retrouver son nom aux côtés de celui de Santini quand celui-ci, après avoir été expulsé de Sainte-Hélène, arriva à Londres. Après avoir quitté l'île-prison, le domestique corse mit tout de même près de quatre mois pour rejoindre l'Europe. Le 12 février 1817, devant la douane de Portsmouth, il affirma vouloir se rendre à Rome et ne parut pas attirer trop l'attention.

Heureusement, il ne fut pas fouillé, car dans la doublure de son gilet était cousue une copie de la protestation du 23 août dictée par l'empereur à Montholon. Ayant reçu la mission de la diffuser le plus largement possible, il parvint à fausser compagnie aux douaniers anglais afin de rejoindre Londres. Pour disparaître sans bruit, Santini n'avait pas son pareil. Une fois parvenu dans la capitale britannique, il écuma les tavernes pour trouver du soutien. Sans se faire démasquer, il rencontra un Italien répondant au nom d'Antonio qui l'orienta vers Sir Robert Wilson.

Dans sa demeure londonienne, le nouveau thuriféraire de Napoléon l'accueillit à bras ouverts et promit de l'aider. En secret, il organisa un rendez-vous avec Lord Holland pour que Santini lui expose son projet. Quand le parlementaire whig lut la protestation, il s'emporta aussitôt contre son gouvernement, s'engageant à la faire publier au plus tôt. Avec l'aide de Wilson, le texte fut rapidement mis au propre et traduit. Pour donner plus de force comme plus de solennité à ce brûlot anti-Liverpool, il se présenterait sous la forme d'un appel à la nation anglaise. Mais qui en serait l'auteur ? De concert, les trois hommes décidèrent que ce serait Santini. S'il était signé par quelqu'un ayant connu de près la captivité, le texte ne pourrait que gagner en crédibilité, estimèrent-ils avec raison. Dernière astuce, un préambule réputé être lui aussi de la main de l'ancien huissier fut ajouté, dans lequel les difficultés d'approvisionnement de Longwood furent exagérées à dessein : « Le capitaine Poppleton, du cinquante-troisième régiment, chargé de la surveillance de l'empereur, pouvait-on lire par exemple, s'il est homme d'honneur, comme je le crois, pourra attester qu'il prêta souvent de la bougie pour éclairer cette demeure de désolation, comme aussi du pain, du beurre, des poulets et jusqu'à du sel. J'étais même dans l'habitude, par nécessité, de me rendre furtivement au camp anglais pour acheter du beurre, des œufs et du pain, auprès des femmes des soldats, sans quoi l'empereur serait resté, tout un jour, sans déjeuner et même dîner[3]. » Cette formulation était aussi efficace que maligne, étant donné que Poppleton ne pourrait de toute façon rien démentir avant plusieurs mois compte tenu des délais d'acheminement des courriers entre Jamestown et Londres. Si l'offensive contre le gouvernement était remarquablement pensée, il manquait encore un éditeur. Assez rapidement, le choix se porta sur James Ridgway dont les bureaux étaient installés au 196 Piccadilly en plein cœur de Londres. Depuis 1793, ce dernier, whig convaincu, s'opposait au pouvoir britannique, ayant même connu la moiteur des cachots pour avoir publié des livres interdits par la censure. Quand on le démarcha pour publier le texte de la protestation, sans surprise, il ne se fit pas prier.

Publié en deux langues, anglais et français, *An Appeal to the Bristish Nation* apparut sur les tables des libraires anglais le 1er mars 1817. Pour la première fois, les Britanniques purent prendre connaissance de l'âpreté comme de l'ampleur des protestations émises par Napoléon au sujet des limites qui lui étaient imposées, l'affaire de son titre, les réductions des dépenses de sa maison ou encore l'interdiction de correspondre librement ou de s'abonner à des journaux. Tout fut donc étalé en place publique, mais selon un prisme évidemment partial et engagé. L'attaque était rude, précise et sans nuances, l'*Appel* s'autorisant même à mettre en garde le gouvernement britannique : « Vos ministres ignoreraient-ils donc, Monsieur, que le spectacle d'un grand homme aux prises avec l'adversité est le spectacle le plus sublime ? Ignoraient-ils donc que Napoléon à Sainte-Hélène, au milieu des persécutions de toutes espèces, auxquelles il n'oppose que la sérénité, est plus grand, plus sacré, plus vénérable, que sur le premier trône du Monde, où il fut si longtemps l'arbitre des rois[4] ? » Malgré et peut-être à cause d'une vive contestation venue des journaux conservateurs, l'*Appel* devint après les *Lettres* de Warden un nouveau succès éditorial. Dix jours seulement après sa sortie, Ridgway mit sous presse une septième édition du pamphlet que l'on s'arrachait dans les rues de Londres. Plus inquiétant encore pour le gouvernement, il fut reproduit presque *in extenso* dans plusieurs feuilles comme *The Scots Magazine* ou *The Dublin Evening Post*. On retrouve également le texte signé par Santini dans *The Bury and Norwich Post*, un journal très présent dans les comtés de Norfolk, Cambridge ou Essex, preuve de son large écho. Par ailleurs, pour le seul mois de mars 1817, pas moins de quarante articles lui furent consacrés.

À Holland House, le parti whig s'amusait de ce bon tour joué aux tories. Fort du succès de l'*Appel*, Lord Holland voulut porter la contestation à la chambre haute du Parlement. Sa tactique se déroula donc en deux temps : d'abord publier le pamphlet pour créer l'événement, puis utiliser le trouble qu'il engendra pour interpeller ses pairs. Autrement dit, après avoir allumé l'incendie, il tentait de le propager à Westminster. Après un premier report, il obtint un nouveau débat sur les conditions de détention pour la date du 18 mars 1817. Sans jamais révéler le rôle qu'il avait joué, il s'étonna faussement ce jour-là de l'audience qu'avait pu rencontrer le texte du Corse, la jugea inquiétante pour le gouvernement mais aussi pour les parlementaires. Avec le plus grand aplomb, il tint ce discours : « J'ai pensé alors que ces plaintes avaient pris un caractère qui rendait nécessaire d'appeler à ce sujet l'attention de vos seigneuries. Je ne dis pas que vous deviez accorder une confiance aveugle à tous ces rapports, sans un examen approfondi. À Dieu ne plaise qu'ils l'obtiennent ! J'espère même qu'ils seront démentis de la manière la plus forte et la plus complète : mais ils m'ont paru d'une nature telle, que s'ils n'étaient pas contredits, ils donneraient lieu de croire, dans l'opinion du peuple de la Grande-Bretagne, dans l'opinion de l'Europe, et dans celle de la postérité, qu'un traitement dur, cruel et injuste a été éprouvé par Napoléon Bonaparte dans son exil : ainsi le caractère de la nation anglaise serait souillé d'une tache indélébile. Je n'ai donc entretenu vos seigneuries sur ce sujet qu'afin que de pareils bruits s'ils sont faux, puissent être démentis promptement[5]. » Après cette première ruse, il exhorta les députés à créer dans les plus brefs délais une commission d'enquête pour examiner en détail la façon dont était traité le prisonnier. À défaut, poursuivit-il, la chambre pourrait être rendue complice du cabinet Liverpool. Si Holland obtenait la formation de cette commission, le gouvernement serait obligé de rendre des comptes précis sur sa politique, ce qui ne pouvait que le gêner. Et même s'il parvenait finalement à se justifier, au moins le temps du débat, la polémique enflerait. À l'évidence, cet irréductible partisan de Napoléon était devenu un orfèvre de la manœuvre politicienne. Mais son habileté allait-elle suffire ?

Au long plaidoyer de Lord Holland succéda la réponse du gouvernement. Point par point, Lord Bathurst réfuta comme attendu les accusations contenues dans l'*Appel*. Tout en rappelant que la captivité coûtait près de 200 000 livres, il justifia sa décision de limiter à la somme de 8 000 livres les dépenses pour Longwood. Pour appuyer son propos, il se montra très précis sur ce qui était acheté pour la table du captif. Concernant les vins, il mentionna le chiffre de 335 bouteilles livrées par semaine, soit une moyenne tout à fait honorable de deux bouteilles par personne et par jour. Avec ce chiffre, il entendait notamment démentir tout dénuement à Longwood comme les accusations de gaspillage. Devant les Lords, il soutint avec vigueur Hudson Lowe, déclarant qu'il était à la fois un gouverneur soucieux du bien-être de Napoléon comme de la bonne utilisation des deniers de la Couronne. Puis, il insista sur le danger que représentait tout relâchement en matière de sécurité : « Nous serions accusés, tonna-t-il, de la pire hypocrisie si après avoir emmené le captif dans une place lointaine tout en prétendant le soumettre à des restrictions, nous favorisions son évasion. » Dans une Chambre à forte majorité tory craignant toujours un éventuel retour du « perturbateur du repos du monde », l'argument ne pouvait que porter. Enfin, sans surprise, le ministre proposa le rejet de la motion présentée par Lord Holland.

À sa suite, le marquis de Buckingham prit la parole pour le soutenir et accabler son collègue whig. Son intervention lui valut de nombreux cris approbateurs – *« Hear ! Hear ! »* – venus de tous les bancs de l'assemblée. Sous leurs perruques, les pairs tories transpiraient de colère, exaspérés par ce nouveau débat sur Napoléon, comme impatients de passer à un autre sujet. L'influent et estimé Lord Darnley fustigea également l'inutilité de ce débat. Isolé, Lord Holland reprit la parole pour se féliciter de la discussion qui venait d'avoir lieu, preuve de la bonne santé selon lui d'une Chambre toujours à l'écoute du peuple. *« Hear ! Hear ! »*, entendit-on à nouveau. Ainsi encouragé, il reprit son souffle pour s'étonner de la réticence de ses pairs à ouvrir une enquête. Si l'*Appel* ne contenait que des inepties, pourquoi refuser de s'en assurer ?, fit-il valoir. Afin d'apparaître parfaitement impartial et ainsi mieux convaincre, il affirma ne pas croire un traître mot de ce que disait Santini. Quand on connaît son implication, on sourit de son discours aussi osé qu'hypocrite.

Mais sa rouerie ne convainquit guère. Enfin, on passa alors au vote et la motion de Lord Holland fut rejetée en bloc.

À nouveau, l'ardent partisan de Napoléon connut l'échec, mais cette fois sa défaite fut plus amère encore. Son opposition systématique et ses méthodes compliquées lassèrent peut-être nombre de ses pairs. Dans le même temps, la bataille médiatique se poursuivait. Au tour de la presse tory d'être offensive. Le *Morning Post* du 19 mars écrivit par exemple : « Lord Holland, habitué pourtant à se rendre lui-même ridicule, n'a jamais paru aussi gêné qu'en cette difficile occasion pour lui. » Par ailleurs, le journal se félicita qu'aucune voix n'ait manqué pour rejeter sa motion. Plus sévère, le même jour, le *London Courrier* jugea particulièrement affligeant le débat qui venait de se tenir : « Il y a quatre ans la même chambre débattait de l'opportunité de consacrer 30 ou 40 millions pour lutter contre Bonaparte [...] tandis qu'hier soir, il n'était question que de savoir s'il fallait accorder au même 30 ou 40 bouteilles de vin ou 8000 ou 12000 livres par an. » Pour le journal conservateur, que Napoléon ait voulu inspirer de la pitié au peuple britannique en alléguant de mauvais traitements était aussi ridicule que pathétique pour celui qui, quelques années auparavant, se considérait comme le « maître du monde ». Si elle suscita un réel intérêt, la passe d'armes entre Lord Holland et le gouvernement tourna semble-t-il à l'avantage de ce dernier. À trop vouloir pousser son avantage, l'irréductible opposant s'était un peu brûlé les doigts. À cause des exagérations manifestes qu'il contenait, l'*Appel* fut facilement démenti par le cabinet Liverpool. Assez naturellement, son effet ne se prolongea point, mais il eût été bien imprudent de crier victoire trop tôt côté anglais.

7

Nouvelle offensive

Tandis que l'on débattait à Londres de sa captivité, Napoléon reçut à Longwood un exemplaire du livre de Warden envoyé par le gouverneur. Quand il le parcourut, il n'y accorda que peu d'intérêt et l'abandonna après quelques pages. Intrigué par ce qu'il pouvait contenir, Bertrand en commença à son tour la lecture. Littéralement captivé, il le dévora en quelques heures. Et surtout, il comprit d'emblée tout le parti que l'on pouvait en tirer. À peine avait-il terminé la dernière lettre qu'il se précipita chez l'empereur pour encenser le travail de Warden : « Ce livre, affirma-t-il, avec des retranchements, vous sera utile. D'abord, il fait parler de vous ; il est lu avec avidité ; il est d'un genre neuf puisqu'il fait votre éloge. Il y a plusieurs parties bien faites qui resteront. [...] Il vous représente d'une manière si différente de celle où l'on vous a peint qu'il doit faire un grand effet, être bon pour vous[1]. » Encouragé par son grand maréchal, il le reprit en main pour d'abord s'agacer des *cento cogliuonerie et cento bugie* (« cent bêtises et cent mensonges ») qu'il contenait[2]. Mais peu à peu, il comprit lui aussi l'intérêt de l'ouvrage : « L'empereur, témoigna à nouveau Bertrand, demeure persuadé que cet ouvrage sera utile, qu'il fera parler de lui en bien ; qu'il a la couleur du temps et du pays, et sans cela produirait moins d'effet[3]. »

Au-delà des erreurs factuelles qu'il put relever, il reprocha surtout au chirurgien de s'être exprimé à sa place : « Il a eu tort, dit-il par exemple à O'Meara, de me faire parler comme il l'a fait car, au lieu de déclarer que ma conversation lui a été transmise par un interprète, il raconte presque tout comme si je lui eusse constamment adressé la parole, et qu'il eût pu me comprendre ; aussi a-t-il mis dans ma bouche des expressions indignes de moi, et tout à fait étrangères à mon style[4]. » S'il en condamnait la forme, il en apprécia toutefois le fond qu'il jugea globalement conforme à ses idées. Finalement, ce qui le gênait le plus dans la démarche de Warden, c'était qu'un autre que lui ait pu porter son message, qui plus est avec moins de talent. Le génial communicant n'appréciait pas d'avoir été doublé dans une matière qu'il pensait pourtant maîtriser mieux que personne. Aussi ne pouvait-il laisser cette forme d'usurpation sans réponse, sachant par ailleurs que sa popularité ne faisait que grandir : « Vous vous rappelez, dit-il aussi à O'Meara, que je vous ai dit que les Anglais changeraient d'opinion à mon égard, et que les nombreux rapports qu'ils avaient de la France ou de l'Italie leur feraient bientôt découvrir que je n'avais pas l'horrible caractère qu'ils me supposaient et que les voyageurs anglais, revenant des pays que j'avais eus sous ma domination, en rapporteraient des opinions toutes différentes de celles qu'ils avaient avant leur départ. Eh bien, ce changement commence à se faire et il augmentera tous les jours[5]. »

Avec le succès rencontré par les *Lettres écrites à bord du* Northumberland, Napoléon en était désormais convaincu, l'opinion publique anglaise était sur le point de devenir son alliée : « [Il] regarde comme possible, témoigne Bertrand, que si l'opinion se prononce fortement en Angleterre et qu'il y ait dans le Parlement quelques citoyens comme Warden, l'oligarchie soit forcée à le rappeler en Europe[6]. » Lors d'une discussion avec le commissaire autrichien, Gourgaud lui confia les espoirs de son maître : « [Il] est persuadé qu'il ne restera pas à Sainte-Hélène, et s'obstine à croire que le parti d'opposition réussira à le tirer d'ici[7]. » En 1816, le même Stürmer écrivait déjà à Metternich : « On dit qu'il comptait beaucoup sur l'opposition en Angleterre, pour sortir de Sainte-Hélène[8]. » Confiant, le captif accepta de descendre dans l'arène médiatique pour convaincre et l'emporter. Moins d'une semaine après avoir reçu le livre du chirurgien, il projeta d'imiter sa méthode en publiant à son tour de fausses lettres : « L'empereur prépare une réponse, nota Bertrand, au Dr Warden, que O'Meara, gagné par l'appât de 6000 livres sterling, se chargerait de publier s'il avait son indépendance[9]. » Pour cette entreprise éditoriale, il était donc prêt à ouvrir en grand sa cassette comme à mobiliser son entourage pour parvenir le plus prestement possible à ses fins. Moins pour réfuter le texte de Warden que pour faire œuvre de propagande ou de vérité, c'est selon, il entreprit donc la rédaction de lettres censées répondre à celles du chirurgien, pensant conforter le mouvement d'opinion qui semblait se dessiner en sa faveur.

Ce qu'il appela les *Lettres du Cap* furent écrites en moins de quinze jours, du 13 au 26 mars 1817, grâce à un travail aussi rapide qu'intense. Warden avait écrit huit lettres, Napoléon en dicterait dix comme s'il fallait en tous points prendre l'avantage. Au total, il mit au net l'équivalent d'un livre de 180 pages, c'est dire son effort et celui de ses officiers. On sait par Montholon qu'il s'y consacra surtout du 12 au 16 mars sans interruption malgré une fatigue visible et des nuits « affreuses ». Le manuscrit des *Lettres du Cap* est aujourd'hui conservé aux Archives nationales dans le fonds Bertrand sous la cote 400 AP 109. De la main du grand maréchal, la version conservée est encore à l'état de brouillon mais très proche du résultat final. Si elle est parsemée de nombreuses ratures, elle contient néanmoins le texte intégral des huit premières lettres. Au sein des 263 pages de ce grand cahier scindé en deux colonnes, l'écriture de l'empereur se remarque maintes fois. D'un simple mot à des paragraphes entiers sur la partie gauche des feuillets comme il était d'usage, ses corrections sont nombreuses et témoignent de sa forte implication. Si Montholon et Bertrand furent sollicités, Gourgaud ne fut cependant pas associé à cette rédaction, sans doute en raison de sa colère contre Warden. Dans son *Journal*, il confie : « Je prends le fatal livre chez Montholon et le lis avant de m'endormir. Je suis furieux[10]. » S'estimant calomnié car dépeint comme un « fanfaron du sabre », il se disait prêt à répondre aussi, mais il en fut empêché par Napoléon, qui se réserva ce droit, évitant ainsi que son irascible officier ne vienne perturber sa future communication.

Comme prévu, les fausses lettres furent présentées comme une réponse à celles du chirurgien : « Comme M. Warden a divisé son ouvrage en huit lettres, peut-on lire en introduction, j'adopterai le même plan : chacune des miennes contiendra les observations que la lecture de la lettre correspondante m'aura suggérées ; j'y ajouterai quelques anecdotes nouvelles, pour satisfaire autant qu'il m'est possible votre curiosité. » Pour des raisons évidentes de confidentialité, le prisonnier ne pouvait apparaître comme l'auteur de ces nouvelles lettres. On fit le choix de l'anonymat. Mais comment les rendre crédibles si elles n'étaient pas signées ? Pour y parvenir, il fallait persuader le lecteur, par exemple en semant quelques indices, qu'elles avaient été écrites par quelqu'un possédant un certain talent d'écriture et ayant pu approcher d'assez près Napoléon pour retranscrire son exacte parole. En procédant de la sorte, on courait cependant le risque que les Anglais n'en viennent à suspecter une personne se trouvant encore à Longwood et ne l'expulse. Dès lors, l'unique choix possible consistait à faire porter les soupçons sur un homme qui était déjà parti de l'île après avoir longuement côtoyé Napoléon. Un seul homme doté en outre d'une belle plume était dans ce cas : Las Cases. Ce dernier étant encore retenu au Cap, les fausses lettres prirent donc pour titre *Letters from the Cape of Good Hope in reply to Mr Warden*, en français : *Lettres du cap de Bonne-Espérance publiées en réponse à l'ouvrage de Mr Warden*.

Partant, on devinerait facilement qui pouvait les avoir écrites compte tenu de leur origine géographique présumée. Jolie supercherie imaginée par Napoléon sans bien sûr consulter l'intéressé ni même se préoccuper des possibles sanctions que Las Cases pouvait encourir. Point de guerre même médiatique sans d'éventuelles victimes. Quant au destinataire, anonyme lui aussi, son choix était plus secondaire. Sans doute pour une parfaite symétrie avec le livre de Warden, elles furent destinées à une « chère amie » dont il s'agissait de satisfaire la curiosité, prétexte commode pour inventer une correspondance. La première lettre commençait ainsi : « Assurément, je ne puis alléguer le manque de temps pour m'excuser de ne pas acquiescer à votre demande ; depuis quelques mois, je suis au Cap pour des affaires qui m'y arrêteront encore quelque temps ; et l'excessive chaleur de la saison, jointe aux nuages de poussière, me retient au logis la plus grande partie du jour. » Pour mieux mystifier, quelques détails faisant plus « vrai » furent ajoutés : « Et au lieu de m'occuper de la dernière entrevue de Quika, le digne chef des Cafres, et de Lord Sommerset, j'emploierai plus agréablement mon temps à vous donner les détails que vous me demandez. »

Après avoir orienté les soupçons sur Las Cases et avoir en quelque sorte planté le décor, Napoléon continuait son propos par une critique nourrie du livre de Warden qu'il accusait de mensonge. Pour étayer ses dires, il fit remarquer qu'en raison de sa mauvaise connaissance du français, le chirurgien ne pouvait avoir tenu les conversations qu'il rapportait dans son ouvrage. Au-delà d'un procès en authenticité, son objectif était aussi de s'en prendre au gouvernement britannique. Dès la première lettre, il discutait longuement de l'affaire du titre, faisant dire par exemple faussement à Montholon : « Lorsque Napoléon fut élevé à l'empire, il était considéré comme le seul capable de défendre les intérêts et les opinions de la France ; il fut consacré par le chef de la religion catholique, agréé par toutes les puissances de l'Europe, même par l'Angleterre, qui, en dernier lieu, le reconnut comme Premier Consul et chef à vie de la République française. » Dans les lettres suivantes, il revenait surtout sur son passé pour compléter ou réfuter certaines allégations de Warden. Dans la seconde lettre, puisque ce dernier avait évoqué Talleyrand, il ne se priva point d'égratigner son ancien ministre, le présentant comme un homme « de beaucoup de talent, rusé, artificieux et discret, mais absolument sans principes ». Autre exemple avec Chateaubriand : « Il a la réputation d'un homme sans religion, dérangé dans ses affaires particulières et immodérément adonné aux femmes », écrivit-il aussi.

Au fil des pages, il commentait notamment son séjour à l'île d'Elbe, son retour en 1815, son divorce d'avec Joséphine, le siège de Toulon, l'expédition d'Égypte, la conspiration de Cadoudal[11], les suicides de Pichegru et du capitaine Wright[12], l'exécution du duc d'Enghien[13] et les événements de Jaffa[14]. Dans la septième lettre, il livrait un récit plutôt enlevé de l'attentat de la rue Saint-Nicaise qui manqua de le tuer en décembre 1800 : « Après avoir passé la porte du Carrousel, afin de prendre la rue de l'Échelle et la rue Saint-Nicaise, il se trouva, au coin de cette dernière, une petite charrette à deux roues, sur laquelle était placé un tonneau, parfaitement ressemblant à ceux en usage dans la capitale pour arroser les rues. C'était la machine infernale. Quelques chouans qui arrivèrent, à ce que l'on assure, de Londres, et parmi lesquels était Imolan[15], Saint-Régent, Carbon, Coster, Saint-Hilaire

Loyau, Songy, étaient placés auprès, pour faire éclater la machine. Par hasard, Imolan s'étant avancé un peu, afin de rencontrer la voiture et d'être assuré que c'était le Premier Consul, reçut un coup de pied d'un des grenadiers qui se trouvaient en avant, et dont la grosse botte le jeta par terre ; il se releva, courut à la machine et y mit le feu ; mais la machine avait déjà tourné le coin. Napoléon dit que les premières sensations qu'il éprouva (avant d'avoir entendu le bruit de l'explosion et la chute des toits des maisons), lui ont fait ressentir un mouvement roulant et comme si la voiture eût été emportée par les vagues de la mer ; au même instant les glaces en furent totalement brisées. Le cocher, qui était gris, prit heureusement le bruit de l'explosion pour un vivat en l'honneur du Premier Consul, et fouetta ses chevaux tant qu'il put. » Pour attester de la solidité de son discours, il fit très attention à ne commettre aucune erreur de date ou de lieu.

Sur sa vie à Sainte-Hélène, il donnait quelques détails sans toutefois se plaindre à l'excès : « Napoléon avait, je crois, quatre chambres ; une salle de bains chauds fut aussi construite pour son usage, ce qui était un luxe inconnu dans cette île. Longwood, quoique étant une des situations les plus désagréables de l'île, a néanmoins l'avantage d'être placée dans une plaine unie de quatre à cinq milles de circonférence. [...] Malgré toutes les incommodités de Longwood, Napoléon y était cependant mieux qu'aux Briars ; car en sortant de son appartement, il pouvait faire une course en voiture, d'un mille ou plus, autour d'un petit bois d'arbres à gomme, ou monter à cheval et descendre des montagnes jusqu'au bas des précipices, et faire un circuit d'environ quatre à cinq milles. » Et puisqu'il avançait masqué, il osa cet autoportrait : « Depuis la catastrophe qu'essuya son armée à Waterloo, jusqu'à son arrivée à Sainte-Hélène, ses officiers assurent qu'il ne montra pas la moindre humeur, impatience ou abattement. Je pense que sa figure et ses habitudes ont été observées avec beaucoup de soin par nos compatriotes. Quand il parle, il interroge, et il aime mieux faire des questions que de répondre. Cela vient de ce que, ayant été accoutumé à recevoir beaucoup de monde de divers états, il est habitué à parler à chacun de la profession qui lui est propre. »

Avant tout, il tenait à présenter un visage digne et serein, comme si les circonstances ne l'affectaient point. Par cette description, il entendait sans doute faire oublier les images repoussantes qu'il avait pu susciter avec la guerre. Cette volonté d'apparaître comme un sage éclairant son passé témoigne de son envie de ne plus inquiéter ses contemporains mais, au contraire, de les séduire. Mais prendre de la hauteur ne devait pas être synonyme d'indifférence, aussi voulut-il montrer à quel point il restait proche de ses semblables, des plus humbles en particulier : « Son attention marquée, ajoutait-il, de rendre le salut aux plus basses classes, et même aux esclaves, me semblait d'abord de l'affectation ; mais j'appris que telle avait toujours été son invariable habitude ; qu'il avait dit qu'il était du devoir d'un souverain de rendre également le salut à tout le monde, parce qu'à ses yeux tous les hommes avaient les mêmes droits et étaient égaux. » Au moment où partout en Europe les monarchies tournaient le dos aux idées libérales comme égalitaires, ce passage fut écrit pour démontrer sa différence. Si son attitude lors de sa captivité fut en effet conforme à son discours, ce dernier fut évidemment orienté pour brosser dans le sens du poil une opinion publique de plus en plus attirée par les idées progressistes.

Dans sa dernière lettre, il reprit à son compte les polémiques récurrentes sur le coût de sa captivité pour s'interroger sur la pertinence de sa déportation : « En somme, la détention de Napoléon Bonaparte à Sainte-Hélène, écrivit-il, coûte au Trésor environ 250000 livres par an, pour y entretenir un lieutenant général comme gouverneur, un brigadier général et un nombreux état-major, des bataillons d'artillerie et de ligne, une forte escadre, etc. [...] Et cela à quelle fin ? Afin que le prisonnier jouisse d'une plus grande liberté. Il serait beaucoup mieux enfermé dans une maison en Angleterre ou en Écosse qu'à Sainte-Hélène avec la jouissance de toute l'île. » Dans une Angleterre ravagée par la crise économique, l'argument était de nature à gêner le gouvernement du roi George. Avec son sens inné de la formule, Napoléon ne pouvait terminer son livre sur une note certes habile mais si peu lyrique. Pour mieux conclure son propos, il osa une comparaison biblique, faisant dire à son faux épistolier : « Alors je me suis dit à moi-même : je le respecte plus maintenant avec sa couronne d'épines, que lorsque sa tête était parée de tant de diadèmes. » L'exil tel un chemin de croix : ce parallèle apparut ainsi pour la première fois, ne faisant que prospérer ensuite. Désormais seul contre tous, dépouillé, s'estimant trahi par les siens et prisonnier d'une implacable puissance, Napoléon pouvait certes tenter l'analogie. C'était risqué mais ô combien évocateur.

8

Un travail politique ou mémoriel ?

Dans l'œuvre littéraire comme historique de Napoléon, les *Lettres du Cap* ne sont quasiment jamais citées[1]. Pourtant, au même titre que ses autres écrits, elles méritent d'y figurer. Sur de nombreux sujets historiques et hautement polémiques, le prisonnier livre une version des faits tout aussi intéressante que ce qu'il a pu dire ou écrire par ailleurs. Pourquoi cette différence ? Sans doute parce que l'on considère ce livre comme un ouvrage de pure propagande et non mémoriel. Comme si en se mêlant au débat public, Napoléon avait discrédité son discours. Il existe ainsi une nette différence entre ce qu'il publia pendant la captivité et ce qui fut édité après sa mort. Cette distinction nous paraît très artificielle. À Sainte-Hélène, l'empereur ne tint qu'un seul discours qu'il répéta de deux manières, en se confiant ou en le travaillant lui-même. Cette propension à se raconter fut aussi constante qu'acharnée. À Longwood, des milliers de pages servirent ainsi à écrire journaux, Mémoires, notes, souvenirs, lettres, protestations, appels ou réponses. Si l'on devait rassembler le tout en une œuvre unique, on dépasserait certainement les 5 000 ou 6 000 pages. C'est considérable. Jusqu'ici, on a toujours estimé que cette « fabrique » écrivaine n'avait été conçue que pour la postérité. L'image d'un empereur méditant sur son passé enchaîné à son rocher est séduisante car romantique à souhait, mais elle est partiellement fausse.

Intéressons-nous d'abord à ses nombreuses confidences. Auprès de qui voulait l'entendre, il s'épanchait volontiers. Après l'avoir religieusement écouté, Las Cases, Bertrand, Gourgaud ou Montholon s'enfermaient dans leur intérieur pour consigner tout ce qu'ils venaient d'entendre. Les propos rapportés par ces

« quatre évangélistes » sont depuis leur parution abondamment cités par les historiens et même souvent considérés comme définitifs sur de nombreux sujets. Outre ses compagnons, l'empereur avait également le verbe facile avec tout visiteur même très occasionnel. En audience privée comme publique, tous les Anglais, détestés ou non, l'entendaient aussi commenter son épopée. Avait-il deux paroles, l'une de circonstance car prononcée devant ses ennemis, l'autre plus sincère destinée à ses compagnons d'exil ? Nous ne le pensons pas et ce, pour une raison simple. En vérité, quel que fût son interlocuteur, il espérait voir publier tout ce qu'il disait, comme en témoigne cet échange avec O'Meara : « Napoléon prenait un bain ; il était de très bonne humeur. Après s'être entretenu avec moi de ce qu'on avait dernièrement publié sur lui. Je suppose, m'a-t-il dit, que quand vous irez en Angleterre vous publierez votre livre. Vous avez certainement plus de droit de donner au public des détails sur mon compte. Vous pourrez dire que vous m'avez entendu raconter bien des choses, et que vous avez eu de longues conversations avec moi. Vous gagnerez beaucoup d'argent, et tout le monde vous croira[2]. »

Avec Gourgaud, il tint aussi le même discours : « La bataille de Waterloo, lui confie-t-il en mars 1817, si elle est imprimée sous votre nom, vous rapportera au moins 6000 louis. Il faut la bien faire et y mettre des réflexions militaires[3]. » D'après ce dernier, Napoléon semblait même apprécier sa situation de prisonnier tant il restait au centre de toutes les attentions : « Quelque malheureux qu'il soit ici, confia-t-il au commissaire autrichien, il jouit secrètement de l'importance qu'on met à sa garde, de l'intérêt qu'y prennent toutes les puissances de l'Europe, du soin qu'on met à recueillir ses moindres paroles, etc. Il nous a dit plusieurs fois : *Je ne peux plus vivre en particulier. J'aime mieux être prisonnier ici que libre aux États-Unis*[4]. » Si cette déclaration est à considérer avec prudence compte tenu du caractère particulier de son auteur, il n'en reste pas moins qu'elle contient sans doute un fond de vérité. À l'évidence, Napoléon ne s'en remit pas au hasard, maîtrisant en permanence sa parole. S'il ne pouvait savoir quand et comment celle-ci serait connue du public, il désirait la voir diffuser le plus tôt possible et pas seulement après sa mort, comme on l'a longtemps cru. Après avoir appris l'incroyable succès du livre de Warden, il souhaita nettement accélérer les choses, comprenant que le temps était venu de diffuser son discours tous azimuts, jusqu'à manifester une certaine impatience.

Douze jours seulement après avoir conseillé à Gourgaud de publier sous son nom l'ouvrage consacré à la campagne de 1815, il revint à la charge pour le sermonner : « S.M. est toujours de mauvaise humeur contre moi, raconta son officier. [...] Elle veut absolument finir la bataille de Waterloo et la faire partir par l'amiral[5]. » Pour voir son œuvre éditée en Angleterre, il était donc même prêt à solliciter l'aide de l'amiral Malcolm s'il avait fallu en passer par là. C'est dire son désir d'aller le plus vite possible. Pour mémoire, le livre en question parut en librairie à Paris comme à Londres en mars 1818 sous le titre *Campagne de Dix-huit cent quinze ou Relation des opérations militaires qui ont eu lieu en France et Belgique pendant les Cent-Jours écrite à Sainte-Hélène* et avec pour auteur le général Gourgaud. Comme le prouve son empressement, en se livrant comme il le fit, Napoléon délivra une expression plus politique que simplement mémorielle en fin de compte. Sa volonté de peser sur le débat n'était pas seulement liée à un besoin de justification, de défense de son action, mais à une réelle envie d'influencer ses contemporains pour que ceux-ci l'aident à quitter son île d'une manière ou d'une autre. Autrement dit, il discourut sans cesse non seulement pour réécrire l'Histoire en sa faveur, mais aussi pour être délivré. Dès lors, il nous faut sans doute reconsidérer tout son travail dit de « mémoire » et notamment sa grande œuvre.

À Longwood, le captif poursuivit avec ardeur la rédaction de ses Mémoires commencée à bord du *Northumberland*. Avec son secrétaire et ses officiers, il y consacrait de longues heures au cours de la journée. Avant qu'un sujet ne soit traité, un important travail de préparation était effectué par ses compagnons. À eux de rassembler en vue d'une première dictée les matériaux historiques dans les sources dont on disposait. Puis venait le temps de la rédaction proprement dite. Dans le *Mémorial*, Las Cases évoqua avec précision ce moment : « L'empereur se plaignait d'abord que ces objets [les sujets abordés les jours précédents] lui étaient devenus étrangers ; qu'il ne pourrait jamais arriver au résultat.

Il rêvait alors quelques minutes, puis se levait, se mettait à marcher et commençait à dicter. Alors, il était un tout autre homme. Il parlait comme par inspiration ; les expressions, les lieux, les dates, rien ne l'arrêtait plus. On eût pu imprimer la dictée. C'eût été pour le style à peu près comme les chapitres que l'on lit aujourd'hui. Le lendemain, je lui relisais ce qui avait été retranscrit. À la première correction qu'il trouvait à faire, il continuait à dicter le chapitre comme s'il n'eût rien dit la veille. La différence de cette seconde version à la première était immense[6]. » En général, Napoléon faisait venir l'un après l'autre ses secrétaires du moment : Las Cases, Montholon, Gourgaud ou Bertrand. Après une première dictée, l'officier de service repartait avec sous le bras un joli paquet de feuilles noircies par l'encre de l'Histoire. Dans le calme de sa chambre, il mettait ensuite au propre une première version qu'il soumettait à l'empereur les jours suivants. Généralement, les feuilles de travail se partageaient en deux colonnes, le rédacteur écrivant sur la partie droite et Napoléon corrigeant sur la partie gauche. Jamais satisfait, crayon en main, le captif annotait, raturait, surchargeait ou réécrivait parfois des passages entiers de son écriture malhabile.

Malgré un temps considérable dépensé à retravailler ses manuscrits, Napoléon livra une œuvre considérée comme décevante par beaucoup. Publiés une première fois en 1823[7], ses *Mémoires* ne furent d'ailleurs réédités qu'à deux reprises : en 1829 et en… 2010[8]. Pour faire œuvre d'historien, il produisit des textes arides, circonstanciés, mais sans véritable âme. Pour tendre à l'objectivité et paraître crédible, il écrivit à la troisième personne, comme s'il avait été extérieur aux événements qu'il racontait. En étant aussi distant, il enleva cependant du sel à son œuvre, préférant le ton des précis militaires à celui de la confidence. Outre sa précision, son récit se veut le plus fluide, clair et lisible possible. Aucune aspérité ne s'en détache, ce qui au fil des pages impose une monotonie qui finit par lasser. Peut-être a-t-il voulu imiter l'œuvre de Jules César et ses fameux *Commentaire sur la guerre des Gaules* admirés de Cicéron car « nus, simples, élégants, dépouillés […] de tout ornement oratoire ». Il ne faut pas chercher dans ses *Mémoires* quelque rêverie littéraire ou la moindre envolée. Lisons le récit qu'il fit de ses exploits sur le pont d'Arcole lors de la première campagne d'Italie en 1796 : « Il saisit un drapeau, s'élance vers le pont et l'y place. La colonne qu'il commandait l'avait à moitié franchi, lorsque le feu de flanc et l'arrivée d'une division ennemie firent manquer l'attaque ; les grenadiers de la tête hésitèrent ; mais, entraînés dans la fuite, ils ne voulurent pas se dessaisir de leur général ; ils le prirent par le bras, les habits, et l'entraînèrent avec eux au milieu des morts, des mourants et de la fumée : il fut précipité dans un marais, il y enfonça jusqu'à la moitié du corps ; il était au milieu des ennemis. Les grenadiers s'aperçurent que leur général était en danger, un cri se fit entendre : "Soldats ! en avant pour sauver le général !" Ces braves revinrent aussitôt au pas de course sur l'ennemi, le repoussèrent jusqu'au-delà du pont et Napoléon fut sauvé[9]. » Exagérément neutre, sa plume échoue à restituer le souffle de sa propre épopée, abandonnant finalement à d'autres le soin d'écrire une narration enlevée.

Pour l'essentiel, ses *Mémoires* traitent avec force détails de ses campagnes militaires, ce qui *a priori* pourrait faire penser qu'il travailla avant tout « pour servir l'Histoire » comme il le prétendit. Tout le processus politique l'ayant conduit à devenir empereur n'est ainsi pas abordé. En fait, ses *Mémoires*, hormis l'année 1815, sont davantage ceux du général Bonaparte que ceux de l'empereur Napoléon. Comme le remarque Philippe Gonnard dans *Les Origines de la légende napoléonienne*, « du bâtiment de ses Mémoires, Napoléon a édifié les deux ailes, la période 1793-1801 et l'année 1815, laissant à peu près vide la partie centrale[10] ». Ce choix était-il innocent ? S'il était logique chronologiquement de débuter par la première campagne d'Italie, les sujets développés dans ses *Mémoires* recoupent cependant assez fidèlement ceux que l'on pouvait retrouver dans la presse d'outre-Manche, à savoir l'expédition d'Égypte et la campagne de Waterloo. D'après nos recherches, ces deux thèmes firent en effet l'objet de plus de 20000 articles entre 1816 et 1820. En s'attachant à écrire l'histoire de ces deux campagnes, Napoléon suivit donc d'assez près l'actualité éditoriale. Il se peut aussi, comme le prétendit Gourgaud, qu'en oubliant volontairement des pans entiers de son histoire, il ait cherché à préserver l'avenir : « Ne regardant pas ses destinées comme finies, confia le général, il ne veut pas dévoiler des plans dont l'exécution n'a pas été entièrement achevée et qu'il peut reprendre un jour avec succès[11]. »

En outre, si la politique n'est pas très présente dans ses *Mémoires*, elle n'est pas complètement oubliée. Pour expliquer son retour de l'île d'Elbe, le captif écrivit par exemple : « Toute l'aversion qu'avaient inspirée à l'empereur les trahisons du prince de Bénévent, du conseil général du département de Paris, d'une partie du Sénat, d'un certain nombre de maréchaux et de chefs de l'armée disparut entièrement devant ce concours de toutes les classes de citoyens, de toutes les provinces, qui le rappelaient pour rétablir la patrie et la cause nationale, et faire disparaître ce gouvernement méprisé par l'étranger, dont l'existence était une continuelle flétrissure pour l'honneur français[12]. » Après avoir décrit d'une manière assez plate toutefois son incroyable « vol de l'Aigle jusqu'aux tours de Notre-Dame », il s'attacha notamment à démontrer combien toute son action fut consacrée à rendre « droit de cité aux principes révolutionnaires »[13]. Au fil des pages, il voulut démontrer à quel point la Nation dans toutes ses composantes se reconnaissait en lui, marquant ainsi sa profonde différence avec les princes et les rois régnant en Europe devenus les représentants d'un ordre ancien coupé du peuple. Sans doute pour ne pas nuire à sa démonstration, il oublia d'évoquer l'empereur tout-puissant et allié aux plus grandes familles d'Europe qu'il avait été. Sa politique des années 1807 à 1814 – l'alliance avec la Russie, la guerre d'Espagne ou encore son mariage avec la fille de l'empereur d'Autriche, Marie-Louise – n'était sans doute pas bonne à rappeler car trop éloignée du visage désormais plus libéral qu'il entendait montrer.

Napoléon travailla à ses *Mémoires* essentiellement entre 1815 et 1818. Durant cette période, il mit au propre huit volumes de texte de 300 pages chacun. Les années suivantes, sa prose se fit beaucoup plus rare, à peine quelques dizaines de pages, et en outre resta inachevée. Pour expliquer ce changement, sa baisse de forme physique fut souvent mise en avant. Or, il ne fut vraiment atteint par la maladie qu'à la toute fin de 1820. Il nous faut donc chercher ailleurs cette soudaine perte d'envie pour l'écriture. En 1819 et 1820, sans anticiper sur la suite, s'ils n'avaient pas complètement disparu, ses espoirs de libération avaient considérablement diminué. Dès lors, il devint moins combatif, protestant par exemple beaucoup moins. Si l'on comprend qu'il n'ait plus voulu se mêler de politique, pourquoi cesser en même temps tous ses travaux historiques ? S'il n'écrivait effectivement que pour la postérité, on ne comprend pas la raison de cette interruption devenue définitive avec sa disparition. Au contraire même, se sachant plus condamné que jamais à l'exil, il aurait dû consacrer toutes ses dernières forces à défendre sa mémoire. S'il ne le fit point, c'est en raison du lien étroit qui existait entre son travail et ses espoirs de libération. N'étant plus aussi persuadé qu'auparavant que l'opinion publique prendrait fait et cause pour lui, il laissa tomber sa plume pour ne plus jamais la reprendre. Pour le politique Napoléon, dicter ses Mémoires ne signifia point renoncer. En se confiant, l'homme d'État ou le chef de guerre ne rédige pas toujours un testament. Au siècle suivant, lors de sa traversée du désert dans les années 1950, le général de Gaulle profita de ce moment pour se pencher sur son passé comme le fit l'empereur. En écrivant ses *Mémoires de guerre*, il fit certes œuvre de mémorialiste, mais il n'avait pas pour autant abandonné la scène politique comme le prouvera la suite de son histoire. Pour ces deux géants de l'Histoire, revenir fut une obsession permanente. En introduction des *Mémoires de Napoléon*, Thierry Lentz remarque : « Dans ses dictées, Napoléon ne se défend pas. C'est même tout le contraire : il attaque. Il mène l'offensive[14]. » Tout est dit.

9

Filières clandestines et fonds secrets

Le gouvernement britannique ne s'attendait sans doute pas de sitôt à voir publier une nouvelle série de lettres venues de l'hémisphère Sud. Après l'épisode Warden, on pouvait espérer voir les éditeurs de Londres s'intéresser à un autre sujet. Mais tandis que le succès des *Lettres écrites à bord du* Northumberland ne se démentait pas, parut le 19 octobre 1817 chez l'incontournable éditeur James Ridgway un ouvrage dont l'intitulé complet était *Letters from the Cape of Good Hope in reply to Mr Warden ; with extracts from the great work now compiling for publication under the inspection of Napoléon*. Les dix lettres rédigées par Napoléon étaient précédées d'un court préambule prétendument adressé à l'éditeur expliquant à la fois l'intérêt comme le but de cette publication. En substance, le lecteur devait d'abord comprendre qu'il avait entre les mains des extraits des véritables Mémoires de Napoléon et qu'ensuite ils avaient été rédigés à la fois pour corriger les erreurs contenues dans le livre de Warden, mais aussi plus généralement pour rétablir « la vérité et la justice ». Pour expliquer l'anonymat de l'ouvrage, il est dit : « Le public sera naturellement curieux de connaître l'auteur de ce travail ; mais, comme il sera prouvé que tout découle de la meilleure source, l'importance de l'auteur est tout à fait secondaire ; et d'autre part, s'il était connu, une répression de la part de l'inutile et cruelle tyrannie serait à craindre. »

Néanmoins, en faisant croire que le livre avait été écrit au Cap, Napoléon orienta à dessein les soupçons sur Las Cases. Préciser en outre qu'il avait été écrit à partir d'un important travail réalisé « sous le contrôle de Napoléon » revenait à le désigner plus encore. Mais au-delà des précautions entourant l'ouvrage, le plus étonnant reste la facilité et surtout la rapidité avec lesquelles le captif a pu transmettre et faire publier en Angleterre l'équivalent d'un roman de 180 pages. Rédigées au mois de mars 1817, les *Lettres du Cap* furent donc publiées sept mois plus tard et de surcroît dans la langue de Shakespeare. Aujourd'hui, malgré les facilités du numérique, il faudrait sans doute davantage de temps pour qu'un auteur résidant sur une île aussi lointaine soit traduit et publié. Compte tenu du temps de trajet maritime d'alors entre Sainte-Hélène et Londres, deux mois environ, on peut supposer que le manuscrit fut remis à Ridgway aux alentours de l'été. Malheureusement, nous ignorons encore, contrairement à ce qui s'était passé avec le pamphlet porté par Santini, les détails exacts du processus ayant abouti à la publication des lettres. Par déductions successives, nous pouvons toutefois avancer quelques hypothèses.

En s'attelant à la rédaction des lettres, Napoléon ne semblait pas douter de pouvoir les faire mettre sous presse. Partant, il est à peu près certain qu'un réseau clandestin fonctionnait avec une belle efficacité, ce que révélera plus tard Gourgaud aux Anglais : « [Il] n'a pas eu de peine à avouer, écrira Goldburn, qu'il a toujours existé des communications libres et non interrompues entre les habitants de Longwood et ce pays [l'Angleterre], ainsi que le Continent, à l'insu et sans l'intermédiaire du gouverneur, et qu'on s'en est servi non seulement pour recevoir et envoyer des lettres, mais aussi pour recevoir des pamphlets, de l'argent et autres articles dont les habitants de Longwood peuvent de temps en temps avoir besoin ; que la correspondance a été, pour la plus grande partie, entretenue directement avec la Grande-Bretagne, et que les personnes qui s'y emploient sont les Anglais qui, de temps en temps, visitent Sainte-Hélène, les officiers ou les domestiques de Bonaparte ayant un libre accès auprès d'eux. Ceux-ci, généralement parlant, se chargent volontiers, les uns sans aucune rémunération, les autres avec une très faible récompense pécuniaire, de porter en Europe les lettres ou paquets qu'on leur confie[1]. » On oublie toujours l'importance du trafic maritime qui, malgré les restrictions prises à partir d'octobre 1815, fut particulièrement dense. Entre avril 1816 et mai 1821, 806 navires s'arrêtèrent ainsi en rade de Jamestown. Selon les années, on recensa entre 150 et 180 voiles au mouillage d'après un registre que tenait Hudson Lowe comptabilisant tous les mouvements maritimes ainsi que le nom de la plupart des passagers[2]. En moyenne, un bateau était donc à l'ancre tous les deux jours à quelques lieues de Longwood.

En parcourant le volumineux registre de Lowe, on remarque qu'il ne comprenait pas que des navires anglais. Contrairement à ce que prescrivait l'acte de détention de « Bonaparte », quelques voiles américaines, danoises ou hollandaises relâchaient à Sainte-Hélène. Pour la plupart marchands, les navires provenaient du Cap, d'Ascension, de Londres, de Liverpool, de Chine, d'Inde (de la région du Bengale, des villes de Calcutta ou Bombay), du Brésil (de Rio de Janeiro ou de Batavia), mais aussi de terres françaises, comme l'île Maurice ou l'île Bourbon, l'actuelle Réunion. Pour ce qui est de leur destination, on retrouve également les mêmes pays, régions ou villes tant le trafic maritime était à la fois régulier et bien établi dans cette portion du globe. Tous ne venaient donc pas de ports britanniques. Pour la sécurité de l'île, il y avait de quoi légitimement s'inquiéter. À chaque arrivée de navire en descendaient des dizaines de visiteurs ou de résidents revenus de voyage. Et à chaque départ, on observait les mêmes mouvements. Ainsi, durant la captivité, des milliers d'individus passèrent par le port de Jamestown, autant de suspects potentiels pour un gouverneur dévoré par l'anxiété. Comment les contrôler tous et tout inspecter ? Avec eux débarquaient en nombre vivres et marchandises, autant de cachettes possibles pour d'insaisissables messages secrets. En outre, certaines escales étaient particulièrement longues, certains bateaux séjournant plusieurs semaines, voire des mois. Au mouillage, il n'était donc pas rare d'en compter une dizaine, voire plus.

Parmi les personnes faisant escale à Sainte-Hélène, un nombre considérable fut admis à visiter le captif. Outre les visiteurs de passage, quasiment tous les officiers britanniques entrant en fonctions ou sur le départ vinrent le voir. Entre octobre 1815 et octobre 1820, il y eut 131 audiences à Longwood avec à chaque fois un ou plusieurs individus, ce qui représente au total entre 300 et 500 personnes. Pour la seule année 1816, on recense 69 visites autorisées, soit à peu près 200 personnes s'étant rendues à Longwood, autant de possibilités de recrutement de messagers. Avec un tel flot de visiteurs, les possibilités étaient multiples.

Autre possibilité de communication secrète entre Longwood et le reste du monde, les promenades au marché de Jamestown de Cipriani. Surveillé très mollement, le maître d'hôtel pouvait très facilement remettre ou recevoir des messages à l'insu des Anglais. Parfois, il n'y avait même pas besoin de se rendre en ville pour confier des plis secrets à un complice. S'adresser aux sentinelles entourant Longwood pouvait suffire. Comme le confirma Gourgaud aux Anglais, des soldats du 53e acceptèrent en effet très régulièrement de se charger d'acheminer des messages en Angleterre[3]. Le pire pour Hudson Lowe, c'est qu'il semble que ce genre de service, le plus souvent rémunéré, ait été accepté par un grand nombre de soldats, de civils, de négociants ou de marins, tous britanniques, un comble.

En mai 1819, le capitaine du navire le *Régent* appartenant à la Compagnie des Indes fut approché par des personnes de l'entourage de Napoléon. Après avoir refusé de se mettre à leur service, il se confia à Thomas Reade : « Le premier révéla au second, écrivit ensuite Lowe à Bathurst, une proposition qui lui avait été faite quelques jours auparavant et qui prouve les constants efforts des Français pour entretenir une correspondance clandestine avec l'Europe. Le capitaine Ripley racontait qu'après son débarquement à Sainte-Hélène le 24, une personne, il ne se rappelait pas laquelle, lui avait dit que s'il consentait à se charger d'une lettre des Français de Longwood pour l'Europe, on lui donnerait six cents livres sterling, et cet argent lui serait payé par une traite sur la maison de banque de Sir John Lubbock et Compagnie. Il aurait à se promener sur la route, entre Hutt's Gate et Longwood, où il rencontrerait une personne qui lui remettrait la lettre avec la traite, et envers laquelle il s'obligerait à garder le secret. On l'assurait en outre que deux des commandants des navires de la Compagnie s'étaient chargés de lettres de la même manière durant la dernière saison, et que chacun d'eux avait reçu une traite semblable sur la maison de banque en question[4]. » Mais pour un capitaine resté fidèle à la Couronne britannique, combien se laissèrent tenter ?

D'après les confidences de Ripley, le prix offert pour faire passer clandestinement du courrier pouvait être conséquent, jusqu'à 600 livres, soit 15 000 francs, une vraie fortune. Dès lors, une question se pose : d'où venait l'argent ? Après avoir laissé plusieurs millions en dépôt chez le banquier Laffitte, Napoléon quitta Malmaison avec 320 000 francs dans l'espoir de gagner l'Amérique. Mais après la fouille à bord du *Northumberland*, il ne resta sur cette somme que 250 000 francs. Ce « magot » était bien modeste pour assurer les dépenses de toute la future colonie française de Sainte-Hélène, mais les Anglais devaient en principe s'en charger pour l'essentiel. Le traité de Paris du 2 août 1815 avait cependant fixé les conditions financières de la détention : les frais de logement et d'alimentation devaient être à la charge du gouvernement de Londres tandis que les appointements des officiers et les gages des domestiques restaient à celle de l'empereur, ainsi que ses dépenses personnelles. Les dépenses supportées par Napoléon, de l'ordre de 140 000 à 180 000 francs par an, constituaient déjà une charge non négligeable. Ensuite, on s'en souvient, Bathurst décida de ramener les dépenses pour Longwood de 20 000 à 8 000 livres, chiffre finalement arrêté à 12 000 livres par Hudson Lowe, soit environ 300 000 francs. Pour le captif, il fallait d'une manière ou d'une autre compléter cette somme à hauteur d'environ 200 000 francs par an, d'où dans un premier temps la vente spectaculaire de son argenterie. D'après plusieurs sources, il est possible d'établir comme suit l'ensemble des dépenses de Longwood.

En francs	Montant
I – Comptes de Napoléon à Longwood année 1817	
Dépenses personnelles de Napoléon	19 524
Appointements des officiers	59 538
Gages des domestiques	27 665
Frais de maison	30 567
Dépenses extraordinaires	7 200
Total	**143 894**

II – Évaluation de Cockburn pour 1817	
Dépenses de la table et de la maison	292500
Dépenses pour le vin	86125
Dépenses pour les autres tables	50625
Salaires des ouvriers pour l'entretien	23475
Dépenses pour l'écurie	31250
Frais des domestiques anglais	16875
Total	**500850**
III – Total général	**644744**

Après la vente de l'argenterie qui rapporta environ 25000 francs, Las Cases offrit, on s'en souvient, lors de son départ en décembre 1816, de prêter ce qu'il possédait dans les banques de Londres. C'est ainsi que 93600 francs permirent d'assurer une partie des frais de la captivité de 1816 jusqu'au printemps de l'année suivante. Par la suite, le grand maréchal Bertrand prit le relais en effectuant des versements à partir de son propre compte. Il se remboursait ensuite sur ceux de Napoléon, ouverts dans les banques londoniennes. Ces artifices permirent ainsi à chacun de sauver les apparences, les uns et les autres paraissant ainsi respecter les stricts interdits de la captivité. Cette facilité bancaire fut autorisée par Londres en mars 1817 : « Lord Bathurst estime, écrivit Goulburn à Lowe, qu'il est souhaitable que vous accordiez, dans la mesure de vos moyens, des facilités à Bertrand pour le prélèvement des sommes que la Barings reçoit de temps à autre sur son compte[5]. » Dans le même temps, le gouverneur devait toutefois s'assurer que le grand maréchal ne détournât point les sommes reçues à des fins suspectes. Pour s'en assurer, il obtint de contresigner lui-même toutes les lettres de change émises par Bertrand au grand dam de ce dernier, qui qualifia cette attitude d'« insulte gratuite ». Le mécanisme bancaire utilisé pour financer ce que ne payaient plus les Anglais fut donc la lettre de change. Rappelons que celle-ci fonctionnait comme une promesse de paiement et était acceptée presque partout si la signature était réputée, ce qui était le cas pour celle de Bertrand. Celui qui recevait une lettre de change était donc assuré d'être payé et pouvait même l'utiliser pour régler tout de suite l'une de ses dettes ou ouvrir un compte dans un établissement bancaire. À chaque fois qu'une lettre de change passait de main en main, les banques qui servaient d'intermédiaire prélevaient des commissions, ce que l'on appelle le taux d'escompte. Car en définitive, il leur revenait d'avancer l'argent jusqu'au paiement final sur le compte émetteur. Évitant la circulation de monnaies en or ou en argent, ce procédé commode permettait ainsi des transferts de fonds aussi bien à l'échelle locale qu'internationale.

Le prince Eugène fut ensuite aussi sollicité par l'intermédiaire de Gourgaud à hauteur de 12000 francs par mois, par le biais de l'ouverture d'un crédit : « Mon fils, lui demande-t-il, je vous prie de m'ouvrir un crédit de 12000 francs par mois, à partir d'octobre 1817, chez MM. Andrews et Parker de Londres. Vous ferez écrire à ce banquier que le comte Bertrand tirera sur lui tous les mois cette somme ; qu'il ait à y faire honneur. On me laisse ici manquer des choses les plus nécessaires à la vie[6]. » La dernière « Maison impériale » vécut donc presque uniquement sur les fonds détenus par le captif de Sainte-Hélène en Europe et coûta 731881 francs d'août 1815 à septembre 1820, selon la comptabilité soigneusement tenue par Bertrand, et 72000 francs furent donnés au négociant Balcombe pour lequel Napoléon s'était pris d'amitié, ce qui donne un total de près de 800000 francs de dépenses. D'après les écritures de la maison Laffitte, 1051500 francs furent retirés entre 1815 et 1821 pour le compte de Napoléon[7], et de son côté Eugène remboursa 650768 francs aux derniers compagnons de l'empereur. Avec l'argent saisi par les Anglais lors de l'embarquement (90400 francs) et la vente de l'argenterie (25577 francs), Napoléon dépensa sur ses propres fonds pas moins de 1,8 million de francs pendant la durée de sa captivité, ce qui est considérable. Mais avec ce dernier chiffre, nous constatons une différence comptable qui interroge. En effet, jusqu'ici nous avons évoqué une somme de 800000 francs seulement à propos du budget de Longwood. Par une simple soustraction, il s'avère donc que Napoléon a donc dépensé un million de francs. Mais pour quel usage ?

Les dépenses de la captivité

En francs	Montant
I – Origine des fonds	
Saisis par les Anglais lors du départ pour l'île	90 400
Vente de l'argenterie	25 577
Versés par Eugène	650 768
Versés par Laffitte	1 051 500
Total	**1 818 245**
II – Dépenses de la Maison de Napoléon	
D'août 1815 à décembre 1816	105 360
De janvier à décembre 1817	143 894
De janvier à décembre 1818	175 817
De janvier à décembre 1819	180 810
De janvier à septembre 1820	126 000
Total	**731 881**
III – Divers	
Fonds donnés à Balcombe	72 000
Solde (retraits – dépenses)	**1 014 364**

Tout indique que ce million servit à financer la circulation de lettres et manuscrits clandestins. Si l'on se fie aux informations données par le capitaine Ripley, un message clandestin pouvait être payé jusqu'à 15 000 francs. Sur cette base, le million dépensé put rémunérer jusqu'à environ 70 messagers. C'était à la fois peu et beaucoup. En tout cas, grâce à cette somme, Napoléon réussit à envoyer en Angleterre non seulement des lettres, mais aussi des manuscrits d'une certaine importance, dont celui des *Lettres du*

Cap. Tous ceux qui acceptaient d'aider l'empereur recevaient une lettre de change généralement payable à Londres. Muni de ce papier, chacun d'entre eux pouvait dès son retour se rendre dans une banque anglaise pour recevoir la somme promise en espèces sonnantes et trébuchantes. Et quant au banquier qui avait accepté la transaction, il ne lui restait plus qu'à s'adresser à son collègue Laffitte à Paris pour revoir la couleur de son argent. Depuis le Moyen Âge, ce mécanisme était à la fois bien rodé comme très discret, les banques entretenant entre elles d'étroits liens financiers. La banque de Sir John Lubbock, citée par le capitaine Ripley lors de son entretien avec Reade, échangeait ainsi très régulièrement avec le banquier de Napoléon. En regard des sommes dépensées pour la captivité, l'échec des geôliers britanniques est sur ce point considérable. Pour un système de surveillance qui se voulait infaillible, il laissa passer presque tout, puis continua d'ignorer longtemps ses graves insuffisances. Et suprême déconvenue, alors que les Anglais avaient espéré réduire Napoléon au silence, ils ne furent pas en mesure d'empêcher ses campagnes d'opinion au cœur même de la ville de Londres.

10

Lettre après lettre

À peine les *Lettres du Cap* furent-elles publiées par James Ridgway que la presse s'en fit l'écho. Dans son édition du 19 octobre 1817, *The Windsor and Eton Express* en publia des extraits consacrés à l'expédition d'Égypte. Trois jours plus tard, *The Evening Mail* en cita les passages traitant du retour de l'île d'Elbe. Sans la moindre censure, article après article se diffusa ainsi en pays britannique de la plus incroyable des manières la propagande du captif. Vent debout contre cette nouvelle publication, la presse conservatrice s'employa à la discréditer. Le 25 octobre, relayant une prétendue lettre anonyme, *The Morning Chronicle* affirma par exemple qu'aucun livre consacré à l'histoire napoléonienne ne contenait autant d'erreurs. Le fait que l'ouvrage ne soit pas signé intrigua et fit naître quelques doutes, y compris chez les libéraux. La *Quarterly Review* jugea l'ouvrage « mensonger dans son titre, son contenu, ses prétentions ; faux sur les faits ; et jacobin dans son propos » – le terme « jacobin » n'étant pas ici, on l'aura compris, un compliment. Cette condamnation sans appel précédait vingt-trois pages de réfutation sur à peu près tous les sujets abordés par Napoléon.

Mais rapidement, la plupart des feuilles britanniques en arrivèrent à la conclusion que le texte proposé s'appuyait sur des sources solides. Et pour en convaincre leurs lecteurs, les rédacteurs des journaux décidèrent d'en publier de larges extraits, ce qui du coup rendit la prose napoléonienne plus accessible encore. Comme souvent en matière d'édition, la polémique ne contraria pas le succès du livre. Dès les premiers jours de sa sortie, la première édition des *Lettres du Cap* fut épuisée, si bien qu'une deuxième, coéditée avec le libraire écossais William Blackwood, parut dès le 8 novembre 1817. Puis, une troisième livraison fut annoncée pour le 12 décembre. Malgré les critiques, le succès ne se démentait pas. Comme l'avait prévu Napoléon, Las Cases fut assez rapidement soupçonné d'être l'auteur de ces lettres, ce qui était aussi injuste que potentiellement dangereux pour lui. Son nom fut ainsi mentionné dans *The Morning Chronicle*, qui se félicita au passage du renvoi de ce « témoin embarrassant », ou dans la *Quarterly Review*. Les rédacteurs de cette dernière pensèrent aussi que le manuscrit avait été rapporté en Angleterre par Piontkowski. Dans cette affaire, O'Meara fut également incriminé mais jamais l'empereur, c'est dire son habileté. Avec maestria, toute la presse fut donc dupée. À Sainte-Hélène, Hudson Lowe ne fut pas plus perspicace, croyant lui aussi que Las Cases avait tout écrit.

Ayant joliment réussi son coup, Napoléon ne voulut point s'arrêter en si bon chemin. Les *Lettres du Cap* connurent en effet une suite, généralement ignorée des historiens : les *Lettres de Sainte-Hélène*, connues en Angleterre sous le titre *Letters from the island of St. Helena exposing the unecessary severity exercised towards Napoleon*, cette fois prétendument attribuées à un capitaine de navire, un *storeship captain*. Encouragé par la facilité avec laquelle il avait pu transmettre le manuscrit des *Lettres du Cap*, le prisonnier commença en juillet 1817 l'écriture d'une nouvelle série de lettres. Longtemps, ce fait resta ignoré jusqu'à ce que paraissent les *Cahiers* du grand maréchal Bertrand. À la date du 17 juillet, celui-ci écrit : « L'empereur dicte la première *Lettre d'un capitaine de Storeship*[1]. » Cette mention confirme ce que Gourgaud avait par ailleurs confié à l'Autrichien Stürmer et qui n'avait pas été cru : « Vous verrez bientôt, lui dit-il, des lettres publiées à Londres, de la part de capitaines de navires marchands, dans lesquelles beaucoup sera dit au sujet de l'empereur. Elles viennent de lui. Le style est plat, les détails sont puérils, elles seront mal conçues. » Dépité, il ajouta : « Mais personne ne peut le guérir de cette manie d'écrire[2]. » Aveuglé par sa jalousie maladive, l'officier ne comprenait pas les raisons de l'offensive menée par son maître.

Cette seconde série de lettres fut entreprise dans le seul but de dénoncer les conditions de la captivité[3]. Cette fois, Napoléon n'écrivit point sur son passé, mais imagina de raconter Sainte-Hélène d'un point de vue très extérieur au sien et faussement impartial. Pour rendre crédibles ses descriptions, il valait mieux en effet faire croire à la totale neutralité de l'auteur de ces prétendues lettres, ce qui excluait quelqu'un appartenant à son entourage. De surcroît, avec la publication de l'*Appel*, le public avait déjà pu lire les confessions de l'un de ses intimes, Santini. Afin de se renouveler, sans modifier fondamentalement son discours, il fit donc le choix de changer d'auteur mais aussi de style, en adoptant le ton plus vivant du récit. Il restait cependant impossible de désigner quelqu'un nommément. Non seulement la personne citée pouvait être mise en difficulté mais, en outre, le risque était trop grand qu'elle ne vienne démentir avoir écrit quoi que ce soit. À nouveau, un relatif anonymat s'imposait. Plutôt que de nommer, Napoléon préféra suggérer qui pouvait être l'auteur de son nouvel ouvrage, exactement comme il l'avait fait avec les *Lettres du Cap* en orientant les soupçons vers Las Cases. Pour que cette deuxième série paraisse plus vraie que nature, il fit donc croire qu'elle avait été écrite par un visiteur anglais de passage, un *storeship captain* en l'occurrence. C'était particulièrement rusé. Le temps d'une correspondance, Napoléon se fit donc marin anglais.

Datée du 27 mai 1817, la première lettre était censée avoir été écrite « à l'ancre dans la baie de Sainte-Hélène » à destination d'un « cher ami ». D'emblée, Napoléon n'omit aucun détail pour introduire son nouveau personnage : « Je suis arrivé à Sainte-Hélène le 22 de ce mois après une traversée très courte, comme vous pourrez le voir par la date de cette lettre. Cinq à six bâtiments employés à l'administration de cette colonie sont à l'ancre dans la rade. Je prévois que le débarquement de notre cargaison et le placement de ce qui la compose me retiendront ici deux mois au moins ; mais dès que j'aurai terminé, je me rendrai à Batavia. » À la lecture de ce seul passage, il était facile de reconnaître le capitaine Dacres ou Dacre, le commandant du navire marchand l'*Experiment*. Arrivé à Sainte-Hélène le 27 mai, ce dernier avait prévu de repartir pour Batavia sous plusieurs semaines, ce qui lui laissait donc le temps de visiter l'île et de raconter tout ce qu'il voyait. Pour réussir sa nouvelle mystification, l'empereur jugea bon d'usurper l'identité de ce marin, qu'il « pirata » sans doute au hasard. Pour l'anecdote, signalons que quelques années plus tôt, le 27 mai 1805, l'*Experiment* avait été capturé par un corsaire français baptisé le... *Napoléon*.

Après cette habile introduction, Napoléon révéla les aspirations de son protagoniste : confier à son ami tout ce qu'il pourrait apprendre de l'« homme *extraordinaire* qui malgré des fautes dont la faiblesse humaine ne peut guère se garantir, a excité si vivement et si longtemps notre étonnement et notre admiration ». Premier passage ainsi rédigé à la troisième personne et qui en appelait beaucoup d'autres. Dans cette fiction, le capitaine se promène dans toute l'île et au hasard de ses rencontres dénonce un enfermement qu'il juge indigne de son pays. Dès son arrivée, il s'étonne par exemple des « visites inquisitoriales heureusement inconnues dans la vieille Angleterre » de la douane du port. Puis, après avoir demandé des nouvelles du captif, il s'entend répondre : « Chut ! Chut ! pour l'amour de Dieu, parlez-moi moins fort, lui conseilla à voix basse son ami. C'est un crime ici que de l'appeler l'empereur : on est même coupable d'en penser quelque bien... » En entendant ces mots, le capitaine éructe, proteste. Il est marin anglais dans un port anglais, donc libre de dire ce qu'il pense : « Napoléon a cessé d'être notre ennemi ; voici un verre plein que je vide à sa santé », dit-il aussi. En 1793, dans un petit ouvrage intitulé *Le Souper de Beaucaire*, Napoléon avait déjà utilisé la même technique pour exposer ses idées, jacobines en l'occurrence, et ainsi tenter de démontrer leur supériorité. Entre récit et faux dialogues, le prisonnier nous donne ici toute la mesure de son talent d'écrivain.

Comme on peut s'en douter, il accabla Lowe dans ses *Lettres de Sainte-Hélène*. Pour mieux le confondre, il fit raconter par son capitaine un incident fâcheux mais réel causé par l'arrivée d'un buste du roi de Rome. Pour en dire quelques mots, cette sculpture fut apportée par le navire marchand le *Baring* dont la barre était tenue par le capitaine Lamb. Elle se trouvait dans les bagages d'un personnage aussi étonnant que singulier, un dénommé Philippe Radovitch, maître canonnier de son état. Avant de s'embarquer, celui-ci avait été chargé par des commerçants génois, les Biaggini, d'approcher l'empereur pour lui vendre ce buste au prix de 100 livres. Mais, tandis que son navire approchait de

Jamestown, il sombra dans une crise d'apoplexie qui le priva de l'usage de la parole et le fit délirer. Inspectant ses effets, Lamb trouva le buste. À quai, à Jamestown, il partit trouver Thomas Reade pour lui révéler sa découverte. Porté ensuite à Plantation House, le buste fut aussitôt examiné par le gouverneur, qui décida de le retenir par-devers lui de peur qu'il ne dissimulât un message secret. Pour une sculpture en marbre, sa crainte était aussi infondée que stupide. Ayant appris l'existence du buste par O'Meara, Napoléon protesta et le réclama vivement. Après une intervention de Bertrand, il fit son entrée à Longwood sous les yeux d'un empereur particulièrement ému qui voulut même le payer trois fois son prix : « Pour moi, il vaut un million ! », s'exclama-t-il. En insistant sur ce navrant épisode dans les *Lettres de Sainte-Hélène*, Napoléon illustra ainsi les faiblesses évidentes de son geôlier, un exercice plutôt facile tant celui-ci prêtait le flanc à la critique.

Durant son périple, le capitaine croise quelques figures connues : Bertrand, O'Meara, Gourgaud ou Poppleton. À chaque fois, un dialogue se noue, généralement suivi d'une description misérabiliste de leur existence, comme en témoigne ce passage consacré à Fanny Bertrand : « La comtesse m'a reçu dans sa chambre à coucher, ce dont j'ai été bien surpris d'abord. J'ai reconnu après que c'était la seule pièce du logement qui fût décemment meublée. » Aucun effet de plume n'est ainsi omis pour faire partager au lecteur le dégoût qu'éprouve le capitaine au fil de ses journées. Avec style, Napoléon crée souvent un faux suspens pour tenir son lecteur en haleine, comme lorsque son personnage ose s'aventurer près de Longwood : « Curieux de vérifier ce que mon ami de la ville m'avait avancé, je descendis dans les ravins, au-delà du sentier qui longe l'enceinte de Longwood. J'avais à peine fait une douzaine de pas qu'une voix renfrognée, creuse et rentrée se fit entendre : Halte-là [*sic*], on ne sort pas de la route ! Il fallut rétrograder, pressé par la sentinelle et sa baïonnette. » Mais le moment important du livre est incontestablement celui où le capitaine parvient enfin à approcher le captif. Dans ce voyage imaginaire, l'instant est aussi étonnant que cocasse. Il se trouve dans la huitième lettre.

Lisons comment Napoléon introduit son face-à-face avec lui-même : « Je m'éloignais pour rejoindre mon cheval, écrit-il, lorsque j'aperçus dans un détour de l'escalier un homme arrêté et comme en contemplation devant le soleil couchant. Bertrand m'appela sur-le-champ et me présenta à l'empereur. Ce prince, après m'avoir salué, remit son chapeau et demanda qui j'étais. Je l'aurais reconnu d'abord à son petit chapeau à trois cornes, le même que j'avais eu l'occasion d'observer avec ma lunette. Napoléon me parut calme et en bonne santé. Il portait un habit vert foncé, boutonné de haut en bas ; cet habit, m'a-t-on dit, faisait partie des vêtements qu'il avait apportés de France. Le grand cordon de la Légion d'honneur distinguait ce prince des autres personnes. Le reste de son costume consistait en une culotte de casimir blanc, des bas de soie et des souliers à boucle d'or. Il a le pied et la jambe très bien faits. Ses cheveux sont coupés fort courts. » Après cette entrée en matière, la conversation s'engage entre les deux hommes. Comme à son habitude, l'empereur presse de questions son interlocuteur. Remarquons au passage que comme celui des *Lettres du Cap*, cet autoportrait ressemble d'assez près à ce que l'on peut lire par ailleurs. Mais reprenons le cours du récit. Fort impressionné, le capitaine peine à s'exprimer. Il bredouille mais réussit néanmoins à évoquer le succès du pamphlet de Santini, soulignant le nombre toujours plus important dans son pays d'« hommes favorables à sa cause ». En l'entendant, Napoléon esquisse un sourire. L'entretien ne dure qu'un quart d'heure avant que le capitaine ne prenne congé comme saisi au plus profond de lui-même par ce qu'il vient de vivre. Jamais, confie-t-il ensuite, il n'oubliera cette rencontre mémorable, conservant pour toujours le souvenir d'un homme « contemplant, au milieu du désert, le coucher du soleil ». À l'évidence, ce désert est à l'image de sa solitude, de son retrait du monde. De même, le soleil couchant fait ici écho au crépuscule de son existence. Sans conteste, Napoléon nous livre là un portrait romantique de lui-même, mélancolique aussi. Néanmoins, il n'exagère ni ses souffrances ni sa condition, se voulant plus digne que jamais. Il nous dépeint un homme serein aussi, particulièrement calme. En filigrane, il faut sans doute comprendre qu'il n'est point un homme dangereux mais seulement empreint de sagesse. Partant, il mérite son retour parmi les hommes, du moins la fin de son bannissement : tel est le sens à peine voilé des *Lettres de Sainte-Hélène*.

Après avoir introduit un peu de poésie, le captif traite de sujets plus bassement matériels. Dans l'ultime lettre, la dixième, le capitaine rencontre Cipriani et évoque avec lui la réduction des dépenses de Longwood. En entendant le maître d'hôtel, il se désole une fois encore de l'attitude de son gouvernement : « Vous ne sauriez croire, dit-il par exemple, avec quelle répugnance ce maître d'hôtel a consenti à descendre dans les détails que vous allez lire ; la rougeur qui couvrait alors son visage doit à jamais se réfléchir honteusement sur le front des agents de notre gouvernement. » Puis au fil de la conversation, il apprend de sordides détails sur ce qui se passe à Longwood : « Dans ce moment, poursuit-il, M. Cipriani dépense tous les jours 7 à 8 livres sterling en poulets, viandes, beurre, huile, etc. Le pain est le sujet de beaucoup de plaintes ; il est pire que celui de beaucoup de paysans d'Auvergne, et son usage prolongé finirait par donner des maladies. Il m'est arrivé pendant ma traversée d'en manger, qu'on avait fait avec du blé attaqué des vers, et de le trouver préférable à celui qu'on donne aux Français. Depuis longtemps, Napoléon a été forcé d'y renoncer ; il le remplace par du biscuit d'Amérique. L'eau de Longwood est très mauvaise. Pendant que j'étais chez le général Bertrand, on m'en servit un verre et je la trouvai trouble, nauséabonde ; on eût dit qu'elle avait séjourné dans un vieux baril à rhum. Napoléon ne souffrirait pas de cet inconvénient si on le transférait à Plantation House, la seule demeure habitable dans l'île ; mais cela prolongerait peut-être sa vie d'un an, et on ne le fera pas, pour ne pas prolonger les dépenses ainsi que la terreur des puissances alliées. » Mais tout cela n'était qu'exagération. Forcer le trait n'était peut-être pas le meilleur des calculs. Après avoir plutôt bien réussi son récit jusque-là, Napoléon prit cependant le risque, en pratiquant l'outrance, d'être moins crédible et d'ainsi nuire à son discours.

Pour l'anecdote, le véritable capitaine Dacre repartit tranquillement comme prévu en mai 1817, mais connut ensuite une traversée vers le Brésil plutôt mouvementée. Quand il arriva à Batavia, l'*Experiment* avait tellement souffert qu'il fut jugé incapable de reprendre la mer puis vendu à l'encan pour 50 000 roupies, à peine le prix du bois. Son passage à Sainte-Hélène ne lui avait donc point porté chance. Ensuite, nous ignorons s'il fut de près ou de loin inquiété lorsque les *Lettres de Sainte-Hélène* parurent en Angleterre. De même, sa fin de carrière nous est totalement inconnue. Néanmoins, nous pouvons penser que s'il avait été accusé et surtout condamné, la presse n'aurait pas manqué de le signaler. Or, malgré nos recherches, nous n'avons rien trouvé, ce qui tendrait à prouver que le petit jeu de Napoléon n'eut aucune conséquence grave pour lui. Dès lors, pour Lowe comme pour son gouvernement, au fond l'échec fut triple. À aucun moment ils ne furent en mesure d'empêcher la publication de toutes ces lettres venues de l'île-prison, celles de Warden comme celles de Napoléon. Ensuite, ils ne surent jamais que leur prisonnier avait écrit les *Lettres du Cap* et les *Lettres de Sainte-Hélène*. Enfin, ceux qui furent soupçonnés de les avoir rédigés, Las Cases et Dacre, ne furent jamais sanctionnés. En toute impunité, Napoléon put donc allègrement poursuivre ses intrigues.

11

Héros libéral malgré lui

Outre ses publications, Napoléon pouvait également délivrer son message à chaque visite qui lui était faite à Longwood. Il le pouvait d'autant mieux que pour éviter toute critique, Bathurst avait conseillé à Lowe de ne pas l'empêcher de recevoir : « Il serait trop dur, lui écrit-il, et il paraîtrait suspect de ne pouvoir accorder satisfaction à la curiosité qu'on éprouve naturellement de voir un homme aussi extraordinaire[1]. » Fort des consignes de son ministre, Lowe ne se fit donc pas prier pour permettre un grand nombre de visites. Mais en lui permettant de rencontrer autant de personnes, entre 300 et 500 en l'espace de trois ans, le cabinet de Londres lui donna l'opportunité de s'exprimer devant un public aussi divers que nombreux. Du soldat au général, du marin à l'amiral, du négociant à l'ambassadeur, presque tous les profils se présentèrent au seuil de la maison du captif. Séduits ou déçus, tous les visiteurs gardèrent un souvenir impérissable de leur rencontre avec le géant de leur siècle. Comment pouvait-il en être autrement ? Reçu en mai 1816, le gouverneur de Java, Sir Stamford Raffles écrivit par exemple à un ami : « Eh bien ! imaginez-moi maintenant en présence de l'homme certainement le plus célèbre de notre époque ! Je n'essaierai pas de vous décrire les sentiments que j'éprouvais en l'approchant[2]. »

Deux types d'audiences existaient à Longwood : publiques, avec jusqu'à dix personnes, et privées, en tête à tête, avec un invité de marque. Sauf s'il se déroulait au jardin, quelle que fût sa nature, le rendez-vous débutait toujours de la même façon. Entourés par les officiers et les domestiques de l'empereur, les visiteurs patientaient parfois longtemps dans le parloir ou salle de billard avant d'être introduits dans le salon attenant. Pour ceux qui étaient admis à une audience privée, ils continuaient leur chemin pour entrer dans le second salon, la salle à manger. Une fois toutes les portes refermées derrière eux, la rencontre pouvait commencer. Napoléon recevait toujours debout, en habit de chasse vert foncé avec sur le côté gauche la plaque de la Légion d'honneur, portant aussi une culotte en casimir et des bas de soie blanche. À son bras gauche, il tenait son traditionnel bicorne à cocarde tricolore. En restant tête nue, il obligeait ainsi les Anglais à le saluer quel que soit leur rang par simple politesse. Au cours d'entretiens qui pouvaient durer plusieurs heures, Napoléon questionnait, séduisait, plaisantait ou soliloquait avec ses interlocuteurs du jour. À chaque fois, il s'intéressait ainsi sincèrement à eux. Dès lors, ses visiteurs ne pouvaient être que flattés ou au moins intrigués par l'intérêt qu'ils suscitaient.

Cordial la plupart du temps, Napoléon pouvait cependant aussi se montrer très direct. À un intendant militaire, il demanda par exemple : « Volez-vous ? » À un médecin, il lança : « Combien de malades avez-vous tués[3] ? » Il arrivait aussi qu'il reçoive peu gracieusement. Malgré l'intérêt qu'il lui portait, Raffles ressortit ainsi fort déçu de son entrevue : « Sans être animé, son comportement est sec, rude, autoritaire et ses manières sont les moins courtoises que j'aie jamais vues. Pendant qu'il parlait, il prenait du tabac à priser, ou plutôt il faisait semblant, car sa tabatière était vide[4]. » Au-delà d'une simple mauvaise humeur, Napoléon se comportait différemment selon le profit qu'il pensait pouvoir tirer de la personne qui se trouvait en face de lui. Comme l'explique très bien le commissaire russe Balmain, dans le cas où il n'attendait rien, il ne faisait guère d'efforts pour se montrer à son avantage : « Les réceptions, écrit-il à son ministre, ne sont pas les mêmes à beaucoup près pour tout le monde. Le grade, le mérite, l'impression que fait la personne, et surtout les vues que l'on peut avoir sur elle, y mettent les nuances. Il y en a qu'on aime en tête à tête ; plusieurs à qui l'on parle assez longtemps ; un grand nombre est congédié d'abord et reçu devant la porte à l'entrée du jardin. Rarement on admet à une seconde audience ceux dont on ne peut tirer aucun parti comme les dames, les voyageurs[5]. » Parmi ceux que Napoléon appréciait tout particulièrement, il y avait bien sûr l'amiral Malcolm, qui pouvait rester en sa compagnie entre trois et quatre heures. Obligé lui aussi de rester debout pendant tout le temps de l'entretien, il devait également aimer s'entretenir avec lui pour ne pas s'en aller à la première fatigue.

Outre son extrême cordialité avec le captif, on sait qu'il avait pris son parti contre Lowe. Décidé à l'aider, il lui prodigua aussi quelques conseils sur les gens qu'il convenait d'accueillir ou non à Longwood. Ce fut par exemple le cas avec l'ambassadeur britannique en Chine, Lord Amherst, membre du Parlement, qui débarqua à Jamestown le 27 juin 1817. Pour l'amiral, Napoléon devait absolument le recevoir car, même s'il appartenait au parti conservateur, cet homme influent pourrait peut-être plaider son cas à Londres. Sans certitudes mais avec l'espoir de le convaincre, le prisonnier accepta donc de l'inviter. Pour que Lowe soit empêché de le contredire par manque de temps, il décida de faire venir Amherst la veille de son départ. Conscient qu'il jouait là une carte importante, Napoléon se prépara à recevoir un hôte de marque, exigeant que l'étiquette soit mieux observée encore qu'à l'ordinaire. Pour cela, il passa lui-même en revue avant l'entretien le personnel de sa Maison, grondant Noverraz qui avait oublié de mettre une boucle à ses souliers ou Montholon qui n'avait pas enfilé son grand uniforme. Malgré ces impairs, Lord Amherst eut droit au grand jeu impérial le 1er juillet. Lors de l'entretien, particulièrement en verve, l'empereur s'emporta contre le gouverneur, dénonçant avec force détails ses conditions de détention. Gêné et interdit, Amherst l'écoutait sans broncher mais n'avait qu'une idée en tête, s'extraire de ce piège au plus vite, ayant rapidement compris que Napoléon tentait de l'utiliser.

Après cette première salve, les deux hommes furent rejoints par la suite de l'ambassadeur. Pensant avoir l'avantage, l'empereur continua son offensive. Le secrétaire d'Amherst, Sir Henry Ellis, laissa ensuite ce témoignage : « Bonaparte déclamait plutôt qu'il ne parlait ; et pendant la demi-heure que Lord Amherst et moi sommes restés avec lui, il nous a paru occupé du seul soin de pénétrer son auditoire de ses idées, afin peut-être qu'on les répétât. [...] Son élocution est rapide, mais claire et pleine de force[6]. » Une fois l'impériale démonstration achevée, l'ambassadeur et ses suivants s'en retournèrent, la tête étourdie par ce qu'ils venaient d'entendre. De son côté, Napoléon parut fort satisfait, persuadé d'avoir marqué de précieux points. « Le gouverneur a joliment reçu son paquet ! », confia-t-il heureux à Gourgaud. Il était si sûr de son fait qu'il n'aurait pas été étonné que l'ambassadeur ne revînt dès le lendemain pour tenter une réconciliation entre lui et le gouverneur. Mais au matin suivant, il eut beau pointer sa lorgnette en direction de la route qui menait à sa maison, l'ambassadeur ne parut point. En réalité, il n'avait pas été du tout convaincu par son discours. De son côté, son secrétaire jugea ses plaintes « aussi mal fondées que possible ». Sans difficulté, il comprit sa manœuvre et les véritables buts de celle ci : « Le premier et le principal, raconta-t-il aussi, est de tenir en éveil l'opinion publique en Europe, mais surtout en Angleterre où il se flatte d'avoir un parti. Le second, d'après moi, peut être attribué au caractère et aux habitudes personnelles de Bonaparte, qui trouve une sorte d'occupation dans la manière dont ces petites intrigues sont menées au loin, et un plaisir peu louable dans les tracasseries et le trouble qu'elles font naître sur les lieux. » Sans le réaliser, Napoléon venait d'échouer totalement.

En première analyse, on ne comprend guère pourquoi il continuait à espérer un changement d'attitude de la part des lords anglais comme de leur souverain. Au lieu de ne s'appuyer que sur l'opinion publique, il s'entêta à vouloir être reconnu par ceux qui en leur for intérieur le détestaient le plus, c'est-à-dire les membres de l'aristocratie, où qu'ils se trouvent d'ailleurs. Il faut dire qu'après avoir outrageusement dominé la noblesse et les souverains d'Europe, il était sans doute difficile de se voir ravalé au rang de général. Mais il y avait incontestablement chez lui le puissant désir d'appartenir à leur cercle fermé en apparaissant comme le premier représentant d'une dynastie comparable, voire supérieure aux autres. Fier de son œuvre, il l'était tout autant de la monarchie qu'il avait fondée : « La maison impériale de France contracta des alliances avec toutes les familles souveraines de l'Europe. [...] Ces mariages sont heureux : de tous sont nés des princes et des princesses qui en transmettront le souvenir aux générations futures », confia-t-il par exemple à Las Cases[7]. Tout au long de son règne, il ne comprit point que si l'on pliait l'échine devant lui parmi la noblesse, les princes et les rois, c'était avant tout en raison de l'éclatant succès de ses armées. Si les souverains européens lui donnèrent du « mon cousin » comme il était d'usage entre têtes couronnées, ce n'était que d'une plume contrainte. Pourtant, il n'avait pas ménagé ses efforts pour incarner un souverain digne et incontestable, à l'égal des très vieilles familles régnantes. Sa quête de légitimité sembla ne jamais s'achever, de son sacre à Notre-Dame de Paris au mariage avec Marie-Louise d'Autriche.

À Sainte-Hélène, de cette marche obstinée vers l'affermissement d'une dynastie, il ne restait presque rien, si ce n'est le souvenir. Son épouse, la seconde impératrice, Marie-Louise l'avait oublié depuis longtemps. Même si elle conserva quelques sentiments pour lui, elle ne fit absolument rien pour lui, tout à son bonheur avec un officier autrichien, le comte de Neipperg. Jamais elle ne lui écrivit ni ne prit de ses nouvelles. Duchesse de Parme, elle régnait sur cette ville, loin de la cour de son pays de naissance. Quant à leur fils, le roi de Rome, il vivait dans les palais autrichiens éduqué par le sévère précepteur Maurice Dietrichstein. Il n'eut absolument aucun contact avec son père au grand désespoir de celui-ci. Née sous la contrainte, l'élévation de l'empereur Napoléon en Europe ne résista pas à sa chute. Ensuite, de Londres à Vienne, tout fut entrepris pour effacer cette page d'ailleurs peu glorieuse pour ceux qui avaient capitulé devant l'« ogre corse ». Son règne devait donc être absolument oublié, comme une sorte d'accident de l'Histoire, une erreur monstrueuse et qui ne devait plus se reproduire. Gouvernées par la réaction, les monarchies européennes pensèrent un peu vite qu'en le présentant comme une exception, il serait plus facile de revenir à l'ordre ancien. Refusant ainsi d'admettre que depuis la Révolution française et l'avènement de Napoléon, les sociétés avaient profondément changé, elles pensèrent à tort faire fi du passé au prix de quelques ajustements.

Or le vent libéral qui soufflait toujours sur le Vieux Continent n'était pas près de s'interrompre. Au contraire même, il n'allait faire que se renforcer. Dans cet affrontement titanesque entre forces réactionnaires et progressistes, Napoléon ne sut pas toujours exactement où se placer, continuant de défendre ses privilèges de souverain tout en recherchant un soutien populaire. Au fond, il restait persuadé d'incarner à la fois le peuple et la nation comme le fondateur d'une dynastie. Mais à Sainte-Hélène, vouloir encore réaliser en sa personne la fusion des deux mondes, l'ancien et le nouveau, n'était sans doute plus d'actualité. Il fallait choisir. Or, il y renonça. Obnubilé par son ancienne position, l'empereur vaincu ne fit aucun effort pour vraiment appuyer dans ses écrits publiés le courant libéral qui pourtant le soutenait. Rien, pas même la plus infime des mentions, le mot « liberté » ne valant au total que pour lui. Son autoritarisme naturel s'opposait de toute façon à ce qu'il fasse sienne une politique fondée sur les plus grandes libertés individuelles possible. Entre Mme de Staël et lui, l'affrontement fut permanent sous son règne. Rappelons seulement que, malgré son soutien sous le Consulat, elle fut assignée à résidence pendant de longues années par un Napoléon qui la détestait. Pendant les Cent-Jours, il avait toutefois travaillé avec son ami de cœur, Benjamin Constant, en vue d'une nouvelle Constitution. Mais à l'arrivée, l'Empire dit libéral fut une déception et notamment la rédaction de l'Acte additionnel aux Constitutions de l'Empire : « À y regarder de plus près, l'Acte laissait le chef de l'État au centre du jeu, chaque liberté octroyée étant limitée par une intervention ou un pouvoir d'empêcher de l'exécutif. L'empereur gardait intacte sa prépondérance dans l'ordonnancement institutionnel », remarque Thierry Lentz[8]. Le *Mémorial* de Las Cases dans sa version retravaillée et publiée en 1823 fit ensuite oublier tout cela en racontant après coup un Napoléon libéral, comme pour mieux rejoindre un mouvement qui prenait de plus en plus d'ampleur dans la troisième décennie du siècle.

En 1817 et 1818, si les libéraux anglais comme européens soutenaient Napoléon, c'était parce qu'il voyait en lui le fondateur du Code civil mais surtout l'homme que leurs rivaux politiques détestaient le plus. Dès lors, l'utiliser pour combattre ces derniers leur parut aussi utile qu'efficace. En quelque sorte, il leur fallait trouver une figure connue pour les représenter, bref désigner leur champion. Dans sa position de prisonnier des forces conservatrices, Napoléon était le candidat idéal. Quoi de mieux en effet qu'un martyr pour faire progresser une cause ? En France, dès ses premières parutions fin 1817, la *Bibliothèque historique, ou Recueil des matériaux pour servir à l'histoire du temps*, un journal libéral habile à déjouer la censure malgré plusieurs condamnations en justice, évoqua abondamment Sainte-Hélène en donnant la plus grande publicité possible à un grand nombre de protestations napoléoniennes : « On sent là, commente Philippe Gonnard, l'intention très précise de conserver le souvenir de Napoléon vivant dans l'opinion, d'interrompre la prescription de l'oubli, de le maintenir d'actualité. On sent aussi la volonté de le présenter sous un jour plus favorable, de lui faire une "bonne presse"[9]. » Partant, on pourrait d'autant mieux utiliser l'image et le prétendu discours libéral de l'empereur que l'on combattait pourtant quelques années auparavant. Mais comment justifier ses actes passés, surtout son autoritarisme d'autrefois assez choquant pour le courant libéral ? Pour contourner cet écueil, les libéraux firent croire que si Napoléon ne s'inspira pas tout de suite de leurs idées, ce n'était que partie remise : « On me comprenait mal ; je voulais les restreindre d'abord pour les faire briller ensuite », aurait par exemple affirmé le captif de Sainte-Hélène[10]. Tout ceci n'était que pure manipulation, premiers échos d'une *légende libérale* qui ne ferait donc que prendre de la consistance ensuite. Mois après mois, le filon napoléonien fut d'ailleurs si profitable à la revue libérale que celle-ci l'exploita sans faiblir jusqu'à sa fermeture en 1820.

D'une récupération à l'autre, si parfois le véritable discours du captif n'était pas vraiment celui que l'on souhaitait, on osa parler à sa place. Et puisque le temps était aux publications anonymes, les libéraux ajoutèrent la leur. C'est ainsi que parut en 1817 le fameux *Manuscrit venu de Sainte-Hélène d'une manière inconnue*. Avec un tel titre, le succès était garanti. Publié chez John Murray, un whig bon teint, cette supercherie littéraire fut quasi parfaite. En la lisant, on le croirait plus vrai que nature alors que le captif fut complètement étranger à ce texte. Dans cette soi-disant autobiographie rédigée sur le ton de la confidence, Napoléon devint le porte-parole des idées nouvelles comme l'adversaire résolu de l'ancien monde en lui prêtant par exemple ces paroles : « Quel que fût mon désir de faire à la Révolution un établissement stable, je voyais clairement que je ne pouvais y parvenir qu'après avoir vaincu de grandes résistances ; car il y a antipathie nécessaire entre les anciens et les nouveaux régimes. [...] Cette lutte devait décider en dernier ressort du renouvellement de l'ordre social de l'Europe. J'étais à la tête de la grande faction qui voulait anéantir le système sur lequel roulait le monde depuis la chute des Romains. Comme tel, j'étais en butte à la haine de tout ce qui avait intérêt à conserver cette rouille gothique. »

Comme pour tout ce qui touchait à Napoléon, les journaux en firent leur miel et les libraires s'en trouvèrent moins gênés pour boucler leurs fins de mois. Bilan de l'opération : quatre rééditions à Londres au cours de l'année de sa sortie. En France, l'ouvrage séditieux fut interdit mais circula largement sous le manteau. Souvent recopié, il arrive encore aujourd'hui que l'on en trouve un exemplaire dans quelque grenier, faisant espérer à celui qui le trouve, avant qu'il ne soit détrompé, un substantiel profit pour ce qu'il croit être des Mémoires inconnus de l'empereur. Dès 1818, la police française soupçonna Germaine de Staël d'en être sinon l'auteur, du moins l'inspiratrice. Il semble établi que deux de ses proches, Lullin de Châteauvieux et Gabriel Eynard, ont effectivement prêté leur concours à cet habile pastiche, ce qui laisse penser qu'elle ne fut pas tout à fait étrangère à cette publication. Que des opposants historiques de l'empereur aient usurpé son identité pour écrire un texte lui donnant le beau rôle ne manque pas de sel. Mais en politique, on le sait, toutes les ruses sont permises.

Dans les mois qui suivirent sa sortie à Londres, Napoléon en reçut un exemplaire des mains du toujours prévenant amiral Malcolm. Autour de lui, on s'interrogea. Qui pouvait bien en être l'auteur ? Les noms de Roederer ou de Sieyès furent évoqués avant que le grand maréchal Bertrand ne reconnaisse la patte de Mme de Staël et les idées de Benjamin Constant. Le pastiche libéral ne pouvait venir que du cercle de Coppet, on en fut vite convaincu. En le refermant, Napoléon eut ce mot : « C'est un ouvrage qui marquera et qui fera époque. » Son intuition et son sens politique ne le trompaient point. Dommage qu'il n'en ait pas été l'auteur. Sans conteste, ce faux fut plus réussi que les vrais ouvrages nés de la plume de l'empereur, l'*Appel* de Santini, les *Lettres du Cap* ou les *Lettres de Sainte-Hélène*. C'est quelque part un comble de penser que le génial communicant qu'était l'empereur se soit laissé surpasser par ses anciens adversaires. Mais, au fond, peu importait qui tenait la plume du moment que l'on parlait toujours de lui.

12

La vague montera-t-elle encore ?

Dicter, se raconter, s'expliquer ou protester. Telle était devenue l'obsession de Napoléon. Depuis qu'il avait eu entre les mains le livre de Warden, sa « manie d'écrire » (Gourgaud) avait pris un tour nouveau. Désormais, dès qu'un ouvrage sur lui paraissait, il tenait à apporter une réponse sous forme de notes ou de livres. À plusieurs reprises, il attaqua aussi en premier en publiant par exemple les *Lettres de Sainte-Hélène*. Dans le même temps, son « dialogue » par journaux interposés avec Bathurst se poursuivait. Après la publication de l'*Appel à la nation anglaise* de Santini reprenant la protestation de Montholon, le lord ministre avait répondu à la Chambre aux attaques de Lord Holland. Son long discours avait ensuite été repris par une grande partie de la presse britannique. Fin mai 1816, Napoléon put en prendre connaissance. Les mots du ministre assombrirent son humeur pendant plusieurs jours. À dîner, le 30 mai, Gourgaud remarqua sa colère : « S.M. est très agitée, mange très vite, gronde ses chasseurs de lui servir tant de plats[1]. » Mais tandis qu'il mangeait d'une fourchette contrariée, il se décida à répondre sous la forme d'une adresse au prince régent. Devant sa cour, il fit cette annonce : « N'est-ce pas que ce sera un bel ouvrage que cette réponse à Bathurst ? Ce lord est une bête, un ignorant, qui ne sait ce qu'il dit. Il va voir comme je travaille, je le foudroie. Cela fait bien voir l'avantage d'un bon logicien sur un imbécile[2]. »

Trois mois furent nécessaires pour mettre au point un document long de plusieurs dizaines de pages qui prit le titre d'*Observations au discours de Lord Bathurst*. Grâce à une note retrouvée par l'historien Philippe Gonnard, nous savons de quelle manière cette réponse fut élaborée :

> Je désirerais, écrivit Napoléon, que Gourgaud, en lisant le *Discours* de Bathurst, classât les faits en trois classes [*sic*] :
>
> 1e Les réponses de Bathurst à Montholon qu'il déclare *« it was not true »* ;
>
> 2e Les assertions qu'il fait qu'il n'a pas répondu et dont on a les pièces ;
>
> 3e Les assertions de Bathurst déclarées fausses et calomnieuses ;
>
> 4e Celles calomnieuses.
>
> Ce qui fera une vingtaine de questions où il a toujours tort, de sorte que le résumé se divise en trois :
>
> 1e Résumé du *bill* – des droits – discussion des quatre restrictions faites par le gouvernement ;
>
> 2e Démenti donné à un démenti qu'on lui donne pour de fausses assertions ;
>
> 3e Assertions calomnieuses. Ton de mépris. Inconvenance de l'exécution du *bill* depuis l'arrivée à Sainte-Hélène.
>
> La péroraison doit être en deux parties : résumer et récapituler ceux-ci-dessus [*sic*] – et la deuxième partie, considérations générales pour prouver que tout va au but dans le fait bien exprimé, dans l'intention dite plus obscurément de tuer l'empereur. Enfin finissant par une comparaison, celle d'Annibal, ce qui finira les trois parties de la péroraison[3].

Même si cette note fut rédigée un peu rapidement, elle est intéressante à plus d'un titre, car elle nous éclaire sur la manière de travailler de Napoléon avec ses collaborateurs, mais aussi sur le cheminement de sa pensée de « logicien ». Comme le font toujours les conseillers modernes des hommes d'État, Gourgaud fut chargé de préparer la dialectique de son maître, ses « éléments de langage » dirait-on aujourd'hui. Comme on pouvait s'en douter, la construction de son discours tendait à la rationalité la plus aboutie possible. L'exposé des faits devait en effet être suivi par la réfutation point par point des arguments de l'adversaire, de ses erreurs les plus légères aux plus graves, afin de montrer les intentions malignes de celui-ci. « Tout va au but [...] de tuer l'empereur », telle devait être la conclusion du lecteur. À toute rhétorique réussie, il faut aussi du sentiment : « Ton de mépris », commanda Napoléon. Enfin, en se comparant à Annibal, il rappelait son importance, sa dignité aussi. Dans ces recommandations, on reconnaît les notions fondamentales de la rhétorique définies depuis l'Antiquité : logos (logique), pathos (émotion) et ethos (vertu). À travers cette note, le discours napoléonien paraît aussi froid que convenu. Si la rancœur inspirait Napoléon, celui-ci ne perdait pas de vue son objectif final : revenir d'exil. Dès lors, il devait combattre avec méthode ses geôliers afin de l'emporter. Travaillée avec le plus grand soin, sa communication ne pouvait cependant être complètement sincère. Une certaine exagération faisait immanquablement partie du jeu auquel il se livrait. Point de bonne propagande en effet sans répétitions et artifices. Malgré un plan précis, la rédaction de l'ouvrage fut assez laborieuse. À la recherche obsessionnelle du mot juste, Napoléon amenda son texte plus qu'à l'ordinaire. Le 4 octobre, Montholon écrit : « Je suis las de copier et recopier sans cesse les *Observations*. J'en ai fait 5 à 6 copies et Ali autant[4]. »

Au total, plus long que prévu, le document n'est pas exempt de redites et abuse de la grandiloquence. À travers cet énième plaidoyer, Napoléon protestait à nouveau contre le principe même de sa détention, l'exiguïté des limites qui lui étaient assignées ou l'interdiction de pouvoir correspondre librement. Pour donner plus de force à sa dénonciation, il détaillait aussi chaque incident ayant émaillé la captivité, du renvoi des domestiques à l'affaire du botaniste autrichien Welle[5]. Mais surtout, il continuait de se poser en victime : « Quand, par les révolutions des siècles, écrivit-il, un roi d'Angleterre sera traduit devant le tribunal redoutable de sa nation, ses défenseurs allégueront le caractère auguste de roi, le respect dû au trône, à toute tête couronnée, à l'oint du Seigneur ; mais ses adversaires ne pourront-ils pas répondre : Un de ses ancêtres proscrivit son hôte en temps de paix ; ne pouvant le faire mourir en présence d'un peuple qui avait des lois fixes et des formes publiques, il fit exposer sa victime sur le lieu le plus malsain d'un rocher situé au milieu de l'Océan, dans un autre hémisphère. Cet homme y périt après une pénible agonie, tourmenté par le climat, par le besoin, par les outrages de toute espèce : supplice sans exemple chez les nations chrétiennes. Eh bien ! Cet homme était aussi un grand souverain, élevé sur le pavois par trente-six millions de citoyens, qui fut le maître de presque toutes les capitales de l'Europe, qui vit à sa cour les plus grands rois. Il fut généreux pour tous, reconnu par tous ; il fut vingt ans l'arbitre des nations ; sa famille fut alliée avec toutes les familles souveraines, même avec celle d'Angleterre. Il fut deux fois l'oint du Seigneur, deux fois sacré par la religion !! »

Le 6 octobre 1817, fier de sa prose, il fanfaronna devant ses compagnons d'exil : « Je vais lâcher un coup de quarante-huit, en envoyant à Plantation House et au ministère les observations sur le discours de Lord Bathurst[6]. » Contre reçu, il fit ensuite déposer son travail chez le gouverneur, le tout représentant deux cahiers avec un en-tête. Un feuillet écrit de la main de l'empereur précisait : « J'approuve ces observations. Je désire qu'elles soient mises sous les yeux du souverain et des peuples d'Angleterre. » Selon ses consignes, les *Observations* devaient être transmises à Lord Liverpool sans être ouvertes. Contre toute attente, les cachets scellant le document ne furent pas brisés et celui-ci fut envoyé à Londres en l'état. Mais le texte fut toutefois connu de Lowe, car des copies clandestines habilement propagées par les Français circulaient dès le soir de l'envoi des papiers scellés. Aussitôt le gouverneur se mit à son tour à rédiger un fastidieux travail de réfutation. Puis, il prit langue avec Bertrand pour examiner si quelque arrangement n'était pas possible entre lui et le prisonnier. Persuadé d'avoir effrayé le gouverneur, celui-ci exultait. Mais son nouveau « coup de quarante-huit » avait-il vraiment autant porté qu'il le croyait ? En vérité, son tir ne fut pas aussi ajusté qu'il l'aurait cru. De Plantation House ou de Londres ne vint aucune réponse. En avril 1818, Bathurst rassura Lowe : « La lettre de Bonaparte à Lord Liverpool, lui écrivit-il, a fait un peu de sensation ici. Le sujet est devenu moins intéressant à présent pour le public et le style employé n'est pas fait pour le relancer[7]. » Mais si l'intérêt pour la prose de Napoléon faiblissait, il ne disparaissait pas pour autant. Avant que les *Observations* ne soient publiées, le libraire James Ridgway avait mis sous presse les *Lettres de Sainte-Hélène*. Et comme pour les précédents ouvrages de l'empereur, en moins d'un an plusieurs rééditions virent le jour.

La fièvre écrivaine comme éditoriale de Napoléon ne semblait plus vouloir s'arrêter. À peine en avait-il terminé avec un projet de livre ou de pamphlet qu'il passait au suivant. Après les *Observations*, il se mit en tête de répondre à l'ouvrage d'Alphonse Beauchamp, *L'Itinéraire de l'île d'Elbe, la vie de Fouché*. Comme le confirme le grand maréchal, il voulut publier très rapidement un troisième manuscrit : « L'empereur, relate Bertrand, se décide à faire imprimer les 9 séries de préambules au Retour de l'île d'Elbe et qui étaient intitulées *des Bourbons*. On l'appellera : *Manuscrit de l'île d'Elbe*[8]. » Parmi les œuvres qu'il parvint à faire éditer, celle-ci est sans conteste la plus politique. En fait, il s'intéressa moins à son séjour de l'île d'Elbe qu'à l'affirmation de sa légitimité de souverain. Contre les Bourbons, il mena ainsi une attaque en règle, écrivant par exemple sur Louis XVIII : « S'il est, s'interroge-t-il, dans la dix-neuvième année de son règne, il a donc déjà régné dix-huit ans ; il est donc le continuateur de la troisième dynastie ? S'il n'est roi que par la grâce de Dieu, il n'est donc pas roi constitutionnel ? Enfin s'il est roi de France et de Navarre, il est donc roi féodal[9] ? » Après avoir rappelé l'ensemble des traités comme les événements ayant mis un terme à la dynastie des Bourbons, il conclut : « La couronne de la troisième dynastie, poursuit-il, est dissoute ; elle s'est évaporée ; elle ne peut donner ni droit, ni force. Louis ne voulut pas être, et il n'est pas, chef de la cinquième dynastie ; il n'est que l'agent des puissances ennemies de la France. Il a marché de Londres aux Tuileries sur un pont de baïonnettes étrangères, dégoûtantes du sang français[10]. »

En deux ans seulement, entre 1816 et 1818, le prisonnier parvint à faire publier en terre anglaise trois ouvrages, les *Lettres du Cap*, les *Lettres de Sainte-Hélène* et le *Manuscrit de l'île d'Elbe*, ainsi que deux pamphlets, l'*Appel à la nation anglaise* et les *Observations*. Passé plutôt sous silence jusque-là, cet incroyable succès mérite d'être souligné, à la fois pour la performance que cela représentait comme pour la volonté que cela sous-tendait. Isolé et gardé par des forces démesurées, le captif parvint apparemment sans trop de difficultés à se faire éditer au nez et à la barbe de ses nombreux gardiens. Cette frénésie littéraire prouvait à l'évidence son extrême détermination à certes mener la vie dure aux Anglais, mais aussi à peser sur le cours de son destin. Il faut ajouter qu'il ne fut pas le seul à sortir un livre centré sur sa personne ou sur la captivité. Il y eut aussi les *Lettres écrites à bord du* Northumberland et bien entendu le *Manuscrit venu de Sainte-Hélène d'une manière inconnue*. Le plus singulier dans cette flambée éditoriale fut sans doute cette permanente et substantielle complicité des Anglais. À Sainte-Hélène, des dizaines de sujets du roi George appuyèrent les efforts du captif, rendant ainsi possible l'envoi en Europe de ses écrits. Et quand ils n'étaient pas directement ses complices, à l'instar de l'amiral Malcolm, ils fermaient les yeux sur ses intrigues, les approuvant en secret. À Londres, éditeurs et lecteurs ne manquèrent point pour assurer le succès d'une aventure éditoriale aussi incroyable qu'inédite.

Tout quidam se rendant dans une librairie de Londres trouvait en effet des tables bien fournies sur le sujet Napoléon. Si les textes proposés étaient d'une qualité inégale et rencontrèrent des succès divers, l'essentiel n'était pas là. Outre les chroniques consacrées au captif, toutes ces publications firent parler d'elles, générant un flot d'articles quasi ininterrompu. Ainsi, si l'on mesure les occurrences des noms Buonaparte, Bonaparte et Napoléon dans les journaux britanniques, nous obtenons les chiffres suivants : 7 430 pour 1816, 5 032 pour 1817 et 5 102 pour 1818. Comparé à ce qui pouvait s'écrire du temps de son règne (entre 7 000 et 10 000), c'était à peine moins. Tout ce bruit autour du prisonnier ne pouvait que résonner douloureusement aux oreilles d'un gouvernement royal attaché précisément à le faire taire. Pour les autorités britanniques, il y avait en outre de quoi perdre son anglais. À part Warden, les auteurs mentionnés en couverture ou présumés, Santini ou le *storeship captain*, n'étaient que de fausses pistes créées pour mieux les tromper. Ainsi, ce qu'écrivit Napoléon ne lui fut jamais attribué directement du temps de son exil alors même que d'autres ouvrages totalement apocryphes, tel le *Manuscrit*, furent reconnus comme étant de sa main. Entre déception et confusion, le cabinet de Saint-James connut donc une période plutôt compliquée. D'emblée, sur le plan éditorial comme « médiatique », Sainte-Hélène fut un mauvais choix. En réalité, cet exil singulier suscita tout de suite la curiosité, l'intérêt, et abîma la réputation d'Albion. Après la mort de Napoléon, cette tendance ne fit que se confirmer avec les succès notamment des ouvrages de Las Cases ou d'O'Meara. Au XXe siècle, citons seulement *La Chambre noire de Longwood* de Jean-Paul Kauffmann. On pourrait ainsi multiplier les exemples.

À la lumière de ce qui précède, le choix de Napoléon de se rendre aux Anglais n'était donc pas aussi mauvais qu'il y parut. Dans les pays pratiquant la censure et muselant leurs oppositions tels la Russie, la Prusse, l'Autriche ou la France, il aurait croupi dans une obscure prison de laquelle il n'aurait pas eu la moindre chance de ressortir. Au sein d'un pays divisé comme l'était le Royaume-Uni, Napoléon pouvait espérer un sort meilleur si les libéraux venaient à prendre le pouvoir. En 1817, d'une plume amère, un espion français à Londres écrivit à son gouvernement : « Le fait est que Bonaparte occupe l'opinion publique… on le fait parler, on le fait écrire, on le nomme sans cesse, on le mêle à tout[11]… » Et dans les hautes sphères du pouvoir anglais, on commença même à douter de la pertinence de le laisser à Sainte-Hélène : « Le duc de Wellington ne pense pas que la manière de le garder soit celle qui conviendrait. Il prétend qu'elle finira par exciter l'intérêt et la pitié en sa faveur sans procurer plus de sécurité », révéla ainsi le Premier ministre de Louis XVIII, le duc de Richelieu, à l'un de ses correspondants[12]. Même si elles étaient minces, les chances de Napoléon de voir son exil évoluer dans un sens plus favorable étaient néanmoins réelles. Mais pour cela fallait-il encore qu'il soit impeccablement soutenu par les siens.

CINQUIÈME PARTIE

DÉSILLUSIONS

1

Faire place nette

Au fil des mois, l'une des principales craintes du gouvernement britannique était devenue réalité. Comme les lords ministres le redoutaient depuis 1815, leur prisonnier gagnait chaque jour en popularité parmi le peuple britannique comme au sein de l'armée. Ce mouvement s'observait aussi bien en Angleterre que sur l'île-prison. À l'évidence, il contrariait le cabinet Liverpool et Bathurst au premier chef. Quant à Lowe, cette situation le fragilisait et le rendait toujours plus nerveux. Et sa méfiance n'en était que plus vive : « Dès qu'on l'interroge sur Bonaparte ou sur quelqu'un de sa suite, rapporta Balmain, son front se ride. Il croit qu'on lui tend un piège et ne répond qu'à demi[1]. » Au sein de son propre camp, trois alliés objectifs de Napoléon le gênaient manifestement : l'amiral Malcolm, commandant la flotte de l'Atlantique Sud, le médecin de Longwood, le docteur O'Meara, et le fournisseur exclusif de Longwood, Balcombe. Le premier désirait vraisemblablement prendre sa place, le deuxième ne lui obéissait plus et le troisième le trahissait certainement. Concernant O'Meara comme Balcombe, Lowe nourrissait ainsi des « soupçons directs », persuadé qu'ils ne cessaient d'intriguer dans son dos par pur « fanatisme » ou « prétention ». Autrement dit, au cœur même de la captivité, la plus grande désunion régnait et même prospérait. Il convenait à l'évidence de remettre de l'ordre dans tout cela. Dès lors, obtenir le départ de ces trois hommes occupant tout de même des fonctions importantes devint pour le gouverneur une véritable obsession.

Son premier ennemi était Malcolm. Compte tenu de son grade, de ses opinions plutôt libérales et de l'influence qu'il pouvait avoir à Londres, il était incontestablement le plus dangereux de tous. Au fil des mois, les relations n'avaient cessé de s'aigrir entre les deux hommes. Au lieu d'avancer main dans la main pour le bon déroulement de la captivité, ils devinrent au contraire quasi ouvertement rivaux. Tout en ne l'affrontant pas directement, par peur autant que par prudence, Lowe épiait sans relâche son adversaire, ce que ce dernier découvrit assez vite. Quand le marin s'aperçut un peu stupéfait qu'« un système d'espionnage s'était établi dans l'île et que les moindres bagatelles étaient rapportées au gouverneur », il jugea cette mesure « odieuse » et susceptible de causer un « mal incalculable »[2]. En premier lieu, Lowe ne lui pardonnait pas la facilité avec laquelle il pouvait se rendre à Longwood alors que lui-même y était *persona non grata*. Ensuite, outre cet affront, le seul fait que le prisonnier pût parler librement avec un haut responsable britannique hors de sa présence lui était insupportable. Enfin, il savait pertinemment que leur sujet de discussion habituel n'était autre que sa propre personne. À l'été 1817, cet étonnant combat cessa toutefois quand Malcolm fut rappelé à Londres, à peine un an après sa nomination. Assez facilement, le gouverneur remporta ainsi sa première victoire contre ceux qui sur l'île faisaient mine de s'opposer à lui. Avant de partir, l'amiral le fâcha cependant une dernière fois. Comme une dernière politesse entre ennemis déclarés.

Le 19 juin, en compagnie de son épouse, Malcolm rendit une visite de pure courtoisie au captif pour lui apprendre la nouvelle de son départ. Après avoir immédiatement accepté de le recevoir, Napoléon accusa le coup. À l'évidence, il perdait un soutien précieux, ce qui le mit en rage : « S.M. cause pendant deux heures avec les Malcolm, raconte Gourgaud ; la porte du billard étant ouverte et S.M. parlant très haut, nous entendons une grande partie de la conversation. S.M. dit tous ses griefs contre Lowe[3]. » Devant cette nouvelle charge, Malcolm resta prudent, mais opina parfois du chef en murmurant « C'est bien vrai ». Après son long soliloque, Napoléon offrit une splendide tasse en porcelaine de Sèvres à Lady Malcolm que cette dernière accepta avec déférence et une joie manifeste. En revenant aux Briars, l'amiral rédigea son dernier compte rendu à l'intention du gouverneur. Mais avant même qu'il n'écrive une ligne, celui-ci savait déjà tout grâce à l'un de ses officiers qui avait réussi à écouter aux portes. À cause notamment du cadeau offert à Lady Malcolm, il fulminait contre ce couple maudit. Pour lui montrer sa mauvaise humeur, il convoqua l'amiral pour une dernière explication qui tourna à l'aigre. Mais bientôt, il n'aurait plus à l'affronter, le départ de son ennemi étant imminent.

Malcolm fut ainsi le premier allié de poids de l'empereur à partir. Avant de quitter l'île, il présenta à Napoléon le 3 juillet son successeur, l'amiral Robert Plampin. Marin expérimenté, il était présent au siège de Toulon en 1793 à bord d'un navire britannique quand le jeune artilleur Bonaparte remporta une victoire décisive. Si participer aux mêmes combats crée parfois des liens, en l'occurrence cela ne contribua en rien à rapprocher les deux hommes. Au contraire, Plampin n'éprouva jamais aucune sympathie pour le captif et ce fut réciproque. Napoléon disait de lui qu'il avait tout d'un « arlequin » ou d'un rustre ressemblant à ces « grossiers matelots hollandais que l'on peut voir dans leur pays assis à une table, la pipe à la bouche, ayant devant eux un morceau de fromage et une bouteille de bière ». L'homme était en effet presque l'exact opposé du raffiné Malcolm. Le choix de ce vieux loup de mer était sans doute délibéré. Contrairement à son prédécesseur, il ne nourrissait plus aucune ambition et n'avait pas l'intention de faire des vagues. S'il n'y eut aucun conflit direct entre lui et Napoléon, leur relation fut à la fois distante et aussi froide que les eaux profondes de l'Atlantique Sud. Pour Lowe, il apparut comme le marin idéal : « L'amiral Plampin, écrivit-il le 27 juillet à Bathurst, ne paraît disposé à s'entremettre [avec Bonaparte] d'aucune façon ; s'il intervient en quelque occasion, ce sera pour me prêter son assistance[4]. » Sa prédiction allait en effet se vérifier, Plampin l'aiderait en effet à expurger Sainte-Hélène de ceux qu'il considérait comme des gêneurs de première importance.

La relève de Malcolm entraîna également le remplacement des navires composant la flotte de l'Atlantique Sud. Comme navire amiral, le cinquante-six canons *Newcastle* laissa sa place aux soixante-quatorze canons du *Conqueror*. Côté armée de terre, le 66e régiment vint s'installer à Deadwood à la place du 53e. Avec cette importante relève motivée essentiellement pour des raisons de service s'interrompirent également les probables intelligences qui avaient pu se nouer ici ou là entre soldats ou marins et compagnons de l'empereur. Le départ du 53e mit également fin au service des quelques Anglais qui servaient à Longwood : « Nous avions dans le service de l'établissement quelques Anglais appartenant au 53e. Ils nous dirent que tout le régiment, en quittant Sainte-Hélène, voudrait pouvoir emmener Napoléon et lui voir habiter un beau château en Angleterre. Ces sentiments ne pouvaient nous étonner ; officiers et soldats s'étaient toujours montrés pleins de soin et d'égards pour lui », raconte ainsi Marchand[5]. Jusqu'à quel point firent-ils preuve d'« égards » envers le captif ? On peut raisonnablement penser que plusieurs d'entre eux facilitèrent contre monnaie sonnante et trébuchante la transmission de messages clandestins. Pour éviter à l'avenir toute collusion, Lowe profita d'ailleurs de leur départ pour remplacer ceux qui secondaient à Longwood les domestiques de la Maison par du personnel chinois, évidemment incapable des mêmes intelligences que les Anglais. Ainsi le nettoyage souhaité par le gouverneur se poursuivit-il.

Mais le retour en Angleterre d'autant d'alliés de l'empereur n'allait-il pas faire problème ? Dans une dépêche adressée à Lowe, Bathurst s'en inquiéta vivement : « Le nombre des personnes arrivées de Sainte-Hélène va croissant, et sera beaucoup augmenté par le retour des deux régiments qui y tiennent garnison ; il faut donc s'attendre à ce que beaucoup de rumeurs circulent sur la manière dont le général Buonaparte est traité. Or, il y a dans ce pays beaucoup de personnes disposées à donner crédit à toutes les fausses représentations et à toutes les exagérations qu'on peut répandre pour persuader au public que le général est soumis à des entraves d'une rigueur inutile[6]. » Parmi ceux qui pouvaient s'exprimer en faveur du captif, il y avait évidemment l'amiral Malcolm. En revenant en Angleterre, il fut d'emblée courtisé par les libéraux. Plusieurs d'entre eux estimèrent même qu'il ferait un bon candidat au poste de premier lord de l'Amirauté. Sans doute pour tester cette solution politique, le journal libéral *Morning Chronicle* annonça même sa prochaine nomination. S'il parvenait à remplacer Lord Melville, le visage de la captivité ne pouvait que changer du tout au tout. Pour éviter que Lowe ne s'inquiète de cette rumeur, Bathurst s'empressa de le rassurer, estimant qu'il n'y avait aucune chance pour que Malcolm siège prochainement au gouvernement. Une seule chose le préoccupait cependant dans cette affaire : qu'elle ne vienne à « exciter les gens de Longwood[7] ». Et en effet, l'amiral ne devint jamais ministre. Lors de son retour, il ne fit guère parler de lui. Sans doute pour ne pas compromettre sa carrière, il ne publia rien et évita de paraître à Holland House. À son retour en décembre 1817, il fut cependant invité avec Cockburn à une *party* par Lord Melville célébrant les deux hommes. Puis son nom ne fut plus cité par la presse. *Exit* Malcolm. Définitivement, tout au moins pour cette histoire.

Mais à Sainte-Hélène, toutes les têtes gênantes n'avaient pas été coupées. Au sein de la nébuleuse clandestine venant en aide à Napoléon, le chirurgien de Longwood occupait une place importante. Outre son soutien moral et son assistance médicale, O'Meara rendit sans doute d'autres services au captif. Concernant les *Lettres du Cap* et les *Lettres de Sainte-Hélène*, par exemple, qui en assura vraiment la traduction ? La seule Mme Bertrand ? Cela paraît peu probable. Si les textes en question furent sûrement revus à Londres, il fallait aussi au moment de leur rédaction pouvoir compter sur les compétences de quelqu'un pratiquant la langue de Shakespeare et possédant une belle plume pour arriver au résultat que l'on connaît. À Longwood, seul O'Meara possédait l'un comme l'autre. Il est donc à peu près certain qu'il prêta son concours aux entreprises éditoriales de son illustre patient. Longtemps, Lowe ne se douta de rien, ne se préoccupant que de sa libre correspondance avec le premier secrétaire de l'Amirauté. En octobre 1817, une première crise éloigna toutefois durablement les deux hommes à cause d'une tortueuse histoire de bulletins de santé de Napoléon.

Depuis son installation à Longwood, O'Meara informait Lowe de l'état de santé du prisonnier sans toutefois que ce dernier le sache. Afin de prouver son utilité vis-à-vis des autorités britanniques tout en évitant de froisser l'empereur, il avait choisi de duper les uns comme les autres. Pour satisfaire Lowe, il appelait son patient « général » dans ses bulletins alors même qu'il condamnait fermement cette pratique quand il était à Longwood. Avec finesse, il jouait les équilibristes. Certains diraient qu'il fit preuve de double jeu. Mais à force de vouloir ménager les deux parties, O'Meara se mit en danger, le fil de ses mensonges ne pouvant qu'un jour ou l'autre se rompre brutalement. Après lecture, ses bulletins étaient connus de Lowe comme de son administration, mais aussi des commissaires alliés. À cause de cette large diffusion, le risque était grand que tôt ou tard les Français n'apprennent son petit jeu. Au hasard d'une conversation, le secrétaire de Montchenu, le capitaine de Gors, interrogea Gourgaud sur les palpitations dont souffrait apparemment l'empereur. En rentrant à Longwood, le général français se demanda comment Gors avait pu être mis au courant. Dans un premier temps, il suspecta son ennemi naturel, Montholon, avant de comprendre avec son maître qu'O'Meara était à l'origine de ce qui fut considéré comme une trahison.

Le 14 octobre 1817, Napoléon convoqua son médecin et le somma de s'expliquer. En difficulté, il avoua très rapidement qu'il envoyait effectivement à Plantation House des bulletins de santé. Puis, sans doute pour prouver qu'ils ne contenaient rien de gênant, il fit lire à Napoléon le dernier qu'il venait d'achever. Quand il découvrit qu'il était appelé général, l'empereur fronça aussitôt les sourcils. Fort irrité, il le mit en garde : s'il persistait à le nommer ainsi, il le chasserait sans ménagement de Longwood. En réponse, O'Meara protesta, arguant que jamais Lowe n'accepterait d'autres noms sur les bulletins. Mais devant la fermeté de l'empereur, il promit d'en discuter au plus vite avec le gouverneur. Quand il fut mis au courant, ce dernier s'emporta à son tour, refusant de recevoir des bulletins sur lesquels figurait le titre d'empereur. Du bout des lèvres, il accepta toutefois de voir utilisé le nom de « Napoléon Bonaparte ». Après cette timide avancée, le chirurgien retourna auprès du captif pour lui faire part de la proposition du gouverneur. Elle ne fut pas jugée satisfaisante : « J'ai perdu, répondit Napoléon, un trône pour un point d'honneur, et j'aimerais mieux perdre cent fois la vie que de consentir à me dégrader, en consentant à être nommé au gré de mes oppresseurs[8]. » Après un instant de colère, il consentit toutefois à ce que les bulletins soient anonymes, les termes de « personnage » ou de « malade » pouvant par exemple lui convenir. Ensuite, le gouverneur interrompit la négociation, répétant qu'il ne voulait lire dans les bulletins que les noms de « Napoléon Bonaparte » ou de « général Bonaparte », rien d'autre. On était alors dans l'impasse, la position d'O'Meara devenant de plus en plus délicate d'un côté comme de l'autre.

Si Napoléon fut déçu par O'Meara, Lowe commença à le soupçonner de déloyauté. De lui, il attendait en effet une soumission totale. À défaut, il devait se démettre. De son point de vue, il n'aurait même pas dû entamer cette négociation à propos de ses bulletins. Le seul fait qu'il ait servi d'intermédiaire entre lui et le prisonnier fut proprement insupportable. Dès lors, il décida de ne plus lui adresser la parole. Mais le service médical auprès du captif devant impérativement se poursuivre, ne serait-ce pour que rien ne lui soit ensuite reproché, il demanda au médecin-chef Baxter, en charge de la direction générale de la santé sur l'île, de traiter à sa place directement avec le chirurgien rebelle. Proche de Lowe depuis ses années de service au sein des *Corsican Rangers*, ce médecin avait suivi sur sa demande son ami à Sainte-Hélène. Considéré par les Français comme une « créature » du gouverneur, il ne fut jamais admis à Longwood, mais il entretenait en revanche d'assez bonnes relations avec son confrère. Quand ils prirent langue pour dénouer cette affaire de bulletins, les deux hommes trouvèrent rapidement un arrangement censé répondre aux exigences des deux parties. Assez finement, ils se répartirent en secret les rôles : tandis qu'O'Meara continuerait d'ausculter le captif sans plus rien écrire, les bulletins seraient ensuite rédigés et signés par Baxter d'après ses indications, ce dernier prenant bien soin d'utiliser le vocable de « général Bonaparte » dans ses écrits. Par cette astuce quelque peu artificielle, chaque partie devait y trouver son compte. Mais les deux médecins se gardèrent bien d'informer Napoléon comme Hudson Lowe de leur petit arrangement entre collègues, ce qui ne manquerait pas de poser problème ensuite.

Une fois la crise des bulletins terminée, les relations entre Lowe et O'Meara s'étaient cependant passablement dégradées, le premier détestant désormais profondément le second. Cette haine transparaît nettement dans le journal de Gideon Gorrequer, le secrétaire du gouverneur, précieux à plus d'un titre. Soumis apparemment aux humeurs d'un supérieur atrabilaire et à l'esprit étroit, celui-ci se mit peu à peu à le détester tout en faisant mine de le servir impeccablement. Dans le secret de son intérieur, il confia à son journal son extrême lassitude comme son dégoût pour le personnage. Il nous dépeint ainsi un Hudson Lowe rageur, jaloux, impatient, rancunier et surtout fielleux. En le lisant, on se demande d'ailleurs pourquoi il accepta de le suivre en 1816. Après l'avoir côtoyé de nombreuses années, ne le connaissait-il pas déjà ? Sans doute Lowe avait-il changé depuis qu'il avait mis un pied à Sainte-Hélène. Comme tous ceux qui la vécurent, la captivité changea et souvent abîma les hommes. En pénétrant grâce à Gorrequer dans l'intimité de Plantation House, nous devenons ainsi témoins des sentiments devenus extrêmes de Lowe contre O'Meara. Quand il évoquait sa personne, deux sobriquets revenaient fréquemment dans sa bouche : « chacal » ou « scélérat », et il jurait par ailleurs n'avoir jamais connu un individu plus détestable. À ses yeux, il était même plus dangereux que Napoléon. Pis encore, il le rendait responsable de l'hostilité du captif contre sa personne, persuadé qu'il intriguait sans cesse dans le seul but de le mettre en difficulté. Après s'être méfié de lui, il l'exécrait donc au dernier degré.

Le 25 novembre 1817, il accepta toutefois de le recevoir à nouveau mais pour mieux l'accabler. L'air sévère, il le soupçonna de ne pas lui rapporter exactement tous les propos ou confidences du captif. En réponse, le chirurgien s'insurgea, disant haut et fort qu'il n'était ni un espion ni un mouton. L'entrevue tourna à l'orage : « Le Gouverneur, témoigne Gorrequer, dit qu'il ne pouvait pas souffrir qu'une personne qui l'avait traité d'une manière aussi insultante et irrespectueuse que M. O'Meara venait de le faire, restât assise dans la même pièce que lui, et il lui ordonna de se lever et de s'en aller ; si ce n'eût été par considération pour le général Bonaparte, il ne l'aurait pas laissé passer une heure de plus dans l'île[9]. » Un mois plus tard, une nouvelle rencontre opposa toujours aussi vivement les deux hommes sur le même sujet. Une fois encore, Lowe le congédia vertement, lui reprochant une conduite aussi « déshonorante » que « déloyale ».

Sur ces entrefaites, l'affaire des bulletins connut un second épisode plus âpre encore que le premier. De semaine en semaine, ce qu'écrivait Baxter était de plus en plus préoccupant. Avec une enflure des jambes, un moral au plus bas, des palpitations et des douleurs gastriques, le « général Bonaparte » paraissait assez mal en point. Inquiet, le gouverneur voulut mener sa propre enquête en se rendant sur le plateau de Longwood. S'il n'était sans doute pas reçu par le captif, peut-être parviendrait-il à s'entretenir avec l'un de ses officiers ou domestiques. En chemin, il croisa la route de Cipriani, à qui il demanda des nouvelles de son maître : « Ça va, lui répondit le maître d'hôtel, il a pris un bon petit déjeuner ce matin[10]. » Étonné, Lowe insista : « Alors, il n'est pas plus mal qu'avant ? » La réponse sans équivoque de Cipriani acheva de le rassurer : « Non monsieur, de ce que je peux dire, il n'est pas plus mal qu'avant. » Dès lors, pourquoi Baxter prétendait-il le contraire ? Convoqué à Plantation House, le médecin fut obligé de révéler qu'il ne voyait jamais Napoléon, se fiant seulement à O'Meara pour écrire ses bulletins. En entendant le nom de son pire ennemi, Lowe perdit à nouveau son calme. Ce diable de chirurgien était donc parvenu à le tromper une fois encore, transformant de surcroît son ami Baxter en messager complaisant. La coupe était décidément trop pleine. Dans une longue lettre à Bathurst, il dénonça avec force détails le « système d'action » comme le « système de provocations » du médecin de Napoléon. Après l'avoir reçue, le lord ministre fit la sourde oreille. Manifestement, il n'avait aucune envie de heurter le premier lord de l'Amirauté en réclamant la tête de l'un de ses chirurgiens. Pour l'instant, O'Meara restait intouchable.

2

Nouvelle année, premières déceptions

Le Nouvel An 1818 fut enthousiaste à Longwood. Au seuil de cette nouvelle année, Napoléon paraissait de plus en plus certain de sa victoire prochaine. Pour lui, le gouvernement Liverpool vivait ses dernières heures, son offensive médiatique ayant sûrement porté. Un coup de théâtre allait se produire, il n'en doutait pas. Tandis qu'il recevait les vœux de ses compagnons, on annonça l'arrivée d'une corvette en rade de Jamestown. Venant de Rio, elle était porteuse de dépêches urgentes. Autour de l'empereur, on espérait une libération prochaine : « C'est un bâtiment envoyé exprès, le gouverneur est changé. [...] Il y a peut-être un changement dans le ministère ! Les Montholon espèrent que ce sera pour notre retour en Europe : "Si cela pouvait être la mort du prince régent !" », note Gourgaud[1]. Dans son salon, le captif trépignait, impatient de connaître la nature de ces dépêches. Devant sa fébrilité, O'Meara fit préparer son cheval et partit en ville en quête d'informations. Pendant de longues minutes, on guetta son retour.

Après une interminable attente, on aperçut enfin un cavalier au loin. C'était O'Meara. Il était au grand galop ! Sans aucun doute, il avait appris quelque chose d'important : « C'est une bonne nouvelle !, s'exclame Gourgaud. Le gouverneur est sûrement rappelé ! Cela regarde bien O'Meara. Cela décide de la question. S'il en était autrement, il serait resté en ville[2]. » Des fenêtres de Longwood, les exilés observaient ses moindres gestes, retenant leur souffle. Mais à sa descente de cheval, au lieu de se précipiter vers l'entrée du parloir, il se dirigea étrangement vers les cuisines, puis disparut. Même brève, l'attente fut insupportable. Après un quart d'heure, il se présenta enfin, demandant à voir l'empereur. Aussitôt reçu, il s'enferma avec lui. Près de la porte du second salon, on tendit l'oreille pour entendre ce qu'il avait à dire, mais rapidement toutes les espérances furent déçues. Des lettres de Bathurst étaient bien arrivées, mais O'Meara ignorait leur contenu. Dans les jours qui suivirent, on sut qu'à Londres Liverpool était toujours Premier ministre et que le prince régent jouissait d'une parfaite santé. Et quant à Sir Hudson, il n'avait pas été démis.

Tout au long de l'année 1818, on se berça ainsi d'illusions. À chaque arrivée de navire, la déception était toujours amère. Le 3 février, ce fut au tour du pourvoyeur le *Cambridge* de mouiller près de Jamestown. Il apportait une triste nouvelle : la mort de la princesse Charlotte de Galles, fervent soutien de l'empereur. Après avoir épousé le prince Léopold de Saxe-Cobourg, la fille du régent attendit très vite un heureux événement. Mais elle mourut en couches après avoir donné naissance à un garçon mort-né. En Angleterre, cette tragédie fut douloureusement ressentie. En apprenant sa disparition, Napoléon fut également fort attristé : « J'ai communiqué cette nouvelle à Napoléon, qui a manifesté la peine que lui faisait cet événement malheureux. Indépendamment des sentiments que devait exciter le sort d'une princesse, enlevée à la fleur de l'âge, dans tout l'éclat de la beauté, et ayant le sort le plus brillant en perspective, il a dit qu'il n'avait pas été sans quelque espoir qu'elle aurait fait prendre des mesures plus libérales à son égard. Il s'est emporté contre les accoucheurs et a exprimé sa surprise que la populace ne les eût pas lapidés. Il a déclaré que toute cette affaire lui paraissait étrange, et qu'il semblait qu'on eût pris des précautions afin de priver la princesse de tout ce qui était nécessaire pour la soutenir et la consoler lors de son premier accouchement[3]. »

Après Malcolm, le captif venait de perdre une seconde carte de son jeu. Une autre allait bientôt tomber de ses mains, celle de William Balcombe. Dans les journaux et Mémoires des exilés, le nom du négociant est omniprésent. Il ne se passait pas une semaine sans qu'il s'attable avec les Bertrand, les Montholon ou le général Gourgaud. Ses relations avec la petite colonie française étaient donc étroites et très suivies. Il lui arrivait même de rencontrer l'empereur *incognito*, nous dit Gourgaud. Bien introduit à

Longwood, il l'était aussi à Plantation House, le gouverneur l'accueillant très souvent à sa table. De son côté, l'amiral Malcolm lui avait également ouvert sa porte fort généreusement. Bref, il était partout. Lors des dîners, il se montrait curieux pour mieux rapporter à ses amis français ce qu'il venait d'entendre. Si sa personne était appréciée, sa gestion laissait cependant à désirer. Loin d'être irréprochable, elle était même assez désordonnée. Ce désordre dans ses comptes cachait-il quelque chose ? Aujourd'hui, rien ne semble le prouver, mais sa négligence intrigua le suspicieux Lowe. En outre, propriétaire des Briars, il louait à la marine le pavillon qu'avait autrefois habité Napoléon ainsi que quelques dépendances aux amiraux de la flotte de l'Atlantique Sud. Du fait de cette proximité, il avait longtemps côtoyé Malcolm, un voisinage qui n'avait pu que déplaire au gouverneur : « Sa maison, écrivit-il à Bathurst, était comme le rendez-vous, moins peut-être dans un but d'hospitalité que pour créer une diversion et faire un parti[4]. »

Après le départ de Malcolm, William se retrouva comme à nu, en butte à l'hostilité quasi déclarée de Sir Hudson. Privé de soutiens, il commença à s'inquiéter pour sa personne. Dans la guerre opposant Longwood à Plantation House, il était considéré comme trop proche de l'empereur, ce qui ne pouvait que lui nuire à terme. Comme dans tout conflit ouvert, ne pas vraiment choisir son camp est toujours mal perçu. Mais il y avait pire : William était criblé de dettes, la suite logique de sa gestion calamiteuse. Menant toujours grand train, il fut en définitive victime de sa vanité, dépensant exagérément pour jouer les importants sur l'île. Grâce aux recherches de Michel Dancoisne-Martineau, nous savons aujourd'hui qu'il n'avait plus un penny en poche, incapable par exemple de payer les fûts de bière qu'il fournissait à Longwood[5]. Or, par ailleurs, il était réglé rubis sur l'ongle par l'administration britannique. Partant, s'il continuait sur cette pente dangereuse et finissait par faire faillite, il risquait non seulement le déshonneur, mais aussi la prison, coupable d'avoir dilapidé des fonds publics. Évidemment, il savait que Lowe, compte tenu de son hostilité manifeste, ne ferait rien pour le tirer de ce mauvais pas et peut-être même l'accablerait. Avant de chuter avec fracas, il préféra la fuite au déshonneur.

En mars 1818, ses créanciers devenant trop pressants, il demanda à partir. Sans surprise, le gouverneur accepta avec joie sa requête. Le 16 mars, Balcombe fit une dernière fois avec sa famille le voyage vers Longwood. Dès son arrivée, il fut reçu par le grand maréchal qui lui confia au nom de l'empereur une importante mission. Outre quelques menus services, envois de livres ou de journaux, il le chargeait de contacter dès son retour les autres membres de la famille impériale pour les prier d'aider plus généreusement leur parent exilé. Pour prix de ses services passés et à venir, le grand maréchal lui remit un bon de 3000 livres sterling, soit l'équivalent de 75000 francs, payable chez le banquier Laffitte. On imagine sans peine la joie de ce dépensier impénitent quand il prit en main le précieux document. Après cette discussion, alors qu'il ne devait pas faire ses adieux à l'empereur, il le croisa incidemment dans le jardin. Tout avait bien sûr été organisé d'avance. Dès qu'il aperçut Napoléon, William se confondit en remerciements pour le généreux billet qu'il venait de recevoir. À son côté, Betsy pleurait à chaudes larmes. Tant de jolis souvenirs aux Briars les liaient. Mais Napoléon n'aimant pas les adieux, on se sépara rapidement le cœur gros.

Même brève, cette entrevue déplut fortement à Lowe, car il ne l'avait pas autorisée au préalable. Contrarié par cette entorse aux règlements et soupçonnant une nouvelle intrigue de William, il somma celui-ci de s'expliquer. Lors de sa convocation, fort gêné, le craintif Balcombe ne sut quoi répondre exactement, se gardant bien d'avouer qu'il avait reçu une importante somme d'argent des mains du prisonnier. Si ce nouvel entretien ne donna rien, l'essentiel était acquis pour le gouverneur : le prochain départ du négociant. Comme il l'expliqua à Bathurst, il s'en réjouissait, persuadé d'avoir empêché une grande intrigue sur le point de se réaliser : « Le changement du fournisseur fut le premier coup porté aux projets qu'on avait conçus, et le peu de bruit fait par Napoléon à ce sujet me convainquit qu'il appréhendait les découvertes que l'on pourrait faire dans ce quartier[6]. » En vérité, Lowe exagérait la capacité de nuisance de Balcombe. Certes, Napoléon perdait un allié important, mais s'il l'aida très certainement, il fut loin d'être le seul. Autrement dit, les Français pourraient compter sur d'autres que lui pour faire passer messages et manuscrits en

Angleterre. En revanche, le négociant appartenait très certainement à un réseau libéral agissant dans l'ombre, comme semble le prouver une correspondance secrète interceptée par les douaniers de Jamestown.

Quelques mois après son départ, William envoya une lettre clandestine à O'Meara. Dissimulée dans une caisse de livres envoyée à l'un de ses associés, un certain Forbes, elle fut découverte lors de la fouille des marchandises du navire le *Lusitania*. Son contenu était édifiant, justifiant en partie les soupçons du gouverneur : « Mon cher Barry, écrit Balcombe, on a fait tout ce qu'on pouvait faire ; tous vos livres ont été envoyés à bord du *Lucytania* mais le Capitaine vient justement de venir au bureau de notre ami Holmes, où je vous écris cette lettre, pour dire qu'il ne peut s'en charger (je parle des livres français), Holmes est infatigable dans ses efforts pour notre cause, et tous mes amis, y compris Sir George [Cockburn] et Sir P [Malcolm], sont de la même opinion que nous. Toutes les communications, quelle que soit leur nature, doivent être envoyées à Holmes, mon intention étant de renoncer à toute affaire d'agence en Angleterre, excepté par son entremise. Il est très au fait, et a une connaissance très étendue de ce qu'il faut faire pour vous. Soyez parfaitement tranquille. Toutes les pierres seront retournées pour servir nos amis dans l'île. J'ai travaillé beaucoup pour vous, et ce qui a été dit a été écouté. Je vais de ce pas au bureau du Secrétaire d'État où j'ai été deux fois déjà pour votre affaire. L'élection marche rapidement ; les membres de l'opposition reviennent tous, les ministériels s'en vont ; on s'attend à un changement de ministère. [...] Brûlez, je vous en prie, mes chiffons de notes, trop mal écrits pour être lus[7]. »

Apparemment, Balcombe avait donc prévu en rentrant en Angleterre d'établir une « agence » de communications secrètes mais y renonça, préférant que tout soit envoyé à Holmes. Comme il l'avait apparemment promis, il s'occupa des affaires d'O'Meara, plaidant son cas à Londres dans les milieux ministériels. Mais si les libéraux de Sainte-Hélène se soutenaient mutuellement, ils n'étaient pas prêts à commettre l'irréparable, c'est-à-dire aller jusqu'à faire évader le captif. Il ne faut pas confondre cette alliance politique avec une intrigue d'aventuriers comme le fit sans doute Lowe. Renverser Liverpool était l'objectif à atteindre, aider Napoléon n'étant qu'un des aspects parfois marginaux de cette lutte au long cours. D'ailleurs, à propos de Balcombe, s'il envoya bien quelques livres ou journaux à Longwood dès son retour en Angleterre, ensuite, il ne fit presque plus rien pour son ancien « ami », utilisant presque tout l'argent qu'il lui avait remis pour éponger ses dettes. Sur ce chapitre, il mit quatre ans à se rétablir après avoir vendu l'ensemble des biens et propriétés qui lui appartenaient. Après être redevenu honorable, il put à nouveau solliciter un emploi au sein de l'administration coloniale et fut envoyé en Australie. Nommé trésorier général de la Nouvelle-Galles, un comble pour un si piètre gestionnaire, il disparut sur cette autre terre lointaine en 1829. Sa propriété qu'il baptisa du même nom que celle qu'il possédait sur le rocher, The Briars, est aujourd'hui un musée napoléonien. Le failli William fut une déception pour Napoléon, mais une demi-déception seulement. Jamais il ne fut vraiment dupe de ses alliés occasionnels. En outre, le captif connaissait mieux que personne les faiblesses de l'argile humaine. À propos de Balcombe, il eut un jour ce mot après avoir appris qu'il faisait également sa cour auprès du commissaire du roi Montchenu : « Les Balcombe, une famille de bâtards, sont si canailles qu'ils l'ont depuis invité à dîner ! C'est de la pure canaille ! [...] Ce sont des misérables[8] ! » À part une aide purement de circonstance, que pouvait-il vraiment attendre d'autre des Britanniques qui disaient le soutenir ?

Dans l'univers rigide et étroit de Sir Hudson, un seul homme dérangeait encore : Barry O'Meara. De son point de vue, il était le centre de la conspiration dirigée contre le gouvernement et lui-même son « oracle », comme il l'affirma à Bathurst. Après que Londres eut refusé le renvoi du chirurgien, le gouverneur changea de tactique, multipliant les vexations diverses et variées vis-à-vis de celui qui était devenu son pire ennemi. En l'exaspérant, il espérait le pousser à partir. En avril 1818, sa manœuvre fut à deux doigts de réussir quand il lui ordonna de se soumettre aux mêmes restrictions que les Français. Soudainement, ses lettres furent lues, ses allées et venues surveillées et ses rapports avec le prisonnier strictement contingentés à l'exercice de son art. Cette mesure était évidemment inacceptable pour le chirurgien, qui tenta de protester auprès de son supérieur hiérarchique direct, l'amiral Plampin. Mais ce dernier, en fidèle allié de Lowe, ne le reçut point. Abattu et résigné, il signa une lettre de démission puis alla trouver l'empereur pour lui annoncer sa décision. Accablé à son tour, Napoléon lui fit ses adieux : « Quittez le plus tôt possible ce séjour de ténèbres et de crimes. Je mourrai sur ce grabat, rongé de maladie et sans secours ; mais votre nation en sera déshonorée à jamais[9]. » À Plantation House, Lowe affichait un large sourire, la victoire était à portée de main. Emporté par son élan, il fit même mettre aux arrêts le chirurgien honni.

Après plusieurs jours passés sans voir O'Meara, le grand maréchal protesta au nom de son maître : « Voilà donc douze jours, écrit-il, que l'empereur est privé de toute assistance de la médecine. [...] Le comte de Montholon, qui loge dans le même corps de bâtiment que l'empereur, m'a fait connaître que le 18, et aujourd'hui 24, il a été éveillé à deux heures du matin par le valet de chambre de l'empereur, et est resté à côté du lit de ce prince, depuis deux heures jusqu'à cinq heures du matin, témoin de ses souffrances, sans y pouvoir porter aucun adoucissement. Vos restrictions du 10 avril sur Longwood ont donc déjà produit l'effet le plus funeste. Je réitère donc ma demande que vous restituiez le docteur O'Meara à ses fonctions, en cessant de le vexer et de lui faire essuyer de mauvais traitements ; en levant les restrictions contraires à ce qui a existé depuis trois ans, auxquelles il ne veut ni ne peut se soumettre sans se déshonorer[10]. » À la réception de cette lettre, Lowe se mit à douter. Sans ordres de son supérieur, n'avait-il pas été trop loin ? Par crainte d'être désavoué, il réintégra le praticien dans ses fonctions. Avancer à découvert n'était pas dans sa nature, l'homme n'étant pas un parangon de bravoure. Et cette fois, il eut raison d'être prudent.

Le 29 avril 1818, Bathurst lui suggéra de laisser la marine régler le problème O'Meara s'il en existait un. Sans détour, il l'exhorta à ne pas fâcher l'« esprit jaloux » des marins en se mêlant exagérément de leurs affaires. Depuis l'affaire Warden, il restait ainsi très prudent, préférant une paix royale avec son collègue du département de la Marine plutôt que de satisfaire en tous points un gouverneur qu'il considérait alors comme trop suspicieux. Malgré sa consigne, O'Meara continua d'être humilié par Lowe. Suite à un ordre de Thomas Reade, on lui défendit de partager désormais la table des officiers du 66e. Parmi les tuniques rouges, on réprouva plutôt cet acte mesquin, comme en témoigne cette lettre d'excuses signée par l'un des lieutenants du régiment : « Je suis chargé par l'officier commandant et par les autres officiers qui la composent de vous dire que c'est avec beaucoup de regret qu'ils ont appris votre départ comme membre honoraire du club, et de vous assurer qu'ils ont toujours trouvé votre conduite, pendant que vous avez été avec eux, parfaitement conforme en tous points à celle d'un *gentleman*[11]. » S'il était généralement apprécié, O'Meara ne faisait cependant pas l'unanimité, d'autres que Lowe se méfiant également de lui : « On découvrit, relate un officier de santé, que M. O'Meara cherchait à gagner deux ou trois individus résidant dans l'île, en tâchant de leur faire accepter clandestinement des présents de Napoléon, contrairement aux règlements en vigueur ; il fut aussi accusé de répéter à Longwood la conversation confidentielle de notre table dont il était un membre honoraire[12]. » Mais tandis que l'on s'acharnait contre le médecin de Napoléon, le plateau de Longwood connaissait l'une de ses plus graves crises sanitaires, la mort frappant même jusqu'au seuil de la chambre de l'empereur.

3

Un mystère Cipriani ?

Quand Baxter prit ses fonctions de médecin-chef en avril 1816, l'état sanitaire de l'île de Sainte-Hélène dont il avait la charge paraissait satisfaisant dans l'ensemble. Mais en quelques mois seulement, la situation se dégrada, la mortalité grimpant en flèche. En l'espace d'un an, elle avait presque quintuplé au sein des régiments anglais, passant d'une dizaine de morts à 44. L'année 1817 fut d'ailleurs la plus mortifère de toute l'histoire de la captivité avec 185 mises en bière, soit un taux de mortalité frayant avec les 3 % de la population totale. En décembre 1816, le marquis de Montchenu écrivit : « La mortalité est devenue la mode principale depuis quelque temps. [...] Les inflammations sont très communes et plus dangereuses car, en quatre jours, on est mort ou hors d'affaires ; c'est la maladie du moment que l'on nomme *influente*[1]. » Six mois plus tard, en mai 1817, l'épouse du brigadier général Bingham fit ce noir constat : « Nous n'avons rien eu d'autre que des morts et des malades, des souscriptions pour des veuves, et des enfants laissés sans père[2]. » À quelle maladie devait-on autant de creusements de tombes ? L'influenza, la grippe, en était semble-t-il à l'origine. Dans son étude sur Sainte-Hélène, l'historien Albert Benhamou souligne sa virulence comme sa permanence : « [Elle] nous frappe saisonnièrement encore aujourd'hui. Ses variantes les plus virulentes viennent d'Asie ou de Chine[3]. » Une étude de la mortalité à bord des navires venant d'Extrême Orient a montré que certains d'entre eux avaient perdu jusqu'à 20 % de leur équipage quand ils jetaient l'ancre devant Sainte-Hélène[4]. Des serviteurs chinois venant des Indes et débarqués début 1816 pourraient avoir apporté avec eux l'agent pathogène à l'origine de la mort de plusieurs centaines de personnes et de milliers de contaminations.

À Plantation House, le major Fehrzen fut touché, puis ce fut le tour du capitaine Meynell du *Newcastle* installé à Jamestown. Le comte Balmain resta aussi alité plusieurs jours fin 1816 en proie à une forte fièvre. Le virus frappait bien sûr indistinctement, se répandant d'autant mieux que la médecine de l'époque était non seulement impuissante, mais également ignorante. En dépit du nombre croissant de décès, Baxter ne modifia guère les règlements sanitaires, se contentant d'imposer au hasard d'inutiles quarantaines à ceux qui arrivaient d'horizons lointains alors que le mal sévissait déjà au cœur même de l'île. Début 1817, contre toute évidence, il répétait ne pas constater la moindre contagion. De son point de vue, la mortalité excessive n'était due qu'à la nocivité du soleil austral dont le rayonnement « à la verticale est considéré depuis toujours comme nuisible à la constitution d'un Européen[5] ». Malgré une série de vingt-cinq décès au sein du 66ᵉ, il continua de privilégier cette hypothèse, dénonçant auprès de Lowe les effets d'un « effort brutal exercé pendant la période la plus chaude de la journée ». Ou comment poser le plus mauvais diagnostic qui soit, le pire étant qu'il venait du médecin le plus capé de l'île.

Si la maladie se répandit indistinctement, il semble qu'elle ait été plus virulente sur le plateau de Deadwood. À la veille de la Seconde Guerre mondiale, le docteur Guy Godlewski mena l'enquête. En examinant les registres des décès, il remarqua que pour la période allant de juin 1816 à juillet 1817, la mortalité des soldats britanniques était quatre fois supérieure à Deadwood que partout ailleurs[6]. Pourquoi une telle différence ? À cause très probablement de l'approvisionnement en eau. Après avoir été recueillie, l'eau de pluie arrivait des hauteurs de l'île dans des canalisations quasiment à ciel ouvert composées de simples cylindres de briques évasés que recouvraient très mal d'irrégulières pierres plates. Ainsi accessible, l'eau fut sans doute contaminée par des soldats ou des esclaves au hasard de leurs besoins divers et variés. Dès lors, il suffisait de la boire pour être sévèrement atteint à Deadwood comme sur le plateau voisin de Longwood. Des bactéries tueuses se répandaient alors dans les intestins, faisant ainsi souffrir des organismes par ailleurs déjà éprouvés par les grippes saisonnières.

À la date du 28 février 1816, Gourgaud arrêta net son *Journal*. Trois semaines de pénibles souffrances l'attendaient. Dans la nuit du 13 au 14 mars, il crut même passer de vie à trépas. Comme tous ses contemporains, il ne pouvait espérer aucun secours de la médecine. Les praticiens de l'époque ne disposaient en effet que de deux « remèdes » : la saignée ou les pilules de mercure. Mais à chaque prescription, au lieu de s'améliorer, la santé du patient se dégradait. Prélever du sang ne pouvait que vous affaiblir tandis qu'avaler du mercure intoxiquait. S'alimenter était de surcroît très difficile, ce qui n'arrangeait rien non plus. Seul le repos pouvait amener vers la guérison, mais à condition d'être solidement constitué, les plus faibles étant généralement irrémédiablement condamnés. Si le général Gourgaud put se rétablir, ce fut surtout grâce à sa robuste jeunesse. Mais pour un individu qui survivait, tant d'autres n'avaient pas cette chance. En avril 1817, le même Gourgaud nota dans son *Journal* : « Il y a beaucoup de maladies en ville ; au camp, plusieurs soldats sont morts. Mme de Montholon dit qu'il serait bon que le gouverneur mourût, que cela ferait effet, au lieu qu'il n'y a que de la canaille qui meurt[7] ! » La saillie d'Albine ne lui porta pas chance, car son mari fut atteint à son tour avant de reparaître quelques jours plus tard au sein de la petite cour, fort amaigri mais guéri. En mai de la même année, l'officier d'ordonnance Poppleton fut obligé également de garder la chambre assez longtemps. En janvier 1818, la femme de chambre de Mme Bertrand ne fut plus en mesure d'effectuer son service, atteinte elle aussi. En l'apprenant, Napoléon se mit à soupirer : « J'espère qu'il ne mourra pas de Français ici[8] ! » Mais son souhait ne fut pas exaucé.

Le 23 février 1818, au dîner, comme le voulait l'étiquette, Cipriani réglait le service du soir, passant lui-même les plats aux domestiques quand soudain il porta la main à son ventre et s'écroula de douleur dans la salle à manger. Les jambes coupées, il fut incapable de se relever. Avec peine, on le ramena dans sa chambre située au grenier. Mais, même alité, il poussait des cris atroces, se tordant de douleur. Prévenu, O'Meara se précipita aussitôt à son chevet, mais devant l'ampleur du mal il appela

Baxter à la rescousse. De concert, les médecins lui firent une saignée, puis le plongèrent dans un bain chaud avant de lui donner vraisemblablement du mercure. Mais leurs pseudo-remèdes ne firent que l'affaiblir davantage. Trois jours passèrent sans amélioration notable de son état mais sans aggravation non plus. Le 26 février, l'officier d'ordonnance Blakeney écrivit à Lowe : « Le docteur O'Meara m'a fait savoir que Cipriani se portait mieux aujourd'hui mais qu'il n'était pas hors de danger[9]. » Mais ce même jour, Marchand, qui visitait régulièrement le malade à la demande de l'empereur, s'inquiéta vivement. Comme en témoigne Bertrand dans ses *Cahiers* avec la sobriété qu'on lui connaît, il était au plus mal : « Cipriani est très malade et on désespère[10]. » Son agonie commençait.

Le lendemain 27 janvier, dans l'après-midi, il expira dans d'atroces souffrances. S'il ne fut pas autopsié, O'Meara comme Baxter constatèrent son décès. Quel mal emporta le trouble Cipriani ? Il fut sans doute victime d'une salmonelle ayant infesté l'un des aliments qu'il avait consommés quelques heures avant de tomber gravement malade[11]. Par crainte d'une éventuelle contagion, ses funérailles furent préparées dans l'urgence. Auprès de Reade, Baxter insista pour qu'il soit inhumé en effet au plus vite « à cause du mauvais état du cadavre[12] ». Le samedi 28, un convoi funèbre emmena le défunt au cimetière de Plantation House qui fut atteint après une heure de marche. Une trentaine de personnes suivaient son cercueil porté par trois Chinois, dont le grand maréchal, Montholon, des domestiques, O'Meara, Sir Thomas Reade et le révérend Boys. À la place de ce dernier, ce fut le révérend Vernon, moins fâché avec les âmes catholiques que son supérieur, qui officia lors de la messe. Puis, après un ultime adieu, il fut inhumé. À défaut de prêtre catholique, il mourut donc avec le secours du ministère d'une autre religion, anglicane en l'occurrence. Afin qu'il puisse reposer en paix, il fut mentionné sur son acte de décès qu'il était mort « dans les sentiments de l'Église catholique et romaine ».

Si le maître d'hôtel fut rapidement enterré pour les raisons que l'on sait, le personnage connut longtemps après 1818 une postérité inattendue en raison des circonstances précipitées mais pourtant parfaitement explicables de sa mort. Au XXe siècle, une polémique fantaisiste prit corps à son propos. Pour quelques pseudo-historiens qui parvinrent toutefois à donner un certain écho à leurs élucubrations, ce serait son cadavre qui reposerait aux Invalides et non celui de Napoléon. Par quel miracle ? Après son inhumation, celui qui « ressemblait le plus à Napoléon » – ce qui n'est pas certain puisqu'on ne dispose d'aucun portrait de lui – aurait été déterré par les Anglais puis conservé dans un cercueil hermétique en fer blanc pour que l'on puisse ensuite substituer sa dépouille à celle de Napoléon. Dans quel but ? Sur cette question, les thèses dites « substitutionnistes » divergent, mais elles s'accordent toutefois sur un point : il fallait impérativement pour les Anglais disposer d'un cadavre prêt à l'emploi et surtout présentable pour le jour venu l'installer dans le cercueil de son maître. Pour résumer cette interminable affaire, deux raisons principales et concurrentes s'affrontent pour expliquer cette très hypothétique substitution : l'une met en évidence une nécrophagie supposée et jamais prouvée du roi George IV, l'autre pointe une prétendue honte des Anglais quant à l'état *post mortem* du corps de Napoléon.

Les Anglais auraient ainsi conservé pour de très obscurs motifs un cadavre bien sous tous rapports pour ensuite l'utiliser au gré de leurs macabres fantaisies. Sauf que, nous l'avons dit, Cipriani fut précisément enterré avec diligence en raison de… l'état déplorable de son corps. Une lecture attentive des archives aurait suffi à contredire d'emblée ces thèses fumeuses, mais c'est bien connu, dans ce genre de divagations la raison n'a guère sa place. En vérité, toute cette affaire n'est qu'une énième manifestation de l'anglophobie que peuvent nourrir d'authentiques passionnés de l'empereur. Les délires substitutionnistes prospèrent d'autant mieux que l'on ne retrouve point la tombe de Cipriani. Mais là encore, ce n'est guère étonnant quand on sait que personne, pas même l'empereur, ne daigna lui payer une pierre tombale. N'oublions pas qu'après tout, Cipriani n'était qu'un domestique. Enterré à même la terre, il n'est guère surprenant que l'on peine à le retrouver aujourd'hui. Ajoutons que, comme tout défunt qui ne reçoit aucune visite, il fut sans doute déplacé ailleurs, ce qui explique aussi les difficultés pour localiser sa dépouille. Aussi, à moins d'entreprendre des fouilles considérables que rien ne justifie, laissons reposer en paix Cipriani. Le lecteur me pardonnera d'arrêter là toute digression à propos de cette pseudo-affaire pour revenir à l'année 1818 et à son cortège de maladies.

Avec la mort du maître d'hôtel disparaissait surtout un informateur fort apprécié des Britanniques, notamment de Lowe comme de Bathurst. Avec un brin de sarcasme dans la plume, Gourgaud fut témoin de leur désarroi : « Le gouverneur me dit qu'il est bien fâché de la mort de Cipriani. Comment le remplacer ? Pierron ? Reade le regrette aussi ! Il fallait réellement que Cipriani eût bien de l'esprit pour se faire ainsi regretter de MM. Lowe et Reade[13]. » Son « esprit » bavard avait été, on s'en souvient, bien récompensé par quelques juteuses commissions sur les approvisionnements dont il avait la charge. Mort prématurément, Cipriani emporta son mystère dans la tombe. Quel jeu jouait-il vraiment ? Probablement celui de l'empereur, mais nous ne pouvons en attester[14]. Avec des individus aussi troubles que retors, on se perd d'autant plus en conjectures qu'ils sont passés maîtres dans l'art de l'intrigue. Il fut remplacé dans ses fonctions de maître d'hôtel à Longwood par le pâtissier Pierron. Peu disert, ce dernier ne fit guère parler de lui, préférant son art de la cuisine aux manœuvres de toutes sortes. On sait cependant qu'il servit l'empereur avec le plus grand dévouement, le régalant de ses délicieuses sucreries. Il lui voua ensuite tout au long de sa vie un véritable culte. Quelques jours après la disparition de Cipriani, il tomba également malade, ce qui renforça les craintes de contagion. Et si le captif venait à être atteint ?

Depuis plusieurs mois déjà, O'Meara avait remarqué un affaiblissement général de l'état de son patient. À la date du 15 janvier 1818, le bulletin de Baxter, rédigé on le sait d'après ses observations, présenta un tableau clinique plutôt préoccupant : « La nausée a augmenté et il a eu quelques vomissements dans la nuit du 13. Il a rejeté ses repas et de la salive. Il a de nouveau des palpitations. Son mal de tête l'affecte davantage. Le problème au côté [droit] persiste. Les jambes ne sont pas enflées. Son moral est bas. Ses traits creusés. Le blanc des yeux est jaunâtre[15]. » Quand la maladie de Cipriani se déclara, Lowe s'inquiéta franchement pour son prisonnier moins par humanité que par peur d'être mis en cause : « Quoique le gouverneur ne l'aime pas plus que moi, rapporta Montchenu, il est épouvanté à l'idée qu'on pourrait l'accuser de sa mort[16]. » Compte tenu des épidémies sévissant sur l'île, il ne pouvait en effet qu'être inquiet : « On conçoit donc aisément l'angoisse qui étreignit Hudson Lowe lorsque O'Meara, soutenu par Baxter, affirma le diagnostic d'hépatite chez l'empereur », souligne l'historien et médecin Paul Ganière[17]. À défaut de pouvoir communiquer avec O'Meara, le gouverneur demanda à Blakeney, l'officier d'ordonnance de Longwood, des rapports très réguliers sur la santé de Napoléon. De plus en plus préoccupé, il exigea que ceux-ci lui parviennent le plus rapidement possible : « Ayez la bonté d'envoyer une réponse immédiatement », lui demanda-t-il. Dans sa réponse du 26 février, à quelques heures de la mort de Cipriani, son subordonné se montra toutefois assez rassurant : « Napoléon Bonaparte est à peu près dans le même état de santé que mardi où il s'est plaint d'une douleur à l'abdomen toutefois sans conséquences[18]. »

Mais après la disparition de Cipriani, la sarabande mortelle ne s'interrompit point à Longwood. Quelques jours après la disparition du maître d'hôtel, la femme de chambre des Montholon, Mme Dias, une esclave, fit elle aussi le grand voyage, victime de la même bactérie tueuse. Elle fut enterrée le 11 mars, également dans l'urgence, pour les mêmes raisons qui avaient conduit à précipiter l'inhumation de Cipriani. L'enfant d'un des domestiques anglais des Montholon, Thomas Cannon du 66e, l'avait précédée dans la tombe. En l'espace de trois semaines, on comptait déjà trois morts autour de l'empereur. À la suite de ces trois décès, Lowe exigea une enquête et en chargea Baxter. Ses conclusions furent comme d'habitude aussi hâtives qu'erronées. Du haut de sa science, il estima que la mort de l'enfant était due à la dysenterie et celles de Cipriani ou de Mme Dias à une banale « inflammation de l'intestin ». Mais concernant cette dernière, Baxter ajouta à son rapport une remarque vraiment inquiétante : « L'exposition du corps et des membres au froid et à l'humidité est une cause fréquente de cette maladie, et ceci a probablement contribué à l'engendrer dans son cas[19]. » L'humidité pouvait donc tuer ou, du moins, favoriser un décès rapide. Dès lors, avoir installé Napoléon dans la partie la plus humide de l'île pouvait s'avérer dangereux, voire mortel, comme du reste ne cessaient de le répéter les Français. Si d'aventure il était emporté par une maladie favorisée par le climat, le gouverneur aurait été immanquablement accusé de l'avoir conduit dans la tombe. Le risque était d'autant plus grand pour lui qu'il n'était pas toujours certain d'un parfait soutien de son gouvernement. Dès lors, le « fusible » Lowe commença à réfléchir au meilleur moyen de s'extraire de cette situation pour le moins risquée dans les premiers mois de 1818. Peut-être fallait-il déplacer le prisonnier dans un autre endroit de l'île ? À vrai dire, il y songeait déjà depuis plusieurs semaines, encouragé par la fébrilité croissante de son gouvernement.

4

Quitter Longwood ?

Si l'impact de l'offensive médiatique menée par Napoléon ne fut sans doute pas à la hauteur de ses espérances, elle n'en troubla pas moins la sérénité faussement affichée du cabinet de Saint-James. Déjà compliquée, sa position devint plus délicate encore à cause des campagnes de presse qui s'étaient succédé en faveur du prisonnier depuis l'été 1817. À la crainte de l'évasion s'ajouta désormais celle d'être considéré comme un infâme bourreau. Placé en première ligne, Bathurst était désormais aux aguets, méfiant et surtout fâché contre Napoléon. Manifestement, même s'il l'avait largement emporté à la Chambre contre Lord Holland, sa mise en cause par ce dernier l'avait passablement irrité. Désormais, toute réclamation émanant du captif n'était pour lui que simulacres, mensonges ou exagérations avec pour seul but de le mettre en difficulté. Sur le sujet des rats pullulant à Longwood, il le soupçonna par exemple d'avoir favorisé leur propagation en interdisant à ses domestiques d'en supprimer ne serait-ce qu'un seul. Tout à son délire, il disait ne pas croire les rats capables d'autant de dégâts, disant bien les connaître. En effet, d'après lui, leur « sagacité » – comprendre leur « intelligence » – empêchait un comportement aussi agressif. À la lecture de sa lettre, on ne peut qu'esquisser un sourire tant le ministre s'approche du ridicule consommé.

Dans le même temps, il voulut anticiper la moindre critique à son égard. Autrement dit, avant même que Napoléon ne se plaigne, il ferait disparaître la cause de son possible ressentiment. Sur la même ligne que lui, son sous-secrétaire d'État Goulburn s'étonna par exemple que le captif ne demandât jamais le remplacement de son linge usagé. Pour lui, ce dernier ne pouvait que préparer un mauvais coup : « D'après l'humeur, écrit le ministre à Lowe, dont le général Buonaparte s'est si fréquemment montré sur de pareils sujets, il n'est pas improbable qu'il soit disposé à vous cacher le manque de certains articles de nécessité première ou de confort, pour en faire ensuite un texte de remontrances et de plaintes. Lord Bathurst croit donc devoir vous conseiller d'adopter les mesures que vous jugerez les mieux calculées pour obtenir des informations satisfaisantes sur l'état de sa garde-robe, etc., afin que, si elle est dépourvue d'un article essentiel, on puisse y suppléer promptement, et qu'aucun moyen ne semble omis de votre part pour contribuer à tout ce qui peut être nécessaire à sa commodité ou à son bien-être[1]. » Cet étonnant extrait révèle le climat paranoïaque régnant à Londres.

Au même moment, Lowe continuait cependant d'être plus rigide que jamais. Pendant l'hiver austral de 1817, de juillet à septembre, il fit livrer à Longwood la même quantité de charbon que ce qui était consommé à Plantation House. Or, entre les deux résidences, les conditions climatiques étaient loin d'être les mêmes, la demeure de Napoléon étant, on le sait, bien plus exposée aux vents et à l'humidité. Dans celle-ci, il vaut mieux tenir constamment allumé des feux de cheminée si l'on ne veut pas grelotter. En outre, le captif prenait régulièrement des bains chauds, ce qui ne pouvait qu'augmenter la consommation de charbon. De tout cela, Lowe ne tint aucun compte, restant sourd aux demandes des Français et se montrant ainsi particulièrement obtus. Comme on pouvait s'y attendre, le combustible de chauffage vint à manquer à Longwood. Le 4 septembre 1817, les domestiques de l'empereur brisèrent du bois de lit et de tablettes pour que crépite un feu agréable dans les foyers de la maison. Alerté par O'Meara, le gouverneur changea d'avis mais avec retard. Pour Londres, son attitude devait impérativement changer. Dans une dépêche datée du 1er septembre 1817 mais parvenue à Plantation House plusieurs semaines plus tard, Bathurst commenta ainsi à Lowe sa nouvelle politique : « Le traitement du général Buonaparte devant donc être un des sujets sur lesquels on travaillera l'esprit public, il vaudrait mieux considérer de nouveau les différentes plaintes faites jusqu'ici, pour voir si quelques-unes ne sont pas assez plausibles pour rendre prudent de prévenir leur effet sur l'opinion en adoptant certaines modifications raisonnables et sans conséquence[2]. » Désormais, on redoutait donc plus les possibles retentissements d'une affaire que le fond de celle-ci. Dans son île, le gouverneur fut par conséquent encouragé à jouer les équilibristes subtils, ce qui n'était certes pas sa qualité première.

Néanmoins, puisque son gouvernement l'y incitait, il se montra peu à peu plus compréhensif, apparemment désireux de rétablir une relation normale avec les exilés. Après tout, pour ne pas devenir le mauvais génie de cette histoire, il avait tout intérêt à faire preuve de davantage de mansuétude. Peut-être même était-il préférable pour lui d'aller au-delà de ce que lui demandaient ses supérieurs ? À l'automne 1817, il ouvrit des discussions avec Bertrand et Montholon. En premier lieu, on s'intéressa à la question du titre. Sur ce point, Lowe fit une timide concession en consentant à appeler son prisonnier « Napoléon Bonaparte » et non plus « général Bonaparte ». Pour la partie adverse, ce n'était certes pas encore suffisant, mais au moins le gouverneur avait-il pour une fois fait preuve d'esprit de conciliation. Sur la question des limites et de l'emplacement des sentinelles, les positions se rapprochèrent bien davantage. Comme le demandait Napoléon, les postes de garde de Hutt's Gate et d'Alarm House furent reculés de manière à ce qu'il ne les aperçoive plus. Et les limites furent dans le même temps agrandies, Napoléon pouvant désormais aller et venir librement jusqu'aux premiers reliefs. De surcroît, pendant le jour, aucune sentinelle ne serait présente dans le nouvel espace de liberté du prisonnier. À l'aide d'un plan, Lowe et Bertrand s'entendirent aussi pour déplacer les sentinelles gardant jalousement les accès au plateau de Longwood. Sur bien des points, un quasi-accord fut donc entériné.

Outre les consignes venues de Londres, les inquiétudes de Lowe à propos de l'état de santé de Napoléon le poussèrent aussi très vraisemblablement à se montrer plus conciliant. À la date du 31 octobre 1817, bien avant la mort de Cipriani, le commissaire autrichien Stürmer écrivait déjà : « L'état de Bonaparte a donné l'alarme à Sir Hudson Lowe, il a craint que son mal n'empirât et qu'on ne lui imputât sa mort. Les médecins lui ayant représenté qu'il fallait le déterminer à faire de l'exercice, il employa tous ses moyens pour le faire sortir. On lui objecta ses restrictions, il les leva. On lui demanda de supprimer dans sa correspondance le titre de général Bonaparte ; il y consentit et ne l'appela plus, même en parlant avec nous, que Napoléon Bonaparte ou simplement Napoléon[3]. » Pour conclure, il ajouta : « On fut étonné de voir tout à coup tant de faiblesse succéder à une conduite tyrannique. » Le changement était en effet spectaculaire. Et Lowe n'entendait apparemment pas s'arrêter en si bon chemin, décidé semble-t-il également à mettre son prisonnier ailleurs qu'à Longwood, au moins pour quelques mois dans un premier temps. Rongé par l'inquiétude, il entama en effet des discussions avec une dénommée Miss Mason qui possédait une riante maison appelée Mason's Stock House dans le but de la louer pendant l'été pour y loger Napoléon. L'endroit situé en avant du plateau de Deadwood est plus clément que Longwood, car ombragé et protégé des vents. Pour la somme fort raisonnable de 100 livres, sa propriétaire se disait prête à accueillir le captif. Fort de son accord, le gouverneur vint trouver Bertrand, qui ne se montra guère séduit par sa proposition. Mis au courant, son maître ne le fut pas davantage.

Si l'idée d'une villégiature temporaire fut abandonnée, Lowe continua de réfléchir au meilleur endroit pour installer son prisonnier. Aménagée dans l'urgence, la maison de Longwood n'était de toute manière pas destinée à durer. La construction d'une nouvelle demeure était prévue depuis longtemps, mais où devait-elle être située ? Pour Bathurst, elle ne pouvait être que sur le plateau de Longwood, ne serait-ce, crainte désormais récurrente, que pour éviter de nouvelles plaintes : « S'il se trouve, écrivit-il à Lowe, dans les limites de Longwood, un endroit dont la situation plaise davantage au général, aussi commode sous les autres rapports et également adapté à la garde de sa personne, vous accéderez volontiers au désir qu'il pourrait manifester d'y voir bâtir sa nouvelle maison, pourvu que la construction du bâtiment dans cette situation n'augmente pas trop les dépenses ; mais s'il voulait qu'on lui bâtisse une résidence hors des limites de Longwood, de manière à ce qu'il n'ait plus la liberté de prendre de l'exercice sans être accompagné d'un officier anglais, liberté dont il jouit aujourd'hui, vous ne consentiriez pas à une pareille proposition ; car, s'il se plaint des restrictions actuellement en vigueur, ses remontrances seront alors bien plus bruyantes. Il ne serait pas fâché de vous placer dans ce dilemme[4]. » Contre toute attente, le gouverneur ne fut pas de son avis, envisageant de déplacer Napoléon dans une maison déjà existante et située dans le nord-ouest de l'île.

La maison qui retint l'attention de Lowe s'appelait Rosemary Hall (voir carte p. 192). Agréablement située, elle n'est pas exposée à l'alizé, l'humidité y est quasi absente et la végétation aux alentours rappelle celle que l'on peut admirer sur les bords de la Méditerranée. Parmi les nombreux microclimats de l'île, celui qui entoure Rosemary Hall est sans doute l'un des plus cléments. Depuis leur arrivée sur l'île, les commissaires Stürmer et Balmain y étaient logés.

En 1816 déjà, il fut question de Rosemary Hall comme résidence possible de l'empereur. Au cours d'une discussion avec O'Meara, Lowe évoqua cette possibilité, commençant même à en discuter avec Londres avant de renoncer une première fois. Puis, presque deux ans plus tard, outre les inquiétudes liées à l'état de santé de Napoléon, un fait nouveau relança son intérêt pour cette demeure : elle était à vendre pour la somme de 2 000 livres sterling. Mais n'était-ce pas trop cher ? Depuis l'origine, Bathurst lui avait recommandé de ne pas dépenser plus pour le logement du captif que « ce qu'un officier général du plus haut grade aurait le droit d'attendre s'il était logé aux frais du gouvernement britannique ». Pour s'en assurer, le gouverneur prit alors une feuille de papier, compara ce prix avec le coût minimal pour construire au captif une nouvelle résidence et en arriva rapidement à la conclusion suivante : la Couronne était largement gagnante ! Au surplus, l'élégante bâtisse était entourée d'un joli domaine de douze hectares. Et pour 6 000 livres supplémentaires, il était même possible d'y ajouter le terrain voisin du lieutenant-colonel Smith, ce qui ferait ainsi un ensemble des plus agréables, boisé et protégé du vent comme du soleil par deux éperons rocheux. Puisqu'un meilleur confort pour le prisonnier était assuré et que du point de vue de la sécurité aucun problème majeur ne se dessinait, Rosemary Hall était toute désignée pour remplacer la maison de Longwood.

Mais le futur occupant allait-il être d'accord ? À défaut de pouvoir en discuter avec lui, Lowe dépêcha à plusieurs reprises auprès de Bertrand le colonel Wynyard, mais ce dernier trouva à chaque fois porte close. Cette fin de non-recevoir ne le découragea nullement. Se fiant à une ancienne correspondance de Montholon datée du 9 juillet 1816 dans laquelle le comte, après avoir critiqué sévèrement Longwood, évoquait comme lieu possible de résidence pour son maître Plantation House ou à défaut un endroit « dans la partie cultivée de l'île et dans un lieu où il y ait des arbres, de l'eau et de la végétation », il poursuivit sans consulter personne les pourparlers pour acquérir Rosemary Hall[5]. Répondant en effet en tous points aux souhaits autrefois exprimés, celle-ci ne pouvait que satisfaire le captif et ses compagnons. Convaincu d'être sur la bonne voie, Lowe entreprit plusieurs démarches auprès de son gouvernement pour qu'il approuve son projet. Dans deux courriers privés et confidentiels, le premier adressé à Goulburn en date du 13 février 1818 et le second à destination de Bathurst rédigé cinq jours plus tard, Lowe vanta avec chaleur la solution Rosemary Hall, affirmant qu'aucun autre endroit de l'île ne présentait autant d'avantages. Il s'employa à les rassurer sur la question de la sécurité comme sur celle du coût de l'acquisition. Puis, le 24 février, il remit au lieutenant-colonel Nichol du 66ᵉ en partance pour l'Angleterre un paquet contenant des plans et dessins de Rosemary Hall à destination de Lord Bathurst. Dans sa lettre d'accompagnement, il souligna encore les avantages de cet achat. Bref, il tenta sans finesse de forcer la main à ses supérieurs.

Dans cette affaire, le gouverneur fonça donc tête baissée, cherchant à imposer aussi bien à son gouvernement qu'au captif une solution que ni l'un ni l'autre n'avaient vraiment envisagée. Sans doute très las d'être constamment placé entre le marteau Napoléon et l'enclume Bathurst, il pensait avoir trouvé là le plus sûr moyen pour retrouver une certaine sérénité en faisant au moins cesser les polémiques liées à la situation de la maison de Longwood. S'il parvenait à ses fins, la captivité changerait sûrement pour des eaux plus sereines. Quelques semaines plus tard, son insistance auprès de Bathurst paya. Ce dernier donna en effet son accord sous réserve toutefois que le captif n'émette aucune objection : « Si le général Bonaparte, écrit-il à Lowe en avril 1818, a exprimé le désir très prononcé qu'on lui bâtisse une maison à Rosemary Hall, et que vous lui ayez donné sujet de considérer cela comme une chose accordée, vous ne lui causerez pas de désappointement à cet égard, pourvu, premièrement, que vous puissiez acquérir cet endroit à un prix raisonnable, secondement, que le général Bonaparte persiste à préférer cette situation après que vous lui aurez expliqué qu'on ne fera aucune autre acquisition et que sa circonscription sera ainsi limitée[6]. » Jamais on ne fut plus près d'un transfert de Napoléon vers une maison plus agréable et plus salubre. S'il acceptait, la maison de Longwood ne serait bientôt pour lui qu'un mauvais souvenir. On était là véritablement à un point de bascule possible de cette histoire. Mais, par la faute d'un seul individu, cette embellie pour le captif ne durerait pas. Au contraire même, à cause d'un dépit amoureux, tout se dégraderait davantage encore.

5

Le départ tempétueux de Gourgaud

Malgré le départ du détesté Las Cases, l'humeur du général Gourgaud ne s'était guère améliorée. Au contraire même, il ne cessait de broyer du noir : « Voilà deux ans, écrit-il par exemple à sa sœur, que je suis séparé de ma famille, de mes amis. Combien de temps dois-je souffrir encore ? Je connais bien les hommes à présent et n'ai plus d'illusions. Peut-on en avoir quand on voit les ressorts qui les produisent[1] ? » Dans l'humidité de Longwood, il se plaignait continuellement de l'ennui, du manque de compagnie féminine, de presque tout à vrai dire. Ce maussade compagnon ne faisait que rendre plus triste encore une captivité déjà si terne. En outre, il épiait Napoléon comme le ferait une femme jalouse, poursuivant les Montholon de sa haine féroce. Tout devenait prétexte à conflit. Leur céder le pas, par exemple, lui était chaque jour plus insupportable. Attaché à son étiquette, Napoléon n'en changea point, exigeant que son officier d'ordonnance passe toujours après son ancien chambellan. Cette subtile distinction exaspérait Gourgaud, l'obsédant littéralement. Autre sujet polémique, l'argent que distribuait l'empereur à son petit entourage. Si Gourgaud estimait normal que Montholon reçoive 12 000 francs comme lui, il ne pouvait admettre que son épouse dispose aussi de la même somme. Comment l'empereur pouvait-il s'abaisser à payer autant celle qu'il n'appelait plus que la « putain » ?

Outre sa jalousie féroce, Gourgaud cultivait une très haute opinion de lui-même. Au grand maréchal comme à tous ceux qui voulaient bien l'écouter, il ne cessait de rappeler les importants services qu'il avait rendus à son maître : « J'aurais été flatté de périr pour lui en Russie, en Saxe, en France, j'ai été blessé trois fois, dont deux auprès de lui, en faisant ce qu'il m'avait ordonné. J'ai trouvé à Moscou trois cents milliers de poudre et j'ai passé la Bérézina à la nage ! À Dresde, personne n'a été plus employé que moi. [...] Je suis loin de reprocher à l'empereur le service que je lui ai rendu en 1814, à Brienne, le 29 janvier ; tout le monde, à ma place, en eût fait autant. Mais il n'en est pas moins vrai que si, d'un coup de pistolet, je n'avais pas renversé le Cosaque qui se précipitait, l'empereur aurait reçu un grand coup de lance dans les reins. Qu'en serait-il résulté alors ? [...] À Lützen, j'ai eu mon cheval tué et renversé aux pieds de S.M. ; à Laon, j'ai été cité dans le bulletin ; à Reims, j'ai forcé la ville. C'est moi qui, au retour, me suis emparé de Troyes. Enfin, à Fontainebleau, je suis resté avec S.M., alors que tout le monde l'abandonnait[2]. » À le lire, on pourrait croire que Napoléon lui devait tout.

Comparée à son importante personne, que faisait la « putain » si ce n'est satisfaire le plaisir charnel de son maître ? En mai 1817, elle quitta la table impériale indisposée et en proie à d'intenses vomissements. Elle était enceinte. Pour Gourgaud, la cause était entendue : elle devait son état à ses amours avec Napoléon. Ce ventre arrondi sonna pour lui comme un désaveu. La Montholon était bien la favorite et lui se trouvait en disgrâce. Tout cela n'existait que dans sa tête, mais la jalousie l'égarait, sa raison ayant disparu tout entière. Homme d'épée comme de poudre, Gourgaud était résolu à demander raison au « plat » Montholon des outrages qu'il prétendait subir. Pour ne pas être accusé de « barbarie », il attendit la naissance de l'enfant. Mais en attendant la délivrance de la comtesse, il ruminait sa haine. À Bertrand, le 19 janvier 1818, il confia : « Je dis que je n'y tiens plus, que je ne vois plus S.M. qu'un quart d'heure par jour, et encore pour voir jouer aux échecs, les relever ou moucher les chandelles. S.M. est bien injuste et bien cruelle. C'est ce polisson d'intrigant de Montholon et sa femme qui sont cause de mon malheur. Mais j'attends encore quelques jours qu'elle ait fait ses couches et je me vengerai sur Montholon[3]. » Le nez collé à la fenêtre de sa chambre, il ne cessait d'observer d'un œil mauvais les allées et venues du couple maudit chez l'empereur. Quand il savait la favorite dans les appartements de son maître, il tournait dans le jardin pour tenter d'apercevoir ce qui pouvait bien s'y passer.

Le 26 janvier 1818 en début d'après-midi, une petite fille poussa son premier cri dans l'appartement des Montholon. Dans son *Journal*, Gourgaud enrage : « Mme de Montholon accouche d'une fille qui naît avec une coiffe. Elle désirait un garçon, probablement pour avoir un Napoléon dans la famille[4]. » Aveuglé, il ne vit dans cette innocente que le résultat d'un amour à l'origine de tous ses tourments. Ses parents la prénommèrent Joséphine, encore une provocation pour l'ombrageux général. Mais bientôt sonnerait l'heure de sa vengeance. Jusque-là il avait patienté mais, désormais, il n'avait plus aucune raison d'attendre pour provoquer en duel Montholon. Dans sa querelle, il trouva quelque soutien chez les Bertrand, Fanny en particulier. Cette dernière, on le sait, détestait la « putain » au moins autant que lui. En sa présence, elle insistait en permanence sur les avantages supposés ou réels dont bénéficiait la comtesse. Ou comment jeter du sel sur une plaie bien ouverte. Quand la question du duel vint sur le tapis, elle encouragea même le général à croiser le fer sans tarder. Plus mesuré, son mari le grand maréchal lui conseilla plutôt de quitter l'île, mais surtout, avant qu'il ne sorte son épée, il devait en parler à l'empereur. S'il y consentait, Bertrand lui promit son aide.

À six heures du soir, le 2 février 1818, Gourgaud, Bertrand et Montholon tenaient compagnie à leur maître quand après l'avoir « cajolé » nous dit Gourgaud, Napoléon donna congé à l'époux d'Albine sous un fallacieux prétexte, l'envoyant compter le nombre de sentinelles anglaises. Une fois qu'il fut sorti, l'explication entre l'empereur et son premier officier d'ordonnance put commencer. Pourquoi était-il toujours aussi triste ?, demanda Napoléon. La réponse de Gourgaud ne se fit pas attendre : « Je suis trop maltraité[5] ! » Après cette première salve, il lui reprocha les faveurs qu'il accordait aux Montholon. Ulcéré par son audace, l'empereur protesta : qui était-il pour lui dire ce qu'il devait faire ou non ? Et à propos de ses relations avec Albine, il ajouta : « Et quand je coucherais avec elle, quel mal y a-t-il ? » Continuant de lui tenir tête, Gourgaud lui reprocha son « goût dépravé ». Tandis que les deux hommes s'affrontaient violemment, Bertrand ne pipait mot. Placide, il laissa son compagnon s'abîmer dans cette ultime querelle. Quand Napoléon ordonna à Gourgaud de se raccommoder avec ses ennemis, le général révéla son intention de provoquer le mari en duel. Rouge de colère, le captif le traita d'« assassin », de « brigand ». « Assassin ! Je ne crois pas qu'on puisse me le dire, je n'ai *assassiné* personne, c'est moi qu'on veut assassiner ! On veut me faire mourir de soucis ! », répliqua Gourgaud.

À l'orage succéda cependant une brève accalmie au cours de laquelle les deux hommes s'entendirent sur un point : Gourgaud devait partir. Pour justifier cette décision vis-à-vis des Anglais, il suffirait qu'il se prétende souffrant, expliqua Napoléon. Puis il lui demanda de mettre à profit son retour en Europe pour continuer de servir sa cause : « Il ne faut vous plaindre à personne, ne pas parler de moi et, une fois en France, vous verrez l'échiquier sur lequel vous devez jouer », lui recommanda-t-il[6]. Mais dans les jours qui suivirent, la querelle reprit de plus belle avec Montholon. Gourgaud avait accepté de ne pas se battre en duel à la seule condition que son maître le lui défende par écrit. Cet ordre ne venant jamais, il envoya à son adversaire le cartel suivant : « Forcé de me séparer de l'empereur à qui j'avais sacrifié toute mon existence, pour qui j'ai tout quitté, pour qui j'ai tout perdu, je ne partirai qu'après m'être vengé du succès de vos intrigues et de vos manœuvres. Ou bien je tomberai sous vos coups, mais au moins d'une manière plus honorable et plus digne d'un homme de cour que celle que vous avez employée jusqu'ici et, quel que soit mon sort, j'emporterai l'estime des honnêtes gens. Voilà, Monsieur, comment je veux quitter Longwood[7]. » Le général avait ainsi tout prévu. Il attaquerait bien Montholon mais dans le jardin et en présence de l'officier d'ordonnance anglais, témoin malgré lui. Longwood sombrait dans la confusion la plus totale. Heureusement, au nom de l'empereur, Montholon esquiva et déclina le duel, ce qui lui valut d'être traité de couard et de lâche par son ennemi juré. À nouveau, le drame fut donc évité, mais sans pour autant apaiser l'irascible et horripilant Gourgaud.

Un point de non-retour avait été atteint. Le départ du général s'imposait désormais. Mais à cause de son épouvantable et tonitruant caractère, il ne pouvait que très mal se passer. Pour discuter de son retour en Europe, le général se rendit naturellement chez le gouverneur. D'après ce que nous savons de leur entrevue, il lâcha ses premiers coups contre son ancien maître : « Je ne puis pas vivre, lui confia-t-il, ici plus longtemps sans déshonneur ; on m'a traité comme un chien. J'aimerais mieux mourir dans une prison en France que rester ici, à jouer le rôle de chambellan, et entièrement privé de mon indépendance. Napoléon a voulu me faire faire des choses contraires à mon honneur, ou me forcer par de mauvais traitements à le quitter. J'ai dit au maréchal que je ne parlerais pas contre l'empereur, parce que cela me ferait du tort à moi-même ; mais qu'ils ne m'attaquent pas[8] ! » Lowe devait boire du petit-lait en l'entendant... Face au général, un brin hypocrite, il se montra prévenant et affable, s'inquiétant même des reproches qui pourraient lui être faits à cause de ce départ imprévu. En le cajolant de la sorte, il espérait sûrement s'en faire un allié. Comme on pouvait s'y attendre, il ne s'opposa point à son départ, se disant même prêt à tout faire pour le faciliter. Et pour se rendre plus agréable encore, il lui offrit même d'être logé loin de Longwood aussi longtemps qu'il le désirerait. Dès lors, un rapprochement s'opéra entre Gourgaud et les Anglais, lequel aurait des conséquences proprement désastreuses pour le captif.

Premier différend avec Napoléon, il refusa d'endosser la responsabilité de son départ : « Je déclare que je n'écrirai pas à S.M. pour lui demander à m'en aller. Si j'avais à lui écrire, je lui dirais que je ne puis être aux ordres de sa catin. Elle voudrait que j'eusse l'air de La quitter, tandis que c'est Elle qui me chasse. Si S.M. m'avait bien traité, elle aurait fait de moi ce qu'elle aurait voulu. Je le répète : je ne suis lié par rien. Si Elle me traite mal, je suis dégagé de tout[9]. » Ce nouvel imbroglio dura quelques jours avant que, pressé par Bertrand, il ne consente enfin à écrire une lettre, mais sans toutefois évoquer sa santé. Le 11 février 1818, il se rendit une dernière fois chez l'empereur. Après l'avoir gentiment souffleté, ce dernier lui confia : « Nous nous reverrons dans un autre monde. Allons, adieu ! Embrassez-moi[10]. » Ébranlé, Gourgaud essuya quelques larmes. Mais dès qu'il rentra dans son intérieur, la colère revint, attisée par la proximité du couple Montholon (leurs appartements étaient voisins). Tout bien réfléchi, il faisait figure de perdant dans cette histoire, contraint de rentrer en Europe. Avant de définitivement quitter Longwood, écumant de rage, il écrivit sur les murs de sa chambre ces quelques mots : « Montholon = Ment au long. » Dernière amabilité entre compagnons.

Puis d'autres affaires vinrent compliquer son départ. Alors qu'il lui avait donné quelques livres reliés à ses armes, Napoléon s'avisa de les reprendre. Nouvelle fureur de Gourgaud : « S.M., dit-il à Bertrand, par le dernier affront qu'Elle vient de me faire en me retirant les livres qu'Elle m'avait donnés, m'a rendu un grand service. Elle sèche mes larmes[11]. » Après s'être fâché sur ce sujet, il insista pour conserver tout ce qu'il avait écrit sous la dictée de Napoléon. Difficilement, il accepta de n'emporter que les textes relatifs à la bataille de Waterloo que le captif espérait voir publier au plus tôt[12]. Enfin, on discuta gros sous. De la part de l'empereur, Gourgaud s'attendait à recevoir une pension perpétuelle de 12 000 francs pour lui ainsi qu'une seconde du même montant pour sa mère qui lui avait été promise deux ans auparavant. Mais le captif n'entendait en verser qu'une seule, celle de sa mère, et, complication supplémentaire, elle devait être payée par le prince Eugène, son fils adoptif et ancien vice-roi d'Italie. Outre que l'empereur s'en remettait à un autre pour lui régler ce qu'il attendait, le compte n'y était donc pas. Ce tour de passe-passe financier fâcha à nouveau le général, qui s'estima une fois encore lésé. Dès lors, son ressentiment contre l'empereur s'accentua encore : « Voilà comment S.M. appelle à faire une pension alors qu'elle a ses banquiers à Londres à qui Elle écrivait si elle avait voulu. Mais son but était de me compromettre, de peut-être faire arrêter ma mère, et par là de me tenir davantage. C'est le plus perfide de tous les hommes[13]. » Fâché au dernier degré, il refusa toute avance d'argent. Du coup, il n'avait plus un sol sur lui au moment de partir.

Entre ses adieux à Napoléon et son embarquement pour Londres, il s'écoula plus d'un mois au cours duquel, éloigné de Longwood, il fréquenta assidûment la société anglaise comme celle des commissaires alliés. Cette mise à l'écart ne l'apaisa nullement. Pour l'empêcher de se battre en duel avec Montholon, ce qui eût constitué un « grave manquement aux règles britanniques » estimait Lowe, mais aussi l'espionner, ce dernier ordonna au lieutenant Basil Jackson de ne pas le quitter d'une semelle. Pour des raisons de sécurité évidentes, la liberté de mouvement comme de parole de Gourgaud fut donc restreinte, ce qui ne parut pas le gêner. Au contraire, au contact des Britanniques comme des commissaires alliés, l'ancien officier d'ordonnance se répandit en confidences auprès d'eux ou de leurs femmes. Incorrigible séducteur, il fit les yeux doux à la jeune épouse du commissaire autrichien. Il lui offrit des boucles d'oreilles et l'emmena en promenade au clair de lune. Tombé sous son charme, il s'épancha plus que de raison après quelques rasades de rhum. Tel un amoureux éconduit, il se confiait donc à qui voulait l'entendre, accablant bien sûr les Montholon mais commençant surtout à se répandre en propos fort gênants pour son ancien maître.

Particulièrement en verve et à force d'exagérations, le général blessé compromit sérieusement la position de Napoléon. Pour commencer, il prétendit faussement que le captif pouvait s'évader quand il le voulait, disant même qu'il en avait eu déjà « dix fois l'occasion et [qu']il l'a de nouveau au moment où je vous parle[14] ». Venant d'un proche du prisonnier, cette confession ne pouvait qu'inquiéter. Plus grave encore, elle laissait entendre que Napoléon restait un incorrigible aventurier, confortant ainsi l'opinion qu'avait de lui le gouvernement britannique. Après cette confidence, qui oserait désormais accorder un peu plus de libertés au captif ? À l'évidence personne et surtout pas Lowe. Autre propos tout aussi affligeant, quand on lui demandait si Napoléon était vraiment malade, il répétait invariablement : « Il nous enterrera tous, il a un corps de fer[15]. » Partant, il fit passer son ancien maître pour un menteur, un comédien qui ne se plaignait que pour intriguer. Là encore, il vint confirmer le sentiment de Lowe comme de Bathurst. Sa vengeance cynique, injuste, déplacée et proprement méchante eut de lourdes conséquences. Tout ce qu'il raconta, et ce n'était qu'un début, fut ensuite communiqué à toutes les cours d'Europe, en Russie, en Autriche mais aussi et surtout en Angleterre. Venus d'un intime de Longwood, ces mensonges donnèrent du grain à moudre à tous les adversaires de Napoléon, même si très faussement l'intéressé se défendit toujours d'« accuser aujourd'hui celui qui était une idole hier ». À vrai dire, de cette trahison, Napoléon ne se relèverait jamais, mais n'anticipons pas.

Au moment de partir pour le long voyage de retour, il se fâcha également avec le grand maréchal, alors qu'il avait toujours entretenu de bonnes relations avec lui, quand ce dernier refusa de lui avancer les milliers de francs qu'il demandait. Furieux, il note dans son *Journal* : « C'était l'homme le plus lâche et le plus dissimulé qu'il n'y ait jamais eu[16]. » Dans le même temps, Lowe continuait d'amadouer Gourgaud, lui prêtant 100 livres (2 500 francs) après le refus de Bertrand et l'autorisant à rentrer directement en Europe sans avoir à passer par Le Cap. Manifestement, il avait compris tout le profit que l'on pouvait tirer de son ressentiment. Après avoir loué sa « conduite égale et convenable », il pria même Montchenu d'intercéder en sa faveur auprès de Louis XVIII. Flatté et réjoui par toutes ces attentions, le général français poursuivit plus amplement encore son grand déballage, confiant par exemple au gouverneur que de nombreux soldats anglais acceptaient régulièrement de l'argent des Français pour envoyer en Angleterre des messages clandestins. On ne pouvait pas mieux accabler et compromettre. On ne pouvait pas mieux trahir celui qu'il servait autrefois. Tout cela pour quelques sentiments froissés, de fausses impressions et de ridicules disputes de cour. Quel beau et misérable gâchis serait-on tenté d'écrire. Quand il partit, Lowe recommanda à Bathurst de tout faire pour éviter qu'il ne tombe en de « mauvaises mains ». Il savait en effet, pour l'avoir vérifié lui-même, à quel point Gourgaud était influençable et pouvait facilement changer d'avis. Dès qu'il poserait un pied en terre anglaise, il convenait de l'interroger au plus vite afin qu'il confirme tout ce qu'il venait de déclarer aux uns comme aux autres. Allait-il vraiment à nouveau répéter son fiel auprès des pires ennemis de Napoléon ?

6

Le tournant de la captivité

Le samedi 14 mars 1818, sur le coup des huit heures du matin, le général Gourgaud quitta le rocher. Il y reviendra en 1840 pour le retour des cendres de l'empereur, mais en ce triste jour, il pensait sans doute ne jamais y remettre un pied. Deux mois de morne voyage l'attendaient à bord du *Marquis de Camden*. Après s'être arrêté à l'île d'Ascension, la mer devint houleuse : « Coup de vent avec pluie de deux à trois heures. Les voiles sont déchirées et emportées par le vent. On en change. Je suis souffrant », consigne-t-il dans son *Journal* à la date du 28 mars[1]. Le même jour, le capitaine du navire lui fit savoir qu'à peine débarqué en Angleterre, il le conduirait immédiatement chez Bathurst. Gourgaud n'émit aucune objection. On le sait, il devait impérativement rencontrer le lord ministre avant de tomber en de « mauvaises mains ». Quelques semaines plus tard, le 8 mai, il arriva enfin en Angleterre : « Nous levons l'ancre à dix heures. Le capitaine reçoit une lettre de la Secrétairerie d'État qui lui apprend que je puis débarquer à Gravesend en me conformant aux lois des douanes et que je dois me rendre aussitôt chez Lord Bathurst. Je fais mes malles. Pendant ce temps, nous passons Gravesend, Woolwich et arrivons à Blackholl. On voit 4 pendus sur la rive droite. [...] Les *customs officers* visitent mes malles, mais cela me coûte une pound[2]. » Le lendemain, se sachant attendu, il fit quelques efforts de toilette pour paraître au mieux : « Je cours de bonne heure la ville pour acheter des bas, des souliers, etc. Je déjeune dans une taverne où il n'y a pas de chocolat prêt, je paye 2 shillings 6 pence, vais à la Secrétairerie d'État. Après y avoir attendu deux heures, je vois M. Goulburn, le sous-secrétaire d'État[3]. » Cette entrevue allait être aussi funeste que décisive. Le coup porté contre l'empereur allait lui être fatal.

Si, dans son *Journal*, Gourgaud fut peu disert sur son entretien, en revanche, nous connaissons ses atterrants aveux par les correspondances britanniques qui suivirent. Premier point, Gourgaud confirma devant le ministre anglais l'existence de réseaux clandestins dédiés à l'envoi de lettres ou de pamphlets. Second point, concernant les possibilités d'évasion, il répéta peu ou prou ce qu'il avait déjà laissé entendre à Stürmer. Lisons le compte rendu anglais traitant de cet aspect : « Quoique Longwood soit, par sa situation, susceptible d'être bien gardé par des sentinelles, cependant, il était certain qu'il ne serait pas difficile d'échapper, un moment ou l'autre, à la vigilance des sentinelles postées à l'entour de la maison et des terrains ; et enfin qu'une évasion de l'île ne lui paraissait nullement impraticable. Il m'a avoué que ce sujet avait été discuté à Longwood et que chacun avait été invité à donner séparément son plan pour l'effectuer[4]. » Comment lever les restrictions imposées au captif après pareille confidence ? Impossible, évidemment. Mais le général français ne s'arrêta pas en si bon chemin. Après avoir révélé que Napoléon disposait d'une immense fortune, il témoigna à nouveau de son excellente santé : « J'ai tout lieu de croire, écrivit ensuite Bathurst à Lowe, d'après les informations données par le général Gourgaud à M. Goulburn, et dont la substance vous est communiquée dans ma dépêche n° 9, que la santé du général Buonaparte n'a en aucune manière souffert de sa résidence à Sainte-Hélène ; [...] et que les rapports fournis par M. O'Meara sont très mensongers [...][5]. »

Deux mois après avoir quitté son maître, le dépit amoureux de Gourgaud ne s'était pas apaisé. Par pure vengeance, il le présenta comme un dangereux intrigant, prêt à tout, riche et jouissant d'une parfaite santé. Ses confidences renforcèrent les convictions déjà bien établies de Bathurst. Désormais, pour le ministre en charge de la détention de Napoléon, le doute n'était plus permis. Si le prisonnier se plaignait, il ne faisait que jouer la comédie. S'il se disait malade, il ne pouvait que simuler. Son opinion étant désormais définitivement arrêtée, il refuserait contre l'évidence de reconnaître toute preuve du contraire et ce, même si elle était apportée par Hudson Lowe. Même réels, les problèmes ou interrogations liés à la captivité n'avaient plus lieu d'être. En revanche, subsistait une préoccupation majeure : contenir, voire prévenir, les campagnes de presse dirigées contre lui et son gouvernement. L'aspect « médiatique » des choses devint donc le seul qui comptait. Sur le terrain, il convenait de durcir les choses. La première conséquence concrète des déclarations de l'ancien compagnon de Napoléon fut le renforcement des mesures de surveillance : « Par la confession du général Gourgaud, écrivit-il à Lowe, aussi bien que par d'autres informations que j'ai reçues, qu'une correspondance clandestine, entretenue par les habitants de Longwood, a pris un développement considérable. [...] Cette violation de votre règlement doit s'effectuer grâce aux occasions dont les généraux Bertrand et Montholon, et les serviteurs de la maison de Longwood, jouissent d'avoir de fréquents rapports non seulement avec les personnes qui visitent Longwood mais aussi avec les autres habitants de l'île. Il devient donc nécessaire de mettre des restrictions à une liberté dont on a évidemment tant abusé[6]. »

Plus grave encore, le ministre ordonna aussi au gouverneur de mettre un terme définitif à son projet de déplacer le captif à Rosemary Hall : « J'espère que ma dépêche, au sujet de Rosemary Hall, vous parviendra avant que vous n'en ayez terminé l'achat. Le général Gourgaud regarde Longwood comme la situation la mieux adaptée "à la surveillance", et les restrictions que vous vous sentirez autorisé à imposer aux personnes de la suite du général Buonaparte obvieront, j'en ai la confiance, aux objections que vous paraissiez commencer à avoir contre cette résidence. Comme le général Buonaparte ne profitera pas des libertés qu'il a, on peut l'en laisser sans crainte en pleine possession ; et, par le fait, dans sa situation, il n'aura plus autant de facilité pour en abuser[7]. » Ainsi, ce plan porté par Lowe, à l'évidence favorable à Napoléon, fut-il mis en pièces par l'un de ses compagnons. Autrement dit, celui que l'on présente généralement comme l'âme damnée de la captivité, le gouverneur, vit tous ses efforts réduits à néant par l'un de ceux considérés aujourd'hui comme un fidèle parmi les fidèles, l'« évangéliste » Gourgaud. Osons une autre comparaison, mais cette fois avec Judas. Son attitude en ce mois de mai 1818 ressemble plus à ce que l'on croit savoir de ce personnage biblique qu'à tout autre. Le pire étant qu'il ne le fit même pas pour l'argent, jamais les « trente deniers » ne lui furent en effet versés. Par sa faute, le prisonnier vit son seul espoir de quitter son enclos humide disparaître ainsi en l'espace de quelques heures. Derrière lui, les portes de sa prison venaient de se refermer violemment et leurs clefs jetées pour toujours dans la Tamise. Comme pour le reste, Bathurst fut conforté dans son opinion première, le seul lieu de détention possible était bien le plateau de Longwood. Toute « objection » du gouverneur n'avait donc plus lieu d'être. Était-ce tout ? C'était compter sans l'extrême stupidité du général français. Le jeu de massacre continua.

Quand Golburn lui demanda si Balcombe et O'Meara avaient aidé à faire passer des messages secrets, Gourgaud, sans accuser les deux hommes, resta très évasif, ne démentant pas vraiment. Dès lors, pour le cabinet britannique, il ne faisait aucun doute qu'ils intriguaient en faveur de Napoléon. Aussi, moins d'un mois après avoir refusé à Lowe le renvoi du médecin, Lord Bathurst changea-t-il radicalement de pied : « Ma lettre particulière du 29 du mois dernier, lui écrit-il le 18 mai 1818, vous aura expliqué ce qui m'avait induit à refuser mon consentement à votre proposition d'éloigner M. O'Meara de Longwood. L'information donnée par le général Gourgaud a changé la situation des choses, et je ne vois plus aucune difficulté à vous permettre de lui retirer des fonctions auxquelles il s'est montré si impropre, je ne crois pas que vous soyez autorisé à saisir ses papiers, mais vous pourrez, si vous le jugez convenable, l'envoyer chercher, lui annoncer le contenu de mes instructions, et, cela fait, lui interdire de voir le général Buonaparte ou toute personne de sa suite, excepté en présence d'un officier anglais. Vous pourrez l'empêcher aussi de retourner à Longwood dès qu'il l'aura quitté[8]. » Alors que Lowe avait toujours échoué depuis deux ans à le faire renvoyer, Gourgaud avait réussi en moins de temps qu'il ne faut pour le dire. Désormais considéré comme un traître, s'il n'encourait pas de trop graves sanctions, le médecin devait être rappelé sans délai. Par ses révélations, Gourgaud réalisa une belle passe de trois. Napoléon était plus suspect que jamais, son transfert de Longwood était définitivement enterré et O'Meara devait être expulsé de Sainte-Hélène. Joli tir groupé s'il en est. À propos du chirurgien, Londres venait de réaliser à quel point les soupçons de Lowe étaient fondés. Et c'était même pire que tout ce qui avait pu être imaginé jusqu'alors. Le gouvernement et son représentant sur l'île paraissaient joués et presque ridicules. Dans sa lettre au gouverneur, Bathurst mit d'ailleurs des guillemets au mot « surveillance », c'est dire son dépit. Pour Londres, il fallait réagir sans tarder avant que l'affaire ne prenne un tour fâcheux pour Liverpool et ses affidés. Loin d'être une place aussi sûre qu'ils le pensaient, Sainte-Hélène était comme une prison d'opérette peuplée de gardiens aussi aveugles que trompés.

Le 25 juillet 1818, un navire débarqua la poste de Londres à Jamestown. Plusieurs plis étaient destinés au gouverneur, dont la missive précitée de Bathurst. À peine la lecture de celle-ci achevée, Lowe convoqua ses officiers pour organiser l'exfiltration d'O'Meara de Longwood. Chargé d'exécuter ce qui était une véritable arrestation, le lieutenant-colonel Wynyard devait impérativement l'empêcher de communiquer avec qui que ce soit et surtout avec le captif, comme l'avait ordonné Bathurst. Quand il se rendit à son logement, il frappa plusieurs fois à la porte mais n'obtint aucune réponse. Le médecin était manifestement sorti. Sur l'ordre de Wynyard, l'officier d'ordonnance Blakeney entra alors chez lui et décida de l'y attendre. Quand il parut enfin, il lui remit sa lettre de renvoi. Surpris, O'Meara se mit à la lire une première fois, puis une seconde, demandant seulement à l'officier si un navire était récemment arrivé[9]. Malgré son étonnement, il resta impassible : « Très bien, dit-il, je vais préparer mes affaires et sortir pour appeler mes domestiques. » Quelques instants plus tard, il reparut sur le perron de sa porte, mais se précipita sans prévenir vers les appartements de l'empereur. Impuissant à l'arrêter, Blakeney le suivit, mais fut arrêté à la porte de la salle de billard.

Dans le même temps, Napoléon venait de recevoir une lettre du gouverneur l'informant du renvoi de son médecin. Aussi quand celui-ci parut à la porte de ses appartements, il ne fut pas surpris et le reçut aussitôt. Avant de le quitter, O'Meara voulut lui donner quelques ultimes conseils médicaux, mais l'empereur ne l'écouta pas vraiment. Puisque le temps pressait, le médecin fut chargé de plusieurs missions : rencontrer la famille du prisonnier pour leur donner de ses nouvelles et les assurer de ses meilleurs sentiments, persuader Joseph de publier les lettres des souverains qu'il avait reçues quand il était sur le trône – cela afin de montrer leur hypocrisie – et surtout défendre sa cause une fois revenu en Europe. Dans ce but, Napoléon lui confia une copie de ses dictées sur la campagne de 1815 ainsi qu'un texte où il réfutait être l'auteur du *Manuscrit de Sainte-Hélène venue d'une manière inconnue*. Puis, il dicta à Bertrand une lettre de recommandation certifiant que le médecin était autorisé à parler en son nom devant sa famille et la lui remit. Enfin, il lui offrit une statuette en bronze à son effigie et deux tabatières avant de l'embrasser une dernière fois : « Adieu O'Meara, nous ne nous reverrons plus. Soyez heureux ! », furent ses dernières paroles à celui qui l'avait soigné pendant près de trois ans[10].

Au-dehors, après n'avoir pas pu empêcher O'Meara de rencontrer une dernière fois le captif, Wynyard et Blakeney patientaient toujours. À plusieurs reprises, ils insistèrent auprès des domestiques du chirurgien pour qu'ils prient leur maître d'enfin quitter Longwood. Mais en vain. Ils furent ainsi obligés de l'attendre près de trois heures, entre quatre heures de l'après-midi et sept heures du soir. Quand il ressortit enfin, Wynyard lui reprocha vertement son attitude. Le toisant du regard, le chirurgien bravache fit cette brève réponse : « Je ne reconnais pas l'autorité ! » Après cet échange courroucé, l'envoyé de Lowe lui rappela ses ordres. À la nuit tombée, il fut obligé de quitter Longwood mais sans ses bagages qui n'avaient pu être bouclés à temps. Quand ils lui furent rendus quelques jours plus tard, il découvrit avec stupeur qu'il manquait une montre en or, des cachets et trois bagues. Malgré ses nombreuses protestations, le vol ne fut jamais élucidé. Dans les jours qui suivirent, malgré l'insistance de Lowe, O'Meara ne lui transmit aucun papier, pas même ses avis médicaux sur la santé du prisonnier. Quant à ses autres écrits, aucun ne tomba entre les mains des hommes du gouverneur. Avant qu'il ne soit arrêté, Montholon avait caché son journal dans l'une de ses cachettes, sa propre pharmacie. Il lui fut rendu peu secrètement peu de temps avant son embarquement grâce à la complicité d'un des Anglais servant à Longwood, le sergent David, corrompu apparemment par Bertrand[11]. Quant aux manuscrits confiés par Napoléon, il semble aussi qu'ils transitèrent par les mains intéressées de ce sous-officier du 53ᵉ. Quel nouveau et incroyable tour de passe-passe ! À chaque fois, grâce à leur argent, les compagnons de Napoléon prirent le dessus sur des Anglais apparemment faciles à berner. À croire qu'on rejoua sans cesse la même partie, comme dans un théâtre de marionnettes. Ajoutons qu'O'Meara parvint facilement à dissimuler dans sa chaussure la lettre de recommandation que lui avait écrite Napoléon. Pour les douaniers de Lowe, l'échec fut donc à nouveau complet.

Le 2 août 1818, le médecin de l'empereur monta à bord du *Griffon*, destination Londres. Un autre personnage de notre histoire disparut ainsi précipitamment, expulsé lui aussi. Mais il ne partit pas les mains vides. Dans ses bagages, des manuscrits bien dissimulés. Dans ses poches, beaucoup d'argent, de nouvelles lettres de change signées par Napoléon. De quoi se venger de son gouvernement et accabler Lowe en publiant opinions et souvenirs. Peu de temps après son retour, il signa un vigoureux pamphlet contre le roide Hudson intitulé *An exposition of some of the transactions, that have taken place at St. Helena, since the appointment of Sir Hudson Lowe as Governor of that Island, in answer to an anonymous pamphlet*[12]. Trois ans plus tard, en livrant au public son journal sous le titre *Napoleon in exile : a Voice from St. Helena*, il l'accabla mieux encore. Outragé et furieux, Lowe l'attaqua ensuite devant les tribunaux en diffamation. Après un grand déballage, fort préjudiciable au gouverneur, le procès tourna court pour un problème de procédure. Mais le gouverneur de Sainte-Hélène n'entendait pas en rester là.

Avec méthode et application, il rassembla ses papiers, l'ensemble étant aujourd'hui connu sous le nom de Lowe Papers, pour contre-attaquer en publiant à son tour ses souvenirs ainsi que de nombreuses lettres de la captivité. Mais il ne put terminer son travail et ce fut un avocat, William Forsyth, qui acheva ce qu'il avait entrepris. Et c'est ainsi que parut en 1853 en quatre volumes une *Histoire de la captivité de Napoléon à Sainte-Hélène* avec pour auteur Sir Hudson Lowe. Ce qui fut appelé aussi le « contre-*Mémorial* » entendait certes apporter la contradiction au fameux *Mémorial* de Las Cases, mais aussi et même surtout faire pièce à tout ce qu'avait pu dire ou publier le chirurgien. Dans son introduction, Forsyth écrit d'ailleurs : « Si l'on trouve mon langage trop sévère pour tout ce qui regarde O'Meara, que le lecteur avant de le condamner, examine bien s'il n'est pas mérité. Je suis de ceux qui pensent que la conduite dont il s'est rendu coupable en calomniant les autres ne peut pas être suffisamment blâmée par des expressions tempérées ; O'Meara mérite un jugement plus sévère. De semblables écrivains sont la honte de la littérature. Ils corrompent le courant de l'histoire en empoisonnant ses sources[13]. » Page après page, l'attitude du médecin de Napoléon est ainsi constamment dénoncée. La haine réciproque de ces deux hommes était telle que l'on peut même se demander si leurs travaux respectifs ne furent pas entrepris dans le seul but de continuer à s'affronter par publication interposée.

Pour revenir à 1819, le gouverneur ne pouvait que se réjouir, son pire ennemi venant d'être expulsé avec pertes et fracas. Cependant, tout bien réfléchi, les révélations de Gourgaud étaient également fort gênantes pour sa personne. En effet, comment avait-il pu être aveugle à ce point ? Comment Sainte-Hélène avait-elle pu se transformer en pareil nid d'intrigues ? Le gouvernement n'avait pourtant pas lésiné sur les moyens dévolus à la captivité. Sans qu'on le lui demandât toutefois, Lowe se crut obligé de se justifier et d'expliquer son impuissance. Pour la énième fois, Bathurst fut obligé de lire son interminable prose aussi fatigante que tortueuse. Chaque fois qu'il décachetait ses courriers, il soupirait d'ailleurs de lassitude, regrettant que Lowe n'ait pas pris sa plume pour écrire à un autre. Le 29 septembre 1818, dans une très longue réponse destinée à son supérieur, le gouverneur plaida évidemment non coupable, accablant Balcombe et surtout O'Meara, ces deux hommes étant à l'origine de toutes les intrigues. Sur le départ du chirurgien, Lowe affirma notamment : « L'éloignement de M. O'Meara fit crouler tout l'édifice, et les complots se trouvèrent faciles à suivre dans leurs développements[14]. » Ou comment se défausser de ses responsabilités à bon compte. Contrairement à ce que Lowe prétendit, les réseaux clandestins allaient bien au-delà. Mais sans doute par peur du scandale, personne n'osa le contredire et pousser trop loin les investigations. Car si la presse venait à révéler que les complicités étaient très nombreuses au sein du camp britannique, tout l'édifice n'aurait pas manqué de s'écrouler, Lowe comme Bathurst ne survivant probablement pas à un tel déballage. Au bout du compte, il valait mieux pour le gouvernement britannique oublier assez rapidement certaines des confidences de Gourgaud car trop embarrassantes pour la soi-disant cohésion britannique.

De l'autre côté de la Manche, les confidences du général ne devinrent un sujet de polémiques que longtemps après la fin de la captivité. Le premier historien à avoir mis en évidence le rôle ô combien néfaste de Gourgaud fut Frédéric Masson, notamment dans une conférence qu'il donna le 27 mars 1909. Mais sa version des faits fut rapidement contestée par les descendants du fâcheux Gourgaud. À cause du retentissement provoqué par cette polémique, son petit-fils provoqua même en duel l'historien. Heureusement le sang ne coula point et on en resta à une lutte par articles de presse interposés. Dans le journal *Le Figaro*, le troisième baron Gourgaud rappela notamment qu'en écrivant à tous les monarques d'Europe, son ancêtre fit tout ce qu'il put pour faire délivrer Napoléon. Mais comme le souligne Masson : « La question n'est point de faire valoir ce que Gourgaud a dit, écrit ou imprimé postérieurement au 25 août 1818, mais d'infirmer les témoignages concordants et identiques sur les discours qu'a tenus Gourgaud du 13 février au 31 mai[15]. » En effet, après son grand déballage, le général fit tout pour qu'on les oublie, réalisant un peu tard son erreur. À court d'arguments, ses défenseurs prétendirent ensuite qu'il avait reçu de Napoléon des « instructions secrètes ». Pour mener à bien cette mission, ont-ils prétendu, il se serait confié aux Anglais pour mieux les tromper ensuite. À nouveau, Frédéric Masson fit la démonstration de l'inanité de cette thèse conçue uniquement pour innocenter Gourgaud. Après cette polémique, cet affligeant épisode fut presque oublié par tous ceux qui s'intéressèrent à la captivité comme s'il s'agissait d'un secret de famille qu'il valait mieux ne pas faire resurgir. Souvent dépeinte comme l'exemple même de la perfidie anglaise opposée aux vertus françaises, cette histoire ne pouvait souffrir d'exception et insister sur pareille trahison. Mieux encore, contre l'évidence, il a été avancé très récemment que Gourgaud ne s'était jamais confié à qui que ce soit et que tout cela n'était que le résultat d'une énième machination anglaise. Si Gourgaud tenta ensuite de se faire pardonner, on ne saurait oublier son rôle. Et ce, d'autant plus que ses déclarations furent à nouveau utilisées lors d'un congrès européen de la plus grande importance : le congrès d'Aix-la-Chapelle. Sur l'échiquier de la captivité, grâce notamment au fou Gourgaud, les adversaires de Napoléon s'apprêtaient en effet à terminer la partie sur un éclatant échec et mat.

7

Le fatal congrès d'Aix-la-Chapelle

Depuis 1815, la France de Louis XVIII était occupée par les Alliés. Les Cosaques campaient sur les Champs-Élysées, la présence russe dans la capitale devenant même habituelle[1]. Dans le nord du pays, des dizaines de milliers de soldats autrichiens et russes s'étaient installés. Comme le voulaient les usages de la guerre, ces troupes d'occupation ne partiraient qu'une fois une lourde indemnité de guerre payée. Les clauses financières du traité de Paris furent particulièrement sévères pour la France, celle-ci devant s'acquitter d'1,4 milliard de francs. C'était considérable, l'équivalent de 21 % du revenu national ou de plus de deux budgets de l'État. Comme conclusion d'une campagne aussi courte que celle de Belgique, c'était cher payé. Assurément les Cent-Jours de Napoléon furent-ils les « plus chers de l'histoire de France[2] ». Il est vrai qu'en 1814, grâce à l'habileté de Talleyrand, aucune indemnité de guerre n'avait été imposée à la France. Mais un an plus tard, les Alliés ne firent pas preuve de la même mansuétude, voulant au contraire punir cette fois avec la plus grande rigueur le pays responsable selon eux de tant de conflits. Contre toute attente, le gouvernement de Louis XVIII put emprunter facilement trois ans après l'arrêt des combats. La question des indemnités de guerre étant en passe d'être réglée, la libération du territoire devenait donc possible. Pour en discuter, une réunion des grandes puissances fut rapidement envisagée.

Aux termes du traité de Paris signé en 1815, les puissances alliées avaient décidé de se retrouver trois ans plus tard. À l'automne 1818, l'heure avait donc sonné pour que se retrouvent entre eux les diplomates et souverains d'Europe, la période de probation de la France post-impériale arrivant à son terme.

Mais très rapidement de nombreuses interrogations agitèrent les chancelleries. Le royaume de Louis XVIII devait-il recouvrer une totale liberté ? Méritait-il de retrouver sa place au sein du concert européen ? Certes, les Français se tenaient tranquilles, mais était-on vraiment sûr qu'ils ne renoueraient pas avec leurs vieilles passions, jacobines par exemple ? Toutes ces interrogations conduisirent les diplomates à se montrer très prudents concernant un retour plein et entier de la France. En définitive, compte tenu des enjeux, ce qui ne devait être qu'une conférence devint un congrès de la plus haute importance.

Ainsi les quatre grandes puissances furent-elles très dignement représentées : la Russie par ses ministres Nesselrode et Capo d'Istria, l'Autriche par le chancelier Metternich, la Prusse par le prince chancelier Hardenberg, l'Angleterre par les ministres Castlereagh et Wellington et enfin la France par le chef du gouvernement, le duc de Richelieu. Très rapidement, le tsar Alexandre fit savoir qu'il se rendrait aussi au congrès, ce qui fit également déplacer l'empereur d'Autriche et le roi de Prusse, au nom de l'équilibre des débats. La ville choisie pour accueillir toutes les délégations fut donc Aix-la-Chapelle, alors contrôlée par la Prusse. Entre le 29 septembre et le 21 novembre 1818, soit pendant plus de deux mois, cette ville devint le centre diplomatique de l'Europe comme l'avait été Vienne pendant le congrès de 1815. Outre le retour de la France dans le concert européen, d'autres sujets furent également abordés, de la traite des Noirs au statut de la principauté de Monaco. Mais tandis que l'on discutait de finances ou de frontières, un nom occupait encore toutes les pensées, celui du vaincu de Waterloo. Si de prime abord elle n'était pas inscrite au menu des discussions, la question de sa détention ne pouvait être occultée. Comment débattre de la sécurité de l'Europe sans évoquer celui qui l'avait tant troublée par le passé ?

À Longwood, plusieurs mois avant son ouverture, le congrès avait suscité de réelles espérances. Peut-être changerait-il le cours de la captivité ? Pour tenter d'influencer les souverains européens, les commissaires alliés furent approchés. En avril 1818, on se montra ainsi plus aimable avec eux. Si Napoléon continua de ne pas les recevoir, ils furent cependant invités à déjeuner dans le jardin de Longwood aux belles heures de l'été par le grand maréchal : « On y fait porter trois plats, témoigna ce dernier, notamment une crème et du dessert, avec quelques bouteilles de vin. Ces messieurs sont très gais[3]. » Malgré l'enivrement des esprits, Balmain refusa de prendre une lettre de protestation destinée à son souverain. Même éméché, le diplomate comprit le piège qui lui était tendu. Stürmer, en revanche, accepta mais se ravisa quelques jours plus tard. Aucun commissaire ne voulut donc servir de messager pour le compte du prisonnier. Plusieurs lettres plaidant la cause de Napoléon furent cependant envoyées, notamment par Las Cases et O'Meara, tous deux étant revenus en Europe. Dans ce concert, les Bonaparte ne furent pas en reste. Sous la férule de son demi-frère le cardinal Fesch, Madame Mère accepta de signer une lettre fort émouvante à destination des souverains qui allaient s'assembler : « Une mère affligée au-dessus de toute expression a espéré depuis longtemps que la réunion de Vos Majestés Impériales et Royales lui rendrait le bonheur. Il n'est pas possible que la captivité prolongée de l'empereur ne prête l'occasion de vous en entretenir et que votre grandeur d'âme, votre puissance, les souvenirs des événements passés, ne portent Vos Majestés Impériales et Royales à vous intéresser pour la délivrance d'un prince qui a eu tant de part à leur intérêt et à leur amitié. [...] L'empereur Napoléon n'est plus à redouter : il est infirme. »

Puis s'ajouta un choriste inattendu en la personne du général Gourgaud. Après s'être répandu de la manière que l'on connaît, il changea à nouveau de pied pour derechef plaider la cause de celui qu'il accusait peu de temps auparavant des plus infâmes fourberies. Il faut dire qu'il n'avait guère été payé en retour de ses confidences. Suite à celles-ci, le gouvernement de Louis XVIII resta sourd à ses demandes, refusant de réintégrer cet « homme de Bonaparte » dans l'armée. À Londres, Gourgaud comprit peu à peu qu'il n'avait plus rien à attendre d'une France qui l'ignorait superbement. Profondément déçu, réalisant son erreur ou peut-être après avoir été influencé, son ressentiment changea de cible. Le lieutenant Basil Jackson, dont nous aurons à reparler et qui le connut plutôt bien, écrivit par exemple : « Après son arrivée en Angleterre, il eut deux ou trois entrevues avec le sous-secrétaire d'État, puis il tomba entre les mains de certains radicaux de marque, qui lui firent ressortir la folie de son attitude, s'il se tournait contre Napoléon ; qu'il n'était réellement quelqu'un que comme son adhérent, tandis qu'il se détruisait lui-même en se déclarant son ennemi. Bref, ils pesèrent tellement sur la faiblesse du pauvre homme, qu'ils l'amenèrent à essayer de paraître encore et avec éclat *l'homme de l'empereur*[4]. »

Premier acte de son retour de flamme napoléonienne, il publia la *Campagne de 1815, ou Relation des opérations militaires qui ont eu lieu pendant les Cent-Jours, écrite à Sainte-Hélène*. Si l'ouvrage n'avait qu'un lointain rapport avec la captivité, il n'en constituait pas moins une défense de son ancien maître sur le plan historique. Ensuite, il prit sa plume pour tenter de convaincre Marie-Louise de se rendre au congrès d'Aix-la-Chapelle « pour solliciter la fin du supplice de l'empereur, de supplier votre auguste père de joindre ses efforts aux vôtres pour obtenir que Napoléon lui soit confié si la politique ne permettait pas encore de lui rendre la liberté ». Sa missive secrète se terminait ainsi : « Ah ! Madame, au nom de ce que vous avez de plus cher au monde, de votre réputation, de votre devoir, de votre avenir, faites tout pour sauver l'empereur. L'ombre de Marie-Thérèse vous l'ordonne. » Sa passion pour l'empereur ayant repris, notre imprévisible général écrivit aussi au tsar, à l'empereur d'Autriche et au prince Eugène, le fils adoptif de Napoléon, pour les implorer d'intercéder en faveur du captif. D'abord stupéfait, le gouvernement britannique jugea la plaisanterie de fort mauvais goût et l'expulsa de son territoire pour l'Allemagne en novembre 1818.

Les débuts du congrès d'Aix-la-Chapelle furent d'emblée très favorables aux Français. Le 9 octobre, une convention de libération du territoire fut signée entre les cinq puissances présentes, la Russie, la France, l'Autriche, l'Angleterre et la Prusse, pour le 30 novembre suivant. Pour le Premier ministre du roi, le duc de Richelieu, le succès était incontestable. À l'évidence, la France retrouvait une place digne d'elle. Dans cette atmosphère de détente et de pardon, irait-on jusqu'à assouplir les conditions de détention de Napoléon ? Il se murmurait que l'empereur François, son beau-père, était « ébranlé dans sa conscience » à cause de sa situation. Côté russe, personne n'avait oublié qu'en

1814 l'empereur de Russie avait été particulièrement sensible au sort de son ancien ennemi en acceptant de l'envoyer à l'île d'Elbe. Allait-il à nouveau céder à un « romantisme » jugé plutôt fâcheux par ses alliés ? En outre, depuis 1815, on le sait, plusieurs campagnes de presse avaient relayé les plaintes récurrentes et nombreuses de Napoléon. Même s'il restait difficile avant l'ouverture du congrès de mesurer leur influence exacte, le cabinet Liverpool, par crainte d'être mis en cause, prépara une note détaillée et bien sûr défensive que l'on sortirait en cas d'attaque. En vérité, cette précaution s'avéra inutile en raison d'une actualité politique jugée préoccupante par les représentants présents au congrès.

Les monarchies conservatrices détestaient le vent libéral qui s'était levé en Europe. Certaines étaient même terrorisées par la persistance d'idées remettant en cause le fondement même de leurs régimes. Dès lors, en apparaissant comme un allié objectif des libéraux et même parfois leur principal représentant, Napoléon restait un ennemi de première envergure qu'il convenait de neutraliser au moins autant que par le passé. Et ce, d'autant plus que là où il avait régné, le mouvement libéral progressait irrésistiblement. En avril 1818, la publication posthume des *Considérations sur la Révolution française* de Mme de Staël fut par exemple un immense succès. En quelques jours seulement, 60 000 exemplaires furent vendus, puis l'ouvrage fut réimprimé sans discontinuer. Un mois après la sortie des *Considérations*, un mémoire signé par l'ultra-royaliste Vitrolles alerta les chancelleries européennes sur les dangers que représentait ce mouvement. À Aix-la-Chapelle, il fut lu et relu, cette renaissance du courant libéral inquiétant au plus haut point. Et tandis que les diplomates poursuivaient leurs discussions, les résultats des élections françaises d'octobre 1818 à la Chambre furent perçus comme un signal inquiétant de plus. Tandis qu'un cinquième des députés était renouvelé, les libéraux réalisèrent une nette percée électorale. Trois ténors du parti libéral – La Fayette, Manuel et Benjamin Constant – furent ainsi élus triomphalement en compagnie d'une vingtaine de leurs partisans. Ce succès acheva donc de crisper les puissances alliées.

Aucun diplomate européen n'avait en effet envie qu'après le retrait des troupes prévu pour fin novembre, une autre révolution, même politique, n'agite le royaume du roi podagre. À nouveau, on se méfia donc du pays qui avait autrefois coupé la tête de son roi. Parmi les notes laissées par Metternich, on peut lire ces quelques mots : « La France, toutefois, ne se trouve pas encore placée dans une situation analogue à celle des autres puissances. Elle sort du mouvement révolutionnaire ; elle est livrée au jeu de plusieurs partis[5]. » Dans cet esprit, tandis que l'on faisait mine de traiter la France en égale, la Russie, l'Autriche, la Prusse et l'Angleterre renouvelèrent en secret leur pacte contre elle au cas où elle renouerait avec ses idées d'autrefois. Le diplomate Gentz résuma ainsi la position finale du congrès : « La confirmation de la quadruple alliance, pour le cas où de nouvelles catastrophes, éclatant dans l'intérieur de la France, menaceraient le repos de ses voisins, est l'un des bienfaits les plus solides que l'on doive au congrès d'Aix-la-Chapelle. [...] Dans l'état actuel des choses, la France est, à tout prendre, le pays le moins disposé à respecter la tranquillité générale, le mieux placé et le mieux organisé pour la troubler. [...] Tant que la quadruple alliance subsistera [...], le chef de parti le plus audacieux, ou même un Roi de France entraîné par la fougue populaire, ne s'avisera pas légèrement de donner le signal de nouveaux combats[6]. » Autrement dit, si la Quadruple-Alliance avait un peu baissé la garde face à la France, la lame de son épée brillait encore.

Dans ce contexte, la crainte d'un retour de Napoléon se répandit à nouveau. Et au lieu d'être utiles, les écrits de Gourgaud semèrent davantage encore la confusion, faisant croire à un double jeu de sa part. À la date du 20 octobre 1818, Richelieu écrivit au marquis d'Osmond : « Je vous remercie, Monsieur le Marquis, du livre de Gourgaud [à propos de Waterloo] que vous m'avez envoyé. D'après le style, je suis tout à fait de votre avis et je crois que la lettre à Marie-Louise, qui lui est attribuée, est de lui et qu'il a joué jusqu'ici son rôle à merveille. [...] Toutes ces manœuvres prouvent que ces hommes sont loin de vouloir être tranquilles et que toute espérance n'est pas éteinte dans leur cœur[7]. » Quelques jours plus tard, après la victoire des libéraux aux élections, des documents venus de Sainte-Hélène donnèrent d'autres sueurs froides au chef du gouvernement français : « D'après ce qu'on me mande d'Amérique, écrivit-il à Osmond le 29 octobre toujours d'Aix-la-Chapelle, touchant les mouvements des réfugiés, la correspondance de Sainte-Hélène, l'esprit qui s'est manifesté sur plusieurs points au moment des élections et de l'exécution de la loi du recrutement, il me paraît certain qu'il y a là un complot préparé pour le moment de l'évacuation de notre territoire[8]. » Inquiet de cette possible conspiration, il était bien décidé à ne pas la laisser réussir : « Il était naturel, ajouta-t-il, de croire que les malveillants saisiraient cette occasion et c'est à nous de tâcher de déjouer leurs intrigues par une surveillance plus active et des mesures bien concertées. »

Avec de telles alertes, Richelieu jugea impératif que le congrès approuvât sans réserve la façon dont Napoléon était traité par les Anglais. Sur cette ligne, il trouva, outre l'Angleterre, un précieux allié en la personne du tsar. Contre toute attente, le maître de la Russie n'entendait pas faire le moindre geste en direction de Napoléon. Dans une lettre à Bathurst, Lord Castlereagh résuma ainsi la position de l'autocrate : « L'empereur de Russie considéra que les souverains ne pouvaient, avec tout le respect qu'ils doivent à la tranquillité de l'esprit public ou au gouvernement britannique, se séparer sans se prononcer sur les tentatives faites pour tromper et corrompre l'opinion publique ; et Sa Majesté estima qu'il revenait à ses ministres l'initiative d'évoquer cette question en conférence[9]. » Pour le représenter lors de cette conférence, Alexandre désigna Pozzo di Borgo[10], membre éminent d'une famille corse rivale des Bonaparte et dont la querelle était née au siècle précédent au moment de leur voisinage dans les ruelles étroites d'Ajaccio. Ce choix en disait déjà long sur ses intentions hostiles. En son nom, Pozzo présenta devant ses homologues européens un mémoire applaudissant des deux mains la politique de Lord Bathurst. Il déclara notamment que les privations dont se plaignait Napoléon « n'ont jamais existé et qu'elles ne sont présentées à la curiosité et à la malignité publiques que comme un moyen de plus pour réveiller l'intérêt et revivre dans la mémoire de ses partisans ».

Et pour appuyer son propos, il cita abondamment ce que Gourgaud avait révélé aux commissaires alliés[11]. À nouveau, ses déclarations vinrent donc apporter de l'eau au moulin des pires adversaires de Napoléon. Pour mieux inquiéter, Pozzo fit sans la moindre preuve un habile rapprochement entre ce que le général français avait pu dire sur une éventuelle évasion et les rumeurs d'un complot en France : « Le moment de l'exécution de ce projet, déclara-t-il, devait coïncider avec celui de l'évacuation du territoire français par les troupes alliées et avec les troubles que cet événement aurait fait naître. » En conséquence, pour la Russie, il n'existait qu'une seule voie, celle de la fermeté : « Ces renseignements, combinés avec les espérances et les mouvements de tout résidu criminel des temps révolutionnaires, méritent une attention suivie de la part des gouvernements, et il appartient plus spécialement aux souverains réunis d'en donner l'exemple. » Effrayées autant que convaincues, les délégations approuvèrent d'une seule voix le mémoire russe et décidèrent de confirmer les dispositions de la convention du 2 août 1815 sans en changer une ligne. Pour donner plus de force à leurs délibérations, le virulent mémoire de Pozzo di Borgo fut annexé au protocole du 13 novembre tandis qu'un autre, le numéro quarante-deux du congrès, reprit la plupart de ses propositions. L'article 1er du protocole stipulait par exemple : « Que Napoléon Bonaparte s'est par son propre fait privé de tous les droits autres que ceux que l'humanité réclame en sa faveur et que les mesures de précaution que le repos et le salut public peuvent exiger à son égard sont entièrement soumises à la discrétion éclairée des souverains alliés. » L'empereur déchu restait donc « hors de la loi des nations » et prisonnier des puissances alliées.

Pouvait-il en être autrement compte tenu de l'enjeu du congrès ? Nous ne le pensons pas. En effet, la libération du territoire français et celle du prisonnier de l'Europe – ou tout au moins son retour de Sainte-Hélène – étaient rigoureusement incompatibles. L'une empêchait l'autre. Avec le départ de son sol des troupes alliées, la France restait sous surveillance tant on continuait à se méfier d'elle. Partant, l'« aventurier Bonaparte » ne devait surtout jamais pouvoir y reparaître. Plus généralement, les progrès enregistrés par les libéraux ne pouvaient qu'inciter les monarchies européennes à l'éloigner durablement. Loin de l'aider, son alliance de circonstance avec le mouvement libéral le desservit en fin de compte. À Aix-la-Chapelle, le captif n'obtint donc rien ; pis même, il semblait plus proscrit que jamais. Et comme une mauvaise nouvelle n'arrive jamais seule, aux résultats décevants du congrès s'ajoutèrent les premiers assauts d'une maladie qui devait emporter le prisonnier de l'Europe.

8

Du côté de l'estomac

Depuis 1812, la vie de Napoléon n'était ponctuée que d'échecs angoissants. Tant de désastres s'étaient en effet succédé. Il y avait eu la campagne de Russie puis l'effroyable retraite, les campagnes perdues d'Allemagne et de France suivies par une première abdication et, après le retour de l'île d'Elbe en 1815, la période dite des Cent-Jours, la douloureuse défaite de Waterloo. À Sainte-Hélène, après avoir risqué l'oubli dans les mers de l'Atlantique Sud, son nom résonnait à nouveau jusqu'au cœur de la capitale britannique, un comble pour tous ceux qui avaient voulu le faire disparaître. Même si elle inquiéta, cette popularité ne pouvait à elle seule changer le cours d'une captivité voulue par des souverains européens désireux d'oublier jusqu'à son existence. Dans ses conclusions, le congrès d'Aix-la-Chapelle ne fit que confirmer cette triste réalité. Malgré les mauvaises nouvelles, Napoléon continuait de croire en ses chances, même si parfois il semblait plus résigné. Sur le plan physique, il affichait une forme tout à fait satisfaisante au regard des maladies qui sévissaient dans l'île. Mais, moralement, il était davantage atteint.

Au fil des années, il devint de plus en plus seul et donc moins soutenu. Il y eut les départs de ses alliés anglais, Malcolm, Balcombe et O'Meara. Autant de personnages qu'il appréciait et qui n'allaient jamais revenir. Au sein de sa petite cour disparurent Las Cases et Gourgaud, partis en Europe, mais aussi Cipriani emporté par la maladie. Au total, six figures familières s'en étaient allées. Elles ne furent jamais vraiment remplacées auprès de lui. Plus généralement, accablés d'ennuis ou en butte à l'hostilité du gouverneur, ils furent nombreux à demander à rentrer en Europe. Ce fut le cas en juillet 1818, par exemple, du commissaire autrichien Stürmer. S'il n'avait jamais été un allié de Napoléon, il devint progressivement un ennemi de Lowe. En raison de sa mésentente avec lui et suite à ses nombreuses demandes de rappel, il fut nommé à un poste de consul aux États-Unis. Sur le point de s'embarquer, il remarqua la discrète joie du gouverneur : « Sir Hudson Lowe jouissait secrètement du plaisir de voir un commissaire de moins à Sainte-Hélène[1]. » Personne ne prit sa relève, ce qui témoignait à la fois de l'indifférence de la cour de Vienne au sort de Napoléon comme de la totale confiance qu'elle accordait aux Anglais pour le garder. Mois après mois, Bathurst comme Lowe étaient donc parvenus à isoler toujours plus leur prisonnier.

Depuis le départ d'O'Meara, Napoléon ne voyait plus aucun médecin, refusant d'être ausculté par celui que Lowe avait désigné à sa place, le docteur Verling. Ruminant son ennui, ce dernier logeait bien à Longwood, mais la porte de l'empereur lui restait obstinément fermée. Pendant plusieurs mois, cette situation ne fut guère préjudiciable à Napoléon. Sans être extrêmement préoccupant, son état de santé restait en effet plutôt satisfaisant. Comme tout habitant de l'île, il avait souffert de rhumes ou d'angines en hiver, de maux dentaires, eut un début de scorbut, endura quelques coliques à cause des bactéries qui pullulaient dans les aliments ou dans l'eau et, pour les mêmes raisons, avait été atteint de dysenterie. Cependant, qu'elles fussent virales ou bactériologiques, son organisme résistait globalement bien aux maladies sévissant sur le rocher, peut-être même mieux que ceux de la plupart de ses compagnons. Avant le départ de Gourgaud, Bertrand nota par exemple dans ses *Cahiers* : « Il s'est habillé, le matin à neuf heures, a travaillé trois heures au chapitre du *Dix-huit fructidor*, qu'il a écrit lui-même. Il a déjeuné avec Gourgaud, a dormi jusqu'à deux heures, puis a travaillé avec Montholon jusqu'à cinq heures, a dicté quelque chose sur la *Description de l'Italie* et a revu quelques chapitres[2]. » En verve et inspiré, il continuait de dicter, d'écrire et de corriger sans discontinuer. Depuis quelques mois, il avait remplacé la plume par le crayon. Sa calligraphie du coup était devenue un peu meilleure et surtout il salissait moins ses vêtements avec des projections d'encre. Plus lisible, il pouvait désormais travailler seul quand il le désirait. En compagnie du grand maréchal, il œuvra d'arrache-pied à terminer la campagne d'Égypte. Tout au long de la journée, sa conversation restait particulièrement animée. Il continuait en effet de lire puis de commenter les livres passés dans ses mains, fustigeant les uns, approuvant les autres, se justifiant souvent. Plusieurs jours durant, il joua aux échecs jusqu'à huit ou neuf heures du soir. Bref, si son état général s'était un peu dégradé, il n'était pas du tout à l'article de la mort.

En revanche, depuis septembre 1816 au moins, son estomac était devenu assez douloureux. Au début, on ne s'en soucia guère, alors qu'il s'agissait sans doute là des tout premiers symptômes d'une maladie qui devait lui être fatale. De contrariété en contrariété, Napoléon développa une maladie de stress tout à fait classique, un ulcère de l'estomac. Lors de son autopsie, on constata à quel point cette maladie s'était développée, l'organe en cause étant même perforé. Il est vraisemblable qu'après chaque déception, dispute ou tourment, l'ulcère progressa, faisant de son estomac, comme il sera noté *post mortem*, le « siège d'une vaste maladie ». Dès 1961, le docteur Ganière écrivait avec justesse : « De récentes acquisitions dans le domaine de la médecine psychosomatique nous ont appris l'influence déterminante de certains facteurs moraux, tels l'anxiété, les conflits affectifs, la frustration des désirs d'indépendance, et l'action éminemment néfaste d'une alimentation déséquilibrée dans l'étiologie des ulcères de l'estomac. On sait aussi que certains individus paraissent particulièrement désignés, et on est ainsi parvenu à établir le profil psychosomatique de l'ulcéreux. Il s'agit en général d'un homme intelligent, hyperactif, assoiffé d'indépendance, ambitieux, coléreux, mangeant vite et mal. Nul plus que lui ne souffre davantage de la vie confinée et recluse, ou encore des contraintes et obligations déplaisantes. [...] Qui, devant un tel tableau, conclut le médecin, n'évoquerait pas le cas de Napoléon à Sainte-Hélène[3] ? »

Entre 1816 et 1818, cette maladie devint de plus en plus aiguë, les conflits l'opposant notamment à Lowe n'étant sûrement pas étrangers à cette progression. Au côté droit, il se plaignait désormais d'une douleur sourde qui ne lui laissait plus de répit. Avant de quitter Sainte-Hélène, O'Meara avait tenté d'en comprendre l'origine, mais il posa un mauvais diagnostic. Le 26 juillet 1818, dans son dernier rapport, il écrivit : « La maladie n'a pas cessé ; elle a fait des progrès lents, mais continuels. La douleur, d'abord légère, s'est accrue au point de faire craindre une hépatite aiguë[4]. » Il croyait son patient atteint d'une maladie de foie. Selon lui, ce « désordre dans les fonctions hépatiques » résultait du manque d'exercice comme du climat de l'île. Comme le nota le commissaire russe Balmain, le médecin répétait partout que Napoléon souffrait d'une « hépatite chronique[5] ». À sa décharge, il faut dire que cette maladie sévissait dans toute l'île, causée par les épidémies virales se propageant au gré des arrivées de navires, d'où son erreur. Plus grave encore, cette erreur de diagnostic entraîna comme souvent une erreur de traitement. Dans la pharmacie des médecins de ce temps, le sempiternel mercure était prescrit pour à peu près toutes les maladies. Après s'y être longtemps refusé, Napoléon accepta d'avaler ce poison médical : « Enfin, le 11 juin [1818], écrivit fièrement O'Meara, nous avons triomphé de sa répugnance ; j'ai obtenu qu'il fasse usage de mercure. Il a en effet pris des pilules mercurielles et a continué ce traitement jusqu'au 16 ; je lui en donnai soir et matin[6]. »

Sur la nocivité de celui-ci, l'Organisation mondiale de la santé écrit en 2017 : « Le mercure élémentaire et le méthyle mercure sont toxiques pour les systèmes nerveux central et périphérique. L'inhalation de vapeurs de mercure peut avoir des effets nocifs sur les systèmes nerveux, digestif et immunitaire, et sur les poumons et les reins, et peut être fatale. Les sels de mercure inorganique sont corrosifs pour la peau, les yeux et le tractus gastro-intestinal, et peuvent être toxiques pour les reins en cas d'ingestion[7]. » Autrement dit, le mercure ingéré ou appliqué sur la peau provoque des lésions externes comme internes. Pour quelqu'un atteint d'un ulcère à l'estomac, lui prescrire ce « médicament » était rigoureusement contre-indiqué. Loin de le soigner, le mercure ne fit en effet qu'aggraver ses saignements. Napoléon ne pouvait recevoir pire traitement. En juin 1818, il en avala pendant six jours matin et soir. Puis O'Meara changea pour lui donner non plus du mercure pur mais du chlorure de mercure, dit aussi « calomel » ou « calomélas », l'intoxiquant davantage encore : « Au bout de six jours, consigna-t-il, je changeai la prescription, et substituai au mercure, le calomélas ; mais il produisit des maux de cœur, des vomissements, des coliques, une inquiétude générale ; je cessai de l'employer[8]. » L'acharnement thérapeutique allait-il se poursuivre ? La réponse est hélas positive : « Je l'administrai de nouveau, poursuit le chirurgien, le 19, il causa les mêmes désordres[9]. » Et puisque décidément l'échec était total, il en revint au… mercure classique qu'il prescrivit trois fois par jour. À la lecture de ces lignes, on s'interroge franchement sur les bienfaits de sa présence à Longwood. Malheureusement pour Napoléon, il n'allait pas être le seul à se tromper de la sorte comme la suite de cette histoire allait hélas le démontrer.

Le 16 janvier 1819, l'ulcère de l'empereur manqua une première fois de l'emporter. Ce jour-là, il s'était pourtant levé très tôt. À cinq heures du matin, tandis que l'été austral dispensait une jolie lumière, il ne prit même pas la peine de s'habiller et apparut dans le jardin en robe de chambre. Mais que diable lui arrivait-il ? Depuis plusieurs mois, on lui construisait une nouvelle demeure à quelques centaines de mètres et en contrebas de l'actuelle. Ainsi située, sa future maison devait être moins exposée aux vents comme mieux agencée à l'intérieur. Si ce chantier ne l'avait jusque-là guère intéressé, il voulut soudain s'y rendre. Mais après une courte visite, Napoléon rentra fort déçu et de très mauvaise humeur : « Le soir, il charge le général Montholon, rapporta Bertrand, d'aller chez le capitaine déclarer qu'il n'habitera jamais cette prison ; qu'il y en avait dans l'île ; qu'il avait toujours dit qu'il ne fallait pas bâtir à Longwood mais où il y avait de l'ombre ; qu'on était près du camp [de soldats] et dominé par une hauteur ; que cette maison disposée du côté du camp est une prison[10]. » Au dîner, il semblait toujours profondément agacé, répétant aux comtesses Bertrand et Montholon que jamais il ne vivrait dans ce qui sera appelé Longwood New House. Cette nouvelle contrariété allait semble-t-il avoir d'importantes conséquences.

Minuit n'avait pas encore sonné à la pendule qu'il se réveilla en sursaut, ressentant une douleur vive au côté droit comme à l'épaule. Souffrant aussi d'un violent mal de tête, il perdit connaissance pendant près d'un quart d'heure. Affolé, Marchand appela aussitôt Montholon et Bertrand. Pour le soulager, il fut plongé dans un bain chaud, ce qui sembla lui faire du bien. Fallait-il appeler le docteur Verling qui dormait à quelques dizaines de mètres de là ? Si on l'appelait, il serait là dans la minute. Mais comme Napoléon ne voulait absolument pas de ce médecin nommé par Lowe, on s'y refusa pour préférer la présence du chirurgien de la marine, le docteur Stokoe. À une heure du matin, d'une plume très inquiète, Bertrand le supplia d'intervenir : « L'empereur, lui écrit-il, éprouve une crise très violente, vous êtes le seul officier de santé actuellement en ce pays à qui il ait témoigné de la confiance. Je vous prie de ne pas perdre un moment pour vous rendre à Longwood et de demander en arrivant après moi. J'espère que vous arriverez dans la nuit. Je suis fort troublé[11]. » Mais le chirurgien se reposait à bord du *Conqueror*, le navire amiral de la flotte britannique qui mouillait en face de Jamestown. Autre difficulté de cette solution pour le moins compliquée et stupide, outre la distance, il fallait aussi que l'amiral et le gouverneur donnent leur accord avant qu'il n'intervienne.

Réveillé à son tour, l'officier d'ordonnance Nicholls alerta aussitôt Plantation House : « J'ai à l'instant reçu, écrivit-il à Gorrequer, une lettre fermée du comte Bertrand. Il dit que le général Bonaparte est très malade[12]. » Tandis que les estafettes parcouraient toute l'île, Napoléon souffrait le martyre. La nuit était déjà bien avancée quand l'amiral donna son accord pour que Stokoe se rende à Longwood. Mais fallait-il encore se rendre sur son navire pour le prévenir. Vers les quatre heures, une chaloupe fut mise à la mer pour aller le chercher, mais plus d'une heure s'écoula avant qu'il ne puisse poser un pied à terre. Et dire qu'il aurait suffi de frapper à la porte de Verling pour qu'il apparaisse aussitôt. Mais pour ne pas paraître céder à Lowe, on préféra se priver de toute médecine pendant plusieurs heures. Comme si toute raison avait désormais disparu à cause de l'obstination en toutes choses des principaux acteurs de cette histoire. Entre six et sept heures, Stokoe entra enfin dans la chambre de l'empereur. Depuis le milieu de la nuit, la crise était heureusement terminée et le malade s'était… endormi. Il fut cependant réveillé pour être vu par le chirurgien, qui ne put que constater son extrême affaiblissement.

Depuis les travaux des docteurs Lemaire et Goldcher ainsi que ceux de l'historien Benhamou[13], on estime généralement que l'estomac de l'empereur se serait perforé au cours de cette nuit difficile. Si cette thèse est vraie, il aurait pu mourir si, fort heureusement pour lui, le lobe gauche du foie n'avait pas adhéré à la paroi interne de l'estomac, empêchant ainsi une hémorragie massive. De manière naturelle, la lésion fut donc comblée par une partie du foie. Mais auparavant bénin, son ulcère devint semble-t-il possiblement mortel. En saignant continuellement de l'estomac, Napoléon s'affaiblirait toujours davantage d'année en année jusqu'à ce que survienne une grave anémie ferriprive. « Après une relative tolérance clinique plus ou moins longue de l'anémie ferriprive, les signes cliniques [...] apparaissent puis s'aggravent. Le moindre effort physique, l'écriture, la lecture... deviennent difficiles voire impossibles. À l'effort, apparaissent tachycardie (accélération du pouls), dyspnée (difficulté respiratoire) et au pire angor (angine de poitrine). Des manifestations neurosensorielles s'associent en cas de mauvaise oxygénation du cerveau (céphalées ou maux de tête), de la rétine (phosphènes ou impressions visuelles parasites), de la cochlée (acouphènes ou sifflement d'oreille perturbant l'audition), du vestibule (vertiges). Napoléon a présenté plusieurs de ces symptômes[14] ! », commente le docteur Goldcher. Dans cette lente évolution vers la mort, l'aréopage de médecins qui l'entouraient ne lui fut d'aucune utilité, bien au contraire. Deux jours après sa nuit de souffrances, Stokoe ne trouva rien de mieux que de lui ouvrir les veines alors même qu'il avait vraisemblablement déjà perdu beaucoup de sang : « À deux heures du matin, consigna Bertrand, l'empereur fait appeler le docteur et le grand maréchal. Il a eu de la fièvre. Le docteur le saigne[15]. » Puis, il lui conseilla lui aussi d'avaler du mercure. Aux effets nocifs de ce poison il ajouta la prescription de sels de Cheltenham, riches en teneur de chlore, de soufre et de fer, des minéraux également à proscrire en cas de troubles gastriques. L'erreur médicale se poursuivait, voire s'aggravait.

Le chirurgien Stokoe ne resta cependant que quelques jours seulement près de Napoléon, retournant dès le 30 janvier en Angleterre. Pourquoi ce départ précipité ? Depuis qu'il s'était rendu au chevet de Napoléon, Lowe lui faisait les pires difficultés.

En premier lieu, même si dans l'urgence il avait dû donner son aval, il n'acceptait pas qu'il puisse intervenir à la place du médecin en titre de Longwood, Verling. Que ses ordres fussent ainsi contournés lui était insupportable. Ensuite, dans ses bulletins de santé, au lieu de désigner le prisonnier sous le nom de « général Bonaparte », Stokoe usait du terme neutre de « patient ». Cette seconde atteinte aux règles formelles du gouverneur fut jugée tout aussi haïssable. Autre circonstance défavorable, le médecin appartenait à la marine comme son prédécesseur et donc ne dépendait pas hiérarchiquement d'un gouverneur viscéralement attaché à ce qu'on lui obéisse en toutes choses. Enfin, dernier point, Stokoe croyait à tort comme O'Meara Napoléon atteint par une « hépatite chronique ». Or avancer qu'il souffrait du foie revenait à dire que la captivité était à l'origine de son mal. Avant de quitter l'île, O'Meara avait expliqué ainsi les causes de ses troubles : « Deux ans d'inaction, un climat meurtrier, des appartements mal aérés, bas ; un traitement inouï, l'isolement, l'abandon, tout ce qui froisse l'âme agissait de concert[16]. » En aucun cas Lowe ne pouvait laisser à Longwood un autre médecin anglais qui en viendrait à formuler le même type de conclusions. Le fait qu'elles fussent en partie médicalement erronées n'était absolument pas le problème. En réalité, on craignait surtout d'affronter la polémique si jamais on laissait un peu trop dire que Napoléon souffrait d'hépatite. Pour ne pas s'exposer, il valait mieux donc ne pas prêter le flanc à la critique. Sur ce sujet comme sur tous les autres, la réalité importait toujours moins que l'idée que l'on pouvait s'en faire. Compte tenu de l'importance de l'enjeu, Stokoe devait être écarté au plus vite.

Pour qu'il renonce à soigner Napoléon, Lowe se fit assez menaçant, comme en témoigne cet extrait des *Cahiers* du grand maréchal : « À huit heures et demie du soir, le docteur arrive. Il est effrayé ; il ne veut plus voir l'empereur et retourner en Angleterre. Il a éprouvé les traitements les plus étranges ; il lui est défendu de s'expliquer, il ne peut le faire, il est sous les ordres de l'amiral. Depuis vingt ans qu'il sert, il n'a jamais reçu un pareil traitement[17]. » À nouveau, le seul fait d'avoir seulement paru prendre parti pour le prisonnier avait déclenché les pires foudres de Lowe. D'où que l'on vînt, personne ne devait plus pouvoir interférer dans une lutte devenue si âpre qu'elle ne supportait plus la moindre nuance. Après le départ de Stokoe, Lowe le poursuivit de sa haine. Pour lui son renvoi au pays ne suffisait point, il voulait le voir condamné. Dès qu'il posa un pied en Angleterre, le chirurgien reçut l'ordre de... retourner aussitôt à Sainte-Hélène. Après un aller-retour long de plusieurs mois de mer, il y fit son retour fin août 1819 pour être jugé en cour martiale. À bord du vaisseau amiral de la flotte de l'Atlantique Sud, le *Conqueror,* il fut condamné à une exclusion définitive de la marine et à une sévère réduction de sa pension pour avoir « soigné » Napoléon. Après le jugement, il reprit une troisième fois la mer pour ne jamais plus revenir. Quant à son éphémère malade, peu après son départ, il retrouva une meilleure forme et pour cause puisqu'on ne lui prescrivait plus de mercure. Mais cela recommencerait, la fatale substance n'étant pas remisée bien loin.

9

Le renoncement ?

Pendant presque toute la durée du congrès d'Aix-la-Chapelle, Lord Bathurst ignora presque tout ce qui s'y disait. Verrait-il sa politique confirmée ou, au contraire, sensiblement modifiée ? Il lui fallut attendre un courrier de Lord Castlereagh daté du 19 novembre 1818 pour qu'enfin il soit informé. Après s'être mollement excusé pour ne pas l'avoir tenu au courant, par manque de temps, affirmait-il, le ministre lui communiqua la bonne nouvelle : non seulement le congrès approuvait la façon dont il dirigeait la captivité, mais demandait plus de fermeté encore dans la conduite de celle-ci. L'article 4 du protocole spécial, le numéro XLII, lui donnait en effet un blanc-seing complet, proclamant notamment : « Que les précautions ordonnées dans les instructions primitives du gouvernement de Sa Majesté Britannique et renouvelées par la dépêche de Lord Bathurst à Sir Hudson Lowe du 1er septembre 1818, ont obtenu l'assentiment unanime des puissances signataires de la susdite convention et qu'elles approuvent les ménagements que l'humanité et la générosité peuvent suggérer dans l'exécution de ces instructions. » Deux articles plus loin, des mesures coercitives furent ajoutées à ce qui existait déjà, le seul fait de vouloir correspondre avec Napoléon sans passer par la censure britannique devenant partout en Europe un délit : « Que toute correspondance avec le prisonnier, envoi d'argent ou communication quelconque qui ne serait pas mise à l'inspection du gouvernement britannique ou de ses commissaires, sera regardée, sans exception, comme attentatoire à la sûreté publique et quiconque se rendrait coupable d'une pareille infraction, sera dénoncé et poursuivi par les voies légales. » Autrement dit, les polices russe, française, autrichienne ou prussienne pouvaient désormais arrêter tous ceux qui tentaient d'entrer clandestinement en contact avec le captif.

Pour Bathurst comme pour Lowe, la victoire fut totale. Après plus de trois ans de captivité, aucun de leurs actes et décisions ne fut donc remis en question. Au contraire, les puissances européennes voulurent démontrer de la plus solennelle des manières à quel point elles soutenaient et entendaient coopérer avec les autorités anglaises. Cette solidarité réaffirmée fut une véritable gifle pour tous ceux qui espéraient voir changer le cours de la captivité. Dans une dépêche datée du 30 novembre 1818, Bathurst chargea Lowe d'annoncer la « bonne » nouvelle à son prisonnier. Mais avant même que cette lettre ne traverse l'Atlantique, Napoléon ne se faisait plus guère d'illusions. Le 9 février 1819, tandis que minuit sonnait à la pendule du salon, il s'exclama : « Lord Castlereagh répondra à toutes les plaintes en montrant des pièces fausses, de fausses conversations, des rapports déguisés. Ils diront que je suis bien. [...] Il n'y a rien à attendre du congrès, pas même peut-être le changement du gouverneur. Il est bien extraordinaire qu'après le renvoi du médecin, on n'en ait pas renvoyé un autre. On en avait annoncé un en octobre, en novembre, et en février. On n'a envoyé personne[1]. »

Puis arrivèrent des journaux annonçant les résultats du congrès. D'après Balmain, leur lecture fut pénible pour le captif : « La dernière malle, écrit-il le 1er mars à son gouvernement, nous a apporté des journaux de Londres des mois de septembre et d'octobre. Napoléon étant persuadé que les souverains alliés, surtout l'empereur d'Autriche, prendraient sa défense contre le gouverneur de Sainte-Hélène, les attendait avec une vive impatience et se fit traduire mot à mot tous les articles sur le congrès d'Aix-la-Chapelle. Il y trouva bien des mécomptes car le *Morning Chronicle*, son plus zélé défenseur, n'en parlait presque pas. Le *Courrier* l'accable de reproches et d'injures, et l'*Observer* du 12 octobre lui annonce positivement que notre Auguste Maître [le tsar] le livre à sa destinée. Tout cela lui donne de l'humeur, de la mélancolie[2]. » Comment pouvait-il en être autrement ? Après tant d'efforts et d'argent dépensé, les campagnes menées dans la presse et ailleurs n'avaient en rien influencé les monarques d'Europe. De leur côté, il pouvait en être certain, rien ne viendrait de positif avant longtemps et peut-être même jamais. Pour un grand nombre d'historiens (Gilbert Martineau ou Paul Ganière pour ne citer qu'eux), Napoléon aurait rendu les armes après Aix-la-Chapelle, acceptant désormais son triste sort. Certes, il venait de perdre une bataille importante. Mais avait-il encore perdu la guerre ? Il ne le pensait sûrement pas.

Sur le plan politique, il considéra toujours que sous la pression de l'opinion publique, la situation ne pouvait que changer d'ici à quelques mois ou années. Il est vrai que les récents succès des libéraux autorisaient quelques espoirs. À Bertrand, il confia par exemple : « Si l'état des choses continue en France, comme c'est probable, il y aura des motions au Corps législatif en France en ma faveur, et ce que l'on fera sera tellement approuvé et favorisé par l'opinion que les Bourbons même feront une démarche en ma faveur. On ne connaît jamais l'opinion, cela est fort difficile. Fouché, à Paris, ne s'en est jamais douté. Il était toujours fort étonné quand je l'interrogeais. Il faut que des circonstances la décèlent et on est alors fort étonné[3]. » À chaque arrivée de journaux, il attendait de lire notamment ce que l'on disait de ses ouvrages publiés à Londres – rappelons qu'il en avait alors trois « sur le marché », les *Lettres du Cap*, les *Lettres de Sainte-Hélène* et le *Manuscrit de l'île d'Elbe*. Même s'il fut parfois déçu par la critique, sa « manie d'écrire » ne l'avait point quitté.

À la date du 6 mai 1819, le grand maréchal nota par exemple dans ses *Cahiers* : « L'empereur a travaillé aux titres d'un ouvrage qui serait la contrepartie du *Manuscrit de Sainte-Hélène*, dans lequel il donnerait les souvenirs de sa vie depuis son enfance, son arrivée en garnison à Valence, etc., de manière qu'on puisse s'assurer par des témoignages de la vérité de ce qu'il dit. Il donnerait les motifs de ce qu'il a fait, les projets qu'il avait pour le Sanhédrin, le Concile (national), la Réunion des principautés. Il dirait quand il a eu le projet de devenir le maître du monde[4]. » Composé de dix chapitres, son prochain livre compléterait tout ce qu'il avait déjà pu écrire. Comme pour les précédents, il comptait mobiliser Montholon, Bertrand ou Ali pour écrire sous sa dictée. Au mois de juin, il multiplia les notes de préparation : « L'empereur lit la conclusion de l'ouvrage de Rogniat et donne ces notes à mettre au net. Il dicte au général Montholon des nouveautés sur le *Manuscrit de Sainte-Hélène* ; il en fera un ouvrage de cent pages[5]. »

Tandis qu'il mettait au net ses prochaines réflexions, dans les journaux et l'édition britanniques, sa personne continuait de susciter l'intérêt. Entre ses adversaires et ses partisans, l'affrontement se poursuivait même sur un mode plus vif qu'auparavant. À force d'être mis en cause, Lowe et Bathurst commandèrent en réponse un ouvrage défendant leur action au journaliste et littérateur Theodore Edward Hook qui visita l'île en 1818. Dans les mois qui suivirent son retour, celui-ci publia un panégyrique intitulé *Facts Illustrative of the treatment of Napoleon Bonaparte*. Le résultat fut aussi caricatural que navrant pour le ministre et le gouverneur. Emporté par son élan et d'une manière tout à fait ridicule, Hook brossa un tableau de la captivité aux couleurs bien trop vives pour que l'on y croie une seule seconde. Son livre débutait d'ailleurs par une jolie vue de Longwood House à la sérénité travaillée. Tout respirait donc la propagande grossière. Personne ne fut vraiment dupe de cette œuvre bâclée et très vite oubliée.

Mais, en réponse, O'Meara qui entre-temps était rentré en Angleterre, fit paraître à Londres un essai intitulé *An exposition of some of the transactions, that have taken place at St. Helena, since the appointment of Sir Hudson Lowe as Governor of that Island*. Il livra au public de nombreuses pièces attestant de la misère morale régnant à Longwood comme de nombreuses correspondances plutôt gênantes pour le gouverneur échangées entre les différents protagonistes de notre histoire : Lowe, Reade, Bertrand, Montholon ou lui-même. Bref, ce fut le grand déballage. Avant de publier, il avait aussi écrit plusieurs courriers cinglants à l'Amirauté pour critiquer vertement Lowe comme Bathurst. Ses correspondances lui valurent d'être rayé des cadres de la marine sans indemnité ni pension. Mais il n'en avait cure puisque la famille de l'empereur lui vint en aide. Comme l'avait demandé l'empereur, le prince Eugène lui versa 100 000 francs et Madame Mère lui octroya une pension de 8 000 francs par an. Indépendant financièrement, l'ancien médecin put ainsi poursuivre librement ses attaques contre son gouvernement, devenant ainsi avec Las Cases et Gourgaud l'un des avocats les plus actifs de la cause napoléonienne.

Et tandis qu'en terre britannique la polémique se poursuivait, on ne resta pas inactif à Longwood, où un début d'intrigue se noua. Après les départs d'O'Meara et de Stokoe, on tenta de se rapprocher de Verling qui demeurait toujours à Longwood. Au contact direct des Français puisqu'il les soignait tous à l'exception de Napoléon, il comprit assez rapidement que ceux-ci étaient à la recherche d'« une personne pouvant servir d'instrument de communication avec l'extérieur, et non un médecin au sens propre de ce mot[6] ». Verling étant d'un abord plutôt facile, on crut trouver en lui l'homme idéal. Afin d'en avoir le cœur net, Montholon lui proposa le marché suivant : s'il acceptait de rédiger des bulletins exagérant le mauvais état de santé de Napoléon, il recevrait 12 000 francs. Cette tentative de corruption maladroite et malvenue échoua, mais vint surtout conforter la thèse déjà bien établie selon laquelle le prisonnier ne faisait que jouer la comédie. N'étant plus du tout pris au sérieux, ses chances de revenir en Europe pour motif de santé étaient donc devenues proprement nulles. En outre, il n'était plus soigné puisque étant soi-disant au mieux de sa forme. Cette situation conduisit de manière générale les Anglais à ignorer ses plaintes et, pis même, à croire qu'elles n'étaient que du médiocre théâtre. Après la nuit au cours de laquelle son ulcère se serait perforé, le commissaire russe écrivit par exemple : « Les Anglais m'ont assuré que le 18, le lendemain du jour où on le disait à l'agonie, Napoléon s'était promené autour de sa nouvelle maison en robe de chambre de flanelle, coiffé d'un turban écarlate, s'appuyant de la main gauche sur une queue de billard, tenant de l'autre une lunette d'approche, et que l'officier d'ordonnance l'avait entendu chanter *Fra Martino* dans sa chambre à coucher. On en conclut à Plantation House qu'il se porte à merveille, que M. Stokoe est un franc imposteur. En attendant, voilà deux médecins renvoyés de Longwood et mis hors de service[7]. »

Nous devons ajouter aussi que l'attitude de Napoléon sema parfois la confusion. À plusieurs reprises, il prêta lui-même le flanc à la critique en exagérant sa maladie. Ce fut le cas, par exemple, lorsqu'il voulut rencontrer l'un des cousins de

Liverpool, un dénommé Charles Ricketts, fraîchement débarqué dans l'île, alors même qu'il n'ouvrait plus sa porte aux visiteurs de passage depuis longtemps. En le faisant venir, il espérait toucher par son intermédiaire plus directement le Premier ministre britannique. Le 2 avril 1819, Ricketts fut admis au parloir puis traversa le salon et la salle à manger pour être introduit directement dans la chambre du prisonnier. Alité, Napoléon le reçut volets fermés, faisant mine d'être au plus mal. Afin qu'il le transmette à son parent, il lui remit un document récapitulant toutes ses demandes, du retour d'O'Meara au renvoi de Lowe. En quittant Longwood, Ricketts ne fut pas dupe de sa mise en scène, persuadé que le captif s'était joué de lui en paraissant faussement affecté. Son témoignage fit ensuite le tour de l'île : « [Napoléon] était au lit en robe de flanelle, rapporta par exemple le commissaire russe Balmain, coiffé d'un turban écarlate, sa barbe n'était pas rasée depuis plusieurs jours, de temps à autre, il se mettait sur son séant. Le but de cette mascarade, car c'en était une véritable, était d'attendrir en ayant l'air extrêmement malade[8]. »

Dès Charles Ricketts reparti pour Londres, Lowe s'empressa de communiquer à Bathurst son témoignage, qualifiant cet épisode de proprement « extraordinaire ». Quand il reçut le rapport de son subordonné, le lord ministre ne fut point étonné, s'étant fait depuis longtemps son opinion, surtout après les confessions de Gourgaud. Une fois le cousin de Liverpool retourné sur ses terres, il ne se priva pas de répéter partout que Napoléon n'était qu'un fieffé simulateur qui ne souffrait aucunement. À nouveau conforté dans ses certitudes, Bathurst mit Lowe en garde : « Rien ne pouvait être plus heureux que la visite de M. Ricketts à Sainte-Hélène. Il m'a fait les rapports les plus satisfaisants sur l'état réel de l'affaire, et je vois à travers toutes les manœuvres mises en pratique pour vous en imposer[9]. » L'affaire était donc entendue, Napoléon n'était qu'un médiocre acteur dont il ne fallait jamais être dupe. Après la tentative de corruption de Verling, la visite de Ricketts se révéla encore plus désastreuse. Malgré des atteintes réelles, il ne serait donc plus jamais cru et encore moins écouté. De part et d'autre, la suspicion enflait au point qu'il était même devenu difficile de se parler. En septembre 1819, Montholon remarqua avec amertume : « Pour moi, je reste convaincu qu'il n'y a de fait aucune difficulté, que rien n'est si facile que de s'entendre, et que l'on ne s'entend pas uniquement parce que l'on ne s'écoute pas[10]. » Entre Longwood et Plantation House, les courriers envoyés n'étaient même plus ouverts. Napoléon refusait de lire tout ce qui arrivait au nom du général Bonaparte et Lowe faisait renvoyer tout envoi mentionnant le titre d'empereur. Partant, chacun s'enferma toujours davantage dans ses certitudes, ajoutant ainsi d'autres barreaux à ceux qui existaient déjà.

10

L'adieu à Albine

Si le résultat du congrès d'Aix-la-Chapelle n'affecta point Napoléon outre mesure, pour ses compagnons d'exil, en revanche, la pilule fut plus difficile à avaler. La détention de leur maître étant désormais perpétuelle, ils comprirent qu'ils n'allaient pas retrouver l'Europe de sitôt. Or pour nos deux officiers restants, Montholon et Bertrand, cette sombre perspective était également vraie pour leurs familles. En 1819, le couple Bertrand comptait quatre enfants, dont trois nés entre 1809 et 1811, Napoléon, Hortense et Henry, et un dernier, Arthur, né en 1817 à Sainte-Hélène. De leur côté, les Montholon élevaient trois chérubins : Tristan né en 1810, Napoléone et Joséphine venues au monde en 1816 et en 1818. Au total donc, du plus âgé, Napoléon Bertrand, dix ans, à la benjamine, Joséphine Montholon, dix-huit mois, sept enfants évoluaient entre la maison Bertrand et Longwood. Il était évident qu'ils ne pourraient rester indéfiniment enchaînés au rocher, ne serait-ce que pour poursuivre des études dignes de ce nom. Autre préoccupation : leur santé ainsi que celle de leurs mères. À chaque épidémie, on priait pour qu'ils soient épargnés. Début 1819, Arthur Bertrand faillit succomber. Dans le même temps, leurs mères furent fragilisées par leurs grossesses successives et souvent avortées, manquant plusieurs fois de périr. Mme Bertrand fit ainsi quatre fausses couches, dont l'une, celle de 1820, la laissa exsangue. Dans ce contexte difficile, les deux familles ne pourraient rester très longtemps.

Les plus constants candidats au départ furent les Bertrand. Dès les premiers instants du voyage vers Sainte-Hélène, Fanny supplia son mari de quitter l'empereur. Après avoir hésité à plusieurs reprises, ils restèrent finalement auprès de Napoléon jusqu'à la fin, ne pouvant se résoudre à l'abandonner. En apparence, les Montholon semblaient plus décidés à rester. Mais après presque quatre ans de séjour à Sainte-Hélène, ils envisagèrent eux aussi un retour en Europe, leur dévouement s'étant quelque peu affadi. Au début de 1819, sans en avertir l'empereur, la comtesse approcha le docteur Verling qui résidait à Longwood ainsi qu'un second travaillant pour la Compagnie des Indes, un dénommé Livingstone, pour que ceux-ci attestent du mauvais état de son foie. Si Albine ne souffrait pas autant qu'elle le prétendait, elle comptait bien en revanche utiliser ce qu'écriraient les deux médecins pour enfin pouvoir faire ses bagages. Autrement dit, elle était en quête d'un certificat de complaisance. Dans ce but, elle poursuivit avec entêtement les deux praticiens jusqu'à obtenir ce qu'elle voulait. À force d'avoir remué ciel et terre pour parvenir à ses fins, la rumeur de son départ se répandit et posa question. Pourquoi celle qui semblait si proche de l'empereur voulait-elle désormais monter à bord du premier navire partant pour l'Europe ?

Depuis plusieurs mois, Albine comme son mari s'étaient étrangement rapprochés de l'officier Basil Jackson. Chargé de superviser les travaux de la nouvelle maison du captif, il promenait très souvent son uniforme dans les parages de Longwood. À chaque fois, il ne manquait pas de rendre visite aux Montholon, passant des heures entières à rire, s'amuser et parler librement avec eux. Dans l'univers étroit de la captivité, cette relation ne passa pas inaperçue. On soupçonna même l'existence d'une romance entre le lieutenant et la comtesse. En vérité, le séduisant Jackson était envoyé par Lowe pour qu'il lui rapporte immédiatement tout ce qu'il venait d'entendre ou de voir. Bref, c'était un espion du gouverneur. En mai 1821, Thomas Reade confirma aux Bertrand la nature exacte de sa mission : « Jackson n'était pas amoureux de Mme de Montholon ; il était leur espion. Pendant six mois, [les Anglais] ont été au courant de tout ce qui se faisait ici, des détails les plus minutieux, des ouvrages qu'on publiait. Ce n'était pas pour rien qu'on permettait à Jackson de rester à Longwood jusqu'à quatre heures du matin. Quelque heure qu'il fût, ils avaient le rapport de Jackson pour leur apprendre qui était rentré chez lui[1]. »

En février 1819, Napoléon fut mis au courant de l'extrême imprudence des Montholon. D'emblée, cette proximité avec un subordonné de Lowe lui parut fort gênante. Ensuite, la rumeur d'une liaison entre Albine et l'Anglais le contraria davantage encore : « Il a appris, écrivit Bertrand, que M. Jackson voyait beaucoup Mme de Montholon. On dit qu'elle s'est jetée à son cou. Il paraît qu'elle est amoureuse folle, parce qu'étant un peu coureuse elle continue à se voir aimée – que cela lui fait beaucoup de tort à Longwood et détruit tout le reste – qu'elle ne prend pas garde à ce qu'elle dit – qu'il lui échappe beaucoup de choses, qu'ensuite elle se rétracte[2]. » Était-il jaloux ? On ne saurait l'exclure. En tout cas, il avait manifestement perdu la grande emprise qu'il possédait sur elle, ce qui ne pouvait que fâcher cet homme aimant exercer son pouvoir en toutes choses. Qu'elle fût amoureuse ou non, cette liaison devait de toute façon cesser. Le 18 mars, l'empereur s'expliqua franchement avec le couple : « Il faut que lui et sa femme, note le grand maréchal, donnent leur parole d'honneur de ne plus voir Jackson ou bien qu'ils prennent le parti de s'en aller. Seulement, il faut *bien partir*. Non pas comme Gourgaud[3]. » À sa grande surprise, Napoléon comprit ce soir-là que le couple n'avait qu'une envie, c'était de le quitter. Loin de les effrayer, sa mise en demeure arrangeait au contraire leurs affaires. Dans les jours qui suivirent, Montholon, fort courageux comme à son habitude, la « tête perdue » nous dit Bertrand, se fit porter pâle et déserta le service de l'empereur.

Les 3 et 5 avril, les discussions reprirent toutefois avec les Montholon. Si l'empereur était d'accord pour voir partir Albine, il refusait en revanche catégoriquement que son mari la suive. Pour le général, quelle que fût sa décision, elle serait déchirante : « C'est un combat constant car il a toujours exprimé, témoigna Gorrequer, sa détermination d'accompagner son épouse si elle devait repartir, ce qui est à présent nécessaire, ou sinon elle mourrait ici, en le laissant avec une famille de jeunes enfants[4]. » Mais pouvait-il vraiment abandonner son maître ? Afin qu'il restât, Napoléon insista sans cesse auprès de lui : « Comment, voulez-vous partir et me laisser ainsi seul avec Bertrand[5] ? » Perspective en effet peu réjouissante s'il en est. Puis, comme le raconta justement Bertrand, une négociation financière aux limites du sordide débuta : « L'empereur parle avec Mme de Montholon. Il paraît qu'on lui donne une somme d'argent pour remplacer sa dot. Elle décide son mari à rester[6]. » En guise de « dot », la comtesse réclamait 500 000 francs, l'équivalent de cinq siècles d'un salaire moyen français d'alors. En entendant ce chiffre, Napoléon se regimba aussitôt : « Cela me dégarnirait trop. » Et s'il versait cette somme indécente aux Montholon, quelle garantie avait-il que le comte ne partirait pas peu de temps après ?

Finalement, après quelques discussions, le général renonça à quitter l'île du moment qu'Albine était assurée de recevoir 140 000 francs auxquels s'ajouteraient une pension de 20 000 francs par an ainsi qu'un titre de rente rapportant 38 000 francs également à l'année. Le tout faisait un très joli pactole qui à terme dépasserait d'ailleurs allègrement le demi-million demandé par le couple. En réalité, Napoléon ne fut point aussi généreux qu'on pourrait le croire. Tout l'argent devait être versé par son fils adoptif Eugène, son frère Joseph ainsi que sa mère Letizia. En fin économe, l'empereur ne sortit donc pas un centime de sa poche, reportant avec confiance sur sa famille le prix demandé pour que Montholon restât près de lui. Compte tenu du caractère prudent, en fait avare, de celle-ci, sa démarche était tout de même assez culottée. Informé le 27 mai 1819 du souhait de la comtesse de quitter l'île, Lowe ne lui fit aucune difficulté pour donner son aval. Comme il l'avait fait pour Gourgaud, il l'autorisa même à rentrer directement en Angleterre, levant pour elle aussi l'obligation de quarantaine au Cap. Voir la suite de Napoléon se réduire davantage encore ne pouvait que le combler d'aise. En voyant partir Albine, les Bertrand se mirent à nouveau à réfléchir à leur propre situation, eux qui caressaient depuis longtemps l'idée de quitter Sainte-Hélène. Quand leur fils Arthur tomba malade, le couple fit par exemple cette confidence à l'officier d'ordonnance Nicholls : « La comtesse souhaite que l'enfant puisse changer d'air, soit à bord d'un navire, soit au Cap. Elle l'accompagnera avec plaisir si on le lui permet et peu importe si elle ne revient jamais. Elle était en larmes pendant ce récit[7]. » Par crainte sans doute de les voir partir eux aussi, Napoléon les couvrit de cadeaux, remettant au grand maréchal quatre agrafes en or et à la comtesse une splendide boîte en or et diamants avec son portrait. Plus que jamais, il redoutait de finir seul et abandonné sur son rocher-prison.

Malgré les crispations des jours précédents, une vive émotion accompagna le départ d'Albine. La veille de son embarquement pour l'Europe, sans doute triste à l'idée de la séparer de son mari, Napoléon proposa à ce dernier de partir aussi. Digne, le général lui aurait répondu qu'il ne voulait pas « ajouter à ses regrets » et le « priver de ses services »[8]. Après leur conversation, Napoléon fit cadeau à la comtesse de douze dindes, soixante-douze volailles, de deux chèvres pour le lait de ses enfants, de deux canards et de quelques caisses de vin parmi lesquelles se trouvaient quinze bouteilles provenant du domaine de Constance situé près du Cap, sa boisson préférée. Jolies attentions pour un voyage de retour qui s'annonçait plutôt long. Le 2 juillet 1819, la comtesse vint faire ses adieux à l'empereur : « Le jour fixé pour le départ étant arrivé, écrivit Marchand, l'empereur passa au salon pour recevoir Mme de Montholon et ses enfants ; il la remercia du sacrifice qu'elle s'imposait en lui laissant son mari, lui remit une riche boîte en or avec son portrait entouré de très gros diamants, en l'assurant de ses vœux pour son bonheur et celui des siens ; il lui fit diverses recommandations pour l'Europe et sa famille, qui furent reçues par la comtesse au milieu des sanglots. Les pauvres enfants partagèrent le chagrin de leur mère ; ce ne fut bientôt plus qu'une scène de douleur que l'empereur, trop ému lui-même, ne voulut pas prolonger. Il les embrassa tour à tour et rentra chez lui[9]. » Après avoir passé la porte de sa chambre, le prisonnier se rendit d'un pas pressé vers la fenêtre de sa salle de bains pour apercevoir une dernière fois celle qu'il avait tenue dans ses bras. Levant tristement son rideau, il la vit monter dans sa calèche. Après un dernier regard en direction de Longwood House, la comtesse s'éloigna pour toujours.

Une semaine après elle, le lieutenant Jackson partit aussi. Il ne semble pas toutefois qu'il ait retrouvé Albine après son arrivée en Europe, à Bruxelles, même s'il fut affecté dans la même ville qu'elle. Fut-il vraiment son amant ? Quand il fit le choix tardif d'écrire ses Mémoires, il ne dit mot de cette relation, se contentant de rappeler son amitié pour Montholon[10]. Sur cette question comme à propos de la nature exacte des sentiments qu'éprouvait ou non la comtesse pour Napoléon, le mystère subsiste. Fut-elle vraiment amoureuse de l'empereur ou seulement guidée par l'intérêt ? Dans les *Souvenirs* qu'elle laissa, la comtesse n'aborda pas franchement les choses, empêchant l'historien de trancher[11]. Toutefois, dans un récit intitulé *Le Chant de Moïna* qu'elle publia anonymement en 1823, elle mit en scène l'amour passionné d'une femme pour un certain Léo (Léo, Léon, Napoléon ?), amoureux de sa patrie et inlassable conteur de ses exploits. S'il n'est pas toujours aussi évident, le rapprochement avec sa propre histoire ne fait cependant guère de doute. Sa liaison adultère étant condamnable à bien des égards, elle voulut sans doute lui donner une certaine postérité à sa manière[12]. S'il convient néanmoins de rester prudent quant à ses réels sentiments, ceux de Napoléon furent à l'évidence sincères : « Hier, écrivit Montholon dans une première lettre à sa femme, l'empereur était dans ses humeurs noires ; il s'est levé à quatre heures et recouché à cinq heures et demie. Il ne m'a parlé que de toi et de tes enfants. À peine a-t-il fait des réflexions sur les journaux. [...] Ton départ et la maladie de Mme Bertrand, qui ne finit pas et est toujours au même point, ont jeté un voile noir sur Longwood, déjà si monotone[13]. » Dans les jours et les mois qui suivirent, l'empereur était pris de chagrin chaque fois qu'il parlait d'elle : « L'empereur me disait dernièrement, rapporta également Montholon, votre femme semait des fleurs sur ma tombe, depuis il n'y croît plus que des ronces[14]. » Fidèle compagnon de ses tristes nuits comme de ses mornes journées, Marchand remarqua aussi son désespoir depuis le départ de sa dernière amante : « Il parlait de sa fin prochaine, la pensée qu'il pouvait se faire qu'il restât seul, enchaîné sur ce rocher après sa mort, m'émurent au point qu'il s'aperçut de mon émotion. La mort me dit-il, si elle vient, n'est-elle pas un bienfait pour moi ? Je ne ferai rien pour l'avancer, mais je ne tirerais pas la paille pour vivre. Montholon, d'ici là, m'en adoucira les moments, il a mes habitudes, il m'est devenu nécessaire[15]. » En le quittant, Albine lui porta un rude coup. Désormais, il n'allait plus être tout à fait le même, apparaissant de plus en plus abattu et résigné.

Preuve de sa perte de combativité, il abandonna soudainement sa « manie d'écrire ». En l'espace de quelques jours, son travail d'écrivain cessa en effet presque complètement. Ce qui devait être son quatrième livre publié en Angleterre ne fut jamais terminé. Pendant quasiment tout l'été 1819, il ne reprit pas la plume et dicta très peu, comme le remarqua Bertrand. Comme si tout caractère d'urgence avait disparu. En septembre, Montholon écrivit à sa femme : « Je ne crois pas qu'il ait travaillé deux heures depuis trois mois[16]. » Deux mois plus tard, il fit le même constat : « Depuis plusieurs mois, il ne travaille plus[17]. » Si ensuite quelques chapitres de Mémoires furent péniblement mis au propre, sa frénésie d'écriture ne reparut jamais, quel que fût le sujet. Ce brusque revirement ne peut s'expliquer par la seule dégradation de son état de santé. Dans la deuxième moitié de l'année 1819 comme tout au long de l'année suivante, s'il souffrit davantage, il était tout à fait capable de poursuivre l'œuvre littéraire entreprise depuis 1815. En témoigne l'énergie qu'il dépensa pour aménager et refaire ses jardins. Pour expliquer son changement, le départ d'Albine fut à l'évidence déterminant sans en être toutefois la seule cause. Venant s'ajouter aux événements désolants qui l'avaient précédé, il constitua sans doute pour Napoléon la mauvaise nouvelle de trop, presque le coup de grâce. Ou comme une goutte d'eau faisant déborder un vase déjà si tristement rempli.

Profondément démotivé, Napoléon ne croyait sans doute plus autant à l'efficacité de son discours. Après avoir usé de tous les styles, du récit au pamphlet en passant par la confession mémorielle, après s'être essayé à tous les sujets, de la grande histoire à sa vie quotidienne sur l'île, il ne pouvait que constater son impuissance à vraiment peser sur le cours de son destin. Dès lors, il tourna le dos à sa table d'écriture. Quant à ses adversaires, ils préféraient désormais se taire au lieu de contre-attaquer, ayant remarqué avec satisfaction que l'intérêt porté à leur prisonnier ne cessait de diminuer : « Je n'ai pas cru devoir, écrivit Bathurst à Lowe durant l'été 1819, diriger des poursuites contre le *Morning Chronicle* ou les publications d'O'Meara, non que je sois indifférent sur ce sujet, mais parce que les verdicts des jurys de Londres

sont sur ce point très incertains. Il suffirait d'un juré mal disposé pour faire acquitter les accusés, ce qui donnerait l'occasion d'un triomphe et paraîtrait justifier les plaintes contre vous. Dans l'état actuel des choses, vous aurez la satisfaction de voir qu'après toutes leurs publications et toutes leurs menaces, personne n'a osé ouvrir la bouche dans le Parlement en faveur de Bonaparte[18]. »
À partir de 1819, on remarque en effet un net fléchissement du nombre d'articles consacrés au captif. Si l'on mesure les occurrences des noms Buonaparte, Bonaparte et Napoléon dans les journaux britanniques, celles-ci fléchissent nettement, passant de 5 102 en 1818 à 3 674 en 1819 et 3 111 pour 1820. La baisse atteint ainsi près de 40 %. Faute de combattants en quelque sorte, la guerre de propagande connut un vrai répit. Comme l'avait espéré Liverpool, Sainte-Hélène devenait enfin synonyme d'oubli pour le prisonnier de l'Europe. Pour celui-ci, son enclos deviendrait bientôt son tombeau. Le dernier acte de cette histoire pouvait désormais se jouer.

SIXIÈME PARTIE
DISPARITIONS

1

L'affligeante caravane

Hormis Joseph et Caroline, exilés aux États-Unis et en Allemagne, les autres Bonaparte coulaient des jours heureux dans la péninsule italienne. À Rome, Letizia, la mère de Napoléon, poursuivait son existence austère en compagnie de son demi-frère, le cardinal Fesch. Préoccupés par le sort de leur fils et neveu, les deux Romains lui écrivaient régulièrement ; ils tentaient aussi d'intervenir pour le faire libérer ou soutenaient financièrement ceux qui étaient revenus de Sainte-Hélène, à l'exemple de Las Cases. Après la mort de Cipriani, qui n'avait pu être enterré selon le rite catholique, Bertrand demanda au cardinal Fesch de désigner un prêtre susceptible de faire le voyage : « Nous avons senti et nous sentons tous, lui écrivit-il, le besoin d'un ministre de notre religion. Vous êtes notre évêque. Nous désirons que vous nous envoyiez un Français ou un Italien. Veuillez, dans ce cas, faire choix d'un homme instruit, ayant moins de quarante ans et, surtout, d'un caractère doux, et qui ne soit pas entêté des principes gallicans. » Grand aumônier de la Maison de l'empereur depuis 1804, Fesch restait en titre l'évêque des exilés. Après avoir lu la lettre de Bertrand, il s'empressa d'écrire à Bathurst pour obtenir son consentement. L'ayant obtenu assez facilement, il se mit en quête du candidat idéal et désigna l'abbé Buonavita, âgé de... soixante-sept ans et perclus de goutte. S'il ne correspondait pas vraiment au profil demandé par Bertrand, l'homme possédait au moins une qualité, celle de n'être pas « entêté des principes gallicans ». Aumônier de Madame Mère, il était d'une piété irréprochable et avait longtemps séjourné dans des pays au climat tropical, Mexique ou Paraguay ; il était donc habitué à servir la messe en terre lointaine. Mais pour la mère de l'empereur, viscéralement attachée à ses origines, sa principale qualité était d'être corse, toute autre considération étant pour elle généralement assez secondaire.

Selon les canons de la religion catholique, Buonavita ne pouvait cependant partir seul. Une fois à Sainte-Hélène, il aurait en effet besoin d'un second prêtre pour pouvoir se confesser. Dès lors, l'abbé Vignali, un autre natif de l'île de Beauté, lui fut adjoint. Il serait son coadjuteur. Si cet homme d'Église était jeune et pratiquait un peu de médecine, ce qui pouvait être utile, il était en revanche d'une ignorance crasse. Fesch fit donc le choix d'envoyer un vieillard cultivé et un garçon inculte. Drôle de tandem pour la chapelle de Longwood. En matière de choix surprenants, Fesch n'allait pas s'arrêter en si bon chemin. Tandis qu'il achevait son recrutement de prêtres, il reçut une lettre de Bathurst lui demandant de désigner aussi un médecin. Le prisonnier refusant toute aide médicale anglaise, le ministre jugeait cette situation fort dangereuse à tous points de vue, s'inquiétant surtout d'être mis en cause s'il laissait ainsi Napoléon sans soins. D'où sa requête. Sans hésiter, le cardinal se mit à la recherche d'un praticien. Spontanément, un ancien médecin ayant appartenu à la Maison de l'empereur fit acte de candidature : Foureau de Beauregard, qui jouissait d'une excellente réputation et qui, de surcroît, vénérait Napoléon. Mais Fesch l'écarta pour lui préférer un troisième Corse, Francesco Antommarchi. Mais en dehors de sa qualité d'insulaire, on s'interroge sur cette dernière désignation. Loin de posséder la science de Foureau, Antommarchi n'avait jamais pratiqué la médecine. Plus apte à disséquer les cadavres qu'à soigner les vivants, il était surtout connu pour ses jolis dessins de planches anatomiques. Sur le plan financier, il fut moins gourmand, se contentant de 9000 francs à l'année alors que Foureau avait élevé ses prétentions jusqu'à 15000 francs. Pingres à l'extrême, Letizia et Fesch furent sans doute séduits par la modestie pécuniaire de leur compatriote, ce qui explique aussi leur décision. Mais en partie seulement.

En vérité, si les choix de Fesch comme de Letizia furent aussi médiocres, ce fut en raison d'une croyance aussi surprenante qu'absurde qu'ils partageaient tous deux. Depuis plusieurs mois, ils étaient en effet persuadés que Napoléon avait quitté son île.

De quelle manière ? Pour eux, des anges envoyés par la Sainte Vierge étaient venus l'enlever pour l'emmener probablement sur un nuage voisin de celui du Tout-Puissant. Dès lors, pourquoi dépenser de l'argent en pure perte et envoyer dans l'Atlantique Sud des hommes de talent si leur parent s'était évanoui dans les Cieux ? D'où le choix de ces trois Corses au piètre profil. Letizia et Fesch devaient leur croyance à l'emprise d'une voyante allemande qui avait manifestement trouvé la recette pour leur soutirer de l'argent. Il ne fallait cependant pas être grand psychologue pour comprendre que ces deux dévots étaient prêts à tout croire du moment que l'on confortait leur foi. Le 5 décembre 1818, Fesch avait par exemple écrit à Las Cases : « Je ne sais pas quels moyens Dieu emploiera pour délivrer l'empereur de sa captivité, mais je ne suis pas moins convaincu que cela ne peut pas tarder. J'attends tout de Lui et ma confiance est pleine[1]. » Ensuite, mystifiés autant qu'abusés par cette habile manipulatrice, ils n'entendaient plus aucun autre discours.

Pour eux, les gazettes anglaises mentaient quand elles disaient que Napoléon était encore prisonnier. De même, ils n'accordaient plus aucun crédit aux lettres de Montholon ou de Bertrand, certains qu'elles avaient écrites sous la contrainte, Lowe voulant que tout le monde fasse « comme si Napoléon était encore dans ses fers[2] ». Quand les autres Bonaparte découvrirent stupéfaits à quel point ils étaient manipulés, ils tentèrent de les ramener à la raison, mais sans succès : « J'ai eu bien à souffrir ici depuis deux ans, écrivit par exemple la princesse Pauline, car mon oncle, maman et Colonna se laissent guider par une femme intrigante qui est Allemande, espion de la cour d'Autriche, qui dit voir la Madone qui lui apparaît, enfin qui lui a dit que l'empereur n'était plus là ! Mille extravagances incroyables ! Le cardinal en est presque fou, car il dit ouvertement que l'empereur n'est plus à Sainte-Hélène, qu'il a eu des révélations qui lui ont appris où il est ! Nous avons depuis deux ans fait tout, Louis et moi, pour détruire les impressions de cette sorcière, mais tout a été inutile. Mon oncle nous a caché les nouvelles et les lettres qu'il recevait de Sainte-Hélène, disant que ce silence devait nous convaincre[3]. »

Les trois hommes du cardinal – Buonavita, Vignali et Antommarchi – quittèrent Rome le 25 février 1819. En chemin, ils s'arrêtèrent à Londres pour rencontrer des officiels britanniques, notamment Bathurst. Jugés peu dangereux pour la sécurité du prisonnier, ils réussirent facilement leur examen de passage tant ils étaient en effet aussi niais qu'inoffensifs, en particulier les deux prêtres. Avant qu'ils n'embarquent pour leur destination finale, ils furent rejoints par deux domestiques appelés en renfort pour le service de Longwood, un cuisinier nommé Jacques Chandelier qui avait autrefois appartenu à la Maison de Pauline ainsi qu'un maître d'hôtel répondant au nom de Coursot. Depuis la mort de Cipriani et le départ de Lepage, on manquait en effet de gens de bouche au sein de la Maison du prisonnier. Au total donc, cinq personnes furent envoyées à Sainte-Hélène pour à la fois remplacer ceux qui étaient partis et créer un service religieux. Trois ans après avoir voulu réduire la suite du prisonnier, Bathurst avait donc manifestement changé d'avis. Redoutant désormais plus les critiques de la presse qu'une improbable évasion, il devint au fil des mois plus attentif à la situation du captif non point par humanité, mais seulement pour prévenir toute attaque contre sa politique. Cependant, quel qu'en fût le motif, ce changement de cap fut l'une des premières manifestations d'une réelle volonté d'apaisement de la part du ministre, ce dernier ayant enfin compris que le compromis valait mieux qu'un conflit ouvert.

La petite caravane débarqua sur l'île le 20 septembre 1819 au terme de près de sept mois de voyage, du moins pour les deux religieux et l'anatomiste. À leur arrivée, ils furent particulièrement bien accueillis par les officiers du gouverneur. À Plantation House, Lowe leur fit même les honneurs de sa table. Entre deux mets, Antommarchi frisa toutefois l'incident diplomatique en prononçant le nom de Napoléon. Le gouverneur ne releva point, mais l'espace d'un moment sa mâchoire devint plus serrée que jamais. Après ce dîner plutôt réussi malgré le grave impair d'Antommarchi, les cinq arrivants furent inspectés de pied en cap, leurs portefeuilles ouverts et examinés, leurs linges dépliés et sondés si d'aventure quelque effet dangereux ou correspondance secrète y avait été dissimulé. Auprès d'eux, Lowe s'excusa néanmoins pour cette fouille en règle, se disant désolé d'avoir à mener une « guerre impitoyable » aux filières clandestines. Une fois leur inspection terminée, ils furent conduits vers Longwood, entrant ainsi de plain-pied dans l'univers oppressant de la captivité : « La guerre aux chiffons finie, rapporte Antommarchi dans ses *Mémoires*, nous montâmes en voiture, nous nous engageâmes dans une route effrayante. Ce n'était que factionnaires, que précipices ; d'un côté, un vaste abîme, de l'autre, un farouche soldat. Nous marchions au milieu des précautions de la guerre et des convulsions de la nature : jamais spectacle aussi sombre ne s'était offert à nos yeux[4]. »

Après s'être remis de leurs émotions, ils se présentèrent à l'entrée de la maison. Le moins que l'on puisse écrire, c'est qu'ils ne furent point reçus avec chaleur. Ayant su qu'ils avaient été plutôt bien accueillis par les Anglais, on se méfiait naturellement d'eux. Et s'ils étaient des espions à la solde de Lowe ? Au surplus, quand on leur demanda leurs lettres de recommandation, ils ne purent les produire, ce qui intrigua au sein de la maison. Persuadé qu'ils ne verraient jamais Napoléon, celui-ci s'étant évadé aux bras de petits anges, Fesch avait jugé inutile d'écrire quoi que ce fût en leur faveur. Au nom de l'empereur, Bertrand les interrogea l'un après l'autre avec sa froideur coutumière. D'entretien en entretien, le grand maréchal comprit qu'ils étaient plus médiocres que menaçants. Aussi après un moment de méfiance vint le temps de la déception. Après avoir reçu les trois Corses, l'empereur s'emporta auprès de Bertrand : « Le vieux prêtre n'est bon à rien. C'est un diseur de messes. Le jeune est un écolier ; il est ridicule de le donner pour un médecin. Il a étudié quatre ans à Rome la médecine ; c'est un écolier de médecine. Antommarchi est un professeur mais cela n'est pas la pratique. Il peut être un excellent professeur d'anatomie [...] et être un fort mauvais médecin[5]. »

Même affaibli, il n'avait point perdu sa science des hommes, comprenant d'emblée à qui il avait affaire. Dès lors, comment comprendre les choix de son oncle et de sa mère ? Ignorant tout de leur extrême aveuglement, il crut que leur avarice avait déterminé leurs décisions désolantes. À moins, pensa-t-il, qu'ils ne fussent devenus parfaitement séniles. Dans sa correspondance avec Albine, Montholon ne fut pas plus tendre avec les deux hommes d'Église : « Ce pauvre M. Buonavita est tout à fait moribond, à peine est-il bon à dire la messe. Le second prêtre est un montagnard corse, dont l'éducation n'a point altéré l'enveloppe sauvage et brute. Je doute fort qu'il n'apporte jamais un charme quelconque à la société[6]. » Quelques mois plus tard, il dira aussi : « Nos prêtres sont toujours aussi nuls : l'un radote la moitié du temps ses histoires de sa cure du Mexique ; l'autre nous disait hier qu'Alexandre était le plus grand homme sorti de l'ancienne Rome. On eut de la peine à lui faire entendre qu'il était macédonien[7]. » Pour le rendre moins ignorant, Napoléon força ensuite Buonavita à lire deux cents pages d'histoire antique chaque jour.

Au fil des mois, Antommarchi fut en revanche de mieux en mieux apprécié au sein de la maison. Remarquant un léger mieux dans la santé de l'empereur, Montholon l'attribua aux justes conseils de l'anatomiste. Quand ce dernier examina son patient pour la première fois le 23 septembre 1819, il fut effrayé par son état. Atteint par un rhume persistant, il lui parut livide et fiévreux. Son embonpoint était « excessif », jugea-t-il, et surtout il souffrait d'une douleur sourde au côté droit qui semblait se situer à « deux pouces de profondeur ». Comme les autres praticiens qui s'étaient succédé avant lui, Antommarchi crut à une atteinte du foie alors qu'il s'agissait d'un ulcère à l'estomac. Afin de soigner ce qu'il croyait lui aussi être une atteinte hépatique, il recommanda les bains chauds ou salés, l'exercice, des lavements, une alimentation plus saine et l'application sur la peau de baumes apaisants, tel le liniment. Autant de soins qui, à l'exception toutefois des vésicatoires, même s'ils ne pouvaient le guérir, firent toutefois le plus grand bien au captif. Et surtout, il parvint à le sortir de sa petite chambre volontairement plongée dans l'obscurité. Grâce à lui, l'empereur blafard reparut à la lumière du jour et refit de l'exercice. L'ulcère étant une maladie de stress et psychosomatique, le grand air comme le soleil ne pouvaient que lui faire le plus grand bien. Durant cette période de répit, il souffrit en effet moins et retrouva même un certain allant. Comme ses prédécesseurs, Antommarchi fut tenté de donner du mercure à son patient, mais après avoir essuyé un net refus, il n'insista point, pas aussi certain que les autres de sa science. Paradoxalement, Napoléon fut mieux soigné par un médecin inexpérimenté que par un praticien mieux reconnu mais convaincu des bienfaits de ces pilules.

Sur le plan personnel, les relations entre Napoléon et Antommarchi furent plutôt bonnes au début. Dès qu'il lui fut présenté, l'empereur l'affubla du sobriquet de *Capo-corsinaccio* qui signifie « natif du cap Corse », conversant presque toujours avec lui en italien. Comme avec O'Meara ou ses officiers, il se confia volontiers, évoquant avec lui sa jeunesse, sa politique et plus largement les moments clefs de son épopée. Mais le nouveau médecin de Longwood fut loin d'être aussi présent que son prédécesseur, disparaissant même fréquemment comme le remarqua Ali : « Très souvent le soir, il allait chez Mme Bertrand et c'était justement le moment où l'empereur l'envoyait chercher. Une fois l'empereur, fort contrarié de l'avoir longtemps attendu, lui dit avec humeur : *Vous venez chez moi comme si vous faisiez une visite à trente sous. Ici, vous êtes à mon service et à mes ordres. Si Larrey était à Sainte-Hélène, il ne quitterait pas le chevet de mon lit, il coucherait là sur le tapis*[8]. » Malgré de nombreuses remontrances, le jeune anatomiste préféra toujours le salon de Fanny à la chambre sinistre de son maître, son dévouement étant donc plus feint que réel. Si certains acteurs avaient changé au sein du huis clos de Longwood, ils furent encore plus désespérants que les premiers.

2

Guerres de tranchées

Au fil des années, Napoléon se déroba toujours davantage au regard de ses gardiens. Refusant d'être traité en prisonnier, il ne respecta jamais l'obligation qui lui était faite d'être vu au moins deux fois par jour comme l'exigeait Bathurst. Dans les premières années de la captivité, ses apparitions quotidiennes, lors de ses promenades ou pour recevoir des visiteurs, suffirent la plupart du temps à rassurer Plantation House sur sa présence. Ensuite, à partir du milieu de l'année 1818, vérifier qu'il était bien à Longwood devint le cauchemar quotidien des officiers britanniques affectés près de lui. La raison en était simple : le prisonnier prenait un malin plaisir à ne plus se montrer pour mieux inquiéter ses geôliers. Et quand l'officier d'ordonnance ou l'un de ses supérieurs osait frapper à la porte de Longwood, la même scène se répétait invariablement. À la rituelle question « Où est le général Bonaparte ? », les domestiques avaient ordre de répondre : « L'empereur est dans sa chambre à coucher et malade. » Dépités, les officiers britanniques regagnaient ensuite leurs quartiers pour témoigner de leur échec dans leurs rapports destinés à Lowe. Le meilleur témoin et, en même temps, l'une des victimes de ce jeu de cache-cache fut le capitaine George Nicholls. L'œil vissé à sa lunette, ce dernier fut officier d'ordonnance de Longwood du 5 septembre 1818 au 9 février 1820. Valeureux combattant ayant notamment servi en Espagne, il s'attendait sans doute à une mission bien plus sereine que ce qu'il avait pu connaître auparavant. Or, il n'en fut rien. Sa nouvelle affectation allait l'épuiser autant nerveusement que physiquement.

Comme pour ses prédécesseurs, Napoléon ne le reçut jamais, lui refusant même une première visite de courtoisie. Dès ses premières semaines de service, il fut dans l'incapacité d'attester de la présence de Napoléon. Ne s'avouant pas vaincu et constamment pressé par son supérieur, il tenta mille subterfuges pour réussir sa mission. Un jour, il se mit par exemple à ramper entre les talus du jardin, espérant ainsi apercevoir au moins furtivement le prisonnier à travers l'une des fenêtres de la maison. Après plusieurs jours passés à plat ventre, le 18 septembre 1818, il fut enfin récompensé de ses efforts : « Cet après-midi j'ai vu distinctement Napoléon Bonaparte ; il se promenait dans sa salle de billard et je le vis à travers la fenêtre à une distance d'une trentaine de mètres de la chambre[1]. » Mais les jours et les semaines qui suivirent, sauf rares exceptions, il eut beau se coucher dans l'herbe jusqu'à verdir son uniforme, il ne vit plus rien, pas même une discrète silhouette. À Plantation House, cette situation angoissait Lowe. Dans un rapport à Lord Bathurst daté du 12 octobre, il écrivit : « Napoléon Bonaparte se tenait entièrement confiné dans sa chambre, les volets fermés ou s'il ouvrait la fenêtre pour laisser entrer un peu d'air, le rideau était entièrement tiré en travers[2]. » Et s'il n'était plus à Longwood ? Pour Lowe, la sanction serait terrible et le ridicule certain. À nouveau, il protesta auprès de Montholon, mais en vain. En se dérobant ainsi, le captif avait manifestement trouvé là le bon moyen pour tourmenter ses adversaires.

Tandis que l'année 1818 touchait à sa fin, il fut encore moins visible : « Par suite d'un ordre spécial du gouverneur, j'ai essayé de voir le général Bonaparte, raconta Nicholls, mais je n'ai pas réussi. Vers cinq heures et demie, j'ai vu une personne se promener dans la salle de billard : quelle que fût cette personne, elle me vit car un domestique parut immédiatement à la porte de la salle à manger[3]. » Après cette nouvelle infortune, Nicholls comprit que guetter Napoléon sous ses fenêtres n'était peut-être pas la meilleure tactique, la proie repérant trop aisément son chasseur. Dès lors, comment endormir toute méfiance et surtout faire cesser ce jeu ? Peut-être en s'éloignant de la maison. Pendant quelque temps, l'officier installa ainsi son poste d'observation sur le plateau voisin de Deadwood où se trouvaient les baraquements du régiment anglais. Ainsi dissimulé, il pointa des heures durant sa lorgnette en direction de Longwood jusqu'à marquer sa peau de l'empreinte de son instrument. Son obstination paya néanmoins quand Napoléon apparut dans le jardin en robe de chambre et mouchoir noué sur la tête : « Il paraissait très pâle », remarqua-t-il[4]. Mais très rapidement, le prisonnier comprit sa ruse, se mettant à son tour à observer sans être vu : « Le général Bonaparte a fait pratiquer dans la plupart des fenêtres de la salle de billard de petits trous pour y passer sa longue-vue ; il peut donc voir les personnes sans s'exposer lui-même à leur observation », rapporta Nicholls[5]. Dans cette nouvelle partie, Napoléon conserva l'avantage, la lorgnette du capitaine anglais finissant même par rouiller à l'air humide du plateau. À bout de nerfs, Lowe eut une discussion vigoureuse avec Montholon : « Bonaparte persistait-il à refuser de voir l'officier d'ordonnance et le médecin ? », lui demanda-t-il[6]. Le comte répondit positivement, déconseillant au gouverneur d'insister : « C'est un sujet auquel je ne puis le toucher sans le mettre hors de lui ; c'est la question qui l'irrite davantage. Plus je chercherais à le persuader sur ce point, plus il se montrerait opiniâtre[7]. »

Contraint de quitter Deadwood s'il voulait conserver une chance d'apercevoir l'empereur, Nicholls retourna dans les jardins de Longwood, ce qui ne fit que l'épuiser davantage. Son rapport du 21 juillet 1819 se passe de commentaires : « Hier j'ai été sur pied, dix heures au moins, circulant dans le jardin de Longwood, sans que l'occasion m'ait été donnée de voir le général Bonaparte. J'ai entendu des personnes causer dans la salle de billard vers six heures environ de l'après-midi. Ce soir depuis sept heures, je suis occupé de la même manière[8]... » Puis d'une plume fatiguée, il ajouta : « Le temps est si mauvais actuellement, que je crains que ma santé ne souffre beaucoup, si je suis dans la nécessité de continuer ce système de promenades. » Parfois, l'officier se rassurait en entendant quelques conversations dont il était toutefois incapable de rapporter le moindre mot, ne comprenant pas... le français. Drôle d'espion en vérité que ce pauvre Nicholls. Privilégiant ensuite l'observation nocturne, il profita de l'obscurité pour ramper jusque sous les fenêtres de la maison : « Vers six heures et demie du soir, expliqua-t-il le 7 août, je remarquai de la lumière aux fenêtres du cabinet de toilette de Buonaparte. Les volets étaient ouverts de quelques pouces seulement. Les rideaux étaient tirés un peu de côté. J'eus néanmoins une vue parfaite du général B.[9]. » Jolie victoire donc, mais à quel prix ! D'autant que le lendemain, il faudrait recommencer. Cette situation ne pouvait plus durer.

L'exaspération du gouverneur ne faisant que croître, la manière forte fut envisagée. Au mois d'août 1819, Thomas Reade donna de nouvelles instructions à Nicholls : « S'il arrivait donc qu'un jour quelconque vous ne l'ayez pas vu avant dix heures du matin, vous annoncerez [...] à l'une ou à l'autre des personnes qui peuvent être de service spécial ce jour-là près de Napoléon Bonaparte, votre désir d'être admis près de lui. [...] S'il ne donne pas la facilité de le voir [...], vous pénétrerez vous-même dans les appartements intérieurs, frappant à chaque porte avant de l'ouvrir, n'en ouvrant aucune sans attendre assez longtemps pour vous assurer qu'on ne vous ouvre pas ou qu'on ne vous dit pas d'entrer ; et lorsque vous serez arrivé à la chambre où il pourra se trouver, vous lui ferez votre salut dès que vous le verrez, et vous vous retirerez[10]. » Était-on tout près d'un coup de force ? Une telle intrusion était hautement risquée. Deux ans plus tôt, le captif avait par exemple affirmé à O'Meara : « Quant à me menacer de faire enfoncer ma porte pour donner entrée à l'officier d'ordonnance, je vous déclare qu'il n'y entrera qu'en passant sur mon corps[11]. » Alerté, le 15 août, il organisa la résistance : « Il donna des ordres à Noverraz de barricader toutes les portes avec de bonnes barres enfoncées des deux bouts dans le mur et d'appliquer sur une porte-fenêtre du jardin, des planches qui offrissent une résistance. À minuit, toutes ces fermetures étaient faites ; pas une porte ne pouvait être ouverte sans qu'on employât la force. [...] Il dit à Saint-Denis de lui charger ses pistolets et ses fusils, ce qui lui donnait douze coups à tirer », se souvint Marchand[12]. De son côté, Ali témoigna de la même volonté d'en découdre : « Il jurait d'étendre sur le seuil de la porte celui qui serait assez hardi pour franchir cette limite. Il ajoutait que l'on ne pénétrerait dans son intérieur que lorsque lui, Napoléon, ne serait plus qu'un cadavre[13]. » Aucun officier d'ordonnance n'osa cependant jamais forcer sa porte de peur de provoquer le pire. Qui pouvait prendre un tel risque ? Sûrement pas Nicholls : « Dans un entretien, le gouverneur me demande pourquoi j'ai frappé doucement à la porte de l'antichambre (de Napoléon). J'ai répondu que je ne voulais pas que les Français puissent arguer que j'avais fait beaucoup de tapage à la porte[14]. » Craignait-il aussi une décharge de plomb ?

Si Napoléon exaspéra ses gardiens, il s'isola du même coup. Ce jeu de cache-cache fut suivi en effet d'un retrait de plus en plus marqué, d'une volonté évidente de disparaître. Dès lors, son domaine devint son seul horizon. Au sein du « palais » de Longwood, après la transformation de la salle à manger en chapelle, le décor des deux pièces de vie de l'empereur fut également changé. Manifestement, Napoléon avait envie d'embellir son intérieur et de le rendre plus agréable. Dans sa chambre, le plafond fut blanchi, de la mousseline blanche fut tendue et plissée de haut en bas du plafond. Pour ajouter une touche exotique à l'ensemble, il fit découper dans un volume de la *Description de l'Égypte* les oiseaux qui illustraient les planches consacrées à la zoologie pour en faire une sorte de frise qui faisait le tour de la petite pièce. Ainsi cette dernière devint-elle plus gaie et lumineuse : « Ce n'est plus une chambre, c'est le boudoir d'une petite maîtresse », remarqua sourire aux lèvres le captif quand tout fut terminé. Pour le service religieux assuré par les deux prêtres, on se contenta de l'installer tous les dimanches matin dans la salle à manger le temps de l'office : « De la belle table de desserte en acajou, on fit un autel. Le devant de l'autel fut fait en satin blanc ; une bordure de velours vert l'encadra ; aux angles inférieurs, on fit des N couronnés et, au centre, une croix en galon d'or. L'autel fut couvert de nappes de percale baptiste, garnies de larges dentelles. Un petit tabernacle en forme de temple antique, orné de colonnes et surmonté d'une croix, fut fabriqué en cartonnage par Pierron ; quatre flambeaux garnis de bougies et des vases remplis de fleurs composèrent tout l'ornement du dessus d'autel [...]. L'abbé Buonavita disait la messe, l'abbé Vignali, en petit rochet ou petit surplis, et Napoléon Bertrand remplissaient les fonctions de servants. C'était Vignali qui donnait l'Évangile à baiser [...]. La messe terminée et l'empereur passé dans le jardin ou dans le salon, la chapelle en moins d'un quart d'heure redevenait salle à manger [...][15]. »

Après son intérieur, il voulut également modifier en profondeur l'aspect de ses jardins. En décembre 1819, Montholon écrivit à Albine : « Nous sommes à l'ouvrage dès cinq heures du matin, et tu rirais de bon cœur de voir l'empereur bêche à la main[16]. » L'entreprise fut menée avec ardeur par l'occupant de Longwood : « Pour compenser un peu ce défaut d'exercice extérieur, il jugea, se souvint Ali, que le jardinage était ce qui convenait le mieux à son état de réclusion. Dès lors, il ne fut plus question que de jardins : tout le corps de bâtiment qu'il habitait en fut entouré. Ce furent les modèles des fortifications qui lui donnèrent cette idée, et puis il voulait avoir sous la main des fruits, des légumes[17]. » Malgré l'effort, certains, à l'exemple d'Ali, se réjouirent de cette renaissance : « Jamais Longwood, témoigna également Ali, n'avait été aussi animé qu'il le fut pendant ces travaux de jardin ; l'activité semblait nous avoir fait revivre. Avant, nous avions vécu dans une espèce d'engourdissement. L'empereur, depuis qu'il était à Sainte-Hélène, ne s'était pas mieux trouvé ; aussi était-il toujours de bonne humeur[18]. » Comme autrefois à la tête de ses armées, il mobilisa donc officiers, domestiques et Chinois pour embellir ses parterres. Sous son commandement direct et impérieux, on creusa, bina, planta arbres et fleurs, construisit des bassins, fit circuler de l'eau et installa des haies ou des treilles. Un pavillon dit chinois fut construit à l'extrémité sud-est, une grotte fut même aménagée. Pour Marchand, Ali et les autres, la tâche fut épuisante, même si pour les deux premiers, leur nom fut donné aux nouveaux espaces.

Deux jardins à la française sortirent ainsi de terre en quelques semaines avec cependant des réussites inégales. Mais si Napoléon rendit ses jardins plus agréables, ce fut aussi et surtout pour échapper à toute surveillance anglaise tout en profitant des abords immédiats de sa résidence. Ainsi ne serait-il plus obligé de garder la chambre s'il voulait ne pas être vu. En créant des espaces verts sous ses fenêtres, il obligea les sentinelles anglaises à se tenir moins près quand elles se rapprochaient de la maison au coucher du soleil. Les nouvelles haies lui permirent d'être moins vu comme de moins apercevoir les soldats anglais. Mais, voulant se dissimuler plus encore, il fit aussi creuser les allées entourant sa maison : « Si l'empereur avait voulu des allées creuses, nous dit Ali, c'était pour se soustraire aux regards curieux et importuns des Anglais qui, de la maison de garde, plongeaient dans cette partie de Longwood. Il y avait bien les arbres qu'il avait fait planter dans la plate-bande extérieure et dont le feuillage était un obstacle, mais cet obstacle disparaissait dès que les arbres se dépouillaient de leurs feuilles[19]. »

Au moment de l'aménagement de ses jardins, il fit davantage connaissance avec une population qui lui était jusque-là inconnue : les Chinois. Quand il débarqua sur l'île en octobre 1815, ils étaient déjà plus de 280. Pourquoi ce nombre ? Depuis l'abolition de la traite négrière au sein de l'Empire britannique en 1807, les colons peinaient à trouver de la main-d'œuvre. En 1810, le gouvernement de Sainte-Hélène décida de faire venir des Chinois pour remplacer les esclaves que l'on ne pouvait plus acheter. Cinquante-quatre furent ainsi accueillis sur l'île dès cette année-là. Cet essai de substitution s'avéra payant. Le travail de cette « classe laborieuse et industrieuse » fut en effet jugé excellent. Plus spécialisés que les esclaves, ils possédaient un véritable savoir-faire dans de nombreux métiers : menuisiers, tailleurs de pierre, éleveurs, cultivateurs, etc. Autre différence : point besoin de les surveiller puisqu'ils étaient libres. Titulaires d'un contrat de travail et considérés comme résidents, les Chinois étaient en effet des citoyens comme les autres. Dernier avantage : ils coûtaient moins cher, 28 livres par an contre 30 pour un homme servile. La raison en était simple : tandis que les esclaves étaient achetés par leurs maîtres à un prix généralement élevé avant d'être entretenus avec leur famille pendant de longues années, les travailleurs chinois ne recevaient qu'une modeste rémunération pendant seulement trois ou cinq ans. Aussi, il n'est pas étonnant que l'on ait voulu en importer toujours plus.

On l'oublie souvent, mais Sainte-Hélène était à l'époque un point de passage quasi obligé sur la route des Indes et de la Chine. Venant de Canton ou de Shanghai, des navires jetaient souvent l'ancre en rade de Jamestown et débarquaient presque à chaque fois des dizaines de disciples de Confucius. En 1813, leur nombre dépassa les deux cents individus. Pour mieux les reconnaître, ils portaient désormais un numéro gravé sur un morceau de cuivre et avaient pour habit une veste et un pantalon bleus.

Si ces travailleurs furent le plus souvent discrets, ils causèrent cependant quelques troubles. En août 1819, munis de fourches et de bambous coupés, plusieurs d'entre eux vinrent chercher querelle à un autre groupe. Le combat fut féroce avant que la troupe britannique n'intervienne et ne ramène le calme. Le lendemain, les règlements de comptes se poursuivirent, obligeant les soldats à ouvrir le feu. Bilan : deux morts chez les Chinois, les numéros 374 et 606. Après enquête, on se rendit compte qu'entre les différentes ethnies, les haines restaient vives. À l'origine de la dispute, des menaces proférées par le groupe de Canton contre celui de Macao. Malgré quelques plaintes, en 1820, le nombre des immigrés chinois excéda les quatre cents personnes.

Pour en revenir à Longwood, les ouvriers chinois fournirent dès le début de l'installation de Napoléon une aide régulière. Tous les jours, l'un d'entre eux lui apportait son eau de boisson qu'il puisait au fond d'une vallée située à plus d'un kilomètre de la maison, la riante vallée du Géranium. Mais pour ces hommes de peine, le travail pouvait être moins agréable. À eux d'évacuer les déchets ou d'assurer les travaux de peine. Durant les trois premières années de la captivité, ils servirent donc l'empereur mais seulement hors de la maison. À partir de 1817 toutefois, deux d'entre eux remplacèrent les serviteurs anglais dont Napoléon ne voulait plus. Dès lors, ils entrèrent dans ses cuisines, coupèrent les légumes, mirent à cuire et nettoyèrent tout ce qui devait l'être. Jamais ils ne devaient cependant s'éloigner de leurs fourneaux. Aucun d'entre eux ne pouvait en effet apparaître dans les appartements de l'empereur. Mais quand le cuisinier Lepage tomba malade, ils prirent sa place et, à plusieurs reprises, Napoléon mangea donc chinois, ce qu'il n'appréciait guère semble-t-il.

Aux jardins, les Chinois furent d'une aide précieuse quand leur aménagement fut décidé en 1820. Pour son nouveau chantier, Napoléon les mena à la baguette, si l'on ose écrire. Sous ses ordres directs, ils multiplièrent les corvées de brouette, mais ne furent pas toujours aussi dociles qu'espéré. Le 4 avril 1820 par exemple, ayant appris que leurs compatriotes qui étaient en cuisine recevaient chaque jour du vin, les quatre Chinois de service au jardin réclamèrent leur bouteille et, en signe de protestation, déposèrent leurs outils. Furieux de leur geste, Napoléon leur ordonna de se remettre au travail. Faisant semblant de ne pas le comprendre, ils restèrent immobiles, stoïques comme l'armée en terre cuite de leur premier empereur. Observant à distance la dispute, un officier britannique vit alors l'empereur entrer dans une rage folle contre eux. D'un signe impérieux, il les renvoya, sachant qu'ils seraient vite remplacés par d'autres. Ses relations ne furent pas toujours aussi tendues avec ces ouvriers venus de loin.

Après le creusement d'un bassin, vêtu d'un large pantalon et coiffé d'un énorme chapeau de paille, Napoléon s'étonna de les voir rire de bon cœur. Devant son médecin Antommarchi, il comprit alors que son accoutrement était la cause de leur joie spontanée : « C'est mon costume !, s'exclama-t-il. Il est en effet assez plaisant. Mais il ne faut pas qu'en riant ils soient brûlés par la chaleur ; je veux que chacun d'eux ait aussi son petit chapeau de paille, c'est un petit cadeau que je leur fais. » Du reste, il s'habitua à leur présence et commença à les apprécier. L'exotisme chinois se répandit de toute façon à Longwood. Outre le pavillon chinois qu'il fit construire, Napoléon fut entouré d'objets venus de Chine, souvent des cadeaux de ses visiteurs de passage. Près de lui, il y avait ainsi un paravent, un jeu en ivoire ou des fauteuils. Particulièrement habile de ses mains, un Chinois lui sculpta aussi une magnifique canne en rostre de narval. On aurait aimé conclure en citant une phrase qui lui est souvent prêtée : « Laissons la Chine dormir. Car quand elle se réveillera, le monde tremblera. » Mais s'il conseilla bien aux Britanniques de ne jamais manquer de respect à cette population millénaire, tous les historiens échouèrent à prouver qu'il fut l'auteur de ces mots. Après avoir exploré de nombreuses pistes, la plus complète étude sur le sujet, menée par Peter Hicks, démontre même que cela lui fut attribué à tort[20].

3

Folies douces

Le 9 février 1820, le capitaine Nicholls fut relevé à son poste d'officier d'ordonnance. Lassé de ramper sous les fenêtres du prisonnier, il attendait ce jour avec la plus grande impatience. En moins de temps qu'il ne faut pour l'écrire, il fit ses bagages et prit la route de Jamestown, fuyant une captivité devenue si pesante et un peu folle. En le voyant partir, Montholon s'étonna de son « départ si prompt », n'en comprenant pas les raisons[1]. Son remplaçant fut le capitaine Englebert Lutyens, un ancien de la guerre d'Espagne, arrivé sur l'île en avril 1819 avec son régiment, le 20e d'infanterie. Il sera notre témoin privilégié de l'année 1820, son journal constituant en effet la source d'information principale de cette histoire, celui de Bertrand étant plutôt lacunaire pour la période[2]. Contrairement à son prédécesseur, il ne fut pas obligé de s'aplatir toute la journée pour apercevoir l'empereur, celui-ci se montrant volontiers dans ses jardins car occupé à les réaménager. À distance, il l'observa ainsi faire creuser ses allées, construire des bassins ou planter des massifs de fleurs. Comme obnubilé par l'aménagement de ses jardins, le captif ne ménageait pas sa peine comme celle des autres. Dans ses premiers rapports, Lutyens s'étonna de l'ardeur au travail – « *hard at work* » – dont faisait preuve Napoléon dès potron-minet. À peine le jour se levait-il qu'en effet il apparaissait sur le perron de sa maison, souvent en chemise de nuit, pour se précipiter vers ses parterres en chantier. Avec le même effarement, l'officier d'ordonnance assistait ensuite à la course de ses valets, habits de leur maître en main, pour tenter de le rattraper et le vêtir de manière plus convenable.

Ce drôle de manège dura ainsi plusieurs semaines, Napoléon étant littéralement obsédé par ses plates-bandes. Cette attitude interroge quelque peu. Le captif cédait-il à une douce folie ? Ce qui se passa ensuite aux jardins semble confirmer cette impression. S'appropriant désormais plus que de raison un domaine qu'il avait pourtant tant voulu fuir, il ne tolérait plus que le moindre vivant s'y introduise sans y avoir été invité : « Il était six heures du matin lundi, nota également Lutyens le 16 février 1820, quand le général Bonaparte tua une chèvre. Celle-ci était en train d'être emmenée vers l'étable en passant sur la pelouse. Le général lui tira dessus, à travers les croisées de son jardin, deux fois. Le premier tir atteignit l'animal à la cuisse, le second tua la chèvre. La balle perfora son cou. J'ai compris que le général Bonaparte possédait quatre fusils de chasse, deux à double canon et deux simples[3]. » La fin tragique de cette chèvre fut le triste résultat d'une méprise, Napoléon croyant qu'elle était la propriété précisément de Lutyens alors qu'elle servait à donner du lait aux enfants Bertrand. Courroucé par l'intrusion d'une chèvre qu'il croyait britannique, il la cribla donc de plomb. Dans les jours qui suivirent, il continua néanmoins d'appuyer sur la gâchette plus que de raison. Après la chèvre des Bertrand, une autre s'échappa de l'étable et fut elle aussi tuée sans sommation par l'empereur. Quatre fois, rapporta Lutyens, il tira sur le pauvre animal avant de l'atteindre mortellement. Après ce dernier tir réussi, il fit à nouveau feu à cinq reprises sur une bouteille dont on ne sait s'il parvint à la briser.

Particulièrement myope, Napoléon ratait en effet souvent ses cibles et pouvait être source d'accidents. Au cours d'une chasse dans la forêt de Fontainebleau, il blessa ainsi à l'œil le maréchal Masséna, lui causant une douleur atroce. Heureusement, la plupart du temps, hormis quelques bêtes perdues, les jardins de Longwood étaient vides quand il prenait en main sa carabine. Au fil des jours, son tableau de chasse s'étoffa néanmoins. Quatre poules dont deux appartenant à Noverraz furent également victimes de son goût retrouvé pour les armes à feu. Son nouvel abattage provoqua la fureur de l'« ours d'Helvétie », qui avait un faible pour ses poules. Il faillit quitter son maître, mais fut retenu *in extremis*. Après cet incident, Napoléon ouvrit encore le feu sur un chevreau appartenant cette fois à Archambault puis sur les lapins et le cochon de lait du cuisinier Chandelier. Ses tirs répétés sur les animaux d'élevage devinrent sur l'île un sujet. Dans une lettre au tsar, le comte Balmain écrivit d'une plume ironique : « Le sang coule à Longwood. Bonaparte vient d'acheter un troupeau de chèvres, et il en fait un horrible carnage. Il s'amuse à les tirer à balle l'une après l'autre. C'est aujourd'hui son plaisir favori[4]. » Après les poules, les lapins et les chèvres, Napoléon s'intéressa à un plus gros gibier. Le 16 avril 1820, deux petits taureaux échappés de la ferme de la Compagnie des Indes approchèrent leurs museaux du jardin défendu. De sa fenêtre, Napoléon les observait d'un œil noir quand les deux bêtes commirent l'erreur d'entrer par une porte restée ouverte dans le jardin : « [Bonaparte] alla aussitôt chercher son fusil, rapporta Montchenu, le chargea à balle, puis revint s'embusquer et tira sur le premier bœuf qu'il tua raide ; il ne fit que blesser le second[5]. » Cette fois, ses décharges de plomb firent plus de bruit que d'ordinaire et, à Plantation House, Lowe s'en inquiéta. D'un point de vue strictement réglementaire, Napoléon s'était d'abord rendu coupable d'un délit, celui de tuer un animal de boucherie sans autorisation. Ensuite, il redoutait surtout, non sans raison, qu'un jour des sentinelles puissent être accidentellement blessées. Quand il approcha Montholon à ce sujet, le comte répondit froidement que « l'empereur était décidé à tuer tout ce qui entrerait dans son jardin[6] ». Malgré cet avertissement pour le moins inquiétant, rien ne fut entrepris pour priver de poudre l'empereur, ses domestiques anglais continuant même à fabriquer les balles destinées à son usage personnel.

Si à Longwood le comportement de Napoléon pouvait surprendre, à Plantation House, celui de Lowe ne fut guère plus rationnel. Tandis que l'empereur avait singulièrement rétréci son horizon, son esprit devint de plus en plus étroit alors même que la place manquait déjà. Comme le vaniteux roi Picrochole dans le *Gargantua* de Rabelais, son humeur acerbe le poussait au conflit pour des peccadilles. Sous sa gouverne, l'insignifiant fut jugé essentiel. Et l'inverse était également vrai. On aurait pu croire que l'omniprésence de Napoléon dans ses jardins était de nature à le rassurer. Ce fut tout le contraire. Il jugea fort suspectes toutes ses apparitions au point de faire changer le système de signaux de l'île, ajoutant d'autres pavillons à ceux qui existaient déjà en nombre. Sa paranoïa ne connaissait plus de frontières. Le moindre rapport humain entre Longwood et le reste de l'île restait éminemment suspect. En 1817 par exemple, Lord Elphinstone, frère d'un capitaine de l'armée anglaise dont Napoléon avait eu pitié à la veille de la bataille de Waterloo, fit envoyer de Canton pour le remercier un jeu d'échecs, une boîte de jetons, et deux paniers à ouvrage. À l'arrivée des caisses, Lowe fit fouiller le tout à la recherche comme toujours de tout ce qui pouvait être suspect. Or en manipulant les jetons en ivoire, stupeur pour notre obstiné gouverneur, ils étaient marqués d'un N couronné ! Fallait-il les envoyer sans ôter cette marque honnie au « général Bonaparte » ? Après avoir questionné Bertrand, ce dernier, malicieux, lui fit cette réponse : « Il n'est pas à notre connaissance que nous ne puissions pas posséder un objet sur lequel se trouve une couronne. Il faudrait donc nous faire de nouveaux jeux de cartes... Le linge et le peu d'argenterie qui nous reste sont marqués d'une couronne[7]. » De mauvaise grâce, Lowe céda et les impudents jetons furent livrés à Longwood.

Toujours aussi lucide, le Russe Balmain décrivit mieux que quiconque sa paranoïa croissante : « Et depuis vingt-six mois, écrivit-il en mars 1819, à son gouvernement, il me chicane impitoyablement sur ces rencontres fortuites et de nulle conséquence ! L'autre jour, il me conjurait à deux genoux et par tout ce qu'il y avait de plus sacré au monde de ne pas les voir, de ne pas leur parler. [...] La semaine passée, ayant un compte à régler avec Mme Montholon, un compte de dépenses que j'avais faites pour elle à Rio de Janeiro, je témoignai le désir de lui rendre visite. Il m'écrivit à cette occasion une demi-douzaine de notes et de billets qui mettent à jour sa politique tortueuse. Je suis intimement persuadé que ses rapports à Mylord Bathurst sont, de même, un tissu de subtilités et d'ambiguïtés où l'on ne peut rien voir, juger de rien, ni prendre aucune résolution sensée, et voilà pourquoi tout est ici confusion[8]. »

De mois en mois, Lowe s'abîma en effet dans une sorte de confusion mentale. On le remarque à propos d'une ridicule histoire de couleur de... haricots. Un jour de mai 1820, le commissaire français Montchenu s'entretint en toute insouciance avec Montholon des nombreux revirements politiques des « bleus », les républicains, et des « blancs », les royalistes. Après cette première discussion, les deux hommes évoquèrent tout aussi innocemment les belles récoltes du jardin potager de Longwood. À cette occasion, Montholon s'enthousiasma pour la qualité des haricots verts ou blancs produits dans le domaine et proposa de lui en offrir. Quand Montchenu fit état de cette proposition à Lowe, celui-ci s'emporta vivement contre la stupidité présumée du marquis français. S'égarant une nouvelle fois, il soupçonna Montholon d'avoir voulu par son offre sous-entendre quelque subtil message politique, comme il l'expliqua à Lord Bathurst : « Les haricots blancs et les haricots verts cachaient-ils quelque allusion au drapeau blanc des Bourbons, et à l'habit vert du général Bonaparte, ainsi qu'à la livrée des serviteurs de Longwood, je ne puis le dire ; mais il me semble que le marquis aurait agi avec plus de circonspection s'il avait refusé de recevoir les uns et les autres, ou s'il s'était borné à accepter les haricots blancs[9]. » Ou quand même la couleur du haricot devint objet de polémiques... On aurait aimé connaître la réaction du lord ministre à la lecture de cette énième lettre de son subordonné. Fut-il affligé ou ria-t-il de bon cœur ? On peut penser néanmoins que lorsqu'il reçut une seconde lettre dans laquelle Lowe remit le sujet des haricots sur le tapis ou, si l'on préfère, en culture, en revenant à nouveau très longuement sur sa conversation avec le marquis, il perdit un peu patience. De manière générale, la lecture des courriers de son subordonné lui était devenue particulièrement pénible. À partir du printemps 1819, on remarque dans les archives que les réponses du lord ministre à ses nombreuses lettres ou mémorandums se firent plus rares. Peut-être s'agaçait-il des excès pointillistes d'un homme qui en outre n'obtenait guère de résultats dans sa lutte contre les réseaux clandestins.

De 1815 à 1821, des centaines de messages, des manuscrits entiers même, furent échangés entre Longwood et l'Angleterre sans que le gouverneur y puisse quelque chose. Pourtant, Gourgaud avait révélé aux Anglais l'importance et la régularité de ce trafic. Après son départ, grâce à l'espionnage de Jackson, on sut aussi que d'autres manuscrits étaient prêts à être publiés par

Napoléon. Face à l'étendue de ces entreprises secrètes auxquelles participaient de nombreux Britanniques, on se contenta de renvoyer O'Meara. Personne ne fut arrêté, si ce n'est Las Cases et son domestique Scott. Et aucune condamnation ne fut prononcée pour aide clandestine au prisonnier. On ne peut que s'en étonner. Lowe était-il aveugle ? À moins qu'il n'ait pas voulu pousser plus loin ses investigations par peur du scandale. En effet, si de vastes complicités venaient à être mises au jour lors de procès publics, la presse anglaise comme l'opposition ne manqueraient pas de sévèrement critiquer l'incompétence comme la négligence flagrante des gardiens de Napoléon. Compte tenu des moyens déployés et de l'argent dépensé pour la captivité, l'échec des hommes de Liverpool aurait paru d'autant plus grand. C'eût été avouer aussi à la face du monde que de nombreux Britanniques soutenaient Napoléon, ce qui n'aurait pas manqué d'inquiéter de Paris à Saint-Pétersbourg et conduire certaines puissances à demander davantage de comptes à l'Angleterre. Dans l'intérêt même de Lowe comme de Bathurst, il valait donc mieux ne pas trop ébruiter ce que l'on savait. Autrement dit, fermer les yeux sur ces multiples agissements coupables fut préférable à un vaste déballage particulièrement périlleux sur le plan politique.

Partant, rien ne changea sous l'alizé austral. Comme auparavant, les messages secrets circulèrent au nez et à la barbe de la police du gouverneur. Parmi les intermédiaires discrets des Français, il y eut notamment le « juif Solomon », comme l'appelait Napoléon. Débarqué dans l'île en 1790, il tenait une boutique qui proposait à ses clients toutes sortes d'articles. Avec le renfort de ses frères, il devint un personnage incontournable pour l'économie de Sainte-Hélène tant il était à même de répondre aux besoins divers et variés des habitants. Fort logiquement, les Français de Longwood, de Marchand à Cipriani, entrèrent en contact avec lui, faisant ainsi prospérer davantage encore ses affaires. Travaillant en toute confiance avec lui, ils le sollicitèrent aussi pour faire passer en Angleterre les correspondances qu'ils ne souhaitaient pas voir ouvertes par le gouverneur. Après le départ de Balcombe, utiliser ses services constitua sans doute le meilleur moyen d'y parvenir : « Le système mis en place était si efficace et si discret, confirme Michel Dancoisne-Martineau, que l'administration bureaucratique et suspicieuse de Lowe fut incapable de prouver quoi que ce soit[10]. » Les Britanniques ne découvrirent en effet son rôle secret qu'après la mort de Napoléon. Lorsque Montholon quitta Longwood, ce dernier laissa quelques papiers à demi consumés dans sa cheminée. Parmi ceux-ci, les Anglais retrouvèrent une note datée de 1819 et signée de Lewis Solomon informant le général français du départ discret et réussi de plusieurs de ses lettres à bord de la frégate *Favourite*. Contre toute attente, il ne fut ensuite jamais inquiété. À nouveau, on préféra éviter le scandale, jugeant par ailleurs sa position économique sur l'île trop essentielle pour être remise en cause d'une manière ou d'une autre. Même Lowe n'insista point, preuve s'il en était de sa volonté évidente de dissimulation.

4

Un court répit

Durant l'année 1820, le calme succéda enfin à la tempête des années précédentes. En marge de leurs douces folies, les personnages de cette histoire prirent enfin un peu de repos. Napoléon avait quasiment cessé de se plaindre comme d'attaquer ses geôliers. Avec eux, l'heure était donc à la détente. Et même si le gouverneur restait particulièrement méfiant, les tensions s'apaisèrent de part et d'autre. Dans une lettre datée du 10 mars, il se montra par exemple étonnamment concis, affirmant notamment à Bathurst : « Tout marche régulièrement et le plus tranquillement possible à Longwood[1]. » On imagine sans peine le soulagement du lord ministre à la lecture de cette courte – pour une fois – correspondance du gouverneur. À Londres, on connut donc aussi un certain répit. Le commissaire russe Balmain partagea également cette impression de tranquillité, comme en témoigne son rapport du 18 avril : « Tout est parfaitement tranquille à Longwood. Bonaparte fait beaucoup d'exercice dans son jardin. Il a le teint frais, l'air gai et gaillard. C'est un autre homme tout à fait[2]. » Si ses nuits restaient courtes et ses journées fort longues, il avait en effet changé. Après en avoir terminé avec ses jardins, il quitta enfin son domaine à de nombreuses reprises, encouragé par le net agrandissement de ses limites.

Au début de l'été, après en avoir reçu l'ordre, Lowe lui permit de se promener librement sur une petite moitié de l'île. Désormais, sans être accompagné par un officier anglais, il pouvait se rendre par exemple jusqu'à Sandy Bay ou assez près de Plantation House. Assez schématiquement, pratiquement toute la partie sud du rocher lui était permise. Pour des raisons évidentes de sécurité, il ne pouvait toujours pas s'approcher du port de Jamestown. En outre, les écuries du prisonnier avaient reçu quatre chevaux frais gracieusement offerts par le gouverneur. Déjà observée avec la décision de Bathurst d'envoyer à Longwood des prêtres, Antommarchi et deux domestiques, cette volonté anglaise d'apaisement était en réalité moins charitable qu'intéressée. Ses gardiens devinrent plus tolérants dans le seul et unique but de baisser le niveau des polémiques entourant la captivité. En y prêtant moins le flanc, ils éviteraient ainsi bien des critiques, diminuant d'autant l'intérêt porté à un homme qu'ils s'employaient à faire oublier.

Considérant qu'il jouissait tout de même d'une situation plus digne, Napoléon oublia ses réticences d'autrefois et recommença à visiter son île. Le 4 juillet 1820, vêtu d'une veste en nankin, il monta par exemple sur l'un des chevaux offerts par le gouverneur et prit la direction de Deadwood. Six jours plus tard, aux premières lueurs du jour, il galopa à nouveau près des mêmes pâturages. La semaine suivante, il resta en selle deux heures durant, profitant avec enthousiasme de ses nouvelles libertés. Lors de ses sorties impromptues dans son nouvel habit, les sentinelles anglaises ne le reconnaissaient pas toujours, ce qui lui donna un jour l'envie de jouer un bon tour à Sir Hudson : « On avait aperçu un cavalier équipé à la chinoise. Comment était-il apparu ? D'où venait-il ? Que voulait-il ? Le gouverneur ne le pouvait comprendre. L'empereur, qui s'amusait de ses terreurs, imagina de les accroître encore. Il costuma Vignali comme il l'était lui-même ; lui donna son cheval, son piqueur, sa lunette d'approche, lui ordonna de marcher vite, et de faire mine d'observer. Le missionnaire alla, fut aperçu, signalé, mit en rumeur l'île entière. Hudson, Gorrequer, Reade, tout fut aussitôt sur pied, accourut à Longwood. C'était une conspiration, un enlèvement ; c'était… Vignali déguisé. Le gouverneur se retira confus », se rappela Antommarchi[3]. Napoléon plaisantait, s'amusait donc aux dépens de Lowe. En même temps qu'une relative décontraction, un peu d'humour était donc revenu.

Outre ses équipées à cheval, le prisonnier avait également repris goût aux promenades en voiture découverte. En compagnie de Montholon, il parcourait ainsi le plateau de Longwood, pénétrait dans les petits bois ou empruntait le chemin menant à la ferme de la Compagnie des Indes. Pour ces petites excursions, autre signe de détente, Sir Thomas Reade lui mit obligeamment à disposition sa propre voiture, la sienne étant hors d'usage. *A priori* sans danger, l'une de ses sorties aurait pu cependant tourner au drame si le grand maréchal n'avait pas été vigilant : « En conséquence de la perpétuelle ivrognerie, écrivit Lutyens à Lowe, de Burns, Handcock et Dove (les hommes d'écurie), le comte Bertrand m'a demandé ce matin leur renvoi. Quand le général Bonaparte a fait une sortie dans le phaéton hier soir, Burns et Handcock, à demi-nus, étaient en train de se battre dans les écuries. Et Dove, qui est l'un des postillons, est tellement ivre quand il tient les rênes ces derniers temps qu'il devient dangereux pour le général Bonaparte de quitter le bois dans sa voiture[4]. » Heureusement, le captif n'acheva point l'une de ses promenades dans le ravin à cause de l'ivrognerie des servants anglais. C'était heureux à la fois pour lui mais aussi pour le gouverneur, qui n'aurait pas manqué d'être à juste titre accusé de négligence.

Le 4 octobre 1820, Napoléon accepta de se rendre jusqu'à Sandy Bay. Entre sept et huit heures du matin, accompagné par Montholon, Bertrand et quatre domestiques, il chemina jusqu'à Hutt's Gate avant d'obliquer vers le sud-ouest. Après avoir passé une vallée, il prit un chemin de crête offrant une vue imprenable sur le cirque minéral et impressionnant de Sandy Bay. Sur le coup des neuf heures, on s'arrêta chez l'honorable Sir William Doveton, l'une des personnes les plus estimées de Sainte-Hélène, ancien président du Conseil de l'île et récemment anobli par le prince régent, qui habitait Mount Pleasant. Visiblement éprouvé par sa chevauchée, Napoléon passa le seuil de sa porte soutenu par Bertrand avant de s'écrouler sur un sofa. Après avoir un peu récupéré, il se releva pour admirer une bible et ensuite taquiner les petits-enfants de son hôte. Après leur avoir pincé le nez, il leur donna, sourire aux lèvres, quelques tablettes de réglisse. Au jardin, un copieux breakfast lui fut servi avec au menu fricassée de poulet, viandes froides et salade de fruits. Bouchée après bouchée, Napoléon retrouva un certain entrain. Il demanda du vin, porta plusieurs toasts, s'étonnant de la sobriété de ses hôtes. Après l'avoir accueilli, l'honorable Doveton fit ce portrait de lui : « Malgré un teint pâle, on peut estimer que le général Bonaparte est en bonne santé, son visage est boursouflé et son corps comme ses cuisses sont ronds et dodus[5]. » Mais cette apparente forme ne dura point. Vers les deux heures de l'après-midi, avec sa suite, il prit congé avec chaleur de ses hôtes. Près de Hutt's Gate, il descendit de cheval pour monter dans sa voiture, puis rentra à Longwood. Il n'en sortirait plus désormais.

Après l'été 1820, sa maladie d'estomac reprit de plus belle, le laissant chaque jour plus épuisé. Devenu celui d'un malade, son « palais » était plus sinistre que jamais. Dans son intérieur, il n'apparaissait plus que mal rasé, en robe de chambre, affaibli et souffreteux. Et autour de lui n'évoluaient que des hommes au cœur triste. Un seul sentiment les dominait tous : l'ennui. À son frère, son premier valet de chambre fit par exemple cet aveu : « Hélas, les années se succèdent sans amener de changement à notre situation qui devient si insupportable que nous n'avons plus à la bouche que le verbe Je m'ennuie, tu m'ennuies, nous nous ennuyons. » Privé de visiteurs depuis que Napoléon ne recevait plus, Longwood s'abîmait dans la tristesse. On n'y travaillait plus guère. Même les intrigues de cour avaient pratiquement cessé, même si Napoléon continuait de distribuer titres et dignités. Chagriné du faible niveau sacerdotal de ses prêtres, il voulut élever l'abbé Buonavita au rang d'évêque : « Abbé, je vous donne la mitre », lui lança-t-il un jour[6]. Interloqué, l'homme de Dieu ne sut que répondre tant sa gêne était manifeste. Emporté par son élan, le maître de Longwood poursuivit néanmoins avec le plus grand sérieux : « Je vous fais évêque de… voyons… de la Jumna[7]. » Personne n'osa dire un mot devant cette nouvelle lubie, à commencer par le principal intéressé. Pour l'empereur qui ne plaisantait point, Buonavita serait donc en titre l'évêque d'une terre indienne traversée par le fleuve Jumna : « Abbé, c'est une chose entendue, je veux, j'exige que vous portiez les insignes de l'épiscopat : ils commandent le respect, la vénération ; vous en imposerez aux hérétiques qui vous entourent. » Puis il ordonna à Montholon de « costumer monsieur ». Mais à Sainte-Hélène, on ne trouva aucun tissu rouge ni violet pour répondre à sa demande. Aussi Buonavita, malgré sa prestigieuse élévation, fut-il obligé de continuer à porter la « bure du missionnaire ». Hormis quelques réminiscences aussi drôles qu'inquiétantes, l'étiquette s'était plutôt relâchée. Aux repas, Montholon ou Bertrand n'étaient par exemple plus obligés de toujours paraître en grand uniforme. L'apparat disparut peu à peu, levant ainsi un voile cru sur une captivité chaque jour plus affligeante.

Le 15 août 1820, jour anniversaire de l'empereur, fut « aussi triste que possible, l'empereur n'a pas quitté sa chambre à coucher et n'a vu que Bertrand et moi, j'ai dîné à côté de son lit selon notre noble usage et le soir nous avons lu *La Nouvelle Héloïse* pour oublier Sainte-Hélène », raconta Montholon[8]. La réclusion des compagnons de l'empereur était double, ils étaient à la fois prisonniers de l'île mais aussi de plus en plus de leur maître. Dans ce naufrage, tous ou presque n'avaient plus qu'une idée en tête : quitter le navire au plus tôt. « Il règne entre les commensaux de l'ex-empereur une division qui amènera nécessairement une nouvelle défection. Les Bertrand et les Montholon étaient en guerre ouverte. Mme Bertrand témoignait assez hautement son désir de s'en aller. [...] Il n'y aura bientôt autour de Buonaparte que des Chinois et des Indiens », témoigna par exemple le cuisinier Lepage[9]. À plusieurs reprises, Montholon répéta ces mots déchirants à son épouse : « Romps ma chaîne, toi seule peux la rompre. » Mois après mois, il ne supportait plus l'éloignement de sa famille : « Je soupire après vous, dit-il aussi à Albine, comme l'Arabe du désert soupire après une goutte d'eau pour étancher sa soif ; que Dieu exauce mes vœux, qu'il me rende à vous, je renaîtrai à la vie, je serai heureux[10]. » Mais pour qu'il puisse rejoindre les siens, fallait-il encore qu'un autre officier vienne le relever. Parmi ceux qui auraient pu être désignés, le fidèle et admirable Planat de la Faye, écarté en 1815 au profit de Gourgaud – belle erreur s'il en fut –, était sans doute le meilleur candidat. Installé à Trieste, il aurait été le plus heureux des hommes s'il avait pu partir. Avant de pouvoir embarquer, il devait cependant obtenir l'aval de Fesch, le seul à être investi de la confiance de Bathurst. Toujours persuadé que Napoléon avait été enlevé par les anges de la Vierge, ce dernier refusa sèchement sa candidature en mai 1820, estimant qu'« il n'y a pas lieu d'envoyer d'autres personnes à Sainte-Hélène[11] ». Dès lors, tout processus de remplacement fut immanquablement stoppé, ce qui désola les compagnons du captif : « Ce pauvre Gentilini pleure et gémit jour et nuit après son départ, il n'obtient rien[12]. »

De leur côté, les Bertrand se désespéraient également de ne pouvoir rentrer en Europe. De plus en plus éprouvée par des grossesses à répétition, Fanny se plaignait davantage encore que par le passé : « Notre Longwood est triste, bien triste, sans cependant qu'aucun nouveau malheur soit venu nous y frapper, mais tout a fini dans ce monde, et il faut plus qu'un courage ordinaire pour pouvoir supporter notre position – Fanny peut-être y contribue un peu, ses cris continuels pour revoir d'autres rives que celles de notre immense océan ne jettent pas sur notre vie beaucoup d'agréments [...], elle ne peut s'accoutumer à l'idée qu'elle vieillit sur ce rocher maudit », raconta Montholon. Perpétuellement irritée, elle ne ménageait point son mari, lui délivrant en toutes occasions de sévères « bourrades », selon le terme de Montholon. Atteint mais ne perdant jamais son calme, le grand maréchal résistait, mais s'éloignait toujours plus de son maître : « Il commence à bouder ce genre de vie, rapporte encore Montholon, qui fait qu'il ne voit réellement l'empereur qu'une heure ou deux le matin[13]. » Son dilemme restait le même : comment choisir entre son devoir d'officier et celui d'époux ? Plus le temps passait, plus sa position devint compliquée, le départ des Bertrand étant comme celui de Montholon sans cesse repoussé.

Pour ce dernier, l'isolement des Bertrand eut pour conséquence de le laisser quasiment seul avec l'empereur : « Depuis le départ de la comtesse, M. de Montholon était devenu l'homme nécessaire à l'empereur. Constamment, il était à ses ordres, entièrement à ses volontés la nuit comme le jour. Le grand maréchal avait bien son tour de dérangement, mais ce n'était guère que le jour et quelquefois le soir », témoigna Ali[14]. Dernier officier de la petite cour résidant à Longwood, il devait toujours pouvoir répondre au moindre de ses appels. Ainsi contraint, il patientait souvent de longues heures avant de se rendre dans sa chambre : « Dans le parloir que tu connais, écrivit-il à Albine, et dont le jour ou la nuit, je fais 4 à 500 fois la longueur : si ce nombre te paraît exagéré au premier abord, calcule ce qu'en trois ou quatre heures de promenade, on en fait de fois la longueur et tu verras que je suis encore en dessous de la vérité[15]. » D'autres jours, Napoléon lui laissait peu de répit : « Chaque jour depuis cinq heures ou cinq heures et demie du matin, confia-t-il aussi à son épouse, je suis avec l'empereur jusqu'à son coucher si ce n'est une ou deux heures dans la matinée pour les toilettes, encore souvent est-il l'heure du dîner (cinq heures) avant que je n'aye eu la permission d'aller m'habiller, ainsi en réalité je ne suis jamais seul. Je n'ai le temps de rien faire[16]. » Et s'il s'absentait pour une raison ou pour une autre, Napoléon venait le trouver pour rester longuement auprès de lui, comme en témoigne cet autre extrait de sa correspondance : « Le rhumatisme m'a retenu deux jours chez moi, il n'y a pas tenu, il est venu en robe de chambre s'asseoir auprès de mon lit et si j'ose le dire a transporté sa chambre dans la mienne[17]. » Incapable de dire un mot plus haut que l'autre, moins renfrogné que Bertrand et toujours poli, Montholon apporta indéniablement un peu de réconfort à un homme qui en manquait cruellement.

Dans l'historiographie, les procès en opportunisme dirigés contre lui n'ont pas manqué. Certes, cet homme poli et révérencieux ne fut pas toujours désintéressé, loin de là. Mais dans les derniers moments de cette histoire, sa véritable obsession ne fut point de profiter de l'empereur mais plutôt de trouver un moyen pour rompre sa « chaîne ». Il ne voulait cependant pas d'un départ précipité et honteux. Pas question en effet pour lui de quitter son maître sans qu'un digne remplaçant ait pris sa place. Partir dans de mauvaises conditions pouvait aussi ruiner tous les efforts consentis jusque-là. Pour ses finances comme pour sa conscience, il n'avait aucune envie de fâcher l'empereur. Peut-on lui en vouloir ? Ajoutons qu'il ne fut point insensible à la détresse d'un homme sur le point de s'éteindre. Résigné mais également pris d'une sincère compassion, il cumula ainsi les « tours de dérangement ». Cette expression témoigne mieux que de longs développements de la lassitude éprouvée par la suite de Napoléon. Dans la pénombre d'une chambre devenue silencieuse, ses compagnons de la dernière heure se relayaient tristement auprès de lui pour le veiller. L'empereur ne supportait plus le moindre instant de solitude, souhaitant être entouré plus que jamais. Ce besoin était celui d'un mourant. La mort rôdait, en effet. Malgré son courage, il sentait sa froide présence.

5

Vers la tragédie

Le 5 décembre 1820, le tableau clinique que rédigea Montholon fait froid dans le dos : « La maladie de l'empereur a pris une mauvaise tournure, à son affection chronique s'est jointe une maladie de langueur bien caractérisée, sa faiblesse est devenue telle qu'il ne peut plus faire aucune fonction vitale sans en éprouver une fatigue extrême et souvent perd connaissance, son estomac ne garde plus rien, depuis quinze jours on le nourrit avec des choses fort légères qu'on lui fait prendre toutes les six heures, il reste toujours couché, [...] constamment assoupi. On lui a mis des vésicatoires, les chairs du derrière sont cadavéreuses, le pouls ne peut plus se sentir qu'avec la plus grande difficulté, ses gencives, ses lèvres, ses ongles sont tout à fait décolorés, ses pieds et les jambes sont continuellement enveloppés dans de la flanelle et des serviettes chaudes et cependant froids comme de la glace, quelquefois le froid monte jusqu'au milieu des cuisses[1]. » Lucide, le général français ajouta : « C'est un feu qui s'éteint ; de temps à autre, des lueurs qui toujours sont suivies de moins de force[2]. » Une lente agonie commençait en effet. Dans sa chambre, l'empereur réclamait toujours plus d'obscurité comme si son cercueil se refermait déjà sur lui.

Le 11 janvier 1821, l'officier d'ordonnance Lutyens remarqua également la nette dégradation de son état de santé : « Il a l'air très mal, ses yeux apparaissent enfoncés dans sa tête et il tousse sans discontinuer[3]. » Il ne le voyait plus guère, mais à chaque fois qu'il faisait un pas dans le jardin, c'était au bras de ses valets ou de Bertrand. Il marchait péniblement, s'essoufflant très rapidement. Pour qu'il pût monter et descendre de sa calèche, l'aide de deux domestiques, dont le solide Noverraz, était absolument nécessaire. Après quelques tours sur le plateau, il demandait à rentrer. Épuisé par ses courtes sorties, il regagnait ensuite son lit de camp qu'il ne quittait presque plus. Quand on l'observait, son visage paraissait désormais plus blanc qu'un linge fraîchement blanchi. Cette extrême pâleur inquiéta. Alerté par Lutyens, Lowe prévint à son tour Londres de la mauvaise santé apparente du prisonnier, mais en chicanant comme à son habitude. Sur le teint de son prisonnier, il voulut par exemple nuancer ainsi les impressions recueillies : « Entre mortelle et fantomatique [...], expliqua-t-il à Bathurst, il peut y avoir une légère différence. Le fait est que le visage du général Bonaparte est beaucoup plus pâle que lorsque je le vis la dernière fois. »

Quand le lord ministre reçut son courrier, il ne se montra pas vraiment préoccupé, comme en témoigne sa réponse datée du mois de février : « Les rapports que vous avez récemment transmis sur la santé du général Buonaparte n'ont pas manqué de fixer l'attention du gouvernement de Sa Majesté. Comme le général persiste obstinément à refuser d'admettre un médecin anglais, il est très difficile de se former un jugement exact des rapports que vous recevez, puisqu'ils viennent presque exclusivement de personnes que vous savez toutes disposées à vous tromper. On sait maintenant que les rapports que vous transmettait M. O'Meara avant son départ étaient faux, et on ne peut oublier que le comte Montholon, le comte Bertrand et le général Buonaparte lui-même étaient unis activement pour soutenir, sinon pour suggérer, dans l'origine ces fausses assertions. Cependant, beaucoup de circonstances tendent aujourd'hui à confirmer les détails que vous avez transmis, non pas jusqu'à faire appréhender un danger immédiat, mais jusqu'à faire croire que sa santé commence réellement à décliner[4]. » Jamais Londres n'allait vraiment prendre la mesure de la gravité du mal de Napoléon, ne pouvant admettre malgré de multiples témoignages que cette fois il était impossible qu'il joue la comédie.

À la décharge du ministre, nous devons dire cependant que son prisonnier connut quelques moments moins difficiles. Quand il retrouvait un peu de volonté, Napoléon désirait par exemple faire de l'exercice en dépit de ses atteintes à l'estomac. Mais ne pouvant plus vraiment sortir, il fit installer par un mécanicien chinois un tape-cul ressemblant aux modernes trébuchets sur lesquels basculent avec joie les enfants : « L'empereur, témoigna Ali, ne se souciant pas d'aller se promener dehors fit établir dans le parloir une machine nommée “bascule”, et vulgairement “tape-cul”, qui consiste en une longue pièce de bois supportée à son milieu par un poteau entaillé. Il espérait que le mouvement de monter et descendre entretiendrait ses forces. Les deux extrémités de la pièce de bois furent façonnées en selles bien rembourrées, et un T en fer placé en avant pour les mains du cavalier. Comme l'empereur était d'un poids assez fort, on chargea le bout qui était opposé au sien d'une quantité de plomb suffisante pour qu'il y eût égalité. C'était M. de Montholon qui montait habituellement[5]. » En découvrant cette installation pour la première fois, Bertrand ne comprit pas de quoi il s'agissait, croyant voir une « machine de guerre ». Sa réponse fit sourire l'empereur : « Il dit d'abord, rapporta ensuite Bertrand, que c'est une balançoire pour les enfants, enfin (que) c'est pour lui. Il paraît que ce sera un bon exercice s'il peut monter là-dessus une demi-heure par jour ; cela le fera suer[6]. »

Si l'on en croit le grand maréchal, il en avait bien besoin, son embonpoint étant de plus en plus prononcé : « Le fait est que l'empereur est très lourd, remarque froidement Bertrand : il pèse plus que Noverraz qui a plus de six pieds [environ 1,95 mètre]. » L'ennui ajouté à une faible activité physique avait transformé l'empereur en prisonnier obèse. En lisant le témoignage de Bertrand, le plus précis qui soit, nous découvrons un homme très éprouvé mais encore particulièrement vif d'esprit. Entre deux vomissements, il continuait de raconter à ceux qui étaient auprès de lui son épopée, précisant même sa pensée, rectifiant des faits, conscient de parler pour l'Histoire. Comme son débit de paroles, son rythme de lecture restait également soutenu : « L'empereur a lu deux cents pages de *Paul et Virginie* », consigna par exemple Bertrand dans ses *Cahiers* en février[7]. Parmi les 3 000 volumes de sa bibliothèque, il prélevait toujours avec gourmandise de quoi étancher sa soif infinie de connaissances. Sur les ouvrages récemment publiés, il continuait de donner son avis, dictant parfois quelques commentaires. Et quand ce qu'il lisait lui déplaisait – ce fut le cas par exemple pour les Mémoires de Carnot ou ceux de

Mme Lenormand, une servante de Joséphine –, une vraie colère le ramenait tout entier à la vie.

Outre son activité intellectuelle, il n'avait pas perdu toute espérance de voir son sort changer du tout au tout, comme en témoigne cet autre extrait du journal de Bertrand à la date du 28 février 1821 : « Nous nous livrons aux conjectures et aux espoirs sur le changement de ministère. On espère que Lord Grenville arrivera au ministère et qu'on nous sortira alors d'ici[8]. » Dix jours plus tard, il spéculait toujours sur ses chances de quitter l'île : « L'empereur croit, relate Bertrand, que les Anglais ne voudront pas se défaire de lui ; qu'ils le mettront en Angleterre dans un beau parc ; qu'ils lui demanderont sa parole de ne pas sortir d'un comté sans l'agrément du gouvernement ; qu'il y sera parfaitement libre. Qu'ont-ils à craindre ? Que peut faire l'empereur[9] ? » Avec la même fébrilité qu'auparavant, il attendait de pouvoir lire les derniers journaux, persuadé qu'un jour ou l'autre ils finiraient bien par annoncer l'arrivée au pouvoir à Londres d'un cabinet libéral, synonyme pour lui d'un retour prochain en Europe. Le 13 mars, quand son cuisinier lui annonça en plein dîner l'ancrage en rade de Jamestown de navires venus d'Angleterre certainement porteurs de gazettes, il s'écria : « Eh ! que ne me disiez-vous pas cela ; je vais attaquer mon dîner de meilleur appétit. » Mais à nouveau il lui fallut déchanter quelques jours plus tard : « À sept heures, le gouverneur envoie les journaux : le *Morning Chronicle*, depuis le 27 novembre jusqu'au 21 décembre. Pas de changement de ministère ! Les élections en France ne sont pas libérales. Grand désappointement pour nous et surtout pour l'empereur », regretta le grand maréchal[10]. Abattu, il réalisa son erreur : « Nous faisions des châteaux en Espagne », soupira-t-il. Malgré cette énième déception, il crut encore possible un exil sur les terres de son beau-père l'empereur d'Autriche, à Trieste par exemple où « il irait dit-il sans défiance » pour voir sa femme et son fils. Loin d'avoir renoncé complètement, il attendait toujours le retour de cette chance, de cette fortune qui l'avait autrefois emporté si loin et si haut. Mais ses espérances n'étaient plus qu'illusions.

À cause d'une santé déclinante, la tragédie approchait. En mars 1821, Montholon raconte qu'avant de le convaincre de faire un très court trajet en calèche, trois heures de palabres furent nécessaires : « Jamais je n'ai vu de si mauvais malade ! », pesta-t-il. En son for intérieur, il redoutait un dénouement proche : « Il est impossible qu'il vive longtemps », annonça-t-il ainsi à Albine[11]. Et quand on lui proposait les secours de la médecine anglaise, il ne cessait de répéter : « Bientôt, j'irai mieux ! Bientôt j'irai mieux[12] ! » De son côté, incapable d'endiguer la maladie, Antommarchi réalisa rapidement la faiblesse de ses moyens. Et comme tous ceux qui se morfondaient sur le rocher du grand large, il rêvait d'embarquer sur le prochain navire. Dans l'attente de ce moment, il désertait de plus en plus la chambre de l'empereur pour se réfugier dans le salon de Mme Bertrand. Son attitude exaspérait au plus haut point Napoléon, qui ne cessait de s'emporter contre lui et de se plaindre de ses absences. Espérant sans doute provoquer une scène de ménage, il gronda Bertrand d'avoir laissé sa femme devenir l'amante de l'anatomiste, ce qui était entièrement faux. Mais à ses charges violentes, le grand maréchal ne répliquait point, laissant même son maître traiter sa femme de « catin ». Dans l'un de ses moments de colère, Napoléon reprocha aussi à Bertrand de ne pas avoir obligé son épouse à coucher avec lui. Gagné par la rancœur et la jalousie, il continua pendant plusieurs jours ses insultes.

Personne ne s'opposait plus désormais ni ne relevait ses foucades tant son naufrage faisait peine à voir. Atteint par des « vomissements noirs », il paraissait plus mal que jamais. Dans son estomac, les saignements se poursuivaient, l'anémiant toujours davantage. Quand il se rendait auprès de lui, Antommarchi ne pouvait que constater l'étendue de sa maladie. Tandis qu'il y avait toujours renoncé jusque-là, il se mit à fouiller dans sa pharmacie pour y trouver ce qui pourrait soulager son patient. Au début, il en sortit du quinquina, un remède classique pour l'époque. Mais si elle est efficace contre la fièvre et le paludisme, cette plante est totalement contre-indiquée dans les troubles gastriques et intestinaux, car elle provoque des vomissements et des sensations de brûlure dans l'estomac. Tout cela, le médecin corse l'ignorait, posant également un faux diagnostic. Toujours persuadé que Napoléon souffrait du foie, il voulut comme ses prédécesseurs le purger, commettant lui aussi une erreur médicale majeure. Dès lors, il lui donna tous les vomitifs possibles, augmentant sans cesse les doses de quinquina, ajoutant du fer ou lui donnant de l'émétique, un vomitif puissant contenant du potassium et de l'antimoine. Au lieu de soulager son ulcère, il ne fit que l'aggraver, provoquant de surcroît une inflammation de son estomac, une gastrite. Après avoir jusque-là plutôt épargné son patient, Antommarchi le fit souffrir à son tour, aggravant son mal au plus mauvais moment pour lui.

Tandis que l'été austral s'éloignait, Napoléon entrait dans le dernier hiver de sa vie de la plus douloureuse des façons. Désormais, son estomac était devenu rebelle à tout aliment ou même boisson. Les vomissements succédaient aux vomissements, les insomnies aux insomnies, les fièvres aux fièvres. Au côté droit, sa douleur devenait plus vive. S'apercevant que les pilules d'Antommarchi le rendaient plus malade encore, il s'écria : « Qu'on me donne du bouillon ; sinon qu'on me laisse tranquille[13]. » Mais c'était sans compter avec l'acharnement de l'anatomiste. À l'insu de son patient, il versa de l'émétique dans l'une des limonades qu'il arrivait encore à boire. Mais au moment de porter le breuvage à ses lèvres, Napoléon fut écœuré par une « odeur extraordinaire ». Se tenant à ses côtés, Montholon prit le bol de ses mains et but une gorgée. En l'espace d'un instant, il fut pris par de telles nausées qu'il courut dans sa chambre pour rendre tout ce qu'il put. Mais, dans l'intervalle, Napoléon en avait également avalé, ce qui eut pour effet de renforcer sa gastrite déjà particulièrement aiguë. Dans l'entourage de l'empereur, on commença sérieusement à douter des compétences d'Antommarchi. Le moment n'était-il pas venu d'appeler au secours la médecine anglaise ? Peiné par l'état de son maître, Montholon écrivit à Albine le 30 mars : « Avant-hier, le onzième jour, la fièvre a été plus forte que jamais, et cette nuit, la treizième, elle s'est manifestée avec violence. Tous nos efforts sont réunis pour que le docteur Arnott soit appelé, et tu me connais trop bien pour ne pas savoir combien je suis inquiet. [...] Nous sommes au moment le plus critique. Je suis tellement absorbé par cette idée que chaque matin, en ouvrant les yeux, je redoute qu'on m'apprenne (que) c'est fini[14]. »

Sans en parler à Napoléon, il décida de se rapprocher d'Hudson Lowe pour qu'Archibald Arnott, chirurgien militaire réputé et comptant vingt-cinq ans de service, devienne le médecin de Longwood. Le gouverneur ne fut pas long à convaincre, tant il était préoccupé depuis plusieurs jours par la « disparition » de son prisonnier. Redoutant toujours une évasion, il empêcha pendant plusieurs jours tout départ de navire, s'apprêtant même à forcer la porte de Longwood si Napoléon ne donnait pas enfin signe de vie. La proposition de Montholon tomba à point nommé pour éviter d'en arriver là. Dès lors, on s'accorda assez rapidement sur plusieurs points : le médecin ne devait se prévaloir d'aucune mission officielle et soigner Napoléon comme un simple particulier, tel un « marchand de Londres » conseilla Bertrand. Par ailleurs, les bulletins devaient être cosignés avec Antommarchi et aucune expression blessante, celle de « général Bonaparte » notamment, ne devait être employée. Lowe accepta également de laisser Arnott « libre et indépendant dans l'exercice de ses fonctions ». Au prix de quelques arrangements, le chirurgien expérimenté put donc prendre ses fonctions à Longwood. Allait-il être mieux inspiré qu'Antommarchi ? Pas le moins du monde.

Le 6 avril 1821, Bertrand nota avec amertume dans ses *Cahiers* : « À une heure, [l'empereur] prend sa deuxième pilule ; mais il veut attendre pour sa décoction au quinquina. Il espère que la fièvre se passera. Le docteur Arnott est dans l'utopie, au reste : depuis la troisième ou quatrième visite, il trouve qu'il n'y a pas de fièvre. Le soir, à dix heures, la fièvre revient du moins une sorte d'agitation, avec dérangement du bas-ventre[15]. » Le lendemain, Napoléon fut à nouveau obligé d'avaler du quinquina et fut plus malade encore. Malgré de tels déboires, ses médecins affirmèrent en chœur qu'il entrerait bientôt en... convalescence. On ne pouvait être moins perspicace. Même s'il ne le soulageait point, Napoléon appréciait cependant Arnott, continuant d'en vouloir à Antommarchi. Le 9 avril, pris d'un nouvel accès de rage, il s'emporta à nouveau contre le médecin corse : « Eh bien, qu'il passe tout son temps avec ses catins, dit-il à Bertrand ; qu'il les foute par-devant, par-derrière, par la bouche et les oreilles. Mais, débarrassez-moi de cet homme-là qui est bête, ignorant, fat, sans honneur[16]. » Puis, il traita le grand maréchal de mari trompé. Consterné, son entourage l'écoutait sans broncher malgré ses insultes. Affligeant crépuscule s'il en est. À Longwood, l'heure de la maladie avait sonné. Tandis que Napoléon grimaçait de douleur, la maison compta d'autres malades, Noverraz et l'épouse d'Ali souffrant atrocement du bas-ventre : « Tu vois que notre Longwood s'est transformé en hôpital », écrivit tristement Montholon à Albine[17].

6

Les derniers messages

Le 15 avril 1821, jour des Rameaux, Napoléon interrogea franchement ses médecins : « Y a-t-il quelque crise de la nature qui puisse me tirer de là[1] ? » Autrement dit, la médecine pouvait-elle encore le sauver ? Devant les réponses embarrassées d'Arnott comme d'Antommarchi, il comprit que sa situation était désespérée, sa chandelle de vie pouvant s'éteindre d'un moment à l'autre. Avant qu'elle ne disparaisse pour toujours, craignait-il le passage vers l'au-delà ? Au contraire, il fit preuve du plus grand courage face à la mort, confiant par exemple au grand maréchal : « Si je finissais ma carrière à présent, ce serait un bonheur ; j'ai désiré par moments mourir ; je ne le crains pas ; ce serait pour moi un bonheur de mourir dans quinze jours. Qu'ai-je à espérer ? Peut-être une fin plus malheureuse[2]. » Exténué comme lassé par ses années d'exil, il attendait presque serein son dernier voyage : « Je ne veux pas mourir, je ne désire pas mourir, mais j'attache aujourd'hui peu de prix à la vie. J'ai des fautes à me reprocher, mais pas de crimes ; mieux vaudrait mourir que de végéter ici comme je le fais depuis six ans », disait-il aussi. Une tâche restait cependant à accomplir : rédiger un testament. En 1819, il avait déjà mis au propre quelques dispositions financières. Estimant sa fortune à 6 millions de francs, le montant supposé de son avoir chez le banquier Laffitte, il indiqua dans ce document vouloir léguer par exemple 750 000 francs aux Bertrand, 600 000 francs aux Montholon ou 150 000 francs à Marchand. Une trentaine de fidèles tels Las Cases, Maret, Lavalette, Cambronne, son secrétaire Fain, Drouot, etc., devaient également recevoir des sommes assez importantes.

En avril 1821, il jeta au feu ce premier jet, désireux de tout réécrire, à commencer par les legs en argent. Depuis deux ans, au sein de la maison de Longwood, les faveurs avaient en effet sensiblement évolué, Montholon étant désormais mieux apprécié que les Bertrand par exemple. Dès lors, il convenait de revoir ce qui serait distribué aux uns et aux autres. Ensuite, il manquait à son testament quelques phrases conçues pour la postérité, conférant ainsi à son texte une dimension plus profonde, politique comme historique. Dès lors, il rassembla ses dernières forces et se mit au travail. Se sentant trop faible pour tout rédiger seul, il s'entoura de Montholon et parfois de Marchand. Bertrand fut en revanche tenu à l'écart de la rédaction. Pour un homme aussi malade, le travail fut pénible, d'autant qu'après trois jours de dictée « au verrou » avec Montholon, il fut obligé de prendre lui-même la plume pour mettre le texte au propre. Marchand, parfois autorisé à franchir le seuil de la pièce fermée, décrivit la scène dans ses Mémoires : « Assis dans son lit, l'empereur tenait d'une main une planche en carton et sans appui écrivait de l'autre ; debout près du lit, le comte de Montholon tenait un encrier. » Napoléon fut obligé d'écrire lui-même, car un document olographe était indispensable selon les dispositions de son propre Code civil. Au fur et à mesure de l'avancement du travail, ses forces l'abandonnèrent peu à peu : « Mon fils, il est temps que je termine, je le sens », murmura-t-il à Montholon. Entre les inventaires de ses biens et les listes de bénéficiaires, Napoléon ne voulut oublier personne. Aussi, pas moins de quarante pages furent écrites et une première rédaction ne s'acheva que dans la soirée du 25 avril : « Eh bien ! mon fils, ne serait-ce pas dommage de ne pas mourir après avoir mis si bien en ordre ses affaires ? », dit-il encore à Montholon.

Le même jour, chacun des exécuteurs testamentaires désignés par Napoléon, Montholon, Bertrand (mis au courant tout de même le 22 des grandes lignes du document) et Marchand, scellèrent le testament et toutes ses annexes avec leurs cachets. Le lendemain, il voulut tout de même ajouter un paragraphe à propos de l'exécution du duc d'Enghien (« dans une semblable circonstance, j'agirais de même ») et dicter trente-sept instructions destinées à ses exécuteurs testamentaires (toujours son souci du détail, même à l'article de la mort). Mais il ne put terminer un huitième codicille destiné à récompenser Antommarchi « oublié » jusque-là, à cause sans doute de ses incartades supposées. Miné par la douleur et les vomissements incessants, il lâcha la plume en faisant une large tache d'encre sur la feuille. Mais s'il ne pouvait plus écrire, il pouvait encore dicter, ce qu'il fit. Il se mit alors à léguer des biens qu'il ne possédait plus en Corse ou à l'île d'Elbe. N'étant pas rédigée de sa main, cette partie du testament ne serait de toute façon pas considérée comme valable. Le dimanche 29 avril, dans la pénombre du soir, il recommença à disposer de propriétés corses qu'il ne possédait pourtant plus et qu'il avait déjà léguées la veille à sa mère. Il était très affaibli, et sa mémoire commençait apparemment à lui faire un peu défaut. Tandis qu'il commençait à dicter, Marchand ne trouva rien d'autre qu'une carte à jouer pour recueillir sa dernière parole. Au crayon, le premier valet nota : « Je lègue à mon fils ma maison d'Ajaccio et ses dépendances, deux maisons aux environs des Salines avec jardins, tous mes biens dans le territoire d'Ajaccio pouvant lui donner 50 mille livres de rente. » D'une voix épuisée, il voulut néanmoins poursuivre : « Je lègue à mon fils... » Puis, il s'arrêta net : « Je suis bien fatigué, dit-il à Marchand, nous continuerons demain[3]. » Comme pour prolonger indéfiniment ses adieux, il ne paraissait jamais vouloir finir. Mais le lendemain, trop atteint, il ne reprit point la rédaction de son testament. L'ultime dictée de sa vie fut donc écrite sur une carte à jouer. Comme une sorte de clin d'œil pour le joueur qu'il fut.

Mais revenons à la teneur même du testament. Napoléon le commença de manière tout à fait classique : « Je meurs dans la religion apostolique et romaine, dans le sein de laquelle je suis né il y a plus de cinquante ans. » Cette phrase fut écrite pour satisfaire les conventions religieuses d'alors, comme il l'expliqua à Bertrand : « Il désire qu'avant sa mort l'abbé Vignali lui donne la communion, l'extrême-onction et tout ce qui est d'usage en pareil cas. [...] Dans la réalité, il meurt théiste, croyant à un Dieu rémunérateur et principe de toutes choses ; mais il déclare mourir dans la religion catholique, parce qu'il croit cela convenir à la moralité publique[4]. » Dans son *Dictionnaire philosophique*, Voltaire donna cette définition : « Le théiste est un homme fermement persuadé de l'existence d'un Être suprême aussi bon que puissant, qui a formé tous les êtres étendus, végétants, sentants, et réfléchissants ; qui perpétue leur espèce, qui punit sans cruauté les crimes, et récompense avec bonté les actions vertueuses. Réuni dans ce principe avec le reste de l'univers, il n'embrasse aucune des sectes qui toutes se contredisent. »

Napoléon n'était ni un homme de foi ni un athée. Entre déisme, matérialisme, fatalisme ou superstition, il hésitait, se contredisant parfois, s'interrogeant sans cesse. Entre toutes, Dieu lui parut souvent la solution la plus commode aux mystères de la création comme de la vie : « L'idée d'un Dieu est la plus simple, affirma-t-il un jour à Gourgaud, qui a fait cela ? Là est un voile que nous ne pouvons lever[5]. » Qu'elle soit catholique en France ou mahométane en Égypte, la religion constitua avant tout pour lui un outil politique capable d'affermir son pouvoir. Jamais dévot, sa pratique religieuse fut très minimale pour l'époque, uniquement faite pour se plier aux convenances. Homme des Lumières, ses doutes étaient ceux de son temps : « Toutes les religions, depuis Jupiter, disait-il aussi, prêchent la morale. Je croirais à une religion si elle existait depuis le commencement du monde, mais quand je vois Socrate, Platon, Moïse, Mahomet, je n'y crois plus. Tout cela a été enfanté par les hommes[6]. » Il aurait sans doute aimé croire, mais son esprit critique l'en empêcha sûrement. À Gourgaud, il déclara aussi : « On dira tout ce qu'on voudra mais tout n'est que matière plus ou moins organisée. [...] La plante est le premier anneau de la chaîne dont l'homme n'est que le dernier. Je sais bien que c'est contraire à toute religion mais voilà mon opinion : nous ne sommes tous que matière[7]. » Au seuil de la mort, il révisa donc un peu son jugement devant Bertrand en se proclamant théiste. Aucune révélation ne le toucha cependant avant que ne survienne la grande épreuve. Mais même en l'absence de foi véritable, il n'était pas interdit pour lui d'espérer. Après tout, que lui restait-il d'autre ?

La seconde phrase de son testament est la plus célèbre : « Je désire que mes cendres reposent sur les bords de la Seine au milieu de ce peuple français que j'ai tant aimé. » Dès le 27 mars 1821, la question de sa sépulture le préoccupa : « La seule chose à craindre, confia-t-il à Bertrand, est que les Anglais ne veuillent garder mon cadavre et le mettre à Westminster. Mais qu'on les force à le rendre à la France ; qu'on le signifie au prince régent, de telle manière qu'ils ne soient pas tentés de garder mes cendres[8]. » Il se rassura toutefois un peu en prédisant que le peuple anglais ne permettrait jamais une telle honte. Sans surprise, il espérait donc être inhumé en France, plusieurs lieux d'inhumation étant selon lui possibles : « Il demande et nous charge de réclamer, écrivit Bertrand, qu'il soit enterré sur les bords de la Seine, ce pays qu'il a tant aimé ; par rives de la Seine, il entend un point quelconque de la France. Il pense que les Bourbons n'y verront pas d'inconvénient ; ce qu'il préfère, c'est d'être enterré au cimetière du Père-Lachaise ; on pourra le placer entre Masséna et Lefebvre, et qu'on lui élève au milieu du petit monument, une colonne. Il préfère cela à être enterré à Saint-Denis, au milieu des Bourbons [...] ou bien qu'on le place dans une île formée par le Rhône et la Saône auprès de Lyon ; enfin qu'on le dépose à Ajaccio, en Corse ; c'est encore la France. Qu'alors on le mette dans la cathédrale où sont ses ancêtres[9]. »

Quelques jours plus tard, il revint sur le sujet, ajoutant à sa première liste la ville de Rueil où se trouvait déjà sa première épouse, Joséphine. Pour résumer, il désigna donc quatre lieux d'inhumation avec par ordre de préférence : le cimetière du Père-Lachaise, une île près de Lyon, la cathédrale d'Ajaccio ou l'église de Rueil. Comme monument funéraire, il ne souhaita donc rien d'ambitieux mais quelque chose de modeste, une « petite colonne » disait-il. En restant cependant assez vague sur cet aspect, il permit à la postérité de choisir pour lui. L'architecte Visconti put ainsi plusieurs décennies après sa mort lui construire un tombeau monumental aux Invalides admiré par tous ceux qui le visitent. Mais s'il espérait qu'un jour ses cendres reposeraient en France, il n'ignorait pas que Bathurst voulait le faire enterrer sur l'île. S'il advenait qu'il en soit ainsi, il indiqua à Bertrand vouloir être inhumé « non à Plantation House, mais auprès de la fontaine qui lui a fourni de l'eau pendant son séjour ici[10] ». Cette fontaine coulait dans la vallée dite du Géranium en contrebas de la route de crête située avant Hutt's Gate reliant Longwood à Jamestown. Cette volonté-là serait respectée.

Dans les instructions qu'il laissa au roi de Rome, il témoigna à nouveau de son amour pour le peuple français en disant : « Je recommande à mon fils de ne jamais oublier qu'il est né prince français, et de ne jamais se prêter à être instrument entre les mains des triumvirs qui oppriment les peuples de l'Europe. Il ne doit jamais combattre ni nuire en aucune manière à la France. Il doit adopter ma devise : *Tout pour le peuple français.* » Par le passé, il avait maintes fois répété cette devise, notamment au vice-roi d'Italie Eugène. Fort naturellement, il jugea opportun de rappeler là l'un des grands axes de sa politique. Concernant sa « très chère épouse » Marie-Louise, il déclara avoir conservé pour elle « jusqu'au dernier moment les plus tendres sentiments », la priant au passage de veiller sur son fils. Dans un autre passage de son testament, il remercia sa famille mais aussi ses deux enfants adoptifs, Eugène et Hortense de Beauharnais, pour l'« intérêt » qu'ils lui avaient toujours témoigné. Comment faut-il comprendre le mot « intérêt » ? Au mieux, il salua ainsi leur attitude passée envers lui, la jugeant toutefois convenable. De manière moins aimable, il put tout aussi bien vouloir rappeler à quel point tous les membres de sa famille avaient eu un comportement intéressé avec lui, ne cessant de quémander des avantages. En tout cas, en n'employant pas à dessein le mot « amour », il les évoqua sans la moindre chaleur.

Après cette tiède reconnaissance, il se fit accusateur, désignant à la postérité ceux qui, pour lui, avaient trahi. Sans détour, il rendit responsable des « deux issues si malheureuses des invasions de la France » Marmont, Augereau, Talleyrand et La Fayette. Pourquoi n'accabler qu'eux ? On l'ignore, même si nous savons que, pour les deux premiers, autrefois très proches de lui, leur comportement au cours de l'année 1814 l'avait autant fâché que déçu. Mais sa flèche principale, il la réserva au gouvernement britannique et à son premier représentant sur l'île : « Je meurs prématurément, dit-il, assassiné par l'oligarchie anglaise et son sicaire. Le peuple anglais ne tardera pas à me venger. » Étaient évidemment visés au premier chef Lowe, Bathurst et Liverpool, qu'il rendait ainsi directement responsables de sa fin douloureuse. Le terme « assassiner » n'est cependant pas une accusation à entendre au premier degré, Napoléon n'ayant jamais soupçonné les Anglais de l'avoir empoisonné. Il faut donc ici ne point se méprendre. Pour lui, le meurtre était avant tout politique car causé par une déportation injuste qui le tua à petit feu. Mais avant de disparaître, il était persuadé d'être un jour vengé par le peuple britannique souvent incarné par la célèbre figure de John Bull : « Un jour, affirma-t-il au docteur Arnott, John Bull se révoltera contre les oligarches [*sic*] et les pendra tous. Je ne serai plus, mais vous verrez cela. Vous aurez une révolution plus terrible que la nôtre. Les oligarches sont partout les mêmes : importants et insolents tant qu'ils commandent, lâches dès que le danger est arrivé. Les lâches ! Tenir un homme désarmé sur un rocher[11] ! » Le prisonnier de l'Europe ne voulut donc point tirer sa révérence avant de s'en prendre une dernière fois à ses bourreaux. Opiniâtre malgré la souffrance, il continua d'accabler ses adversaires, n'ayant à aucun moment perdu le sens de la formule. En outre, son travail ne s'arrêta pas à quelques phrases bien senties. Avec les legs en argent qui constituent la partie la plus importante de son testament, il délivra encore d'autres messages tout aussi importants que les premiers.

7

Et l'argent ?

Lors de l'ouverture d'un testament, les dispositions financières sont souvent les plus attendues quand elles existent. Celui de Napoléon ne fit pas exception. Pour ses compagnons d'exil, ce qu'ils allaient recevoir correspondrait au prix présumé de leurs services ou de leur dévouement, la récompense finale de six ans de privations en somme. Même s'il leur légua une part importante de sa fortune, leur maître ne fut pas toujours équitable avec eux, avantageant certains au détriment d'autres. En plus de leurs personnes, il y eut aussi beaucoup d'autres légataires ayant servi Napoléon dans le passé. Ils furent sélectionnés avec soin et rigueur par un homme désireux de ne récompenser que de véritables fidèles. À cette liste, il manque cependant plusieurs noms, autant d'oublis volontaires en forme de sanction pour des individus ayant à un moment ou à un autre déçu l'empereur. Plus qu'une simple distribution de fonds, ce testament doit donc s'envisager comme une sorte de bilan humain de l'épopée. À nouveau, Napoléon utilisa donc son testament pour régler ses comptes avec ses contemporains. Dès lors, cet ultime message revêt une importance capitale pour l'Histoire comme pour la postérité de ceux qui furent couchés ou non sur le testament. À première vue, les dernières volontés de Napoléon sont proprement extraordinaires, puisqu'il distribua en effet plus de 211 millions de francs, soit plus du tiers du budget d'un État comme la France. Mais l'ampleur du chiffre ne doit pas faire illusion. Le décompte final recouvrait en effet des réalités fort différentes suivant la provenance des sommes.

Un premier ensemble (que nous avons dénommé *principal*) se composait de dépôts chez le banquier Laffitte, de sommes conservées par Eugène, de fonds restants de l'île d'Elbe et des diamants de la Couronne qui lui appartenaient en propre. Il s'agissait des éléments les plus sûrs du testament, les moins contestables *a priori* puisqu'ils étaient composés pour l'essentiel de dépôts bancaires. Tous les légataires de cet ensemble « principal » étaient en principe assurés de toucher leur héritage. Le *principal* s'élevait ainsi, selon Napoléon, à 7,3 millions de francs (y compris les 300 000 francs de sa cassette de Sainte-Hélène). Ce chiffre, tout de même considérable pour l'époque, était néanmoins assez « modeste » pour un personnage comme l'ancien empereur et roi. Il est même inférieur à la somme totale que légua son frère aîné Joseph, environ 10 millions de francs, alors même que ce dernier avait vécu plus longtemps que lui et avait continué de dépenser sans trop compter au cours de son long exil en terre américaine.

Le reste de la « fortune » de Napoléon, soit la plus grosse part estimée à 204 millions, était en revanche hypothétique. D'après le captif, le prince Eugène et l'impératrice Marie-Louise lui étaient redevables de deux millions de francs chacun, sommes qu'ils auraient reçues chacun au moment de la première abdication en 1814. Mais l'empereur, lors de la rédaction de ses dernières volontés, ne donnait aucun détail à leur propos, laissant simplement entendre que son fils adoptif comme sa femme ne pouvaient ignorer leurs dettes envers lui. Sans document qui l'attestait, leur recouvrement futur était donc fort aléatoire. Il en allait de même pour le reste du fabuleux héritage. Sur sa liste civile, Napoléon estima avoir économisé 200 millions de francs, montant que lui devrait donc l'État royal. Mais son raisonnement ne tenait pas, ce qu'il ne pouvait ignorer malgré les atteintes de la maladie. D'abord le compte n'y était pas puisque, lors de son départ de la Malmaison en 1815, le trésorier de sa liste civile, le baron de La Bouillerie, lui avait présenté un décompte final s'élevant à 118 millions de francs seulement. Si tout au long de son règne Napoléon avait beaucoup reçu à titre personnel, il avait aussi largement dépensé pour le faste de sa couronne, son nombreux personnel (plus de 3 000 personnes en 1812) et pour l'entretien de ses quarante-sept palais. Et s'il fit de subséquentes économies, il prêta ce qui lui restait (un peu plus de 100 millions) à son propre État afin de financer ses guerres comme sa politique. Cette dette du Trésor français était certes restée dans les comptes publics au moment de sa seconde abdication, mais elle fut promptement effacée dès l'arrivée au pouvoir de Louis XVIII.

De toute manière, en admettant même qu'elle n'ait pas été ainsi éliminée, comment pouvait-il sérieusement penser que son successeur respecterait ses dernières volontés ? Distribuer des millions au nom de l'« usurpateur » était proprement inimaginable dans une France redevenue royaliste. Et en admettant même qu'il y soit disposé, le roi n'en avait tout bonnement pas les moyens, le Trésor public faisant face à d'importants problèmes budgétaires, le traité de Paris ayant obligé la France à verser 1,4 milliard de francs aux Alliés. Comme il n'était pas dupe, Napoléon avait d'emblée jugé cette affaire difficile. « La question de mon domaine privé est une question majeure ; elle sera susceptible de beaucoup de débats », avait-il écrit dans ses instructions testamentaires. Autant dire que, sauf à escompter une fidélité sans faille de la part d'Eugène et Marie-Louise ou encore une bienveillance inattendue du roi, les legs en argent fondés sur ces sommes étaient au moins compromis. Puisque la « fortune » de Napoléon se composait d'éléments plus ou moins certains, sa répartition devait forcément avantager les uns et défavoriser les autres. Ses choix dans ce domaine n'étaient donc pas innocents, mais au contraire très révélateurs de ses intentions réelles.

La « fortune » de Napoléon estimée par lui-même en 1821

Détails des avoirs ou créances	**Montant en francs**
I – Ensemble principal (distribué à l'article 35 du testament)	
Dépôts chez le banquier Laffitte	4 480 000
Somme donnée à Eugène pour dépôt chez Laffitte	800 000
Intérêts des sommes placées (5 % l'an)	2 015 000
À déduire dépenses de la captivité payées par Laffitte	- 1 095 000
Fonds restants de l'île d'Elbe	300 000
Diamants de la Couronne	500 000

Argent détenu par Napoléon à Sainte-Hélène	300000
Total de l'ensemble principal	**7300000**
II – Autres sommes dues d'après Napoléon par :	
Eugène de Beauharnais (reliquat de la liste civile d'Italie)	2000000
Marie-Louise (surplus de fonds pris à Blois en 1814)	2000000
Trésor public français (reliquat de la liste civile de France)	200000000
Total des autres sommes	**204000000**
Total général	**211300000**

Dans la répartition par Napoléon des legs en argent, ce qui apparaît le plus remarquable de prime abord, c'est l'absence totale de la famille. Ni son fils ni son épouse, mais encore moins sa mère, ses frères ou ses sœurs ne devaient percevoir la moindre somme. Il légua à son fils toutes les reliques de sa gloire. Ses armes, son linge, ses décorations, ses livres ou encore son mobilier constituaient à ses yeux un héritage de bien plus grande valeur que n'importe quelle somme. Mais surtout il ne voulait pas que le reliquat de sa fortune finisse entre les mains de la cour d'Autriche (l'empereur François était tuteur de l'Aiglon) ou ne profite indirectement à l'amant de sa femme, le comte Neipperg. Les nombreux objets témoins de sa grandeur ne pouvaient pas être détournés au profit de l'ennemi d'hier. « Je désire que ce faible legs lui soit cher comme lui retraçant le souvenir d'un père dont l'univers l'entretiendra », s'excusait-il presque par avance dans le testament. Les Bonaparte n'eurent rien non plus en argent. Madame Mère reçut les « bustes, cadres, petits tableaux qui sont dans mes chambres... ». Ses frères et sœurs n'avaient guère été mieux lotis : Napoléon ne leur laissa que des cheveux et des aigles de régiments. Hortense et Caroline reçurent chacune un « petit tapis turc ». Pensait-il leur avoir trop donné ? En tout cas, leur ingratitude passée a certainement pesé sur la rédaction du testament.

L'argent fut donc entièrement distribué à ses anciens compagnons. Parmi ceux-ci figurent bien entendu ceux qui ont accompagné sa captivité et, au premier rang d'entre eux, l'inévitable Montholon, qui se tailla en effet la « part du lion » avec 2,25 millions de francs au total. Même s'ils furent moins favorisés, Bertrand et Marchand ne furent pas oubliés, puisqu'ils devaient recevoir respectivement 950 000 et 500 000 francs. Pour apprécier l'importance du geste, il faut garder en mémoire qu'en 1821, le revenu moyen était d'environ 1 000 francs par an. Recevoir 100 000 francs revenait donc à recevoir l'équivalent d'un siècle de salaire moyen. Pour Montholon, la somme promise fut proprement astronomique, surtout quand on s'aperçoit que sur les 2,25 millions légués par Napoléon, 2 millions (soit près de 90 % !) provenaient de l'« ensemble principal », le plus sûr en principe. Concernant Bertrand, la répartition était tout autre, puisqu'un peu plus de la moitié seulement de son legs était issu de la partie la plus certaine du testament (550 000 francs sur 950 000). Si d'aventure les héritiers recevaient seulement les fonds promis sur le *principal*, l'écart entre les deux « évangélistes » de Sainte-Hélène ne serait plus du simple au double mais d'un à quatre ! Le grand maréchal fut le seul à être ainsi défavorisé, car Marchand de son côté était en principe assuré de toucher 400 000 francs sur 500 000 (soit 80 %). Par rapport au premier testament rédigé en 1819, Napoléon opéra donc un changement de pied notable en traitant plus mal Bertrand que Montholon.

Pourtant, quelques jours avant de tester, Napoléon s'était apparemment réconcilié avec son grand maréchal. Le 15 avril 1821, ce dernier eut une discussion plutôt franche avec son maître : « Votre Majesté m'a ôté toute sa confiance. J'ai perdu presque sans regret le haut rang, la fortune et les honneurs où vous m'avez élevé. Mais ce nouveau malheur m'accable. J'ai quitté les honneurs comme un habit d'emprunt, mais je croyais avoir quelque droit à votre estime et à votre amitié[1]. » Et quant à son épouse, tout en lui reconnaissant quelques torts, il le pria de ne plus lui interdire la porte de sa chambre. En réponse, un peu gêné, Napoléon jura qu'il n'avait jamais désiré maltraiter le grand maréchal et sa femme, se disant plus habitué aux soins de Marchand ou de Montholon pour justifier la relative mise à l'écart du couple. Après cette discussion, Bertrand fondit en larmes devant le captif. Puis, un triste silence s'installa dans la chambre obscure de Napoléon avant que le grand maréchal ne prenne congé. Ainsi prit fin le dernier véritable échange entre deux hommes pourtant proches mais que la captivité avait inexorablement éloignés. Pendant six ans, Bertrand traîna son mal-être entre sa maison et celle d'un prisonnier aussi exigeant que pénible. Inquiet pour la santé de sa famille et pressé par une épouse colérique, le grand maréchal perdit un peu pied par moments sans toutefois se décider à partir. En manque d'affection, Napoléon ne toléra guère les constantes réserves de son premier officier comme l'indépendance affichée et même revendiquée de son épouse. Ses colères mesquines en témoignent, il fut même jaloux des égards que Fanny témoignait à d'autres que lui, tel Antommarchi. Il enragea de la voir sans cesse bouder sa petite cour, mais aussi très probablement son lit. À l'article de la mort, il n'oublia donc point de sanctionner les « manquements » du couple Bertrand.

En regard, l'attitude des Montholon fut, on le sait, bien différente. Ils se donnèrent en effet corps et âme à leur maître. Dans les derniers temps, le comte fut l'un des plus assidus à son chevet, ne ménageant jamais sa peine. Quant à Albine, malgré son triste départ, Napoléon lui conserva toujours de l'affection. Sauf à la fin, elle avait toujours été si proche de lui, tourmentant ainsi le jaloux Gourgaud jusqu'à le contraindre au départ. En avril 1821, le testament de Napoléon fut en quelque sorte la conclusion financière de cette relation singulière et sans doute intéressée sans que l'on puisse affirmer toutefois que seul le calcul guida ces deux êtres. Quant aux derniers serviteurs (Saint-Denis, Pierron, Archambault, Vignali, Coursot, Chandelier et Santini), leurs legs se situaient entre 25 000 et 100 000 francs. Gourgaud ne figure pas sur cette liste contrairement à Las Cases (dont les legs totalisèrent 300 000 francs). Au moment de son départ, Napoléon avait accordé au général une pension de 12 000 francs annuels à retirer auprès du prince Eugène. Déçu par l'attitude de Gourgaud lors de son départ en 1819, il ne souhaita pas lui donner plus. En revanche, il remercia également par son testament ceux qui de l'extérieur lui étaient venus en aide d'une manière ou d'une autre. La somme conséquente de 55 000 francs fut ainsi attribuée

« aux médecins anglais, domestiques chinois et au chantre de la paroisse ». On ignore comment cette manne fut répartie, mais quel que soit le montant reçu, les Chinois officiant en cuisine ne repartirent donc pas de Longwood les mains vides mais au contraire avec un joli pécule, une véritable aubaine pour ces travailleurs pauvres. Entre l'empereur de Sainte-Hélène et celui de la Cité interdite, on se doute de leur préférence. Dans l'ensemble, l'empereur n'oublia donc aucun de ses compagnons de captivité, même si la répartition favorisait à l'évidence Montholon. De plus, en garantissant au mieux la majeure partie de leurs legs (près de 80 % étaient basés sur l'« ensemble principal » excepté pour Bertrand), Napoléon en avait fait des héritiers « privilégiés ».

Sa générosité ne se limita pas seulement à ceux qui l'avaient accompagné à Sainte-Hélène. Il coucha aussi sur son testament plusieurs généraux, des aides de camp, quelques civils et des anciens serviteurs. Mais là aussi, sa « sélection » fut sévère. Pour distribuer des legs, il ne retint qu'un seul critère : la fidélité. À cette aune, parmi les milliers de personnes qu'il croisa tout au long de son épopée, les élus furent en définitive peu nombreux, à l'exemple du chirurgien Larrey, du général Cambronne ou du colonel Marbot. En revanche, ceux qui de son point de vue avaient « failli » à un moment ou à un autre de leur carrière furent exclus, comme Berthier, Constant, les héritiers du maréchal Ney ou encore le mamelouk Roustam malgré les services qu'ils avaient pu rendre. Tous avaient en quelque sorte raté la dernière marche, quittant le navire trop précipitamment aux yeux de Napoléon. En les omettant volontairement, il leur signifia une dernière fois son courroux. Comme un ultime jugement devant l'Histoire. Il eut une pensée aussi pour les généraux morts au combat durant la dernière campagne de Belgique (Letort ou Girard) ou encore fusillés lors de la Seconde Restauration (Mouton-Duvernet et La Bédoyère).

De la même façon, ceux qui l'avaient aidé dans sa jeunesse (du Theil ou Gasparin) et deux familles corses (Costa de Bastelica et Poggi de Tavalo) ne furent pas omis. Parmi ses compagnons de l'épopée, deux incontestables fidèles figurent aux meilleures places : Drouot et Bessières, puisque leurs descendants devaient recevoir respectivement 200 000 et 450 000 francs. Les autres purent tout de même compter sur 100 000 francs chacun, ce qui pour l'époque était considérable. Comme pour ses compagnons de captivité, la plupart des legs destinés à ceux qui avaient été les dignes compagnons de son épopée étaient basés sur les avoirs bancaires (le *principal*) pour environ 69 % du total. Aussi plus de 1,4 million de francs était-il dépendant du bon vouloir de Marie-Louise et du prince Eugène. Le calcul était donc risqué. Napoléon pensa-t-il qu'ils n'oseraient pas ignorer ses dernières volontés concernant des héros si prestigieux (et encore moins leurs veuves ou leurs enfants) ? C'est possible. En quelque sorte, ils les obligeaient, ce qui pouvait laisser espérer pour les légataires un dénouement heureux. Il fit le même raisonnement d'ailleurs à propos de ses legs de « conscience » (dont le bénéficiaire principal était le petit Léon, le fils naturel qu'il avait eu en 1807 avec la lectrice de sa sœur Caroline, Éléonore Denuelle).

Au total, soixante-seize personnes furent désignées comme légataires à un titre ou à un autre par l'empereur. Mais pour accroître le retentissement du testament en France, celui-ci n'oublia pas le peuple français et particulièrement l'armée. C'est ainsi qu'il légua 200 millions de francs pour les « officiers et soldats français » et pour les « provinces ayant subi l'invasion ». Plus modestement, il se souvint des « soldats blessés à Waterloo », des « soldats étrangers ayant servi la France », des « habitants de Brienne-le-Château » et du « bataillon de l'île d'Elbe » pour un total de 800 000 francs. Mais contrairement aux deux précédents ensembles de légataires, ces « compagnons d'infortune » avaient très peu de chances de toucher quoi que ce soit. Tous leurs legs provenaient en effet du reliquat de la liste civile estimé avec optimisme à 200 millions (voir plus haut). Par un trait de plume, Napoléon fit des anciens soldats des débiteurs du Trésor public pour une somme colossale. Autant dire qu'il laissait le soin à Louis XVIII d'acquitter cette part du testament. Son dernier « coup politique » fut très habile. Il savait qu'une fois ses dernières dispositions connues en France, cette généreuse disposition, pourtant totalement inapplicable (matériellement, il aurait fallu une véritable administration pour mener à bien une telle tâche), ne pourrait qu'accroître le fossé déjà existant entre ses anciens soldats et le nouveau pouvoir. On imagine sans peine la fureur des anciens grognards « spoliés » par les Bourbons de l'« héritage » laissé par leur empereur.

Principaux bénéficiaires par catégories

	Montant des legs en francs
Les compagnons de captivité	
Montholon	2 250 000
Bertrand	950 000
Marchand	500 000
Las Cases	300 000
Les compagnons de l'épopée	
Bessières	450 000
Lavalette	300 000
Drouot	200 000
Les compagnons d'infortune	
Officiers et soldats français	100 000 000
Villes françaises envahies	100 000 000
Bataillon de l'île d'Elbe	395 000
Les « legs de conscience »	
Léon, pupille de Méneval	300 000

Répartition de l'origine des fonds entre ensemble principal et autres sommes pour chaque catégorie de bénéficiaires

	Ensemble principal	Autres sommes
Les compagnons de captivité	80 %	20 %
Les compagnons de l'épopée	69 %	31 %

Les compagnons d'infortune	1 %	99 %
Les « legs de conscience »	0 %	100 %

L'exécution du testament de Napoléon fut ensuite une affaire difficile et au long cours. Il fallut plus de trente ans avant que ne survienne un épilogue presque heureux avec l'avènement du Second Empire. Entre la mauvaise volonté de Laffitte, sa faillite, les procès intentés par les uns et les autres, les Bonaparte notamment, les réclamations de l'Autriche, le refus de Marie-Louise de verser quoi que ce fût, les arrangements coupables de Montholon, la mort du prince Eugène, les obstacles, qu'ils fussent politiques, sentimentaux, diplomatiques, juridiques ou financiers, ne manquèrent pas[2]. Ce trop long feuilleton fut ainsi désespérant à plus d'un titre. Mais au fond, faut-il s'en étonner tant tout au long de cette histoire, de tous côtés, les déceptions ne manquèrent pas ?

8

L'erreur fatale

Il est des empoisonnements qui ne sont point criminels car commis au nom de la science et avec les meilleures intentions qui soient. Les erreurs médicales appartiennent à cette catégorie. En mai 1821, Napoléon fut autant victime de ses médecins que de sa maladie. Sans conteste, ceux-ci l'ont précipité dans la tombe après l'avoir déjà sévèrement éprouvé dans les semaines ayant précédé sa disparition. Mais ne nous méprenons pas. Ils ne firent qu'accélérer une mort inéluctable et qu'ils n'auraient pu empêcher compte tenu de la faiblesse de leurs connaissances comme de leurs moyens. Sans leur geste fatal, il ne restait à Napoléon que quelques semaines tout au plus à vivre. Mais, outre cette grave erreur, ils ajoutèrent de la souffrance à la souffrance, rendant le trépas de leur patient atrocement douloureux. Les derniers jours de Napoléon furent affligeants pour tous ceux qui les vécurent à son côté. Son long exil s'acheva de la plus horrible des manières, conférant à cette histoire une dimension qu'elle n'avait pas encore acquise, celle de la pure tragédie. Car, à nouveau, loin de l'aider, son entourage ne fit qu'aggraver ses maux. Et quant à ses gardiens, ils continuèrent d'être dépassés par une fin qu'ils n'anticipèrent nullement.

Depuis le 17 mars 1821 et sa dernière promenade, le prisonnier était cloué au lit, terrassé par une fièvre persistante. À la douleur s'ajouta un extrême épuisement. Ses pieds étaient constamment gelés, son ventre en permanence glacé. Plus inquiétant encore, il commençait à cracher du sang. Son appétit ne l'avait pourtant pas quitté. Le 10 avril, Bertrand nota par exemple : « À une heure Napoléon prend une bavaroise copieuse, avec trois ou quatre biscuits[1]. » Mais ensuite, son corps ne conserva rien de ce délice sucré. À trois reprises, il rendit tout ce qu'il avait avalé. Il en fut ainsi de tout ce qui se présentait dans son assiette. Tandis qu'il s'anémiait très vraisemblablement à cause des micro-hémorragies de son estomac, il ne pouvait presque plus rien ingérer, ce qui le conduisait inexorablement vers la mort. Sans force, le moindre mouvement lui était pénible. Tout au long du mois d'avril, son état ne fit qu'empirer. S'ils n'étaient pas rassurés, ses médecins, Antommarchi et Arnott, ne le croyaient pas à l'article de la mort. Le médecin anglais disait que la dégradation de son état était principalement due à son anxiété. À Hudson Lowe, il affirma le 17 avril : « Si, par exemple, un bateau de ligne arrivait d'Angleterre pour le prendre, je n'ai aucun doute qu'il se remettrait vite[2]. » On admire sa sagacité. Trois semaines plus tard, son patient ne serait plus. Le docteur Arnott n'était pourtant pas mauvais médecin. Diplômé d'Édimbourg, il était même particulièrement en avance sur son temps. On sait par exemple qu'il prenait régulièrement la température de ses patients, une pratique qui ne deviendra régulière qu'à la toute fin du siècle. Mais hormis cette avancée, il n'était pas plus moderne que ses autres confrères.

Entre les deux praticiens, un débat s'instaura. Croyant qu'il souffrait d'une atteinte hépatique, Antommarchi soutenait que s'il restait exposé au détestable climat de l'île, il ne pourrait que mourir. Mais ce discours, médicalement faux par ailleurs, ne pouvait être entendu des Anglais, car l'accepter eût été reconnaître une part de responsabilité dans sa maladie. Ensuite, il restait hors de question que le captif quittât son rocher-prison. Pour toutes ces raisons mais également persuadé que la maladie n'était pas d'origine hépatique, Arnott contesta vivement les conclusions d'Antommarchi. À ce stade, leur discussion était de toute façon inutile, Napoléon n'étant plus en état de voyager. Concernant les remèdes à lui prescrire, ils étaient en revanche plus synchrones, ce qui n'est guère étonnant quand on connaît la pauvreté des ressources dont disposait la médecine d'alors. En mars, les deux médecins recommandèrent juste quelques lavements et le plus d'exercice possible. Autant de cautères sur une jambe de bois. Ils voulurent aussi le saigner, mais Napoléon refusa énergiquement. Pour l'aider à combattre sa fièvre, on lui appliqua des vésicatoires (du baume mis à même la peau qu'un linge brûlant aide à faire pénétrer dans le derme) qui ne le soulagèrent point et le firent seulement souffrir. Devant ses vomissements répétés et de plus en plus fréquents, on tenta de le purger de toutes les manières possibles, avec de plus en plus de lavements ou de vomitifs. On en restait donc au vieux principe d'Hippocrate, soigner le mal par le mal, *vomitus vomitu curator*. Mais, dans son cas, ces solutions furent aussi inefficaces que dangereuses, éprouvant davantage son estomac. Quant aux inévitables pilules de mercure, Napoléon refusait de les prendre, mais combien de temps encore pourrait-il s'opposer à ses médecins ?

Le 25 avril, une crise plus inquiétante que les autres survint. Le rapport clinique d'Antommarchi se passe de commentaires. À quatre heures et demie du matin, ce dernier releva : « Vomissement noirâtre de pituite épaisse et filamenteuse, mêlée à des substances alimentaires mal digérées et à du sang noir, grumelé et en putridité[3]. » Pour un peu, on aurait dit que l'empereur recrachait du charbon. Puis, le malade parut très momentanément soulagé : « Le jour amène quelques instants de sommeil », consigna aussi le praticien. Mais après quelque répit, il se sentait plus mal encore. Il hoquetait, dormait très mal, vomissait, délirait parfois, respirait toujours difficilement, transpirait sans cesse, fiévreux et agité. Dans la nuit du 30 avril au 1er mai, on crut le perdre. Son pouls était très faible et il n'arrivait plus à respirer. Après un ultime effort pour se relever, il tomba dans les bras de Montholon et de Marchand. Le lendemain, une convulsion d'estomac le souleva de son lit. Près de sa personne, l'angoisse se lisait sur tous les visages : « On a cru qu'il allait passer », se souvient Bertrand[4]. Quand il reprenait un peu de forces, il insistait pour se lever. Ses compagnons refusaient d'abord avant de céder. En dépit de la douleur, il s'aidait des deux bras pour commencer à s'extraire de son lit. Mais après ce premier mouvement, il tombait toujours à la renverse sur son lit. Autour de lui, on pleurait, on priait surtout. L'abbé Vignali s'agenouillait et récitait des prières. Devant les ravages de la maladie, la petite communauté de Longwood se montra enfin unie. Antommarchi comme Bertrand passaient désormais leurs journées auprès de leur maître. La nuit, Montholon et Marchand se relayaient, fatigués mais exemplaires. Les conflits avaient cessé au profit d'une sincère réunion de tous autour d'un homme en train de vivre ses derniers jours. Seule fausse note, Napoléon refusait toujours de voir Fanny Bertrand venir à son chevet, sa rancœur envers elle restant tout aussi tenace que sa fièvre.

Le 2 mai, dans la pénombre de la chambre du malade, Arnott glissa ces quelques mots à Antommarchi : « Aujourd'hui symptôme de mort[5]. » En réponse, le Corse hocha la tête, redoutant un « coup de foudre » pouvant l'emporter bientôt. Tandis que les médecins s'inquiétaient à voix basse, Marchand s'approcha de son maître pour lui demander s'il consentait à un nouveau lavement. Point de réponse. Le valet se retira et rangea sans insister sa seringue. La nuit du 2 au 3 mai fut toutefois plus tranquille mais, au petit matin, la pâleur de Napoléon choqua son entourage. À midi, il connut un nouvel accès de fièvre, le pouls paraissait à nouveau si faible. Et depuis trois jours, plus aucune selle, ce qui poussa Arnott à réclamer que l'on agisse sans délai : « Les hommes de l'art [...] ne comprenaient pas cela », protesta-t-il[6]. Il réclama une nouvelle purge, mais en vain. Cette fois, Antommarchi s'y opposa fermement, estimant fort justement que Napoléon était trop faible pour la supporter. Mais Arnott allait bientôt recevoir du renfort. Régulièrement, il rendait compte au gouverneur de l'état du captif. Au fil des jours, ses messages devinrent de plus en plus alarmistes : *« He is dying... He is worse... »* (« Il est mourant... Son état s'aggrave... »)[7]. Comprenant enfin le sérieux de la situation, Lowe ordonna au chirurgien de la marine Mitchell et au premier médecin de l'île, le docteur Shortt, de se rendre sans délai à Longwood pour seconder leurs collègues.

Nécessité faisant loi, leur présence fut admise sans difficulté. Dans le parloir, ils discutèrent d'abord de la cause de la maladie. Tous émirent un avis différent. Sans surprise, Antommarchi opina pour une gastro-hépatite chronique, autrement dit une affection du foie. L'Anglais Arnott croyait à un squirre (tumeur) de l'estomac, tandis que son compatriote Mitchell penchait, lui, pour une tendance à l'hydropisie – comprendre : un œdème dans la région abdominale. Et enfin Shortt se demandait si l'illustre patient ne souffrait pas d'un désordre général, d'un « marasme » entraînant un amaigrissement mortel. Ils étaient tous dans l'erreur. Aucun ne soupçonna l'ulcère et ses conséquences hémorragiques. Puis, on en vint à envisager les solutions. Les trois Britanniques insistèrent pour que l'on purge Napoléon. Et comme tout lavement était impossible, ils se prononcèrent en faveur de l'administration de dix grains de calomel, du pur concentré de chlorure de mercure censé purger doucement par les selles. Connaissant sa nocivité, Antommarchi s'opposa à l'avis de ses collègues. De son point de vue, le mercure aurait raison du malade, trop faible pour endurer pareil « traitement de cheval ». Mais il ne fut pas écouté et s'inclina devant le nombre. Cette erreur de prescription fut tragique. Loin de diminuer les pertes sanguines du captif, cause première de son mal, le mercure ne ferait que les amplifier jusqu'à provoquer la mort. Mais désormais il était trop tard. Les médecins avaient tranché : Napoléon recevrait ce poison à haute dose.

Le 3 mai, à six heures de l'après-midi, Antommarchi nota sobrement dans son journal : « On administre les dix grains de calomel[8]. » Le poison fut administré. Et il le fut à l'insu du malade. Devant les réticences de Marchand à tromper son maître, le grand maréchal lui présenta le remède comme étant celui de la dernière chance : « C'est ici, lui dit-il doucement, une dernière ressource tentée ; l'empereur est perdu, il ne faut pas que nous ayons à nous reprocher de ne pas avoir fait tout ce qu'humainement on peut faire pour le sauver[9]. » Résigné mais le cœur lourd, le premier valet distilla les dix grains dans de l'eau sucrée. Il ne restait plus à attendre que l'empereur veuille boire. Quand il eut enfin soif, Marchand porta le breuvage à ses lèvres. Chaque gorgée lui fut pénible. Lentement, Napoléon avala le poison médical. Autour de lui, on l'observait en silence. À un moment, il se redressa comme pour vomir ce qu'il venait d'ingérer. On crut alors qu'il allait tout recracher. Mais il n'en eut pas la force. Après avoir absorbé le fatal breuvage, il se tourna vers son valet : « Toi aussi tu me trompes », murmura-t-il d'une voix faible[10]. Son reproche glaça l'assistance. Avait-il compris ? Peut-être. Dans les instants qui suivirent, l'effet purgatif du calomel fut spectaculaire : « Évacuation abondante de matières ayant la consistance et la couleur du goudron », releva Antommarchi[11]. Rapidement, son hémorragie gastrique s'aggrava : « La perte totale de volume sanguin dépasse les 40 %. Seule une transfusion sanguine aurait permis de sauver l'empereur mourant », explique le docteur Goldcher dans ses travaux[12]. Dès lors, Napoléon était perdu.

À la veille de sa mort, le 4 mai, un vésicatoire fit « soulever la peau par plaques ». Après l'avoir massivement intoxiqué, ses médecins lui brûlèrent en plus l'épiderme. À cause des pertes de sang, la peau comme les membres inférieurs n'étaient plus irrigués. Ses valets ne parvenaient plus à réchauffer ses pieds déjà glacés. Cinq fois, il déféqua de la matière noire. Ses draps souillés furent changés à plusieurs reprises avec peine. Quand le mamelouk Ali le souleva, il grimaça de douleur mais trouva encore la force de lui donner un coup de poing dans le flanc : « Ah coquin ! tu me fais mal », s'écria-t-il[13]. Puis, sa fièvre empira comme son hoquet. Il ne lui restait plus que quelques heures à vivre. Sa dernière journée fut celle d'un mourant. Entre hoquets et soupirs, il respirait si difficilement qu'on crut plusieurs fois qu'il avait rendu l'âme. Plusieurs fois par heure, Marchand et Ali approchaient alors une lumière près de son visage pour guetter chez lui le moindre signe de vie. Son regard était désormais fixe, sa figure tristement émaciée, sa bouche à demi ouverte et son pouls si faible. Pour qu'il souffre moins, Antommarchi humectait sans cesse sa bouche. Mais il ne réagissait presque plus. Seul son hoquet permettait de dire qu'il était encore vivant.

Le 5 mai, à quatre heures du matin, on entendit : « À la tête de l'armée », qui furent peut-être ses derniers mots. À moins que ce ne fut : « France... mon fils... armée... » Sur ce point, les témoignages divergent. Depuis quarante jours, Napoléon n'avait pas quitté son petit lit de campagne. Commencée dans sa chambre, son agonie se poursuivit au salon. Le mourant faisait peine à voir. Son gilet de flanelle était recouvert de « crachats rougeâtres qui n'ont pas eu la force d'aller plus loin ». Ses draps étaient souillés par ses diarrhées noires de sang. Son agonie fut poignante, éprouvante, déchirante pour tous ceux qui le veillaient. À ses côtés se tenaient depuis plusieurs jours, épuisés et affligés, Marchand, Montholon, Bertrand et Antommarchi. À six heures du matin, les persiennes furent ouvertes. Une timide lumière d'automne austral éclaira alors un peu la pièce mouroir. Le dernier matin de Napoléon commença. La mort étant très proche, tous ceux qui avaient partagé son exil furent appelés. Prévenue par son mari, Fanny Bertrand, suivie par ses quatre enfants, Henry, Hortense, Napoléon et Arthur, entra la première dans le salon. Près du mourant, elle s'installa sur une chaise amenée pour elle. La comtesse allait y rester jusqu'à la fin de cette sinistre journée. Ensuite, l'un après l'autre, tous les domestiques furent introduits : « Les Français attachés au service de l'empereur dont les fonctions ne donnent point accès dans l'intérieur entrent à huit heures », se souvint avec précision Marchand[14]. Entrèrent alors Ali, Noverraz, Coursot, Pierron, Archambault, Chandelier et Thierry, le valet du grand maréchal. Se présentèrent aussi les jeunes épouses d'Ali et de Noverraz. En ce jour funeste, une belle communion se fit autour de celui qui allait bientôt expirer.

Dans l'entourage de l'empereur, on se préparait à l'issue fatale : « Il me fut demandé par le général Montholon du drap noir pour tendre la chambre car il pensait que le général Bonaparte ne pouvait plus vivre longtemps », rapporta le tapissier anglais Andrew Darling[15]. Parmi l'assistance, il y avait aussi le docteur Arnott. L'officier d'ordonnance anglais Crockat, qui venait de remplacer Lutyens, était également présent. Dès la veille au soir, ce dernier avait alerté Plantation House du « danger immédiat » que courait Napoléon. Comme le voulait la consigne, il fit diffuser par le système de signaux de l'île le « message numéro deux » prévu pour prévenir de la mort imminente du captif. Ainsi alerté, Lowe quitta Plantation House sans attendre pour s'installer dans la nouvelle maison sur le point d'être achevée pour le captif et que l'on appelait Longwood New House. Quand il pénétra dans la demeure, il trouva ce mot d'Arnott : « Il se meurt. Montholon me prie de ne pas quitter son chevet. Il désire que je lui voie rendre le dernier soupir. » Désormais, il n'y avait plus qu'à attendre. À trois heures de l'après-midi, un second message signé du médecin anglais lui parvint : « Le pouls est actuellement insensible au poignet ; la chaleur quitte la surface ; mais il peut durer encore quelques heures. » Afin de tenter de le réchauffer, Arnott fit mettre une bouillotte chaude sur son ventre.

Les minutes s'égrenaient lentement quand on aperçut sur les joues de l'empereur deux larmes. Tandis qu'il ne pouvait plus rien avaler, Montholon essuyait ses lèvres comme ses habits avec un mouchoir en baptiste. Personne n'osait prononcer un mot. Les visages étaient tendus par l'anxiété. Une grande peine se lisait dans tous les regards. À cinq heures et demie du soir, le silence fut troublé par les tintements des pendules. On toucha l'empereur. Il était plus froid que jamais. Antommarchi lui tenait le poignet. Désespérément, il essayait de lui tâter le pouls. Mais ses pulsations étaient si faibles qu'il n'y parvenait plus. Quelques minutes plus tard, après trois ultimes soupirs, Napoléon expira : « En vain nous attendîmes une autre aspiration et une autre expiration... Hélas il ne restait plus que la dépouille mortelle », témoigna Ali[16]. Plongé dans une sorte de semi-coma, il ne parut pas souffrir : « Il s'était éteint comme s'éteint la lumière d'une lampe[17]. » Le crépuscule de ce jour était commencé quand il mourut à cinq heures et quarante-neuf minutes. Il avait cinquante et un ans, huit mois et vingt jours. Avec respect, Antommarchi lui ferma les yeux. Au moyen d'un mouchoir noué sur sa tête, il empêcha aussi que sa bouche ne restât ouverte. Le 5 mai 1821, les pendules de Longwood ne sonnèrent jamais les six heures du soir ni les heures qui suivirent. D'un doigt triste, Marchand avait arrêté la course de leurs aiguilles à l'heure de la mort.

9

À la recherche de l'« assassin »

Ouvrons une première parenthèse, possiblement criminelle, exercice désormais incontournable quand il est question de la mort de Napoléon. En lui prescrivant du mercure, ses médecins empoisonnèrent donc un homme parvenu au terme de sa vie. Mais ce n'est généralement pas cet empoisonnement-là qui est évoqué, mais plutôt un empoisonnement à l'arsenic. Cette affaire largement relayée par les médias naquit au milieu du siècle dernier. En 1955, un stomatologue suédois, Sten Forshufvud, crut faire la découverte historique du siècle. Toxicologue averti, le sang de ce dernier ne fit qu'un tour quand il découvrit les Mémoires du valet de chambre de Napoléon, Marchand. De son point de vue, les souffrances de l'empereur correspondaient exactement aux symptômes d'une intoxication à l'arsenic. Près de dix années après la publication de son livre, sa thèse fut confirmée par une analyse des cheveux de l'empereur rapportés de Sainte-Hélène. Après avoir effectué une analyse neutronique de la mèche en 1964, le laboratoire de recherche nucléaire Harwell près de Londres et appartenant à l'université de Glasgow annonça que les cheveux de Napoléon contenaient une dose massive d'arsenic et que son empoisonnement avait été chronique. L'affaire semblait donc entendue, mais la communauté des historiens, Jean Tulard en tête, restait plutôt dubitative. Avant que la science ne progresse vraiment, le débat fut nourri entre tenants et adversaires de cette thèse.

En 1998, plus de vingt analyses de cheveux avaient déjà été effectuées. Et toutes parvenaient à la même conclusion : le captif avait bien été empoisonné. Mais ces résultats furent contestés avec les arguments suivants : les cheveux n'appartenaient pas à

Napoléon, l'arsenic était exogène car provenant du papier peint de la chambre de l'empereur, du charbon de chauffage ou simplement utilisé pour la conservation des cheveux. Pour trancher le débat, le milliardaire canadien Ben Weider, un authentique passionné de l'empereur, plus connu pour avoir lancé la carrière de l'acteur Arnold Schwarzenegger, finança une série d'analyses (en 2002, 2006 et 2007) encore plus poussées pour déterminer enfin d'où pouvait provenir la substance toxique. Après une décontamination dans les règles de l'art, il fut constaté que l'arsenic était d'origine minérale comme celui qui entre dans la composition de la mort-aux-rats. Et les quantités observées par une équipe de recherche française dirigée par le professeur Pascal Kintz étaient massives : sur seize cheveux dont au moins cinq sont d'une provenance indiscutable, les concentrations vont de 7,43 à 38,53 ng/mg alors que normalement elles ne devraient pas dépasser 0,5 ng/mg. Dès lors, la conclusion paraissait logique : Napoléon avait ingéré pendant plusieurs mois, voire plusieurs années, de la mort-aux-rats !

Mais, en 2002, les « empoisonnistes » connurent un sérieux revers. Le professeur Ivan Ricordel qui dirigeait alors le laboratoire toxicologique de la préfecture de Police de Paris eut la bonne idée de pratiquer des analyses sur des cheveux de Napoléon prélevés à différents moments de sa vie, en 1805 et 1814 notamment. Pour que les résultats ne soient pas faussés, ils furent traités de façon à éliminer toute contamination arsenicale exogène intervenue après qu'ils eurent été coupés. Bilan de l'opération : tous les cheveux examinés contenaient déjà de l'arsenic. L'étude se concluait ainsi : « Si l'arsenic était la cause de la mort, Napoléon aurait trépassé trois fois. » Autrement dit, il aurait été empoisonné tout au long de sa vie, ce qui est proprement absurde. En 2008, respectant les mêmes protocoles, une étude italienne analysa pas moins de vingt-deux cheveux, deux appartenant à Joséphine, huit à l'Aiglon, le fils de Napoléon, et enfin douze à l'empereur dont deux avaient été coupés avant 1821 (en 1770 et 1814). Pour l'impératrice, les taux observés (de l'ordre de 1 ng/mg) indiquaient une faible contamination. En revanche, pour l'Aiglon, les valeurs étaient anormalement élevées, avec une moyenne de 9,4 ng/mg. Et pour Napoléon, elles variaient de

7,3 ng/mg pour le cheveu coupé en 1770 à 12,4 ng/mg et même 15 ng/mg pour ceux provenant de Sainte-Hélène. De quoi y perdre son latin !

Pour ajouter à la confusion, une étude allemande montra que la concentration en arsenic d'un cheveu de l'empereur coupé en 1814 dépassait les... 33 ng/mg. Plus récemment, en 2009, un autre laboratoire français remarqua une forte quantité d'arsenic dans les cheveux de la mère de Napoléon, mais n'en trouva que très peu dans ceux de son fils alors même que ceux-ci avaient été prélevés juste après sa mort. Au total, pendant plusieurs décennies, des laboratoires du FBI américain à ceux de la préfecture de Police de Paris, plus de soixante-dix mèches de cheveux appartenant au prisonnier de Sainte-Hélène ou à sa famille furent irradiés, analysés, soumis aux rayons gamma, plongés dans des bains d'acétone, hydrolysés puis chauffés pour un résultat fort confus[1]. Il faut néanmoins se rendre à l'évidence : si les cheveux de Napoléon contiennent de l'arsenic, une cause liée à l'environnement doit être privilégiée, à moins de considérer qu'un individu ait voulu intoxiquer l'empereur et accessoirement sa famille pendant près de quinze ans. Si l'on retient cette dernière hypothèse, soit il prit son temps, soit nous avons affaire à l'empoisonneur le moins doué de l'Histoire. À force de couper tant de cheveux en quatre, on s'est éloigné progressivement de l'analyse purement historique, fondée sur le document et la critique des sources. Et surtout, tout sens logique fut oublié au profit de la polémique. Avant de s'intéresser aux moyens par lequel le meurtre a été commis, il faut qu'il y ait eu meurtre. Or, dans le cas de Napoléon, pas le moindre document ou témoignage n'est venu appuyer cette thèse.

Malgré cette absence totale de preuves, deux « assassins » furent toutefois désignés. Sans surprise, le premier fut Hudson Lowe. Une simple consultation des archives britanniques aurait suffi pour se convaincre de l'exact contraire. Redoutant la disparition de son prisonnier, Lowe avait par exemple envisagé de le transporter dans un endroit moins humide que Longwood, Rosemary Hall, avant que Gourgaud ne vienne tout compromettre par ses confessions. Ensuite, on se mit à croire, Bathurst en tête, que Napoléon était en parfaite santé et ne se faisait porter pâle que pour mieux se plaindre. Dès lors, on ne s'intéressa guère à sa maladie, la niant même tout à fait. Quelques semaines avant sa disparition, Lowe écrivit par exemple à Bathurst : « Il y a beaucoup de raisons pour soupçonner que, si le tout n'est pas une feinte, l'étendue de la maladie est exagérée à dessein[2]. » Étrange comportement pour des assassins présumés. Après l'abandon de la thèse anglaise, dans les années 1990 les soupçons se portèrent sur l'un des compagnons de l'empereur, le général de Montholon, après la publication de sa correspondance à sa femme. Une lettre au ton un peu équivoque enflamma les esprits de certains. Le général aurait empoisonné Napoléon pour retrouver sa liberté et rejoindre sa femme qui avait quitté l'île en 1819. En l'assassinant, il se serait également vengé de l'infidélité de son épouse avec l'empereur et aurait voulu capter son héritage (ce qu'il réussit effectivement).

Mais l'hostilité de Montholon envers l'empereur fut cependant difficile à prouver pour les tenants de cette thèse. L'ancien chambellan de Napoléon fut toute sa vie un fervent partisan de l'empereur. À la fin de sa vie, il s'engagea d'ailleurs auprès du futur Napoléon III et fut même emprisonné avec lui au fort de Ham. Alors, pour contourner cette contradiction, René Maury et François Candé de Montholon (un descendant du général, un comble !), dans leur ouvrage *L'Énigme Napoléon résolue* paru en 2000, avancèrent d'autres arguments[3]. Ils affirmèrent que le but de Montholon n'était pas de tuer l'empereur, mais de le rendre suffisamment malade pour que les Anglais soient obligés de le rapatrier en Angleterre. S'il réussissait, il reverrait ainsi plus vite sa femme. Selon les auteurs, il aurait jour après jour empoisonné le vin de Constance que buvait son maître, n'y versant que de petites doses de poison pour que la mort paraisse malgré tout naturelle. Avant sa disparition, il en aurait profité pour changer à son profit les dispositions financières de son testament, ultime vengeance d'un homme « cocufié » par le vainqueur d'Austerlitz. Il est vrai que peu de temps avant sa mort, l'empereur lui légua la plus grande partie de sa fortune. Montholon possédait donc en apparence un solide mobile pour passer à l'acte.

Outre le côté proprement rocambolesque de tout cela, il aurait suffi là encore de seulement s'intéresser au fonctionnement des cuisines de l'empereur pour constater que l'empoisonnement à l'arsenic par Montholon n'était que pure faribole. Il n'entrait pas en effet dans les attributions d'un officier d'aider à la préparation en cuisine, car son travail était purement administratif. Un officier de la Maison ne se serait jamais « abaissé » à exécuter des tâches « ingrates » comme de mettre lui-même en bouteilles le vin de l'empereur. S'il l'avait fait, Cipriani, Lepage ou Pierron auraient sûrement été intrigués par un tel comportement. Ce dernier était au service de l'empereur depuis 1807. Toujours en charge des approvisionnements à Sainte-Hélène, il était l'un des hommes sûrs parmi le petit personnel. Selon le même principe de surveillance croisée qui avait cours aux Tuileries, sa vigilance empêchait de toute manière une action malveillante contre son maître. Si d'aventure Montholon ou un Chinois à la solde des Anglais (ils étaient nombreux à servir Napoléon) s'était aventuré à verser de l'arsenic chaque jour dans les plats réservés à l'empereur, il l'aurait fatalement remarqué. En outre, l'ancien chambellan eût été bien mal inspiré de verser de l'arsenic dans les bouteilles de vin de Constance. Le vin de l'empereur était servi à tous les invités au dîner. Il risquait donc de s'empoisonner lui-même ou de se rendre suspect s'il n'en buvait jamais. Ajoutons que Napoléon changea les dispositions de son testament seulement quelques jours avant d'expirer. Partant, Montholon n'avait aucune assurance de toucher la plus grande part du gâteau. En conclusion, le moyen du crime, l'arsenic, est loin d'être attesté scientifiquement et ne peut être prouvé historiquement. Il aurait été inepte de l'utiliser si le mobile eut été l'argent ou même un départ de Sainte-Hélène. Enfin, on peine à identifier des meurtriers. Sans armes, ni suspects, ni mobiles, ce « crime » eût été bien imparfait s'il avait été perpétré.

Autre cause souvent évoquée à propos du décès de l'empereur, le cancer de l'estomac. Longtemps, elle eut la préférence de ceux qui fort raisonnablement attribuèrent sa mort à la maladie. Mais cette thèse est aujourd'hui fortement remise en cause. Le docteur Goldcher dans son ouvrage *Napoléon Ier. L'ultime autopsie* souligne notamment l'absence criante de signes cliniques accompagnant généralement ce type de cancer : tumeur, perte de poids, péritonite, hémorragie interne, métastases et dégoût pour la viande. Lors de l'autopsie, aucun médecin présent ne mentionna en effet la présence d'une tumeur. Grâce à l'étude du docteur Lugli de l'université de Bâle qui a comparé les tailles de pantalon que portait l'empereur de 1800 à 1821, nous savons que ce dernier, qui pesait près de 79 kilos au moment de son décès, n'avait perdu que 11 à 14 kilos dans les dernières semaines de sa vie. Comme le remarque le docteur Goldcher, « ce surpoids, défini entre 25 et 30 kg/m^2 [indice de masse corporelle], est peu compatible avec un diagnostic de cancer, même de nos jours avec des soins palliatifs efficaces », alors que les soins prodigués à Napoléon n'étaient évidemment pas comparables aux traitements actuels[4]. Ajoutons qu'aucune tumeur secondaire ou atteinte à d'autres organes, typique d'un cancer généralisé, ne fut décelée. Enfin, le cancer de l'estomac entraîne inexorablement un fort dégoût de la viande. Or, dans les derniers jours de sa vie, il mangea de la gelée de viande, du faisan, et réclamait même du jus de viande. Son appétit pour la viande, même léger, paraît donc difficilement compatible avec un cancer de l'estomac en phase terminale. En revanche, si Napoléon avait survécu, à terme et compte tenu de son état, il aurait sans doute pu en être atteint.

Si l'on peut aujourd'hui écarter avec certitude tout empoisonnement, sur la question de la maladie, on ne peut que rester cependant très prudent. Même s'ils ont bien progressé, nos modernes débats ne peuvent être clôturés tout à fait pour le moment. Pour obtenir une réponse définitive, des voix s'élèvent parfois pour réclamer l'ouverture du tombeau des Invalides. Compte tenu de nos moyens actuels, nous répondrions peut-être à une interrogation ayant fait couler beaucoup d'encre depuis tant de décennies. Mais en est-on absolument sûr ? Par ailleurs, notre soif absolue de connaissances justifie-t-elle vraiment pareille profanation ? On le voit, à mesure que l'on aborde cette question, les problèmes s'accumulent au lieu de s'effacer. D'autant que Napoléon n'a pas emporté avec lui un épais mystère dans sa tombe. Nous avons toutes les raisons de penser qu'il succomba bel et bien à une maladie de l'estomac. Entre ulcère et cancer, mesurer précisément les responsabilités de l'une ou de l'autre de ces affections importe peu au fond. Historiquement, cette question n'a pas beaucoup d'importance. En 1821, une autre interrogation taraudait les acteurs de la captivité : la maladie de Napoléon était-elle hépatique ? Selon la réponse, Lowe et, par voie de conséquence, son gouvernement pouvaient être mis en cause car rendus responsables de la disparition de leur prisonnier. Fort heureusement pour eux, une autopsie fut pratiquée sur le défunt.

10

La nécessaire autopsie

Il était six heures du soir quand l'officier d'ordonnance Crockat frappa une nouvelle fois à la porte de Longwood New House. Dans ses mains, ce mot d'Arnott à l'intention du gouverneur : « Il vient d'expirer à l'instant. » Après l'avoir lu, ce dernier coiffa son bicorne et repartit pour Plantation House sans prononcer un mot. Tout était fini. Sa mission s'achevait, même s'il lui restait d'ultimes devoirs à remplir. Tandis qu'il s'éloignait, on entendit un coup de canon. Le fort de High Knoll signalait ainsi la fin du crépuscule. Tel était l'usage. Comme un hommage involontaire à celui qui venait de mourir. Dans le salon de Longwood, des larmes coulaient sans bruit. Un silence recueilli ouvrit le deuil. On pleurait mais avec respect pour le moment. La dignité l'emporta sur l'émotion. Même affligés, les regards ne quittaient pas le défunt : « La tête de l'empereur avait quelque chose des belles médailles antiques. Le buste était beau, les mains qui s'étaient un peu amaigries, étaient du plus parfait modèle », s'extasia Ali[1]. Le premier hommage fut rendu comme il se devait par le premier officier de la Maison, le grand maréchal. Il s'agenouilla près du corps sans vie, puis baisa la main de son maître disparu. Puis, le second en grade, Montholon, répéta le même geste avant que tous les Français présents ne l'imitent. Tous les enfants de Longwood furent ensuite appelés. Après avoir lui aussi baisé la main glacée de l'empereur, l'aîné des Bertrand, Henry, fit un léger malaise. Même la toute jeune fille d'Ali, âgée d'un an à peine, fut ôtée des bras de sa mère pour que ses lèvres touchent le froid cadavre.

Comme tout souverain qui se respecte, Napoléon mourut donc en public, entouré par ses officiers et servants. Personne ne s'avisa cependant d'imiter le cri qui retentissait toujours à la mort des souverains français : « Le roi est mort ! Vive le roi ! » Point donc de « L'empereur est mort ! Vive l'empereur ! ». Pourtant, avec la mort de son père, le roi de Rome devenait le chef de la dynastie impériale. Mais toujours aux mains des Autrichiens, cet aigle-là paraissait si loin de prendre son envol que personne ne pensa à lui. Une fois les premiers saluts au défunt achevés, un acte officiel de décès fut établi par l'officier de cour le plus capé, à savoir le grand maréchal, selon les formes prescrites par l'étiquette impériale. Une fois sa rédaction terminée, Bertrand le signa puis demanda à Montholon, second en grade au sein de la Maison, de faire de même. Accompagnés de Vignali et de Marchand, les deux hommes se retirèrent ensuite dans le parloir. Le testament allait être ouvert. Ne croyons pas cependant qu'il y avait là quelque précipitation intéressée. Il s'agissait simplement de connaître les dernières volontés du défunt concernant notamment ses obsèques avant de les communiquer au gouverneur. Après avoir brisé les cachets de cire scellant les documents, Montholon, Bertrand et Marchand furent officiellement reconnus comme exécuteurs testamentaires et un procès-verbal d'ouverture fut établi. Pour le moment, l'essentiel des clauses financières n'allait pas être divulgué afin d'éviter une éventuelle saisie anglaise. On attendrait d'être sur le bateau du retour pour en prendre connaissance. Seules les dispositions d'ordre général (« Je désire que mes cendres... ») ainsi que celles regardant l'argent dont disposait Napoléon à Sainte-Hélène seraient donc rendues publiques.

Dans le même temps, côté anglais, on ne se préoccupait guère du testament. On voulut d'abord être certain de la mort du prisonnier afin d'éviter toute mauvaise surprise. On ne sait trop laquelle, mais plus que jamais Lowe joua la prudence. En fin de soirée, l'officier d'ordonnance, flanqué des médecins Thomas Shortt et Charles Mitchell, vint s'assurer que le cadavre était bien froid. Après quelques palpations et examens d'usage, ils se retirèrent promptement comme gênés par leur intrusion. Sur ces entrefaites, une lettre signée par Montholon arriva à Plantation House : « L'empereur Napoléon est mort aujourd'hui [...] à la suite d'une longue et pénible maladie. J'ai l'honneur de vous en faire part. Il m'a autorisé à vous communiquer si vous le désirez ses dernières volontés. Je vous prie de me faire savoir quelles sont les dispositions prescrites par votre gouvernement pour le transport de son corps en Europe ainsi que celles relatives aux personnes de sa suite. » Envoyée dix minutes après la mort, cette missive était en réalité prête depuis plusieurs jours. Napoléon l'avait en effet dictée à Montholon, laissant bien entendu en blanc l'heure et la date de sa disparition prochaine. De bout en bout, il voulut donc tout contrôler jusqu'à rédiger lui-même son acte de décès. Malgré l'emploi du titre d'empereur dans cette lettre, Lowe n'osa cependant pas la renvoyer et la plia soigneusement avant de la ranger dans son secrétaire.

Grâce au remarquable système de signaux installé sur l'île, la nouvelle de la disparition du captif se répandit comme une traînée de poudre. Avant que l'on ne puisse rendre un dernier hommage au défunt, un délai de rigueur d'au moins six heures se devait d'être respecté comme il était d'usage afin d'être tout à fait certain de la mort d'un individu. Mais à Jamestown, le marquis de Montchenu s'inquiéta. Et si la suite de Napoléon profitait de ce moment creux pour répandre du poison dans la bouche du défunt afin de faire croire à un assassinat ? Sans attendre, Lowe le rassura en demandant à Arnott de rester près du défunt jusqu'à ce que l'on puisse le voir. Il était minuit passé quand le personnel de la Maison put enfin rendre le défunt plus présentable : « Nous enlevâmes le corps de la fange où il était et nous le posâmes sur l'autre lit de campagne. Nous commençâmes la triste et pénible opération du nettoiement. Nous osions à peine toucher le corps », témoigna ensuite Ali[2]. Noverraz fit en silence la barbe du défunt tandis que les autres serviteurs, les mains tremblantes, nettoyèrent le corps. Une fois celui-ci « rendu net » à l'aide d'eau de Cologne diluée, on lui passa une chemise propre, puis il fut remis dans son petit lit de campagne et recouvert jusqu'au menton d'un simple drap blanc. Avec respect, Vignali déposa un crucifix sur sa poitrine.

Le lendemain 6 mai, dès sept heures du matin, Hudson Lowe se présenta à la porte de Longwood. Il était suivi par son état-major, les membres du Conseil de l'île et l'inévitable marquis de Montchenu, seul commissaire étranger encore présent sur l'île. Avec cérémonie, ils furent conduits par Montholon et Bertrand jusqu'au salon où reposait l'empereur. Autour de sa dépouille se tenaient impeccablement droits et figés les valets Marchand, Noverraz, Ali et Pierron. En entrant, Lowe demanda au commissaire français s'il reconnaissait bien Napoléon. D'un signe de tête, celui-ci répondit par l'affirmative et prononça ces quelques mots : « Oui, je le reconnais. » Puis, le défilé des autorités se fit en silence. Ali témoigna dans ses *Souvenirs* de leur recueillement. Il dit aussi avoir aperçu quelques larmes, ce que l'on n'est pas obligé de croire. Après leur départ, d'autres visiteurs demandèrent à entrer. Parmi eux, le fournisseur aux vivres Ibbetson et le capitaine de frégate Marryat, tous deux dessinateurs plutôt doués à leurs heures perdues.

Ayant apporté avec eux feuilles et crayons, ils réalisèrent deux portraits de Napoléon sur son lit de mort aux styles fort différents. Ibbetson rendit un travail étonnamment stylisé, presque caricatural. Le décor de la pièce est oublié pour mettre en valeur un sujet principal croqué sur le vif, si l'on ose écrire, tout en rondeur. Quant à celui du capitaine, il est de composition plus classique, de médiocre facture mais jugé plutôt ressemblant, notamment par Bertrand. Tandis qu'ils agitaient leurs crayons, les deux Anglais s'enthousiasmèrent pour leur modèle : « Quelle belle tête ! Que les traits en sont majestueux », dirent-ils en chœur[3]. Si leurs remarques étaient fondées, le moins que l'on puisse dire est qu'ils ne rendirent point justice à celui qu'ils étaient en train de dessiner. Ce matin-là, ils ne furent cependant pas les seuls à admirer le visage du défunt : « La figure de l'empereur paraissait alors plus jeune qu'il n'était : il avait l'air d'avoir quarante ans », nota par exemple Bertrand[4]. Quant à Marchand, il écrira plus tard : « L'empereur avait sa figure de consul, [...] il ne paraissait pas avoir au-delà de trente ans[5]. » Même s'ils exagéraient sans doute, il est regrettable qu'aucune représentation ou moulage ne témoigne vraiment de ce qu'ils virent ou crurent voir le 6 mai au matin. Car ensuite son cadavre s'abîma, « vieillardé » par le temps selon Marchand. La « figure de consul » – si tant est qu'elle ait été vraiment observée – allait en effet bientôt disparaître.

Puis vint le temps de l'autopsie. Si aujourd'hui cette pratique est plutôt courante, en 1821 elle ne l'était point du tout, y compris pour les souverains, car réservée à des cas tout à fait exceptionnels, pour les victimes de meurtre par exemple. Comme personne ne soupçonna un quelconque homicide, pourquoi alors avoir voulu ouvrir le corps de Napoléon ? Cette décision fut prise d'abord à la demande du défunt lui-même. Quelques jours avant de mourir, il avait en effet demandé à Antommarchi de l'autopsier : « Après ma mort qui ne peut être éloignée, je veux que vous fassiez l'ouverture de mon cadavre ; je veux aussi que vous me promettiez qu'aucun médecin anglais ne portera la main sur moi. Si pourtant vous aviez indispensablement besoin de quelqu'un, le docteur Arnott est le seul qui vous soit permis d'employer. Je souhaite encore que vous preniez mon cœur, que vous le mettiez dans l'esprit-de-vin et que vous le portiez à Parme à ma chère Marie-Louise [...][6]. » Mais transmettre son cœur à l'impératrice ne fut point le plus important à ses yeux : « Je vous recommande, confia-t-il aussi au médecin corse, surtout de bien examiner mon estomac, d'en faire un rapport précis, détaillé, que vous remettrez à mon fils. » Tout au long de sa maladie, il s'était interrogé sur les causes de celle-ci. Si mourir ne l'effrayait pas, il se montra en revanche très curieux de comprendre ce qui lui arrivait. Comme s'il regardait sa propre mort avec détachement, en clinicien presque, pour que son exemple puisse servir ensuite.

Après des mois de souffrances, il se crut atteint de la même maladie que son père, mort en 1785 des suites d'une tumeur à l'estomac. S'inquiétant d'une possible transmission héréditaire, il demanda aussi à Antommarchi de faire tout son possible pour que son fils soit soigné préventivement : « Quoi qu'il en soit, conclut-il, je vous charge de ne rien négliger dans un tel examen, afin qu'en voyant mon fils, vous puissiez lui communiquer vos observations et lui indiquer les remèdes les plus convenables. » De leur côté, les médecins anglais étaient tout aussi désireux que lui de connaître la cause de sa mort, ne serait-ce que pour parfaire leur science. Ainsi pourraient-ils grâce à l'autopsie conclure le débat médical qui avait cours depuis plusieurs années : Napoléon souffrait-il du foie ou de l'estomac ? À Plantation House, Lowe souhaitait aussi que l'on puisse répondre à cette question, mais pour d'autres raisons que celles de ses médecins. S'il autorisa une autopsie, ce fut avant tout pour que l'on démontre qu'en aucun cas le climat de Sainte-Hélène ou l'humidité de Longwood n'avait joué un rôle dans la disparition de son prisonnier. En son for intérieur, il espérait surtout qu'aucune affection du foie, possiblement causée par les conditions de la captivité, ne soit diagnostiquée *post mortem*. Ce faisant, il prit un risque certain, mais estima qu'il valait mieux trancher une interrogation pendante depuis les premières constatations d'O'Meara plutôt que de laisser prospérer ensuite la polémique. Bien que divers, les enjeux autour de l'autopsie de Napoléon étaient donc d'une importance capitale. L'ouverture du corps devait en effet répondre à trois questions essentielles : la captivité avait-elle oui ou non tué l'empereur ? Napoléon souffrait-il de la même maladie que son père ? Et enfin, les médecins l'avaient-ils correctement soigné dans son exil ?

Le 6 mai à deux heures de l'après-midi, le corps de Napoléon fut transféré du salon à la salle de billard avant d'être déposé sur une table recouverte d'un drap et soutenue par des tréteaux. Dans la plus grande pièce de la maison, on ne pouvait presque plus bouger tant l'assistance était nombreuse. Dix-sept personnes attendaient en effet le difficile moment. Parmi elles, il y avait Bertrand, Montholon, Pierron, Marchand, Ali, Vignali et, bien sûr, Antommarchi. Resté auprès de son fils malade, à moins qu'il ne s'agisse là d'une excuse, Hudson Lowe se fit représenter par son second, Thomas Reade, qu'assistaient le major Harrison et le capitaine Crockat. Sept praticiens avaient été conviés : outre Arnott, Mitchell et Shortt, il y avait aussi les chirurgiens militaires Francis Burton, débarqué fraîchement sur l'île, George Rutledge, l'assistant d'Arnott, Matthew Livingstone, surintendant médical de l'île depuis 1820, et enfin Walter Henry qui appartenait au 66e régiment. Parmi les huit médecins présents, seuls deux, Antommarchi et Arnott, tiendraient le bistouri tandis que Henry était chargé de prendre des notes. Dans le plus grand silence, la délicate opération commença : « Le cadavre était gisant depuis vingt heures et demie. Je procédai à l'autopsie ; j'ouvris d'abord la poitrine », indiqua sobrement Antommarchi dans ses *Mémoires*[7]. On retenait probablement son souffle à cet instant : « Beaucoup d'anxiété a été ressentie au moment de vérifier la maladie qui avait causé le décès de Bonaparte », se souvint l'un des témoins, le docteur Henry[8]. On peut imaginer que ceux qui n'avaient jamais assisté à une autopsie fixaient de temps à autre leurs souliers vernis.

Dès la première incision, les chirurgiens remarquèrent une présence importante de graisse sur le sternum comme sur l'abdomen. Malgré son amaigrissement des derniers mois, Napoléon était encore « gras ». Les côtes furent ensuite écartées pour laisser apparaître les poumons. Ils furent jugés « sains » en dépit de la présence d'un « fluide rougeâtre » et d'une adhésion en plusieurs endroits de la plèvre[9]. Ensuite, ce fut au tour du cœur d'être examiné. De l'avis général, il sembla également normal quoiqu'un peu gros et entouré de graisse. Aucune cardiopathie ne fut donc observée. Puis le scalpel d'Antommarchi se dirigea vers l'abdomen, probable siège de la maladie. Le moment était important. D'emblée, le mauvais état de l'estomac fut une évidence : « On a trouvé, note le rapport anglais, que ce viscère était le siège d'une importante maladie. Une forte adhérence attachait toute sa surface supérieure, en particulier sur l'extrémité du pylore, à la surface concave du lobe gauche du foie ; et, en séparant les deux, on a découvert un ulcère qui avait pénétré les couches de l'estomac ; il était à un pouce du pylore, et assez grand pour permettre le passage du petit doigt. »

Sur ce point, il y eut unanimité de toutes les personnes présentes. L'estomac était aux deux tiers dans un « état horrible », écrivit aussi Reade[10]. Comme le soulignèrent Bertrand ou Ali, le « siège de la maladie » fut ainsi découvert. La cause principale du décès, l'ulcère, se révélait enfin : « En réalité, il est clair que Napoléon n'avait pas qu'un ulcère perforé bouché par le foie mais un grand nombre de petites ulcérations de la muqueuse gastrique, une vraie gastrite chronique ulcérative, précision essentielle pour expliquer et comprendre le décès de cet illustre patient ! En effet, un ulcère perforé bouché adhérant au foie ne saigne plus ; une fibrose cicatrise ses bords, ce qui explique la difficulté d'Antommarchi pour séparer le foie de l'estomac lors de l'autopsie[11] », analyse le docteur Goldcher. Mais en examinant l'estomac, les médecins présents pensèrent presque aussitôt à une autre maladie, le cancer : « La surface intérieure de l'estomac, dit encore le rapport anglais, et sur presque toute son étendue, était une masse de maladies cancéreuses, ou de parties squirreuses avançant vers un cancer, ce qui était particulièrement remarquable près du pylore. » Mais, on le sait, peu importait alors de savoir ce qui était réellement arrivé à son estomac du moment que l'on avait trouvé l'organe responsable de la mort. Et ce d'autant plus que la science de l'époque, vraiment confuse, était incapable de le déterminer. Le mauvais état de l'estomac de Napoléon fut un soulagement pour les Britanniques. En entendant les conclusions des médecins, Thomas Reade, l'adjoint de Lowe, respira sans doute un peu mieux. En effet, pour l'instant aucun lien ne pouvait être établi entre les conditions de la captivité et la mort de Napoléon. Mais restait encore à vérifier que le foie n'avait subi aucune atteinte, notamment hépatique.

Après plusieurs incisions, l'organe fut détaché du corps puis examiné avec la plus grande attention par l'assistance. À peine fut-il ôté que Shortt s'exclama : « Il s'est élargi. » Son aspect était-il donc suspect ? Les autres médecins n'étaient pas de son avis, pour eux sa taille semblait tout à fait normale. Mais Shortt persista dans son opinion première : « Il s'est élargi », répétait-il inlassablement. Son avis pouvait d'autant moins être ignoré qu'il était un praticien de grande réputation. Reconnu comme « physicien extraordinaire » et médecin en chef à Sainte-Hélène, sa parole pouvait semer le doute. Aussitôt, Reade comprit le danger de laisser subsister le moindre doute. À défaut d'unanimité sur l'état du foie de Napoléon, la controverse n'aurait pas manqué de surgir. Courroucé par l'opinion discordante de Shortt, Reade s'avança d'un pas décidé vers la table d'autopsie puis exigea que les médecins se mettent d'accord. Hormis Shortt, qui resta muet, tous redirent que d'après eux le foie ne présentait aucune anomalie. Devant l'irritation du second de Lowe, Antommarchi coupa d'autorité le foie en deux, puis affirma tout en le montrant : « Il est bon, parfaitement sain et sans rien d'extraordinaire[12]. » Tandis que l'on polémiquait, le cadavre continuait donc d'être découpé en petits morceaux. Après avoir replacé l'organe, Antommarchi estima toutefois qu'il paraissait être de « grande taille », ce qui évita d'humilier son collègue. Malgré l'hostilité de Reade, Shortt insista pour qu'il soit tout de même noté dans le rapport final que « le foie était peut-être plus grand que la normale », ce qui fut provisoirement accepté. Après l'intervention d'Antommarchi, la discussion au sujet du foie s'acheva pour le moment. Soulagé, Reade fit connaître aussitôt la bonne nouvelle à son supérieur : « Les comtes Bertrand et Montholon n'ont fait aucune observation au sujet du foie. L'estomac leur a été entièrement décrit et montré, et les messieurs du corps médical leur ont dit *que la partie du malade de l'estomac était la seule cause* ; ils se sont déclarés satisfaits. »

Tout à sa passion pour la recherche anatomique, Antommarchi voulut dans la foulée ouvrir le crâne de l'empereur pour disséquer son cerveau : « L'état de cet organe dans un homme tel que Napoléon, dit-il dans ses *Mémoires*, était du plus haut intérêt[13]. » Après plus d'une heure passée à jouer du scalpel dans le corps de Napoléon, on ne semblait plus pouvoir l'arrêter. Mais devant les protestations de Bertrand et de Montholon, horrifiés par cette « mutilation » inutile et sans doute quelque peu écœurés par tout ce qu'ils venaient de voir, il fut empêché de poursuivre : « On m'arrêta durement : il fallut céder », écrivit-il ensuite avec regret. Frustré, il remisa alors son scalpel, prit une aiguille et se mit à recoudre l'impériale dépouille. Quelques minutes plus tôt, le cœur et l'estomac avaient été placés chacun dans un vase d'argent rempli d'esprit-de-vin comme le souhaitait le défunt. Notons que le corps ne fut pas embaumé. Pour l'ensemble de l'assistance, l'autopsie ne révéla rien de criminel dans la mort de Napoléon, l'estomac étant assurément l'« assassin » que l'on recherchait. A chaud, que ce soit Ali, Marchand, Bertrand ou Montholon, tous répétèrent en chœur que cet organe était bien à l'origine de la mort prématurée de l'empereur.

Néanmoins, il y eut une fausse note dans ce concert stomacal : Antommarchi refusa de signer le procès-verbal d'autopsie anglais. Aucun désaccord médical ne fut à l'origine de sa décision puisque, dans son propre rapport rédigé à chaud, il parvint aux mêmes conclusions que ses collègues d'outre-Manche. En 1821, son refus de signer fut surtout motivé par le fait que le document évoquait « Napoléon Bonaparte » et non point « l'empereur Napoléon ». De surcroît, il était rédigé en anglais. Quatre ans plus tard, en 1825, oubliant un peu vite ses propres conclusions, il publia dans ses *Mémoires* un compte rendu d'autopsie largement remanié, certifiant notamment que le foie de Napoléon souffrait d'hépatite alors qu'en le découpant il l'avait trouvé parfaitement sain. On ne saurait apporter de crédit à cette publication ultérieure truffée d'inexactitudes, s'employant à travestir la réalité pour que son auteur nous apparaisse sous un meilleur jour. Elle doit donc être employée avec la plus grande prudence. Avec cette nouvelle version, Antommarchi tenta un peu maladroitement d'exagérer les maladies de Napoléon afin de prévenir toute critique sur ses maigres compétences : « Ainsi, relève justement Albert Benhamou, devant la postérité, Antommarchi jugea sans doute utile d'amplifier le cas pathologique de Napoléon en le déclarant malade d'hépatite chronique, de tuberculose, de calculs rénaux, et accessoirement, d'un cancer de l'estomac. Avec ce constat, comment lui, Antommarchi, aurait-il pu sauver l'illustre patient dans cette île-prison où l'on manquait de tout[14] ? »

Autre arrangement avec la vérité, assez mineur toutefois, la réécriture du rapport d'Henry par Hudson Lowe. En le lisant, celui-ci s'agaça franchement de la remarque de Shortt estimant que le foie de Napoléon « était peut-être plus grand que la normale ». La trouvant potentiellement dangereuse, car pouvant laisser croire que le prisonnier avait pu souffrir du foie et donc de la captivité, il insista lourdement pour que cette mention soit supprimée purement et simplement[15]. À reculons, le rapport fut ensuite légèrement remanié dans le sens voulu par le gouverneur. Cela ne changeait rien au fond, mais en faisant ôter ce passage considéré comme gênant, Lowe prêta une fois de plus inutilement le flanc à la critique. Si l'on excepte cette manœuvre particulièrement maladroite, les Anglais s'en tirèrent plutôt bien une fois l'autopsie terminée. Incontesté et incontestable, le résultat de cette opération fut une excellente nouvelle pour eux : « Il était bien pour Lowe que Napoléon ne soit pas mort du foie », confia par exemple Fanny Bertrand à Gorrequer[16]. Elle avait raison tant cette maladie de l'estomac leur épargna bien des controverses.

11

L'adieu au corps

Dès l'autopsie achevée, Lowe s'empressa de dicter une lettre à Lady Holland pour lui en communiquer les résultats. Avant même que Bathurst ne soit informé, il préféra donc s'adresser aux plus fervents partisans de l'empereur disparu pour leur communiquer les raisons du décès, dans le but évident de prévenir toute critique. Prenant prétexte de l'« intérêt compatissant que Votre Seigneurie a si constamment et si généreusement témoigné à l'homme remarquable qui a été si longtemps sous ma garde », il confessa avoir « saisi la première opportunité » pour lui écrire. Tout en se gardant bien d'entrer dans les détails, Lowe lui expliqua ainsi la mort de Napoléon : « Son père est mort de la même maladie, d'un squirre et d'un cancer à l'estomac, près de ce que l'on appelle le pylore[1]. » Pour assurer davantage encore ses arrières, il précisa aussi que tout avait été entrepris pour empêcher l'issue fatale et qu'aucune médecine n'aurait pu le sauver. Afin de ménager toute susceptibilité, il qualifia le défunt d'« homme remarquable », se gardant bien de l'appeler « général Bonaparte ». À l'évidence, le gouverneur ne pensait plus qu'à une seule chose : son retour en Angleterre, qu'il souhaitait aussi serein que possible.

Dans le même temps, à Longwood, après avoir recousu le corps de Napoléon au moyen d'une grosse aiguille, Antommarchi voulut emporter avec lui l'estomac qu'il venait d'ôter pour ensuite le montrer aux Bonaparte et ainsi attester de l'origine de la maladie. Mais Reade refusa sèchement. Il ne fut pas plus conciliant avec Mme Bertrand qui, elle, désirait prendre le cœur pour ensuite le remettre à l'impératrice Marie-Louise comme le disparu l'avait souhaité. Afin de les placer dans le cercueil, l'estomac fut enfermé dans une boîte à éponges prise dans l'un des nécessaires du défunt et le cœur dans une soupière en argent. Parmi les témoins présents, Ali fut le seul à affirmer qu'Antommarchi profita d'un moment d'inattention des Anglais pour subtiliser « d'une côte deux petits morceaux » qu'il donna ensuite à Vignali et Coursot[2]. Il est parfois affirmé qu'un bout d'intestin ou même le pénis – soi-disant minuscule – du grand homme furent également prélevés ce jour-là. Rien n'est moins sûr. Depuis deux cents ans, aucune certitude ne peut être avancée sur d'éventuels restes de Napoléon. Beaucoup de fantasmes, surtout concernant son sexe, alimentèrent livres et articles sans apporter de réelles preuves.

Il est en revanche certain que tous les participants présents à l'autopsie voulurent conserver un souvenir de ce moment mémorable ou tout simplement de l'« homme remarquable ». Ainsi commença un phénomène appelé à prendre de l'ampleur, celui de la relique napoléonienne. Son corps étant apparemment respecté, on s'attacha à recueillir des morceaux du drap sur lequel Napoléon avait reposé le temps que l'on ouvre son corps. Maculé de son sang, il fut déchiré puis distribué aux médecins comme à leurs témoins. Au moment de cette répartition pour le moins macabre, les Anglais furent les mieux servis selon Ali, qui affirma dans ses *Souvenirs* les avoir vus prendre la « plus grande partie ». Dans son rapport à Lowe, Reade ne dit pas un mot de cette première distribution de reliques, sans doute gêné par ce culte aussi soudain qu'inattendu. Une fois tout le monde en possession de son bout de drap, chacun repartit d'où il était venu à l'exception d'Antommarchi et de deux valets. Il resta aussi un Anglais, le docteur Rutledge, relevant son confrère Arnott, celui-ci étant fort éprouvé par ce qu'il avait vécu les jours précédents. Avec l'aide de Marchand, Antommarchi mesura l'empereur. Il constata par exemple que son embonpoint avait fort diminué, conséquence logique de sa maladie de l'estomac. En taille, il atteignait presque 1,69 mètre, ce qui faisait de lui un homme plutôt grand pour son époque, contrairement à ce qu'avait toujours prétendu la propagande anglaise. Après avoir été finement étudié, Napoléon fut ensuite rhabillé de pied en cap. On lui passa son uniforme bien connu de colonel de la Garde. Puis, avec le plus grand soin, sa plaque de la Légion d'honneur et deux médailles (Légion d'honneur et Couronne de fer) furent épinglées sur son habit vert. Aux pieds, on lui chaussa ses bottes à l'écuyère, puis il fut coiffé par son traditionnel bicorne à cocarde tricolore.

Ensuite, le défunt retrouva le lit de campagne dans lequel il avait agonisé et que l'on avait installé dans l'ancien cabinet de travail transformé pour l'occasion en chapelle ardente. Sur les murs de la pièce avaient été installés des tentures noires ainsi que du drap violet. Près du corps, on déposa l'épée d'Austerlitz ainsi que le manteau dit de Marengo. Pour compléter le funèbre tableau, un crucifix en argent fut pieusement déposé sur le torse de Napoléon. Après une messe célébrée par l'abbé Vignali, on décida d'ouvrir les portes de Longwood à tous ceux qui désiraient lui rendre un dernier hommage. Allaient-ils être nombreux ? Dès les premiers instants de l'ouverture de la maison, la réponse ne tarda pas. Sous l'autorité du capitaine Crockat défila en effet une foule recueillie : « Dès que la permission avait été connue des soldats, écrivit Ali, le travail cessé, tous avaient voulu voir le grand homme, le grand Napoléon ; c'est ainsi que les soldats appelaient l'empereur. Tant qu'il fit jour, les appartements ne désemplirent pas[3]. » Soldats ou marins, parfois accompagnés de leurs familles, se pressèrent en effet pour voir le corps du disparu. D'après Ali et Marchand, une réelle émotion se lisait sur le visage de ces très nombreux visiteurs. Après un signe de croix, plusieurs s'agenouillèrent devant la dépouille. Un officier anglais aurait même dit à l'enfant qu'il tenait par la main : « Viens, viens voir le Grand Homme, le grand Napoléon ! » Au soir du 6 mai 1821, le grand maréchal consigna ces quelques lignes dans ses *Cahiers* : « Le public entrait, quatre, six ou dix personnes à la fois, et se retirait après quelques minutes. Le plus grand nombre a pris la main de l'empereur. Plusieurs femmes ou officiers n'ont pu retenir leurs larmes[4]. »

L'un des médecins présents, sans doute Rutledge, sortait de temps à autre de sa boîte l'estomac de l'empereur. Drôle de démonstration. Voulait-on encore dissiper quelques derniers doutes sur cette mort néanmoins un peu soudaine ? Beaucoup de ceux qui défilèrent devant le corps purent ainsi constater à quel point l'organe malade était abîmé, comme perforé. Entre cinq et neuf heures du soir, des dizaines de militaires vinrent à Longwood. Simple curiosité ou réelle admiration ? Difficile de trancher, même si on peut penser qu'à l'instar de l'enseigne de vaisseau Darroch, une véritable et sincère fascination anima bien des cœurs anglais : « J'ai contemplé son corps exposé. Ce fut un bien mélancolique spectacle. [...] Le comte Bertrand, tout de noir vêtu, se tenait à la tête du lit. Le prêtre était agenouillé à ses côtés et un serviteur, le seul personnage de l'entourage qui donnât signe de vie, agitait un chasse-mouches. La physionomie du défunt était sereine et placide, mais, bien sûr, un peu creusée. Ses traits étaient beaux et fiers, ses mains petites et délicates, d'une très belle nuance. [...] J'aurais pu rester des heures à le contempler, prendre sa main et la baiser ; mais je pouvais à peine respirer[5]. » Très impressionné, il n'osa donc pas le toucher, ce qu'il regretta dès sa sortie de la chapelle. Mais, étant à nouveau de garde le lendemain, il fut plus courageux et enfin put prendre dans la sienne « cette main que des rois avaient baisée et qui avait fait trembler tant de monde ». Après l'avoir serrée un long moment, il se retira admiratif et bouleversé. Puis il revint encore une troisième fois, c'est dire son amour pour le disparu, restant à nouveau un long moment au pied du lit. Incommodé toutefois par l'odeur du cadavre, il s'éclipsa sans bruit pour ne plus jamais réapparaître.

Parmi ceux qui visitèrent l'empereur disparu, il y eut également beaucoup de curieux, dont le lieutenant Oakley du 20e régiment : « Vers neuf heures du matin [le 6 mai], témoigna-t-il, le brigadier-major est arrivé au camp de Deadwood pour annoncer au commandant (le major Jackson) que les officiers du régiment recevront la permission d'aller voir la dépouille entre quatre et six heures du soir. À l'heure donnée, j'ai marché vers Longwood avec un ou deux de mes compagnons officiers, la distance de notre camp étant peut-être d'un demi-mile à vol d'oiseau. À notre arrivée sur place, nous avons trouvé l'endroit déjà bondé d'officiers de l'armée, de la marine et de personnes respectables de l'île ; les uns se sont réunis par groupes en face de la maison, et d'autres se sont promenés à travers les petits jardins qui avaient été aménagés sous la direction de l'empereur lui-même[6]. » Enfin, il put déambuler aussi dans les jardins d'un prisonnier qu'il n'avait aperçu comme beaucoup d'autres que de loin. Tout en admirant les massifs de fleurs, le lieutenant ne se promena toutefois point l'esprit tranquille, comme si ce domaine restait interdit pour lui et les siens. Il dira en effet avoir été envahi par un « sentiment de crainte révérencielle ». Par-delà la mort, Napoléon impressionnait donc toujours, continuant d'habiter de sa présence les lieux où il avait séjourné plus de cinq ans. Le 7 mai, les civils furent également autorisés à faire leurs adieux au célèbre captif. Mais pour le peuple, le chemin vers la maison de l'empereur s'arrêta au premier poste de garde du plateau. Que craignait-on ? Peut-être était-il temps d'en finir avec ce défilé ininterrompu de gens s'inclinant devant la dépouille de l'empereur. Seuls quelques notables purent le voir. Propriétaire d'Orange Grove, une maison située à Prosperous Valley, qu'Hudson Lowe avait un temps envisagé de louer pour Napoléon, l'excentrique célibataire Miss Mason, connue sur l'île pour se déplacer à califourchon sur un bœuf, fit par exemple le déplacement. Proche des Français, elle tint elle aussi à saluer une dernière fois le prisonnier. Dans ses *Mémoires*, Marchand se souvient l'avoir vu admirer la main du défunt, la serrer dans les siennes avant de s'éloigner les joues très humides.

Tous les témoignages s'accordent pour dire que ces journées de mai 1821 furent empreintes de tristesse comme de recueillement. Mais la mort de Napoléon ne fut-elle pas aussi la délivrance qu'une grande partie de sa suite attendait depuis longtemps ? Il ne semble pas. Même chez Fanny Bertrand, pourtant si désireuse de quitter le rocher, les premiers moments de deuil furent apparemment douloureux. L'enseigne Darroch, qui resta quelques instants auprès d'elle, laissa ce témoignage : « Dans la seconde [pièce], se tenait la comtesse Bertrand, très pâle, l'air terriblement éprouvé, les yeux rouges et gonflés. [...] Elle nous dit qu'elle n'avait pris aucun repos depuis six jours et six nuits[7]. » Pour les Anglais, cette disparition fit sans doute naître une foule de sentiments plus ou moins mêlés, du soulagement discret au recueillement presque fervent. En tout cas, il est indéniable qu'ils firent preuve du plus grand respect. Mais si les Français comme les militaires anglais espéraient un départ rapide, les habitants de l'île pouvaient en revanche craindre des lendemains plus difficiles, une fois les troupes britanniques parties : « Quel changement, écrivit également Darroch, va apporter à cette île la rupture du fil de son existence ! Les gens qui avaient constitué des stocks de marchandises pour la troupe n'en auront plus l'utilité et ne pourront les vendre. Les chevaux qui coûtent aujourd'hui soixante-dix livres ne se vendront plus que dix. Les baraques que nous avions dû construire pour loger nos domestiques, et qui ont coûté de six à dix livres chacune, ne servent plus à rien car cette partie de l'île sera inhabitable après notre départ ; de sorte que tout le monde sera plus ou moins affecté par l'effet de sa mort[8]. » On pouvait en effet être inquiet pour l'économie de l'île puisque sous peu partiraient 2 000 hommes des 20e et 53e régiments, l'état-major de Lowe ainsi que nombre de marins. Néanmoins, la reprise bientôt totale du commerce maritime pouvait laisser espérer un mieux de ce côté-là.

La mort de Napoléon fut cependant à l'origine d'une dernière affaire pour l'un des propriétaires de l'île, un dénommé Richard Torbett. Ce commerçant réputé était le propriétaire d'un terrain situé sur l'un des versants du « Bol de punch du diable », appelé Sane Valley ou le val du Géranium, que Napoléon avait désigné comme lieu possible d'enterrement si d'aventure ses cendres ne pouvaient être rapportées en Europe. Dès le lendemain de la disparition, Montholon et Lowe discutèrent des dernières volontés du défunt. Chez le second, toute angoisse semblait s'être évanouie depuis que le « méchant voisin » avait trépassé et surtout depuis que l'autopsie avait révélé que sa mort n'avait aucun lien avec le climat de l'île. Sous pression depuis cinq ans, l'homme parut soulagé d'en avoir terminé avec une mission plus que délicate à mener. Mais, un ordre restant un ordre, il refusa de rapatrier le corps en Europe comme l'avait souhaité son prisonnier. Après quelques protestations, le général français lui demanda s'il était possible d'inhumer Napoléon dans la vallée du Géranium. Sans hésiter, Lowe acquiesça, louant aussitôt à Torbett son terrain pour 50 livres à l'année. Ne regardant pas à la dépense, il lui donna aussi la somme fort appréciable de 650 livres pour le dédommager par avance des éventuels inconvénients qui pourraient naître ensuite. Dès le 7 mai, des soldats du 20e commencèrent à creuser dans la terre humide de la petite vallée. Une fois la fosse creusée, un mur fut érigé pour retenir la terre et des dalles posées dans le fond. Un solide ouvrage de maçonnerie fut également conçu pour protéger le repos de l'empereur. En à peu près deux jours, une tombe allait être construite. Mais avant d'y laisser reposer Napoléon, une dernière opération restait à effectuer, le moulage de son visage, et une dernière question devait être tranchée : quel nom devait-on inscrire sur la pierre tombale ?

12

La première tombe

Avant que le défunt ne soit mis en bière dans la soirée du 7 mai, on s'appliqua enfin à réaliser un moulage du visage de l'empereur réclamé par les uns et les autres depuis au moins deux jours. L'opération ne fut pas aussi facile qu'espéré au point de susciter la polémique depuis deux siècles. Entre vrais et faux masques, on se perd en effet en conjectures tant une grande confusion régna à la veille de l'enterrement[1]. Si Français et Anglais étaient d'accord pour qu'un masque mortuaire soit réalisé, ils se heurtèrent à une difficulté de taille : le plâtre faisait défaut sur le rocher. Pour pallier ce manque, le docteur Burton eut alors l'idée de faire chauffer du gypse de Sainte-Hélène pour obtenir un succédané de plâtre. Avec cette matière pour le moins malcommode, le médecin prit dans l'après-midi une empreinte du visage et même du crâne tout entier. Mais en deux jours, les traits du défunt s'étaient creusés, Napoléon ressemblant de moins en moins au général Bonaparte. La figure de l'empereur était ainsi « toute défigurée et exhalait une mauvaise odeur », nota avec regret le grand maréchal[2]. Pendant que Burton s'évertuait à appliquer du gypse calciné sur la tête froide, Antommarchi lui refusa son aide, estimant qu'il ne parviendrait jamais à réaliser une empreinte correcte. Puis, pressé par Mme Bertrand, il changea d'avis et mit finalement lui aussi, pour ainsi dire, la main à la pâte.

Une fois la prise d'empreinte terminée, on put passer à la mise en bière. Pour préserver le corps, quatre cercueils furent construits sous les ordres du tapissier Andrew Darling : le premier, celui qui accueillerait le corps, était en fer garni de satin et de coton, le deuxième en bois, le troisième en plomb et le quatrième en bois d'acajou. Pour fabriquer ce dernier, on fut obligé de découper en planches la table d'un officier anglais, cette variété de bois n'existant pas sur l'île. Tandis que l'on s'affairait autour de l'empereur pour mouler tant bien que mal un masque mortuaire, Darling s'impatientait. En entrepreneur pressé, on avait déjà perdu selon lui bien trop de temps « à cause du défilé de gens de toutes conditions et du retard occasionné par le moulage ». Il était temps d'en finir avant que la nuit ne tombe et que ses employés ne veuillent regagner leurs pénates. Mais, dans l'entourage de Napoléon, on ne semblait guère pressé de voir ainsi disparaître l'empereur. Après quelques hésitations, le corps fut cependant installé dans le cercueil en fer blanc. Celui-ci étant un peu étroit, on fut obligé d'enlever son bicorne à Napoléon pour le déposer sur ses genoux. Ensuite, la soupière comme la boîte en argent contenant le cœur et l'estomac furent scellées et placées à leur tour. Puis furent déposés, toujours dans le même cercueil, de la vaisselle en argent, un vase, un couvert et une assiette aux armes impériales ainsi que plusieurs pièces de monnaie françaises et italiennes, quinze exactement, toutes à l'effigie du défunt. Comme si l'empereur ne pouvait s'en aller sans emporter avec lui quelques reliques de son règne disparu.

Devant Marchand, Ali et Bertrand, le cercueil en fer fut soudé avant d'être emboîté dans celui en bois. On planta aussitôt après plusieurs clous pour le fermer à son tour. Le tout fut placé ensuite dans la troisième bière, celle en plomb, qui fut soudée hermétiquement. À la nuit tombée, on s'interrompit. Le quatrième et dernier cercueil, celui en acajou, le plus présentable, ne fut apporté à Longwood et fermé qu'au matin suivant après que l'on y eut placé les trois premiers[3]. Ainsi mis à l'abri, le corps de Napoléon allait être remarquablement préservé : « On a dit que l'air ne pénétrant pas, cela se conserverait des siècles », témoigna par exemple Bertrand dans ses *Cahiers*[4]. C'était en effet le but. En 1840, quand tous les cercueils furent ouverts avant le transbordement des cendres à bord de la *Belle-Poule*, tous les témoins présents lors de l'ouverture du cercueil, notamment Bertrand et Marchand, constatèrent à quel point le cadavre avait été épargné par les outrages du temps.

La journée du 8 mai 1821 débuta par l'une des dernières messes à Longwood de l'abbé Vignali. Après l'office, en présence d'Antommarchi, le docteur Burton coula du plâtre grossier dans l'empreinte mortuaire prise la veille. Un buste complet fut alors moulé en deux parties, visage et nuque, avant d'être mis à sécher sur la cheminée du salon. Le médecin anglais commit là une première erreur en le laissant ainsi exposé à toutes les convoitises. Puis, seconde erreur, il détruisit l'empreinte originale, ce qui empêchait désormais de fabriquer un autre buste s'il survenait un problème avec le premier. Or, deux jours plus tard, quand Burton revint à Longwood pour récupérer son masque sur la cheminée, il découvrit avec surprise qu'il ne restait plus que le moulage de la nuque, du bas du visage et des oreilles. Où était donc passé le reste ? Après enquête, Mme Bertrand avoua l'avoir pris pour ensuite le remettre à Madame Mère lorsqu'elle rentrerait en Europe. En vérité, le coupable du vol était Antommarchi. Après avoir subtilisé l'essentiel du visage, il fut cependant obligé ensuite de mouler de mémoire ce qui manquait s'il voulait disposer d'un masque complet. Assisté par un jeune peintre anglais nommé Rubidge, de passage sur l'île, il fit ce travail aussi imparfait que choquant. Le masque ainsi obtenu est connu sous le nom de « masque Antommarchi ». Malgré son caractère contestable, il fut reproduit à grande échelle en plâtre ou en bronze dans les années qui suivirent. Il n'est ainsi pas difficile d'en retrouver un exemplaire dans les musées de France ou d'ailleurs. Fou de rage, car s'estimant lésé, Burton essaya de récupérer ce qu'il considérait être son bien, intentant même un procès en Angleterre contre les Bertrand, mais il fut débouté.

Avant que le feuilleton du masque ne se poursuive aussi tristement, la journée du 9 mai fut consacrée aux obsèques. À dix heures précises, l'abbé Vignali célébra une dernière messe dans la chapelle ardente. Une heure plus tard, Lowe arriva à Longwood en grand équipage pour assister à la cérémonie funèbre. Avant midi, les lourds cercueils quittèrent Longwood emportés avec peine par huit solides grenadiers du 20e régiment avant d'être déposés dans un corbillard fraîchement repeint en noir. Après cette digne sortie, une lente procession débuta. En tête du cortège marchaient l'abbé Vignali et le jeune Henry Bertrand, suivis par les docteurs Antommarchi et Arnott. Ils précédaient le corbillard tiré par quatre chevaux et entouré par douze grenadiers. Derrière lui se trouvaient la suite de l'empereur en tenue de deuil, l'un des chevaux du défunt mené par la bride par Archambault, une calèche à deux chevaux emmenant Fanny Bertrand et ses enfants, le gouverneur, le marquis de Montchenu et son secrétaire, l'état-major de Lowe au grand complet ainsi qu'une petite foule de civils ayant voulu accompagner Napoléon jusqu'à sa dernière demeure.

Quand l'enceinte de Longwood fut dépassée, le corps du défunt reçut les hommages des fantassins des 20e et 66e régiments rangés en ordre de bataille : « Soldats et officiers sont dans l'attitude de la tristesse, se souvint Ali, de la réflexion, de la méditation ; les premiers ont le bout du canon du fusil à terre ; les seconds, la poignée du sabre à la hauteur du menton, la lame en bas et, je crois, la main gauche au shako. Les tambours sont couverts de crêpes ; les drapeaux en deuil et déployés s'inclinent au passage du char[5]. » Deux mille hommes de troupe furent ainsi rassemblés : « Pendant la marche, précisa plus tard Marchand, le vaisseau amiral et les forts tirèrent de minute en minute et les musiques de chaque arme jouaient quand le cortège passait devant elles ; les airs lugubres ajoutaient à la tristesse de cette cérémonie[6]. » Pour la cérémonie, le lieutenant Charles McCarthy du 66e composa par exemple une marche funéraire aux accents militaires et qui fut vraisemblablement jouée au passage du cercueil. Du 5 au 10 mai, les témoignages de respect et même d'admiration émanant de la troupe britannique se multiplièrent. Dès le 6 mai, Lowe avait décidé d'organiser les funérailles de son prisonnier comme s'il s'agissait de celle d'un officier général. Pour ne pas froisser les Français de Longwood, Napoléon eut ainsi droit à un enterrement de première classe sans que personne puisse reprocher à Lowe d'en avoir trop fait. Par-delà la mort, une singulière comédie continuait de se jouer. Dès lors, les apparences restaient sauves, ce qui était l'essentiel. Ajoutons aussi que compte tenu des moyens dont il disposait, hormis tirer quelques coups de canon supplémentaires, Lowe ne pouvait guère faire mieux.

Concernant les obsèques, une autre question avait été tranchée peu de temps avant l'inhumation : quel nom devait-on graver sur la pierre tombale ? D'emblée, le gouverneur se montra partisan de ne rien inscrire : « Je pense que vous ne voulez pas mettre d'inscription sur le tombeau, parce qu'il faudrait mettre des titres et que je ne puis le permettre », expliqua-t-il à Montholon et Bertrand[7]. En réponse, les deux officiers firent la suggestion suivante : « Napoléon né en – mort en – ». Mais ce seul nom que Lowe avait toujours proscrit ne pouvait être possible : « Je ne puis pas permettre qu'on mette Napoléon seulement, il faut mettre Napoléon Bonaparte. » Devant l'impossibilité de s'entendre, on en revint à la solution de l'anonymat. Jusqu'au bout, sur cette question du nom, les positions restèrent donc figées. Néanmoins, sur le registre des décès de la paroisse de Saint-James de Jamestown, le révérend Boys inscrivit à la date du 5 mai : *« Napoleon Buonaparte, late emperor of France »*. Personnage singulier et dérangeant, le chef de l'Église anglicane ne perdait jamais une occasion pour agacer en haut lieu. Avec cet ultime pied de nez à Hudson Lowe, il confirma une nouvelle fois sa réputation.

Il était environ midi quand le cortège parvint à Hutt's Gate. Sur le bord du chemin, Lady Lowe et sa fille en tenue de deuil attendaient le convoi pour s'y mêler. On se dirigea ensuite vers Jamestown en empruntant la route de crête. Parvenu près du chemin menant au val du Géranium, on quitta la grande route pour descendre vers la tombe. Le corbillard ne pouvant aller plus loin, le corps fut ensuite porté par des soldats anglais sur près de 200 mètres. À cause du poids des cercueils, des grenadiers du 20e, du 66e ainsi que des marins de l'escadre se relayèrent pour éviter tout incident. Parvenus près de la sépulture, les restes de Napoléon furent déposés sur deux planches placées en travers de l'ouverture de la tombe. L'émotion était vive. Le moment de l'adieu approchait. Une ultime fois, la voix de Vignali résonna près de l'empereur. Il récita des prières avant de bénir le caveau. Avant que le corps ne soit descendu, le gouverneur demanda à Bertrand et Montholon s'ils désiraient prononcer quelques mots. Devant leur refus, il donna l'ordre d'ensevelir le captif. Immédiatement après, les cordes et les poulies installées pour descendre la dépouille furent actionnées. Tandis que Napoléon était porté en terre, l'artillerie tira trois salves de quinze coups chacune. Au loin, on entendait toujours d'autres canons, ceux des forts et du vaisseau amiral qui depuis onze heures rythmaient minute après minute la cérémonie. Dans ce vacarme couvrant le bruit des sanglots, le corps disparut en quelques minutes. Puis la fosse fut fermée par une lourde dalle rapidement scellée par des ouvriers maçons. Après cet adieu, on se sépara en silence.

Quelques jours plus tard, le 13 mai, l'enseigne de vaisseau Darroch revint près de la tombe : « Il est presque neuf heures. Le vent souffle furieusement à travers le "Bol de punch" et tambourine sur la tombe du pauvre Napoléon. J'ai une sentinelle qui déambule de chaque côté pour s'emparer de lui s'il se lève [*sic*]. Le travail n'est pas terminé : on a couvert la tombe d'une espèce de porte recouverte de drap noir. Deux des Français sont venus aujourd'hui lui rendre visite. Ils déploraient amèrement sa perte. L'un d'eux me demanda un morceau du saule qui ombrage la tombe ; je n'ai pas pu refuser à ce vieux serviteur. Tous deux se le partagèrent et le mirent dans le fond de leur chapeau, en me remerciant avec chaleur et en déclarant que ces reliques étaient plus précieuses pour eux que des couronnes d'or. Puis ils burent de l'eau à sa fontaine[8]. » Avant de rentrer en Europe, ils furent nombreux à vouloir emporter un objet fétiche, un souvenir de la captivité ou du grand homme. Largement partagé, cet amour pour la relique napoléonienne toucha même le gouverneur. Quelques jours plus tôt, le 6 mai, en présence du cadavre froid de son prisonnier, il avait prononcé ces quelques mots : « Et voilà, messieurs, c'était le plus grand ennemi de l'Angleterre, et le mien, mais je lui pardonne tout. À la mort d'un grand homme comme lui, on ne doit éprouver que regret et recueillement[9]. » Cette déclaration solennelle sonne un peu faux et semble de pure convenance. Peut-être éprouva-t-il néanmoins une sincère admiration pour celui qui l'avait tant malmené. Avant son départ le 25 juillet 1821, il acheta en toute discrétion et à un prix modique du mobilier ayant été utilisé par Napoléon : une table de bibliothèque, une petite table, deux corps de bibliothèque et un fauteuil. Ces meubles représentaient à ses yeux des « reliques d'un caractère vraiment extraordinaire[10] ». L'imitant, son secrétaire Gorrequer prit aussi d'autres objets sans vraiment demander la permission. Comme si ces deux hommes n'osaient afficher une sorte de passion inavouable. *In fine*, eux aussi n'avaient donc pas pu résister à l'attrait de l'« homme remarquable », selon la propre expression de Lowe. Quelle amère défaite pour le gouvernement britannique ! Cette captivité à Sainte-Hélène devait être le début de l'oubli pour Napoléon. Ce fut tout le contraire. Le prisonnier de l'Europe avait eu raison de toujours espérer en ses chances et de continuer à caresser des rêves de gloire. En 1840, il reviendrait de son île perdue plus grand que jamais.

NOTES

Prologue

1. Las Cases, *Le Mémorial de Sainte-Hélène. Le manuscrit retrouvé*, Paris, Perrin, 2018, p. 69.
2. « Dieu ne saurait avoir voulu un contrepoids à sa volonté infinie, surtout pour des actes tels que celui-ci. Et qu'est-ce après tout ? Vouloir lui revenir plus vite », *ibid.*

Première partie
Départs

1
Une folle journée

1. Fleury de Chaboulon, *Mémoires*, Londres, John Murray, 1820, t. II, p. 197.
2. Emmanuel de Waresquiel, *Fouché. Les silences de la pieuvre*, Paris, Tallandier/Fayard, 2014, p. 560.
3. Fleury de Chaboulon, *Mémoires*, *op. cit.*, p. 210.
4. *Ibid.*
5. Voir notre ouvrage *Le Prix de la gloire. Napoléon et l'argent*, Paris, Fayard, 2007, p. 70.
6. Gourgaud, *Journal intégral*, Paris, Perrin, 2019, p. 569.
7. *Ibid.*, p. 217.
8. Jean-Paul Bertaud, *L'Abdication, 21-23 juin 1815*, Paris, Flammarion, 2011, p. 137.
9. *Ibid.*, p. 166.
10. Lavalette, *Mémoires et souvenirs*, Paris, Mercure de France, 1994, p. 352.
11. Jean-Paul Bertaud, *op. cit.*, p. 186.
12. *Ibid.*, p. 192.
13. Fleury de Chaboulon, *Mémoires*, *op. cit.*, t. II, p. 230.

2
« Qu'il parte ! »

1. *Ibid.*, p. 252.
2. Fouché, *Mémoires*, Paris, Éditions Jean de Bonnot, 1966, p. 428.
3. Pierre Charrier, *Le Maréchal Davout*, Paris, Nouveau Monde éditions, 2005, p. 736-737.
4. *Ibid.*, p. 737.
5. *Mémoires de la reine Hortense*, Paris, Plon, 1927, t. III, p. 24.
6. Fleury de Chaboulon, *Mémoires*, *op. cit.*, t. II, p. 284.
7. *Ibid.*
8. Lieutenant général comte Beker, *Relation de la mission du lieutenant général comte Beker auprès de l'empereur Napoléon*, Clermont-Ferrand, Perol, 1841, p. 27.
9. Charles-Éloi Vial, *Le Dernier Voyage de l'empereur*, Paris, Vendémiaire, 2015, p. 51.
10. *Ibid.*, p. 71.
11. Savary, *Mémoires*, Paris, Bossange, 1829, t. VIII, p. 172.
12. Beker, *Relation…*, *op. cit.*, p. 40.
13. *Ibid.*, p. 39.
14. *Ibid.*, p. 43.
15. Peyrusse, *Mémorial et archives*, Carcassonne, 1869, p. 399.
16. Planat de la Faye, *Vie de Planat de la Faye*, Paris, 1895, p. 219.
17. Beker, *Relation…*, *op. cit.*, p. 62.
18. Planat de la Faye, *Vie…*, *op. cit.*, p. 220.

3
Partir en majesté

1. Une Maison regroupe traditionnellement les serviteurs et éventuellement les gens de cour au service d'une personne, voire d'une famille, et ne doit pas être confondue avec le sens traditionnel du mot « maison », le logis, la demeure. Fondée en 1804, la Maison de l'empereur s'inspira de la défunte Maison du roi sans la recopier tout à fait. Dans ce domaine comme dans bien d'autres, Napoléon innova, créant une institution à sa main, privilégiant l'efficacité à la dorure inutile. Elle devint l'un de ses instruments de pouvoir, mais aussi son principal cadre de vie. Voir notre ouvrage *Napoléon et ses hommes. La Maison de l'empereur 1804-1815*, Paris, Fayard, 2011.
2. Planat de la Faye, *Vie…*, *op. cit.*, p. 226.
3. Peyrusse, *Mémorial*, *op. cit.*, p. 400.
4. Marchand, *Mémoires de Marchand, premier valet de chambre et exécuteur testamentaire de l'empereur Napoléon*, publiés d'après le manuscrit original par Jean Bourguignon, t. I : *L'Île d'Elbe. Les Cent-Jours*, Paris, Plon, 1952, p. 178.
5. Pour la liste complète, voir Charles-Éloi Vial, *Le Dernier Voyage de l'empereur*, *op. cit.*, p. 84.
6. Fleury de Chaboulon, *Mémoires*, *op. cit.*, t. II, p. 299.
7. Charles-Éloi Vial, *Le Dernier Voyage de l'empereur*, *op. cit.*, p. 86.

8. Beker, *Relation…*, *op. cit.*, p. 64.
9. Marchand, *Mémoires*, *op. cit.*, t. I, p. 190.
10. Savary, *Mémoires*, *op. cit.*, t. VIII, p. 198.
11. Beker, *Relation…*, *op. cit.*, p. 77.

4
Une dernière aventure ?

1. Maitland, *Relation du capitaine Maitland*, Paris, Baudouin Frères, 1826, p. 19.
2. Beker, *Relation…*, *op. cit.*, p. 91.
3. *Ibid.*, p. 23.
4. Cité par Jacques Jourquin, « Les projets d'évasion de Napoléon et le rôle de Victor Besson », *Revue du Souvenir napoléonien*, juillet-septembre 2015, n° 504, p. 15.
5. Comtesse de Montholon, *Souvenirs de Sainte-Hélène*, Paris, Émile Paul, 1901, p. 34.
6. Jacques Jourquin, « Les projets d'évasion de Napoléon et le rôle de Victor Besson », art. cité, p. 16.
7. Beker, *Relation…*, *op. cit.*, p. 116.
8. *Rapport du sous-commissaire Pickôme*, Bibliothèque Thiers, Fonds Masson, Ms. 8, fol. 76.
9. Pour le récompenser de son dévouement, l'empereur gratifia Besson d'un splendide fusil de chasse appartenant aujourd'hui aux collections de la Fondation Napoléon.
10. Cité par Thierry Lentz, *Joseph Bonaparte*, Paris, Perrin, 2016, p. 458.

5
Les ruses d'un capitaine

1. Maitland, *Relation…*, *op. cit.*, p. 29-30.
2. *Ibid.*, p. 31.
3. *Ibid.*, p. 28.
4. Gilbert Martineau, *Napoléon se rend aux Anglais*, Paris, Hachette, 1969, p. 139.
5. Maitland, *Relation…*, *op. cit.*, p. 31.
6. Las Cases, *Le Mémorial de Sainte-Hélène. Le manuscrit retrouvé*, *op. cit.*, p. 52.
7. Gilbert Martineau, *Napoléon se rend aux Anglais*, *op. cit.*, p. 139.
8. *Ibid.*, p. 36.
9. Las Cases, *Le Mémorial de Sainte-Hélène. Le manuscrit retrouvé*, *op. cit.*, p. 51.
10. Savary, *Mémoires*, *op. cit.*, t. VIII, p. 230.
11. *Ibid.*, p. 231.
12. Sur cet épisode, voir notre ouvrage *La Saga des Bonaparte*, Paris, Perrin, 2018, p. 101-106.

13. Gourgaud, *Journal intégral*, *op. cit.*, p. 17.
14. *Mémoires de la reine Hortense*, *op. cit.*, p. 24.
15. Marchand, *Mémoires*, *op. cit.*, t. I, p. 204.
16. Beker, *Relation…*, *op. cit.*, p. 111.
17. Lettre du 12 juillet 1815, Bibliothèque Thiers, Fonds Masson, Ms. 8, fol. 57.
18. Comtesse de Montholon, *Souvenirs…*, *op. cit.*, p. 10.

6
L'aveugle reddition

1. Paul Ganière, *Napoléon à Sainte-Hélène*, Paris, Le Livre contemporain, 1957, t. I, p. 362.
2. Maitland, *Relation…*, *op. cit.*, p. 38.
3. *Ibid.*, p. 40-41.
4. Lettre du 14 juillet 1815 à huit heures du soir, Fonds Masson, Ms. 8, fol. 104.
5. Maitland, *Relation…*, *op. cit.*, p. 45.
6. Beker, *Relation…*, *op. cit.*, p. 117.
7. Gourgaud, *Journal intégral*, *op. cit.*, p. 18.
8. Savary, *Mémoires*, *op. cit.*, t. VIII, p. 236.
9. Notes du capitaine Philibert, Bibliothèque Thiers, Fonds Masson, Ms. 8, fol. 67.
10. Voir notre ouvrage *La Guerre secrète de Napoléon. Île d'Elbe 1814-1815*, Paris, Perrin, 2014, p. 56-61.
11. Charles-Éloi Vial, *Napoléon à Sainte-Hélène. L'encre de l'exil*, Paris, Perrin, 2018, p. 21-22.
12. Charles-Éloi Vial, *Le Dernier Voyage de l'empereur*, *op. cit.*, p. 188.
13. Maitland, *Relation…*, *op. cit.*, p. 62.
14. Gourgaud, *Journal intégral*, *op. cit.*, p. 21.
15. Las Cases, *Le Mémorial de Sainte-Hélène. Le manuscrit retrouvé*, *op. cit.*, p. 55.
16. Comtesse de Montholon, *Souvenirs*, *op. cit.*, p. 45.
17. Marchand, *Mémoires*, *op. cit.*, t. I, p. 205.
18. Maitland, *Relation…*, *op. cit.*, p. 70.
19. *Ibid.*, p. 72.
20. En 1814, son arrivée à bord du vaisseau britannique avait été saluée par vingt et un coups de canon tirés en outre en pleine nuit, ce qui était contre l'usage.
21. Maitland, *Relation…*, *op. cit.*, p. 84.

7
Liverpool à la manœuvre

1. Charles Duke Yonge, *The Life and Administration of Robert Banks, second earl of Liverpool*, Londres, Macmillan and Company, 1868, t. II, p. 189.

2. *Ibid.*, p. 185.
3. *Ibid.*, p. 189.
4. *Ibid.*, p. 199.
5. Lettre de Jaucourt du 13 juillet, Bibliothèque Thiers, Fonds Masson, M. 8, fol. 70.
6. Charles Duke Yonge, *The Life and Administration of Robert Banks...*, *op. cit.*, p. 196.
7. *Ibid.*
8. Michel Dancoisne-Martineau, *Sainte-Hélène, une île sous séquestre, 15-17 octobre 1815*, s.l., Éditions Michel Dancoisne-Martineau, 2017, t. II, p. 17.
9. Cité par Jean-François Lemaire, « L'île de Sainte-Hélène, la captivité de Napoléon et leur "climat" », in *Autour de l'empoisonnement de Napoléon*, Paris, Nouveau Monde éditions-Fondation Napoléon, 2001, p. 98.
10. *Ibid.*, p. 15.
11. *Ibid.*
12. Charles Duke Yonge, *The Life and Administration of Robert Banks...*, *op. cit.*, p. 438.
13. Gilbert Martineau, *Napoléon se rend aux Anglais*, *op. cit.*, p. 194.
14. Stürmer, *Napoléon à Sainte-Hélène*, Paris, s.d., p. X.

8
L'annonce

1. Maitland, *Relation...*, *op. cit.*, p. 85.
2. *Ibid.*, p. 87.
3. Comtesse de Montholon, *Souvenirs...*, *op. cit.*, p. 50.
4. Savary, *Mémoires*, *op. cit.*, t. VIII, p. 246.
5. Joseph de Mougins Roquefort, *Napoléon prisonnier vu par les Anglais*, Paris, Tallandier, 2002, p. 72.
6. *Ibid.*, p. 73.
7. *Ibid.*, p. 49.
8. Las Cases, *Le Mémorial de Sainte-Hélène. Le manuscrit retrouvé*, *op. cit.*, p. 57.
9. *Ibid.*, p. 58.
10. Planat de la Faye, *Vie...*, *op. cit.*, p. 239.
11. Maitland, *Relation...*, *op. cit.*, p. 123.
12. Gourgaud, *Journal intégral*, *op. cit.*, p. 24.
13. Maitland, *Relation...*, *op. cit.*, p. 146.
14. *Ibid.*, p. 140.
15. *Ibid.*, p. 146.
16. Las Cases, *Le Mémorial de Sainte-Hélène*, Paris, Gallimard, « Bibliothèque de la Pléiade », 1956-1957, t. I, p. 38-39.
17. Charles-Éloi Vial, *Le Dernier Voyage de l'empereur*, *op. cit.*, p. 215.
18. Lord Bunbury, *Mémorandum de ce qui s'est passé à la conférence que l'amiral Lord Keith et moi ont eue avec Napoléon Buonaparte le 31 juillet 1815*, *Catalogue de vente librairie Rodolphe Chamonal, Autour de Napoléon*, s.d., p. 170.

19. *Ibid.*
20. *Ibid.*
21. Maitland, *Relation…*, *op. cit.*, p. 157.

9
Frayeurs

1. Las Cases, *Le Mémorial de Sainte-Hélène. Le manuscrit retrouvé*, *op. cit.*, p. 63.

2. Gourgaud, *Journal intégral*, *op. cit.*, p. 26.

3. Marchand, *Mémoires de Marchand, premier valet de chambre et exécuteur testamentaire de l'empereur Napoléon*, publiés d'après le manuscrit original par Jean Bourguignon et le commandant Henry Lachouque, t. II : *Sainte-Hélène*, Paris, Plon, 1955, p. 10.

4. Comtesse de Montholon, *Souvenirs…*, *op. cit.*, p. 63.

5. Maitland, *Relation…*, *op. cit.*, p. 169.

6. *Ibid.*, p. 175.

7. Gourgaud, *Journal intégral*, *op. cit.*, p. 47.

8. Joseph de Mougins Roquefort, *Napoléon prisonnier vu par les Anglais*, *op. cit.*, p. 93.

9. Voir p. 7.

10. Maitland, *Relation…*, *op. cit.*, p. 182.

11. Paul Ganière, *Napoléon à Sainte-Hélène*, *op. cit.*, t. I, p. 360. La Cour du banc du Roi figurait parmi les juridictions les plus hautes du système judiciaire britannique, en charge d'importants litiges.

12. Peter Hicks, « Pour ou contre Napoléon en 1815-1821 en Grande-Bretagne. Une question surtout politique », article à paraître.

13. Paul Ganière, *Napoléon à Sainte-Hélène*, *op. cit.*, t. I, p. 361.

14. Gilbert Martineau, *Napoléon se rend aux Anglais*, *op. cit.*, p. 231.

15. Las Cases, *Le Mémorial de Sainte-Hélène. Le manuscrit retrouvé*, *op. cit.*, p. 72.

16. Joseph de Mougins Roquefort, *Napoléon prisonnier vu par les Anglais*, *op. cit.*, p. 80.

17. Planat de la Faye, *Vie…*, *op. cit.*, p. 240.

18. Gourgaud, *Journal intégral*, *op. cit.*, p. 27.

19. Planat de la Faye, *Vie…*, *op. cit.*, p. 243.

20. Maitland, *Relation…*, *op. cit.*, p. 161.

21. Alerté clandestinement par Savary, le juriste et membre du parti libéral Samuel Romilly intervint en faveur des deux hommes, ce qui a, semble-t-il, également pesé sur la décision du gouvernement britannique.

22. Détenus à Malte, ils s'évaderont l'année suivante, sans doute avec la complicité du gouvernement britannique. Savary séjournera en Turquie avant de regagner la France et d'être innocenté puis rétabli dans ses titres. Lallemand gagnera de son côté le Texas et participera à l'aventure du Champ d'asile, une colonie fondée par des nostalgiques de l'Empire.

10
L'adieu

1. Charles Duke Yonge, *The Life and Administration of Robert Banks...*, *op. cit.*, p. 198-199.
2. Adolphe Thiers, *Histoire du Consulat et de l'Empire*, Paris, Lheureux et Cie, 1845-1862, t. XX, p. 62.
3. Comtesse de Montholon, *Souvenirs...*, *op. cit.*, p. 72.
4. Maitland, *Relation...*, *op. cit.*, p. 224.
5. Henri Borjane, *Napoléon à bord du* Northumberland, Paris, Plon, 1936, p. 51.
6. Las Cases, *Le Mémorial de Sainte-Hélène. Le manuscrit retrouvé*, *op. cit.*, p. 74.
7. Dr Cabanès, *Napoléon jugé par un Anglais*, Paris, H. Vivien, 1901, p. 6.
8. *Ibid.*, p. 10.
9. Joseph de Mougins Roquefort, *Napoléon prisonnier vu par les Anglais*, *op. cit.*, p. 93.
10. Marchand, *Mémoires*, *op. cit.*, t. II, p. 19.
11. Comtesse de Montholon, *Souvenirs...*, *op. cit.*, p. 74.
12. Las Cases, *Le Mémorial de Sainte-Hélène. Le manuscrit retrouvé*, *op. cit.*, p. 76.
13. *Ibid.*
14. Henri Borjane, *Napoléon à bord du* Northumberland, *op. cit.*, p. 54.
15. Comtesse de Montholon, *Souvenirs...*, *op. cit.*, p. 75.
16. Marchand, *Mémoires*, *op. cit.*, t. II, p. 19.

Deuxième partie
Détentions

1
Genèse du *Mémorial*

1. Dr Cabanès, *Napoléon jugé par un Anglais*, *op. cit.*, p. 6.
2. Las Cases, *Le Mémorial de Sainte-Hélène. Le manuscrit retrouvé*, *op. cit.*, p. 47.
3. *Ibid.*, p. 58.
4. *Ibid.*, p. 41.
5. *Ibid.*, p. 68.
6. *Ibid.*, p. 41-42.
7. *Ibid.*, p. 85.
8. Henri Borjane, *Napoléon à bord du* Northumberland, *op. cit.*, p. 109.
9. Montholon, *Récits de la captivité de l'empereur Napoléon à Sainte-Hélène*, Paris, Paulin, 1847, t. I, p. 144.
10. Gourgaud, *Journal intégral*, *op. cit.*, p. 40.
11. Las Cases, *Le Mémorial de Sainte-Hélène. Le manuscrit retrouvé*, *op. cit.*, p. 69-70.

12. Jean-Paul Kauffmann, *La Chambre noire de Longwood*, Paris, La Table ronde, 1997, p. 147.

2
Soixante-sept jours en mer

1. Henri Borjane, *Napoléon à bord du* Northumberland, *op. cit.*, p. 121.
2. Dr Cabanès, *Napoléon jugé par un Anglais, op. cit.*, p. 61.
3. *Ibid.*, p. 23.
4. Henri Borjane, *Napoléon à bord du* Northumberland, *op. cit.*, p. 58.
5. Las Cases, *Le Mémorial de Saint-Hélène. Le manuscrit retrouvé, op. cit.*, p. 151. Ce passage inédit jusqu'à la publication de 2017 avait été supprimé par Las Cases.
6. Michel Dancoisne-Martineau, *Napoléon à Sainte-Hélène, l'écueil d'un empire*, s.l., Éditions Michel Dancoisne-Martineau, 2016, t. I, p. 103.
7. Henri Borjane, *Napoléon à bord du* Northumberland, *op. cit.*, p. 56.
8. Dr Cabanès, *Napoléon jugé par un Anglais, op. cit.*, p. 25.
9. Comtesse de Montholon, *Souvenirs*..., *op. cit.*, p. 86.
10. Henri Borjane, *Napoléon à bord du* Northumberland, *op. cit.*, p. 112.
11. *Ibid.*, p. 67.
12. Joseph de Mougins Roquefort, *Napoléon prisonnier vu par les Anglais, op. cit.*, p. 108.
13. *Ibid.*
14. Marchand, *Mémoires, op. cit.*, t. II, p. 23-24.
15. Henri Borjane, *Napoléon à bord du* Northumberland, *op. cit.*, p. 118.

3
Artifices

1. Voir à ce sujet Neville Thompson, *Earl Bathurst and the British Empire*, Leo Cooper, 1999, p. 44.
2. *Ibid.*
3. Michel Dancoisne-Martineau, *Sainte-Hélène, une île sous séquestre, op. cit.*, p. 41.
4. Pour plus de détails concernant cette histoire, voir Michel Dancoisne-Martineau, *Napoléon à Sainte-Hélène, op. cit.*, p. 13-17, qui a révélé cet épisode inédit.
5. *Description de l'île de Sainte-Hélène*, Paris, 1815, p. 5.
6. James Cook, premier voyage in *Collection abrégée des voyages anciens et modernes autour du monde*, Paris, Librairie Dufart père, 1809, t. VIII, p. 423-424.
7. Parmi plusieurs dizaines de livres de voyage, il emporta avec lui la série rassemblée par Bancarel en 1809 chez le libraire Dufart père intitulée *Collection abrégée des voyages anciens et modernes autour du monde* en 12 volumes.
8. James Cook, premier voyage, *op. cit.*, t. IX, p. 459.
9. *Ibid.*, t. VIII, p. 424.
10. *Description de l'île de Sainte-Hélène, op. cit.*, p. 55.

11. *Ibid.*, p. 66.
12. *Ibid.*, p. 67.
13. *Ibid.*, p. 91.
14. Michel Dancoisne-Martineau, *Napoléon à Sainte-Hélène, op. cit.*, p. 29.
15. Soit entre 100 et 200 millions d'euros si l'on prend comme base de comparaison l'évolution monétaire des salaires moyens (1 000 francs annuels en 1815, près de 33 000 euros aujourd'hui) et un change de 25 francs germinal pour une livre. Voir *ibid.*, p. 123.

4
Terre !

1. Dr Cabanès, *Napoléon jugé par un Anglais, op. cit.*, p. 79.
2. Marchand, *Mémoires, op. cit.*, t. II, p. 27.
3. Dr Cabanès, *Napoléon jugé par un Anglais, op. cit.*, p. 80.
4. Marchand, *Mémoires, op. cit.*, t. II, p. 27.
5. Dr Cabanès, *Napoléon jugé par un Anglais, op. cit.*, p. 80.
6. *Ibid.*
7. Comtesse de Montholon, *Souvenirs…, op. cit.*, p. 92.
8. Michel Dancoisne-Martineau, *Sainte-Hélène, une île sous séquestre, op. cit.*, p. 61.
9. Michel Dancoisne-Martineau, *Les Briars. Napoléon chez les Balcombe*, s.l., Éditions Michel Dancoisne-Martineau, 2018, p. 51.
10. Hudson Lowe, *Histoire de la captivité*, Paris, Amyot, 1853, t. I, p. 42-43.
11. Michel Dancoisne-Martineau, *Guide de Longwood House*, 2018, p. 17.
12. Las Cases, *Le Mémorial de Sainte-Hélène. Le manuscrit retrouvé, op. cit.*, p. 157.
13. Marchand, *Mémoires, op. cit.*, t. II, p. 28.

5
Le « piège » de l'amiral

1. Gourgaud, *Journal intégral, op. cit.*, p. 45.
2. Ali, *Souvenirs sur l'empereur Napoléon*, Paris, Arléa, 2000, p. 144.
3. Briars peut se traduire en français par « églantiers » et « lits de pourpiers », ces plantes étant utilisées comme clôtures naturelles contre l'appétit vorace des chèvres qui peuplent l'île en nombre.
4. Michel Dancoisne-Martineau, *Les Briars. Napoléon chez les Balcombe, op. cit.*, p. 35-49.
5. *Ibid.*, p. 55.
6. *Ibid.*
7. Las Cases, *Le Mémorial de Sainte-Hélène. Le manuscrit retrouvé, op. cit.*, p. 159.
8. *Ibid.*, p. 158.
9. Gilbert Martineau, *La Vie quotidienne à Sainte-Hélène au temps de Napoléon*, Paris, Tallandier, 2005, p. 35.

6
Les cercles de la démesure

1. À cause d'un défaut de conception, la piste de l'aéroport de Sainte-Hélène n'est exploitée que partiellement, obligeant les compagnies aériennes à n'affréter que des aéronefs de moyenne capacité.

2. Montchenu, *La Captivité de Sainte-Hélène, d'après les rapports inédits du marquis de Montchenu*, Paris, Firmin-Didot, 1894, p. 42.

3. *Ibid.*, p. 58-59.

4. Balmain, « Le prisonnier de Sainte-Hélène », *Revue politique et littéraire, Revue bleue*, n° 19, 8 mai 1897, p. 580.

5. Lowe Papers, ADD 20114, rapport du 15 octobre 1815 cité par Albert Benhamou, *L'Autre Sainte-Hélène*, Albert Benhamou Publishing, 2010, p. 32.

6. Gilbert Martineau, *La Vie quotidienne à Sainte-Hélène*, *op. cit.*, p. 208.

7. *État du personnel militaire anglais à Sainte-Hélène*, 17-29 novembre 1816, catalogue de vente Drouot, 4 avril 2019, lot n° 897.

8. Michel Dancoisne-Martineau, *Chroniques de Sainte-Hélène*, Paris, Perrin, 2016, p. 177.

9. Lettre de Bertrand à Las Cases *in* le *Mémorial*, Paris, Gallimard, « Bibliothèque de la Pléiade », 1956-1957, t. II, p. 603.

10. Ali, *Souvenirs…*, *op. cit.*, p. 224.

7
Premiers échos de la captivité

1. Barry O'Meara, *Journal. Napoléon dans l'exil*, Paris, Fondation Napoléon, 1993, 2 vol.

2. Las Cases, *Le Mémorial de Sainte-Hélène. Le manuscrit retrouvé*, *op. cit.*, p. 158.

3. Marchand, *Mémoires*, *op. cit.*, t. II, p. 36.

4. Montholon, *Récits…*, *op. cit.*, t. I, p. 161.

5. Las Cases, *Le Mémorial de Sainte-Hélène. Le manuscrit retrouvé*, *op. cit.*, p. 159.

6. *Ibid.*, p. 184.

7. Betsy Balcombe, *Souvenirs*, Paris, Tallandier, 2005, p. 47.

8. *Ibid.*, p. 159.

9. François de Candé-Montholon, *Journal secret d'Albine de Montholon*, Paris, Albin Michel, 2002, p. 110.

10. Henri Borjane, *Napoléon à bord du* Northumberland, *op. cit.*, p. 147-148.

11. Betsy Balcombe, *Souvenirs*, *op. cit.*, p. 57-58.

12. Jean-Paul Kaufmann, *La Chambre noire de Longwood*, *op. cit.*, p. 60.

13. Michel Dancoisne-Martineau, *Chroniques de Sainte-Hélène*, *op. cit.*, p. 159.

8
Un libérateur ?

1. Voir Michel Dancoisne-Martineau, *Les Briars. Napoléon chez les Balcombe, op. cit.*, p. 55.

2. Las Cases, *Le Mémorial de Sainte-Hélène. Le manuscrit retrouvé, op. cit.*, p. 183.

3. Barry O'Meara, *Journal..., op. cit.*, t. II, p. 129.

4. À rebours de la pensée dominante de l'époque, nous avons tenté d'apporter un éclairage circonstancié faisant la part belle aux archives dans notre ouvrage signé avec Thierry Lentz et Chantal Prévot, *Napoléon, l'esclavage et les colonies* paru en 2005 aux éditions Fayard.

5. Michel Dancoisne-Martineau, *Sainte-Hélène, une île sous séquestre, op. cit.*, p. 53.

6. *Ibid.*, p. 109.

7. Las Cases, *Le Mémorial de Sainte-Hélène*, Paris, Flammarion, 1951, t. I, p. 270.

8. Michel Dancoisne-Martineau, *Les Briars. Napoléon chez les Balcombe, op. cit.*, p. 101.

9
Le grand opiniâtre

1. Hudson Lowe, *Histoire de la captivité, op. cit.*, t. I, p. 46.

2. Las Cases, *Le Mémorial de Sainte-Hélène. Le manuscrit retrouvé, op. cit.*, p. 162.

3. Gourgaud, *Journal intégral, op. cit.*, p. 46.

4. *Ibid.*, p. 51.

5. *Ibid.*

6. Las Cases, *Le Mémorial de Sainte-Hélène. Le manuscrit retrouvé, op. cit.*, p. 177.

7. Les grands officiers civils de la Couronne étaient au nombre de six : outre le grand maréchal en charge donc de la bouche et de la sécurité, il existait un grand écuyer à la tête des écuries, un grand aumônier pour le service religieux des palais, un grand maître des cérémonies dont la fonction consistait à régler le protocole et à organiser les grandes cérémonies publiques, un grand veneur pour tout ce qui regardait la chasse et enfin un grand chambellan qui commandait aux serviteurs proches de l'empereur appartenant au service de la chambre, essentiellement des valets, comme au cabinet (secrétaires, cartographes et traducteurs).

8. À ce propos, voir notre ouvrage, *Joséphine. Le paradoxe du cygne*, Paris, Perrin, 2016, p. 38-40.

9. Lettre du 31 mars 1814, Catalogue de vente Bertrand, 13 décembre 1982, lot n° 103. Souligné par nous.

10. Planat de la Faye, *Vie..., op. cit.*, p. 224-225.

11. Emmanuel de Las Cases, *Journal écrit à bord de la frégate* Belle-Poule, Paris, 1841, p. 181.

10
Longwood House

1. Las Cases, *Le Mémorial de Sainte-Hélène. Le manuscrit retrouvé, op. cit.*, p. 230.
2. Montholon, *Récits…, op. cit.*, t. I, p. 186.
3. Michel Dancoisne-Martineau, « Longwood House, une prison meublée », in *Napoléon à Sainte-Hélène, la conquête de la mémoire*, Paris, Gallimard-Musée de l'Armée, 2016, p. 104-105.
4. Gourgaud, *Journal intégral, op. cit.*, p. 65.
5. Marchand, *Mémoires, op. cit.*, t. II, p. 53.

11
Les fantômes des Tuileries

1. Marchand, *Mémoires, op. cit.*, t. II, p. 186.

12
Apparences

1. Balmain, « Le prisonnier de Sainte-Hélène », art. cité, p. 581.
2. Marchand, *Mémoires, op. cit.*, t. II, p. 92.
3. Las Cases, *Le Mémorial de Sainte-Hélène. Le manuscrit retrouvé, op. cit.*, p. 265.
4. Gourgaud, *Journal intégral, op. cit.*, p. 76.
5. Las Cases, *Le Mémorial de Sainte-Hélène, op. cit.*, 1999, t. I, p. 898.
6. Ali, *Souvenirs…, op. cit.*, p. 162.
7. Paul Ganière, *Napoléon à Sainte-Hélène, op. cit.*, t. I, p. 292.
8. Marchand, *Mémoires, op. cit.*, t. II, p. 273.
9. Ali, *Souvenirs…, op. cit.*, p. 168.

13
L'envers du décor

1. Napoléon mesurait 1,69 mètre, une taille déjà respectable, cinq pieds et deux pouces selon les anciennes mesures françaises. Mais cinq pieds et deux pouces anglais donnent seulement 1,58 mètre, d'où cette probable confusion.
2. Montholon, *Récits…, op. cit.*, t. I, p. 153.
3. Stürmer, *Napoléon à Sainte-Hélène, op. cit.*, p. 66-67.
4. Paul Ganière, *Napoléon à Sainte-Hélène, op. cit.*, t. I, p. 377.
5. Guy Godlewski, « Longwood » in *Sainte-Hélène, terre d'exil*, Paris, Hachette, 1971, p. 85.

6. *État du personnel militaire anglais à Sainte-Hélène*, 17-29 novembre 1816, catalogue de vente Drouot, 4 avril 2019, lot n° 897.

7. Lowe Papers, ADD 20114, rapport du 15 octobre 1815 cité par Albert Benhamou, *L'Autre Sainte-Hélène, op. cit.*, p. 32.

14
L'enclos

1. Gourgaud, *Journal intégral, op. cit.*, p. 61.

2. Il fut naturalisé à son décès puis vendu à deux propriétaires anglais. De 1843 à 1868, il fut exposé à la Société d'histoire naturelle de Manchester avant d'être offert à Napoléon III. Aujourd'hui, on peut l'admirer au musée de l'Armée. Sur sa cuisse gauche, on peut remarquer la marque caractéristique des écuries impériales, le N surmonté d'une couronne.

3. Las Cases, *Le Mémorial de Sainte-Hélène. Le manuscrit retrouvé, op. cit.*, p. 258.

4. Gourgaud, *Journal intégral, op. cit.*, p. 75.

5. *Ibid.*, p. 80.

6. Las Cases, *Le Mémorial de Sainte-Hélène. Le manuscrit retrouvé, op. cit.*, p. 277.

7. Gourgaud, *Journal intégral, op. cit.*, p. 76.

8. *Ibid.*

15
D'un favori à l'autre

1. *Ibid.*, p. 92.

2. *Ibid.*

3. Albert Benhamou, *L'Autre Sainte-Hélène, op. cit.*, p. 45.

4. Montholon, *Récits…, op. cit.*, t. I, p. 15.

5. *Ibid.*, p. 16.

6. *Ibid.*

7. Comtesse de Montholon, *Souvenirs…, op. cit.*, p. 15.

8. Montholon, *Récits…, op. cit.*, t. I, p. 192.

9. *Ibid.*, p. 200.

10. Hudson Lowe, *Histoire de la captivité, op. cit.*, t. I, p. 71.

11. Gourgaud, *Journal intégral, op. cit.*, p. 68.

12. Las Cases, *Le Mémorial de Sainte-Hélène. Le manuscrit retrouvé, op. cit.*, p. 342.

Troisième partie
Disputes

1
L'homme idoine

1. Michel Dancoisne-Martineau, *Sir Hudson Lowe, le grand brûlé de Sainte-Hélène*, Éditions Michel Dancoisne-Martineau, 2019, p. 32.
2. Desmond Gregory, *Napoléon's Jailer*, Associated University Press, 1996, p. 82.
3. Michel Dancoisne-Martineau, *Sir Hudson Lowe..., op. cit.*, p. 16.
4. *Ibid.*, p. 32.
5. *Ibid.*, p. 119.
6. Hudson Lowe, *Histoire de la captivité, op. cit.*, t. I, p. 151.
7. *Ibid.*, p. 152.
8. *Ibid.*, t. III, p. 449.
9. *Ibid.*, p. 450.
10. *Ibid.*, p. 450-451.

2
Les irréductibles

1. Lord Holland, *Souvenirs diplomatiques*, Paris, 1851, p. 152.
2. Sonia Keppel, *The Sovereign Lady. A Life of Elizabeth Vassall*, Londres, Hamish Hamilton, 1974, p. 120.
3. *Ibid.*, p. 210.
4. *Ibid.*
5. *Ibid.*, p. 216.
6. Gilbert Martineau, *Lord Byron*, Paris, Tallandier, 1984, p. 119.
7. Sonia Keppel, *The Sovereign Lady..., op. cit.*, p. 151.
8. *Ibid.*, p. 216-217.
9. *Ibid.*, p. 215.

3
Une loi d'exception

1. Selon le compte rendu des débats publié par le *Morning Post* du 13 mars 1816.
2. D'après le compte rendu établi par le *Morning Chronicle* du 10 avril 1816.

4
Face à face

1. Las Cases, *Le Mémorial de Sainte-Hélène. Le manuscrit retrouvé, op. cit.*, p. 394.
2. Gourgaud, *Journal intégral, op. cit.*, p. 109.

3. Hudson Lowe, *Histoire de la captivité, op. cit.*, t. I, p. 176.
4. Las Cases, *Le Mémorial de Sainte-Hélène. Le manuscrit retrouvé, op. cit.*, p. 396.
5. *Ibid.*, p. 399.
6. Gourgaud, *Journal intégral, op. cit.*, p. 109.
7. Hudson Lowe, *Histoire de la captivité, op. cit.*, t. I, p. 185-186.

5
Postures et impostures

1. Ali, *Souvenirs..., op. cit.*, p. 176.
2. Hudson Lowe, *Histoire de la captivité, op. cit.*, t. I, p. 187.
3. Lowe Papers, 20115, fol. 52.
4. Bertrand, *Cahiers de Sainte-Hélène*, Paris, Albin Michel, 1951, t. I, p. 14.
5. *Ibid.*
6. Gourgaud, *Journal intégral, op. cit.*, p. 108.
7. Hudson Lowe, *Histoire de la captivité, op. cit.*, t. I, p. 186.
8. Bertrand, *Cahiers..., op. cit.*, t. I, p. 15.
9. Hudson Lowe, *Histoire de la captivité, op. cit.*, t. I, p. 197.
10. *Ibid.*, p. 199.
11. Bertrand, *Cahiers..., op. cit.*, t. I, p. 16.
12. Lowe Papers, 20115, fol. 87.
13. Bertrand, *Cahiers..., op. cit.*, t. I, p. 17.
14. Gourgaud, *Journal intégral, op. cit.*, p. 113.

6
Vers la rupture

1. Chautard, *De Sainte-Hélène aux Invalides. Souvenirs de Santini, gardien du tombeau de Napoléon*, Paris, Impr. de Mme de Lacombe, 1854, p. 25.
2. Paul Ganière, *Napoléon à Sainte-Hélène, op. cit.*, t. I, p. 394.
3. Chautard, *op. cit.*, p. 24.
4. Hudson Lowe, *Histoire de la captivité, op. cit.*, t. I, p. 200.
5. *Ibid.*, p. 201-202.
6. *Ibid.*, p. 203-204.
7. Barry O'Meara, *Journal..., op. cit.*, t. I, p. 97.
8. Gourgaud, *Journal intégral, op. cit.*, p. 121.
9. Las Cases, *Le Mémorial de Sainte-Hélène. Le manuscrit retrouvé, op. cit.*, p. 445.
10. Gourgaud, *Journal intégral, op. cit.*, p. 122.
11. Las Cases, *Le Mémorial de Sainte-Hélène. Le manuscrit retrouvé, op. cit.*, p. 445.
12. Lowe, *Histoire de la captivité, op. cit.*, p. 219.
13. Las Cases, *Le Mémorial de Sainte-Hélène. Le manuscrit retrouvé, op. cit.*, p. 456.
14. Lowe, *Histoire de la captivité, op. cit.*, t. I, p. 221.

15. Las Cases, *Le Mémorial de Sainte-Hélène. Le manuscrit retrouvé, op. cit.*, p. 458.
16. Barry O'Meara, *Journal…, op. cit.*, t. I, p. 100.

7
La lecture comme refuge

1. *Ibid.*, t. I, p. 101-102. Selon le dictionnaire de l'Académie française de 1798, les fèces étaient synonymes de lie, au milieu du XIXe, d'excrément.
2. Las Cases, *Le Mémorial de Sainte-Hélène. Le manuscrit retrouvé, op. cit.*, p. 545.
3. *Ibid.*, p. 536.
4. Ali, *Souvenirs…, op. cit.*, p. 176.
5. Las Cases, *Le Mémorial de Sainte-Hélène. Le manuscrit retrouvé, op. cit.*, p. 540.
6. Ali, *Souvenirs…, op. cit.*, p. 175.
7. Voir Jacques Jourquin, *L'Histoire mouvementée de la bibliothèque de Sainte-Hélène*, ouvrage à paraître.
8. Barry O'Meara, *Journal…, op. cit.*, t. I, p. 102.
9. Gourgaud, *Journal intégral, op. cit.*, p. 126.
10. Las Cases, *Le Mémorial de Sainte-Hélène. Le manuscrit retrouvé, op. cit.*, p. 477.
11. *Ibid.*, p. 489.

8
Huis clos

1. *Ibid.*, p. 234.
2. Gourgaud, *Journal intégral, op. cit.*, p. 153.
3. Hudson Lowe, *Histoire de la captivité, op. cit.*, t. I, p. 289.
4. Balmain, « Le prisonnier de Sainte-Hélène », art. cité, p. 584.
5. Gourgaud, *Journal intégral, op. cit.*, p. 151.
6. *Ibid.*
7. Bertrand, *Cahiers…, op. cit.*, t. II, p. 233.
8. Gourgaud, *Journal intégral, op. cit.*, p. 185.
9. *Ibid.*, p. 154.
10. *Ibid.*
11. Lowe Papers, 20115, fol. 351.
12. Hudson Lowe, *Histoire de la captivité, op. cit.*, t. I, p. 289.
13. Gourgaud, *Journal intégral, op. cit.*, p. 115.
14. *Ibid.*, p. 115-116.
15. *Ibid.*, p. 281.
16. *Ibid.*, p. 288.
17. J. Vasson, *Bertrand, le grand maréchal de Sainte-Hélène*, Issoudun, Laboureur, 1835, p. 171.
18. Lowe Papers, 20115.

19. Lowe Papers, 20117.
20. Gourgaud, *Journal intégral, op. cit.*, p. 300.

9
Mœurs légères

1. *Ibid.*, p. 141.
2. *Ibid.*
3. Les frères Roger étant protestants, leur union avec les sœurs Vassal ne donna lieu qu'à une simple bénédiction dans une chapelle privée.
4. Le Blocus continental ayant entraîné une pénurie de sucre, Napoléon encouragea la culture de la betterave et l'extraction de son sucre. Tous ceux qui contribuèrent à cette entreprise, qui connut par ailleurs un succès mitigé, furent d'une manière ou d'une autre récompensés.
5. Hudson Lowe, *Histoire de la captivité, op. cit.*, t. I, p. 302-303. En italique dans le texte.
6. Voir notre ouvrage, *La Guerre secrète de Napoléon. Île d'Elbe 1814-1815*, Paris, Perrin, 2014, p. 183-186.
7. Gourgaud, *Journal intégral, op. cit.*, p. 220.
8. *Ibid.*, p. 256.
9. *Ibid.*, p. 293.
10. *Ibid.*, p. 324.
11. François de Candé-Montholon, *Journal secret d'Albine de Montholon, op. cit.*, p. 131.
12. *Ibid.*, p. 134.

10
Deux comtes et un marquis

1. Nous devons les lignes qui suivent au patient et formidable travail de Michel Dancoisne-Martineau qui a mené l'enquête sur les deux hommes. Lui-même passionné et particulièrement doué pour la botanique, il retrouva par hasard la trace du commissaire autrichien et de son adjoint lors de recherches sur le sujet.
2. Stürmer, *Napoléon à Sainte-Hélène, op. cit.*, p. 16.
3. Balmain, « Le prisonnier de Sainte-Hélène », art. cité, p. 615.
4. *Ibid.*, p. 581.
5. Hudson Lowe, *Histoire de la captivité, op. cit.*, t. I, p. 239.
6. Balmain, « Le prisonnier de Sainte-Hélène », art. cité, p. 615.
7. *Ibid.*
8. *Ibid.*, p. 616.
9. Bertrand, *Cahiers…, op. cit.*, t. I, p. 90.
10. Hudson Lowe, *Histoire de la captivité, op. cit.*, t. I, p. 240-241.
11. Bertrand, *Cahiers…, op. cit.*, t. I, p. 74.
12. Balmain, « Le prisonnier de Sainte-Hélène », art. cité, p. 620-621.
13. *Ibid.*, p. 649.

14. Stürmer, *Napoléon à Sainte-Hélène, op. cit.*, p. 37-38.

11
Chasse au trésor

1. Hudson Lowe, *Histoire de la captivité, op. cit.*, t. I, p. 242.
2. Souligné par nous, *ibid.*, p. 238.
3. Source : Jacques Macé, *Dictionnaire historique de Sainte-Hélène*, Paris, Tallandier, coll. « Texto », p. 190-193 ; Gilbert Martineau, *La Vie quotidienne à Sainte-Hélène au temps de Napoléon, op. cit.*, p. 67 ; Tom Holmberg, *The Annual Cost of Keeping the Former Emperor Napoleon Captive on the Island of St. Helena*, mai 2006, www.napoleon-series.org
4. Tom Holmberg, *The Annual Cost of Keeping the Former Emperor Napoleon...*, cité.
5. Gilbert Martineau, *La Vie quotidienne à Sainte-Hélène, op. cit.*, p. 94-95.
6. Jacques Macé, *Dictionnaire historique de Sainte-Hélène, op. cit.*, p. 135.
7. Barry O'Meara, *Journal..., op. cit.*, t. II, p. 50.
8. Bertrand, *Cahiers..., op. cit.*, t. I, p. 74-75.
9. Hudson Lowe, *Histoire de la captivité, op. cit.*, t. I, p. 265.
10. *Ibid.*, p. 276.
11. Bertrand, *Cahiers..., op. cit.*, t. I, p. 83.
12. Hudson Lowe, *Histoire de la captivité, op. cit.*, t. I, p. 282.
13. Bertrand, *Cahiers..., op. cit.*, t. I, p. 83.
14. Hudson Lowe, *Histoire de la captivité, op. cit.*, t. I, p. 283.
15. *Ibid.*, p. 275-276.

12
La dernière algarade

1. Bertrand, *Cahiers..., op. cit.*, t. I, p. 104.
2. *Ibid.*, p. 104-105.
3. *Ibid.*, p. 105.
4. Gourgaud, *Journal intégral, op. cit.*, p. 161.
5. Las Cases, *Le Mémorial de Sainte-Hélène. Le manuscrit retrouvé, op. cit.*, p. 610.
6. Hudson Lowe, *Histoire de la captivité, op. cit.*, t. I, p. 311-312.
7. Bertrand, *Cahiers..., op. cit.*, t. I, p. 106.
8. Las Cases, *Le Mémorial de Sainte-Hélène. Le manuscrit retrouvé, op. cit.*, p. 611. Derniers empereurs du Mexique, Montezuma et Guatimozin furent torturés par les Espagnols.
9. Hudson Lowe, *Histoire de la captivité, op. cit.*, t. I, p. 317.
10. Las Cases, *Le Mémorial de Sainte-Hélène. Le manuscrit retrouvé, op. cit.*, p. 611.
11. Bertrand, *Cahiers..., op. cit.*, t. I, p. 108.
12. *Ibid.*, p. 133.
13. Barry O'Meara, *Journal..., op. cit.*, t. I, p. 132.

14. Balmain, « Le prisonnier de Sainte-Hélène », art. cité, p. 581.
15. Hudson Lowe, *Histoire de la captivité*, *op. cit.*, t. I, p. 223.

13
Aigles brisées

1. Bertrand, *Cahiers...*, *op. cit.*, t. I, p. 77.
2. Balmain, « Le prisonnier de Sainte-Hélène », art. cité, p. 621.
3. Lowe, *Histoire de la captivité*, *op. cit.*, t. I, p. 378.
4. *Ibid.*, p. 370.
5. Marchand, *Mémoires*, *op. cit.*, t. II, p. 184-185.
6. Montholon, *Récits...*, *op. cit.*, t. II, p. 361. Le détail de son action secrète à Capri ne se trouve que dans la version anglaise de ses récits, *History of the captivity at St. Helena*, Philadelphie, 1847, t. III, p. 15-16
7. Albert Benhamou, *L'Autre Sainte-Hélène*, *op. cit.*, p. 80.
8. Michel Dancoisne-Martineau, *Chroniques de Sainte-Hélène*, *op. cit.*, p. 189.
9. Hudson Lowe, *Histoire de la captivité*, *op. cit.*, t. I, p. 366.
10. Marchand, *Mémoires*, *op. cit.*, t. II, p. 119.
11. Bertrand, *Cahiers...*, *op. cit.*, t. I, p. 135.

14
Premiers départs

1. Barry O'Meara, *Journal...*, *op. cit.*, t. I, p. 158.
2. Hudson Lowe, *Histoire de la captivité*, *op. cit.*, t. I, p. 377.
3. Gourgaud, *Journal intégral*, *op. cit.*, p. 171.
4. Barry O'Meara, *Journal...*, *op. cit.*, t. I, p. 158.
5. Gourgaud, *Journal intégral*, *op. cit.*, p. 171.
6. *Ibid.*, p. 172.
7. *Ibid.*, p. 173.
8. Las Cases, *Le Mémorial de Sainte-Hélène. Le manuscrit retrouvé*, *op. cit.*, p. 685.
9. Gourgaud, *Journal intégral*, *op. cit.*, p. 173.
10. Las Cases, *Le Mémorial de Sainte-Hélène. Le manuscrit retrouvé*, *op. cit.*, p. 690.
11. Hudson Lowe, *Histoire de la captivité*, *op. cit.*, t. II, p. 9.
12. *Ibid.*, p. 10.
13. Gourgaud, *Journal intégral*, *op. cit.*, p. 70.
14. Marchand, *Mémoires*, *op. cit.*, t. II, p. 67.
15. Barry O'Meara, *Journal...*, *op. cit.*, t. I, p. 176.
16. Marchand, *Mémoires*, *op. cit.*, t. II, p. 127.
17. Chautard, *op. cit.*, p. 36.
18. Gourgaud, *Journal intégral*, *op. cit.*, p. 175.

15
Une ténébreuse affaire

1. *Ibid.*, p. 192.
2. *Ibid.*, p. 171.
3. Bertrand, *Cahiers...*, *op. cit.*, t. I, p. 132.
4. Hudson Lowe, *Histoire de la captivité*, *op. cit.*, t. I, p. 405-406.
5. Gourgaud, *Journal intégral*, *op. cit.*, p. 170.
6. Las Cases, *Le Mémorial de Sainte-Hélène. Le manuscrit retrouvé*, *op. cit.*, p. 684.
7. *Ibid.*, p. 705.
8. Barry O'Meara, *Journal...*, *op. cit.*, t. I, p. 207.
9. Hudson Lowe, *Histoire de la captivité*, *op. cit.*, t. II, p. 70.
10. Las Cases, *Le Mémorial de Sainte-Hélène*, *op. cit.*, t. II, p. 387.
11. *Ibid.*, p. 389.
12. Hudson Lowe, *Histoire de la captivité*, *op. cit.*, t. IV, p. 39.
13. *Ibid.*, p. 41.
14. *Ibid.*, p. 24.
15. *Ibid.*, p. 31-32.
16. *Ibid.*, p. 75-76.
17. Paul Ganière, *Napoléon à Sainte-Hélène*, *op. cit.*, t. II, p. 400.
18. Montholon, *Récits...*, *op. cit.*, t. I, p. 441.
19. Hudson Lowe, *Histoire de la captivité*, *op. cit.*, t. II, p. 74.

16
Déliquescence

1. *Ibid.*, p. 95.
2. *Ibid.*, t. IV, p. 96.
3. Lowe Papers, 20117, fol. 117.
4. *Ibid.*, fol. 132.
5. Hudson Lowe, *Histoire de la captivité*, *op. cit.*, t. IV, p. 50.
6. *Ibid.*, p. 101.
7. Bertrand, *Cahiers...*, *op. cit.*, t. I, p. 156.
8. Gourgaud, *Journal intégral*, *op. cit.*, p. 197.
9. Hudson Lowe, *Histoire de la captivité*, *op. cit.*, t. IV, p. 58.
10. *Ibid.*
11. Lowe Papers, 20117, fol. 217.
12. Recueillis après sa mort, les cheveux de l'impératrice défunte avaient été envoyés à Napoléon pendant qu'il séjournait à l'île d'Elbe.
13. Lowe Papers, 20117, fol. 144.
14. Hudson Lowe, *Histoire de la captivité*, *op. cit.*, t. I, p. 369.
15. Gourgaud, *Journal intégral*, *op. cit.*, p. 226.
16. *Ibid.*, p. 232.
17. *Ibid.*, p. 233.
18. Bertrand, *Cahiers...*, *op. cit.*, t. I, p. 170.
19. Las Cases, *Le Mémorial de Sainte-Hélène*, *op. cit.*, t. II, p. 457.
20. Barry O'Meara, *Journal...*, *op. cit.*, t. II, p. 52-53.

Quatrième partie
Discours

1
Sur le qui-vive

1. Arch. nat., série F 7, 6668.
2. *Ibid.*
3. Montholon, *Récits...*, *op. cit.*, t. II, p. 164-165.
4. Malgré tous ses efforts, le biographe de Joseph Bonaparte, Thierry Lentz, n'a pu retrouver la trace de cette carte dans la succession de l'ancien roi.
5. Thierry Lentz, *Joseph Bonaparte*, Paris, Perrin, 2017, p. 476.
6. Lowe Papers, 20115, fol. 305.
7. Montholon, *Récits...*, *op. cit.*, t. II, p. 97.
8. Lowe Papers, 20118, fol. 162.
9. *Ibid.*

2
Deux mille lieues sous les mers

1. *Ibid.*, fol. 359.
2. Voir Emilio Ocampo, « The attempt to rescue Napoléon with a submarine, fact or fiction ? », *Napoleonica. La Revue*, 2011/2, n° 11, www.cairn.info
3. Hudson Lowe, *Histoire de la captivité*, *op. cit.*, t. I, p. 292.
4. *Ibid.*, p. 392.
5. Ulane Bonnel, « Espoirs de délivrance », in *Sainte-Hélène, terre d'exil*, *op. cit.*, p. 256.
6. Gourgaud, *Journal intégral*, *op. cit.*, p. 218-219.
7. *Ibid.*, p. 242.
8. Montholon, *Récits...*, *op. cit.*, t. I, p. 278.
9. *Ibid.*, p. 348.
10. *Ibid.*, t. II, p. 151.
11. Gourgaud, *Journal intégral*, *op. cit.*, p. 522.
12. Montholon, *Récits...*, *op. cit.*, t. II, p. 152-153.
13. Hudson Lowe, *Histoire de la captivité*, *op. cit.*, t. II, p. 471.

3
Les dangers du verbe

1. Lettre du 16 mars 1817 cité dans Charles Duke Yonge, *The Life and Administration of Robert Banks...*, *op. cit.*, t. II, p. 310.
2. Hudson Lowe, *Histoire de la captivité*, *op. cit.*, t. II, p. 77.
3. *Ibid.*, p. 82.
4. Las Cases, *Le Mémorial de Sainte-Hélène. Le manuscrit retrouvé*, *op. cit.*, p. 83.

5. Hudson Lowe, *Histoire de la captivité, op. cit.*, t. IV, p. 115.
6. Voir à ce sujet l'introduction à la nouvelle édition du *Mémorial* par Peter Hicks, François Houdecek, Thierry Lentz et Chantal Prévot, *in* Las Cases, *Le Mémorial de Sainte-Hélène. Le manuscrit retrouvé, op. cit.*, p. 22-24.
7. Hudson Lowe, *Histoire de la captivité, op. cit.*, t. I, p. 381-382.
8. Albert Benhamou, *L'Autre Sainte-Hélène, op. cit.*, p. 103.
9. Hudson Lowe, *Histoire de la captivité, op. cit.*, t. IV, p. 355.
10. *Ibid.*

4
Une mauvaise surprise

1. Dr Cabanès, *Napoléon jugé par un Anglais, op. cit.*, p. 3-4.
2. Jean-Charles Pichegru (1761-1804), général français, participe à une conspiration contre le Premier consul emmenée par le chouan Cadoudal. Dénoncé et arrêté, il est emprisonné au Temple où il se suicide. Des rumeurs d'assassinat non fondées ont couru.
3. John Wesley Wright (1769-1805), capitaine de corvette, en liaison avec les comploteurs royalistes. Capturé, il refuse de témoigner au procès Cadoudal. En 1805, on le retrouve mort dans sa cellule la gorge tranchée. Les circonstances de sa mort intriguent et donnent lieu à polémique en Angleterre.
4. À Jaffa, en 1799, lors de la retraite de l'armée française qui venait d'échouer à prendre Saint-Jean-d'Acre en Syrie, plusieurs soldats atteints de la peste furent laissés dans les hôpitaux. Bonaparte fut accusé de les avoir abandonnés et soupçonné d'avoir voulu les empoisonner pour qu'ils ne tombent pas vivants aux mains de l'ennemi. En réalité, à l'arrivée des Turcs, ces malheureux avaient déjà succombé à la maladie.
5. Dr Cabanès, *Napoléon jugé par un Anglais, op. cit.*, p. 119.
6. *Ibid.*, p. 137.
7. Gourgaud, *Journal intégral, op. cit.*, p. 123.
8. Barry O'Meara, *Journal…, op. cit.*, t. I, p. 106.
9. Philippe Gonnard, « La création de la légende napoléonienne à Sainte-Hélène », *Revue d'histoire moderne et contemporaine*, année 1901, 3-5, p. 534 notamment.
10. Dr Cabanès, *Napoléon jugé par un Anglais, op. cit.*, p. 135.
11. Hudson Lowe, *Histoire de la captivité, op. cit.*, t. II, p. 254.

5
Lignes de fracture

1. Balmain, « Le prisonnier de Sainte-Hélène », art. cité, p. 581.
2. Lowe Papers, 20116, fol. 61.
3. *Ibid.*, fol. 67.
4. Hudson Lowe, *Histoire de la captivité, op. cit.*, t. II, p. 243.
5. *Ibid.*, p. 256
6. *Gorrequer's Diary*, Londres, Heinemann, 1969, p. 144.

7. Stürmer, *Napoléon à Sainte-Hélène, op. cit.*, p. 95. S'il venait à remplacer Lowe, l'amiral déclara aussi à Stürmer fort peu adroitement que l'une de ses premières mesures consisterait à renvoyer tous les commissaires dans leur patrie afin de prévenir tout risque d'intrigue.

8. Balmain, « Le prisonnier de Sainte-Hélène », art. cité, p. 621.

9. Gilbert Martineau, *La Vie quotidienne à Sainte-Hélène, op. cit.*, p. 226.

10. *Ibid.*, p. 225.

6
L'appel de Londres

1. Au lieu d'« empereur des Français », cette légère erreur étant alors courante chez les Britanniques.

2. Peter Hicks, « Pour ou contre Napoléon en 1815-1821 en Grande-Bretagne, une question surtout politique », article à paraître.

3. Santini, *An appeal to the British Nation*, Londres, 1817, p. 14.

4. *Ibid.*, p. 62.

5. *Recueil de pièces authentiques sur le captif de Sainte-Hélène*, Paris, 1821, p. 24.

7
Nouvelle offensive

1. Bertrand, *Cahiers..., op. cit.*, t. I, p. 204.

2. Hudson Lowe, *Histoire de la captivité, op. cit.*, t. II, p. 252.

3. Bertrand, *Cahiers..., op. cit.*, t. I, p. 205.

4. Barry O'Meara, *Journal..., op. cit.*, t. I, p. 333.

5. *Ibid.*, p. 336.

6. Bertrand, *Cahiers..., op. cit.*, t. II, p. 133.

7. Montchenu, *La Captivité de Sainte-Hélène, op. cit.*, p. 137.

8. Stürmer, *Napoléon à Sainte-Hélène, op. cit.*, p. 22.

9. Bertrand, *Cahiers..., op. cit.*, t. I, p. 205.

10. Gourgaud, *Journal intégral, op. cit.*, p. 354.

11. Il fait allusion ici à une conspiration royaliste visant à l'assassiner en 1804 avec comme chef de bande le royaliste Cadoudal.

12. Les disparitions de ces deux hommes en 1804 avaient été jugées suspectes et on avait soupçonné Napoléon de meurtres.

13. Arrêté en territoire allemand, le dernier descendant de l'illustre famille des Condés avait été fusillé en 1804, convaincu d'avoir trempé dans la conspiration Cadoudal malgré une absence de preuves directes.

14. En 1799, à Jaffa, deux massacres avaient ensanglanté la campagne de Syrie : l'exécution de prisonniers turcs au nombre de 4 000 qui, après avoir été libérés sur parole une première fois, avaient repris les armes contre l'armée française, puis, Bonaparte ayant été contraint lors de sa retraite de laisser derrière lui dans cette même ville de Jaffa les blessés de son armée dont de nombreux pestiférés, les malheureux furent ensuite tués sans pitié par les Turcs.

15. Le nom véritable de celui qui mit à feu la machine infernale était Joseph Picot de Limoëlan. Après l'attentat, il quitta la France pour se réfugier aux États-Unis où il devint prêtre.

8
Un travail politique ou mémoriel ?

1. Pour les découvrir en intégralité, une édition commentée sous ma direction sera prochainement publiée aux éditions Perrin.
2. Barry O'Meara, *Journal...*, *op. cit.*, t. I, p. 341-342.
3. Gourgaud, *Journal intégral*, *op. cit.*, p. 362.
4. Montchenu, *La Captivité de Sainte-Hélène*, *op. cit.*, p. 139.
5. *Ibid.*, p. 379.
6. Las Cases, *Le Mémorial de Sainte-Hélène. Le manuscrit retrouvé*, *op. cit.*, p. 151.
7. Sous le titre *Mémoires pour servir à l'histoire de France sous Napoléon, écrits à Sainte-Hélène par les généraux qui ont partagé sa captivité et publiés sur les manuscrits entièrement corrigés de la main de Napoléon*, Paris, Firmin-Didot, 1823-1826, 6 vol.
8. Par Thierry Lentz en trois volumes chez Tallandier en 2010-2011.
9. *Mémoires de Napoléon*, Paris, Tallandier, 2016, t. I, p. 209-210.
10. Philippe Gonnard, *Les Origines de la légende napoléonienne*, Paris, Calmann-Lévy, 1901, p. 64.
11. Montchenu, *La Captivité de Sainte-Hélène*, *op. cit.*, p. 139.
12. *Mémoires de Napoléon*, *op. cit.*, t. III, p. 118.
13. Philippe Gonnard, *Les Origines de la légende napoléonienne*, *op. cit.*, p. 64.
14. *Mémoires de Napoléon*, *op. cit.*, t. I, p. 56.

9
Filières clandestines et fonds secrets

1. Hudson Lowe, *Histoire de la captivité*, *op. cit.*, t. II, p. 469.
2. Lowe Papers, 20161.
3. Hudson Lowe, *Histoire de la captivité*, *op. cit.*, t. II, p. 469.
4. *Ibid.*, t. II, p. 147-148.
5. Lowe Papers, 20118, fol. 217.
6. Marchand, *Mémoires*, *op. cit.*, t. II, p. 172-173.
7. Lettre de Laffitte du 22 février 1822 adressée au journal *Le Constitutionnel*.

10
Lettre après lettre

1. Bertrand, *Cahiers...*, *op. cit.*, t. I, p. 247.
2. Montchenu, *La Captivité de Sainte-Hélène*, *op. cit.*, p. 140.

3. Nous préparons actuellement une réédition complète et commentée de ces lettres à paraître aux éditions Perrin.

11
Héros libéral malgré lui

1. Chantal Prévot, « Les visiteurs du crépuscule », in *Napoléon à Sainte-Hélène. La conquête de la mémoire*, catalogue d'exposition, Paris, Flammarion, 2016, p. 60-61.
2. Joseph de Mougins Roquefort, *Napoléon prisonnier vu par les Anglais*, *op. cit.*, p. 305.
3. Chantal Prévot, « Les visiteurs du crépuscule », art. cité, p. 58.
4. Joseph de Mougins Roquefort, *Napoléon prisonnier vu par les Anglais*, *op. cit.*, p. 306.
5. Balmain, « Le prisonnier de Sainte-Hélène », art. cité, p. 583.
6. Joseph de Mougins Roquefort, *Napoléon prisonnier vu par les Anglais*, *op. cit.*, p. 311-312.
7. Las Cases, *Le Mémorial de Sainte-Hélène*, *op. cit.*, t. II, p. 67.
8. Thierry Lentz, *Le Premier Empire 1804-1815*, Paris, Pluriel, 2018, p. 708.
9. Philippe Gonnard, « La légende napoléonienne et la presse libérale, 1817-1820 », in *Revue des études napoléoniennes*, tome I, janvier-juin 1912, p. 239.
10. *Ibid.*

12
La vague montera-t-elle encore ?

1. Gourgaud, *Journal intégral*, *op. cit.*, p. 454.
2. *Ibid.*
3. Philippe Gonnard, *Les Origines de la légende napoléonienne*, *op. cit.*, p. 49-51.
4. Gourgaud, *Journal intégral*, *op. cit.*, p. 611.
5. Voir p. 320-321.
6. Montholon, *Récits…*, *op. cit.*, t. I, p. 223.
7. Lowe Papers, 20122, fol. 195, lettre du 29 avril 1818.
8. Bertrand, *Cahiers*, *op. cit.*, t. II, p. 95.
9. *Manuscrit de l'île d'Elbe*, Londres, 1818, p. 55.
10. *Ibid.*, p. 75.
11. Lettre de Marandet au duc de Richelieu du 17 avril 1817, cité par la *Revue napoléonienne*, avril-septembre 1903, p. 257.
12. Albert Benhamou, *L'Autre Sainte-Hélène*, *op. cit.*, p. 162.

Cinquième partie
Désillusions

1
Faire place nette

1. Balmain, « Le prisonnier de Sainte-Hélène », art. cité, p. 611.
2. Lady Malcolm, « Journal de Sainte-Hélène », *Revue des études napoléoniennes*, XXe année, tome XXXIII, juillet-décembre 1931, p. 307.
3. Gourgaud, *Journal intégral*, *op. cit.*, p. 483.
4. Hudson Lowe, *Histoire de la captivité*, *op. cit.*, t. II, p. 321.
5. Marchand, *Mémoires*, *op. cit.*, t. II, p. 171.
6. Hudson Lowe, *Histoire de la captivité*, *op. cit.*, t. IV, p. 228.
7. Paul Ganière, *Napoléon à Sainte-Hélène*, *op. cit.*, t. II, p. 219.
8. Barry O'Meara, *Journal...*, *op. cit.*, t. II, p. 179.
9. *Ibid.*, t. II, p. 384.
10. Lowe Papers, 20120, fol. 343.

2
Nouvelle année, premières déceptions

1. Gourgaud, *Journal intégral*, *op. cit.*, p. 672.
2. *Ibid.*
3. Barry O'Meara, *Journal...*, *op. cit.*, t. II, p. 235.
4. Hudson Lowe, *Histoire de la captivité*, *op. cit.*, t. IV, p. 400.
5. Michel Dancoisne-Martineau, *Les Briars. Napoléon chez les Balcombe*, *op. cit.*, p. 107.
6. Hudson Lowe, *Histoire de la captivité*, *op. cit.*, t. IV, p. 398.
7. *Ibid.*, t. III, p. 18-19.
8. Gourgaud, *Journal intégral*, *op. cit.*, p. 625.
9. Barry O'Meara, *Journal...*, *op. cit.*, t. II, p. 255.
10. Hudson Lowe, *Histoire de la captivité*, *op. cit.*, t. IV, p. 371.
11. *Ibid.*, p. 454.
12. *Ibid.*, p. 455.

3
Un mystère Cipriani ?

1. Albert Benhamou, *L'Autre Sainte-Hélène*, *op. cit.*, p. 96.
2. *Ibid.*, p. 98.
3. *Ibid.*, p. 96.
4. Paul Ganière, *Napoléon à Sainte-Hélène*, *op. cit.*, t. II, p. 414.
5. Lowe Papers, 20118, fol. 86.
6. Guy Godlewski, « Longwood », art. cité, p. 69.
7. Gourgaud, *Journal intégral*, *op. cit.*, p. 415.

8. *Ibid.*, p. 690.
9. Lowe Papers, 20121, fol. 238.
10. Bertrand, *Cahiers...*, *op. cit.*, t. II, p. 73.
11. Voir à ce sujet la note de Michel Dancoisne-Martineau, *Chroniques de Sainte-Hélène*, *op. cit.*, p. 193.
12. Lowe Papers, 20121, fol. 244.
13. Gourgaud, *Journal intégral*, *op. cit.*, p. 704.
14. Voir p. 295-299.
15. Lowe Papers, 20121, fol. 69.
16. Montchenu, *La Captivité de Sainte-Hélène*, *op. cit.*, p. 124.
17. Paul Ganière, *Napoléon à Sainte-Hélène*, *op. cit.*, t. II, p. 414.
18. Lowe Papers, 20121, fol. 238.
19. *Ibid.*, fol. 443.

4
Quitter Longwood ?

1. Hudson Lowe, *Histoire de la captivité*, *op. cit.*, t. IV, p. 372.
2. *Ibid.*, p. 228-229.
3. Stürmer, *Napoléon à Sainte-Hélène*, *op. cit.*, p. 138.
4. Hudson Lowe, *Histoire de la captivité*, *op. cit.*, t. IV, p. 232.
5. Lowe Papers, 20115, fol. 284.
6. Lowe Papers, 20122.

5
Le départ tempétueux de Gourgaud

1. Jacques Macé, *Le Général Gourgaud*, Paris, Fondation Napoléon-Nouveau Monde éditions, 2006, p. 160.
2. Gourgaud, *Journal intégral*, *op. cit.*, p. 687.
3. *Ibid.*, p. 681.
4. *Ibid.*, p. 686.
5. *Ibid.*, p. 695.
6. *Ibid.*
7. Jacques Macé, *Le Général Gourgaud*, *op. cit.*, p. 164.
8. Hudson Lowe, *Histoire de la captivité*, *op. cit.*, t. II, p. 400.
9. Gourgaud, *Journal intégral*, *op. cit.*, p. 698.
10. *Ibid.*, p. 699.
11. *Ibid.*, p. 700.
12. Voir p. 381.
13. Gourgaud, *Journal intégral*, *op. cit.*, p. 710.
14. Lowe Papers, 20121, fol. 339.
15. Stürmer, *Napoléon à Sainte-Hélène*, *op. cit.*, p. 166.
16. Gourgaud, *Journal intégral*, *op. cit.*, p. 710.

6
Le tournant de la captivité

1. Gourgaud, *Journal intégral, op. cit.*, p. 714.
2. *Ibid.*, p. 718.
3. *Ibid.*, p. 719.
4. Hudson Lowe, *Histoire de la captivité, op. cit.*, t. II, p. 470-471.
5. *Ibid.*, t. IV, p. 375-376.
6. *Ibid.*, p. 375.
7. *Ibid.*, t. II, p. 377.
8. *Ibid.*
9. Lowe Papers, 20123, fol. 154.
10. Barry O'Meara, *Journal..., op. cit.*, t. II, p. 267.
11. Voir Albert Benhamou, *L'Autre Sainte-Hélène, op. cit.*, p. 161.
12. En français, *Relation des événements arrivés à Sainte-Hélène, postérieurement à la nomination de Sir Hudson Lowe, au gouvernement de cette île, en réponse à une brochure anonyme [par Théodore E. Hook], intitulée : « Faits démonstratifs des traitements qu'on fait éprouver à Napoléon Bonaparte », confirmée par une correspondance et des documents officiels, etc.*, publié par Chaumerot Jeune à Paris en juillet 1819.
13. Hudson Lowe, *Histoire de la captivité, op. cit.*, t. I, p. XIII.
14. *Ibid.*, t. IV, p. 398.
15. Frédéric Masson, *Autour de Sainte-Hélène*, Paris, Ollendorff, 1909-1912, vol. 1, p. 53.

7
Le fatal congrès d'Aix-la-Chapelle

1. Voir Marie-Pierre Rey, *Un tsar à Paris*, Paris, Flammarion, 2014.
2. Voir à ce sujet notre ouvrage, *Le Prix de la gloire..., op. cit.*
3. Bertrand, *Cahiers..., op. cit.*, t. II, p. 121.
4. Basil Jackson, *De Waterloo à Sainte-Hélène*, Éditions Jourdan, 2015, p. 127.
5. Metternich, *Mémoires*, Paris, Plon, 1881, t. III, p. 168.
6. *Ibid.*, p. 174.
7. Duc de Richelieu, *Lettres au marquis d'Osmond*, Paris, Gallimard, 1939, p. 230.
8. *Ibid.*, p. 231.
9. Charles Duke Yonge, *The Life and Administration of Robert Banks..., op. cit.*, t. II, p. 342.
10. Voir sur ce personnage la biographie de Michel Vergé-Franceschi, *Pozzo di Borgo : l'ennemi juré de Napoléon*, Paris, Payot, 2016.
11. Voir p. 459.

8
Du côté de l'estomac

1. Stürmer, *Napoléon à Sainte-Hélène*, *op. cit.*, p. 213.
2. Bertrand, *Cahiers…*, *op. cit.*, t. II, p. 28.
3. Paul Ganière, *Napoléon à Sainte-Hélène*, *op. cit.*, t. III, p. 341.
4. *Rapport au grand maréchal sur la maladie de l'empereur* cité par Montholon, *Récits…*, *op. cit.*, t. II, p. 309.
5. Balmain, « Le prisonnier de Sainte-Hélène », art. cité, p. 683.
6. *Rapport au grand maréchal sur la maladie de l'empereur* cité par Montholon, *Récits…*, *op. cit.*, t. II, p. 311.
7. « Mercure et santé » sur le site www.who.it
8. *Rapport au grand maréchal sur la maladie de l'empereur* cité par Montholon, *Récits…*, *op. cit.*, t. II, p. 311-312.
9. *Ibid.*
10. Bertrand, *Cahiers…*, t. II, p. 245.
11. Lowe Papers, 20125, fol. 85.
12. *Ibid.*, fol. 88.
13. Voir notamment Jean-François Lemaire, « La mort de Napoléon : faits, hypothèses, fantasmes », in *Autour de l'empoisonnement de Napoléon*, *op. cit.*, p. 11-50 ; Dr Alain Goldcher, *Napoléon Ier. L'ultime autopsie*, Paris, SPM, 2012, et Albert Benhamou, *L'Autre Sainte-Hélène*, *op. cit.*
14. Dr Alain Goldcher, *Au chevet des Bonaparte*, Paris, Éditions Soteca, 2020, p. 94.
15. Bertrand, *Cahiers…*, *op. cit.*, t. II, p. 247.
16. *Rapport au grand maréchal sur la maladie de l'empereur* cité par Montholon, *Récits…*, *op. cit.*, t. II, p. 311-312.
17. Bertrand, *Cahiers…*, *op. cit.*, t. II, p. 247.

9
Le renoncement ?

1. *Ibid.*, p. 294.
2. Balmain, « Le prisonnier de Sainte-Hélène », art. cité, p. 710.
3. Bertrand, *Cahiers…*, *op. cit.*, t. II, p. 295.
4. *Ibid.*, t. II, p. 348-349.
5. *Ibid.*, t. II, p. 375.
6. Paul Ganière, *Napoléon à Sainte-Hélène*, *op. cit.*, t. III, p. 39.
7. Balmain, « Le prisonnier de Sainte-Hélène », art. cité, p. 719.
8. *Ibid.*, p. 722.
9. Hudson Lowe, *Histoire de la captivité*, *op. cit.*, t. III, p. 172.
10. Lettre du 4 septembre 1819 à Albine, *Lettres du comte et de la comtesse de Montholon*, Paris, Alphonse Picard et fils, 1906, p. 36.

10
L'adieu à Albine

1. Bertrand, *Cahiers…*, *op. cit.*, t. II, p. 200.
2. *Ibid.*, p. 295-296.
3. *Ibid.*, p. 317.
4. Albert Benhamou, *L'Autre Sainte-Hélène*, *op. cit.*, p. 204.
5. *Ibid.*, p. 206.
6. Bertrand, *Cahiers…*, *op. cit.*, t. II, p. 332.
7. Albert Benhamou, *L'Autre Sainte-Hélène*, *op. cit.*, p. 206.
8. Marchand, *Mémoires*, *op. cit.*, t. II, p. 213.
9. *Ibid.*, p. 214.
10. Publiés une première fois en 1903, ses souvenirs ont été réédités en 2015 par Yves Vander Cruysen aux éditions Jourdan sous le titre *De Waterloo à Sainte Hélène. Dans les pas de Wellington et de Napoléon.*
11. Voir p. 269.
12. Voir la publication de ce chant et les notes de Jacques Macé, qui révéla ce texte dans Jacques Macé, *L'Honneur retrouvé du général de Montholon*, *op. cit.*, p. 295-316.
13. Lettre du 7 juillet 1810, Albine de Montholon, *Souvenirs…*, *op. cit.*, p. 188.
14. Lettre du 5 décembre 1820, *Lettres du comte et de la comtesse de Montholon*, *op. cit.*, p. 76.
15. Marchand, *Mémoires*, *op. cit.*, t. II, p. 214-215.
16. Lettre du 26 septembre 1819, *Catalogue de vente de la collection Aristophil*, lot n° 871, vente du 4 avril 2019.
17. Lettre du 6 novembre 1820 à Albine, *ibid.*
18. Hudson Lowe, *Histoire de la captivité*, *op. cit.*, t. III, p. 171-172.

SIXIÈME PARTIE
DISPARITIONS

1
L'affligeante caravane

1. Frédéric Masson, *Napoléon et sa famille*, Paris, Plon, 1930, t. XIII, p. 168.
2. *Ibid.*
3. Planat de la Faye, *Rome et Sainte-Hélène de 1815 à 1821*, Paris, Furne et Cie, 1863, p. 18.
4. Antommarchi, *Mémoires ou Les Derniers Moments de Napoléon*, Paris, Barrois l'Aîné impr., 1825, t. I, p. 73-74.
5. Bertrand, *Cahiers…*, *op. cit.*, t. II, p. 397.
6. Lettre du 31 octobre 1819, *Catalogue de vente de la collection Aristophil*, lot n° 871, vente du 4 avril 2019.
7. Lettre du 8 février 1820 à Albine, *ibid.*
8. Ali, *Souvenirs…*, *op. cit.*, p. 254.

2
Guerres de tranchées

1. « Journal du capitaine George Nicholls », *Carnet de la Sabretache*, 1921, p. 85.
2. Hudson Lowe, *Histoire de la captivité*, *op. cit.*, t. IV, p. 403.
3. « Journal du capitaine George Nicholls », art. cité, p. 96.
4. *Ibid.*
5. *Ibid.*, p. 116.
6. Hudson Lowe, *Histoire de la captivité*, *op. cit.*, t. III, p. 26.
7. *Ibid.*, p. 27.
8. « Journal du capitaine George Nicholls », art. cité, p. 154.
9. *Ibid.*, p. 131.
10. Hudson Lowe, *Histoire de la captivité*, *op. cit.*, t. III, p. 161.
11. Marchand, *Mémoires*, *op. cit.*, t. II, p. 83.
12. *Ibid.*, p. 222.
13. Ali, *Souvenirs...*, *op. cit.*, p. 223.
14. « Journal du capitaine George Nicholls », art. cité, p. 136.
15. Ali, *Souvenirs...*, *op. cit.*, p. 211-212.
16. Lettre à Albine du 18 décembre 1819, *Catalogue de vente de la collection Aristophil*, lot n° 871, vente du 4 avril 2019.
17. Ali, *Souvenirs...*, *op. cit.*, p. 186.
18. *Ibid.*, p. 200.
19. *Ibid.*, p. 199.
20. Peter Hicks, « Non, Napoléon n'a pas dit *Laissons la Chine dormir. Car quand elle se réveillera, le monde tremblera* », article à consulter sur le site www.napoleon.org

3
Folies douces

1. « Journal du capitaine George Nicholls », art. cité, p. 162.
2. Voir la dernière publication du journal de Bertrand par François Houdecek : *Le Dernier Témoin. Édition intégrale des cahiers (1820-1821)*, à paraître chez Perrin en 2021.
3. *Ibid.*, p. 11.
4. Balmain, « Le prisonnier de Sainte-Hélène », art. cité, p. 750.
5. *Ibid.*
6. *Ibid.*
7. Lettre citée par extraits dans le catalogue de vente Bertrand, Drouot 1983, deuxième vente Bertrand, juin 1983, Drouot, n° 125.
8. Balmain, « Le prisonnier de Sainte-Hélène », art. cité, p. 720.
9. Hudson Lowe, *Histoire de la captivité*, *op. cit.*, t. III, p. 220-221.
10. Michel Dancoisne-Martineau, *Chroniques de Sainte-Hélène*, *op. cit.*, p. 51.

4
Un court répit

1. Lowe Papers, 20129, fol. 239.
2. Balmain, « Le prisonnier de Sainte-Hélène », art. cité, p. 750.
3. Antommarchi, *Mémoires…*, *op. cit.*, t. I, p. 318-319.
4. Sir Lees Knowles, *Letters of Captain Engelbert Lutyens*, Londres, 1915, p. 80-81.
5. Hudson Lowe, *Histoire de la captivité*, *op. cit.*, t. III, p. 248.
6. Antommarchi, *Mémoires…*, *op. cit.*, t. II, p. 98.
7. *Ibid.*
8. Lettre du 1er septembre 1820 à Albine, *Catalogue de vente de la collection Aristophil*, lot n° 871, vente du 4 avril 2019.
9. Frédéric Masson, *Autour de Sainte-Hélène*, *op. cit.*, vol. 2, p. 268-269.
10. Lettre du 4 février 1820 à Albine, *Catalogue de vente de la collection Aristophil*, lot n° 871, vente du 4 avril 2019.
11. Planat de la Faye, *Rome et Sainte-Hélène de 1815 à 1821*, *op. cit.*, p. 14.
12. Lettre du 30 avril 1820 à Albine, *Catalogue de vente de la collection Aristophil*, lot n° 871, vente du 4 avril 2019.
13. Lettre du 14 juillet 1819 à la même, *ibid.*
14. Ali, *Souvenirs…*, *op. cit.*, p. 241.
15. Lettre du 8 février 1820 à Albine, *Catalogue de vente de la collection Aristophil*, lot n° 871, vente du 4 avril 2019.
16. Lettre du 26 janvier 1820 à la même, *ibid.*
17. Lettre du 20 septembre 1820 à la même, *ibid.*

5
Vers la tragédie

1. Lettre du 5 décembre 1820 à la même, *ibid.*
2. Lettre du 19 janvier 1821 à la même, *ibid.*
3. Lowe Papers, 20132, fol. 35.
4. Hudson Lowe, *Histoire de la captivité*, *op. cit.*, t. IV, p. 501.
5. Ali, *Souvenirs…*, *op. cit.*, p. 244.
6. Bertrand, *Cahiers…*, *op. cit.*, t. III, p. 41.
7. *Ibid.*, p. 58.
8. *Ibid.*, p. 87.
9. *Ibid.*, p. 95.
10. *Ibid.*, p. 97.
11. Lettre du 17 mars 1821 à Albine, *Catalogue de vente de la collection Aristophil*, lot n° 871, vente du 4 avril 2019.
12. Lutyens, *op. cit.*, p. 104.
13. Bertrand, *Cahiers…*, *op. cit.*, t. III, p. 104.
14. Lettre du 30 mars 1821 à Albine, *Lettres du comte et de la comtesse de Montholon*, *op. cit.*, p. 77.
15. Bertrand, *Cahiers…*, *op. cit.*, t. III, p. 109.
16. *Ibid.*, p. 110.

17. Lettre du 20 avril 1821, *Lettres du comte et de la comtesse de Montholon*, *op. cit.*, p. 80.

6
Les derniers messages

1. Bertrand, *Cahiers...*, *op. cit.*, t. III, p. 120.
2. *Ibid.*, p. 105.
3. Marchand, *Mémoires*, *op. cit.*, t. II, p. 320.
4. Bertrand, *Cahiers...*, *op. cit.*, t. III, p. 137.
5. Gourgaud, *Journal intégral*, *op. cit.*, p. 300.
6. *Ibid.*
7. *Ibid.*, p. 591.
8. Bertrand, *Cahiers...*, *op. cit.*, t. III, p. 105.
9. *Ibid.*, p. 137.
10. *Ibid.*
11. *Ibid.*, p. 117.

7
Et l'argent ?

1. *Ibid.*, p. 122.
2. Pour aller plus loin sur l'exécution du testament, voir notamment notre ouvrage *Le Prix de la gloire...*, *op. cit.*, ou Chantal Prévot, *Sur les bords de la Seine... L'aventure du testament de Napoléon*, à paraître en 2021.

8
L'erreur fatale

1. Bertrand, *Cahiers...*, *op. cit.*, t. III, p. 113.
2. Dr Martin Howard, *Napoléon's Poisoned Chalice*, The History Press, 2009, p. 205.
3. Antommarchi, *Mémoires...*, *op. cit.*, t. II, p. 124-125.
4. Bertrand, *Cahiers...*, *op. cit.*, t. III, p. 187.
5. *Ibid.*, p. 188.
6. *Ibid.*, p. 189.
7. Dr Alain Goldcher, *Napoléon Ier. L'ultime autopsie*, *op. cit.*, p. 70.
8. Antommarchi, *Mémoires...*, *op. cit.*, t. II, p. 146.
9. Marchand, *Mémoires*, *op. cit.*, t. II, p. 324-325.
10. *Ibid.*, p. 325.
11. Antommarchi, *Mémoires...*, *op. cit.*, t. II, p. 147.
12. Dr Alain Goldcher, *Napoléon Ier. L'ultime autopsie*, *op. cit.*, p. 360.
13. Ali, *Souvenirs...*, *op. cit.*, p. 266.
14. Marchand, *Mémoires*, *op. cit.*, t. II, p. 326.

15. Andrew Darling, extraits de son journal dans la *Revue du Souvenir napoléonien*, n° 445, février-mars 2003.
16. Ali, *Souvenirs*..., *op. cit.*, p. 269.
17. *Ibid.*, p. 270.

9
À la recherche de l'« assassin »

1. Pour aller plus loin, il existe plusieurs articles assez complets sur le sujet, notamment Chantal Prévot, « Les masques mortuaires de Napoléon », *Napoleonica. La Revue*, 2016/2, n° 26, p. 174-211.
2. Hudson Lowe, *Histoire de la captivité*, *op. cit.*, t. IV, p. 502.
3. Nous devons préciser que le descendant du général de Montholon vendit ensuite les lettres de ses ancêtres aux enchères. Le résultat fut cependant décevant et François Candé de Montholon retourna à son anonymat.
4. Dr Alain Goldcher, *Napoléon Ier. L'ultime autopsie*, *op. cit.*, p. 179.

10
La nécessaire autopsie

1. Ali, *Souvenirs*..., *op. cit.*, p. 271.
2. *Ibid.*, p. 272.
3. *Ibid.*
4. Bertrand, *Cahiers*..., *op. cit.*, t. III, p. 196.
5. Marchand, *Mémoires*, *op. cit.*, t. II, p. 336.
6. Antommarchi, *Mémoires*..., *op. cit.*, t. II, p. 131.
7. *Ibid.*, p. 161.
8. Albert Benhamou, *L'Autre Sainte-Hélène*, *op. cit.*, p. 334.
9. Au regard des connaissances médicales actuelles, ces deux éléments ne contredisent en rien les conclusions des médecins de l'époque. Voir notamment Dr Alain Goldcher, *Napoléon Ier. L'ultime autopsie*, *op. cit.*, p. 208.
10. Lowe Papers, 20133, fol. 135.
11. Dr Alain Goldcher, *Au chevet des Bonaparte*, *op. cit.*, p. 93.
12. *Ibid.*
13. Antommarchi, *Mémoires*..., *op. cit.*, t. II, p. 166.
14. *Ibid.*, p. 333.
15. *Gorrequer's Diary*, *op. cit.*, p. 234.
16. *Ibid.*

11
L'adieu au corps

1. Lowe Papers, 20133, fol. 129.
2. Ali, *Souvenirs*..., *op. cit.*, p. 274.
3. *Ibid.*, p. 275.

4. Bertrand, *Cahiers...*, *op. cit.*, t. III, p. 197.
5. Joseph de Mougins Roquefort, *Napoléon prisonnier vu par les Anglais*, *op. cit.*, p. 354.
6. Témoignage en ligne sur le site www.lautresaintehelene.com/autre-sainte-helene-articles-oakley2.html
7. Joseph de Mougins Roquefort, *Napoléon prisonnier vu par les Anglais*, *op. cit.*, p. 353.
8. *Ibid.*

12
La première tombe

1. Pour aller plus loin, se reporter à l'ouvrage de Thierry Lentz et Jacques Macé, *La Mort de Napoléon*, Paris, Perrin, 2005, ou à l'article de Chantal Prévot, « Les masques mortuaires de Napoléon », art. cité.
2. Bertrand, *Cahiers...*, *op. cit.*, t. III, p. 199.
3. À cause de ce fait entièrement anodin, d'autres controverses virent le jour dans les années 2000 à propos du nombre de cercueils afin de prouver la thèse d'une substitution du corps de Napoléon. Sur cette affaire que nous ne développerons pas ici, voir Thierry Lentz et Jacques Macé, *La Mort de Napoléon*, *op. cit.*, p. 159 *sq.*
4. Bertrand, *Cahiers...*, *op. cit.*, t. III, p. 199.
5. Ali, *Souvenirs...*, *op. cit.*, p. 281.
6. Marchand, *Mémoires*, *op. cit.*, t. II, p. 355.
7. Bertrand, *Cahiers...*, *op. cit.*, t. III, p. 199.
8. Joseph de Mougins Roquefort, *Napoléon prisonnier vu par les Anglais*, *op. cit.*, p. 353.
9. Michel Dancoisne-Martineau, *Sir Hudson Lowe...*, *op. cit.*, p. 57.
10. *Ibid.*, p. 103.

BIBLIOGRAPHIE

Les références des ouvrages et articles que nous avons utilisés se trouvent pour l'essentiel dans les notes.

Il en est de même pour les sources archivistiques.

Pour le lecteur qui voudrait néanmoins disposer d'une bibliographie exhaustive, nous le renvoyons au remarquable travail de Chantal Prévot, « Napoléon en exil à Sainte-Hélène » dans *Napoleonica. La Revue*, 2011/2, n° 11, et 2013/2, n° 17.

INDEX

A

B

G

H

I

J

K

L

M

N

REMERCIEMENTS

Écrire une histoire de Napoléon à Sainte-Hélène reste une épreuve tant cet épisode est complexe. Si tout livre peut se concevoir comme un voyage, celui-ci est d'un genre particulier car très exigeant. Il ne peut s'effectuer en solitaire, sauf à se tromper de chemin. Dans cette traversée au long cours qui dura finalement quatre années, j'ai heureusement pu compter sur plusieurs passionnés et amis.

Le premier d'entre eux, Michel Dancoisne-Martineau, m'a constamment aidé, appuyé, soutenu. Qu'il en soit vivement remercié ici. Sans son irremplaçable boussole, ce livre n'aurait pas pu explorer autant de sujets plutôt négligés jusqu'alors. Par ailleurs, on ne répétera jamais assez à quel point son important travail aussi bien intellectuel qu'à la tête des domaines français de Sainte-Hélène a modifié en profondeur et durablement notre perception du second exil de l'empereur.

Un autre marin d'expérience, mon ami et directeur de la Fondation Napoléon, Thierry Lentz, m'a également tant de fois indiqué la route qu'il convenait de suivre pour ne point se perdre dans des mers inutiles. Tout au long de cette navigation, ses conseils avisés furent vraiment précieux. Toujours présente, l'équipe de la Fondation Napoléon, en particulier Irène Delage, Peter Hicks, François Houdecek et Chantal Prévot, m'a permis une fois encore de garder le cap. À la Bibliothèque nationale de France, Charles-Éloi Vial a facilité également ce périple par ses connaissances étendues. Il en est de même pour Jacques Jourquin qui, depuis longtemps, oriente avec bonheur tant d'historiens. Sans lui, se rendre vers le rocher perdu ne pouvait s'envisager.

Au gré des vents, de livre en livre, tenir le gouvernail au côté de mon éditeur Laurent Theis reste un privilège, faisant de moi un écrivain aussi heureux que chanceux.

Enfin, ma compagne Gaïa a été une relectrice comme une aide patiente et attentionnée faisant de ce voyage un joli moment de vie.

TABLE

Troisième partie
DISPUTES

Quatrième partie
DISCOURS

CINQUIÈME PARTIE
DÉSILLUSIONS

SIXIÈME PARTIE
DISPARITIONS

Pour en savoir plus
sur les Éditions Perrin
vous pouvez consulter notre site Internet

www.editions-perrin.fr

lisez!

et nous suivre sur les réseaux sociaux

Editions Perrin

@EditionsPerrin

@editionsperrin

FSC
www.fsc.org
MIXTE
Papier issu de
sources responsables
FSC® C003309

L'éditeur de cet ouvrage s'engage dans une démarche
de certification FSC® qui contribue à la préservation
des forêts pour les générations futures.

Pour en savoir plus :
www.editis.com/engagement-rse/

Achevé d'imprimer en février 2021
dans les ateliers de Normandie Roto Impression s.a.s.
61250 Lonrai
N° d'impression : 2100804

Imprimé en France